Fenómeno incontornável da história, a guerra é uma actividade plena de paradoxos. Criadora e destruidora de grandes civilizações, promotora de encontros e choques entre culturas e religiões, viveiro de grandes líderes e fonte inegável de progresso cientíco, origem dos piores e dos melhores momentos da humanidade. Por tudo isto, pelos ensinamentos e perspectivas que pode proporcionar, a história militar constitui um importante tema de estudo e reflexão. Importa conhecer a Arte da Guerra.

A LEGIÃO ESTRANGEIRA

TÍTULO ORIGINAL:
The French Foreign Legion
Originalmente publicado em língua inglesa pela Sutton Publishing sob o título
The French Foreign Legion copyright © Douglas Boyd, 2006

TRADUÇÃO
Miguel Mata

DESIGN DE CAPA
FBA
Ilustração de capa: The Battle of Somah, 1839 (óleo sobre tela), Vernet, Emile Jean Horace
(1789-1863) / Museu Rolin, Autun, França, / The Bridgeman Art Library / AIC
@ Vernet, Emile Jean Horace

ISBN 978-972-44-1481-2

DEPÓSITO LEGAL Nº 278795/08

Biblioteca Nacional de Portugal - Catalogação na Publicação

BOYD, Douglas

A legião estrangeira. - (Arte da guerra ; 2)
ISBN 978-972-44-1481-2

CDU 355

PAGINAÇÃO
RPVP Designers

IMPRESSÃO E ACABAMENTO
Gráfica de Coimbra
para
EDIÇÕES 70, LDA.
Junho de 2008

Direitos reservados para todos os países de Língua Portuguesa por
EDIÇÕES 70, Lda.
Rua Luciano Cordeiro, 123 – 1º Esqº
1069-157 Lisboa / Portugal
Telefs.: 213190240 – Fax: 213190249
e-mail: geral@edicoes70.pt

Esta obra está protegida pela lei. Não pode ser reproduzida, no todo
ou em parte, qualquer que seja o modo utilizado, incluindo fotocópia
e xerocópia, sem prévia autorização do Editor. Qualquer transgressão
à lei dos Direitos de Autor será passível de procedimento judicial.

A LEGIÃO ESTRANGEIRA
DOUGLAS BOYD

Sans honneur? Ah, passons. Et sans foi? Qu'est-ce à dire ?
Que fallait-il de plus et qu'aurait-on voulu ?
N'avez-vous pas tenu, jusqu'au martyre
la parole donnée et le marché conclu ?

Sem honra ? Adiante. E sem fé? O que quer isso dizer?
Que mais teria sido necessário, que mais teriam eles querido?
Não haveis mantido, até ao martírio,
a palavra dada e o compromisso assumido?

O capitão Borelli aos seus legionários
mortos no cerco de Thuyen Quang, em 1885

Notas e Fontes

Salvo indicação em contrário, as traduções são do autor. Muitos nomes de locais mudaram desde os acontecimentos descritos, p. ex., Philippeville chama-se hoje Skikda. Nos casos em que os nomes antigos são pouco conhecidos, o texto usa os nomes modernos para facilitar a sua localização em mapas.

SHAT – documento existente no Service Historique de l'Armée de Terre, em Vincennes

ALE – documento existente nos Archives Historiques de la Légion Étrangère, em Aubagne

Introdução

O francês mais famoso de todos os tempos foi um soldado que nem sequer nasceu em França, mas sim na Córsega, e a sua primeira língua era o italiano. Os dois presidentes franceses mais conhecidos do século xx foram ambos militares. O marechal Philippe Pétain foi o Herói de Verdun, na Primeira Guerra Mundial, e tornou-se o Traidor de Vichy, na Segunda Guerra Mundial, após a qual o seu antigo protegido e inimigo durante a guerra, o general Charles de Gaulle, condenou à morte o seu senil ex-patrono, comutando a sentença e transformando posteriormente a França de «doente da Europa» numa superpotência nuclear.

Num país onde a política e os militares estão tão estreitamente ligados, não constitui surpresa descobrir que um ramo das forças armadas forneceu muitos generais, marechais e políticos de topo, até ao cargo de primeiro-ministro. Mas dá que pensar o facto de ter sido a Legião *Estrangeira*.

O que torna a Legião diferente de muitos outros exércitos regulares – além da sua mistura de raças ímpar – é o facto de contar, nas suas fileiras, com homens de todos os estractos sociais e académicos: músicos como o norte-americano Cole Porter, filósofos como Arthur Koestler, nascido na Hungria, escritores como o suíço Blaise Cendrars e o grande decano das letras alemãs, Ernst Jünger. Poetas, pintores e desportistas profissionais serviram ao lado de veteranos muitas vezes condecorados, prontos para voltarem a subir do zero no uniforme da Legião.

Durante 175 anos, homens sem emprego, sem casa e sem amor encontraram um sentido para as suas vidas que valeu todos os rigores

A Legião Estrangeira

e riscos inerentes ao serviço no exército mercenário mais duradouro da História – mas o mesmo aconteceu com muitos homens nascidos em palácios. O rol de legionários régios inclui o rei Pedro I da Sérvia, o príncipe Luís II do Mónaco, o príncipe herdeiro Sisowath Monireth do Camboja, e os príncipes Aage da Dinamarca e Amilakvari da Geórgia. De linhagem ligeiramente inferior era o príncipe Napoleão, filho da princesa Clementina da Bélgica e tetraneto do fundador da Legião, o rei Luís Filipe. O príncipe serviu com a designação de legionário Blanchard n.º 94707. O seu primo, mais altivo, o conde de Paris, alistou-se como *engagé volontaire* d'Orliac, com o n.º 10681. O filho adoptivo de Máximo Gorki subiu de praça a general, mas preferiu ser sepultado sob uma lápide com a simples inscrição «Legionário Zinovi Pechkoff».

Não é provável que os recrutas do século XXI sejam motivados pelo romance do êxito de Edith Piaf acerca do seu amante legionário, cuja pele «cheirava deliciosamente à areia quente do deserto» ([1]). Ainda menos terão lido as novelas de Beau Geste ou visto os filmes a preto e branco de Hollywood, da década de 30, nos quais alcoólicos a morrerem da bebida e de tédio em fortes de adobe remotos no Sara despertam a tempo para salvar turistas ricas e espampanantes dos rapaces e velados guerreiros das areias.

O que é, então, que leva homens que ainda não tinham nascido quando os EUA retiraram do Vietname a aceitarem a dura disciplina deste lendário exército mercenário com um Código de Honra que parece o juramento dos escuteiros? *Todo o legionário é teu irmão. Em combate, actua-se sem paixão nem ódio, e respeitando o inimigo vencido. Nunca se abandonam os mortos, os feridos ou as armas...*

Alguns alistam-se em busca de aventuras que não se encontram na vida civil. Para outros, é um recomeço após o desemprego, um cadastro policial, problemas familiares ou amorosos. Para os europeus de Leste, a recompensa é a cidadania francesa no termo do serviço, podendo desfrutar de todas as liberdades da Comunidade Europeia. Nas palavras do poeta-legionário Pascal Bonetti, em 1920, tornam-se filhos da França não por herdarem sangue francês, mas por derramaram o seu pela França ([2]). Seja qual for a razão para se alistar,

---

([1]) «*Il sentait bon le sable chaud*».
([2]) «*...devenu fils de France, non par le sang reçu mais par le sang versé*» (Pascal Bonetti, 1920).

INTRODUÇÃO

todo o legionário sabe que, até ao fim da vida, nunca mais terá de prestar a ninguém provas de lutador. Ter usado o quépi branco é prova bastante de que ele é um duro.

A palavra «legionário» significa estritamente o praça, não os seus oficiais subalternos ou oficiais. Mas todas as patentes juram que a sua missão é sagrada, por muito difícil que possa ser. Em 1881, o general Négrier dirigiu aos seus homens palavras que se tornaram célebres: «Vós, legionários, haveis-vos feito soldados para morrer, e vou enviar-vos para onde se morre» (³).

Um licenciado por Harvard que morreu em Belloy-en-Santerre, na saída da auto-estrada A1, na Picardia, no catastrófico mês de Julho de 1916, o legionário Alan Seeger, escreveu um poema que está inscrito na parede da sala de honra do quartel-general, em Aubagne, comemorando os 35 000 homens oriundos de tantos países que, tal como ele, morreram com o uniforme que apresenta como elemento mais distinto o quépi branco.

«Tenho um encontro com a Morte», escreveu Seeger, «numa barricada em disputa, quando a Primavera chegar com a sua frondosa sombra e o aroma das macieiras em flor encher o ar... Cumpro a palavra que dei. Não faltarei ao encontro».

Seeger era um poeta romântico em busca de uma morte heróica. Discutindo a elevada taxa de mortalidade entre os legionários no início do século XX, o Dr. Jean Robaglia e o major Paul Chavigny equipararam o desejo de alistamento na Legião a um desejo de morte, servindo a estrita disciplina e as duras punições como uma escola de expiação para aqueles que não conseguiam suportar o fardo da culpa na vida civil.

Tretas psicológicas ou verdade? No campo de batalha de hoje, um soldado com um desejo de morte é um perigo para muita gente – e para si próprio –, pelo que os que procuram uma morte heróica são eliminados na bateria inicial de testes psicológicos. Um difícil interrogatório na língua nativa também garante que, contrariamente à crença popular, alguém com tendências excessivamente violentas ou criminosas nem sequer chega ao rigoroso processo de selecção – embora pequenas escaramuças com as forças da lei e da ordem nos países de origem sejam consideradas indicadoras de um espírito de luta masculino.

(³) «*Vous autres légionnaires sons soldats pour mourir, et je vous enverrai là où on meurt*».

A LEGIÃO ESTRANGEIRA

Os *engagés volontaires* (*) de hoje têm, em média, 23 anos de idade, e uma inteligência bastante acima da média. A Legião possui serviços de educação próprios, e interessa-se menos pela educação académica anterior do que por uma mente perspicaz e um corpo em forma. A primeira coisa que a Legião ensina aos recrutas é as bases do francês – a língua de comando. A segunda é uma especialidade, que pode ser saltar de um helicóptero sem pára-quedas, operar um computador para disparar uma peça de artilharia, ou algo útil na vida civil, como culinária ou mecânica automóvel.

Em 1960, o Ministério da Defesa francês decretou que as mulheres poderiam alistar-se em qualquer ramo das Forças Armadas para o qual a sua inteligência e físico fossem adequados. Tratou-se, em parte, de um caso de correcção política, mas também de uma solução para a crise de recrutamento que afecta a maioria dos exércitos ocidentais. No entanto, a Legião não tem quaisquer dificuldades para atrair candidatos masculinos: ainda são rejeitados cinco em cada seis. Até hoje, só uma mulher conseguiu penetrar nas suas fileiras. A extraordinária enfermeira britânica Susan Travers tornou-se sargento-chefe depois de escolhida pelo seu amante, o general Pierre Koenig, para seu motorista pessoal, durante a campanha norte-africana de 1942.

Neste mundo masculino, todos os homens têm a possibilidade de recomeçar a sua vida, alistando-se, se assim o entenderem, sob o nome de Bill Gates ou Rato Mickey e, recebendo os documentos apropriados para a sua nova *persona*. Embora faça questão de conhecer as suas verdadeiras origens, a Legião, no que diz respeito ao mundo exterior, respeita o seu anonimato para sempre, o que pode dificultar qualquer investigação. Outra grande dificuldade na compilação de uma história deste exército singular é o conflito entre as fontes credíveis e a imagem do seu passado corporativo, que muitos legionários aceitam como um evangelho. Homens que recebem uma nova identidade podem ter a tendência para ignorar a realidade à qual fogem e viver num mundo de fantasia onde tudo é possível, mas isto não constitui história objectiva.

Existem várias verdades elementares, uma das quais é a de que a Legião *não* recruta fora de território francês. Quem afirmar o contrário, na mira do dinheiro, é, tal como avisa o sucinto *website* da embaixada francesa no Chile, «um vigarista». E também não existem

_____

(*) Recrutas. (*N.T.*)

quaisquer fundos para custear as despesas de viagem dos potenciais legionários, que têm que chegar a um gabinete de recrutamento em solo francês pelos seus próprios meios. A maioria compra um bilhete de avião, mas um arménio com pouco mais de vinte anos de idade – que eu salvei da polícia fronteiriça em Hendaia – caminhou do Cáucaso ao Atlântico para se alistar na Legião, passando as fronteiras a coberto da noite, dormindo com outros imigrantes ilegais e vivendo de restos de alimentos deitados fora por estabelecimentos de comida rápida e supermercados.

Se ele passou a selecção e conseguiu chegar ao fim da instrução básica, descobriu-se num mundo onde a vida é dura e as punições severas. Uma única vez por ano, a Legião descontrai-se e deixa cair o véu de mistério que cobre este exército anónimo. No dia 30 de Abril, aniversário da sua maior derrota, na Batalha de Camarón, a Legião abre as portas das suas bases e convida a população local para passar o dia como sua convidada. Há espectáculos para crianças e a possibilidade de subir para os veículos camuflados de verde e castanho, com ziguezagues cinzentos para o combate urbano ou pintados na cor da areia do deserto, dependendo da esfera de operações para a qual se encontram constantemente em prontidão. As raparigas bonitas olham para os jovens e garbosos soldados, com os seus sotaques exóticos. As mães apreciam a galanteria dos oficiais, imaculadamente uniformizados. Os pais experimentam, sob supervisão, uma versão da espingarda de assalto FAMAS.

No Dia da Bastilha, a 14 de Julho, em Paris, a multidão que assiste ao desfile da nata das forças armadas francesas pelos Campos Elísios reserva a sua maior ovação para os homens do quépi branco. Mas nos palácios e ministérios, habitados por funcionários públicos e políticos, reina uma constante desconfiança acerca deste exército auto-suficiente de homens altamente treinados que seguirão os seus oficiais até ao Inferno. Durante a época colonial, a França metropolitana foi uma área interdita para a Legião, que policiou um império que ia das Caraíbas ao Oceano Índico, à Indochina e ao Pacífico. Apenas nos dias terríveis das três invasões alemãs foi chamada a solo francês, em 1870, 1914 e 1939.

Baseados em França desde 1962, os vários elementos da Legião estão bastante dispersos, com os páras confinados à Córsega – o mais longe possível de Paris em território francês – porque em tempos estiveram quase a avançar sobre a capital e derrubar o governo.

A Legião Estrangeira

Num bar no porto de Calvi, a alguns quilómetros da base, Camp Raffalli, ouvi uma discussão entre um cabo assustadoramente musculoso e um sargento, que argumentavam que as respectivas equipas deveriam ter vencido a competição de tiro realizada nessa manhã. Obviamente, o árbitro era cego, estúpido e provavelmente surdo. A cada duas palavras, uma começava por *f*, mas nenhum francês tinha que seguir a bem-disposta tagarelice porque o cabo era um *geordie* e o sargento um *cockney* (*). Ambos pertenciam aos soldados de elite da França, embora a sua lealdade não fosse para o governo ou para o presidente, na longínqua Paris, mas para os seus oficiais. O seu lema, *Legio patria nostra*, diz tudo.

Paradoxalmente, quase toda a gente deseja viver o mais tempo possível, mas os soldados profissionais correm o maior risco de todos ao assinarem um contrato pelo qual colocam a sua vida em risco. Os homens sempre o fizerem para protegerem as suas mulheres e filhos, mas o que faz os soldados da Legião Estrangeira quererem servir – e se necessário morrer por – um país que não é o seu, cuja língua muitos deles mal falam, e que não consegue decidir se eles são heróis magníficos ou rufiões perigosos?

Espero que esta história dos misteriosos mercenários da França possa responder a algumas destas perguntas.

Douglas Boyd
Gironda, Sudoeste da França, Dezembro de 2005

(*) O termo *geordie* designa as pessoas do Nordeste de Inglaterra, principalmente de Newcastle e arredores. A palavra *cockney* define alguém oriundo da classe trabalhadora de Londres, em particular de Londres oriental. Ambos os termos denotam também os respectivos sotaques, muito acentuados. (*N.T.*)

PARTE UM

O FIM DE UM IMPÉRIO

1

Uma Bala Para
o Meu Camarada

VIETNAME, 1949-1953

Existem poucas batalhas – que constituam exemplos perfeitos do seu tipo – passíveis de serem citadas pelos historiadores militares e conferencistas em colégios de estado-maior de todo o mundo para ilustrar todos os erros que um general pode cometer numa mesma operação. Dien Bien Phu é uma delas.

Desde Maio de 1950, os contribuintes americanos vinham suportando até 80% dos custos dos Franceses no Vietname. Contudo, depois de as forças americanas terem assumido a responsabilidade pela guerra, no seguimento de Dien Bien Phu, o Pentágono ignorou as lições da derrota francesa e, em 1976, criou uma cópia perfeita. Só o rompimento do cerco de Khe Sanh, após 77 dias, permitiu ao general Westmoreland chamar-lhe um sucesso.

Em ambos os casos, a ideia era as forças ocidentais, de tipo convencional, levarem o mesmo líder de guerrilha invicto, o general Vo Nguyen Giap, a empregar todos os seus recursos numa batalha campal contra uma posição fixa inexpugnável, onde seriam aniqui-lados. Tal como os grunts(*) costumavam dizer, «querias!».

(*) Termo do calão militar americano da época da Guerra do Vietname utilizado para designar os reforços, particularmente de infantaria (Ground Replacement UNTrained). A palavra *grunt* significa também gemido, resmungo. Por extensão, veio a designar todos os infantes. (*N.T.*)

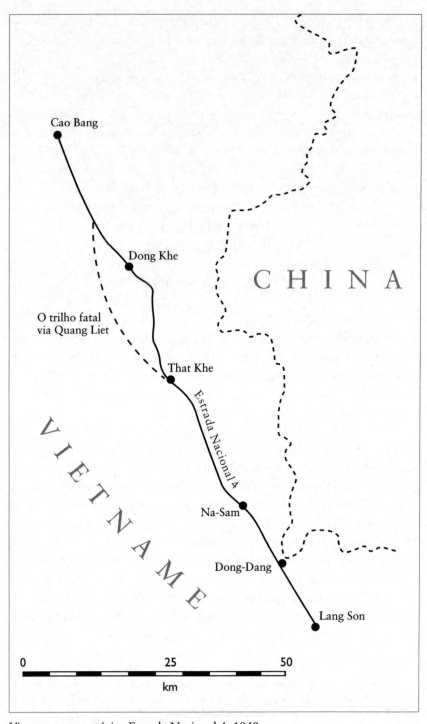

Vietname: a estratégica Estrada Nacional 4, 1949.

Mas Dien Bien Phu é mais do que o «pior cenário» que consta de um manual. É um exemplo extraordinário de soldados optando por morrerem juntos em vez de mancharem a sua honra ao não cumprirem o seu dever para com os seus camaradas. Não eram heróis lendários da Idade do Bronze nem apóstolos novecentistas da obediência cega, mas sim, no caso das unidades da Legião Estrangeira envolvidas, veteranos cínicos e endurecidos da Segunda Guerra Mundial, a maioria dos quais nem sequer era francesa.

O início do fim do domínio francês no Vietname pode ser datado de 1949, quando o Comité de Defesa Nacional, em Paris, adoptou um relatório ultra-secreto da autoria do chefe do Estado-Maior, o general Georges Revers, referindo que a vitória comunista na guerra civil chinesa tornava militarmente insustentáveis os postos ao longo da Estrada Nacional 4 ([4]).

Esta era a estrada estratégica que serpenteava entre as colinas, ao longo de 116 km, no Nordeste do Vietname, paralela à fronteira com a China. Começando em Lang Son, eram 15 km até Dong-Dang, onde um engraçadinho escrevera no sinal «Paris: 12 672 km; Pequim: 2971 km». No km 33 ficava Na-Sam, e That Khe no km 63. Dong Khe situava-se no km 88, Nam-Nang no km 101 – e assim sucessivamente, até Cao Bang, que marcava o km 116. Dada a proximidade da fronteira, e o facto de a Estrada Nacional 4 atravessar várias rotas de invasão históricas partindo da China, Revers recomendou que os postos e os cerca de trinta pontos de paragem existentes entre eles fossem rapidamente evacuados.

O relatório chegou embaraçosamente ao conhecimento do público quando um ex-legionário espanhol que dava pelo nome de Tomás Pérez foi preso por agredir num autocarro, em Paris, dois estudantes vietnamitas que regressavam do Congresso Mundial da Juventude, organizado pelos comunistas em Budapeste. A polícia que investigou o incidente encontrou, «por acaso», cópias do relatório Revers na posse dos estudantes, o que justificou investigações adicionais que puseram a descoberto a existência de dezenas de cópias do relatório

---

([4]) As principais estradas construídas pelos Franceses, conhecidas por *routes coloniales*, ainda constituem as principais artérias da rede de estradas norte-vietnamita. Dado que muitas das *routes coloniales* foram posteriormente utilizadas pelos EUA e rebaptizadas Estrada Nacional 1, 2, etc., é assim que são referidas no livro, e não seguindo o uso francês (RC 1, RC 2, etc.).

entre a comunidade estudantil vietnamita de esquerda. Afirmando que fora pago pelos serviços secretos franceses para expor fugas ao mais alto nível nos ministérios, Pérez, a testemunha vital, foi deixada desaparecer antes de os casos irem a tribunal, tendo-se possivelmente realistado na Legião.

De todos os postos da Estrada Nacional 4 cuja evacuação fora recomendada por Revers, Dong Khe era o mais bizarro. Situado no início do troço de 28 km conhecido por Estrada do Sangue Derramado, que conduzia a Dong Khe, tinha por guarnição, já há algum tempo, duas companhias do 3.º Regimento Estrangeiro de Infantaria (3.º REI), cujo comandante, o major Lambert, parecia um cão enraivecido sem um osso para roer – por outras palavras, um soldado de primeira, frustrado, no seu mais íntimo, pela falta de forças suficientes para fazer alguma coisa acerca do grande número de homens do Viet Minh que, provenientes da China, entrava no país passando pela sua posição.

A sua missão era permanecer quieto e manter Dong Khe uma paragem segura durante a noite, para os comboios que se dirigiam para norte, pela Estrada Nacional 4, antes de se fazerem à última e mortífera etapa da viagem. Como tal, o major Lambert dedicou todas as suas energias a garantir que Dong Khe era um bom lugar para os homens passarem a sua última noite neste mundo.

Construiu um clube nocturno/casino especial, escavado na íngreme colina que se situava dentro da base, e chamou-lhe Le Hublot – O Postigo. Dado que os homens que transpunham as suas portas sabiam que poderiam nunca vir a gastar noutro lugar o dinheiro que tinham nos bolsos, as apostas eram altas e a parte da banca, distribuída pela guarnição, era proporcional.

Póquer, *chemin de fer*, bacará, *backuan* – podia-se jogar todos estes jogos, fumar uns cachimbos, apanhar uma bebedeira de caixão à cova ou ter doze mulheres, uma atrás da outra. Só havia duas proibições. Um aviso afixado na porta e assinado por Lambert dizia: *Em virtude da morte do cabo Négrier e das mortes de [seguiam-se os nomes de seis legionários], os jogos do Búfalo e do Cuco passam a ser proibidos neste estabelecimento.*

Eram os jogos a que se entregavam os que pretendiam bebidas mais fortes. O Búfalo envolvia dois «jogadores». Em cima do balcão do bar, colocavam-se dois copos de litro e duas garrafas de aperitivo, habitualmente Cinzano ou Dubonnet. Os jogadores emborcavam um copo inteiro do seu veneno preferido e depois carregavam um sobre o outro a toda a velocidade, da cabeça para baixo e mãos atrás das costas, como dois búfalos, batendo com as cabeças. Se nenhum ficasse KO, voltavam a beber um litro de aperitivo e repetiam o choque. Nalguns casos, os jogadores bebiam duas garrafas de aperitivo cada um, sendo depois um deles levado para a enfermaria com uma grave concussão. Outras vezes, uma colisão era suficiente para abrir a cabeça a um homem.

Incrivelmente, o jogo do Cuco ainda era mais louco. Na cave, desprovida de mobiliário, era entregue a cada um dos dois jogadores uma pistola automática Colt com o carregador cheio. Apagadas as luzes, um dizia «Cuco!». Depois, dava um salto para o lado o mais rapidamente possível – dentro das capacidades de alguém podre de bêbedo –, de modo a que a bala disparada pelo outro jogador não lhe acertasse. Se assim acontecesse, era a vez do outro dizer «Cuco!», e o jogo prosseguia até os carregadores ficarem vazios – em teoria. Na prática, quase ninguém chegava tão longe, razão pela qual Lambert acabara por proibir os dois jogos mais populares do Postigo.

Um legionário que conheceu Dong Khe nessa época disse, «Não éramos bons da cabeça? Se assim não fosse, não estaríamos lá, pois não?» ([5]).

Não se podia ser bom da cabeça. Os fortes e paragens intermédias ao longo da Estrada Nacional 4 eram «detonadores», não existindo para atacar nem sequer para abrandar o inimigo, mas sim para serem aniquilados no decorrer de qualquer incursão importante, assinalando assim a sua ocorrência. Ambos os lados careciam de sanidade mental. Os fortins das paragens, de cimento reforçado, eram utilizados para treino pelos *viets*, que testavam os efeitos de diferentes explosivos sobre o cimento e experimentavam diversos métodos para abrir caminho pelo arame farpado, por exemplo, torpedos humanos suicidas e tubos de bambu cheios de explosivo plástico.

Experimentavam? O ataque mais surreal ocorreu num fortim perto de Dong Khe, conhecido apenas pela elevação da colina sobre a qual se situava. Em princípios de 1950, à meia-noite, a guarnição, composta por seis legionários e oito guerrilheiros anti-Viet comandado pelo sargento-mor Gianno, um italiano, foi acordada pelas sentinelas quando aquilo que parecia ser uma bomba caseira

---

([5]) P. Bonecarrère, *Par le sang versé*, Paris, Presses de la Cité, 1989, pp. 388-390.

fosforescente passou por cima do muro e caiu no pátio. Era um gato ensopado em gasolina, com uma mecha a arder atada à cauda. Pouco antes de o animal explodir numa bola de fogo, aterrou outro gato no pátio, seguindo-se outro, e mais outro, até o pátio ficar cheio de uma massa de gatos flamejantes e enlouquecidos pela dor.

Os *viets* esperavam que um ou mais dos desesperados animais fugisse para junto do paiol e mandasse o posto pelos ares, e foi o que aconteceu. O único sobrevivente, que conseguiu esgueirar-se pela selva até Dong Khe, foi um holandês chamado Strast. Na manhã seguinte, quando contou a sua história, ninguém acreditaria nele noutro lugar. Mas na Estrada Nacional 4 tudo era possível. Este método de ataque não voltou a ser utilizado, provavelmente porque a captura e preparação de gatos suficientes dava mais trabalho do que lançar bombas caseiras por cima do muro.

Antes de o 3.º REI se instalar em Dong Khe, no dia 27 de Maio de 1950, às 06:45, a guarnição, constituída por infantaria colonial marroquina com oficiais franceses, acordou ao som das explosões dos projécteis disparados por cinco canhões de 75 mm maravilhosamente camuflados, colocados secretamente em posição nas colinas que dominavam a base. Quarenta e oito horas depois, uma unidade de elite do general Giap, a 308.ª Brigada, tomou a posição de assalto, mas foi desalojada horas depois, após o lançamento de um batalhão de páras coloniais – um sucesso que deu origem a uma confiança infundada no seio do comando francês, tipo «um batalhão da nossa rapaziada equivale a uma brigada deles».

No dia 24 de Junho, a Coreia do Norte invadiu a Coreia do Sul com o apoio da China comunista, e o pouco espaço que a imprensa internacional vinha concedendo à guerra da França no Vietname diminuiu ainda mais. Acreditando que Giap, em linha com a Coreia do Norte, empenharia todos os seus recursos para vencer a guerra, o novo comandante supremo no Vietname, o general Marcel Carpentier, ignorou Revers e decidiu que os postos fronteiriços ao longo da Estrada Nacional 4 deveriam ser mantidos a todo o custo para bloquear os reforços e o aprovisionamento que chegavam aos *viets* provenientes da China[6]. Os acontecimentos sucederam-se rapidamente. Menos de três meses depois, Carpentier fazia planos para evacuar um dos postos antes de meados de Outubro.

---

[6] SHAT, 10 H 1142, 18 de Agosto de 1950.

Cao Bang era uma vila dedicada à mineração de estanho, rodeada por território Viet Minh, situada no ponto nodal onde a Estrada Nacional 3, partindo da capital do Norte, Hanói, intersectava a Estrada Nacional 4, que avançava da costa para norte. Também se localizava numa rota histórica de invasões chinesas, apenas a 24 km da fronteira com a província de Guangxi Zhuang. A vila tinha como guarnição duas companhias do 3.º Regimento Estrangeiro de Infantaria, comandadas pelo coronel do regimento, Pierre Charton, de quarenta anos de idade, um homem baixote e rijo com uma postura tão direita que parecia alto, e cuja reputação de soldado exemplar se espalhara muito além do regimento.

A única maneira de evacuar Cao Bang por via terrestre era pela Estrada Nacional 4, passando por Dong Khe, guarnecida pelas 5.ª e 6.ª companhias do 3.º REI. Porém, no dia 16 de Setembro, às 07:00, Giap repetiu a dose. Após dois dias de bombardeamento efectuado por artilharia dissimulada, o posto foi tomado de assalto. As baixas foram muito pesadas: somente nove legionários conseguiram atravessar a selva e atingir o posto vizinho, em That Khe, onde chegaram esfarrapados e quase mortos de fome e de sede.

Com Cao Bang mais isolada do que nunca, Carpentier reforçou a guarnição, aerotransportando um batalhão de infantaria marroquina. O tenente-coronel Marcel Lepage recebeu ordens para partir de Lang Son, a sul, na Estrada Nacional 4, reconquistar Dong Khe e defendê-la até se lhe juntar a guarnição de Cao Bang – após o que a força combinada poderia retirar em segurança para sul. O plano era este, mas Charton não deveria estar a par, para que não houvesse fugas de informação para o Viet Minh. Para acalmar as suspeitas de Charton, Carpentier fez uma visita relâmpago a Cao Bang, deslocando-se por via aérea, para lhe garantir que tudo estava sob controlo. Dois dias mais tarde, o general Alessandri, comandante supremo no Norte do Vietname, chegou a Cao Bang com o mesmo propósito, mas abriu-se a Charton. Este ficou furioso, porque sabia que os *viets* postados ao longo da Estrada Nacional 4 nunca deixariam a guarnição retirar à vontade, mesmo que a necessária destruição de equipamento fosse levada a cabo no último minuto para não alertar antecipadamente os *viets*.

Passaram-se duas semanas até que Lepage partisse de That Khe, no dia 30 de Setembro, depois de o 1.º Batalhão Estrangeiro de Pára-quedistas (1.º BEP) ter saltado para reforçar o seu contingente, constituído pelo 8.º Regimento de Infantaria Marroquina, colocando um total de 3500 homens no posto. A sua missão era reconquistarem Dong Khe até às 12:00 do dia 2 de Outubro. Em Cao Bang, Charton ficara furioso com a ordem que recebera pela rádio: abandonar a sua fortaleza às 00:01 de 4 de Outubro – uma altura propositadamente escolhida para ludibriar os *viets*.

«Escolher uma hora exacta para uma operação como esta é uma loucura», retorquiu ele. «Quem sabe como vai estar o tempo? Sem cobertura aérea, não teremos hipóteses» [7].

A ordem era inapelável. Segundo Hanói, cujas emissões rádio eram retransmitidas por Lang Son, Lepage avançava e Dong Khe estaria no papo numa questão de horas. O que é que preocupava Charton?

«Nesse caso, aproximem o ponto de encontro de mim», gritou ele por cima da interferência estática. «Ao km 22, e não ao 28. Vou progredir mais lentamente por causa dos feridos, dos civis doentes, das grávidas e das crianças, gente em todos os estágios da malária, gente com disenteria».

Ele já dissera à população que poderia juntar-se aos *viets*, ficar no local para ver o que aconteceria após a retirada francesa, ou acompanhá-lo. Os nativos nung, meo e de outras raças minoritárias locais tinham boas razões para temer um genocídio por parte dos Vietnamitas depois de os Franceses retirarem, e as prostitutas residentes enfrentavam o mesmo destino, por razões morais. Por isso, a retirada incluiria 1500 civis.

Charton foi efectivamente acusado de estar a descontrolar-se. Como podia ele conceber que um punhado de miseráveis guerrilheiros *viets* se atreveria a atacar a força combinada da sua guarnição e da coluna de Legrange? Da segurança de Hanói, era algo de impensável.

E o plano prosseguiu. Na manhã de 2 de Outubro, a sul de Cao Bang, numa bacia rodeada de colinas arborizadas, as duas companhias do 1.º BEP, comandadas pelo capitão Pierre Jeanpierre e pelo tenente Roger Faulques, foram incumbidas da reconquista da cidadela de Dong Khe, aparentemente abandonada. Era uma armadilha. Atiradores furtivos, morteiros e peças de artilharia pesada, posicionados nos montes circundantes, fizeram-se sentir até que os Franceses tomaram a decisão de retirar, depois de terem sofrido 30% de baixas.

---

[7] Bonecarrère, *Par le sang versé*, p. 418.

Em Cao Bang, ao meio-dia, Charton obedeceu às ordens, mandou a guarnição fazer explodir as cargas colocadas sob os paióis e começar a destruir provisões e equipamento, queimando o que não pudesse ser transportando e enchendo as mochilas com tudo o que fosse comível e bebível. Antes de terem concluído esta orgia de destruição, a coluna de Lepage, em retirada, chegou a um posto intermédio abandonada chamado Na Pa, cerca das 14:00. Subitamente, projécteis de morteiro e de artilharia pesada começaram a chover sobre os mais de 2000 homens encurralados no vale. Os páras do 1.º BEP chamavam desdenhosamente a Lepage «o artilheiro», mas com a sua experiência de artilheiro ele sabia que o fogo provinha de uma força *viet* várias vezes superior a todas as estimativas dos serviços de informação. Era impossível avançar ou recuar pela Estrada Nacional 4; mas se ele permanecesse onde estava, a coluna inteira seria aniquilada em duas horas.

Parece que só então Lepage foi informado por Lang Son, via rádio, que o objectivo da sua missão era efectuar a junção com a coluna em retirada de Cao Bang[8]. Já que um novo ataque a Dong Khe estava fora de questão até as nuvens desaparecerem e permitirem o apoio dos caças – algo que, dada a altura do ano, poderia levar dias a acontecer –, Lepage respondeu que Charton não deveria, em nenhuma circunstância, partir de Cao Bang[9]. Precisamente o que Charton estivera a gritar para o microfone durante as duas últimas semanas.

Lang Son não concordou. Olhando para os mapas, parecia possível Lepage sair da estrada, meter por um trilho representado por uma linha tracejada que ia até Quang Liet, através do qual poderia efectuar a junção com Charton a oeste de Dong Khe, no vale de Coc Xa. Assim sendo, Lepage ordenou ao 1.º BEP que contivesse o inimigo em Na Pa, enquanto ele conduzia os marroquinos pelo trilho «a tracejado», cumprindo as instruções de Lang Son. Ainda ninguém tinha percebido que eles se encontravam numa inferioridade numérica de pelo menos um contra dez. A realidade revelou-se quando, em Na Pa, Jeanpierre viu, através dos binóculos, uma companhia marroquina ser aniquilada por um regimento *viet* inteiro antes de

---

[8] Uma versão alternativa é que, para colmatar a impossibilidade de comunicação rádio devido ao terreno e às condições meteorológicas, um avião de reconhecimento, voando abaixo das nuvens, largou uma ordem escrita para Lepage.

[9] Bonecarrère, *Par le sang versé*, p. 431-432.

conseguir atingir a cobertura das árvores. Um único sobrevivente conseguiu chegar a Na Pa.

Nesse momento, Jeanpierre compreendeu que o 1.º BEP não estava a ser atacado mais poderosamente porque o grosso dos *viets* avançara sobre Lepage, encurralado na selva, num trilho coberto de vegetação. A sua única esperança parecia residir no 1.º BEP atrair as atenções do inimigo e afastá-lo de Lepage. Assim, às 22:00, o 1.º BEP passou ao ataque e apoderou-se do cimo da colina entre Na Pa e Lepage, que se encontrava algures na selva, abaixo dos páras. O 1.º BEP estava reduzido a 350-400 homens que não dormiam há dois dias, não tinham comida nem água, e avançavam como sonâmbulos, abrindo caminho pela selva, guiados por uma bússola pouco fiável, em direcção à zona onde pensavam encontrar-se Lepage.

À meia-noite, cumprindo exactamente as ordens, as tropas de Charton, 1000 homens do 3.º REI e 600 marroquinos, em veículos e apeados, abandonaram as ruínas fumegantes de Cao Bang, arrastando atrás de si a longa coluna de refugiados.

Às 17:00 do dia 3 de Outubro, Lepage conseguiu contactar Lang Son por rádio para informar sobre a situação; horrorizado, ficou a saber que Charton abandona Cao Bang e que já avançara demasiado pela Estrada Nacional 4 para poder retirar.

Ao alvorecer, decorridas dezanove horas, a coluna de Charton havia percorrido 16 km sem incidentes de monta. Tinham sido bombardeados com alguns projécteis disparados de canhões posicionados no cimo das colinas. Charton não estava convencido de que o facto de os *viets* não terem atacado a seguir ao fogo da artilharia, significava que carecessem de infantaria em número suficiente. Confiou os receios que sentia ao seu número dois, o major Forget, que destacou seis legionários, sob o comando do sargento Kress, para fecharem a retaguarda, isolados da vanguarda e dotados de um *walkie-talkie* com um alcance máximo de 5 km.

Os homens partiram bem dispostos, apesar de Kress os ter proibido de se atreverem sequer a abrir uma das muitas garrafas de álcool oferecidas por refugiados desejosos de se mostrarem agradecidos aos seus protectores ([10]). Chegados à retaguarda da coluna, dois legioná-

---

([10]) Bonecarrère, *Par le sang versé*, p. 421. Este incidente é interessante porque corrobora a afirmação de Charton de que os locais não foram obrigados a acompanhar a retirada, nem usados como escudos humanos.

rios pediram autorização para *tirer leur coups* (*) com as prostitutas que iam à sua frente. Kress autorizou-os – apenas meia hora. Minutos depois, durante um contacto rádio de rotina, Snolaerts, o operador do rádio, fingiu que Kress tinha enviado os dois legionários num breve reconhecimento, mas eles apareceram antes do previsto. As raparigas chinesas estavam dispostas a uma rapidinha nos arbustos, mas a madame, uma norte-africana, proibira-as com a justificação de que necessitavam de poupar energias para a caminhada do dia seguinte! Se os homens queriam sexo, dissera ela na franca linguagem do seu ofício, que fizessem um com o outro [11].

Às 05:00, um jipe deslocou-se ao longo da coluna, ordenando a toda a gente que se pusesse de novo em movimento. Às 10:00, Charton informou a retaguarda, via rádio, de que conseguira finalmente contactar Lang Son, e que recebera ordens para abandonar a estrada e seguir pelo trilho indicado no mapa, até Quang Liet e ao novo ponto de encontro, dado que Dong Khe ainda se encontrava na posse dos *viets*. O problema era que o seu mapa não correspondia à topografia. Kress recebeu ordens para perguntar aos locais se alguém sabia onde ficava a trilha. Através de uma das prostitutas chinesas, que falava francês e as línguas locais, descobriram um velho que afirmou poder guiá-los, e levaram-no num jipe até à frente da coluna, onde todos os veículos estavam a ser incendiados e a artilharia de campanha que Charton levara consigo, infringindo as ordens, estava a ser inutilizada.

O trilho revelou-se não utilizado há muitos anos, pelo que os homens da frente tiveram de passar as espingardas aos seus camaradas e abrir caminho, com machetes, pela densa selva que entretanto voltara a crescer. Kress recebeu ordens para garantir que a retaguarda se mantinha coesa, e para abandonar os atrasados ao seu destino, embora fossem mortos pelos *viets* por terem alinhado com os Franceses.

Kress era um duro veterano da Segunda Guerra Mundial; mas mesmo assim, ele reclamou, «E as crianças e as grávidas?».

«Abandone-as», ordenou-lhe Charton [12].

(*) «Darem uma voltinha». (*N.T.*)

[11] Bonecarrère, *Par le sang versé*, p. 422.

[12] Bonecarrère, *Par le sang versé*, p. 426-427.

A retaguarda ignorou as ordens. Primeiro, um legionário pegou numa criança que a mãe, grávida, levava às costas, outro fez o mesmo e, passado algum tempo, cada um levava pelo menos uma criança. Pelos velhos e enfermos, nada podiam fazer. Os atrasados congregaram-se em pequenos grupos, para terem o consolo de não morrerem sozinhos. Alguns cortaram os pulsos para se esvaírem até à morte antes de os *viets* os apanharem.

A sul, ouviam disparos intermitentes enquanto a artilharia de Giap flagelava a coluna de Lepage, que abria caminho à força para o novo ponto de encontro. Ao cair da noite, os sobreviventes do 1.º BEP também convergiram sobre o local, mas descobriram que se encontravam no cimo de um precipício de 300 m. Depois de vários homens terem caído para a morte tentando descobrir um caminho na escuridão, foi decidido passar a noite no lugar.

Ao alvorecer, Jeanpierre e Faulques não gostaram do que viram. O vale de Coc Xa era dividido, ao meio, por uma estreita garganta. Bastaria aos *viets* esperarem que a coluna de Lepage entrasse por uma extremidade e a de Charton pela outra, e aniquilá-las-iam antes que conseguissem juntar forças. Nem Jeanpierre nem ninguém sabiam quantos batalhões do Viet Minh se aproximavam. Durante o dia, uma flagelação constante reduziu o 1.º BEP a menos de 300 homens. Como último favor prestado por um camarada, os feridos que não podiam andar receberam uma bala na cabeça. Entretanto, os *viets* esperavam pelo momento certo e aumentavam a suas forças para um número inaudito: 20 000-30 000 homens, com artilharia pesada e de campanha. Aguardavam a chegada de Charton.

Nessa noite, Lepage recebeu a primeira transmissão de rádio directa de Charton, com a informação de que contava chegar a Coc Xa na noite seguinte ou, o mais tardar, na madrugada do dia 6 de Outubro. Pela reacção de Lepage, Jeanpierre e Faulques compreenderam que o «artilheiro» estava à espera de ser salvo pelas pessoas que ele fora incumbido de salvar. Sempre que os marroquinos de Lepage se encontravam sob maior pressão, as tropas de Jeanpierre e Faulques tinham de os apoiar. Deslocando-se de noite, em fila indiana, ao longo de um estreito trilho no meio da selva cerrada, mais de trinta páras foram agarrados, um após o outro, e o inimigo cortou-lhes a garganta, no mais absoluto e enervante silêncio.

Ao alvorecer, depois de contadas as baixas, o 1.º BEP recebeu ordens para liderar uma tentativa de junção a Charton, rompendo

UMA BALA PARA O MEU CAMARADA

o cerco do inimigo. Sem cobertura aérea, foram ceifados por morteiros e metralhadoras bem posicionados. Quase sem munições, combateram à granada e à baioneta até que, finalmente, estabeleceram contacto com os seus camaradas do 3.º REI, que se encontravam na vanguarda de Charton. Depois do pânico dos marroquinos de Lepage ter contagiado os compatriotas na coluna de Charton, as únicas tropas sob controlo eram o 3.º REI e o 1.º BEP. Combateram contra uma superioridade numérica esmagadora, tal como se tornara tradição na Legião, mas a sua valentia não foi suficiente para pôr cobro à confusão e à matança que se verificaram no vale de Coc Xa.

Aproximadamente 6600 homens foram mortos ou capturados. Ninguém contou os mortos civis. Cerca de 12 oficiais e 475 soldados conseguiram chegar a That Khe, no dia 8 de Outubro, incluindo 3 oficiais, 3 oficiais subalternos e 23 soldados do 1.º BEP – entre os quais, Jeanpierre e Faulques, ambos feridos. A dimensão do desastre de Coc Xa foi observada por um avião de reconhecimento Morane, que desceu corajosamente para o vale, abaixo das nuvens, e descobriu painéis de sinalização espalhados à toa entre os destroços. Longas colunas de prisioneiros já estavam a ser levadas, pela selva, para os campos de prisioneiros do Viet Minh.

Dos oficiais e soldados prisioneiros, os mais duros permaneceriam quatro anos em cativeiro, vendo o número dos seus camaradas menos robustos diminuindo semana a semana devido a doenças não tratadas e a marchas forçadas de campo em campo, vivendo de rações de arroz, doutrinação política e pouco mais. Um dos poucos «felizardos» de Coc Xa foi o cabo legionário Zurell. Capturado na selva, tão gravemente ferido que parecia condenado a morrer, foi trocado pelos *viets*. Repatriado para a Argélia, a sua vontade de viver fê-lo recuperar, e ofereceu-se pela segunda vez como voluntário para o Vietname.

Em concertação com o massacre no vale de Coc Xa, Giap lançou ataques ao longo de toda a Estrada Nacional 4, tal como Revers previra. Duas companhias de legionários receberam ordens para defender That Khe como ponto de refúgio para os sobreviventes das duas colunas, mas foram terminantemente proibidas de sair em seu auxílio. Em 18 de Outubro, Carpentier ordenou a evacuação militar e civil da Estrada Nacional 4, de Lang Son para sul, até à costa. Instalou-se o pânico generalizado. Nalguns casos, embora não houvesse um risco imediato, os depósitos e as peças de artilharia nem sequer

A Legião Estrangeira

foram destruídos ou inutilizados, e o Viet Minh, sempre com falta de medicamentos, foi presenteado com 150 toneladas de remédios e equipamento cirúrgico [13].

A chegada dos refugiados a Hanói levou as pessoas a falarem abertamente, nas esplanadas dos cafés, acerca de abandonarem a colónia. Em Paris, as credenciais comunistas de Giap e do seu senhor político, Ho Chi Minh, fizeram deles heróis da esquerda, que obstruiu as ambulâncias que transportavam os feridos repatriados e incitou os dadores de sangue a exigirem que o seu sangue não fosse dado aos soldados. Temendo que os conscritos se recusassem, em massa, apresentar-se para o cumprimento do serviço militar, o governo aprovou uma lei proibindo o envio de qualquer conscrito para uma zona de guerra [14] – uma lei que foi convenientemente esquecida em 1954, quando a Argélia explodiu.

Era evidentemente necessário um homem forte para pôr cobro ao pânico que grassava no Vietname. Foi descoberto na pessoa do general Jean de Lattre de Tassigny, o oficial mais graduado de Vichy a juntar-se a de Gaulle na Segunda Guerra Mundial. Para contrariar a declaração do Viet Minh de que conquistaria Hanói até 19 de Dezembro, a sua chegada e a de Letorneau, ministro de Estado, à cidade, foi assinalada, nessa mesma noite, com um desfile de 5000 soldados, para mostrar à população quem controlava a situação. Dado que os VIP não puderam deslocar-se do aeroporto antes de a estrada ser protegida pelo 2.º BEP, este ponto era discutível. Os legionários tiveram tão pouco tempo para se preparar para o desfile que se apresentaram com equipamento de combate e só puseram o quépi no último momento, sendo as cerimónias iluminadas pelos faróis de camiões estacionados em redor da parada.

Tratava-se de uma manobra de relações públicas para acalmar os civis. A personalidade de de Lattre também acalmou as tropas. «Vim», disse ele aos capitães e tenentes durante a recepção, enquanto os seus oficiais superiores se mantinham discretamente à distância, «para que, a partir de agora, tenham um comandante que comande» [15]. A sua

---

[13] Bernard Cabiro, *Sous le béret vert*, Paris, Plon, 1987, p. 252.

[14] Generais R. Huré e H. de la Barre de Nanteuil, citados em T. Geraghty, *March or Die*, Londres, Grafton, 1986, p. 287.

[15] Cabiro, *Sous le béret vert*, p. 256.

postura e palavras fizeram muito para tranquilizar os soldados de combate, que não respeitavam os REMFs(*) que tinham ordenado a retirada da Estrada Nacional 4. E as tropas também aprovaram a receita de de Lattre para combater o Viet Minh: a implementação de fortalezas tipo «ouriço», de construção rápida, bem no interior das áreas controladas pelo inimigo; Giap teria de as atacar e sofreria pesadas baixas que, cumulativamente, o sangrariam. Os ouriços não estavam ligados por estradas porque não houvera tempo para as construir – e os *viets* tê-las-iam cortado –, pelo que o reabastecimento e o envio de reforços eram por via aérea. Talvez os verdadeiros heróis fossem os pilotos que arriscavam diariamente a vida manobrando os seus Junkers da Segunda Guerra Mundial por entre nuvens e montanhas em áreas onde os mapas correspondiam habitualmente muito pouco ao que eles viam no terreno, largando provisões nas bases e homens e munições em posições sob ataque inimigo. Lançavam também *napalm*, introduzido no Vietname por de Lattre. Durante algum tempo, o plano pareceu funcionar, excepto para os planeadores, que viam no seu «mapa do sarampo» as manchas vermelhas das áreas controladas pelo Viet Minh aumentar semana a semana. Com os pedidos de reforços nunca satisfeitos, de Lattre teve de pilhar a retaguarda para utilizar todos os homens disponíveis na frente daquela guerra agressiva. Foi assim que a 13.ª Meia-Brigada da Legião Estrangeira (13.ª DBLE(*)) perdeu três dos seus quatro batalhões, enviados para o Norte.

Alterando as regras, Giap incrementou as actividades terroristas nas vilas e cidades, insuficientemente defendidas. A necessidade de proteger os civis nas cidades para que os negócios pudessem continuar – afinal de contas, era este o motivo da presença francesa, particularmente as plantações de borracha, tão vitais para a gigantesca empresa Michelin – implicou o abandono de muitas das novas bases. Giap venceu o primeiro assalto.

(*) Calão do exército norte-americano, acrónimo de «*rear-echelon motherfucker*», que pode ser traduzido por «cabrão da retaguarda». Muito em voga durante a Guerra do Vietname, designava todo o pessoal não combatente, mas destinava-se particularmente às altas patentes e ao Pentágono, que enviavam os soldados para a morte sem correm eles próprios qualquer risco. (*N.T.*)

(*) Demi-Brigade de la Légion Étrangère. (*N.T.*)

A LEGIÃO ESTRANGEIRA

As forças empregues contra Giap eram numericamente impressionantes. No auge, a força expedicionária atingiu os 235 721 oficiais e soldados, incluindo tropas coloniais do Vietname, Laos, Camboja e Norte de África, com oficiais franceses. Dos 18 710 homens retirados de regimentos da Legião, cerca de 60% eram alemães. Em muitas unidades, as instruções e as ordens tinham de ser traduzidas para alemão ou dadas directamente nessa língua. Uma política governamental para excluir ex-membros das SS teria sido impossível de cumprir, já que muitos haviam removido a sua tatuagem do grupo sanguíneo no sovaco (*) – e a Legião também não se preocupava muito com as políticas governamentais.

Menos de 25% da população francesa era favorável àquilo a que o *Le Monde* já apelidava de «guerra suja» ([16]), que custava à França o equivalente a toda a ajuda que o país estava a receber no âmbito do Plano Marshall, com a consequência de que a sua recuperação pós-guerra era mais lenta do que a de qualquer outro Estado europeu. Washington deixara bem claro que o auxílio cessaria enquanto a França não aceitasse conceder a independência total ao Vietname.

Nesse Natal, os legionários do 2.º BEP receberam uma visita surpresa. De Lattre apareceu em pessoa, não para lhes desejar paz e boa vontade, mas para lhes demonstrar que se preocupava com eles. A visita foi particularmente eficaz porque ele não se fez acompanhar de uma multidão de oficiais superiores, apresentando-se apenas escoltado por dois ajudantes-de-campo. Nenhum dos homens cujo ânimo ele levantou sabia que o comandante supremo estava a morrer de cancro e que, em 1952, seria substituído pelo general Raoul Salan.

Em qualquer dos casos, o 2.º BEP não se encontrava no Vietname quando Salan chegou, mas sim no Norte de África, onde o futuro presidente da Tunísia, Habib Bourguiba, fora novamente preso pelos Franceses. Comandado pelo major Albert Brothier, que iniciara a sua carreira de legionário no 22.º Regimento de Voluntários Estrangeiros, em 1940, e se juntou à famosa 13.ª DBLE de de Gaulle ao ser libertado de um campo de prisioneiros alemão, o batalhão não efectuava

---

(*) Apenas a letra do grupo sanguíneo, não a indicação referente ao factor *rhesus*, ainda mal compreendida na época. Refira-se, no entanto, que não era uma prática generalizada nas SS. Por exemplo, o «desaparecimento» de Josef Mengele foi também facilitado pelo facto de ele não ter esta tatuagem. (*N.T.*)

([16]) O historiador Philippe Devillers em «Les Brûlures de l'Histoire», um programa do canal televisivo FR3, em 26 de Abril de 1994.

UMA BALA PARA O MEU CAMARADA

lançamentos, mas mantinha a ordem no seio de uma população que queria ver os Franceses pelas costas. Baseada no movimentado porto de Sfax, a companhia do tenente Bernard Cabiro tinha mais problemas com as deserções do que com autóctones amotinados. Os legionários italianos eram muito abordados pelos compatriotas civis, que se ofereciam para os esconder a bordo de navios com destino à pátria.

A monotonia continuou depois de terem regressado a Sétif, no Leste da Argélia. Ansiosos por fazerem alguma coisa, em Agosto, aproveitaram a boleia de alguns aviões de carga americanos C-119 que aterraram em Annaba [17], para praticarem saltos de pára-quedas. Foi com enorme alívio que Cabiro recebeu a sua ordem de marcha para o 1.º BEP, no Vietname, onde, em Maio de 1952, o general Salan fora substituído, por razões políticas, pelo general Henri Navarre.

A brilhante carreira de Navarre nos serviços de informações e na contra-espionagem não o preparara para a tarefa. Dos comandantes cujos antecessores falharam na sua missão, requer-se que tenham «uma ideia melhor». A de Navarre era tão simples que os seus senhores, em Paris, não tinham sentido a mínima dificuldade para a compreender. Ele explicara-lhes que de Lattre fizera o que devia ser feito, mas numa escala demasiado pequena. Navarre planeava construir uma enorme superfortaleza num canto estratégico do Noroeste do Vietname para «fechar a porta» para o vizinho Laos, onde, na Primavera, duas ofensivas francesas tinham sido repelidas.

O encanto que o plano exercera à mesa de reuniões, em Paris, decorrera do seu ar muito «moderno», combinando supremacia aérea, transporte aéreo, tropas aerotransportadas e pára-quedistas. Mas os oficiais que conheciam o terreno não conseguiram acreditar no que estavam a ouvir – sabiam que os *viets* eram como formigas na capacidade que tinham de contornar qualquer obstáculo. Navarre não lhes deu ouvidos. Estava convencido de que Giap não conseguiria passar pela superfortaleza, e que continuaria a atacá-la até ficar sem homens. Numa metáfora reveladora, Navarre explicou, em todas as reuniões, que a sua superfortaleza seria uma bigorna tão grande que esmagaria o martelo do Viet Minh de uma vez por todas. E o lugar onde isso aconteceria chamava-se Muong Thanh, mas ficou para a

---

[17] Então chamada Bône.

33

história como Dien Bien Phu – uma tradução do francês «Centro Administrativo da Região Fronteiriça».

Navarre foi expressamente nomeado para «criar as condições para uma resolução do conflito no Vietname». A confiança dos seus senhores políticos nele e na sua capacidade para impressionar o Estado-Maior das Forças Armadas, em Washington ([18]), reflectiu-se no retrato como Homem do Momento na capa da revista *Time*, em 28 de Setembro de 1953. Ele acelerou efectivamente a resolução do conflito, mas num sentido oposto ao esperado.

Para assumir o comando da superfortaleza, Navarre levou consigo um distinto comandante, ao qual tem sido chamado o seu «menino de ouro». Contudo, o coronel Christian Marie Ferdinand de la Croix de Castries era uma escolha estranha – um cavaleiro de 51 anos de idade, cujos pontos fortes não estavam na defesa de posições fixas, um facto que ele revelou em Dien Bien Phu ao gritar «Isto é uma operação ofensiva!» muito depois de tal já se ter tornado impossível.

A localização que Navarre escolheu para a sua bigorna ficava a menos de um dia de marcha da fronteira com o Laos, num estreito vale dominado por elevações em todos os lados. Construir uma base num vale inteiramente rodeado por colinas desafia as regras básicas da guerra, mas o jovial e confiante coronel de artilharia, Charles Piroth, assegurou ao novo comandante supremo que os 600 km de montanhas e selvas entre Dien Bien Phu e as habituais fontes de aprovisionamento de Giap, na China, significavam que não se poderia deslocar nenhuma artilharia pesada para junto da fortaleza. A bigorna ia quebrar o martelo, não ia?

No vale, existia uma pista de aviação abandonada, utilizada pela última vez durante a ocupação japonesa. Todavia, a guarnição ficava a 300 km de Hanói e a 400 km da base aeronaval de Cat Bi, perto de Haiphong – no limite, sem reabastecimento aéreo, dos Dakotas e C-119 Flying Boxcars dos quais dependeria para obter qualquer

---

([18]) Ver pp. 410-411 do memorando para o secretário da Defesa elaborado pelo chefe do Estado-Maior das Forças Armadas, datado de 28 de Agosto de 1953, intitulado «Assunto: Conceito Navarre para Operações na Indochina», sumariando o documento *Principles for the Conduct of the War in Indochina*, apresentado pelo general Navarre ao tenente-general O'Daniel, chefe da Missão Militar Americana no Vietname. Disponível em *The Pentagon Papers*, Gravel Edition, em www.mtholyoke.edu/acad/intrel/pentagon/doc17.htm.

bala, arma, quilo de alimentos e litro de água potável. Com as garantias de Piroth relativamente à artilharia, ninguém contava com muito fogo anti-aéreo por parte do Viet Minh, mas o coronel Nicot, responsável pelo transporte aéreo no Vietname, avisou Navarre de que, quando começassem as monções, as condições meteorológicas o impossibilitariam de transportar sequer o mínimo necessário para aprovisionar a guarnição.

O princípio cardinal de qualquer operação é o comandante ter um objectivo claro. De Castries parece ter sido ambíguo desde o princípio. A sua presença no local destinava-se a reforçar a etnia minoritária local contra o Viet Minh? Mas eles acabaram por ser abandonados, tal como o seriam pelos EUA. Se a presença dele se destinava a defender o vale a longo prazo, de modo a bloquear as incursões do Viet Minh no Laos, na posse dos Franceses, foi calculado

Província de Tonquim/Vietname do Norte.

A Legião Estrangeira

que ele não necessitaria dos treze batalhões que tinha sob o seu comando, mas sim de aproximadamente cinquenta [19].

A batalha começou com a Operação Castor, iniciada às 10:30 do dia 20 de Novembro de 1953, quando 65 DC-3 e C-47 largaram a sua carga humana em duas áreas perto da aldeia de Muong Thanh. O salto, a 200 m, foi bastante baixo. Além do mais, os páras levavam não apenas as suas próprias armas, mas também equipamento pesado, como, por exemplo, partes de morteiros e sacos com munições. Avançando nos aviões sobrecarregados e aos solavancos debaixo do calor matinal que ascendia do solo, foram lentos a lançar-se pelas portas laterais dos Dakotas, cuja velocidade mínima de 170 km/h significou que cada grupo de vinte e quatro homens ficou disperso por uma área de mais de 3 km ao chegar ao solo.

Ao que parece, *exactamente à mesma hora*, Navarre estava no seu gabinete, em Hanói, a ser informado pelo contra-almirante Georges Cabanier, vice-secretário-geral do Comité de Defesa Nacional, acabado de chegar de Paris, de que o governo previa para o mês seguinte, em Genebra, o início de negociações diplomáticas para pôr fim à guerra. Por conseguinte, Navarre não deveria fazer nada que acarretasse riscos desnecessários para a força expedicionária.

Mas Navarre conseguiu convencer Cabanier, e Paris só soube do início da Operação Castor às 16:30, hora do Vietname. Porque é que Navarre não parou a operação, ordenando aos homens que já se encontravam no terreno para abandonarem a zona via Laos? Será que se julgava capaz de resolver sozinho o conflito vietnamita, apesar da mensagem de Paris transmitida por Cabanier? Ou será que se encontrava numa situação «impossível», sob pressão para conseguir trunfos para as negociações mas sem correr nenhum risco? Terá sido por esta razão que lançou uma grande operação, de nome de código Atlante, no Sul/Centro do Vietname, e outras operações menores, todas ao mesmo tempo – ficando sem quaisquer reservas para Dien Bien Phu? A sua reacção a cada revés foi repetir a dose, até ele e o general Cogny, comandante da área militar na qual se situava Dien Bien Phu, deixarem de se conseguir falar de forma educada. A dada

---

[19] Ver pp. 8-18 da tese de doutoramento apresentada pelo major Harry D. Bloomer ao Colégio de Comando e Estado-Maior do Corpo de Fuzileiros dos Estados Unidos, em 1991, intitulada *An Analysis of the French Defeat at Dien Bien Phu*, disponível em www.globalsecurity.org/military/library/report/1991/BHD.htm.

altura, Cogny disse ao seu superior que a única coisa que o impedia de lhe dar um murro na cara era o respeito pelas suas estrelas.

Independentemente do raciocínio de Navarre, o facto de ter subestimado o inimigo custaria milhares de vidas. O palco estava preparado para a tragédia, mas houve uma oportunidade para a evitar, no dia 26 de Novembro, quando Ho Chi Minh disse a um repórter do jornal sueco *Expressen* que estava disposto a pôr termo ao conflito se os Franceses *discutissem* a independência. Dado que já tinham, ainda que sem sinceridade, prometido a independência ao seu corrupto imperador fantoche, Bao Dai [20], existiam todos os motivos para se sentarem à mesa e conversarem. Mas não o fizeram, e a tragédia tornou-se inevitável [21].

---

[20] Bloomer, *An Analysis of the French Defeat at Dien Bien Phu*, pp. 3/18 e 12/18.

[21] Programa televisivo de Devillers.

2

Morrer por Morrer

DIEN BIEN PHU,
NOVEMBRO DE 1953 – ABRIL DE 1954

Dado que era utilizada para salvar vidas francesas, à Legião saía habitualmente a fava, mas em Dien Bien Phu tudo eram favas. As baixas começaram antes de a primeira patrulha de páras chegar ao solo (*). Aquilo que, do ar, pareceram ser camponeses vestidos de preto trabalhando nos campos, revelaram-se *bo-doi* (*) do Viet Minh, treinando com AK-47 chinesas e metralhadoras e morteiros americanos provenientes de fornecimentos às forças do Kuomintang de Chiang Kai-shek, na China, ou obtidos nos campos de batalha da Coreia. Juntamente com os seus instrutores, sacrificaram-se para que o pessoal do QG do 148.º Regimento de Giap pudesse escapar. Quando o tiroteio cessou, o vale ficou fantasmagoricamente silencioso.

Navarre não confiara o estabelecimento da base a de Castries, mas sim ao brigadeiro-general Jean Gilles, o comandante veterano de um dos «ouriços» de de Lattre em Na Son. Ele saltou sobre Dien Bien Phu no Dia Dois – levando consigo um grave problema cardíaco,

---

(*) A «patrulha» designa, neste contexto, o número de homens que consegue saltar do avião na mesma passagem sobre a Zona de Lançamento, dependendo da combinação de vários outros factores, entre os quais as condições meteorológicas, a velocidade do avião, etc. (*N.T.*)

(*) Infantes do Viet Minh. (*N.T.*)

exacerbado por um constante excesso de trabalho –, para executar uma tarefa que não quisera. No papel, já era bastante mau. No terreno, durante a primeira visita de Cogny, Gilles disse ao seu chefe que gostaria de ser substituído o mais depressa possível. Depois de ter passado seis meses a viver principalmente debaixo da terra no *bunker* de comando do «ouriço» de Na Son, ele sabia do que estava a falar.

Na Son fora uma fortaleza convencional, com artilharia, campos de minas e bastiões de cimento dentro de um perímetro defensivo, mas Dien Bien Phu era uma confusão. A planta que Gilles tinha nas mãos mostrava diversos bastiões *separados* nas várias colinas que se erguiam no vale, todos com nomes de mulheres importantes na vida de Navarre. Em redor da principal pista de aviação, aglomeravam-se Claudine, Dominique, Eliane e Huguette. A noroeste de Huguette situava-se Anne-Marie, um complexo de posições defensivas guarnecidas por tropas coloniais compostas por thais brancos(*). Gabrielle e Béatrice seriam defendidas por 450 legionários do 3.º/13.ª DBLE(*). Seis quilómetros a sul das posições principais, protegendo a pista de aviação secundária, ficariam outros legionários, em Isabelle, sob o comando do coronel André Lalande, um veterano que combatera na 13.ª DBLE durante toda a Segunda Guerra Mundial. Em teoria, todas as posições podiam fazer fogo cruzado, mas cada uma delas estava sujeita a ser cercada separadamente.

No Dia Oito, 675 páras do 1.º BEP, comandados pelo major Guiraud, saltaram em Dien Bien Phu para contribuírem com as suas diversas competências na limpeza da pista de aviação e na eliminação de quaisquer inimigos existentes no vale. Totalmente rodeados pelas colinas densamente arborizadas, a sua primeira reacção foi negativa. Zurell, agora sargento na 4.ª Companhia, lembrou-se de Dong Khe, onde perdera um em cada três camaradas. O seu moreno comandante de companhia, o capitão Bernard Cabiro, ficou um momento a olhar para oeste, depois de dobrar o pára-quedas. «Ali», anunciou ele aos seus homens, «fica a única saída desta merda – a pé, pelo Laos».

Os thais negros que viviam em Muong Thanh, um pitoresco aglomerado de casas compridas com telhados de palha, assentes sobre

---

(*) Tribo de montanha do Nordeste do Vietname, assim chamada devido à cor do vestuário das mulheres. (*N.T.*)

(*) Ou seja, 3.º Batalhão da 13.ª Meia-Brigada. (*N.T.*)

estacas, junto ao rio Nam Youm, regressaram ao vale após o recontro inicial, primeiro as mulheres e as crianças. Os homens eram mais cautelosos, desconfiavam dos ocupantes, *viets* ou franceses. À semelhança do que fazem os soldados em todo o mundo, os páras distribuíram doces e chocolates pelos garotos, de olhos esbugalhados e, tal como os pais, vestidos inteiramente de preto – daí o seu nome. Os páras vietnamitas do 6.º Batalhão de Pára-quedistas Coloniais do coronel Marcel Bigeard tinham saltado com quilos de sal nas mochilas. Nas terras altas, valia o seu peso em ópio, e Muong Thanh era o maior mercado de ópio do Vietname.

Durante as primeiras semanas, tudo esteve relativamente tranquilo nas colinas circundantes. As patrulhas realizadas pelo 1.º BEP puseram a descoberto muitas provas: trincheiras recém-abertas, *bunkers* recém-construídos, pistas manifestamente muito utilizadas e os sons distantes de um incessante abate de árvores enquanto os homens de Giap abriam novos trilhos. Tão eficaz era a sua camuflagem e a sua utilização da cobertura proporcionada pelas árvores que, no vale, ninguém fazia a mínima ideia de que Giap estava a recorrer a 260 000 civis como carregadores e a 20 000 bicicletas requisitadas, cada uma das quais transportava até 250 kg de carga, um peso que teria necessitado, pelo menos, de cinco carregadores. Deste modo, Giap deslocou para Dien Bien Phu 200 peças de artilharia de calibre superior a 57 mm, desmontadas, e várias baterias de lança-foguetes soviéticos *Katyusha* [22]. Contra este arsenal, o coronel Piroth dispunha de seis baterias de seis canhões de 105 mm, uma única bateria de *howitzers* de 155 mm, e três companhias de morteiros pesados. Para reconhecimento, existiam dois aviões ligeiros Cricket, apoiados por um punhado de caças Bearcat para efeitos de superioridade aérea local.

Graças às escavadoras largadas pelos C-119s – para gáudio de toda a gente, uma soltou-se dos pára-quedas e enterrou-se profunda e inextricavelmente num arrozal –, a pista de aviação, constituída por placas de metal encaixadas, ficou utilizável em 25 de Novembro, três dias antes do previsto. No mesmo dia, uma patrulha da Legião deu conta de um endurecimento da resistência dos *viets*, e os thais de Muong Thanh partiram com o seu missionário, o padre Guidon,

---

[22] C. Jacquemart, *Le Figaro*, 7 de Maio de 2004.

para construir uma nova aldeia vários quilómetros a sul, onde o pessoal médico dos páras dava consultas gratuitas todas as manhãs, vacinando e providenciando cuidados médicos básicos.

Os guerrilheiros thais brancos que guarneciam postos avançados em redor do vale foram os primeiros a ser atacados. A 10 de Dezembro, uma das suas companhias, comandada pelo sargento Blanc e estacionada em Muong Pon, uma aldeia a norte de Dien Bien Phu, emitiu um pedido de auxílio via rádio. O capitão Ewan Bergot comandou a principal coluna de socorro, que foi finalmente travada às 18:00 do dia seguinte, depois de abrir caminho a tiro por 11 km de emboscadas; foram obrigados a abandonar a estrada e a deslocar-se através da selva das montanhas, entrecortada por leitos de riachos, maioritariamente secos. Ainda se encontravam a 10 km de Muong Pon – 10 km que demorariam 36 preciosas horas a percorrer – quando um avião de reconhecimento Piper Cub assinalou concentrações significativas de *viets* à sua frente. Via rádio, o sargento Blanc informou que restavam à guarnição apenas seis cartuchos por homem. Dien Bien Phu prometeu-lhe uma largada de munições para o alvorecer. Bergot decidiu iniciar a última etapa às 04:00. Esperando apanhar os *viets* desprevenidos, colocou vários renegados ex-Viet Minh na vanguarda da coluna, para confundir o inimigo na escuridão.

Ao alvorecer do dia 13 de Dezembro, avançavam como sonâmbulos devido à exaustão quando o som de um aceso tiroteio lhes disse que fora lançado o assalto final. Às 11:00, ainda lhes faltava percorrer um quilómetro, mas os *viets* desapareceram. Os homens de Bergot entraram finalmente na aldeia ao meio-dia e encontraram-na deserta, com pilhas de caixas de cartuchos, pensos sujos e ligaduras ensanguentadas. Não havia sinais do sargento Blanc nem dos seus thais brancos, vivos ou mortos.

Arrepiado perante aquela cena familiar, o sargento Zurell disse, «Foi assim que tudo começou em Dong Khe» [23].

Enquanto iam avançando a demolição dos edifícios e a escavação de *bunkers* no vale principal, os visitantes chegavam aos magotes, levando o tenente-coronel Gaucher da 13.ª DBLE a praguejar, «Transformei-me numa porra dum guia turístico. Já sei o que é que

---

[23] Ewan Bergot, *Les 170 Jours de Diên Biên Phu*, Paris, Presses de la Cité, 1979, pp. 45-48.

A Legião Estrangeira

eles vão dizer. Os ministros perguntam se conseguiremos resistir. Os políticos, que só querem votos, murmuram, «A França conta convosco». Quanto aos ianques, enfiam um pau nos telhados dos abrigos para medirem a espessura da terra e ficam com um ar preocupado» [24]. Gilles, que pretendera cumprir a sua missão e ir-se embora, partiu no dia 8 de Dezembro; o fluxo de visitantes VIP continuou, com de Castries a servir de cicerone. Os mortais mais comuns eram distribuídos pelos seus coronéis.

No dia 24 de Dezembro, não havia um único pára no vale. Os homens do 1.º BEP e os outros encontravam-se do outro lado da fronteira, no Laos, empenhados na Operação Regattas, uma junção com uma coluna laociana proveniente de Luang Prabang. Perseguindo os páras de perto, os *viets* apenas lhes deram tempo para apertarem as mãos aos laocianos, flagelando-os durante todo o caminho de regresso à base – todos os trilhos estavam minados e eram alvo de emboscadas. Foi a última patrulha ofensiva regular [25]. Dien Bien Phu converteu-se num campo entrincheirado, lutando pela sua própria sobrevivência.

O presente de Natal que Navarre recebeu foram três tanques M-24 Chaffee, com canhões de 75 mm, transportados via aérea, desmontados, e reconstruídos em oficinas subterrâneas, em vinte e quatro horas, pelos mecânicos da 13.ª DBLE. Seguir-se-iam outros sete M-24. Sendo a maioria dos legionários alemã, o seu Natal atrasado foi celebrado com ramos decorados, presépios e pequenos presentes – e o canto de «Lili Marlene», «Deutschland über alles» e «Stille Nacht, Heilige Nacht», ecoou pelo vale, chegando ao inimigo ateu. Em resposta, ecoando de altifalantes ao serviço da guerra psicológica, colocados nas trincheiras da primeira linha do Viet Minh, chegaram as vozes de desertores falando em francês, alemão, árabe e todas as outras línguas das tropas coloniais, com a seguinte mensagem de Natal: «Camaradas, porque continuam a combater? Querem morrer pela Michelin?». A borracha das plantações da Michelin constituía a exportação mais importante da colónia.

Como lembrança de que os soldados também podem ser vítimas de tragédias pessoais, o major Pégot do 3.º/13.ª perdera a mulher, varrida por uma onda do navio que a levava ao Vietname. Fazendo-lhe

---

[24] *Ibid.*, p. 52.
[25] *Ibid.*, p. 53.

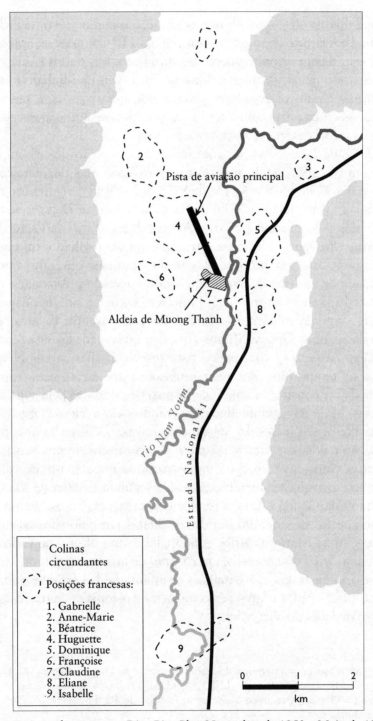

Posições francesas em Dien Bien Phu, Novembro de 1953 – Maio de 1954.

A Legião Estrangeira

companhia na sua primeira passagem de ano como viúvo, Gaucher discutia o relatório do sargento-mor Fels, da 11.ª Companhia, acabado de chegar de um reconhecimento nocturno com três outras LURPs(*), informando que a uns meros 8 km de Dien Bien Phu tinham observado não alguns carregadores percorrendo uma pista com pesadas cargas às costas, mas comboios de camiões atravessando a escuridão com os faróis despreocupadamente acesos(26).

A 27 de Janeiro, as posições francesas encontravam-se completamente cercadas, sendo unicamente aprovisionáveis por via aérea. Mas o dia 31 de Janeiro foi dia de VIP, com a visita do secretário das Colónias, Marc Jacquet, e do embaixador Maurice Dejean, acompanhados pelo próprio Navarre. Até o sub-secretário de Estado da Guerra, Chevigné, veio fazer turismo, e foi aconselhado, tal como todos os outros, a partir antes das 16:00, altura em que, com a pontualidade de um sino de igreja, um solitário canhão posicionado nas colinas disparava sempre alguns projécteis. Os defensores apodavam-no de «japonês solitário», convictos de que se tratava de uma relíquia da Segunda Guerra Mundial que caíra nas mãos do Viet Minh.

Giap não estava com pressa para revelar as suas cartas. Necessitava de tempo para acumular provisões e treinar as suas tropas. Tinha de ser construída uma rede de pistas escondidas pela copa das árvores. Mais importante ainda, esperando pelo início das monções – durante os seis meses da estação das chuvas, o vale tinha uma precipitação média superior a 1,5 *metros* – as nuvens, muito baixas, e as fortes chuvadas tornariam impossíveis, na maior parte dos dias, o apoio e o reabastecimento aéreos. Na segunda semana de Março, quando Giap ainda estava a propor conversações(27), os *viets* já tinham aberto mais de 100 km de trincheiras em redor dos bastiões norte – Anne-Marie, Béatrice e Gabrielle. Nesta altura, de Castries dispunha de 13 000 homens, um *cocktail* de infantes argelinos, senegaleses e vietnamitas, três batalhões de infantaria da Legião, e ainda o 1.º BEP, o 2.º BEP e outros páras franceses e coloniais – cercados por quatro divisões do Viet Minh.

(*) Membro de uma equipa de reconhecimento de longa distância. As Long Range Reconnaissance Patrols (LRRP ou LURP), principalmente utilizadas na Guerra do Vietname, eram compostas por equipas de 4 a 6 homens. (*N.T.*)

(26) *Ibid.*, p. 57.

(27) Programa televisivo de Devillers.

Os «confortos dos soldados» pouco mais eram do que pilhas de revistas francesas antigas, já muito folheadas, até à chegada do BMC, o *bordel mobile de campagne*. Os sapadores tinham construído um bordel subterrâneo com cubículos. As lindas raparigas, vestindo *ao-dais*(*), chegaram com a madame, uma senhora elegante cujas sandálias douradas não tardaram a ficar sujas com a omnipresente poeira, acima da qual segurava delicadamente as dobras da sua *kai hao* de cetim cor-de-rosa com uma mão, enquanto na outra tinha um grande chapéu-de-chuva preto que lhe protegia o rosto do sol. Foram recebidas pelo oficial médico do 1.º/2.º REI, cujas tarefas passariam a incluir exames obrigatórios de doenças venéreas para elas e seus clientes. Depois de se instalarem, foram emitidas ordens definindo os horários para as diferentes unidades e patentes[28]. Tal como observou um legionário, ao ver as raparigas descerem vacilantemente as escadas dos DC-3 nos seus saltos altos, já só faltava à base um cinema.

Ferido durante uma pequena operação realizada a 5 de Março, Cabiro desmaiou quando viu o pé direito aparentemente preso à perna por uma tira de músculo. Acordou numa cama de hospital, em Hanói, demasiado horrorizado, face à ideia de ficar estropiado, para pedir a um enfermeiro que puxasse os lençóis para lhe mostrar os danos. Como bom exemplo de humor de soldado, quando o cirurgião ortopédico foi ver o paciente e lhe mostrou alguns dedos saindo do gesso das pernas, Cabiro perguntou se aquilo significava que ainda tinha pé direito, e ouviu a resposta de que os enfermeiros costumavam enfiar alguns dedos no gesso para não traumatizarem os amputados.

A anestesista da sua primeira operação era a noiva de Roger Faulques, que apareceu à sua cabeceira para lhe anunciar que estava prestes a regressar a Dien Bien Phu. Cabiro, normalmente positivo, retorquiu, «Não vás. Aquilo tá tudo fodido». Faulques aterrou na base no dia seguinte, no meio de um tiroteio.

Na tarde de 13 de Março, chegou a aliada de Giap, a monção. A humidade transformou-se numa chuva miudinha e pegajosa que, como um passe de magia, fez sair da lama enxames de moscas azuis, aparentemente cientes do festim que as aguardava. A cada seis segundos, caía nas posições francesas um projéctil disparado pelos

---

(*) Vestuário tradicional das mulheres vietnamitas. (*N.T.*)

[28] Bergot, *Les 170 Jours de Diên Biên Phu*, pp. 60-61.

howitzers de 105 mm e 75 mm entrincheirados na contra-encosta das colinas circundantes. Neutralizada a artilharia francesa, seriam deslocados para as encostas e disparariam «cano abaixo». Mais tarde, viriam mesmo operar dentro das posições francesas.

Em Béatrice, defendida pelo 2.º/13.ª DBLE, o tenente-coronel Gaucher e o major Pégot viam as trincheiras do Viet Minh aproximando-se como uma tenaz. Juntamente com a maioria do pessoal do quartel-general, morreram quando o posto de comando sofreu um impacto directo. As baixas elevaram-se a trinta e seis mortos e feridos, enquanto as ruínas da posição se transformavam num ferro-velho de fragmentos de aço e lama até aos joelhos, com o ar tresandando a cordite e ao conteúdo vaporizado das entranhas dos mortos.

Giap lançou entre 5000 e 6000 *bo-doi* em vagas contra Gabrielle, cujo fortim avançado foi conquistado, reconquistado por um batalhão de legionários e de novo perdido. O alvo seguinte foi a própria Gabrielle. Em vez de vagas humanas, Giap recorreu à artilharia e à infiltração. Um impacto directo no posto de comando, proveniente de uma bazuca de 75 mm com rodas que fora puxada até uma distância de 150 m, matou todo o grupo de comando. Depois, caiu Anne-Marie. Pelas 16:00, a pista de aviação foi encerrada ao tráfego, após a destruição da torre de controlo e do transmissor de rádio de apoio à navegação. Os caças Bearcat tinham sido destruídos no solo pela artilharia do Viet Minh, e apenas dois dos aviões ligeiros de reconhecimento conseguiram descolar e chegar a Hanói.

Afinal, o «japonês solitário» fora um canhão de cada bateria do Viet Minh registando os alvos que lhe tinham sido atribuídos no vale. A precisão daí resultante provocou baixas horríveis entre os serventes das posições da artilharia francesa, rodeadas de sacos de areia como protecção contra os morteiros, mas não escavadas nem cobertas. Depois de ter perdido dois canhões de 105 mm, um quarto dos seus 75 e um terço dos morteiros de 120 mm, o coronel Piroth, que era maneta, foi de posição em posição, pedindo desculpa aos sobreviventes, e depois retirou-se para os seus aposentos, onde puxou a cavilha de segurança de uma granada com os dentes e encostou-a ao estômago.

A 14 de Março de 1954, no segundo dia da ofensiva do Viet Minh, de Castries ficou tão descontrolado que deixou de funcionar como comandante, isolando-se no seu *bunker* e usando o serviço de porcelana da família ao jantar, vivendo num irreal mundo de negação. Em vez de o destituir e enviar um substituo de pára-quedas, Navarre promoveu-o a brigadeiro-general. O enérgico tenente-coronel pára-quedista Pierre Langlais tornou-se o comandante *de facto*. Mais tarde, ao ser alvo de críticas, respondeu de forma tipicamente pára: se as altas patentes, em Hanói, não gostavam do que ele estava a fazer, podiam ter enviado outro comandante em qualquer altura! [29].

Muito se deve a ele o facto de o vale ter resistido durante cinquenta e quatro dias face à esmagadora superioridade numérica inimiga.

Em 15 de Março, perderam-se as comunicações com os legionários de Béatrice, à medida que os rádios foram sucessivamente silenciados, com a perda de 326 homens. O último contacto recebido foi de um operador da 9.ª Companhia, solicitando fogo de artilharia sobre si próprio quando os *viets* invadiram a posição. Não é exagero dizer que este evento foi considerado um presságio pela guarnição da base: se a Legião não conseguia resistir, que esperança haveria para os outros? Quando anoiteceu, Anne-Marie e Gabrielle, defendidas por *tirailleurs*[*] argelinos, já tinham também caído.

Passados dias, a pista de aviação principal deixou de ser utilizável durante o dia devido ao bombardeamento preciso de cada avião que aterrava. As evacuações médicas prosseguiram de noite, graças a um punhado de pilotos e a uma equipa de enfermeiras especializadas, de grande coragem, uma das quais se tornaria a heroína de Dien Bien Phu. A 23 de Março, a estrada que ligava as posições francesas, pela qual todos os abastecimentos tinham de passar, também passou a ser inutilizável durante o dia, até para os condutores de ambulâncias voluntários da 13.ª DBLE.

O coronel Bigeard, antigo herói da Resistência, cujos páras vietnamitas tinham sido lançados em 20 de Novembro e retirados em finais de Dezembro, saltou novamente em Dien Bien Phu. A 10 de Abril, Cabiro estava deitado numa maca na base aérea de Bach Mai, à espera de ser transportado de avião para Saigão, a caminho de França, quando vários ex-camaradas seus do 2.º BEP abandonaram as fileiras e, no peculiar andar «à pato» imposto pelos dois pára-quedas e outro equipamento volumoso, se dirigiram a ele para lhe apertar a

---

[29] Bloomer, *An Analysis of the French Defeat at Dien Bien Phu*, p. 14/18.

[*] Termo originário do período napoleónico, denotando a infantaria ligeira. Posteriormente, passou a designar a infantaria dos batalhões ou regimentos coloniais, comandados por oficiais franceses. (*N.T.*)

A Legião Estrangeira

mão. Pouco depois, estavam no ar, com destino a Dien Bien Phu, para apoiarem os seus camaradas do 1.º BEP, desgastados por serem utilizados como reserva móvel desde que tinham saltado na zona.

Não foram os últimos legionários a saltar sobre a base sitiada. Um singular – ainda que irregular – fluxo de voluntários materializou-se a partir das fontes mais estranhas, incluindo 120 homens da 1.ª Companhia do 3.º REI e 207 oficiais e soldados do 5.º REI, sem instrução de pára-quedismo. Estranhamente, a sua percentagem de baixas nos saltos não foi superior à dos pára-quedistas. Continuaram a chegar reforços voluntários até 6 de Maio, embora os últimos soubessem que o seu bilhete era só de ida. O seu lema era «*Crever pour crever, autant crever avec les copains*» – Morrer por morrer, mais vale morrer com os camaradas.

Num hospital militar de Saigão, Cabiro conheceu a elegante mulher do general Gambiez, cujo filho morrera quando o helicóptero Evasan (*) no qual estava a ser evacuado depois de ter sido ferido em Dien Bien Phu foi abatido por um projéctil *viet*. Seguindo a tradição das mulheres de militares, madame Gambiez pusera de lado a sua dor para ir consolar o piloto, que perdera uma perna e estava no quarto ao lado do de Cabiro.

Foi uma questão de tempo até as evacuações médicas de Dien Bien Phu se tornarem impossíveis. Em 26 de Março, um último avião conseguiu descolar cheio de feridos graves. A evacuação Evasan seguinte não correu tão bem. Geneviève de Galard, uma enfermeira *convoyeuse* (*) de 28 anos de idade, deveria ter regressado a Hanói com os feridos, mas o impacto directo de um projéctil de artilharia impediu o seu Dakota de levantar voo. Apresentando-se ao serviço ao major-cirurgião Paul Grawin, que estava a operar vinte e três horas por dia, enterrado na lama até aos tornozelos e em tronco nu devido ao sufocante calor húmido da sala de operações subterrânea, ela passou a supervisionar, com toda a calma, a principal enfermaria cirúrgica, com quarenta camas, sujeita a frequentes cortes de electricidade e com escassez de medicamentos e pensos. Cuidando pessoalmente dos feridos mais graves, era constantemente inquirida, pelos amputados múltiplos e cegos que tinham sido jovens saudáveis, «*Vais-je vivre,*

(*) Acrónimo de «Évacuation sanitaire aérienne». (*N.T.*)
(*) Enfermeira de Evasan. (*N.T.*)

mademoiselle?». «Mam'zelle» tornou-se a sua alcunha. E Grawin, o cirurgião mais graduado da base, que nunca perguntava se o corpo que tinha à frente era francês ou vietnamita, recebeu dos seus pacientes cambojanos a alcunha de «*bac-si kim*» – o médico que cose.

Acerca desta época, Grawin escreveu:

> Sangue, vómito e fezes, misturados com a lama, constituíam um horrível composto que se pegava às botas em espessas camadas. Nunca esquecerei o martírio dos homens feridos no tórax, procurando, em vão, fazer chegar aos pulmões o ar e o oxigénio dos quais a sua vida dependia; e as minhas garrafas de oxigénio esvaziavam-se a um ritmo louco. Tive de colocar estes pacientes no mais distante dos abrigos dos Commandos de l'Air, onde a passagem principal não era coberta. Quando voltei a vê-los, uma efusão pleural estava a matá-los suavemente[30].
>
> Vi uma longa fila de estátuas de lama – mas moviam-se, às apalpadelas pelas paredes. Debaixo das suas camadas de lama, estavam completamente nus. Um não tinha uma perna. Como conseguira chegar ali? Outro só tinha um olho. Homens com gesso nos ombros, no tórax, nas pernas. Havia lama por todo o lado, nos pensos e no gesso[31].
>
> Depois da última operação cambaleei, meio inconsciente, até ao rectângulo de luz cinzenta, no fim da passagem. Depois, ouvi uma vozinha, sussurrando atrás de mim, «Oh, gostava de adormecer e nunca, nunca mais acordar». Virei-me e vi Geneviève, encostada à parede, chorando baixinho[32].

A partir da noite em que Geneviève chegou, foram diariamente largadas doze toneladas de provisões, ou um quinto do mínimo necessário. A chuva torrencial e as nuvens baixas obrigavam os aviões a aproximarem-se muito baixo, tornando-se alvos fáceis para as baterias antiaéreas. A batalha custou 62 aviões destruídos e 167 danificados. Havia tanta falta de aparelhos e tripulantes que foram contratadas tripulações à Civil Air Transport Company, operada pelos EUA[*], cujos

---

[30] Paul Grawin, *Doctor at Dien Bien Phu*, Londres, Hutchinson, 1955, p. 169 (abreviado pelo autor).

[31] Grawin, *Doctor at Dien Bien Phu*, p. 278 (abreviado pelo autor).

[32] *Ibid.*, p. 156 (abreviado pelo autor).

[*] A CAT era uma companhia operada pela CIA. (*N.T.*)

pilotos afirmaram que a intensidade do fogo antiaéreo nos acessos ao vale era pior do que o que tinham experimentado na Coreia ou na Segunda Guerra Mundial, sobre a Alemanha.

Foi lançado um contra-ataque com tanques e infantaria, incluindo homens da 13.ª DBLE, com o objectivo de eliminar algumas posições antiaéreas nas colinas perto de Claudine. Foram destruídos cinco canhões de 20 mm e várias metralhadoras, e mortos 300 inimigos, mas nada mudou. E quando Claudine foi abandonada, um dos últimos homens da 13.ª DBLE a partir disse, «Matámos massas de homens, mas vinham sempre mais, saltando sobre os cadáveres dos outros» ([33]).

Metidos em água até aos joelhos, escorregando e deslizando na lama, os sapadores do Viet Minh foram aproximando as suas trincheiras de Dominique e Eliane. A 30 de Março, quando a vaga humana final atacou, os artilheiros coloniais nivelaram os canos dos canhões para dispararem horizontalmente. Esta operação e o fogo absolutamente devastador dos *quad-fifties* – uma combinação, originária da Segunda Guerra Mundial, de quatro metralhadoras de calibre .50 com alimentação sincronizada – obrigaram os *viets* a retirar cegamente para um campo de minas recém-colocado. Sobreviventes do 2.º BEP, do 8.º Regimento de Assalto e do 6.º de Páras Coloniais conseguiram reconquistar a colina chamada Eliane 2, a um custo de várias centenas de vidas. Não valia a pena. A coberto de uma barragem de morteiros, os *viets* reconquistaram a posição.

A oeste, Huguette foi a seguinte a ser tomada de assalto. O posto cirúrgico estava pejado de mais de 1000 homens que precisavam de cuidados. Tamanho era o fedor dos cadáveres por sepultar e das partes de corpos removidas durante as cirurgias, agora putrefactas, dos vermes que se alimentavam dos ferimentos, para os quais não havia antibióticos, e dos excrementos que se acumulavam por todo o lado, que muitos feridos preferiam regressar às suas companhias, onde pelo menos podiam respirar ar puro.

Entre 2000 e 3000 soldados tailandeses, argelinos, marroquinos, vietnamitas e europeus desertaram. Dado que não poderiam esperar passar pelas linhas inimigas, os norte-africanos e os europeus escavaram buracos nas margens do rio, onde tinham menos probabilidades

---

([33]) Gerahty, *March or Die*, p. 293.

de serem bombardeados, e viviam de alimentos recuperados das largadas aéreas diárias. Conhecidos por «ratos do Nam Youm», chegaram até a organizar um bordel para as tropas não europeias, sem qualquer interferência, porque ninguém tinha energia nem tempo para policiar a área. A Legião também teve os seus desertores: a 13.ª DBLE registou setenta e sete durante o cerco. Se conseguissem pôr-se a salvo sem serem abatidos a tiro ou feitos em pedaços pela artilharia, os que eram alemães tinham uma boa probabilidade de ser repatriados para a Alemanha de Leste.

Apesar de o reabastecimento ser muito abaixo dos níveis críticos devido ao anel de baterias antiaéreas, as largadas eram feitas a 8500 pés, pelo que, muitas vezes, homens, munições e alimentos caíam atrás das linhas do Viet Minh. A grande maioria dos obuses de 105 mm que se abateram sobre o vale com tanto efeito foram adquiridos pelo Viet Minh deste modo. Os C-119 Flying Boxcars lançaram cargas de 6 t de napalm sobre as trincheiras *viets*. Se tivesse sido na estação seca, as colinas teriam ecoado com o som de carne humana a estalar, mas devido às monções os efeitos foram muito localizados, tal como Giap previra.

Em 23 de Abril, o 2.º BEP lançou o último contra-ataque. Ao mesmo tempo, Douglas MacArthur II, consultor do Departamento de Estado, ouvia, em Paris, um apelo para que aviões da Marinha dos EUA fossem pintados com as cores francesas e os seus pilotos alistados temporariamente na Legião, para bombardearem as posições do Viet Minh em redor de Dien Bien Phu durante dois ou três dias sem envolverem formalmente os Estados Unidos ([34]). Em resposta aos pedidos de auxílio franceses, o Pentágono também concebeu a Operação Vulture, bombardeamentos Arclight (*) por oitenta B-29 baseados nas Filipinas, utilizando bombas explosivas convencionais e armas nucleares ([35]) – o que estava fora de questão, em virtude de as posições francesas e *viets* estarem já misturadas umas com as outras. Nenhum destes planos deu em nada.

([34]) *Ibid.*, p. 294.

(*) A Operação Arc Light (ou Arclight) foi a transferência, em 1965, de bombardeiros B-52 de várias bases nos EUA para Guam. Por extensão, passou a designar a utilização dos B-52 em missões de apoio aéreo táctico na Guerra do Vietname. É neste sentido que o autor emprega anacronicamente o termo. (*N.T.*)

([35]) Programa televisivo de Devillers.

A Legião Estrangeira

Na noite em que Huguette 1 foi conquistada, de Castries ordenou ao 2.º BEP que liderasse um contra-ataque, atravessando a exposta pista de aviação em pequenos grupos. Uma «confusão», originada pelo facto de o comandante do batalhão ter o seu rádio sintonizado na frequência errada, deixou os legionários incapazes de «cancelarem» um bombardeamento amigável, no qual sofreram 150 baixas. Os sobreviventes foram combinados com o 1.º BEP.

A 29 de Abril, Geneviève recebeu ordens para se apresentar a de Castries, que a condecorou pessoalmente com a Legião de Honra e a Cruz de Guerra, descrevendo-a com a citação, «uma pura encarnação das virtudes heróicas da enfermagem francesa» [36]. No dia seguinte, a Legião nomeou-a e ao coronel Bigeard legionários de primeira classe honorários. O *Paris Match* saudou Geneviève como a única mulher em Dien Bien Phu, omitindo qualquer menção às dezenas de prostitutas vietnamitas do BMC, que também cuidavam dos feridos [37].

Um dia depois, com a monção a despejar verdadeiras torrentes de chuva, as posições francesas encontravam-se já reduzidas a partes de Huguette, Dominique e dois pontos elevados de Eliane. Os combatentes activos estavam reduzidos a menos de 2000, na maioria feridos pelo menos uma vez. Em Huguette, Guiraud, promovido a coronel, dispunha de 500 legionários do 1.º BEP e do 2.º BEP, e 140 marroquinos. O posto Juno, na margem do Nam Youm, era defendido por uma combinação ainda mais estranha: 150 thais brancos e 20 aviadores, encurralados no posto desde que os seus aviões tinham sido destruídos no solo pelos canhões do Viet Minh.

A artilharia francesa dispunha de projécteis para vinte e quatro horas. A subnutrição e a disenteria provocavam baixas. Um tanque ainda funcionava, e alguns canhões ainda disparavam. Em Isabelle, o bastião mais a sul, 1000 homens em condições semelhantes defendiam 400 m². De Castries continuava com a ladainha que um intervalo de doze horas significaria que uma coluna de socorro poderia chegar até eles.

Nessa noite, os operadores de rádio do Viet Minh que monitorizavam as frequências francesas ficaram surpreendidos ao ouvir, não ordens secas e pedidos de apoio ou munições em código ou no calão

---

[36] Greisamer, L., *Le Monde*, 13 de Julho de 2004.
[37] *Ibid.*

dos legionários, que passava por um código, mas sim uma mensagem em puro francês bem falado, transmitida, num tom solene, pelo oficial superior da Legião, o coronel Lemeunier. Falando através de um SCR-300, ele leu uma história para todos: «O exército francês sitiava Puebla, no México. A Legião recebeu ordens para patrulhar e proteger vinte quilómetros de estradas utilizadas pelos comboios de abastecimento...».

Todos os legionários que o escutavam sabiam, de cor, a história de uma batalha em Camarón, no México, que terminava, «O Imperador Napoleão III decidiu que o nome de Camerone será inscrito na bandeira do Regimento Estrangeiro, e que os nomes de Danjou, Vilain e Maudet serão gravados a ouro nas paredes dos Inválidos, em Paris».

Barbeados pela primeira vez em semanas, os legionários que conseguiram ouvir a mensagem brindaram à Legião com o que havia para beber. Se todos os seus camaradas de infortúnio fossem legionários, muitos teriam sido tentados a *faire Camerone*, lutar até à morte tal como os seus antecessores haviam feito no México. Mas isso seria condenar também todos os outros homens que envergavam um uniforme francês. Muitos interrogavam-se se os *viets*, em cujas mãos iriam encontrar-se em breve, se mostrariam tão corteses como os coronéis mexicanos em Camarón.

Eles não sabiam que o cerco só durara tanto tempo porque Giap também estava com problemas: tinha falta de conscritos – mesmo sem instrução – e começava a carecer de munições para a artilharia. As enormes perdas em homens e material preocupavam Ho Chi Minh e o Comité Central do Partido. Para aumentarem o moral, os comissários davam palestras entusiasmantes sobre a reforma agrária, prometendo que todos os camponeses seriam donos das suas próprias terras depois da expulsão dos franceses.

O feriado internacional comunista do 1.º de Maio foi o dia escolhido por Giap para o ataque final. Após um pesado bombardeamento com lança-foguetes *Katyusha* e canhões, posicionados no interior do que haviam sido as posições francesas, voluntários suicidas lançaram-se sobre o arame farpado para construírem uma ponte humana para os homens que os seguiam. Vaga após vaga de *viets* lançou-se incansavelmente sobre a base, cada vez menor. Demasiado tarde, Navarre considerou a implementação da Operação Albatross

A Legião Estrangeira

– um desesperado rompimento do cerco, que teria significado deixar para trás os feridos e o pessoal médico para que os outros conseguissem escapar através das linhas do Viet Minh. Mas para leste estava fora de questão, e Giap aumentara recentemente a profundidade das linhas de cerco a oeste, entre Dien Bien Phu e o Laos.

A 4 de Maio, no que restava de Huguette, os páras combinados da Legião sucumbiram perante um último ataque de vagas humanas lançado pela chamada Divisão de Ferro de Giap, que conquistara Dong Khe (*). Na noite de 6 de Maio, com os franceses unicamente na posse da área central e de Isabelle, foi desencadeado o assalto final, enquanto que, no alto, os cinco Dakotas que transportavam os últimos 100 voluntários para Dien Bien Phu davam meia volta, incapazes de atravessarem a cortina de fogo antiaéreo.

Dominique e Eliane caíram no dia 7 de Maio. Com os *viets* à distância de um lançamento de granada do seu QG, de Castries ordenou finalmente um cessar-fogo para as 17:30, uma ordem que foi comunicada a Giap. Aqueles que o conseguiram, destruíram todas as armas e munições utilizáveis, enterrando as partes que não podiam ser destruídas, tais como as bases dos morteiros. Foi retirado o óleo ao último tanque funcional, cujo motor foi deixado a trabalhar até gripar. Os ouvidos foram atacados por um silêncio invulgar. Os homens rastejaram de buracos e *bunkers* desmoronados para desfrutarem os prazeres esquecidos de estarem de pé de cabeça descoberta, ou urinarem ao ar livre. Outros recusaram-se a emergir, até um grito de aviso ser seguido de uma rajada para qualquer buraco que fosse o seu refúgio. Apesar dos milhares de homens e mulheres do Viet Minh que os capturavam, alguns soldados encontravam-se num estado de negação tão profundo que um PM ameaçou participar de um ratoneiro do Nam Youm que reconheceu como ladrão de medicamentos durante um reabastecimento aéreo – até que um *can-bo* (*) que falava francês lhe recordou energicamente que ele deixara de ter autoridade sobre quem quer que fosse, incluindo sobre si próprio.

Um número relativamente pequeno de prisioneiros foi abatido a tiro, morto à baioneta ou espancado até à morte, alguns por terem ameaçado os seus captores, outros devido a um malentendido linguístico ou a um gesto ameaçador. Dada a dureza do combate e a

---

(*) Designada oficialmente 308.ª Divisão Viet Bac. (*N.T.*)
(*) Comissário político do Viet Minh. (*N.T.*)

escala das baixas sofridas pelo Viet Minh, o facto de não terem sido executados sumariamente mais prisioneiros constitui um tributo à sua disciplina. Os prisioneiros vietnamitas pertencentes aos regimentos coloniais foram imediatamente segregados para reeducação [38]. Os dos regimentos franceses foram tratados como franceses. A maioria – se não a totalidade –, das prostitutas que tinham ajudado Geneviève a cuidar dos feridos foi morta. É verdade que algumas tinham pegado em armas até ao fim, mas foram mortas porque eram mulheres e, como tal, o alvo natural – sexual – de homens enfurecidos com armas nas mãos.

Somente Isabelle resistiu até às 08:00 do dia 8 de Maio, para permitir a um grupo do 3.º Batalhão do 3.º REI escapulir-se através das linhas inimigas durante a noite. Cerca de 600 homens conseguiram escapar, mas o preço foi elevado: muitos dos feridos que pegaram em armas para cobrirem a sua partida foram posteriormente abatidos por terem violado as disposições do cessar-fogo. Nesse dia, no QG da Legião, no Quartier Viénot, em Sidi-bel-Abbès, o coronel Paul Gardy ordenou a todos os homens que apresentassem armas em honra das bandeiras perdidas: as dos 2.º e 3.º batalhões da 13.ª DBLE, dos 2.º e 3.º batalhões do 3.º REI, do 1.º Batalhão do 2.º REI, dos 1.º e 2.º BEPs. Não foi a lista completa, dado que os voluntários tinham provindo de muitas outras unidades, mas era o suficiente.

Ho Chi Minh e Giap tinham dado o tudo por tudo para concluir o cerco até ao dia 8 de Maio, cientes de que se tratava do nono aniversario do Dia da VE(*), a vitória aliada sobre a Alemanha nazi, e que uma grande derrota francesa na mesma data seria considerada, na Ásia e em muitas outras partes do mundo, como um sinal de que os dias do colonialismo europeu estavam a chegar ao fim.

Dakotas da Cruz Vermelha evacuaram 858 feridos graves de Dien Bien Phu e trouxeram equipamento médico e medicamentos. Quando as longas colunas de prisioneiros foram conduzidas para fora do vale, até os homens com ferimentos nas pernas e nos pés tiveram que passar o Nam Youm a vau, dado que a ponte Bailey(*), ainda intacta, se convertera num local de filmagens. Uma unidade cinematográfica

---

[38] Ewan Bergot, *Convoi 42*, Paris, Presses de la Cité, 1986, p. 91.

(*) Vitória na Europa. (*N.T.*)

(*) Ponte pré-fabricada com cerca de 60 m de comprimento, utilizada pela engenharia militar. (*N.T.*)

A Legião Estrangeira

da Europa de Leste gravava uma reconstituição ficcionada do assalto final. Em troca de cigarros, os prisioneiros foram convidados a desempenhar os seus próprios papéis, mas recusaram – contudo, viriam a fazê-lo, por razões que não são difíceis de adivinhar, acenando bandeiras brancas enquanto se arrastavam à frente das câmaras perto dos seus campos prisionais. Ao abandonarem Dien Bien Phu, alguns homens não estavam completamente vestidos, sem nada que lhes tapasse a cabeça ou sapatos; outros tinham prudentemente enchido sacos com comida, artigos de higiene e roupa interior. Um castigo surpresa foi descobrirem que era proibido fazer a barba porque os seus captores vietnamitas o consideravam indicativo de uma intenção de fuga num país onde os autóctones careciam de pêlos faciais.

Um pequeno grupo de legionários de Isabelle abriu caminho a tiro e caminhou pela selva até ao Laos, um país amigável, mas veio a descobrir que não era assim tão amigável. No primeiro posto francês que encontraram, foram acusados de deserção por um major do Deuxième Bureau(*) porque não estavam devidamente uniformizados nem tinham as armas limpas – as suas roupas e calçado estavam em pedaços após a viagem pela selva. Espantados por se verem atrás das grades depois de tudo o que tinham passado, descobriram que a verdadeira razão pela qual ele os queria neutralizar era por recear que se tivessem apercebido da rede de narcotráfico que geria. Mataram os guardas com as próprias mãos, reapoderaram-se das armas confiscadas e regressaram a pé ao Vietname.

Geneviève de Galard recusou a doutrinação e as ofertas de repatriação, dizendo que preferia ficar e cuidar dos feridos. Contra sua vontade, foi libertada no dia 24 de Maio. Ao descer a escada do Dakota da Cruz Vermelha, em Luang Prabang, no Laos, vestida com um uniforme de pára e de sandálias, ela demonstrou menos emoção face à sua libertação do que as suas três camaradas enfermeiras que a foram receber. Assediada por agências noticiosas francesas e americanas com ofertas astronómicas pelo exclusivo da sua história, ela recusou, dizendo que a sua missão era cuidar dos homens e não ganhar dinheiro com o seu sofrimento.

Mas prosseguia uma guerra pessoal, um contra um. Com 10 anos de idade, Eliahu Itzkowitz fora o único sobrevivente quando a sua

---

(*) Serviços de Informação militar franceses. (*N.T.*)

família e 53 000 outros judeus de Kishinev, na Roménia, haviam sido massacrados após a ocupação alemã da Moldávia, em 1941. Em 1945, ainda adolescente, Itzkowitz descobriu e matou o filho do homem que ele considerava responsável, Stanescu, um membro da Guarda de Ferro (*). Depois de cumprir cinco anos de prisão, Itzkowitz emigrou para Israel e alistou-se nos páras. Através de um imigrante francês que servira na Legião, ouviu falar de um oficial subalterno romeno que correspondia à descrição de Stanescu. Depois de pedir transferência para a Marinha israelita, Itzkowitz desertou do seu navio em Génova e dirigiu-se para Marselha, onde se alistou.

Escolheu bem o seu momento, dado que não queria passar mais tempo na prisão. Em Junho de 1954, integrado no 3.º REI, integrava uma patrulha na Estrada Nacional 3, a nordeste de Hanói, quando uma emboscada obrigou a tropa a abrigar-se. Sozinho com o seu cabo, Itzkowitz perguntou-lhe em romeno, durante uma pausa no combate, «Não és o Stanescu?».

Apanhado desprevenido, o cabo admitiu que era, e perguntou, «Quem és tu?».

«Sou um dos judeus que deixaste escapar».

Ninguém reparou que os ferimentos que mataram Stanescu tinham sido provocados por uma arma francesa. Itzkowitz terminou o seu serviço com um certificado de boa conduta, e regressou a Israel.

A derrota de Dien Bien Phu fez cair o governo de Joseph Daniel, a 12 de Junho. Pierre Mendès-France tornou-se primeiro-ministro, mandatado para pôr fim à guerra e repatriar os prisioneiros, a qualquer custo. Poucos eleitores queriam saber do Vietname. Um produtor que pretendia fazer um filme acerca da história de Geneviève, com Leslie Caron como protagonista, levou a mesma resposta que ela tinha dado às revistas cor-de-rosa. Contudo, a pressão governamental obrigou-a a suportar uma recepção de boas vindas em Nova Iorque, a 26 de Julho, onde não faltou a chuva de papelinhos, e a visita à Casa Branca para tentar atiçar as brasas mornas do apoio americano.

Chamam-lhe a arte do possível. O primeiro-ministro Pierre Mendès-France ordenou ao representante francês em Genebra para não criar problemas tentando proteger os guerrilheiros anti-Viet Minh não

---

(*) Movimento fascista e anti-semita romeno das décadas de 30 e 40. (N.T.)

franceses e as minorias raciais que tinham alinhado com a França. Tiveram de ser descartados, assim como também ninguém perguntou à delegação do Viet Minh porque que é que, se tinham feito 11 721 prisioneiros no dia 8 de Maio, estavam a devolver somente 3290 em Agosto.

O que aconteceu aos outros 8431? Um camarada de Cabiro, nos campos de prisioneiros há quatro anos, desde o desastre da Estrada Nacional 4, só foi devolvido em Setembro porque os seus camaradas oficiais bombardearam a comissão do armistício francesa com perguntas específicas acerca dele. Com o passar dos anos, alguns indivíduos, incrivelmente duros, foram regressando a França a conta gotas, com histórias do seu sofrimento que ninguém estava interessado em ouvir. Outros regressaram manchados com o estigma de terem sido reeducados, por convicção política ou na esperança de melhores rações ou de outro tratamento favorável. As pessoas de fora que esperavam que os homens que haviam sofrido às mãos destes vira-casacas nos campos os atacassem fisicamente ou por escrito tiveram uma desilusão. Eles apenas disseram, «Só nós os podemos julgar, e não vamos fazê-lo». Ninguém de fora fazia a mínima ideia das pressões de uma guerra que custara a vida a tantos legionários.

Erwan Bergot, comandante da companhia de morteiros pesados do BEP combinado, foi relativamente afortunado. Capturado a 8 de Maio, foi colocado numa coluna de prisioneiros designada «Comboio 42», que partiu de Dien Bien Phu com 400 homens. Durante a marcha de 700 km até ao Campo 42, 83 homens morreram de ferimentos e doença. No campo, 250 sucumbiram à malária, à disenteria e à subnutrição. Bergot e outros 72 sobreviveram e foram libertados[39].

---

[39] Em *Convoi 42*, Bergot descreve o sofrimento com precisão mas de forma ficcionada, de modo a evitar utilizar nomes reais.

3

Terrorismo e Tortura

ARGÉLIA, 1954-1957

Muitos legionários que estiveram em campos de prisioneiros no Vietname recordam-se de os *can-bo* proclamarem, durante as aulas de «educação» obrigatórias, que a bandeira da revolução anticolonialista mundial iria ser desfraldada na Argélia. Tal como muitas outras coisas que eram obrigados a ouvir, a ideia pareceu-lhes sem pés nem cabeça: a Tunísia e Marrocos eram protectorados que beneficiavam de uma crescente autonomia interna, mas a Argélia era administrativamente território francês, além de ser também o lar da Legião. Era impensável que uma insurreição pudesse subtrair ao controlo francês os três departamentos de Orão, Argel e Constantine, que faziam parte da França há mais trinta anos do que a Sabóia – e que nunca tinham sido anexados por um país vizinho, ao contrário do que acontecera com a Alsácia e a Lorena, entre 1871 e 1919.

Em parte, os acontecimentos foram tão sangrentos porque enquanto que o marechal Louis Lyautey governara Marrocos como os Romanos, através da estrutura de poder existente, a Argélia não constituíra uma nação homogénea antes da conquista francesa, durante a qual toda a autoridade tradicional fora erradicada. Assim, não existiu nenhum travão sobre a geração de activistas políticos cuja violência foi orientada, entre 1954 e 1962, não apenas contra os europeus, mas também contra outras facções do campo revolucionário.

A Legião Estrangeira

Para sermos exactos, a violência teve início em 8 de Maio de 1945, quando a parada do Dia da VE[40], em Sétif, uma cidade de mercado na Argélia Oriental, foi interrompida por uma manifestação de jovens árabes acenando bandeiras independentistas. A resposta da gendarmaria, com mão pesada, na qual vários manifestantes foram mortos a tiro, provocou dois dias de tumultos, violações e actos incendiários que deixaram 100 europeus mortos e muitos mais feridos. Três semanas depois, antes de os destacamentos de legionários e outras unidades militares conseguirem restaurar completamente a ordem, foram mortos pelo menos 1500 árabes[41].

O governador militar, o general Duval, avisou os reaccionários europeus de que a sua atitude teria que mudar. No entanto, decorridos vários anos de violência esporádica, pareceu que ele fora pessimista – até que a violência se intensificou, poucos meses depois dos avisos dos *can-bo*. Entre a meia-noite e as 02:00 do dia 1 de Novembro de 1954, trinta ataques terroristas sincronizados contra instalações da polícia e militares despertaram toda a população argelina para a realidade de que viviam numa zona de guerra. A responsabilidade foi reivindicada pela Front de Libération Nationale.

A maioria dos 20 000 membros da FLN, numa população de nove milhões de pessoas, tinha algumas hesitações face à sua liderança extremista. Mais tarde, durante o mesmo dia, dois professores franceses de uma escola árabe foram arrastados para fora de um autocarro nas Montanhas do Aurès e metralhados, juntamente com o *caïd* ou funcionário local que vinha na sua companhia. A mulher sobreviveu aos ferimentos, depois de jazer ao lado do marido, durante várias horas, na encosta da montanha.

A ideia de dois civis europeus serem assassinados indiscriminadamente provocou arrepios em muita gente. Com apenas 37 000 militares na Argélia – até ao fim do conflito, meio milhão de soldados seriam enviados para a região ou recrutados localmente –, Paris menosprezou os acontecimentos do Dia de Todos os Santos, que mereceram apenas duas colunas no *Le Monde* e ainda menos espaço no *L'Express*. A 12 de Novembro, o primeiro-ministro, Pierre Mendès-France, afirmou categoricamente que, embora as reivindicações da

---

[40] O fim da Segunda Guerra Mundial na Europa.
[41] Estimativas razoáveis colocam o número em 6000. A Rádio Cairo falou em 50 000 mortos.

FLN fossem inexequíveis, seriam introduzidas reformas para melhorar as condições de vida e políticas dos argelinos árabes. Para o efeito, o novo governador, o liberal Jacques Soustelle, estava disposto a falar com todos os sectores da população. Contudo, menos de dois meses após a sua chegada, em Fevereiro, foi declarado o estado de emergência – no dia 31 de Março de 1955 – colocando as Montanhas do Aurès sob lei militar, com o Exército autorizado a destruir aldeias e a deslocar os habitantes para «áreas de realojamento» ([42]).

A resposta do Armée de Libération Nationale – o ALN era o braço armado da FLN – teve lugar a 20 de Agosto, com ataques em toda a Argélia Oriental, que custaram a vida a 71 europeus e 52 «colaboracionistas» árabes. Auxiliadas por grupos de colonos armados, tal como em Maio de 1945, as forças da ordem reagiram com rapidez e de forma selvagem. No fim, os cadáveres eram tantos que ninguém poderia contradizer seriamente as afirmações da FLN de que tinham morrido 12 000 árabes ([43]). Em 24 de Agosto, o governo começou a chamar milhares de reservistas. Começara a guerra.

Qual era o papel da Legião nisto tudo?

Para evitar os repórteres que os queriam entrevistar, os prisioneiros de guerra libertados no Vietname foram discretamente transportados para o Norte de África em aviões fretados pela SDECE ([*]) – os serviços de informações franceses. Poucos estavam aptos para serviço ligeiro, e muito menos para patrulhas. Alguns pareciam esqueletos ambulantes após quatro anos de cativeiro, desde o fiasco da Estrada Nacional 4. A descoberta de que fora deduzida do seu pré em atraso uma verba relativa à alimentação, com a justificação de que os *viets* os tinham alimentado gratuitamente, não fez muito para restaurar a disciplina e o moral dos ex-prisioneiros ou dos homens que tinham sobrevivido ao pesadelo de Dien Bien Phu comendo unicamente arroz durante três meses.

Para os examinar, alegadamente devido a eventuais infecções tropicais, foram confinados aos quartéis e receberam aulas acerca de como se deveriam comportar no Norte de África, caso tivessem sido contagiados pelo lado mais fácil da vida, com mulheres e filhos, durante os

---

([42]) B. Stora, *Histoire de la Guerre de l'Algérie*, Paris, Éditions La Découverte, 2004, p. 15.

([43]) *Ibid.*, p. 18.

([*]) Service de Documentation Extérieur et de Contre-Espionage. (*N.T.*)

seus anos no Vietname. Os que foram enviados em missão demasiado cedo não se aguentaram. Em Novembro de 1954, apenas o 1.º REI estava pronto para o combate, tendo-se-lhe juntado o 3.º REI após o seu regresso da Indochina. O mês de Maio de 1955 assistiu ao regresso da 13.ª DBLE; no mesmo ano, o 2.º REI foi enviado para Tunis, mas seria posteriormente colocado em Marrocos, onde permaneceu até à independência do país. O 4.º REI, recém-formado, só chegou à Argélia em 1957[44].

Em Dezembro de 1955, os batalhões páras aumentaram os seus efectivos e passaram a regimentos, designados 1.º REP e 2.º REP. Falara-se em converter o 3.º BEP num 3.º REP, mas os seus oficiais e soldados acabaram por ser absorvidos pelo 1.º REP, comandado por Pierre Jeanpierre – agora coronel. Depois de combater contra os Aliados com o 5.º REI, na Síria, fora repatriado para França, onde, integrando a Resistência, foi capturado e enviado para o campo de concentração de Mauthausen. Depois da guerra, regressou ao Exército e cumpriu duas comissões no Vietname, com distinção. Na Argélia, até à sua morte precoce, não deu descanso a si próprio nem aos seus homens para tentar vencer os guerrilheiros no seu próprio jogo. A sua história reflecte a do 1.º REP durante os seis anos que se seguiram, embora ele não estivesse vivo para partilhar a desgraça final do regimento.

Depois de concedida a independência a Marrocos, em Novembro de 1955, e à Tunísia, em Março de 1956, o novo ministro residente, Robert Lacoste, um defensor da linha dura, dividiu a Argélia em «zonas de pacificação», nas quais o exército deveria *proteger* a população, «zonas operacionais», onde os militares tinham carta branca para esmagarem os rebeldes, conhecidos como *fells*[45], e as «zonas proibidas», de onde as populações foram retiradas à força e realojadas, convertendo-as em zonas de fogo livre.

Quatro dias mais tarde, a 16 de Março, a primeira série de explosões abalou a própria Argel. Dado que os bombistas do ANL possuíam os seus esconderijos de explosivos e refúgios na casbá ou bairro nativo, foi aqui que teve lugar a primeira *ratissage*[*] ou caça

---

[44] Douglas Porch, *The French Foreign Legion*, Londres, HarperPerennial, 1992, pp. 572-573.
[45] Abreviatura de *fellagha*, plural *fellouze*.
[*] «Limpeza». (*N.T.*)

ao homem, em 27-28 de Maio, com as tropas e a polícia vasculhando todas as ruas. Havia tantos edifícios com séculos de idade, com passagens e túneis de intercomunicação, que os efectivos necessários foram enormes.

A resposta do ALN foi uma vaga de assassinatos. Caso alguém se interrogasse porque é que a França estava tão determinada a não abrir mão da Argélia depois de ter libertado os seus vizinhos, surgiu um motivo, pela primeira vez, das areias de Hassi Messaoud, no dia 26 de Junho. Algumas unidades, incluindo o 1.º REP, foram incumbidas de patrulhar o oleoduto até à costa, formando unidades de resposta rápida a bordo de camiões GMC. Em 10 de Agosto, teve lugar a primeira atrocidade daquele que se tornaria o exército secreto dos colonos: na rue de Thèbes, uma bomba «anti-terrorista» matou dezenas de árabes e estropiou muitos mais. A 30 de Setembro, a FLN desencadeou uma vaga de atentados bombistas. O SDECE respondeu utilizando aviões de caça para obrigar um avião marroquino a aterrar em território argelino, a bordo do qual Ahmed Ben Bella e outros líderes da FLN regressavam à sua base, no Cairo, depois de conferenciarem, em Marrocos, com os líderes do ALN. Ignorando os protestos internacionais, Paris manteve-os na prisão durante seis anos.

Uma ideia do que era a vida para os civis:

Thierry e Geneviève Delannoy, ele com 12 anos de idade e ela com 10, ficaram com o tio, à noite, ouvindo os sons dos tiros aproximando-se cada vez mais da sua casa. O pai, oficial do exército, encontrava-se com a sua unidade. A mãe estava de visita a um parente doente, em França. E o tio era mais do que uma ama-seca. O irmão confiara-lhe o seu revólver de serviço, e exigira-lhe a promessa de que alvejaria os sobrinhos na cabeça caso os *fells* conseguissem forçar a entrada no apartamento[46].

Em Biskra, numa sexta-feira à tarde, Hélène Auclair despediu-se de um rapaz da sua turma. Quarenta e oito horas depois era conduzida, num comboio, para a quinta onde o rapaz e o pai tinham sido assassinados quando trabalhavam nos campos. Depois de os alunos verem os cadáveres queimados, disseram-lhes, «Isto é obra do ALN. É isto que nos querem fazer a todos»[47].

---

[46] Entrevista com o autor.
[47] Entrevista com o autor.

Mas os europeus não eram as únicas vítimas da campanha de terror do ALN. Os professores e funcionários públicos árabes que trabalhavam com as autoridades francesas recebiam o mesmo tratamento. Era habitual cortarem a língua e os lábios aos intérpretes, e os intérpretes *harkis* (*) que acompanhavam os militares franceses nas operações, quando eram capturados, sofriam mutilações sexuais, alegadamente como castigo pelas mulheres violadas nas solitárias quintas da *mechta* (*), cujos homens estavam fora ou haviam sido aprisionados. O nível de terror foi-se intensificando até que as *ratissages*, violentas mas legais, se transformaram em *ratonnages*, caçadas aos ratos, durante as quais civis brancos armados matavam e linchavam árabes à menor suspeita.

O apoio político e financeiro que o ALN obtinha do governo egípcio e das emissões antifrancesas da estação radiofónica Voz dos Árabes, no Cairo, foram as principais razões pelas quais a França alinhou na invasão do Suez, em Novembro de 1956. A operação, executada conjuntamente pelo Reino Unido, França e Israel, foi classificada pelo primeiro-ministro Sir Anthony Eden não como uma guerra, mas apenas um conflito armado (48). Em 6 de Novembro, o 1.º REP desembarcou em Port Fuad, acompanhado pelo 2.º Esquadrão do 2.º REC, com tanques AMX-13, e participou em operações na Zona do Canal até à retirada. Terminados os combates, um jovem tenente pára de nome Jean-Marie Le Pen, que viria a tornar-se famoso como líder da Frente Nacional, foi incumbido de sepultar os mortos egípcios, o que fez com respeito, insistindo que todos os cadáveres fossem colocados com as cabeças viradas para Meca.

Independentemente das esperanças dos serviços de informação franceses, a invasão do Suez em nada contribuiu para acalmar a situação na Argélia. Em 7 de Janeiro de 1957, para erradicar o terrorismo urbano, Lacoste ordenou ao general Jacques Massu que restaurasse a ordem em Argel socorrendo-se da 10.ª Divisão Pára-quedista, que incluía o 1.º REP. As patrulhas de páras, totalmente equipados para o combate, tornaram-se parte da vida urbana quotidiana. A 26 de Janeiro, na baixa de Argel, três bombas do ANL mataram vinte pessoas e mutilaram muitas outras, a título de aviso para que fossem obedecidas as

---

(*) Soldados argelinos do Exército Francês. (*N.T.*)

(*) Cercanias de uma aldeia. (*N.T.*)

(48) No seu discurso na Câmara dos Comuns, em 4 de Novembro de 1956.

TERRORISMO E TORTURA

ordens da FNL para a realização de uma greve geral daí a dois dias. Abrindo as lojas com pés-de-cabra, sentando-se nas salas de aulas para garantir que os professores ensinavam e dando a escolher aos motoristas de autocarro, apontando-lhes uma arma, entre sentarem-se ao volante e irem «dar uma volta», os páras anularam a greve em apenas três dias.

Introduzindo uma estratégia de *quadrillage intensif*, Massu dividiu a casbá em quadrículas, com ficheiros sobre todas as pessoas de cada uma, e os chefes de família e senhorios foram responsabilizados pelos actos dos ocupantes das suas casas. Os ficheiros foram utilizados para investigar todos os pedreiros desempregados através de *interrogations poussées* – por outras palavras, sessões de tortura – até que um deles foi obrigado a confessar que tinha trabalhado na fábrica de bombas secreta. Assim localizada, a fábrica foi destruída, no dia 19 de Fevereiro.

Por salvar vidas francesas, o capelão Delarue, do 1.º REP, chamou à tortura na Argélia um mal necessário, semelhante aos bombardeamentos aéreos indiscriminados levados a cabo pelos Aliados durante a Segunda Guerra Mundial[49]. No outro extremo do espectro moral, o general Paul Aussarès, uma figura sombria do universalmente temido Service d'Action(*), afirma ter sido explicitamente instruído, no início da crise, por François Mitterrand – como ministro do Interior, era responsável pela Argélia –, para recorrer a todos os meios *legais e ilegais* para obter informações dos suspeitos de pertencerem ao ALN/FLN[50].

No Vietname colonial, aceitara-se a tortura para obter informações dos prisioneiros, mas os membros do Deuxième Bureau tinham-se distanciado, afirmando que era aplicada pelos intérpretes, na sua ausência. Na Argélia, a tortura tornou-se uma prática normal. No lado francês, confrontados com as atrocidades do terrorismo da FNL, poucas pessoas se opuseram. No dia 28 de Março de 1957, o general Jacques Pâris de Bollardière – veterano de Narvik e da 13.ª DBLE durante toda a Segunda Guerra Mundial e no Vietname – demitiu-se

---

[49] P. Sergent, *Ma peau au bout de mes Idées*, Paris, La Table Ronde, 1967, pp. 154-156, 242.

(*) O SAC (Service d'Action Civique) foi uma milícia destinada a apoiar incondicionalmente as políticas de de Gaulle, recrutando entre o movimento gaullista mas também entre o crime organizado. (*N.T.*)

[50] Paul Aussarès, general, *Pour la France*, Paris, Éditions du Rocher, 2001, pp. 265-267.

A LEGIÃO ESTRANGEIRA

para não continuar a sancionar a tortura. Foi condenado a sessenta dias de prisão por apoiar as alegações sobre esta matéria feitas por um ex-subordinado seu, Jean-Jacques Servan-Schreiber, na qualidade de editor do *L'Express* [51]. Em Setembro do mesmo ano, Paul Teitgen, um herói católico da Resistência nomeado secretário-geral da polícia de Argel, demitiu-se depois de ver, com repulsa, prisioneiros que haviam manifestamente «sido sujeitos às mesmas torturas do que eu nas caves da Gestapo, em Nancy» [52].

É impossível determinar qual dos lados foi o primeiro a torturar os seus prisioneiros, mas a tortura tornou-se um método tão «normal» de obter informações que o Exército Francês elaborou o Código de Tortura Humana. Era obrigatória a existência de «motivos razoáveis» de suspeita, mas o que constitui motivos razoáveis para torturar um ser humano? Muitas vezes, pessoas que se sabia serem pessoalmente inocentes de qualquer acto de violência eram torturadas porque talvez possuíssem informações úteis, que só lhes poderiam ser extraídas através de um medo maior do que o de serem assassinadas como traidoras pelos *fells*. Outras regras eram que não deveriam ser torturadas crianças, e que um oficial deveria estar presente em cada sessão para interromper a tortura logo que os suspeitos começassem a falar.

O facto de ser utilizada ou não por esta ou por aquela unidade dependia, ao que parece, do oficial no comando. Os legionários perspicazes, que tinham aprendido rapidamente a não meter o nariz nos assuntos de outras pessoas, não perguntavam o que acontecia aos prisioneiros entregues para interrogatório aos oficiais do Deuxième Bureau e aos seus intérpretes *harkis* [53]. A prática da tortura era tão conhecida que o jornalista Henri Alleg publicou, em Janeiro de 1958, um livro intitulado simplesmente *A Questão*, e toda a gente sabia qual era a questão à qual ele se estava a referir. Até o livro ser retirado de circulação devido às pressões governamentais, foram vendidos sessenta mil exemplares.

Pascal Chauvin, então com dezanove anos de idade, participou em tantas sessões de tortura que lhes perdeu a conta. O método era simples. Após uma *ratissage*, um grupo heterogéneo de «suspeitos»,

---

[51] B. Stora, *Histoire de la Guerre de l'Algérie*, p. 25.
[52] *Ibid.*, p. 27.
[53] Simon Murray, *Legionnaire*, Londres, Sidgwick & Jackson, 1989, p. 172.

incluindo homens com o azar de se encontrarem no local errado à hora errada, era levado para a oficina automóvel nas traseiras do quartel, onde havia uma grande bancada de trabalho, de metal, tão quente devido ao sol da tarde que queimava as mãos. Desnudados, os «suspeitos» eram algemados e atirados para cima do metal escaldante. Beneficiavam de um momento de alívio ao levarem uma mangueirada de água fria – com a finalidade, explicou Chauvin, de proporcionar uma melhor condução para a electricidade. Depois, as pinças metálicas eram presas à pele húmida do escroto e dos lábios, e o pára que tinha a vez de operar o *gégène*(*), o gerador de campanha, ligava-o. A corrente provocava o relaxamento do esfíncter e os corpos que se contorciam levavam novas mangueiradas, até alguém não conseguir aguentar mais.

Quando lhe perguntei, decorridos trinta anos, «Como é que se sentiu ao fazer aquilo?», Chauvin não pestanejou. «*Fallait qu'ils parlent*», respondeu ele, encolhendo os ombros. Tínhamos de os obrigar a falar ([54]).

Em 1957, Jean-Marie Le Pen passou alguns meses com o 1.º REP, em Argel, na qualidade de tenente reservista. Acusado pelo *Libération*, em Outubro de 1984, de ter torturado suspeitos de terrorismo, recorreu e foi absolvido, tendo o tribunal aceite que ele não torturara pessoalmente ninguém. Esta postura condizia com a afirmação de um jovem oficial, adstrito ao estado-maior de Massu, no sentido de que o «tratamento» com choques eléctricos e água não era administrado pelos oficiais, mas sim na sua presença, por *harkis* e *ex-fellouzes* que não tinham resistido à tortura e se haviam passado para o inimigo.

Seja qual for a verdade, os árabes não eram as únicas vítimas dos páras. Uma maldade particular era reservada para os *porteurs de valises*, os esquerdistas europeus simpatizantes da FLN que pegavam no dinheiro reunido pelos activistas na França continental, proveniente de subscrições voluntárias, de chantagens e do negócio da «protecção», e o levavam para o Norte de África nas suas bagagens pessoais, esperando não serem revistados. Alguns também entravam na Argélia com armas e explosivos para o ALN, confiando na sua

---

(*) Termo próprio do calão militar francês, diminutivo de «gerador» e designando um dínamo eléctrico cuja principal função era a alimentação dos telefones de campanha. (*N.T.*)

([54]) Entrevista com o autor.

lábia para conseguirem passar pelos cordões de segurança montados pela polícia e pelos militares. Quando estes homens e mulheres eram apanhados, o sadismo, os abusos sexuais e as violações em grupo a que eram sujeitos significavam que, para que não falassem sobre isso, nunca poderiam ser libertados. À semelhança de Maurice Audin, um professor comunista da Universidade de Argel, detido no dia 11 de Junho, em sua casa, por páras do 1.º RCP, desapareciam da face da terra e os seus corpos nunca eram encontrados.

Em Abril de 1957, o comandante supremo, o general Salan, cortou as linhas de abastecimento do ANL, provenientes das suas bases de treino na Tunísia, erigindo a Linha Morice. Baptizada com o nome de um ministro da Defesa, a barreira consistia de linhas de arame farpado através das quais passavam correntes de 5000 volts e 12 000 volts, ao longo da fronteira, apoiadas por emaranhados de arame farpado, campos de minas e radares ligados a baterias de artilharia por controlo remoto, as quais poderiam, em teoria, aniquilar qualquer grupo que atravessasse a fronteira sem se arriscar a vida de um único soldado. Não era à prova de incursões, mas alguém que cortasse a corrente arriscava-se a ser electrocutado e desencadeava um sinal que punha em alerta as unidades de reacção

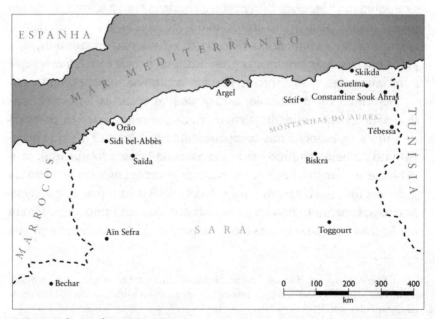

A Guerra da Argélia, 1954-1962.

Terrorismo e Tortura

rápida do 2.º REP, destacamentos do 3.º REI e os tanques do 1.º REC, que perseguiam os reforços provenientes dos campos de treino trans-fronteiriços e dirigiam ataques aéreos contra eles antes que pudessem chegar longe.

Numa operação típica, o legionário britânico James Worden pensava que a sua companhia, pertencente ao 3.º Batalhão do 3.º REI, era o único destacamento que perseguia uma unidade de *fells*. Sem saber exactamente onde se encontrava – como de costume –, ele viu um grupo de homens, envergando o que pareciam ser uniformes camuflados da Legião, correndo no fundo de um vale desolado e rochoso, um deles com uma metralhadora ligeira AA 52 e os restantes armados com espingardas e pistolas-metralhadoras. Só quando os três homens que transportavam a metralhadora foram ceifados por um sargento da Legião que lhes cortara o caminho é que Worden compreendeu que se tratava do inimigo.

Outros legionários apareceram no horizonte e começaram a descer para o vale. Worden ficou tão surpreendido quando um oficial do ALN, com estrelas nos ombros, emergiu de um arbusto a trinta pés dele, com a carabina erguida acima da cabeça em sinal de rendição, que teria abatido o homem se o seu capitão não lhe tivesse empurrado o cano da pistola-metralhadora para baixo a tempo.

Quando os cadáveres dos *fells* foram dispostos numa fila para serem fotografados pelos oficiais do Deuxième Bureau, Worden reparou que os seus uniformes e botas eram novinhos em folha, e descobriu que as munições que tinham nos bolsos eram acabadas de sair da fábrica; os sabonetes e as pastas de dentes que tinham nas mochilas estavam por abrir, prova de que a sua unidade não tinha chegado longe antes de ser aniquilada[55].

Mas regressado para junto dos camiões teve outro choque, ao dar com os vários *milhares* de homens que haviam constituído os grupos de bloqueio na operação. No início da tarde, estava no seu campo militar, a comer o almoço que o cozinheiro alemão mantive-ra a escaldar. Tal como ele diz, nenhum legionário fazia a mínima ideia do papel que desempenhava na guerra, ou até da eficácia do

---

[55] James W. Worden, *Wayward Legionnaire*, Londres, Futura, 1989, pp. 94-96.

A Legião Estrangeira

3.º REI. E o seu mundo nem sequer era o 3.º Batalhão; restringia-se à 2.ª Companhia, fora da qual ele conhecia apenas alguns legionários das 5.ª e 6.ª companhias.

Sem qualquer emoção, ele descreveu o modo normal de lidar com os prisioneiros. Nas montanhas, onde cada litro de água e colher de café tinham de ser transportados às costas, ninguém estava disposto a partilhar as suas provisões, cuidadosamente racionadas. Numa ocasião, enquanto os seus homens desfrutavam de uma merecida pausa para café, um sargento disse a um grupo de *fells* capturados que podiam ir-se embora. Olhando ansiosamente para trás, os árabes afastaram-se lentamente; depois de darem vinte ou trinta passos, desataram a correr. Só então é que os legionários os ceifaram com as suas armas automáticas, sem se darem sequer ao trabalho de se levantar. O relatório sobre o incidente referiu que tinham sido abatidos ao tentarem escapar [56].

Este tipo de tratamento foi ocasionalmente infligido aos próprios membros da Legião, tal como aconteceu quando um jovem sargento desertou perto da fronteira tunisina. Se ele não tivesse levado a espingarda, é provável que a Legião não perdesse tempo a procurá-lo; mas para evitar que a arma fosse utilizada para matar outros legionários, ele foi caçado pela sua própria secção. Insensatamente, abriu fogo quando eles se aproximaram do seu esconderijo, e foi abatido. A sua mochila continha não apenas fotografias de família, mas também barras de chocolate e uma garrafa de água adicional, indicando que a deserção não fora obra de um impulso do momento. Os homens partilharam o chocolate, Worden foi o único a recusar a sua parte [57].

Um caso mais grave envolveu um legionário que desertara da 12.ª DBLE e passara seis meses com os *fells* como instrutor de armamento. Capturado vivo, foi julgado em conselho de guerra por um capitão que agiu como advogado de acusação e de defesa. O julgamento chegou ao fim em menos de trinta minutos, seguindo-se imediatamente a sentença: o capitão ordenou ao desertor que se ajoelhasse na lama, deu-lhe dois minutos para fazer as pazes com Deus e abateu-o com um tiro de revólver na parte de trás da cabeça. A única concessão foi o enterro do corpo; os cadáveres dos *fells* eram

---

[56] *Ibid.*, pp. 104-105.
[57] *Ibid.*, p. 104.

deixados onde morriam, e estes locais encontram-se hoje assinalados por monumentos em toda a Argélia [58].

Ocasionalmente, durante uma operação, era capturada uma *fell*. Por razões óbvias, Worden não nomeia o capitão envolvido quando foi feita prisioneira uma tesoureira do ANL. O capitão ordenou ao médico da companhia que lhe tratasse o ferimento e mandou entregá-la na sua tenda para «interrogatório». Enquanto se entretinha, esqueceu--se, até ser tarde demais, da sacola com notas que ela trazia, em várias moedas. Tocaram a Worden $ 2000 USD e £ 800 [59]. Pelo menos, é o que ele diz...

O que acontecia na parte oriental da Argélia, acontecia também na ocidental. Em 1958, durante 260 noites consecutivas, os meias-lagartas do 1.º REI patrulharam os campos de minas e os emaranhados de arame farpado com 3 m de altura ao longo da fronteira marroquina.

Guerra nas montanhas, guerra nas cidades. No terreno confinado da casbá de Argel, os páras da Legião encontravam-se num mundo estranho, onde toda a gente era o inimigo. No dia 23 de Setembro de 1957, na casbá, beneficiando de «informações obtidas segundo o método habitual», legionários do 1.º REP capturaram o comandante local do ALN, Yacef Sa'adi, e o seu principal bombista, Zohra Drif. Depois de o coronel Jeanpierre e do sargento-mor húngaro Tasnady serem feridos por uma granada de mão lançada por Sa'adi, este saiu do seu esconderijo meio sufocado pelo fumo dos documentos que ardiam atrás de si. A liderança da FNL, de educação francesa, mantinha religiosamente actas de reuniões, listas de membros e cópias de ordens escritas, muito úteis para os analistas quando eram encontradas intactas.

Em 8 de Outubro, um infame assassino do ALN que dava pelo «runyonesco» nome de Ali La Pointe, foi descoberto noutro esconderijo da casbá, aparentemente por Tasnady, vestido de mulher árabe. La Pointe recusou-se a sair, dado que Larbi Ben M'Hidi e Ali Boumendjel, seus camaradas de armas, haviam «sido suicidados» pelo general Paul Aussarès, alegadamente cumprindo ordens de François Mitterrand, agora ministro da Justiça [60]. Ainda enfaixado devido ao ferimento infligido pela granada e não desejando arriscar a vida

---

[58] *Ibid.*, p. 105.

[59] *Ibid.*, p. 177.

[60] Aussarès, *Pour la France*, p. 267.

dos seus homens, Jeanpierre ordenou a evacuação das casas vizinhas para que o esconderijo pudesse ser destruído. O tenente Simonot, dois legionários alemães e o cabo Ray Palin, de Liverpool, encostaram cargas explosivas à parede falsa atrás da qual se escondia La Pointe. Desconheciam que os explosivos plásticos do terrorista estavam do outro lado da parede, e descobriram-no quando o quarteirão inteiro foi pelos ares – com eles. Palin, que estava de guarda ao telhado quando se deu a explosão, caiu de três andares e ficou sem um olho. La Pointe e dezassete muçulmanos que se encontravam em habitações vizinhas perderam a vida.

Massu nunca pediu desculpa por estas mortes acidentais, nem pela tortura; pelo contrário, justificou os actos dos seus homens dizendo que se tivessem recorrido a meios convencionais para combaterem o ANL, todos os suspeitos teriam sido mortos, enquanto que, decorridas décadas, as vítimas da tortura continuavam vivas. Durante esta guerra suja de sete anos e meio, o 1.º REP matou ou capturou 2000 inimigos, tendo o regimento sofrido 123 mortos e 350 feridos. Tendo em conta um complemento regimental de 850-1000 soldados soberbamente aptos e instruídos, o seu número de baixas testemunha que não combateram contra civis inocentes.

4

Ousam Chamar-lhe Traição

ARGÉLIA, 1957-1962

Ao liderar a frente, Jeanpierre inventou aquilo a que chamou *le rouleau compresseur*. Este rolo compressor minimizava as perdas através de um processo de «movimento por secções», recorrendo a concentrações maciças de fogo de artilharia, à utilização constante das armas automáticas e ao emprego pródigo de granadas. No dia 21 de Janeiro de 1959, o 1.º REP instala-se na estratégica cidade mercado de Guelma, numa «zona proibida» do ALN, junto à fronteira tunisina. A primeira actuação do rolo compressor, três dias depois, rendeu 92 infiltrados mortos antes do pequeno-almoço. Dia após dia, zumbindo no seu helicóptero pessoal de comando Alouette e «helitransportando» os seus homens em Shawnee H-21 Flying Bananas para onde menos os esperavam, Jeanpierre retalhava o inimigo.

Um cruzado dos tempos modernos que nunca dava descanso a si próprio nem aos seus homens, o seu fim era inevitável. Ao chegar o Dia de Camerone, em 1958, o seu incansável 1.º REP já se encontrava em acção, quase continuamente, desde há oito meses. Talvez o ALN tenha decidido desencadear uma importante ofensiva no dia 1 de Maio na esperança de que todos os regimentos da Legião estivessem de ressaca após a sua celebração anual de Camerone. Jeanpierre, pelo menos, estava um passo à frente, tendo transportado os seus homens de camião e helicóptero, durante a noite, para Souk Ahras, a um dia de marcha da fronteira com a Tunísia, para reforçar o

A Legião Estrangeira

9.º RCP, comandado pelo coronel Buchoud. Este fora incumbido de cercar e aniquilar um grande grupo de infiltrados que se escondia na rede de cisternas romanas subterrâneas que existiam nas proximidades, e cuja localização exacta era desconhecida dos europeus – não que restassem muitos europeus naquela parte da Argélia.

Mas alguns legionários estavam bem bebidos, dado que, segundo a descrição do recontro feita por Pierre Sergent, os páras de Jeanpierre não se deram ao trabalho de se abrigar, lançando-se para o combate entoando a sua canção de marcha, «Le Boudin» (*), a plenos pulmões. A festa acabou com balas, sangue e facas, corpo a corpo. Apenas oito prisioneiros foram levados para interrogatório, mas a apreensão de seis metralhadoras alemãs – a famosa MG 42, que se vê em filmes sobre a Segunda Guerra Mundial –, trinta e sete pistolas-metralhadoras e setenta e cinco espingardas dá uma boa indicação do número de inimigos mortos.

Vivendo a este ritmo, alguma coisa tinha que dar de si. No dia 19 de Maio, Jeanpierre, no seu habitual mas, para a época, revolucionário modo de dirigir um combate, estava a sobrevoar, a bordo do seu Alouette, um recontro numa zona montanhosa. No solo, o capitão Ysquierdo considerou que a força substancial de *fells* escondida nas grutas não poderia ser desalojada sem perdas de vidas legionárias. Depois da artilharia não ter conseguido penetrar no interior das cavernas, ele pretendeu solicitar um ataque aéreo com napalm para asfixiar o inimigo.

Com o discernimento prejudicado pela exaustão, Jeanpierre foi vítima da síndrome «nós conseguimos», efectuando outra passagem extremamente baixa sobre as posições inimigas. Uma bala disparada pelo ANL cortou o tubo de alimentação de combustível do Alouette. Durante o breve silêncio, os legionários conseguiram ouvir os últimos disparos da rajada de fogo automático que provocara os danos. O Alouette desapareceu por detrás de uma crista, de onde veio o som de um estrondo. Chegados ao local, Ysquierdo e o tenente Simonot deram com vários *fells* preparando-se para pilhar os destroços, e afugentaram-nos. O coronel e o piloto estavam mortos. A notícia foi comunicada ao resto da Legião pela seca mensagem rádio de Ysquierdo: «*Soleil est mort*». Era quase poético: o sol morreu.

_____

(*) «A Morcela». (*N.T.*)

A presença maciça de 30 000 pessoas no funeral, no dia 31 de Maio, na presença dos generais Salan e Massu, honrou não só o homem que seguia no caixão sem adornos, encimado pelo seu quépi de coronel, com galões dourados, mas também os 111 legionários mortos e 272 feridos em quatro meses de combate em redor de Guelma[61]. Realizavam-se demasiados funerais, mas a guerra estava a correr bem e o inimigo perdia muito mais homens e equipamento do que poderia substituir.

Em Julho, o 1.º REP foi colocado em Argel, onde o próprio Massu foi nomeado cabo honorário e botou abaixo o quarto de litro de pinga da praxe antes de cantar integralmente «Le Boudin». Substituindo Salan como comandante supremo na Argélia, o simpático fumador de cachimbo Maurice Challe, general da Força Aérea, decidiu que, com 80 000 homens altamente treinados a bloquearem as fronteiras com grande eficácia, era altura de eliminar o ALN no interior. Uma ofensiva com grandes meios, liderada pelos páras, rendeu, só na região de Saïda, 1600 mortos e 400 prisioneiros. No reverso da moeda, a Legião também contribuiu para as SAS. Ao contrário das forças britânicas conhecidas por este acrónimo, as Sections Administratives Spécialisées actuavam sobre «os corações e as mentes», enviando professores, médicos, parteiras e outros trabalhadores sociais para aldeias remotas que nem sequer dispunham de água corrente. Por vezes, estas iniciativas eram contraproducentes, tal como aconteceu quando uma unidade do ALN cortou os braços das crianças que haviam sido vacinadas gratuitamente. O preço pago pelo pessoal das SAS também foi elevado, com 73 oficiais, 33 oficiais subalternos, 42 civis e 612 milicianos argelinos mortos durante a guerra[62].

Laslo Tasnady aprendera a ser soldado com a Legião, no Vietname, e usou eficazmente os seus ensinamentos na Argélia. Os «ratos dos túneis» não foram inventados pelos americanos no Vietname. Tasnady recorria a um rapaz árabe chamado Ouled, que se metia nos buracos com uma lanterna e gritava, «Não está aqui ninguém!» quando encontrava sinais de vida. Logo que ele saía, os legionários bloqueavam a entrada, depois de lançarem uma ou mais granadas de gás de cloro. Não imperava a Convenção de Genebra.

---

[61] *La Guerre d'Algérie en photos*, Paris, EPA, 1989, p. 46.
[62] *Ibid.*, p. 61.

No dia 14 de Maio de 1956, Tasnady, um atirador de elite que uma vez acertara tranquilamente em seis alvos em movimento com seis balas, ofereceu-se para ser descido de um penhasco por uma corda, de cabeça para baixo, que era a única possibilidade de chegar a uma caverna onde se tinham refugiado alguns homens da FLN. Tasnady balançou para dentro da gruta um cesto cheio de explosivos com uma granada activada, o que lhe dava, no máximo, sete segundos [63] para os seus camaradas no cimo do penhasco o puxarem para longe do rebentamento.

A proeza que Tasnady fez de cabeça para baixo foi a última. Minutos antes de subirem para os camiões que nessa mesma tarde os levariam de volta à base, os seus homens ouviram um único disparo. O amável e tranquilo húngaro estava morto com um chumbo de caçadeira, de fabrico caseiro, alojado nas vértebras do pescoço. O seu corpo foi transportado para bel-Abbès e esteve em câmara ardente ao lado de dois outros sargentos-mores húngaros do 3.º REI e do 5.º REI, mortos na mesma semana.

Todos os regimentos da Legião estavam em acção. Infantaria, cavalaria, páras – a rotina operacional era praticamente a mesma para todos: longos dias subindo e descendo montanhas, com toda a gente, incluindo os oficiais, levando pesadas Bergens [*] às costas quando se encontravam demasiado longe das estradas para o vestuário e os sacos-cama poderem ser transportados de camião.

Em Agosto de 1959, depois de receber ordens para resignar ao comando do 1.º REP, o coronel Dufour juntou-se a um núcleo duro de desertores que planeava raptar ou assassinar de Gaulle durante a sua *tournée des popotes*, uma rápida digressão por messes de oficiais na Argélia para recordar aos militares que o Exército existia para cumprir a vontade do presidente. O plano não deu em nada, mas a hostilidade contra de Gaulle aumentou quando o 1.º REP soube, durante operações no Aurès, que as bandeiras do ANL – verdes e brancas e com a estrela e o crescente – que o regimento apreendera

---

[63] As granadas francesas tinham detonadores mais compridos do que as americanas. Quando estas foram distribuídas a homens não habituados a utilizá-las, as coisas tornaram-se «interessantes».

[*] Tipo de mochila cujo nome é possivelmente uma adulteração do nome da empresa norueguesa Bergans, fabricante de mochilas e outros equipamentos similares. (*N.T.*)

nas mochilas de *fells* mortos iriam ser arvoradas publicamente em Argel durante um referendo, com sufrágio universal, sobre o futuro político do país. O regimento entrou em greve, recusando-se a sair do quartel. A greve foi anulada através do expediente simples mas que denotava pouco tacto de transferir todos os oficiais superiores para outros regimentos. Muitos desertaram.

Em 16 de Setembro de 1959, de Gaulle falou abertamente na possibilidade da independência para a Argélia. Cerca de 7000 prisioneiros do ALN foram libertados, e regressaram prontamente à clandestinidade. Não tinham escolha, dado que uma recusa significaria a sua execução pelos seus antigos camaradas. Em França, muitos eleitores, se lhes perguntassem, entregariam a Argélia à primeira oportunidade, incluindo todos os agricultores que não conseguiam competir com a mão-de-obra árabe barata à qual recorriam os seus concorrentes da Argélia, mas os oficiais gaullistas do 1.º REP tinham a certeza de que o seu presidente nunca abandonaria os *pieds-noirs* [64]. Não repetira ele tantas vezes o slogan «*Algérie française*»?

Ainda não tinham aprendido que, tal como as sentenças da Pítia de Delfos, as de de Gaulle podiam ter diversas interpretações. Por dizer a um jornalista alemão o que achava da amnistia, Massu foi chamado a Paris e demitido. Os habitantes europeus de Argel insurgiram-se em apoio do seu homem e, numa revolta de cidadãos, ergueram barricadas na cidade. De Gaulle ordenou às forças da ordem que esmagassem os insurrectos, pelo que o 1.º REP foi retirado do terreno de operações e enviado para a capital com a missão de restaurar a normalidade.

Tradicionalmente, o exército do Norte de África não era muito bem visto pelos colonos. Com a Legião a aceitar todos os voluntários, poucos *pieds-noirs* gostariam que as suas filhas casassem com um legionário. Mas os tempos eram de mudança: saudados como salvadores pelos colonos, que tinham acabado de matar catorze gendarmes demasiado zelosos, os legionários confraternizaram livremente com a população, aceitando flores e beijos das raparigas. Por detrás da franca bonomia das ruas, muitos oficiais faziam

---

[64] Originalmente sinónimo de magrebino, posteriormente colono francês no Norte de África.

promessas desesperadas e definitivas, das quais viria a nascer a Organisation Armée Secrète (*).

O comandante do 2.º REP, o coronel Darmuzai, gaullista convicto, ficou furioso quando o 1.º REP escoltou um grupo de homens presos nas barricadas de Argel para o campo do 2.º REP, em Chefka, a 1 de Fevereiro de 1960, não por administrar um campo de trabalho para dissidentes, mas por pensar que os prisioneiros poderiam «infectar» os seus oficiais e soldados com ideias facciosas, particularmente os poucos que eram casados com raparigas locais. Para dizer a verdade, a sua estada de um mês teria decorrido sem incidentes, não fosse o governo ter faltado à sua garantia de que nenhum activista seria seleccionado para castigo especial. Dez dias depois, o novo coronel do 1.º REP, Maurice Guiraud, chegou de helicóptero para levar dois deles para serem julgados, e até os oficiais mais gaullistas viram o acto como uma quebra da palavra de honra.

Num cenário de manobras políticas em preparação para o volte-face do governo, a guerra nas montanhas prosseguiu, com objectivos tão turvos como as lamacentas encostas onde os legionários escorregaram, deslizaram e morreram até ao fim do Inverno. Tal como o capelão do 1.º REP disse num funeral, falando em frente de dez caixões, cada um com um quépi em cima, «Já não sabemos pelo que estamos a morrer».

Durante a segunda *tournée des popotes*, durante Março de 1960, com de Gaulle falando abertamente de uma «*Algérie algérienne*», os oficiais que o escutaram sabiam que a independência significaria um êxodo maciço dos colonos ou um banho de sangue com um milhão de vítimas europeias. Só alterando constantemente o seu itinerário é que o presidente escapou a quatro tentativas de assassínio em poucos dias. Entretanto, os agentes do SDECE viravam as facções do ALN umas contra as outras. Quando Si Salah, o comandante da *willaya* (*) 4, acompanhado por dois dos seus ajudantes, foi recebido por de Gaulle no Palácio do Eliseu, a 9 de Junho, as conversações não deram em nada mas o SDECE fez com que o alto-comando do

---

(*) Ou Organisation de l'Armée Secrète (OAS). Grupo nacionalista de extrema-direita fundado em Madrid, em 1961, para travar a luta armada contra a independência da Argélia. (*N.T.*)

(*) Cada um dos seis comandos regionais do ALN. (*N.T.*)

ALN se inteirasse delas, pelo que os potenciais mediadores foram purgados pelos seus próprios camaradas, em Argel.

O major Elie Denoix de St-Marc foi nomeado comandante interino do 1.º REP depois de Guiraud ter partido de baixa por doença, cuja causa principal era ter visto demasiados dos seus homens morrerem numa guerra praticamente ganha militarmente para um governo que estava a transformar a vitória em derrota por razões políticas. Mas a máquina militar continuava a funcionar. O britânico Simon Murray alistou-se na Legião em Fevereiro de 1960 e, felizmente, escreveu as suas experiências quotidianas num diário. Na época, talvez não existissem mais do que cinquenta legionários britânicos, cujo «clube» era o Foot Bar – «foot» significando futebol –, em bel-Abbès, onde vários deles costumavam beber e usar o quadro de mensagens para se manterem em contacto com os seus compatriotas destacados noutros locais.

Em Novembro, depois da sua instrução em pára-quedismo, Murray foi colocado no 2.º REP, em Skikda ([65]), apenas a 100 km da fronteira com a Tunísia. À primeira vista, o depósito, junto à praia, de aspecto imaculado e com os seus canteiros de flores e instalações desportivas, parecia um Club Med, não fosse o perímetro de arame farpado. Mas não era nenhum campo de férias. Por infracções aparentemente triviais ou simplesmente por apanhar um oficial subalterno mal disposto, um homem passava oito dias na choça, durante os quais o seu pré ia para os fundos da companhia. E estes dias não contavam como dias de serviço, pelo que um reincidente frequente arriscava-se a ver a sua data de desmobilização constantemente adiada.

De cabeça rapada e vestindo dia e noite o mesmo uniforme suado, os prisioneiros, à menor infracção às regras draconianas do depósito-prisão, eram brindados com flexões «musicais», tendo que bater as palmas a cada «para cima». As mazelas no rosto sempre que este batia no chão de cimento explicavam o boato de que os oficiais subalternos disciplinares espancavam os prisioneiros. O pior castigo não era a dureza física, mas sim a constante sujidade do corpo. A higiene estava tão inculcada em cada recruta que passar uma semana com as mesmas roupas sujas, sem se poderem lavar ou até escovar os dentes, constituía a dissuasão mais poderosa.

([65]) Nome francês: Philippeville.

A Legião Estrangeira

O 2.º REP era composto por oito companhias: quatro companhias de combate, uma de transporte, uma companhia de assalto, a *compagnie d'appui*, com os seus morteiros, e a companhia de depósito, na base, com os seus incapazes e madraços. Ao juntar-se à 3.ª Companhia, nas Montanhas do Aurès, Murray ficou surpreendido ao ver as prostitutas do bordel da companhia dando o duro em tendas pelo mesmo preço que cobravam as suas irmãs na base: £1 por uma rapidinha ou £5 por uma noite. Nos funerais do 2.º REP, Cabiro recorda-se da madame do BMC e das suas raparigas assistindo lado a lado com as mulheres dos oficiais, sem ninguém se sentir ofendido pela sua presença([66]).

Murray parte em patrulha no dia seguinte, sob o comando de um sargento-mor ex-SS e dois sargentos alemães. À viagem de três horas de camião até ao Djebel(*) Chélia seguiu-se uma subida de 1000 metros para uma operação com a 1.ª Companhia, combinando bombardeiros de mergulho, artilharia e helicópteros. Murray passou o Natal em operações com a 13.ª DBLE no Djebel Chélia – que descreveu como sendo tão desolado e frio como Dartmoor no Inverno –, com os legionários alemães cantando «Stille Nacht» e toda a gente a embebedar-se para aguentar o vento em temperaturas abaixo de zero([67]).

O Ano Novo encontrou-o no outro lado da Argélia, patrulhando as fortificações ao longo da fronteira com Marrocos. Em Março de 1961, as quatro companhias de combate regressaram ao Aurès com a 13.ª DBLE e o 3.º REI, depois de o apoio esmagador aos planos de de Gaulle para a Argélia, expresso através de um plebiscito, ter levado colonos e oficiais da linha dura a formar, em Fevereiro, a Organisation Armée Secrète, que incluía desertores da Legião de todas as patentes. O seu número foi engrossado com camaradas que tinham desertado de regimentos regulares, em França, e regressado clandestinamente ao Norte de África. Os mais importantes eram os generais Challe e Zeller, que tinham regressado escondidos a bordo de um avião da Força Aérea, na noite de 20 de Abril.

A hesitação de St-Marc em aderir ao crescente movimento anti-governamental desapareceu na manhã seguinte, quando se avistou com Challe e Zeller numa moradia dos subúrbios, flanqueados por

---

([66]) Cabiro, *Sous le béret vert*, p. 330.
(*) Montanha. (*N.T.*)
([67]) Murray, *Legionnaire*, pp. 131-134.

OUSAM CHAMAR-LHE TRAIÇÃO

todos os oficiais desertores do 1.º BEP. Suspeitando de que os civis do OAS se iriam servir de uma insurreição como cobertura para ajustes de contas, St-Marc impôs, como condição para apoiar o golpe, que a sua execução fosse sob disciplina militar, e não como uma insurreição popular. Foi avançada a hipótese de que o 1.º REP e o 2.º REP se teriam tornado os regimentos mais «politizados» da Argélia por, ao contrário dos regimentos regulares, nunca terem regressado periodicamente a França, mas a verdadeira razão da sua proeminência no golpe encontra-se na lealdade absoluta da maioria dos legionários para com os seus comandantes. Além do mais, legalmente, também poderia argumentar-se que os legionários não franceses não foram culpados de traição, dado que a França não era o seu país.

Independentemente dos tecnicismos, por volta da meia-noite, o 1.º REP formou, completamente equipado para o combate, na parada da base que criara a partir de um campo militar americano da Segunda Guerra Mundial, em Zeralda, na costa, 20 km a oeste de Argel. Depois de se lhe terem juntado os oficiais que tinham passado os últimos três meses na clandestinidade, partiram num coluna de camiões e ocuparam a baixa de Argel, quase sem derramamento de sangue. Tributo ao treino e à disciplina do 1.º REP foi o facto de a única baixa ter sido um sargento de infantaria da estação de rádio, vítima de excesso de zelo. Os prisioneiros leais a de Gaulle incluíam Morin, o delegado-geral, Jannin, o prefeito da polícia, e o general Gambiez, o comandante supremo. O comandante militar do distrito de Argel, o general Vézinet, foi preso pelo tenente Godot do 1.º REP, que inventou uma história para entrar no QG com um punhado de homens e ignorou os protestos de Vézinet no sentido de que o protocolo lhe proibia que entregasse a arma a um tenente. Os páras foram tão corteses em todas as situações que o ministro das Obras Públicas, Robert Buron, foi confinado ao seu quarto no Palácio de Verão, mas com autorização para usar o telefone, através do qual avisou imediatamente Paris do que se estava a passar.

Os generais Salan, Challe, Jouhaud e Zeller persuadiram o general Gouraud a pôr dois dos seus regimentos pára-quedistas coloniais ao lado do golpe. Na manhã seguinte, os legionários e os homens do 14.º RCP e do 18.º RCP eram os ídolos de todos os europeus de Argel. Orão aderiu imediatamente à insurreição, mas Constantine declarou-se a favor de de Gaulle. Em Paris, o presidente condenou na televisão os líderes do *putsch* como um quarteto de generais prontos

A Legião Estrangeira

para a reforma e a leste da realidade. Embora o resto da Legião não se tivesse movimentado, de Gaulle via-se confrontado com o pesadelo de todos os governos franceses desde 1831: que o exército mercenário de Luís Filipe se descontrolasse e seguisse cegamente os seus oficiais numa nova revolução.

Na base naval de Mers el-Kébir, nos arredores de Orão, o almirante Querville, hostil ao golpe, posicionou um cruzador ao largo, com os canhões apontados ao quartel de Zeralda. Na base aérea de Blida, logo à saída de Argel, as «outras patentes» recusaram-se a obedecer aos oficiais e hastearam uma bandeira vermelha(*). Ao mesmo tempo, tripulações leais a de Gaulle ignoraram os apelos do seu anterior comandante, o general Challe, e partiram com vinte aviões de transporte Noratlas vazios para a metrópole, para que não pudessem ser utilizados pelos revoltosos. Em França, os comandantes de várias bases de caças fizeram saber que abateriam os páras se estes tentassem entrar no espaço aéreo francês a bordo dos restantes aviões.

Uma ideia da confusão que existia entre os oficiais e soldados dos outros regimentos da Legião é dada pela descrição que Cabiro faz dos debates acesos que tiveram lugar nesse dia, na messe de oficiais do 2.º REP, em Camp Pehau. O coronel Darmuzai, gaullista convicto, estava 100% convencido de que o presidente nunca chegaria a conceder efectivamente a independência à Argélia após uma guerra que estava praticamente ganha militarmente. Todavia, não conseguiu acalmar os seus subordinados, que pretendiam juntar-se aos seus irmãos oficiais do 1.º REP enquanto o ferro estava quente.

Tendo a sua mulher dado à luz o segundo filho, Cabiro foi autorizado a ir buscá-los ao hospital para os levar para os seus alojamentos na base. Quando regressou à messe, reinava a confusão, com a maioria dos oficiais a favor de se juntarem ao golpe. A mulher ficou aliviada ao vê-lo regressar a casa para jantar, mas às 22:30 chegou um jipe à frente do apartamento, com um convite para Cabiro assumir o comando do regimento, que partia, sem o conhecimento de Darmuzai, a juntar-se à rebelião em Argel.

Cabiro aceitou, depois de pedir à mulher para, de manhã, contar ao coronel o que tinha acontecido e garantir-lhe que o regimento continuaria sob seu comando caso ele decidisse juntar-se-lhe em

---

(*) Após o que terão cantado a «Marselhesa» e a «Internacional». (*N.T.*)

OUSAM CHAMAR-LHE TRAIÇÃO

Argel. Cabiro, que não pretendia usurpar a autoridade do coronel, zangou-se com os outros oficiais quando os apanhou, em Sétif, por terem-no colocado naquela posição. Não desejava amotinar-se mas eles estavam a arrastar – metaforicamente – os seus oficiais subalternos e soldados para um grande perigo, e o seu lugar era junto deles, para acalmar os oficiais mais beligerantes. Em consequência, por lealdade para com os homens que comandava, tornou-se um amotinado [68].

Nesta fase, o legionário comum ainda não tinha uma ideia clara sobre o que estava a acontecer. Como sempre, obedecia às ordens. Simon Murray recorda o percurso do 2.º REP, em camiões com tejadilho de lona, do Aurès para Argel, a 23 de Abril, saudado, ao longo do caminho, por multidões de europeus. Mais uma vez, os legionários gozaram a sua popularidade. Na capital, foram tratados como heróis pela população que acorrera às ruas em êxtase, ao som exuberante das buzinadelas ao ritmo do lema «Al-gé-rie fran-çai--se». Murray e os seus camaradas continuavam sem fazer ideia do lado em que se encontravam, pois os seus oficiais subalternos não os tinham informado do teor das deliberações dos oficiais.

O relutante coronel interino, Cabiro, foi de gabinete em gabinete em busca de notícias. Toda a gente o recebeu de braços abertos, vendo a chegada do 2.º REP como um presságio de apoio generalizado para o golpe. Mas não foi assim. De Sidi-bel-Abbès não chegou um único sinal indicando o que o resto da Legião estava a fazer. Com o avançar do dia, tornou-se óbvio que os páras estavam sozinhos. Em vão, Challe agarrou-se aos telefones no seu QG temporário, em Argel, descobrindo todas as promessas de apoio que recebera de outros regimentos esfumando-se na sua hora da verdade [69].

No dia 24 de Abril, o 2.º REP recebeu ordens para conquistar o aeroporto de Maison Blanche aos fuzileiros gaullistas que o ocupavam, mas sem recorrer à violência! Murray recordou que os legionários receberam cabos de picaretas, com as quais os fuzileiros foram «meigamente» capturados sem ser disparado um tiro. Ele e os seus camaradas legionários pensavam que estavam no aeroporto para saltarem sobre Paris, numa revolução nacional [70].

---

[68] Cabiro, *Sous le béret vert*, pp. 357-360.
[69] *Ibid.*, p. 362.
[70] Murray, *Legionnaire*, pp. 135-138.

A LEGIÃO ESTRANGEIRA

Na capital francesa, a confusão era tal que o primeiro-ministro, Michel Debré, entrou em pânico e pediu à população para se dirigir para os aeroportos, «de carro ou a pé, logo que toquem as sirenes» [71]. Mas não disse o que era suposto as pessoas fazerem depois de lá estarem, a não ser que fosse deitarem-se em cima das pistas para os páras não conseguirem aterrar. De Gaulle foi mais realista, ordenando o cerco dos aeroportos com unidades blindadas. O presidente que iniciara a sua carreira com a célebre transmissão radiofónica a partir de Londres, no dia 18 de Junho de 1940, apelando a todos os franceses e francesas que se erguessem contra os invasores alemães, voltou a usar o microfone para proibir todo e qualquer cidadão de se envolver com os amotinados.

No dia 25 de Abril, terça-feira, já estava tudo acabado. Challe anunciou que se ia entregar a de Gaulle. Horrorizado face às consequências para os soldados que o tinham seguido e aos outros oficiais na rebelião, o capitão Sergent deslocou-se à emissora radiofónica e implorou a *todos* os militares que desafiassem as ordens de Paris e estivessem à altura das suas responsabilidades morais e da memória de todos os seus camaradas mortos. Ninguém lhe deu ouvidos.

Quando Challe se entregou, Salan e os outros envergaram roupas civis para passar à clandestinidade. O major St-Marc foi levado para Zeralda, onde ficou a aguardar a sua sorte. Os oficiais entraram num autocarro, com destino à prisão. Os homens lançaram as suas boinas e quépis à multidão, à guisa de recordações, e partiram em camiões abertos, debaixo de guarda, disparando as armas para o ar e cantando o êxito de Edith Piaf – «Non, je ne regrette rien».

Entre as unidades incumbidas de restaurarem a normalidade encontrava-se o 3.º REI. James Worden refere ter integrado o destacamento de guarda ao bordel do 1.º REP. Os esperados «favores» não se materializaram – negócios eram negócios – mas as raparigas, a título de cortesia pessoal, engomaram os uniformes dos homens e cozinharam para os seus preferidos [72].

Nessa altura, o 2.º REP regressava, nos seus camiões, para o depósito de Skikda. Cabiro e os outros oficiais foram convocados ao gabinete de Darmuzai, mas o coronel recusou-se a dirigir-lhes a palavra. Fê-los ouvir uma mensagem gravada, com as palavras muito

---

[71] *La guerre d'Algérie en photos*, p. 111.
[72] Worden, *Wayward Legionnaire*, p. 112.

OUSAM CHAMAR-LHE TRAIÇÃO

bem escolhidas, dando-lhes uma lição sobre o seu dever e exigindo-
-lhes um relatório completo das suas acções.

Depois de os outros terem saído, virou-se para Cabiro e atirou-
-lhe, «Você vai ser fuzilado! Está-me a ouvir? Fuzilado! O que lhe
deu para fazer uma coisa destas?».

Cabiro respondeu, «Se não compreende porquê, não vale a pena
eu tentar explicar-lhe. Escrever-lhe-ei uma carta, antes de ser fuzilado» ([73]). Nesse momento, parecia quase certo ser esse o seu destino.

O Dia de Camerone de 1961 foi uma festa triste. A história dos
heróis do combate de Camarón foi lida em todas as bases e campos
da Legião, mas sem nenhuma das festividades habituais. O coronel
Guiraud foi convocado da sua baixa por doença pelo ministro da
Defesa, Pierre Messmer – ele próprio um ex-capitão da Legião –,
e obrigado a ver o seu senhor político emitir a ordem de dissolução
definitiva do regimento, juntamente com os dois outros regimentos
pára-quedistas directamente envolvidos no motim, o 14.° RCP e o
18.° RCP.

No dia 3 de Maio, Cabiro e outros quatro oficiais do 2.° REP
foram detidos em Skikda e levados de avião para Paris, onde encontraram os oficiais de todos os outros regimentos páras revoltosos
encarcerados na prisão militar do Fort de l'Est. Ao verem de Gaulle
anunciar finalmente na televisão que a Argélia receberia a sua independência dentro de pouco tempo, a sua raiva não foi a dos colonos
que iam perder os seus lares e ganha-pão, mas a de oficiais que não
tinham dado descanso a si próprios nem aos seus homens, vendo-os
morrer dia após dia e mês após mês, em obediência às ordens de um
presidente que acabara de tornar inútil o sofrimento e as mortes.

Transferido para a prisão de Santé no dia seguinte, e esperando
ser fuzilado após o julgamento, Cabiro pediu uma máquina de escrever e um manual de dactilografia, para que pudesse deixar aos filhos
uma explicação completa dos seus actos. A sua defesa foi assumida
gratuitamente pelo famoso advogado Maître Bondoux, um ex-chefe
de gabinete do general de Lattre de Tassigny no 1.° Exército. O mais
difícil para Cabiro foi a visita da mulher, acompanhada pelo filho, de
seis anos de idade, e pelo bebé, uma menina; a mãe dissera ao garoto
que o pai estava na prisão para trabalhar nuns papéis muito secretos.

([73]) Cabiro, *Sous le béret vert*, pp. 365-368.

A Legião Estrangeira

Confrontado com uma execução quase certa ou, no mínimo, uma longa sentença de prisão por «abuso não autorizado do comando», Cabiro pediu à mulher que não voltasse a trazer as crianças.

A inactividade forçada era dura para aqueles homens de acção, que trabalhavam literalmente dia e noite há anos. A adrenalina da rebelião converteu-se rapidamente numa depressão, marcada pelo rancor aos camaradas que tinham «metido baixa», ido de licença ou, de outra forma, renegado as suas promessas de apoio, e que depois tinham coberto a sua retaguarda. Mas tão impecável era a disciplina dos oficiais detidos que eram bem tratados pelo pessoal da prisão, podiam tomar as suas refeições em conjunto e, de forma excepcional, nem sequer eram algemados quando se deslocavam por Paris para se avistarem com os magistrados que conduziam os processos.

Devolvidos à prisão de noite, após os seus julgamentos, Challe e Zeller bateram à porta de todas as celas para anunciarem as suas sentenças de dezasseis anos para cada um. A mensagem era: «Se não nos fuzilaram, não vos vão fuzilar a vocês». Outras sentenças foram de quinze anos a cinco ou menos. Quando chegou a sua vez, Cabiro, ostentando todas as suas medalhas, ficou de pé frente aos mais altos juízes e generais do país, no Supremo Tribunal, olhando para a espantosa vista da Sainte Chapelle, incapaz de acreditar no que estava a ouvir: um ano de pena suspensa ([74]).

Numa ironia que provocou poucos sorrisos, os que ainda se encontravam na prisão em Maio de 1968 foram libertados graças a um sector da comunidade pelo qual os militares costumavam ter muito pouco respeito – os estudantes de esquerda, liderados por «Danny, o Vermelho» Cohn-Bendit, que arrancaram as pedras dos passeios de Paris para as usarem como projécteis em resposta ao gás lacrimogéneo e às mangueiradas do CRS(*), e puseram de Gaulle à beira da Quarta Revolução.

Imediatamente após o fracasso do golpe de Argel, com o OAS falhando por pouco treze tentativas de assassinato contra de Gaulle, todos os polícias de trânsito parisienses estavam equipados com uma pistola-metralhadora. Os turistas eram aconselhados a não lhes pedirem informações, não fossem ser acidentalmente alvejados por agentes

---

([74]) *Ibid.*, pp. 371-373.

(*) Compagnies républicaines de sécurité, corpo de elite da polícia francesa, neste contexto a polícia de choque. (*N.T.*)

Ousam Chamar-lhe traição

pouco acostumados a lidarem com armas mais mortíferas do que a pistola de serviço. No dia 17 de Outubro, quando milhares de norte-africanos e os seus simpatizantes de esquerda encheram as ruas de Paris, ficou claro de que lado estavam «*les flics*» (*).

Várias centenas de manifestantes foram deliberadamente afogados no Sena ou mortos e atirados para o rio das pontes e das margens pelo CRS e outras unidades policiais sob o comando do prefeito Maurice Papon, que viria a ser julgado não por estes acontecimentos, mas por ter enviado judeus para a morte durante a Segunda Guerra Mundial, quando era secretário-geral do prefeito da Gironda. Na Argélia, o OAS cometia atrocidades contra os muçulmanos, mas as suas vítimas também incluíam alguns oficiais do Exército derrotistas.

Para o 2.° REP e o resto da Legião, a guerra prosseguiu até ao último dia. Murray refere ter vivido permanentemente em tendas durante os últimos meses: o regimento estava proibido de entrar no quartel, em Skikda, pois receava-se que os soldados o mandassem pelos ares, tal como os homens do 1.° REP haviam feito à messe de sargentos em Zeralda. Em Novembro de 1961, Murray encontrava-se com o 2.° REP *em* território tunisino, repelindo os infiltrados para os seus campos de treino e matando-os em locais onde outrora estariam a salvo de perseguições, excepto nalguns casos – poucos – que tiveram repercussões a nível internacional. O Natal, em Sétif, gélido, foi passado em tendas, com os legionários alemães construindo e decorando presépios com figuras do Menino Jesus, da Virgem Maria, de José e dos Reis Magos feitas de pasta de papel, e cantando canções de Natal – enquanto que, noutra zona do acampamento, alguns suspeitos eram torturados [75].

Em Fevereiro, Murray notou um nítido aumento no número de deserções, à medida que cada vez mais oficiais, oficiais subalternos e soldados passavam à clandestinidade para adoptarem a causa perdida dos colonos. As suas letais competências militares eram bem acolhidas pelo OAS, que ameaçava matar todo o europeu que abandonasse a Argélia e tinha espiões nas agências de viagens para descobrir os potenciais fugitivos. Num único dia, registaram-se 300 *plasticages*, ataques bombistas com o recurso a explosivos plásticos,

---

(*) Os «chuis». (*N.T.*)
[75] Murray, *Legionnaire*, p. 172.

uns cometidos pelo ALN e outros pelo OAS([76]), cujo elemento mais mortífero era a Força Delta, comandada por um belga, o tenente René Degueldre, que desertara da Legião depois de jurar, sobre o caixão de Jeanpierre, que mais depressa morreria do que deixaria a FLN ficar com a Argélia.

Independentemente das motivações dos seus membros, este grupo de aproximadamente 100 desertores da Legião, maioritariamente alemães, cometeu mais de 300 assassínios sórdidos no mês de Fevereiro de 1962. Um dia, só atacaram carteiros; no dia seguinte, mataram mulheres de limpeza. Era uma campanha de puro terror, recorrendo a um arsenal de explosivos plásticos, armas automáticas e granadas antitanque roubados ao exército. De Gaulle respondeu ao lançar no terreno o Service d'Action do general Aussarès, que enviou equipas de assassinos igualmente implacáveis, conhecidos por *barbouzes*, para os aniquilar. O resultado foi uma guerra de rua clandestina, digna de Chicago na década de 30, com homens, mulheres e crianças metralhados a partir de automóveis em movimento, estropiados ou mortos com pacotes armadilhados, torturas e traições.

O desafio dos civis europeus transformou-se em desespero. Os grafitos pró-OAS reduziram-se a um: *La valise ou le cercueil*. A mala ou o caixão era efectivamente a alternativa para os europeus da Argélia – mais precisamente, duas malas. Um milhão de civis foi obrigado a exilar-se daquela que era a sua pátria há quatro ou cinco gerações, deixando para trás tudo, excepto o que podiam transportar em duas malas por adulto. Partiram com amargura e ódio ao presidente e ao governo, que tinham renegado as promessas que lhes haviam feito; os comerciantes destruíram os negócios de família herdados dos avós, os agricultores incendiaram as colheitas e as casas para não as entregarem de mão beijada. Prometeram-lhes uma compensação irrisória pelos seus lares e negócios, mas nunca chegaram a recebê-la na totalidade.

O país que fora o seu continuou a despedaçar-se até ser anunciado um cessar-fogo, no dia 18 de Março de 1962, a entrar em vigor ao meio-dia do dia seguinte, depois de sete anos e meio de guerra. Quando a Legião abandonou o seu QG, em Sidi-bel-Abbès, deixou atrás de si uma cidade com 102 000 habitantes, completamente planeada e parcialmente construída por arquitectos e engenheiros da Legião.

([76]) *Ibid.*, pp. 169-181.

O general Jacques Lefort, recém-nomeado inspector-geral da Legião, fechou o Salão de Honra. O Monumento aos Mortos, de bronze, já fora desmontado e removido pelos sapadores. As bandeiras e estandartes foram retirados, e as bandeiras negras do cerco de Thuyen Quang foram ritualmente queimadas em cumprimento do juramento do capitão Borelli, que as trouxera do Vietname em 1885. As outras relíquias preciosas – as cinzas do legionário norte-americano William Moll; a mão de madeira do capitão Danjou, herói da batalha de Camarón, no México; três caixões contendo os restos do Pai da Legião, o general Rollet, do príncipe Aage e do Legionário Desconhecido – foram transportadas num voo especial para Aubagne, o novo QG da Legião, perto de Marselha.

As estatísticas oficiais compiladas pelo Bureau d'Études et de Liaison dão conta de 24 614 militares e polícias mortos durante a guerra, contra 141 000 *fells* mortos. Oficialmente, 3663 civis europeus são dados como desaparecidos ou mortos, e 7541 como gravemente feridos [77].

Cerca de 50 000 civis argelinos foram assassinados pelo ANL por motivos políticas alegados ou reais, incluindo o colaboracionismo [78].

Antes de julgarmos o modo como as forças francesas, incluindo a Legião, travaram a Guerra da Argélia, valerá a pena reflectirmos que, imediatamente após a expulsão dos franceses, o movimento de libertação árabe se cindiu em dois, com consequências sangrentas para ambas as facções. O primeiro presidente da Argélia, Ahmed Ben Bella, não foi apenas derrubado pelo seu rival, Houari Boumoudienne; este manteve-o preso durante quinze anos. Libertado em 1980, depois da morte de Boumoudienne, viveu no exílio outros dez anos, temendo constantemente pela vida. Dos outros líderes do tempo da guerra, Hocine Aït Ahmed e Mouhammed Boudiat também viveram no exílio, Mohammed Kader foi assassinado em Madrid, em 1967, e Krim Belkacem foi estrangulado num quarto de hotel de Frankfurt, em 1970. Estes homens e os seus assassinos foram o inimigo contra o qual a Legião lutou [79].

---

[77] Stora, *Histoire de la Guerre de l'Algérie*, p. 90.

[78] *Ibid.*, p. 90, acrescenta 16 378 a esta categoria.

[79] Números retirados de relatórios oficiais e citados em Stora, *Histoire de l'Algérie depuis l'Indépendence*, Paris, La Découverte, 2004, pp. 15, 25, 32, 34.

A Legião Estrangeira

Como que para equilibrar a equação da desgraça, tendo como pano de fundo a tragédia de um milhão de refugiados *pieds-noirs*, obrigados a abandonarem bens, lares e negócios depois de um século ou mais no Norte de África, a partida dos franceses deu origem a uma onda de violência, a nível nacional, entre os descendentes dos argelinos nativos que haviam sido expropriados pelo influxo de europeus. Excluindo uma pequena minoria de profissionais com educação universitária – médicos, advogados, professores e farmacêuticos –, tais como líder revolucionário Farhat Abbas, entretanto eleito presidente da Assembleia Constituinte, os argelinos tinham sido reprimidos como cidadãos de segunda no seu próprio país.

Cinco gerações de ódio alimentaram a violência latente no Norte de África. Entre 12 000 e 15 000 pessoas foram vitimadas pelas lutas pelo poder entre as várias facções políticas[80]. Cerca de 1800 europeus foram assassinados, e aproximadamente 15 000 argelinos foram «executados» por colaboracionismo pelos seus concidadãos[81]. Presidentes de câmaras que nada mais tinham feito do que aproximar-se das autoridades para conseguir estradas, escolas e medicamentos foram amarrados a quatro tractores e despedaçados, membro a membro, em frente das suas famílias; houve polícias esventrados, com os joelhos esmagados, cegados ou amputados.

O pior destino estava reservado para os 25 000 *harkis* que haviam servido nos regimentos argelinos ou como intérpretes para a Legião e outras forças francesas durante a luta contra o ALN. Culpados ou inocentes de torturarem suspeitos ou da violação de mulheres e raparigas que viviam em *mechtas* desprotegidas, muitos morreram sufocados, com o pénis e os testículos enfiados na boca. Decorridos três anos, a Cruz Vermelha contou 13 500 *harkis* ainda definhando nas prisões argelinas.

Em 1964, a Argélia e Marrocos entraram em guerra, afirmando ambos que a culpa era do outro[82], mas o povo francês deu um grande suspiro de alívio por a sua guerra na Argélia ter chegado ao fim. Os reservistas do Exército, da Marinha e da Força Aérea foram

---

[80] Stora, *Histoire de la Guerre de l'Algérie*, p. 90, cita números dos Renseignements Généraux dando conta de 15 000 vítimas de disputas internas e outros 2000 membros do ALN mortos pelas forças armadas tunisinas e marroquinas.

[81] *La guerre d'Algérie en photos*, p. 90.

[82] Chamou-se *La guerre des sables* – a guerra das areias.

desmobilizados e tentaram reconstruir as suas vidas. Conscritos e regulares foram reintegrados em unidades com falta de efectivos em França; a título de exemplo, o 21.º Regimento de Fuzileiros contava apenas 700 homens. A questão que era debatida pelos políticos, nos seus automóveis com motoristas, nas suas deslocações, ao longo do Sena, entre os seus ministérios e o Palácio do Eliseu, era: o que fazer com a Legião.

De Gaulle não era célebre pela generosidade para com os seus inimigos. Tendo dissolvido o 1.º REP e os outros regimentos páras que se haviam amotinado contra a sua autoridade, porque deveria ele manter sequer a existência de uma única companhia do maior exército mercenário do mundo, cujos soldados, endurecidos por muitas campanhas, eram famosos por seguirem os seus oficiais até ao Inferno? Destituída do seu império, excepto de uns poucos territórios tropicais[83], que necessidade tinha a França do exército de estrangeiros que travara as suas guerras coloniais por todo o planeta durante 130 anos?

---

[83] Os *départements d'outre-mer* e os *territoires d'outre-mer*, conhecidos por DOM-TOM.

PARTE DOIS

CONSTRUINDO UM IMPÉRIO COM SANGUE

5

A Legião dos Perdidos

FRANÇA, 1813-1831

Roma conquistou todo o mundo conhecido optando por não derramar sangue romano se houvesse outro que pudesse ser derramado em seu nome. A legião, máquina de guerra temível, funcionou igualmente bem com sangue hispânico, germânico, cita ou africano. Nos primeiros tempos da República, uma instrução brutalmente metódica transformava 3000 homens numa máquina de combate resoluta que marchava, montava acampamento, combatia e fornicava como um só homem. Na época de César, o número de efectivos aumentou para 4800, e com Augusto tornou-se superior a 5000.

A raiz da palavra «legião» é idêntica à de «selecção». Denota a escolha dos melhores. Homens no auge da forma física, oriundos de qualquer parte do Império, considerados selvagens analfabetos pelos patrícios, eram colocados em províncias longe da terra onde haviam sido recrutados e aí combatiam, pelo poder de Roma, contra gente com a qual não tinham laços familiares ou tribais – nem linguísticos.

Ultrapassado o pico da expansão imperial, os 5000-6000 infantes pesados da legião augustina foram complementados por unidades de cavalaria, necessárias para repelir as invasões dos cavaleiros bárbaros. Juntamente com os seus auxiliares, incluindo archeiros, fundibulários e infantes ligeiros armados com dardos, a legião adquiriu a sua própria artilharia, sob a forma de dez catapultas e sessenta balistas, transformando-se verdadeiramente num exército auto-suficiente cuja mera probabilidade de aproximação aterrorizava não só o inimigo, mas também os seus senhores longínquos.

A maioria dos recrutas estrangeiros nunca mais regressava a casa. Embora os afortunados que sobreviviam a trinta e cinco anos de serviço recebessem a cidadania romana e um pedaço de terra na parte do Império onde calhava serem desmobilizados, poucos chegavam a ver Itália. E eram ainda menos os que faziam uma ideia da razão estratégica que presidia à sua transferência da Britânia para a Hispânia, da Hispânia para o sempre problemático *limes* no longínquo Norte do Império(*), e de lá talvez para a Síria ou para África.

Combateram e morreram por todo o mundo conhecido, em troca de refeições regulares, vestuário e alojamento gratuitos, cuidados médicos e um soldo de nível médio, incluindo o fornecimento diário de sal que deu à palavra «salário» a sua primeira sílaba. Até as suas exéquias eram pagas pelos clubes funerários da legião, tal como comprovam os memoriais de legionários germânicos na Muralha de Adriano, de hispânicos no Danúbio e de citas na Hispânia. Desertarem da legião na qual serviam dava direito à pena de morte. A legião tornara-se o seu país, ao qual pertenciam de corpo e alma. A única lealdade que conheciam era para com os seus oficiais e oficiais subalternos – razão pela qual Roma desconfiava deles em solo italiano. Somente nas raras ocasiões dos triunfos eram os legionários autorizados a entrar na cidade cuja riqueza provinha do império por eles construído e policiado.

Após o colapso do Império Romano, a infra-estrutura civilizacional necessária para organizar e pagar exércitos mercenários só voltou a existir, na Europa, no início da Idade Média, quando a imposição da monarquia e a transição do serviço prestado pelos cavaleiros feudais para o pagamento de um imposto em dinheiro em substituição da não prestação do serviço militar proporcionou novamente aos soberanos a capacidade financeira para contratarem guerreiros profissionais que cumpririam o seu contrato até ao fim, sem se irem embora terminados os quarenta dias de serviço feudal obrigatório. No princípio do século XII, o rei Estêvão levou mercenários do Brabante para Inglaterra para travar uma guerra civil contra a prima, a imperatriz Matilde. Para as

---

(*) O autor alude ao *limes germanicus*, uma linha defensiva de postos fronteiriços que chegou a estender-se do Mar do Norte ao Danúbio. (*N.T.*)

A Legião dos Perdidos

suas campanhas a norte e a sul do Canal da Mancha, o sucessor de Estêvão, Henrique II, contratou mercenários de Gales, da Flandres e de Navarra. O seu belicoso filho, Ricardo Coração de Leão, foi mais longe, contratando fundibulários nas Baleares e besteiros em Génova.

Enquanto a disciplina foi dura e o soldo regular, o sistema funcionou; porém, os mercenários navarreses de Ricardo, não tendo sido pagos, vingaram-se saqueando a cidade de Bordéus, ao regressarem a casa, em 1176. Também durante o regresso a casa, atravessando o Norte da França, em 1199, os flamengos, de igual modo enganados, pilharam e violaram. Poucos anos mais tarde, durante a campanha do irmão, João Sem Terra, que perdeu o ducado da Normandia para Filipe Augusto de França, os mercenários do rei de Inglaterra, comandados pelo seu chefe de guerra, Louvrecaire, roubaram e violaram as pessoas pelas quais estariam supostamente a combater, tratando-as, segundo o cronista, como inimigas[84]. Em Crécy, em 1346, os besteiros genoveses debandaram face ao alcance superior dos grandes arcos ingleses, e foram subsequentemente transformados em bodes expiatórios para a derrota francesa. O mesmo século viu os almogávares, mercenários espanhóis, virarem-se contra os seus empregadores bizantinos por não serem pagos, e devastaram a Trácia e a Macedónia durante dois anos.

Com o fim da Guerra dos Cem Anos na Batalha de Castillon, em 1453, uma grande parte da Europa Ocidental ficou à mercê de bandos que ofereciam à melhor licitação a única competência que possuíam: a de soldados. No século XV, as «companhias livres», constituídas por mercenários franceses, suíços, italianos e alemães, permaneciam leais enquanto fossem pagas. Quando não o eram, desertavam na véspera da batalha ou, pior ainda, mudavam de lado e traíam os seus empregadores, vivendo da terra e complementando as suas receitas irregulares através da pilhagem.

Somente no século XVII é que um líder militar europeu regressou ao modelo romano daquilo que uma legião deveria ser. Na Segunda Guerra Anglo-Holandesa (*), depois de Nova Amesterdão ter sido conquistada pelos Ingleses e rebaptizada Nova Iorque, Maurício de Nassau foi recompensado pelos seus mercenários com um serviço leal e eficaz em troca de soldo regular. O ofício do soldado voltara

---

[84] P. Meyer, (org.), *L'Histoire de Guillaume le Marechal*, vol. III, Paris, 1901, p. 171.

(*) Entre 1665 e 1667. (*N.T.*)

A Legião Estrangeira

a ser respeitável – tal como fora exemplificado pelos mercenários suíços, alugados pelos governos dos cantões, que conquistaram uma reputação tão elevada que ainda lhes é confiada a guarda da Santa Sé e da pessoa do Papa.

Na França pré-revolucionária, os monarcas do *ancien régime* recrutavam um quarto do seu exército a partir de fontes estrangeiras. Dos 102 regimentos de infantaria de linha, 11 eram suíços, servindo ao abrigo de capitulações existentes há muito com os governos cantonais; outros 12 regimentos também eram compostos por estrangeiros. A coragem e lealdade à Coroa destas unidades durante a Revolução levaram a Assembleia Constituinte a banir quaisquer unidades estrangeiras no «novo» Exército Francês. Todavia, sendo a anarquia revolucionária inimiga daquilo que os soldados designam por «boa ordem e disciplina», quando a Áustria invadiu a França, em 20 de Abril de 1792, o exército francês, parcialmente constituído pela milícia, debandou em várias ocasiões.

Em Setembro, com Paris ameaçada, o governo chamou cerca de 4000 dos fiáveis mercenários suíços que tinham sido finalmente desmobilizados apenas um mês antes. O seu número foi alargado por desertores holandeses e belgas que, atraídos pelo slogan «*Liberté, Egalité, Fraternité!*», se passaram para o lado francês e foram incorporados na Legião Franca Estrangeira, aberta a todos os voluntários, e na Legião Germânica para os falantes de alemão.

Sob o governo do Directório, entre 1795 e 1799, o recrutamento estrangeiro continuou, auxiliado por uma nova capitulação negociada com os cantões, originando um novo influxo de mercenários suíços. Napoleão, sempre sedento de sangue novo para substituir as enormes perdas incorridas pelos seus exércitos – mais de meio milhão de homens –, recrutou regimentos estrangeiros em Liège, na Irlanda, na Alemanha, na Itália e na Suiça, e a Legião do Vístula na Polónia – e até unidades coptas e gregas para utilização na sua infortunada expedição ao Egipto, em 1798-1801. A partir de 1802, os seus batalhões estrangeiros expandiram-se e tornaram-se regimentos estrangeiros, nos quais prisioneiros e desertores de diferentes países eram deliberadamente misturados para minimizar o risco de se amotinarem quando fosse do seu interesse colectivo virarem novamente a casaca. Contudo, desconfiando do seu nível geral de competência, o imperador preferiu empregá-los em serviços de guarnição e defesa, libertando regimentos franceses para as tarefas mais cruciais.

A LEGIÃO DOS PERDIDOS

Após a Restauração Bourbon, em 1814, manteve-se a tradição do recurso a soldados estrangeiros não envolvidos na política francesa, em parte porque as gigantescas baixas das campanhas de Napoleão tinham diminuído a taxa de natalidade francesa numa altura em que a da maioria das outras nações europeias estava a aumentar. Além dos regimentos de guardas, exageradamente pagos, o paranóico Luís XVIII e o seu sucessor, Carlos X, mantiveram-se no poder recorrendo a seis regimentos de mercenários suíços e ao Regimento Hohenlohe, composto por estrangeiros de muitos países. O facto de receberem um soldo que era o dobro do das patentes equivalentes do Exército Francês e de beneficiarem de condições de serviço muito melhores tornou os suíços tão impopulares que em Novembro de 1828, em Versalhes, as fricções se transformaram numa verdadeira guerra regimental entre eles e o 2.º de Granadeiros.

Dois anos mais tarde, em Agosto de 1792, depois de vários ataques aos seus homens por parte de civis que se pretendiam vingar dos suíços por terem disparado contra a multidão em defesa de Luís XVI, os coronéis dos regimentos mercenários foram obrigados a obter salvos-condutos emitidos pelos comandantes regionais e a transferirem as suas tropas para o campo o mais rapidamente possível. Estava pronto o cenário para a criação de uma verdadeira *legião estrangeira*, a qual, no entanto, poderia nunca ter sido criada não fosse uma história complexa conhecida por «Affaire Bacri».

Em 1796, dois comerciantes judeus de Argel, chamados Bacri e Busnach, forneceram cereais ao Directório para combater a fome provocada pelo abandono dos campos pelos camponeses durante a Revolução. Em agradecimento, uma edição de Junho do *Le Moniteur* informou os parisienses de que «Enquanto toda a Europa se ergue contra uma França livre, Argel, em África, permanece leal, reconhece a República e jura-lhe amizade» ([85]).

Belas palavras, mas negócios são negócios. Subsequentemente, Bacri e o seu sócio venderam a dívida francesa, com desconto, ao *dey* Omar, o governador turco de Argel. Napoleão, que pretendia conquistar o Norte de África num futuro próximo, não via porque pagar a dívida, e chegou ao ponto de, em 1808, enviar um major de sapadores de nome Boutin fazer um reconhecimento de Argel para uma possível invasão. Por esta altura, Busnach foi morto durante

---

([85]) B. Stora, *Histoire de l'Algérie coloniale*, Paris, La Découverte, 2004, p. 12.

99

A Legião Estrangeira

um tumulto anti-semita que também custou a vida ao seu protector, o *dey* Ahmed Khodja. Após a Restauração Bourbon, Luís XVIII acertou as contas com os descendentes de Bacri e Busnach, mas os seus credores franceses apoderaram-se do dinheiro contra dívidas que eles tinham no continente, deixando por pagar a dívida argelina.

Catorze dos trinta *deys* que governaram Argel entre 1710 e 1830 foram assassinados, pelo que não constituiu surpresa quando, em 1817, o *dey* foi estrangulado durante uma intriga palaciana e substituído por Ali Khodja, que os Espanhóis conheciam por «Ali Loco» e os outros europeus por «Ali Maluco». Ele morreu no ano seguinte, vitimado pela peste, e foi substituído pelo *dey* Hussein – o homem indirectamente responsável pela longa ligação da Legião Estrangeira à Argélia.

A 29 de Abril de 1827, na véspera da festa muçulmana de Id el-Seghir, o cônsul Deval, representante dos interesses franceses na Argélia, apresentou-se ao *dey* Hussein, no seu palácio cimeiro à casbá, para lhe apresentar os cumprimentos do governo francês, tal como era habitual todos os anos. Recordado por Hussein da dívida há muito por liquidar, Deval retorquiu menos cortesmente e, como paga pela sua insolência, levou com o enxota-moscas de Hussein na cara. Apresentado como um insulto à França, o incidente foi usado para justificar o bloqueio do porto pela Marinha francesa, como passo preliminar de uma invasão.

A braços com muitos problemas internos, Carlos X hesitou durante três anos. Assim, foi somente em 16 de Maio de 1830 que o seu ministro da Guerra, o conde Louis Bourmont, embarcou 36 450 homens numa frota de 675 navios, no porto de Toulon. Depois de uma tempestade os ter obrigado a regressar ao porto, desembarcaram finalmente em Sidi Ferruch, 15 km a oeste de Argel, às 01:00 do dia 14 de Junho de 1830. Cinquenta minutos mais tarde, a artilharia turca, posicionada nas colinas que dominavam as praias de desembarque, disparou o seu primeiro projéctil, que matou um marinheiro a bordo do *Breslaw* mas não conseguiu impedir os Franceses de estabelecerem uma testa-de-ponte, na qual homens e equipamento foram desembarcados durante os quatro dias seguintes.

Hussein dispunha de um exército de 7000 janízaros(*), 13 000 homens enviados pelo seu aliado, o bei(*) de Constantine, 6000 de

---

(*)Infantaria de elite turca. (*N.T.*)
(*)Governador de província. (*N.T.*)

A Legião dos Perdidos

Orão e 18 000 cabilas – todos acampados em Staoueli, uma posição estratégica que bloqueava a estrada para Argel. Demasiado receoso dos canhões dos navios de guerra para atacar a testa-de-ponte quando esta se encontrava mais vulnerável, este exército, grande mas descoordenado, esperou até à noite de 18 de Junho para avançar sobre Sidi Ferruch. Neste combate e no contra-ataque ao acampamento de Staoueli, no dia seguinte, os Franceses sofreram 57 mortos e 473 feridos. Depois de lhe chegarem os abastecimentos e as reservas, Bourmont avançou para o interior, seguindo o plano gizado por Boutin, o espião de Napoleão, 22 anos antes.

Ele tinha um prazo para a conquista de Argel, mas os Turcos e seus aliados resistiram tenazmente, em sangrentos combates corpo a corpo, vendendo cada centímetro de terreno o mais caro possível. Os recontros mais sangrentos, em 26-28 de Junho, colocaram as forças de Bourmont no planalto de El-Biar. O forte chamado Bordj Taos, guarnecido por 2000 janízaros, foi pelos ares às mãos dos desesperados defensores, o que permitiu a Bourmont enviar uma mensagem a Paris informando que conquistara a cidade no aniversário da Tomada da Bastilha, embora o documento de rendição só tenha sido assinado no dia seguinte, no palácio de Djenane er-Raïs.

Em Paris, em Março, Carlos X tinha dissolvido a indisciplinada Câmara dos Deputados. No dia 9 de Julho, ao receber as boas notícias provenientes da Argélia, sobrestimou o entusiasmo dos seus súbditos por possessões ultramarinas. O jornal *Le Globe* resumiu do seguinte modo o sentimento popular acerca da invasão da Argélia: «Para não dizer mais, os motivos são fúteis, o propósito suspeito e o resultado incerto» [86].

Correndo para o abismo, Carlos X proclamou quatro ordenanças repressivas, e decorridos apenas quinze dias suprimiu a liberdade de imprensa. Foi a gota de água. A revolução que se seguiu, os três «Dias Gloriosos» de finais de Julho, não só obrigou Carlos X a fugir e exilar-se em Inglaterra, sendo o duque Luís Filipe de Orleães, um liberal, escolhido pela burguesia para monarca substituto, como também tocou a finados pelos odiados regimentos de guardas que o haviam mantido no poder. Nas seis semanas que mediaram entre 14 de Agosto e finais de Setembro de 1830, os suíços foram pagos e

---

[86] *Chronique de France et des Français*, Paris, Larousse, 1987, p. 837.

A Legião Estrangeira

mandados embora, ficando apenas um único regimento estrangeiro, composto por uma mistura de nacionalidades.

O Regimento Hohenlohe foi estacionado perto do antigo porto de Marselha, no Fort St-Jean. Aparte dar concertos vespertinos com a banda para entreter os cidadãos, o regimento não dera nas vistas durante a Revolução de Julho. Em agradecimento, o comandante da Guarda Nacional de Marselha declarou os seus membros franceses naturalizados, com a honra de exibirem um número regimental nas barretinas em vez do «H» de Hohenlohe, que indicava o estatuto de estrangeiros.

O governo não concordou e, no dia 12 de Dezembro, decidiu enviar estes embaraçosos estrangeiros para a guarnição francesa da Moreia, perto de Patras, que apoiava os combatentes independentistas gregos na Grécia Ocidental. Decorrido menos de um mês, a 5 de Janeiro de 1831, o governo mudou de ideias e ordenou a dissolução do regimento. Durante um breve período, a França ficou sem soldados estrangeiros.

Na altura da Revolução de Julho, Paris podia gabar-se de ser literalmente a Cidade Luz, pois várias ruas possuíam já candeeiros a gás. Victor Hugo fazia campanha contra a pena de morte, depois de ter assistido a um guilhotinamento público que correra horrivelmente mal. Louis Braille inventara o seu sistema de pontos em relevo que permitia aos cegos «ler». Um serviço postal diário a nível nacional dava os primeiros passos. A Academia das Ciências encontrava-se dividida em aceso debate sobre a teoria da origem das espécies.

Um surto de cólera em Stains, nos arredores de Paris, fez quinze vítimas, mas para os endinheirados a capital oferecia entretenimento em abundância. Virginie Dejazet, uma actriz especializada em papéis masculinos, representava Bonaparte com lotações esgotadas. Rossini acabara de produzir a sua ópera *Guilherme Tell*, na Salle Le Peletier(*), e Hector Berlioz assistira à estreia da sua *Sinfonia Fantástica* depois de ter marchado pelas ruas durante a Revolução de Julho.

De todos os cantos da Europa, desertores e dissidentes acorriam a França, transformada em *pays d'accueil* pelos governos pós-revolucionários, que haviam revogado os acordos de extradição com os governos dos seus países, impostos pelo Congresso de Viena. Sem dinheiro, sem casa e sem trabalho, os recém-chegados eram como

---

(*) Ópera de Paris. (*N.T.*)

A Legião dos Perdidos

palha à espera de uma faúlha. O fim do reinado de Carlos X fora marcado por cenas quotidianas de tumultos, vidros partidos e edifícios em chamas, e o governo de Luís Filipe sabia muito bem que a violência poderia voltar a eclodir.

Soult, o veterano marechal de Napoleão, depois de ter expiado a sua lealdade ao imperador com o exílio após os Cem Dias(*), foi nomeado ministro da Guerra. A ele é geralmente atribuída a ideia da criação da Legião Estrangeira, tal como os ingleses preferiam contratar escoceses e irlandeses desempregados e pobres ou forças coloniais com oficiais britânicos para travarem as suas guerras imperiais, em vez de desperdiçarem a mão-de-obra necessária à indústria. O Exército Indiano vinha recrutando desde 1765, e os famosos mercenários gurkhas combatiam pela Coroa desde 1817, ano em que fora constituída a Legião de Cuttack(*).

Soult desempenhara um papel de relevo na maior aventura militar desde Roma. No entanto, face ao crescimento do poder político-militar dos Estados germânicos, era óbvio para Soult que, durante a sua vida, o Exército Francês, muito reduzido, não poderia ter pretensões a estender novamente as fronteiras nacionais.

Além do mais, o Exército perdera tantas vidas francesas com Napoleão que não era obviamente popular desde a queda do imperador, enquanto que a Marinha, comparativamente imaculada, detinha a chave para a fase seguinte da expansão francesa, com o Ministério da Marinha controlando a capacidade de transporte e dispondo do armamento e dos conhecimentos para bombardear e conquistar grandes portos de mar em todo o mundo, e depois desembarcar os *marins-soldats* dos seus regimentos de infantaria de marinha, que poderiam guarnecer as cidades conquistadas e adquirir uma sucessão de colónias para a França.

Ao criar, no âmbito do Ministério da Guerra, um regimento *para emprego exclusivo no estrangeiro*, composto por estrangeiros com

---

(*) Período que mediou entre o regresso de Napoleão a Paris após a fuga de Elba e a Restauração Bourbon (aproximadamente entre 20 de Março e 8 de Julho de 1815). (*N.T.*)

(*) Unidade militar criada na cidade indiana de Cuttack, constituída por nativos da área de Orissa. A legião só começou a recrutar gurkhas depois de 1823, ano em que foi transferida para o Norte de Bengala, com o nome de Infantaria Ligeira de Rungpoor. No entanto, a Legião Cuttack é efectivamente considerada a formação de origem do 6th Queen Elizabeth's Own Gurkha Rifles. (*N.T.*)

experiência militar, Soult deu ao Exército a possibilidade de renascer na única área de expansão ainda aberta à França: a conquista de um império ultramarino para substituir o império europeu perdido por Napoleão. Por outras palavras, ele estava a jogar o velho jogo das rivalidades inter-ramos, enquanto que, em simultâneo, libertava as cidades francesas da sua perigosa escória. Para tornear qualquer sentimento antimilitar, limitou-se, em público, a afirmar que uma legião de estrangeiros era uma boa opção para remover das ruas e pôr em uniforme os dissidentes com experiência militar que tinham sido tão proeminentes nos tumultos que haviam derrubado Carlos X.

Em 9 de Março de 1831, a Câmara dos Deputados aprovou a sua proposta de lei, e no dia seguinte Luís Filipe assinou a ordenança criando uma legião de estrangeiros com oficiais franceses. Todos os recrutas teriam de ser de idades compreendidas entre os 18 e os 40 anos, e ter uma altura mínima de 1,52 m. À semelhança dos regimentos de infantaria de linha, cada batalhão teria oito companhias de 112 homens. Uniforme: casaca azul-real com vermelhos vivos, calças carmesins e barretina preta – pesada e muito quente. O sobretudo, cor de ferro, seria transportado enrolado dentro de uma capa, por cima da mochila.

A estipulação, na proposta de lei, de que o novo corpo só poderia servir fora de França perdeu-se entre a secretária de Luís Filipe e a redacção da ordenança, mas foi tomada como implícita – e continuou a sê-lo, excepto em emergências, até 1962. Em 18 de Março de 1832, uma ordem suplementar proibiu o alistamento de franceses e homens casados.

Na época, o serviço ultramarino englobava as guarnições na Grécia, em Ancona, em Itália, e nas ilhas de Guadalupe e Martinica. Graças ao infeliz gesto do *dey* Hussein com o seu enxota-moscas, viria também a incluir a pequena guerra na Argélia. Todavia, o primeiro lar da Legião Estrangeira foi na Champanha, em Langres, à segura distância de 300 km de Paris. Estrangeiros desempregados que já residiam em França e homens do Regimento Hohenlohe passados honrosamente à disponibilidade foram recusados pelo geral comandante da 18.ª Divisão Militar, com jurisdição sobre Langres. A Legião, deixou ele bem claro, só aceitaria imigrantes.

A sua decisão reforça a opinião dos historiadores de que Soult pensara na Legião apenas como um receptáculo para dissidentes, e o mesmo acontece com uma carta que ele escreveu, três anos mais

A Legião dos Perdidos

tarde, ao general Voirol, comandante supremo em Argel, que sugerira que o medíocre desempenho dos legionários na sua jurisdição melhoraria se o seu termo de serviço inicial passasse de três para cinco anos. O venerável marechal respondeu secamente: «Dado que a Legião Estrangeira foi criada com o único propósito de (...) dar destino aos estrangeiros que inundam a *França e que poderiam causar problemas*, não necessitamos de considerar a sua sugestão. O governo não deseja procurar recrutas para a Legião. Este corpo é apenas um asilo para a desgraça» ([87]). O marechal estava a fazer-se desentendido, ou sentia-se simplesmente desiludido com o desempenho da Legião até ao momento.

Em 1831, a agitação laboral atingiu níveis perigosos em França. Em Lyon, 600 operários foram mortos ou gravemente feridos quando uma turba de 15 000 trabalhadores fez frente à Guarda Nacional. A região do Ariège estava a ser devastada por uma revolução de camponeses e pastores. Disfarçados de mulheres para esconderem a sua identidade e denominando-se «Les Demoiselles», atacavam os couteiros e confiscavam os rebanhos por pastorícia ilegal. Em Paris, os alfaiates, temendo o desemprego, destruíram as moderníssimas máquinas de costura de uma fábrica de lingerie na rue de Sèvres. Até os trabalhadores empregados viviam miseravelmente; os que trabalhavam na construção civil, na capital, ganhavam apenas o suficiente para viverem em dormitórios com menos camas do que pessoas e uma casinha nauseabunda para 60 homens.

De todas as cidades fronteiriças, particularmente do Nordeste, chegavam a Paris avisos de que a torrente de agitadores estrangeiros estava a aumentar, não a diminuir. Assim sendo, porque recebera a Legião, em Langres, um quartel com capacidade para apenas 385 homens, se se destinava a absorver largos milhares de refugiados potencialmente problemáticos?

Em finais de Março de 1831, Soult ordenou que o depósito destinado principalmente a desertores de língua alemã que entravam em França pelo Nordeste fosse transferido para Bar-le-Duc, na Lorena, uma cidade têxtil que se encontrava a braços com uma recessão económica, ignorando os protestos do prefeito do departamento em nome dos habitantes locais, que não queriam ver os problemas económicos

---

([87]) P. Azan, coronel, *L'Armée d'Afrique 1830-1852*, Paris, Plon, 1936, p. 124 (itálicos do autor).

da cidade agravados por um influxo de desertores indigentes. Duas outras cidades com problemas semelhantes eram Auxerre, na Borgonha, à qual foi imposto um depósito para a recepção de falantes de italiano, e Agen, a meio caminho entre Bordéus e Tolouse, que se tornou a base para onde eram dirigidos os refugiados espanhóis.

Em Julho de 1832, decorridos quinze meses sobre a sua criação, o depósito de Langres/Bar-le-Duc tinha já atraído um total de 1164 legionários[88], como começavam a ser chamados. Não parece um contributo significativo para o problema dos refugiados, mas o número era muito superior ao que podia ser alojado nos quartéis – o que torna ainda mais questionável a escolha do segundo lar da Legião. Numa cidade sem muralhas e com a maioria dos legionários aboletada em residências de particulares, era impossível garantir a disciplina e tornava-se difícil organizar os serviços normais de guarnição. De qualquer dos modos, a maioria dos homens não dispunha de armas para se exercitar, nem de uniformes para limpar e polir.

Era necessário manter ocupados mil e cem homens turbulentos. Pensara-se ir buscar os oficiais e oficiais subalternos para a Legião ao Exército regular, a braços com uma grande agitação. As denúncias de oficiais alegadamente desleais à monarquia de Julho, geralmente feitas por subordinados que queriam o seu lugar, resultaram em milhares de exonerações, incluindo as dos coronéis de quarenta e quatro dos sessenta e quatro regimentos de infantaria, e de cinco dos doze regimentos de dragões[89]. Mais abaixo na escala, a democracia revolucionária viu tenentes e capitães substituídos por oficiais subalternos, o que, por sua vez, provocou uma escassez de oficiais subalternos com experiência.

A solução do governo foi chamar os *demi-soldes* – os oficiais de Napoleão que se haviam retirado para as suas residências no campo, postos a meio soldo. À semelhança de muitas outras respostas políticas para questões militares, esta solução resolveu vários problemas mas criou outros tantos: o regresso de muitos oficiais superiores retirou aos seus subordinados quaisquer hipóteses de promoção. Além do mais, depois de anos afastados do serviço, os *demi-soldes* tendiam a ser fracos disciplinadores e estavam desactualizados em relação aos exercícios e manobras que constituíam as tácticas do momento.

---

[88] SHAT, Xb 725, 16 de Julho de 1831.
[89] Porch, *The French Foreign Legion*, p. 6.

A Legião dos Perdidos

Não era, pois, de admirar que o serviço na desgarrada Legião, constituída por refugiados, atraísse apenas os oficiais e oficiais subalternos oriundos de famílias sem influência ou que não eram desejados em nenhum outro lugar. Pouco depois da transferência para Bar-le-Duc, o primeiro comandante da Legião, o barão Christophe Antoine Jacques Stoffel, queixou-se: «Dos vinte e seis oficiais que aqui se encontram, somente oito são competentes. Os outros estavam na reforma, são estrangeiros ou provêm da cavalaria. É imperativo que nos enviem bons oficiais de linha, que *falem alemão*» ([90]).

Um inspector-geral apodou um desses vinte e seis de «o pior oficial do Exército». O pessoal administrativo do coronel Stoffel era incompetente, corrupto ou ambas as coisas, enchendo os bolsos com a venda de provisões em vez de as distribuir pela tropa. Até o coronel se queixou de que as suas companhias eram comandadas por segundos tenentes que roubavam e gastavam o pré dos seus homens, enquanto que, em muitos casos, os oficiais subalternos não sabiam falar francês nem manter registos, pelo que não faziam ideia do que fora distribuído nem a quem.

Ignorando a resistência do corpo de oficiais relativamente ao emprego de oficiais estrangeiros, o governo tratou de recrutar estrangeiros que quisessem ter um desempenho melhor do que a equipa original de Stoffel. Não foi fácil. Dos muitos oficiais espanhóis que tinham fugido para França, apenas seis se sentiram atraídos por Bar-le-Duc, e todos se demitiram passados meses. Durante os primeiros quatro anos da sua existência, entraram e saíram da Legião 107 oficiais estrangeiros – principalmente suíços, alemães e polacos. E o inspector-geral também não ficou muito impressionado com o pobre Stoffel. Suíço, com formação de oficial de estado-maior, foi avaliado como carecendo de experiência militar e de conhecimento dos regulamentos do Exército Francês, embora se admitisse que ele era popular junto dos homens e se preocupava genuinamente com o seu bem-estar.

Os dois comandantes de batalhão de Stoffel, os majores Clavet Gaubert e Salomon de Musis, não escondiam a fraca opinião que tinham dele. Embora os seus sarcásticos comentários passassem despercebidos aos homens, poucos dos quais sabiam francês, o hábito

---

([90]) SHAT, Xb 726, 30 de Junho de 1831 (itálicos do autor).

que o coronel tinha de inspeccionar a sua desgarrada Legião na parada acompanhado pela amante, vestida de homem, deve ter parecido algo invulgar. O general que levou a cabo a inspecção entendeu que sim, e exigiu o seu fim – o que não impediu um posterior comandante da Legião de se dar ao luxo de um hábito parecido.

É um truísmo que todos os exércitos são geridos pelos sargentos. Como tal, a penúria de oficiais subalternos experientes na Legião levou à decisão de promover a cabos os refugiados de língua alemã com mais habilitações. Foi uma opção desastrosa, dado que a inteligência académica pouco tem a ver com o exercício da autoridade sobre várias centenas de homens oriundos de diversos países e estractos sociais. Os soldados objectaram face ao que viam como os ares a que se davam os novos cabos, cuja precária autoridade era minada por homens que tinham sido eles próprios oficiais subalternos noutros exércitos, enquanto que as sensibilidades de classe média dos cabos lhes tornava difícil partilharem os dormitórios com analfabetos que costumavam vender qualquer artigo de equipamento ou vestuário – seu ou roubado a um camarada – para comprarem bebida.

Por isso, os homens com instrução foram segregados em duas companhias separadas onde formaram um grupo, recusando novas «promoções» na esperança de que as suas habilitações superiores os levassem a ser colectivamente nomeados como as duas companhias de elite – granadeiros e infantaria ligeira – que integravam habitualmente os batalhões de linha regulares. Não estando a Legião dotada deste tipo de organização – até Abril do ano seguinte – a sua prematura colocação de insígnias com granadas nas barretinas teve que ser expressamente proibida.

As detenções em virtude de zaragatas de bêbedos fizeram com que a prisão local tivesse que acomodar até cinquenta e seis legionários por cela, com um único balde sanitário. As autoridades prisionais não tinham fundos para alimentar os prisioneiros militares e as entregas de provisões por parte da intendência da Legião eram, na melhor das hipóteses, intermitentes, dado que muitas vezes os quartéis-mestres dos legionários ausentes ignoravam que eles estavam na prisão.

Em meados de Maio de 1832, a Legião encontrava-se à beira de um grave motim, pelo que os dois comandantes de batalhão tiveram de chamar 100 homens da Guarda Nacional para protegerem os polícias incumbidos de prenderem os cabecilhas. Mas até esta tentativa de imposição da disciplina militar normal se transformou em farsa, porque 20 dos detidos não puderam ser levados a conselho de guerra. Não tendo sido formalmente incorporados nem assinado os papéis do alistamento, eram oficialmente civis, não sujeitos à lei militar.

A decisão, tomada em Novembro, de enviar esta caricatura de exército para o Norte de África teve pouco a ver com o seu valor militar para a campanha de Argel. Os homens de Stoffel foram enviados para a Argélia para morrerem. Compreensivelmente, Stoffel previu deserções em massa durante a marcha para embarque em Toulon, no dia 25 de Novembro. Em Bar-le-Duc, as únicas pessoas contentes foram os habitantes locais, ao verem o maltrapilho e esfarrapado exército de Stoffel arrastar-se em direcção ao distante Mediterrâneo. Mas foram poucos os homens que desapareceram durante a marcha de 700 km – talvez porque já tivessem descoberto que a vida de um desertor sem dinheiro ainda era mais dura do que na Legião, apesar de todos os seus problemas. Ou talvez não fizessem a mínima ideia do inferno que os esperava a sul do Mediterrâneo.

6

Os Espantalhos

ARGÉLIA, 1831-1835

A Marinha não desperdiçou o seu único navio a vapor, o *Sphynx*, uma embarcação de prestígio, para transportar pelo Mediterrâneo várias centenas de homens que iam morrer. Foi a bordo de navios de transporte de tropas, de madeira, balançando e saltando abominavelmente ao sabor das tempestades de Dezembro, que os legionários, homens de terra, tiveram a primeira impressão da sua nova pátria. Não foi reconfortante.

Após 120 anos de domínio turco, a casbá de El Djazaïr [91] – o nome foi rapidamente europeizado para «Alger» em francês e «Algiers» em inglês – era uma cidade medieval de 15 000 habitações aglomeradas no interior de imponentes muralhas, protegidas por um profundo fosso seco. No exterior da muralha da Bab Azoun ou porta sul, onde os homens de Stoffel foram formados para impressionar os nativos, filas de ganchos indicavam onde tinham sido espetadas, até há pouco, as cabeças dos homens executados. Quanto a impressionar os nativos, o escritor Camille Rousset, um dos poucos civis europeus presentes, comentou, «Para vestir aquela turba, que compreendia homens de todas as idades, dos dezasseis aos sessenta e mais, parecíamos ter raspado

---

[91] O nome completo, *el djazaïr beni Mezghana*, significa «ilhas dos filhos de Mezghana». As quatro ilhotas foram ligadas para a construção das primeiras muralhas do porto.

Os Espantalhos

o fundo dos depósitos do Exército em busca dos trapos mais velhos. Eram uma visão bizarra, que teria deleitado o público de um circo. Mas com a cabeça erguida e a bandeira à frente, com os tambores batendo o ritmo do famoso cântico de guerra «La Parisienne», desfilaram orgulhosamente pelas ruas da cidade, apinhadas de gente» [92].

A bandeira a que Rousset se refere era um galo rampante, com uma garra sobre um globo marcado «França» [93], e as tropas marchavam ao ritmo lento de 88 passos por minuto, tal como lhes tinham ensinado os seus oficiais subalternos oriundos do Regimento Hohenlohe – e tal como continuam obstinadamente a marchar, causando problemas a qualquer unidade que as siga num desfile. Não tendo obviamente experiência militar, Rousset tomou a cançoneta popular cantada pelos legionários por uma canção de marcha, mas as suas observações sobre o vestuário deles eram correctas: ignorando completamente a ordenança, os quartéis-mestres tinham distribuído praticamente todos os uniformes velhos dos quais o Exército se queria ver livre, incluindo os da Guarda Nacional de 1789, dos Guardas Imperiais, dos Guardas Reais, dos Guardas Suíços, de infantaria, cavalaria e artilharia.

Havia pouco de familiar aos olhos de um europeu dentro de uma cidade muralhada e dominada pelo palácio onde residira o *dey*, em cuja torre mais altaneira flutuava a tricolor que substituíra a bandeira com a flor-de-lis de Carlos X após a Revolução de Julho. A via principal, posteriormente conhecia por rua Bab Azoun, estava orlada com arcadas de lojas e tendas, das quais, graças à mistura de sangue resultante de séculos de escravatura, todos os rostos masculinos de África, a norte do equador, observavam os recém-chegados, enquanto mulheres veladas eram escoltadas por escravos negros até aos banhos e mercados. Havia também *koulouglis*, mestiços de sangue turco e argelino.

Fundada pelos Fenícios, conquistada pelos Cartagineses e por estes perdida para os Romanos, Argel fora destruída pelos Vândalos, no século v, e restaurada por uma dinastia berbere, no século x, muito antes da chegada dos Turcos. Agora, os Turcos tinham igualmente

---

[92] Citado em R. C. Anderson, *Devils, Not Men*, Newton Abbot, David & Charles, 1988, p. 30.

[93] J. Wellard, *The French Foreign Legion*, Londres, André Deutsch, 1974, pp. 23-24.

partido, expulsos por estrangeiros de pele branca que também um dia partiriam como tinham chegado, com sangue, fogo e sofrimento.

O mercado de escravos recordava que as fortificações tinham sido maioritariamente construídas por escravos cristãos dos corsários da Barbária, que cobravam uma portagem a todos os navios que passavam pelo Sul do Mediterrâneo. À falta de pagamento, apoderavam-se das embarcações, vendiam a carga, reduziam as tripulações à escravatura, pediam resgates pelos passageiros e vendiam as eventuais cativas para os haréns do Norte de África e do Médio Oriente. Este corso tradicional foi longe demais, em 1804, com o apresamento da fragata americana *Philadelphia*. O oficial de marinha Stephen Decatur foi enviado para retaliar sobre o porto corsário de Tripoli, incendiando a *Philadelphia* no seu ancoradouro. Cumpriu a missão e fugiu, debaixo de fogo, com apenas um homem ferido, o que lhe valeu ser promovido a capitão e uma espada de honra oferecida pelo Congresso – uma aventura ainda hoje celebrada no hino do Corpo de Fuzileiros dos EUA, no excerto «From the halls of Montezuma to the shores of Tripoli» (*).

Aliviados por se acharem novamente em terra, os legionários viram as cicatrizes do fogo de artilharia durante o recente ataque francês nas muralhas da cidade e nas colunas romanas de mármore branco com capitéis jónicos do «quartel dos bebedores de leite coalhado», dentro das muralhas. Os cidadãos eram abastecidos de leite por camponeses que entravam na cidade com manadas de cabras ou burros e ordenhavam os animais à porta dos fregueses; os antigos ocupantes dos quartéis, os abstémios janízaros que haviam partido recentemente, costumavam cobrar-lhes, todas as manhãs, um imposto especial – não oficial – em géneros, de modo a garantirem um fornecimento constante e gratuito de leite.

A cidade dispunha de sete quartéis turcos, com capacidade para 9722 janízaros, mas a Legião não seria alojada intramuros. À semelhança de um aliado politicamente suspeito, foi instalada a 5 km de distância, em Moustafa, num dos palácios do *dey*. Nesta extravagância

---

(*) Os «salões de Montezuma» aludem à conquista do Castelo de Chapultecepc e a outros episódios da guerra entre os Estados Unidos e o México (1846-1848); «às costas de Tripoli» refere-se, no geral, à Primeira Guerra da Barbária (1801-1805), também conhecida por Guerra da Costa da Barbária ou Guerra da Tripolitânia, a primeira de duas guerras travadas pelos EUA contra os Estados da Barbária. (*N.T.*)

Os Espantalhos

moura/turca de soalhos, colunas e fontes de mármore, ricamente decorada, de onde fora pilhado todo o mobiliário durante a invasão, havia muito espaço para os legionários pendurarem as redes.

O Magrebe[94], ou litoral norte-africano, divide-se hoje nos países de Marrocos, Argélia, Tunísia e Líbia, mas na época era uma confusão não cartografada de territórios tribais. A vontade do *dey* prevalecera na cidade de Argel e nalgumas vilas, mas o campo era governado por chefes locais cuja tradição de independência causaria problemas ocasionais aos colonos franceses durante os noventa anos seguintes.

Em 1839, como se o país estivesse unificado segundo o modelo europeu, os novos senhores, baseados em Argel, criaram o nome «Argélia» para definir geopoliticamente a parte do litoral que procuravam controlar. Os habitantes eram educadamente chamados «árabes», não obstante o facto de os berberes viverem maioritariamente na cordilheira do Atlas e terem a sua própria língua, escrita e costumes, tal como os tuaregues do Sara. No Oranais, o terço ocidental da região que se tornaria a Argélia francesa, as tribos estavam relativamente unidas sob um líder religioso, o santo ou *sidi* Mahdi ed-Din. Ímã de uma escola religiosa perto de Mouaskar, decidiu que estava demasiado velho para liderar a flagelação dos Franceses de Orão, delegando a missão não ao seu filho mais velho mas ao segundo, Abd el-Kader. Já célebre pela sua piedade e bravura militar, este carismático líder de 24 anos de idade tornar-se-ia uma pedra no sapato de sucessivos generais franceses.

Durante 1832, os seus espiões viram as forças de ocupação, comandadas pelo general Pierre Berthezène, ocuparem Argel, Orão e Bejaïa, observando que a sua qualidade era extremamente desigual. Um corpo semimiliciano que se autodenominava Voluntários da Carta[95], mas também conhecido por Voluntários Parisienses, recebeu a alcunha de «beduínos franceses». Universalmente detestados pela sua ladroagem, indisciplina e deboche, os Voluntários foram dissolvidos por Berthezène, sendo os menos duvidosos transferidos para os zuavos. Originalmente concebidos como infantaria ligeira nativa, os zuavos, distintamente uniformizados, converteram-se

---

[94] «Oeste» em árabe.

[95] Les Volontaires de la Charte. A «Carta» é a constituição outorgada por Luis XVIII em 1814, e reclamada pelos revolucionários da Revolução de Julho de 1830. (*N.T.*)

numa força europeia mas mantiveram os seus uniformes «turcos». Outros ex-membros dos Voluntários foram transferidos para o 67.º Regimento de Infantaria, seguindo a tradição de fragmentar as unidades indisciplinadas.

Os 1.º, 2.º e 5.º batalhões da Legião ficaram perto de Argel; o 4.º Batalhão foi colocado em Orão, e os belgas do 6.º Batalhão foram para leste, para Annaba. Em França, foi formado um 7.º Batalhão, composto por imigrantes polacos, mas quando chegou à Argélia, logo à primeira chamada faltaram 35 homens. Dois dias mais tarde, uma companhia inteira embebedou-se e atacou os seus oficiais, o que resultou no julgamento de dois cabecilhas em conselho de guerra[96].

O título sonante do corpo de cavalaria ligeira conhecido por Caçadores de África, criado em Novembro de 1831, imediatamente antes da chegada da Legião, escondia um problema similar que deu origem a dois motins nos primeiros três anos de existência da unidade, que terminaram com a execução dos cabecilhas e a exoneração dos oficiais considerados responsáveis.

A agitação que se verificava entre os soldados reflectia a que se registava na França metropolitana. Num cenário de ciclos sucessivos de greves e repressão sangrenta, até os homens que andavam aos trapos, em Paris, entraram em greve em protesto contra a recolha do lixo organizada. Com um censo nacional colocando o número da população em 32 500 000, uma nova lei concedeu o direito de voto a quem pagasse um mínimo de 200 francos em impostos por ano, duplicando o eleitorado. Em 28 de Abril, foram abolidos a marcação com ferro em brasa, a exposição no pelourinho e o corte da mão direita aos ladrões, mas a crescente liberdade dos cidadãos da metrópole pouco efeito tinha na Argel ocupada. As condições nas quais os soldados europeus serviam eram horríveis, começando pela alimentação de fraca qualidade e pelos seus uniformes napoleónicos com grandes barretinas pretas, totalmente inadequados para o calor estival do Magrebe. Abundavam as doenças, particularmente a malária e a disenteria, mas em França a epidemia de cólera vitimava 13 000 pessoas por mês, sendo recomendado, como única cura, o chá preto.

---

[96] Anderson, *Devils, not men*, p.31.

Nos salões da moda, nas margens do Sena, as bisbilhotices não eram sobre assuntos tão deprimentes, mas sim sobre a espantosa revelação da identidade da autora George Sand. Madame Aurore Dudevant era uma mulher emancipada que se vestia ocasionalmente de homem, deixara o marido e exibia descaradamente o amante, cujo nome pedira emprestado para conseguir publicar os seus primeiros artigos, no jornal *Le Figaro*. A sua primeira novela, *Indiana*, fora sobre... uma livre pensadora que abandonara o marido para encontrar o verdadeiro amor.

Quando o único filho de Napoleão, conhecido por Jovem Águia [97], morreu, no palácio de Schönbrunn, nos arredores de Viena, em 22 de Julho, já há muito que a Legião abandonara o palácio vandalizado de Moustafa. A organização dos batalhões em linhas supostamente «nacionais» – que não impedira que a maioria dos homens do 6.º Batalhão holandês/belga fossem alemães que tinham entrado em França pela Bélgica – deu origem a lutas tão violentas entre eles que o general comandante de Argel, René Savary, duque de Rovigo [98], teve de os fragmentar em pequenos destacamentos para impedir que «uma briga de bêbedos desencadeasse uma insurreição» [99].

Fora das poucas cidades ocupadas pelos Franceses, as tribos digladiavam-se constantemente. Quando emissários do xeque de Biskra indo a caminho de Argel para negociarem com Rovigo foram mortos por inimigos hereditários, este ordenou o massacre de todos os homens, mulheres e crianças pertencentes à tribo responsável. Acostumados à guerra na Europa, onde este tipo de atrocidades intencionais deixara de ser habitual, os legionários mais ponderados devem ter desconfiado que haviam sido enviados para o Inferno.

No fim de um ano no Norte de África, quando foi honrada com a entrega da sua primeira bandeira regimental, a Legião contava 3168 homens, acerca dos quais o general inspector opinou, no dia 1 de Dezembro de 1832, que os 94 suíços, maioritariamente oriundos dos regimentos da Guarda dos Bourbons dissolvidos, eram «zelosos». Os 98 belgas e holandeses eram «bons soldados», assim como os 19 dinamarqueses e suecos, e os 85 polacos. Em relação

---

[97] L'Aiglon.
[98] Que fora ministro da Polícia de Napoleão.
[99] Azan, *L'Armée d'Afrique 1830-1852*, p. 47.

A Legião Estrangeira

aos 10 ingleses não havia muito «a apontar». Os 571 italianos eram «alheados e invejosos», e ele considerou ainda que os 87 franceses só se tinham alistado para serem promovidos mais rapidamente do que numa unidade regular do Exército. A raiz do problema da Legião, concluiu, residia no grande número de falantes de alemão. Estes 2196 homens eram, nas suas palavras, «desertores ou refugiados políticos, estudantes de medicina, advogados ou notários *de imaginação preocupante*. Devem ser constantemente vigiados» [100].

E também eram presumivelmente melhores a fazer contas do que o general [*]. Mas de que se queixava ele? Excluindo os suíços e alguns polacos, a maioria não *escolhera* a vida militar. Por razões políticas, não se atreviam a regressar aos seus países. Com a França sem trabalho suficiente para o seu próprio povo, a Legião fora o único emprego que tinham conseguido encontrar.

Bem podia Rovigo declarar que o problema estava «nuns cem maus caracteres, desertores de vários exércitos, que exigem ser vigiados de perto» [101]. Ele acreditava que os líderes «que saibam conduzir homens não tardarão a criar um espírito de corpo» [102]; mas que oficiais e oficiais subalternos teriam fabricado soldados de primeira a partir de tão inadequada matéria-prima?

Durante a inspecção de 1833, o general Voirol comentou que o 6.° Batalhão, baseado em Annaba, possuía uniformes regulares, mas os outros ainda não. Ele admoestou os oficiais franceses da Legião por usarem «expressões insultuosas e desdenhosas» que encorajavam «a resistência e a insubordinação». O orgulho regimental, disse ele, era inexistente, a embriaguez era endémica e a rotação de soldados demasiado elevada, sem ninguém com vontade de se realistar depois de cumpridos os três anos de serviço [103].

Muitas unidades militares de reputação medíocre em tempo de paz tornam-se pela primeira vez coesas debaixo de fogo. A Legião nunca poderia construir um espírito de corpo desta forma porque era constantemente fragmentada em pequenos destacamentos, confinados, com outras tropas, em fortins de madeira estrategicamente

---

[100] SHAT, Xb 725, 1 de Dezembro de 1832.

[*] A Legião contava 3168 homens mas o general, na sua apreciação, refere apenas 3160. (*N.T.*)

[101] Azan, *L'Armée d'Afrique 1830-1852*, pp. 80-81.

[102] *Ibid.*, p. 50.

[103] SHAT, 764, 1 de Janeiro de 1884.

Os Espantalhos

dispersos em redor de Argel, dos quais apenas se podia olhar para fora através das estreitas janelas de tiro. As notícias que lhes chegavam intermitentemente de França eram de um país devastado por greves generalizadas que ameaçavam derrubar o vacilante governo de Luís Filipe. A Assembleia dividia-se regularmente sobre muitas questões, incluindo a ocupação de Argel, enquanto a população francesa em geral não estava minimamente interessada numa caricatura de império que em nada contribuía para o seu bem-estar. Se a posse de Argel valesse a pena, concluíam as pessoas, os ingleses ter-se-iam provavelmente apoderado dela primeiro, tendo em conta os seus outros interesses no Mediterrâneo.

No dia 1 de Abril de 1832, o coronel Michel Combe assumiu o comando do infeliz regimento. Em menos de uma semana, descobriu a realidade da guerra em África. Inteirando-se de que muitos legionários eram desertores de pelo menos um exército, a tribo El Ouffia, em cujo território fora construído um fortim chamado Maison Carrée, fez saber que acolheria eventuais desertores da Legião. A 6 de Abril de 1832, o sargento Muller, do 3.º Batalhão, informou o major Musis que dois beduínos lhe tinham oferecido asilo e a outro camarada, presumivelmente em troca das suas armas. Os três homens fingiram aceitar a proposta mas fizeram jogo duplo, conduzindo um grande destacamento ao acampamento da tribo, mas quase perdendo a vida quando o subterfúgio foi descoberto antes de lançado o ataque. No massacre resultante, a Legião matou 68 membros da El Ouffia. Dois desertores genuínos descobertos no acampamento também morreram. O saque, supostamente avaliado em 10 000 francos, foi distribuído como habitualmente, em função das patentes [104].

No dia após o massacre, um ataque de vingança foi repelido. A 3 de Maio, perto da Maison Carrée, 27 legionários e 25 Caçadores de África, comandados pelo major de Musis, foram apanhados numa emboscada. A Legião somente recebeu espingardas em 1854, e os mosquetes de que dispunham em 1832 tinham um alcance útil máximo de 100 m, sendo apenas eficazes quando utilizados em descargas disciplinadas efectuadas por homens firmes, com uma fileira apontando e disparando sobre o inimigo a cavalo, armado com lanças e escudos de pele de camelo, enquanto a outra carregava.

---

[104] P. A. Grisot, general, e tenente E. Coloumbon, *La Légion Étrangère de 1831-1987*, Paris, Berger-Levrault, 1888, p. 97.

A LEGIÃO ESTRANGEIRA

O recontro começou mal, com Musis abandonando os seus homens e desaparecendo com a cavalaria, alegadamente para ir buscar reforços. Sob o comando de um jovem tenente suíço chamado Cham, os legionários dispararam uma única descarga e depois correram para um pequeno bosque que ficava a alguma distância. Foi um erro fatal, que os levou a serem espezinhados pelos camelos ou mortos pelas lanças dos cameleiros. Aos sobreviventes capturados, foi dada a escolha entre a conversão ao Islão ou a morte. Morreram todos excepto um, tendo Cham conquistado a dúbia distinção de ser o primeiro oficial da Legião a morrer em combate. O solitário converso ao Islão, um saxão chamado Wagner, deu consigo escravizado no acampamento inimigo na companhia de cinco desertores da Legião, cuja situação era tão desesperada que tentaram fugir e foram mortos.

Wagner conseguiu regressar a Argel duas semanas após a sua captura, onde Rovigo aproveitou a sua história de que os árabes obrigavam os desertores a escreverem cartas aos camaradas dizendo que seriam recompensados com um cavalo, dinheiro e mulheres, quando na verdade a maioria dos desertores que não eram imediatamente morta era escravizada pelos beduínos[105]. Musis foi punido com a transferência para um batalhão penal, onde morreu dois anos mais tarde, durante uma emboscada árabe. Ironicamente, o massacre da Maison Carrée aconteceu apenas seis semanas depois de a Assembleia Nacional ter aprovado uma lei proibindo os estrangeiros de servirem nas forças armadas.

Em 9 de Novembro de 1832, a Legião recebeu um novo comandante, o tenente-coronel Joseph Bernelle. Dois dias mais tarde, Abd el-Kader chegou às portas de Orão à frente de 3000 cavaleiros. Na batalha que se seguiu – que resultou num impasse –, travada nas encostas do Djebel Tafaraouini, legionários do 4.º Batalhão combateram no flanco esquerdo francês. Em Março de 1833, o 6.º Batalhão participou no ataque às tribos Ouled Yacun e Ouled Attia, perto de Argel. Em Junho, os 4.º e 5.º batalhões conquistaram o porto de Arzew, e depois tomaram de assalto a cidade costeira de Mostaganem, entre Argel e Orão.

As suas baixas em combate eram insignificantes quando comparadas com as perdas por doença. A malária e a cólera eram inimigos mais temidos do que os nativos, e a desidratação provocada pela

---

[105] C.-A. Julian, *Histoire de l'Algérie Contemporaine*, Paris, PUF, 1964, p. 272.

disenteria era a principal causa de morte. A Legião poderá ter sofrido mais do que as unidades regulares, ao ser intencionalmente colocada em locais malsãos, à semelhança dos batalhões e outras unidades penais enviados para a Argélia como punição colectiva, tais como o 66.º Regimento de Infantaria, que se recusara a disparar sobre os grevistas durante os motins de Lyon, em Novembro de 1831. Dos quarenta legionários colocados na Maison Carrée em 1834, nenhum se encontrava de pé decorridas quatro semanas, e muito menos em condições de combater.

Durante os quatro anos da primeira estada da Legião na Argélia, aproximadamente 3200 homens morreram de doença ou foram passados à disponibilidade como inaptos para o serviço: 25% de baixas. E a hospitalização não constituía uma alternativa desejável: as condições do lazareto eram tão más que o humor negro o definia como o lugar onde os legionários iam morrer. Sem cuidados de enfermagem nem roupa de cama adequada, os doentes eram tão mal alimentados que tinham de vender o seu equipamento e vestuário para comprarem comida. Um homem que padecia de disenteria foi condenado a dois meses de prisão por ter vendido as botas e as polainas para comprar medicamentos sem os quais teria morrido.

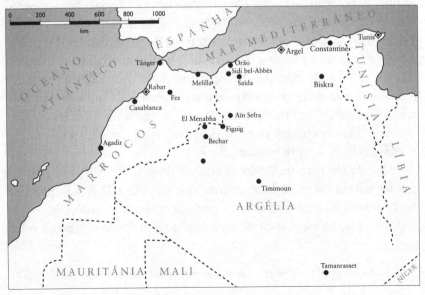

O Magrebe/Norte de África francês.

A Legião Estrangeira

Na maior parte do tempo, a Legião era empregue como mão-de-
-obra barata. A grande tradição de construção de estradas e túneis,
e de engenharia civil em geral, que constitui um dos aspectos mais
orgulhosos dos seus anos coloniais, esconde o facto de que drenar
pântanos infestados de malária com pás e picaretas era mais perigoso do que enfrentar o inimigo.

Não conseguindo forçar os seus esguios inimigos nómadas ao
combate, os Franceses optaram pela diplomacia. A 26 de Fevereiro
de 1834, o barão Louis Alexis Desmichels, governador de Orão, ganhou tempo na luta contra Abd el-Kader ao reconhecê-lo como emir
ou comandante de todas as tribos da região do Oranais, em troca
do seu reconhecimento da soberania francesa. Embora nenhuma das
partes tivesse a mínima intenção de respeitar os termos do acordo,
tratou-se, pelo menos, de uma abordagem mais subtil do que a do
general Thomas Bugeaud. No dia 14 de Abril, em Paris, ele ordenou
ao 35.º Regimento de Linha para abrir fogo sobre uma manifestação
organizada pela Sociedade dos Direitos do Homem (*), causando a
morte de vinte cidadãos desarmados.

Apoiante de Napoleão durante os Cem Dias, Bugeaud comprara
o seu regresso da desgraça, no reinado de Luís Filipe, aceitando o
posto impopular de comandante da fortaleza de Blaye, construída
por Vauban, quando lá se encontrava detida a duquesa de Berry, uma
mulher extraordinária – tal como atesta uma placa nos seus aposentos. O retrato do carcereiro mostra um homem sem barba, com as
bochechas marcadas pela varíola e nariz e queixo salientes. Prematuramente careca e com uma tonsura de cabelo branco que lhe mereceu
dos soldados a alcunha de «Le Père Bugeaud» ou «Velho Bugeaud»,
a sua expressão, de profunda desilusão, dissimula uma brutalidade
cujos ecos ainda se fazem sentir na Argélia quando as mães avisam
os seus filhos travessos para se portarem bem, ameaçando-os com
«senão, o Bi-jo vem-te buscar!».

Mãe de um neto de Carlos X conhecido por «filho do milagre» (*)
por ter nascido depois do assassinato do pai, em 1820, a duquesa de
Berry entrou ilicitamente em França doze anos mais tarde, disfarçada
de lavadeira, na esperança de reclamar o trono para o filho. A rebe-

---

(*) Associação de tendências jacobinas e revolucionárias, formada em 1830.
(N.T.)

(*) Henri, conde de Chambord (1820-1883). (N.T.)

lião que desencadeou, na Vendeia, terminou em poucas semanas, com a sua detenção, em Nantes, seguindo-se o encarceramento em Blaye. Contudo, ela surpreendeu Bugeaud e os seus senhores políticos, em Paris, ao dar à luz uma menina, filha de um obscuro nobre italiano com o qual casara antes de partir para França. Luís Filipe considerou que o escândalo tornava as suas pretensões ao trono em nome do «filho do milagre» tão ridículas que Bugeaud recebeu ordens para a levar de volta a Palermo, na Sicília, onde se despediu dela e lhe confessou que, ao ser libertado de tão desonroso dever, se sentia como se lhe tivessem tirado um peso de 50 kg de cima do coração.

No ano seguinte, durante um debate, um colega parlamentar tratou insensatamente Bugeaud pela sua alcunha, «o Carcereiro». Imediatamente desafiado para um duelo, o ofensor estava morto vinte e quatro horas depois, com a primeira bala de Bugeaud alojada no cérebro. E o vencedor do duelo tornar-se-ia um dos comandantes mais amados da Legião!

Na Argélia, Abd el-Kader estava a ganhar tempo, servindo-se do tratado celebrado com Desmichels para impor a sua autoridade às tribos relutantes em reconhecerem a sua autoridade. A trégua foi inevitavelmente quebrada, desta vez pelos Franceses. Em 26 de Junho de 1835, pelas 05:00, de modo a fugir ao calor do Verão, o general Camille Trézel formou a sua coluna – três batalhões de infantaria e um grande comboio de abastecimento – em quadrado, protegido por quatro esquadrões de Caçadores de África, para atravessar a área de matagal chamada Muley-Ismaël, perto da cidade de Orão, 400 km a oeste de Argel.

Os legionários romanos da III Legião Augusta, no Norte de África, marchavam a um ritmo de 30 km por dia. Trézel exigia o mesmo dos seus homens – no mínimo –, não obstante os seus desadequados uniformes de lã grossos, mochilas com mais de 35 kg, e o peso adicional de um mosquete ou espingarda e uma baioneta, uma pá ou picareta, 300 cartuchos [106] e lenha para cozinhar, a menos que fosse garantida a abundância de madeira junto do acampamento que seria montado para passar a noite.

Na vanguarda iam as três companhias do 4.º Batalhão (polaco) da Legião, comandado pelo major Ludwig Joseph Conrad. Baixo

---

[106] Wellard, *The French Foreign Legion*, p. 12.

A Legião Estrangeira

mas entroncado, usando um barrete vermelho em vez do tricórnio de oficial quando em combate, Conrad era um soldado flibusteiro que conquistara condecorações e ferimentos em trinta anos de proezas desde que se formara na academia militar de St-Cyr.

Os italianos do 5.º Batalhão e dois dos esquadrões de cavalaria seguiam no flanco esquerdo. Quando se encontravam encurralados numa estreita ravina, homens do 4.º Batalhão começaram a ser alvejados por árabes escondidos nos arbustos. Atacando em linha, os soldados foram repelidos. O 2.º de Caçadores de África carregou sobre o inimigo escondido, mas quando o coronel Oudinot, que os liderava, foi abatido, o corneteiro entrou em pânico e, por engano, tocou a retirar. Na confusão que se seguiu, o 5.º Batalhão, no flanco esquerdo, avançou. Juntamente com um batalhão do fatídico 66.º de Infantaria, conseguiram afastar os árabes das bagagens. Durante sete horas, registou-se uma série de escaramuças, até que Trézel conseguiu romper o contacto com o inimigo, deixando 52 mortos no terreno e transportando 180 feridos nas carroças que tinham sido descarregadas para servirem de ambulâncias.

Os polacos do 5.º Batalhão, numa posição exposta, foram incumbidos de manter o inimigo à distância, mas sem se separarem do resto da coluna. Porém, o impetuoso Conrad desobedeceu às ordens e conduziu os seus homens numa carga sobre o inimigo, que continuava escondido. Foi um erro. Junto à linha das árvores, os soldados foram repelidos por uma saraivada de tiros, provocando o pânico no 66.º Regimento de Infantaria e descobrindo completamente o flanco esquerdo da coluna. Tentando fechar a brecha, Conrad ordenou aos italianos do 4.º Batalhão que se juntassem a ele atrás de um outeiro que lhes proporcionou alguma cobertura temporária. Vendo-se desprotegidos, os muleteiros cortaram os tirantes das carroças, abandonando os feridos na esperança de se porem a salvo, mas aumentaram a confusão geral ao atolarem-se profundamente na lama.

Chegando a cavalo da retaguarda, Trézel encontrou o que restava da coluna completamente desorganizada. Liderando pessoalmente uma carga dos dois esquadrões de cavalaria que não tinham fugido, conseguiu afugentar os árabes que estavam a matar os feridos e depois, recorrendo à cobertura da sua pequena secção de artilharia e de alguns legionários e soldados dos Batalhões de África, que eram unidades penais, conduziu o resto da coluna até à segurança de Arzew. A que preço? Mais de 300 feridos, 62 mortos confirmados e 280

Os Espantalhos

desaparecidos, o que significava quase certamente a morte depois da mutilação e/ou castração.

No *post-mortem*, muita culpa foi atribuída a Conrad. No seio da própria Legião, houve um pingue-pongue de recriminações, com os polacos a acusarem os italianos e vice-versa. Para tentar evitar uma repetição do sucedido, e possivelmente também porque a irregularidade da chegada de recrutas tornava impossível manter o complemento completo dos batalhões por nacionalidade, Bernelle, o comandante da Legião, tomou a medida radical de misturar as nacionalidades. Podemos dizer que foi nesse momento que nasceu a Legião que hoje conhecemos.

Mas foi quase um nado-morto. Ainda antes das notícias do desastre dos pântanos de Macta porem a aventura argelina de molho, o governo de Luís Filipe já vinha debatendo, em Paris, o que fazer com este desditoso filho da Revolução de Julho.

7

Sem Pré, Sem Balas, Sem Piedade

ESPANHA, 1835-1839

Depois da morte do rei Fernando VII, a Espanha viu-se a braços com uma guerra civil entre o seu irmão, D. Carlos, e a herdeira legítima, a filha de D. Fernando, a infanta Isabel II, cuja mãe, a rainha Maria Cristina, era a regente. Ao abrigo da Quádrupla Aliança, assinada a 28 de Agosto de 1834, a França, a Grã-Bretanha e Portugal tinham prometido intervir militarmente em auxílio do governo liberal de Isabel – após o que o primeiro acto da França fora a transferência, da Argélia para Espanha, de 439 legionários espanhóis do 4.º Batalhão.

Em Paris, Adolphe Thiers, um jornalista ambicioso que entrara na política durante a Revolução de Julho, foi nomeado ministro do Interior, e não tardaria a assumir o cargo de primeiro-ministro. Ansioso por restabelecer a França como uma potência internacional depois das humilhações de 1812, em Moscovo, e de 1815, em Waterloo, Thiers estava decidido, no mínimo, a igualar as forças de intervenção portuguesas e britânicas a sul dos Pirinéus. Quando propôs o emprego de tropas francesas, a voz da razão de Nicolas Soult, baseada na sua experiência pessoal como comandante do exército de Napoleão na Guerra Peninsular, entre 1808 e 1813, alertou para o facto de a Espanha ser um país onde os exércitos pequenos eram vencidos e os grandes derrotados pela fome. O teor do seu argumento foi, no geral: é melhor não nos envolvermos. Todavia, Thiers ameaçou demitir-se se

SEM PRÉ, SEM BALAS, SEM PIEDADE

a sua proposta não fosse aceite, o que persuadiu Luís Filipe a apoiá-lo numa reunião do Conselho de Ministros, a 6 de Julho de 1835.

Para evitar eventuais embaraços decorrentes de uma derrota das tropas francesas em Espanha ou da necessidade de as reforçar, Soult decidiu transferir o resto da Legião da Argélia, de modo a que a França pudesse concretizar o apoio prometido mas sem o envolvimento efectivo dos seus cidadãos. Para garantir que o gesto nem sequer custaria dinheiro ao pressionado Tesouro francês, foi acordado que o governo de Isabel, em Madrid, seria responsável pelo aprovisionamento e pelo soldo da Legião quando enquanto esta estivesse em solo espanhol. Para o efeito, foi assinada uma convenção, em Paris, pela qual, no dia 29 de Junho, a Legião deixou de fazer parte das forças armadas francesas.

As notícias da transferência da Legião para a Coroa espanhola enfureceram os seus oficiais, dispostos a lutarem pela França em Espanha mas não como soldados espanhóis. Para acalmar a situação, Paris enviou dois representantes para lhes explicar que, embora todos os legionários fossem obrigados a ir para Espanha, os oficiais franceses poderiam demitir-se e pedir transferência para outros regimentos; caso se tivessem alistado enquanto civis, teriam de abandonar o Exército. Os oficiais estrangeiros que recusassem a transferência para Espanha seriam corridos. Este foi o pau. A cenoura foi de tipo suborno, com a oferta de promoções para preencher as vagas abertas pelas demissões, que foram tão numerosas que oitenta e cinco oficiais de baixa patente aproveitaram a situação[107].

Em Espanha, a situação militar era a seguinte: as forças carlistas, nas províncias do Norte, adjacentes aos Pirinéus, tinham tido bastante sucesso sob o comando do coronel basco Tomás Zumalacárregui, até este ser incumbido por D. Carlos, com base em razões estratégicas, de sitiar o porto de Bilbau. Os seus irregulares não estavam equipados para a missão e o cerco teve de ser levantado, mas não antes do tratamento inadequado de um ligeiro ferimento numa perna ter gangrenado e custado a vida a Zumalacárregui.

Em 28 de Julho, em Paris, um assassino separatista corso falhou por pouco um atentado contra Luís Filipe, tendo a arma de vários canos que ele inventara para o efeito morto mais de quarenta membros da comitiva do rei. Na Legião, ninguém teria chorado por um rei

---

[107] Porch, *The French Foreign Legion*, p. 27.

que os vendera com meia dúzia de rabiscos da sua pena. No entanto, quando os batalhões – agora de várias nacionalidades – desembarcaram em Tarragona, no dia 17 de Agosto de 1835, depois de uma quarentena em Maiorca por causa da cólera, os alemães e italianos cantavam um hino especialmente composto para comemorar o papel da Legião na supressão da tirania em nome da liberdade, como bem ficava aos netos da Revolução de 1789. Os seis batalhões de legionários, comandados por 123 oficiais, receberam um acolhimento morno. A multidão saudou a coluna em marcha, liderada pelo coronel Joseph Bernelle, a cavalo, seguido da mulher e da criada desta, ambas montadas em mulas, com alguns gritos de «*Viva la libertad!*» e «*Viva Francia!*», mas poucos monárquicos se atreveram a gritar «*Viva la reína!*».

Os legionários, que suspiraram de alívio por terem regressado a solo europeu e julgavam que nada poderia ser pior do que lutar contra guerrilheiros na Argélia, iam ter um rude despertar. Na Catalunha, combateram em Artesa de Segre, Gerri de la Sal e Pobla de Segur.

Depois de marchar 400 km para o interior, até Vitória, a Legião viu-se universalmente detestada por uma população de mulheres, velhos e crianças; os homens em idade de pegarem em armas estavam nas montanhas, com os irregulares de D. Carlos, enquanto as forças da infanta não se mexiam das vilas e cidades. A hostilidade contra homens envergando uniformes franceses – tão pouco tempo depois de os exércitos de Napoleão terem devastado a Península – foi exacerbada pela política de Juan Alvarez Mendizábal, o primeiro-ministro de Isabel, de vender muitas propriedades da Igreja para financiar a guerra. Os padres disseram às suas congregações que os legionários eram ateus revolucionários ou pior.

Os legionários, com as suas casacas azuis com dragonas vermelhas, amarelas ou verdes, e calças vermelhas – e barretinas vermelho vivo, visíveis a quilómetros de distância ([108]), até terem começado a usar as enormes boinas bascas – tinham-se mudado do intolerável calor da Argélia para as terras altas frias e descoloradas do País Basco quando o Outono estava a dar lugar ao Inverno, com as primeiros nevões a pratear os picos dos Pirinéus, além dos quais ficava o país que os tinha cedido a um governo madrileno que carecia de provisões

---

([108]) Wellard, *The French Foreign Legion*, p. 41.

e soldo para os seus próprios soldados, quanto mais para estrangeiros ao seu serviço. As operações eram canceladas e os combates interrompidos porque as munições não chegavam, e muitos homens venderam os seus inúteis sabres por comida.

Já estacionada em Vitória quando a Legião Estrangeira chegou, e ocupando naturalmente os melhores alojamentos, encontrava-se a Legião Britânica, comandada por George de Lacy Evans, que combatera com brilhantismo contra os Franceses em Vitória, em 1813. Agraciado com a patente de tenente-general por Maria Cristina, o seu posto era superior ao do seu antigo inimigo da Guerra Peninsular. Bernelle, a quem a rainha concedera, por cortesia, em 30 de Junho de 1835, o título de *mariscal de campo,* ou brigadeiro-general, viu-se numa situação impossível. Embora as forças governamentais fossem numericamente equivalentes aos insurrectos, eram demasiadas as tropas que ficavam de guarnição nas cidades, a salvo, para que tivessem alguma hipótese de aniquilar os esguios bandos de guerrilheiros. E os homens de Evans não eram do calibre necessário para travar uma guerra tão desigual.

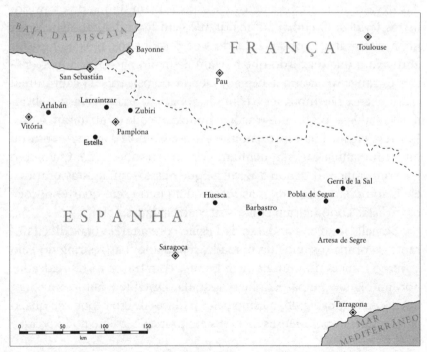

A intervenção em Espanha, 1835-1839.

Em Inglaterra, o duque de Wellington opusera-se à intervenção por razões semelhantes às de Soult, e os oficiais do Exército tinham seguido a sua liderança. Assim, os 400 oficiais da Legião Britânica eram mercenários de segunda categoria ou amadores irrequietos sem experiência militar, simplesmente em busca de aventuras. Os 6000 oficiais subalternos e soldados não eram muito melhores. O contingente de Evans como que espelhava os inícios da Legião Estrangeira na Argélia, enquanto que os oficiais e soldados que Bernelle comandava já tinham sido testados debaixo de fogo e coados pela deserção e pela disciplina.

Registaram-se as habituais questiúnculas internas das coligações militares. Franceses e Britânicos acusavam os seus aliados espanhóis de muita conversa e pouca luta, e ambos eram afectados pela irregularidade do seu pagamento e por um aprovisionamento inadequado. Por sua vez, o primeiro-ministro Mendizábal chamou a Evans «um homem de grande pretensão e pequeno desempenho» ([109]). Não era uma aliança feliz.

Mesmo depois de a Legião se ter transferido de Vitória para a capital navarresa, Pamplona, as baixas de ambos os lados eram pesadas devido ao costume que os carlistas tinham de matar os prisioneiros feridos. O embaixador britânico em Espanha conseguira pôr fim a esta prática e organizar trocas de prisioneiros, mas os carlistas afirmavam que o acordo que haviam assinado não cobria mercenários estrangeiros como a Legião. Depois de os carlistas capturarem o 2.º tenente Durmoustier e trinta legionários, arrastaram-nos de aldeia em aldeia, cegos, nus e acorrentados, até que os abateram a tiro. Em retaliação, quando o capitão André-Camille Ferrary capturou uma companhia carlista, nenhum prisioneiro sobreviveu. Quando o governo francês ordenou a Bernelle que pusesse fim a estas práticas, ele fê-lo unilateralmente, mas retomou a guerra sem quartel porque os carlistas continuaram com as suas atrocidades.

Bernelle foi o comandante da Legião com a tarefa mais difícil durante os primeiros anos da unidade, repudiado mas restringido pelo governo francês. Era um homem bonito, com traços fortes realçados por um bigode e uma pêra bem aparada. Distante e autocrático, era um disciplinador rígido, mesmo pelos padrões de uma época na qual o chicoteamento por ofensas menores era prática corrente no Exército e

---

([109]) Porch, *The French Foreign Legion*, p. 34.

na Marinha britânicos. Descobrindo que o uso da cana era uma punição normal no Exército Espanhol, introduziu-a na Legião. Enquanto os oficiais infractores eram geralmente colocados sob detenção, o seu frequente recurso à cana e ao pelotão de fuzilamento para as outras patentes causava um ressentimento generalizado.

Em termos de aspectos positivos, a mistura de nacionalidades aumentou em muito o espírito de corpo, e o acrescentamento de três esquadrões de lanceiros polacos, alegadamente financiados pelo ministro espanhol em Paris, e de uma secção de ambulâncias, uma unidade de sapadores e uma bateria de artilharia, comandada pelo capitão Rousselet, converteu finalmente a Legião num exército auto-suficiente. A proveniência do dinheiro que pagou tudo isto está envolta em mistério. A resposta poderá residir no saque acumulado pela Legião durante a intervenção, e nas alegações de que a Legião fazia ocasionalmente reféns para obter o respectivo resgate.

Não havia nada de invulgar, para a época, no facto de Bernelle se rodear de um núcleo de oficiais de estado-maior espectacularmente uniformizados, vários dos quais eram parentes seus. Mas não deve ter sido fácil para os seus oficiais e soldados, privados de vida familiar, verem a sua mulher, Tharsile, não só vivendo com ele nos seus aposentos, mas também andando a cavalo por aqui e por ali, usando o lenço dos ajudantes de campo e dando ordens como se estivesse no comando. Isto e o seu hábito de garantir tratamento preferencial para os seus bajuladores e punições para quem se lhe atravessasse no caminho mereceram-lhe várias alcunhas, a mais educada das quais era «rainha Isabel III». Numa ocasião, ela condenou um homem a quinze dias de detenção pelo crime de a ter visto vestida informalmente no seu jardim([110]).

Os oficiais encontraram o seu campeão no major Conrad, a quem a rainha atribuíra o título de *jefe de cuerpo* ou coronel. Relativamente ao seu superior nominal, ele tinha a vantagem de possuir uma energia mais marcial e uma atitude de «vamos a eles» perante a guerra, e também a de falar fluentemente alemão, que ainda era a língua comum da maioria dos legionários. Em Janeiro de 1836, Conrad começou a desafiar Madame Bernelle promovendo os seus candidatos às vagas disponíveis, uma prerrogativa que lhe assistia enquanto coronel inte-

---

([110]) Wellard, *The French Foreign Legion*, p. 45.

A Legião Estrangeira

rino do regimento. Quando Bernelle ripostou, obtendo do ministro da Guerra, em Paris, a confirmação das decisões em contrário tomadas pela mulher, Conrad, enfurecido, demitiu-se, para consternação dos seus apoiantes. Isto destruiu o moral da Legião acima das expectativas dos carlistas.

No dia 24 de Abril, os 4.º e 5.º batalhões alcançaram vitórias pírricas em Arlabán e Tirapegui, em Navarra. O sucesso seguinte da Legião, no dia 1 de Agosto, em Zubiri, foi uma derrota transformada em vitória pelos canhões de Rousselet. Em Paris, Thiers, cuja ambição de que a França fosse considerada uma grande potência causara toda aquela trapalhada, tornara-se primeiro-ministro. Apesar da crescente antipatia de Luís Filipe pela intervenção em Espanha, Thiers convenceu-o a assinar uma ordenança, datada de 16 de Dezembro de 1835, autorizando a criação de um batalhão de emigrados espanhóis em Pau, literalmente à sombra das faldas norte dos Pirinéus. Iniciado o recrutamento no dia 3 de Fevereiro de 1836, esta nova «legião» destinava-se supostamente à Argélia mas foi enviada para Espanha, no Verão, para compensar as perdas sofridas. Quando, a 16 de Agosto de 1836, o próprio exército de Isabel se revoltou contra a infanta e mãe dominadora, e impôs uma nova constituição, mais liberal, Thiers perdeu uma votação no Conselho de Ministros. Demitiu-se a 25 de Agosto e foi substituído, no dia 6 de Setembro, pelo arrogante conde Louis-Mathieu Molé, um adversário da intervenção mas que, mesmo assim, constituiu um segundo batalhão de espanhóis em Pau e enviou-o para a Argélia no princípio de 1837, sob o comando do major Alphonse Bedeau [111].

Durante todo o Inverno de 1835-1836 e no Verão seguinte, a Legião Britânica de Evans alternou entre a permanência ociosa nos quartéis e a participação em combates que não tinha hipóteses de vencer, com o inevitável efeito negativo sobre o moral. Pelo contrário, Bernelle conseguiu concentrar os seus dispersos batalhões e empregá-los judiciosamente, de modo que a contagem dos corpos foi pendendo cada vez mais para o seu lado. Talvez como consequência, a deserção não causou tantos problemas como seria de esperar, com a fronteira francesa tão tentadoramente próxima.

Até Agosto de 1836, um ano depois de ter desembarcado em Tarragona, o número de efectivos da Legião aumentou, tendo os

---

[111] Anderson, *Devils, Not Men*, p. 35.

SEM PRÉ, SEM BALAS, SEM PIEDADE

novos recrutas mais do que compensado os 117 mortos em combate e o total de 380 mortos de ferimentos e doença, executados por pelotão de fuzilamento, feitos prisioneiros ou desertores. Mas a Legião estava doente. Seis meses após a partida de Conrad, foi a vez de Bernelle se demitir, cansado de lutar contra os seus oficiais descontentes e os seus senhores políticos em Madrid. Uma das suas queixas principais era que Paris nada fazia para impedir que os carlistas recebessem armas e munições contrabandeadas através dos Pirinéus. Além disso os representantes de Luís Filipe também tinham sido inúteis para exercer pressão diplomática sobre os carlistas no sentido de porem fim ao assassínio continuado de legionários capturados.

Chegado em Agosto, o novo comandante fora uma nomeação improvável. O coronel Jean-Louis Baux, veterano de Waterloo, devia estar desesperado por uma colocação depois de vinte anos a meio soldo. Apesar de corajoso, era um intelectual modesto e reservado cuja ideia de uniforme apropriado para se apresentar no seu novo comando foi um chapéu de abas largas, uma capa velha, calções que não lhe assentavam e botas desajeitadas com esporas enormes que lhe dificultavam o andar. Ironicamente alcunhado «Le Beau», um jogo de palavras com o seu apelido que não requer tradução, o aspecto de Baux dificilmente impressionaria oficiais atentos à moda e que julgavam um comandante não só pelas suas competências militares, mas também pelas maneiras e vestuário. E um introvertido como ele também não iria aumentar o moral de homens a quem não era pago o pré, muitos deles hospitalizados por comerem porco mal fumado, impróprio para consumo humano, que era a única carne fornecida.

Horrorizado pelo total desinteresse do governo francês pelo bem-estar da Legião, pela comida intragável e pelo fornecimento inadequado de armas por parte de Madrid, e incapaz de controlar os seus oficiais, Baux demitiu-se passados dois meses, depois do seu primeiro recontro com os carlistas, em Estella, 20 km a sudoeste de Pamplona, que se transformou num desastre quando as munições se acabaram.

O seu substituto foi Joseph Conrad. Assumindo o comando no dia 10 de Novembro, fez mais do que qualquer outro coronel para – por assim dizer – não deixar a Legião de barriga vazia. Pouco depois da sua chegada, à frente do último batalhão de reforços a ser enviado para Espanha, oito oficiais deram baixa como doentes só

131

A Legião Estrangeira

para poderem comer uma refeição no hospital [112]. Numa medida desesperada para combater a escassez de rações durante a estada em Zubiri, Conrad autorizou a partida dos 300-400 homens que terminavam mensalmente os seus contratos, e também deixou ir embora muitos legionários que teriam inevitavelmente desertado e estavam dispostos a palmilhar os 25 km que os separavam da fronteira francesa. Em Dezembro, quando a neve bloqueou os desfiladeiros e tornou esta opção impossível, companhias inteiras ameaçaram passar-se para os carlistas. Muitos homens fizeram-no, o que levaria a um dos confrontos mais sangrentos da história da Legião.

Nem a autoridade de Conrad, nem a sua fluência em alemão conseguiram evitar que o número de efectivos da Legião descesse, de um pico de 6134 homens, para 3841, em Fevereiro de 1837 – as duras condições invernais significavam que os legionários doentes que não conseguiam acompanhar a coluna morriam de frio à beira do caminho. Mas os homens, exaustos, esfomeados, doentes e várias vezes feridos, iam respondendo ao heroísmo de alguns oficiais e oficiais subalternos – entre os quais um wurtemberguês de 44 anos de idade, zaragateiro e amigo da pinga.

Na batalha de Larraintzar, nos Pirinéus, o capitão Johan Albrecht Hebig ficou isolado com a sua companhia no cimo de um monte, exposto e debaixo do fogo de dois batalhões de carlistas. Durante duas horas, o capitão manteve-se de pé, desprotegido, orientando os homens. Quando foi socorrido, sofrera sete mortos, mas as baixas inimigas em redor da posição eram pelo menos três vezes superiores. Tal como em todas as outras batalhas da Legião em Espanha, era inútil tanto sofrimento por uma colina sem qualquer importância, mas o heroísmo de Hebig seria repetido vezes sem conta – até Dien Bien Phu.

Depois de Larraintzar, as deserções para os carlistas aumentaram ao ponto de eles próprios poderem alinhar uma desgarrada «legião estrangeira» composta por homens das legiões britânica e francesa. Para combater a deserção, o coronel Conrad voltou a recorrer ao pelotão de fuzilamento. Todavia, com a Legião reduzida a dois batalhões, dois esquadrões de cavalaria ligeira e uma bateria de artilharia ligeira, ele teve de vender o cavalo para comprar comida – Madrid não enviava dinheiro há cinco meses. Em finais de Março de 1837,

---

[112] Azan, *L'Armée d'Afrique 1830-1852*, p. 251.

Conrad escreveu ao seu velho camarada, o general Jean Harispe – comandante de Bayonne, do outro lado da fronteira –, num tom incaracteristicamente desesperado: «Francamente, não sei como tudo isto irá acabar» [113].

Acabou perto de Huesca, uma cidade aragonesa perto da fronteira com a Catalunha. Durante semanas, a Legião acossou uma força carlista que procurava sair das províncias bascas, devastadas pela guerra, e dirigir-se para a costa mediterrânica, na Catalunha, onde os carlistas tinham um forte apoio. Às 17:00 do dia 24 de Maio, o general Iribarren, às ordens do qual Conrad fora colocado, mandou a Legião atacar os carlistas, que já haviam montado o acampamento para passar a noite mas tinham todas as outras vantagens a seu favor. Foi uma ordem que Conrad deveria, no mínimo, ter questionado. Porém, sempre à procura de uma luta, ele mandou avançar os seus homens, que estavam exaustos. Isolados quando os espanhóis que se encontravam nos seus flancos não avançaram, e com Iribarren morto quando liderava uma carga de cavalaria, Conrad ordenou uma retirada em combate, com muitos feridos a terem que ser transportados pelos seus camaradas.

À 01:00 da manhã, os sobreviventes da Legião lambiam as feridas na aldeia de Amudevar, depois de terem conseguido abrir caminho à força e efectuado uma marcha nocturna de 20 km. As baixas totalizavam entre 350 e 400 legionários, e 28 oficiais. No dia seguinte, 1000 sobreviventes cujos contratos terminavam partiram para Pamplona para serem desmobilizados.

Nessa altura, pelo menos, qualquer pessoa sã pensaria que Conrad iria atirar a toalha ao chão. Pelo contrário. A 2 de Junho, os sobreviventes da Legião continuavam ao lado dos seus aliados espanhóis, 50 km para leste, quando os carlistas pararam para tomar a refeição do meio-dia na cidade de Barbastro, antes de atravessarem o rio Cinca, que constituía o último obstáculo antes da fronteira catalã. O novo comandante espanhol, o general Marcelino Oraa, sabia que seria a sua última oportunidade de os obrigar ao combate antes de eles se juntarem aos reforços catalães.

A Legião, no flanco direito da segunda linha de ataque, viu os espanhóis que se encontravam à sua frente romperem fileiras

---

[113] *Ibid.*, p. 307.

A LEGIÃO ESTRANGEIRA

e debandarem. Mantendo-se firmes quando os carlistas os atacaram, reconheceram, na legião estrangeira inimiga, muitos dos seus antigos camaradas que tinham desertado. Enquanto a batalha decorria à sua volta, velhos amigos cumprimentaram-se em francês ou nas suas línguas nativas, pondo-se mutuamente ao corrente do que acontecera desde a última vez que se tinham visto... e depois começou a carnificina.

Um oficial alemão que servia com os carlistas, o barão Wilhelm von Rahden, escreveu nas suas memórias: «Durante o combate, os soldados reconheciam-se. Aproximavam-se como amigos, e depois matavam-se a sangue frio» ([114]).

Conrad estava no centro da refrega. Para criar um ponto de reagrupamento, ele ergueu o seu barrete vermelho na ponta da bengala e gritou, «Avançar!». Nunca se saberá se alguém o teria seguido depois do pesadelo em que camarada matara camarada, pois uma bala de mosquete despedaçou-lhe a testa e ele caiu por terra, morto. À sua volta, jaziam 715 dos 875 estrangeiros dos carlistas.

Já existia a tradição da Legião de, sempre que possível, não abandonar os seus mortos. Um dos presentes era François-Achille Bazaine, que se alistara na Legião como 2.º tenente e viria a ser marechal de França. Posteriormente, escreveu ao general Harispe, «[O coronel Conrad] julgou que os conseguiria reagrupar. Avançou para a frente da linha de ordem dispersa, gritando, 'Avançar!'. Mas os homens... continuaram a fugir. O seu corpo quase caiu nas mãos do inimigo. Com a ajuda de um oficial e de quatro [homens] corajosos, pu-lo em cima do meu cavalo e abandonei o campo de batalha. No entanto, como tínhamos sido flanqueados à esquerda, levei uma meia hora até colocar o corpo dele fora de perigo» ([115]).

Semanas antes, Conrad informara Harispe que a honra exigia que ele desse um exemplo ao homens, desmoralizados e muito desgastados, expondo-se constantemente ao fogo inimigo. Ter-se-á tratado de um suicídio, como alguns dos seus homens supuseram? De um gesto de desespero? Ou simplesmente de exaustão, combinada com a necessidade, na reduzida Legião, de correr riscos excessivos? Até Luís Filipe demonstrou alguns remorsos pela morte de

---

([114]) Wilhelm von Rahden, *Wanderungen eines alten Soldaten*, Berlim, Alexander Duncker, 1851, vol. III (tradução abreviada do autor).

([115]) Azan, *L'Armée d'Afrique 1830-1852*, p. 523.

Conrad – de todos os milhares durante a intervenção em Espanha –, concedendo pessoalmente uma pensão à viúva, e o filho do soberano, o duque de Orleães, assumiu o pagamento das propinas dos dois rapazes de Conrad numa escola militar.

A força carlista, dizimada, foi dissolvida algumas semanas mais tarde, mas a guerra continuou a ser uma chaga no corpo de Espanha por mais quinze meses. Comandados por André-Camille Ferrary, agora com a patente de tenente-coronel, os sobreviventes da Legião foram diminuindo até serem absorvidos pelo exército constitucionalista e, por fim, dissolvidos, em Setembro de 1838.

Em Janeiro de 1836, 63 oficiais e 159 oficiais subalternos e legionários, com 75 mulas, regressaram a França, seguidos por um número desconhecido de mulheres e crianças cuja miséria é difícil de imaginar – particularmente a dos órfãos e das viúvas, condenados a viverem de esmolas, a menos que as mães fossem suficientemente jovens para ganharem dinheiro prostituindo-se. Não terão parecido muito diferentes dos últimos carlistas que atravessaram os Pirinéus fugindo para França, em Maio de 1840, cuja chegada a Perpignan foi testemunhada pelo capitão François Certain Canrobert: «Alguns calçavam sandálias. Outros marchavam descalços, ou mesmo sem calças. Mulheres, crianças e velhos seguiam os soldados, completamente esfarrapados e na mais absoluta miséria» ([116]).

E foi este o triste fim da primeira Legião Estrangeira: um testemunho ao cinismo dos políticos, que nunca deixarão de sacrificar os soldados que os servem quando os seus interesses assim o ditam – e um testemunho ao heroísmo de homens reduzidos à condição de animais, mas que lutaram como heróis gregos da Idade do Bronze, apesar de todas as desvantagens, cientes de uma morte quase certa por uma causa que não era a sua.

Vale a pena perguntar porque é que o fizeram, e porque é que a Legião o tem feito uma e outra vez. A resposta parece ser que, depois de traídos por toda a gente, a única realidade que resta aos homens em combate são os laços com os seus camaradas, que partilham as mesmas dificuldades e perigos. É por isso que arriscam a vida para salvar o cadáver de um camarada. E também é esta a explicação para a crueldade dos amigos que se mataram uns aos outros em Barbastro. Em última

---

([116]) Germain Bapst, *Le Maréchal Canrobert*, vol. I, Paris, Plon, 1913, p. 357.

A Legião Estrangeira

análise, o ódio mais profundo está reservado para o homem que trai esta confiança sagrada.

Mas os políticos não querem saber de nenhum dos extremos daquilo a que Alfred de Vigny, antigo capitão na Guarda Real, chamou *Servitude et Grandeur Militaires* num livro que publicou em 1835, o ano em que a Legião mudava da Argélia para Espanha. Na perspectiva de Paris, a melhor forma de se ver livre dos sobreviventes andrajosos da Legião que se arrastaram pelo desfiladeiro dos Pirinéus, em Janeiro de 1839, sem poderem almejar o regresso dos heróis, era recambiá-los para onde poderiam ser completamente aniquilados.

8

Sangue na Areia

ARGÉLIA, 1835-1840

O marechal Bertrand Clauzel, novo governador-geral da Argélia, fora nomeado para o seu posto porque, em grande medida, apresentara ao governo de Luís Filipe o primeiro plano para a região que ia além da fase imediata da ocupação militar. Tendo passado quatro anos exilado nos Estados Unidos para evitar ser levado a tribunal após a Restauração Bourbon, Clauzel vira o que colonos europeus implacáveis e trabalhadores podiam conseguir depois de desapossarem os nativos de um país economicamente inexplorado. O seu plano defendia a expulsão de todos os camponeses da fértil planície de Mitijda, uma faixa costeira com 100 km de comprimento e 20 km de largura, centrada em Argel, drenando seguidamente os seus pântanos e fortificando-a com uma cadeia de fortins, sob a protecção dos quais os colonos europeus poderiam tornar-se rapidamente auto-suficientes e plantar colheitas para exportação, incluindo o algodão.

A beleza do plano de Clauzel era que os colonos gerariam receitas fiscais suficientes para pagar as forças de ocupação. Mas primeiro, ele tinha de «desapossar os nativos». Em Dezembro de 1835, Abd el-Kader foi expulso do seu território pátrio, Mouaskar, 80 km a sudeste de Orão. Contudo, dotado de um instinto para empregar a sua pouco coesa federação de tribos que teria honrado Saladino, ele vingou-se no dia 27 de Abril de 1836, cercando e isolando um importante campo militar francês no estuário de Tafna, na Argélia Ocidental.

A LEGIÃO ESTRANGEIRA

O homem enviado para romper o cerco foi o «Carcereiro» Bugeaud, que começou por dizer aos seus oficiais que não estavam bons da cabeça ao combaterem contra um inimigo esguio, extremamente móvel e conhecedor do terreno deslocando-se à vagarosa velocidade das carretas da artilharia pesada e de um enorme comboio de abastecimentos, como se avançassem para uma batalha campal contra um exército europeu.

Bugeaud aprendera, na dura escola da Guerra Peninsular, contra Wellington, a reduzir as provisões ao que podia ser carregado numa mula, e a limitar a artilharia a canhões ligeiros que podiam ser desmontados e transportados pelas mulas. Os oficiais pensaram que ele era louco, até que as suas colunas móveis flanquearam o inimigo perto do rio Sikkak, onde Abd el-Kader contara emboscar um ponderoso exército napoleónico. Desconcertando-o ao surgir de outra direcção, Bugeaud alterou a formação habitual de coluna em quadrado para uma formação em V, recorrendo a uma enorme concentração de fogo de mosquete – em vez dos inexistentes canhões – para abrir sulcos nas fileiras inimigas quando estas tentaram aproximar-se para o corpo a corpo.

Entre outros truques sujos, Bugeaud introduziu um muito antigo, dos seus tempos de Espanha: carregar os mosquetes com uma bala normal, seguida de outra cortada quase em quatro. A curta distância, o efeito era devastador: ao impacto, os projécteis deformados, tipo estilhaço, arrancavam enormes pedaços de carne. Sun Tzu disse que matar um homem assustaria milhares. Bugeaud foi mais longe: mandou matar várias centenas de guerreiros atirando-os para um precipício, e depois libertou meia dúzia para divulgarem o sucedido.

Procurando um alvo menos móvel do que Abd el-Kader, Clauzel virou a sua atenção para oriente. A cidade de Constantine, guarnecida por turcos sob o comando do bei Hajj Ahmed, era o mais parecido que se poderia encontrar com a inexistente «fortaleza inexpugnável». Isolada num esporão rochoso cujos íngremes precipícios desciam, em três lados, até às gargantas do rio Rummel, a cidade só podia ser acedida de sudoeste, através de uma estreita rampa de terra chamada Coudiat-Aty, e de uma ponte de pedra ainda mais estreita.

Em Novembro de 1836, as forças de Clauzel, contando 8700 efectivos, foram repelidas com pesadas baixas, abandonando os feridos e a artilharia ao inimigo. Durante a retirada desorganizada de 65 km, debaixo de tempestades invernais, até Guelma, onde Clauzel fundara uma cidade e campo militar sobre as ruínas da cidade muralhada bizantina, as tropas foram selvaticamente flageladas pelos turcos e pelos seus aliados berberes. Depois de chegar à costa, ao porto de Annaba, 60 km a norte, Clauzel pôde avaliar a dimensão da sua derrota. Além das pesadas baixas sofridas em Constantine e durante a retirada, mil homens morreram de várias causas no hospital.

O primeiro cerco de Constantine foi o canto do cisne de Clauzel. A França pós-napoleónica era rica em generais e marechais, e ele foi substituído pelo general Charles Damrémont, que chegou cheio de confiança, sem lhe passar pela cabeça que a sua morte estava iminente. Apenas três meses depois de Conrad ter partido de França com os seus últimos reforços para a intervenção em Espanha, a «nova» Legião, na Argélia, adquiriu oito companhias de «neerlandeses», ou seja, homens que tinham entrado em França a partir dos Países Baixos.

Chegaram no dia 15 de Dezembro de 1836, sob o comando do major Bedeau, que não tardou a descobrir que o número de efectivos tinha pouco significado no terreno. Adstritos à 2.ª Brigada e incumbidos de controlarem a planície costeira em redor de Argel, os neerlandeses revelaram-se incapazes – o que não pôs fim ao recrutamento, em França, de homens com a mesma qualidade medíocre.

No dia 30 de Maio de 1837, Thomas Bugeaud revelou outra faceta da sua personalidade, ao negociar com Abd el-Kader o Tratado de Tafna, através do qual os Franceses garantiram uma trégua em troca da confirmação de el-Kader como emir de dois terços da Argélia. Bugeaud exorbitava o mandato político que lhe fora concedido por Paris, para obter, no curto prazo, uma diminuição da pressão militar, o que lhe permitiria deslocar forças do oeste e centro da Argélia para oriente, com o objectivo de lidar com os turcos de Constantine e vingar a derrota de Clauzel.

Os Turcos tinham sido convidados para a região no século XIV, para expulsarem os Espanhóis. Raciocinando que «o inimigo do meu inimigo meu aliado é», Abd el-Kader ficou agradado ao ver Bugeaud concentrar as forças francesas a oriente, deixando-o livre para se preparar para a fase seguinte do que seria uma guerra prolongada – que apenas chegou ao fim com os Acordos de Evian, no Verão de 1962, quando os Franceses foram finalmente expulsos do Norte de África.

El-Kader travava uma *jihad* contra os invasores infiéis, com as suas tribos unidas pelo ódio aos Franceses, mas isto não o impediu de contratar estrangeiros para lhe fornecerem a instrução e o armamento de que carecia. Os mais conhecidos foram o duvidoso

Léon Roches, um francês que viria a tornar-se diplomata, e o seu compatriota Marius Garcin, que instruía os homens de el-Kader no manuseamento das armas, as quais obtinha maioritariamente junto do inimigo tradicional da França, a Grã-Bretanha.

Com a ajuda de outros estrangeiros, el-Kader criou uma administração civil básica, que se deslocou várias vezes entre Mouaskar e Tagdempt. Para garantir que os seus campos de treino e arsenais ficavam fora do alcance francês, colocou-os no interior, em Saïda, Tiaret e até no outro lado da fronteira marroquina, em Taza. Foi também aí que armazenou os produtos agrícolas excedentários, que podiam ser vendidos para comprar armas. Mas nenhuma destas medidas teria surtido efeito se ele não tivesse dado um exemplo pessoal de piedade e austeridade, vivendo como as mais simples das suas gentes, numa tenda, e comendo o mesmo que elas.

Em Setembro de 1837, foi recrutado em França um novo batalhão de refugiados, perante a indiferença total da população francesa e da maioria dos membros do governo, incluindo o primeiro-ministro Molé. Enviado para a Argélia, este segundo batalhão colocou a nova Legião, em termos numéricos, ao nível de um regimento napoleónico, com dois batalhões no terreno e um terceiro no depósito, recrutando e treinando tropas.

Em Outubro, os preparativos de Damrémont estavam concluídos. No primeiro dia do mês, partiu do seu campo militar, em Guelma, com uma força quase três vezes superior à de Clauzel. Para abrir brechas nas muralhas de Constantine, tinha consigo o mais célebre general de artilharia francesa, o universalmente respeitado Sylvain Charles Valée, que, aos 64 anos de idade, se encontrava em fim da carreira. O tenente-general Rohault de Fleury comandava um batalhão inteiramente composto por sapadores. O contingente, num total de 20 000 soldados, incluía um batalhão da Legião, com 500 efectivos, sob o comando do coronel Combe e do major Bedeau. Uma força tão numerosa, com as suas montadas e mulas de transporte, constituía uma operação logística exigente numa terra árida e hostil.

Após quatro dias de marcha por território inimigo, os Franceses avistaram aquilo que os generais Valée e Fleury compreenderam que iria ser uma tarefa formidável, embora Damrémont ainda se sentisse optimista. Desde que tinham repelido os Franceses, onze meses antes, os Turcos não haviam permanecido inactivos. Hajj Ahmed reforçara a sua artilharia com as peças abandonadas pelos Franceses, pelo que, nas muralhas opostas ao esporão de Coudiat-Aty, pelo qual os Franceses teriam de avançar, estavam concentrados 63 canhões de diferentes idades e níveis de precisão, servidos por artilheiros turcos experientes. Valée dispunha de um total de 17 canhões e de uma bateria de morteiros de cerco. Antes de poderem ser posicionados, os sapadores de Fleury tiveram de construir obras de sítio a cerca de 400 m da cidade, sob o fogo dos soldados inimigos. A primeira surtida da guarnição, em 7 de Outubro, foi repelida. No dia 9, teve início o bombardeamento francês, debaixo de mau tempo, com a prioridade de silenciar os canhões turcos. A 11, enquanto Valée começava a martelar uma parte das muralhas da cidade na esperança de abrir uma brecha através da qual pudesse ser lançado o ataque, foram repelidas várias surtidas da cidade, com baixas de ambos os lados.

A muralha, de quase dois metros de altura, era feita de calcário, com edifícios velhos do lado de dentro cheios de terra e destroços, tornando-a mais resistente a impactos do que Valée previra. Este factor e a necessidade de sustentar o fogo de contra-bateria para manter os artilheiros turcos encolhidos estavam a consumir as munições francesas a um ritmo alarmante. Restando apenas 200 projécteis por peça, a situação começava a ficar tensa para Valée.

Nessa noite, os sapadores construíram posições mais próximas da muralha para os morteiros de sítio, que tinham menor alcance. Sob o brilhante luar, os serventes, além de estarem debaixo do fogo dos mosquetes dos defensores, podiam ver nas colinas circundantes, fora do alcance da artilharia, na expectativa, muitos milhares de aliados berberes dos turcos. Ao princípio do dia 12 de Outubro, Damrémont foi morto durante um bombardeamento turco, e Valée assumiu o comando supremo. Aberta a brecha nas muralhas, foi feito aos defensores o habitual convite para se renderem e terem as suas vidas poupadas. Foi recusado – mas educadamente, o que deve ter sido um grande alívio para o intermediário nativo, que poderia ter regressado com a cabeça num cesto.

Valée arriscou e despendeu uma grande parte das munições restantes para silenciar os canhões turcos e manter os mosqueteiros afastados das muralhas, enquanto os seus morteiros continuavam a disparar sobre a brecha. A meio da tarde, os Turcos solicitaram uma trégua, raciocinando que se resistissem tempo suficiente os Franceses esgotariam as suas provisões. Em resposta, Valée recusou negociar até a cidade capitular. As posições francesas estavam já a 100 m da

A Legião Estrangeira

brecha. O barulho do bombardeamento era horrível para os homens que esperavam, nas trincheiras, pelo momento de atacar, enquanto que o fogo de resposta dos Turcos, com canhões e mosquetes, mantinha as suas cabeças muito abaixo dos parapeitos.

Interrompida a barragem, os homens da primeira vaga de assalto lançaram-se em frente mas viram-se prontamente encurralados na brecha, enquanto os defensores os sujeitavam a um fogo mortífero de todos os lados. Os cem legionários que aguardavam nas trincheiras para atacarem com a segunda vaga, comandados por Combe e Bedeau, viram qual era o problema: uma muralha interior, ainda intacta, barrava o acesso à cidade. Os apelos desesperados dos sobreviventes da primeira vaga, pedindo equipamento de escalada, chegaram à trincheira onde os legionários estavam agachados. Os sapadores avançaram debaixo de fogo, com escadas, cordas e explosivos. Mas antes de conseguirem detonar as cargas, a muralha interior explodiu numa cortina de pedras e fogo, matando os sapadores e os sobreviventes da primeira vaga, excepto alguns homens feridos, com os uniformes em farrapos, que cambalearam de regresso às trincheiras, gritando para ninguém avançar.

Os Turcos tinham cometido um erro de palmatória ao destruírem a muralha interior, mas era um axioma da guerra de sítio ter uma segunda mina pronta para explodir quando a segunda vaga francesa entrasse na brecha. Sabendo que seria uma questão de glória ou morte, Combe e Bedeau conduziram os seus cem legionários em frente. Atravessando a brecha incólumes, viraram à esquerda e avançaram, através do labirinto de ruelas, sobre a bateria turca mais próxima.

O que aconteceu a seguir foi descrito pelo tenente Achille de St-Arnaud, um homem em busca da glória para compensar quarenta anos de fracassos e reveses que dissimulava com o seu belo porte militar, bigodaça e pêra. Depois de disparada uma bala, não havia tempo de carregar os mosquetes. Espadas e baionetas enterravam-se na carne. Alguns homens gritavam, esventrados, «Os Turcos», escreveu St-Arnaud nas suas memórias, «defenderam-se com a coragem do desespero. Dispararam [sobre nós] e nós matámo-los quando estavam a recarregar... as nossas baionetas não deixaram um único vivo» [117]. O fogo sistemático proveniente de um quartel dos janízaros travou

---

[117] Achille de St-Arnaud, *Lettres du Maréchal St-Arnaud*, Paris, Calmann-Levy, 1864, p. 139.

SANGUE NA AREIA

o ataque, mas por pouco tempo. Avançando ao lado de St-Arnaud, Combe sofreu um ferimento de bala mas ignorou-o. Mortalmente ferido pouco depois, tornou-se o segundo comandante da Legião a morrer em acção. Depois de conquistado o quartel, e todos os ocupantes mortos à baioneta, os restantes defensores imploraram que os deixassem render-se. Neste momento, o punhado de franceses que se encontrava na cidade era uma mistura de legionários, homens dos batalhões penais, chamados «Batalhões de África», e efectivos de outras unidades. Quem não tivesse um uniforme francês tornava-se alvo, num sanguinário frenesim de «matar ou morrer».

Terminados os disparos de ambos os lados, o grosso das tropas francesas entrou na cidade pela brecha, pilhando e matando. O saque de Constantine durou três dias inteiros. Por fim, Valée conseguiu recuperar o controlo sobre os seus homens e pô-los a enterrar o enorme número de mortos numa vala comum, fora da cidade. É impossível estimar precisamente o valor dos despojos, mas deve ter sido substancial, pois os habitantes de Constantine, confiantes de que os Franceses seriam repelidos uma segunda vez, não tinham perdido tempo a enterrar os seus bens mais valiosos – dos quais os saqueadores ignorantes foram aliviados por meia dúzia de moedas turcas num mercado improvisado montado por comerciantes itinerantes judeus ao lado do acampamento.

A escala das baixas na segunda vaga de assalto torna-se clara no relato de St-Arnaud: dos cinquenta legionários que estavam junto dele, dez morreram e onze foram feridos[118]. O seu heroísmo fez a Legião ascender finalmente de um «asilo para a desgraça» para uma formação condecorada em combate. Bedeau foi promovido a tenente-coronel e, no mês seguinte, Valée foi promovido a marechal e nomeado governador-geral da Argélia. Quanto a St-Arnaud, o seu comportamento no dia 12 de Outubro deu novo alento à sua carreira militar, que terminou, também, com o bastão de marechal de França.

No dia 5 de Dezembro, em Paris, o impressionante *Requiem* de Berlioz, interpretado por 450 cantores e músicos, foi estreado em honra do heróico feito de Constantine. Todavia, os inspectores--gerais continuaram a deplorar o comportamento dos legionários quando não se encontravam em operações, enumerando os mesmos problemas de sempre: deserção, insubordinação, homossexualidade,

[118] *Ibid.*, p. 131.

A Legião Estrangeira

automutilações, zaragatas e a venda, para comprar bebida, de praticamente qualquer artigo do equipamento e do uniforme, excepto as barretinas, que não tinham compradores no Norte de África.

Os oficiais reagiam com punições cada vez brutais. Até Soult, na longínqua Paris, protestou contra a «alimentação insuficiente, e castigos corporais duros, frequentemente injustos. O pão e água, o chicote e a cana, são os meios empregues para corrigir a insubordinação. O resultado é um sistema de repressão totalmente estranho aos nossos valores franceses» [119].

Alguns conselhos de guerra tinham relutância em condenar desertores da Legião por serem tão desumanas as condições nas secções de punição para as quais eles seriam enviados. A manutenção da disciplina através de uma repressão dura era um convite ao motim, um fantasma que só se conseguiu manter à distância recorrendo à política de fragmentar os grupos nacionais. Contudo, em 1839 e 1840 foram recrutados tantos refugiados carlistas que acabaram por constituir batalhões inteiros. Três companhias destes homens, compondo o 4.º Batalhão, chegaram a Argel em Março de 1840. Antes do fim do mês, trinta tentaram desertar para Abd el-Kader depois de assassinarem os seus oficiais. Por sorte ou inépcia, apenas um oficial foi ferido, mas oito amotinados capturados foram fuzilados a título de exemplo para os seus camaradas.

Em meados de Setembro, um batalhão composto por 600 carlistas recebia instrução em Pau. Talvez fossem criminosos – na convicção dos seus oficiais franceses –, ou simplesmente homens brutalizados por anos de guerra travada com terra queimada; mas foram certamente culpados de violações, roubos e assassínios em Pau. Dias depois do seu desembarque em Argel, quarenta e quatro desertaram com as armas, o que era sempre considerado um crime capital. Nos anos de maior recrutamento de espanhóis, as deserções chegaram a atingir 11,9%, e o número mais baixo foi de 6,8%. Estes números não contam a história toda, dado que «deserção» significava ausência da unidade durante seis dias ou mais, e muitos homens regressavam ou eram apanhados mais cedo, sendo considerado que, tecnicamente, apenas se haviam ausentado sem autorização [120].

---

[119] Porch, *The French Foreign Legion*, p. 61 (abreviado pelo autor).
[120] *Ibid.*, pp. 64-65.

O cerco de Melyana foi um exemplo daquilo de que fugiam. Uma força francesa conjunta conquistou esta cidade estratégica no dia 8 de Junho de 1840, fortificada por Abd el-Kader como um dos seus centros de resistência no vale de Chélif. Situada 700 m acima do nível do mar, nas faldas sul do Zaccar Gharbi, Melyana dominava o vale a sul e a leste. Mal foi conquistada pelos Franceses, viu-se sitiada por uma força de vários milhares de árabes. A guarnição, consistindo de um batalhão da Legião, outro do 3.º de Tirailleurs e um punhado de artilheiros e sapadores, resistiu-lhes durante todo o Verão escaldante.

No coração do território de el-Kader, sem possibilidade de reabastecimento, a água salobra e um racionamento que permitia apenas uma magra refeição por dia causaram muitas doenças e mortes. A 4 de Outubro, quando a coluna de socorro conseguiu finalmente abrir caminho, metade da guarnição morrera e os restantes estavam tão debilitados que só havia 150 homens em condições de pegarem numa arma. O estado de saúde das tropas era tão mau que, dos 1232 efectivos originais, sobreviveram apenas 70 homens.

Durante o cerco, vinte e cinco legionários tinham desertado. Desconhece-se o que lhes aconteceu, embora Marius Garcin, conselheiro de Abd el-Kader, tenha referido a existência de dois batalhões de infantaria, um esquadrão de cavalaria e alguns artilheiros estrangeiros. Os desertores que não conseguiam suportar as dificuldades da vida na milícia árabe erravam desesperadamente de tribo em tribo, sempre em fuga da vingança francesa, ganhando miseravelmente a vida fingindo conhecimentos da medicina europeia da época, até morrerem eles próprios de doença ou serem assassinados.

9

A Cabeça Espetada na Lança

ARGÉLIA, 1840-1849

O fluxo de refugiados indesejados para França continuou a aumentar o número de efectivos da Legião, até que, em 30 de Dezembro de 1840, a «nova» Legião foi dividida em dois regimentos, não obstante a escassez de oficiais subalternos experientes. O primeiro regimento, constituído por legionários predominantemente nórdicos, estava inicialmente estacionado em Argel; porém, a partir de 1843, estendeu a sua área de responsabilidade ao Oranais. O segundo, composto por mediterrânicos, foi baseado em Constantine, de modo a cobrir o leste da Argélia.

Após o seu sucesso contra Abd el-Kader, em 1836, Bugeaud regressara a França, expressando a quem o queria ouvir a sua convicção de que a aventura norte-africana era um desperdício ridículo de vidas e dinheiro porque o Magrebe nunca seria subjugado satisfatoriamente, e mesmo que o fosse, a terra era maioritariamente árida e, por isso, inútil para colonização. Tendo sido agricultor durante vários anos, em França, após a sua demissão forçada, em 1815, ele falava baseado na sua experiência, e adoptara para seu lema pessoal *ense et aratro* – «pela espada e pelo arado». Mas todos os homens têm o seu preço, e o de Bugeaud foi a oferta do cargo de governador-geral quando Valée se reformou.

Regressando a Argel no dia 22 de Setembro de 1841, Bugeaud descobriu que Abd el-Kader, desde a sua derrota no rio Sikkak, se

A Cabeça Espetada na Lança

tornara extremamente difícil de obrigar ao combate, mesmo por colunas ligeiramente armadas e sem terem de transportar artilharia nem rações para um longo período de tempo. Obrigado pelo crescente alcance dos Franceses a desistir de uma capital fixa para o seu Estado dentro de um Estado, ele regressara ao *smala*, um acampamento móvel de 3000 tendas, a partir do qual governava o seu povo e organizava a resistência aos Franceses, mudando a sua localização sempre que os invasores se aproximavam demasiado.

A forma de Bugeaud vencer Abd el-Kader foi subjugar o seu povo pela fome. A razia, do árabe *rhâzya*, era uma incursão punitiva no âmbito da guerra tribal. Bugeaud elevou-a ao nível da estratégia: «Destruam as aldeias», disse ele. «Abatam as árvores de fruto, queimem as colheitas, esvaziem os depósitos de cereais, procurem nas ravinas e nas grutas as mulheres, as crianças e os velhos. É a única maneira de se vencer estes montanheses orgulhosos» [121]. Até os tamarindos foram cortados para tornar a área árida durante anos, até se poderem cultivar novas árvores. O gado foi levado e os poços foram envenenados. Era a guerra total.

Uma cadeia de depósitos fortificados aumentava o alcance das colunas móveis de Bugeaud. Um deles, em Sidi-bel-Abbès, um local 100 km a sul de Orão, assinalado apenas pelo túmulo de um homem santo, viria a tornar-se o lar da Legião. Uma ordenança régia criou uma comissão para conceber e construir uma cidade no local, centrada num gigantesco quartel para a Legião. Com este tipo de protecção, a população inicial de 431 pessoas, subiu rapidamente para 5259, em 1859.

A atracção que a guerra de razias exercia sobre oficiais e soldados era a divisão do saque por todas as patentes. Esta nova política foi também usada, pelos oficiais recrutadores, para atrair infantes e cavaleiros nativos. No entanto, foi alvo de fortes críticas em França e até de alguns oficiais do Exército de África. A táctica contemplava uma aproximação rápida e dissimulada. Depois de todas as vias de fuga serem bloqueadas pela cavalaria nativa, os sipaios, todos os homens que se encontrassem no acampamento eram mortos, juntamente com muitas mulheres e crianças [122]. As mulheres mais novas que se

---

[121] Azan, coronel, *Par l'épée et par la charrue. Ecrits et discours du Général Bugeaud*, Paris, Presses Universitaires de France, 1948, p. 112.

[122] Lady Duff Gordon, *The French in Algeria*, Londres, John Murray, 1855, p. 26.

A Legião Estrangeira

submetessem eram levadas e usadas como «esposas livres». Alguns animais eram mortos e comidos no local, a primeira carne fresca ingerida em meses. Tudo o que pudesse ser usado era destruído ou roubado, os silos subterrâneos eram esvaziados e os rebanhos, por vezes de milhares de animais, eram levados para venda no Norte.

Quer para as razias quer para outras missões, Bugeaud tinha uma fraca impressão da Legião. Em 18 de Junho de 1842 [123], escreveu a Soult dizendo que o recrutamento de estrangeiros deveria cessar por ser tão deplorável a qualidade dos soldados. Entre outros defeitos apontados, não eram bons a combater e não estavam suficientemente em forma para marcharem ao calor de um Verão norte-africano. No rio Sikkak, ele tivera de mandar regressar à base dois regimentos recém-chegados por este motivo [124]. Cessado o recrutamento, argumentava ele, as perdas provocadas por doença e em combate iriam reduzindo o número de legionários até que os últimos pudessem ser absorvidos por outras unidades, sendo os oficiais transferidos ou reformados.

As suas solicitações não foram atendidas. O envio de imigrantes masculinos indesejáveis para o Norte de África tornara-se parte da política interna francesa, e a vaga noção de que a França possuía um império no Norte de África era, para os seus governantes, uma espécie de compensação pelo papel muito reduzido que desempenhavam na Europa. Outros adereços para o orgulho nacional foram, nesse ano, a devolução dos restos de Napoleão pelos Britânicos, de modo a que pudesse ser sepultado num túmulo sumptuoso, nos Inválidos, e a colocação da coluna na Praça da Bastilha. A coluna era encimada por uma estátua do espírito da Liberdade, em bronze, e a base constituía um mausoléu no qual estavam conservados os restos das 615 vítimas da Revolução de Julho.

No meio deste espírito jingoísta, bem podia o «Velho Bugeaud» carpir. Ficou com a Legião nos braços e, ironicamente e à falta de mais alguém, tornou-se o pai de um bastardo que ninguém queria perfilhar. Entre os melhoramentos que seriam introduzidos por ele incluem-se a diminuição da mochila europeia regulamentar, com capacidade para 40 kg, um fardo cruel para homens que marchavam

---

[123] *Archives d'Outre-mer*, 18 de Junho de 1842, citado em Porch, *The French Foreign Legion*, p. 76.

[124] Germain Bapst, *Le Maréchal Canrobert*, vol. I, p. 255.

A Cabeça Espetada na Lança

sob o calor estival. Mais importante ainda foi a sua introdução da guerra de razias que pôs fim ao frequentemente fatal *cafard* (*) nos fortins da planície de Mitidja, com as suas zaragatas de bêbedos e um interminável ciclo de insubordinação e punição. A nova política de marcharem leves e viverem da terra aproximou oficiais, oficiais subalternos e soldados, pois comiam a mesma comida e viviam nas mesmas condições.

Um erro cometido por qualquer um deles poderia custar muitas vidas, e quando em território onde cada nativo era um inimigo, era melhor permanecer com a coluna, mesmo para alguém debilitado pela diarreia crónica, por pés ensanguentados e cheios de bolhas, devido aos buracos nas botas, do que deixar-se ficar para trás e sofrer uma morte agonizante às mãos de árabes cujas famílias tinham sido mortas pelos Franceses. Dar parte de doente não era aconselhado. Um cirurgião polaco, de nome Ridzeck, sangrou até à morte dezas-sete legionários que sofriam de insolação, um problema praticamente desconhecido no seu país. Irritado por eles não terem reagido bem ao tratamento, executou uma autópsia abrindo o crânio de uma das vítimas com um machado, para examinar o cérebro. A partir de então, passou a ser usado o éter, com melhores resultados.

Em 1843, a chegada de Edme Patrice Maurice de MacMahon, para coronel do 2.º Regimento, contribuiu muito para meter os homens na linha. Uma pequena mudança pagou dividendos: as ridículas barretinas foram substituídas por quépis leves, com um cobre-nuca para proteger o pescoço do sol. A deserção diminuiu e os relatórios das inspecções melhoraram ao ponto de a Legião começar a atrair oficiais que pretendiam uma carreira das armas a sério e com promoções rápidas, em vez de definharem numa guarnição provincial com os seus desfiles, exercícios de parada, snobismo e promoções exclusivamente por antiguidade, tendo como única distracção o jogo. Quando era cadete na academia militar de St-Cyr, Charles-Nicolas Lacretelle expressou o seu desejo de se alistar nos dragões, mas um oficial superior alertou-o para o facto de a cavalaria estar acabada, enquanto que, na Argélia, a infantaria tinha muito para oferecer a um segundo tenente ambicioso. A melhor colocação de todas, disse

---

(*) Barata; profunda depressão, passível de levar ao suicídio. (*N.T.*)

A Legião Estrangeira

ele a Lacretelle, era a Legião Estrangeira, sempre no centro da acção. Lacretelle seguiu o conselho, para espanto dos outros cadetes, que nunca tinham ouvido falar na Legião [125].

Em 1844, o 2.º Regimento contava treze capitães, sete tenentes e quatro segundos tenentes de nacionalidade estrangeira. No dia 15 de Março, o duque de Aumale, filho de Luís Filipe, liderou pessoalmente elementos do regimento num bem sucedido assalto à aldeia fortificada de M'chouneche, nas Montanhas do Aurès, depois de vários regimentos de linha terem fracassado. Subsequentemente, o duque pediu ao pai que honrasse o regimento com um estandarte próprio.

Pouco se soubera de el-Kader desde que o seu *smala* fora capturado, em 16 de Maio de 1843, minutos depois de ele ter conseguido fugir. Perseguido de refúgio em refúgio durante seis meses, foi obrigado a procurar asilo em Marrocos, em Novembro. A 30 de Maio de 1844, regressou à Argélia à frente dos guerreiros do *caïd* de Oujda, uma cidade marroquina muito próxima da fronteira, apoiado por um exército marroquino que se aproximara perigosamente do território francês. Em 19 de Junho, Bugeaud encostou-os à parede, ocupando Oujda. A 4 ou 6 de Agosto, a esquadra de Joinville bombardeou Tânger, como uma indicação ao sultão de Marrocos para não interferir na Argélia. Mas o aviso não surtiu efeito, pelo que Bugeaud esmagou o exército marroquino em Isly, perto de Oujda, em 14 de Agosto. Com Essaouira [126] conquistada no dia seguinte, o sultão curvou-se perante os ventos de mudança e, no dia 10 de Setembro, assinou um tratado com a França, comprometendo-se a internar ou expulsar Abd el-Kader se ele voltasse a pôr os pés em Marrocos.

Começavam a aparecer nas fileiras alguns legionários bastante invulgares. Nesse mesmo ano, ao visitar um forte típico da Legião em Khemis Miliana, cerca de 90 km a sudoeste de Argel, o historiador militar conde Pierre de Castellane descobriu que a guarnição, de 300 homens, incluía o filho de um conselheiro pessoal de Francisco II, o imperador austríaco, o filho de um banqueiro alemão e o tenente Thomas Lansdown Parr Moore, afilhado de Lord Byron, que poderá ter sido o primeiro britânico a servir na Legião. Moore, «quando pensava que ninguém estava a ver, tirava frequentemente da casaca, junto ao

---

[125] Jean de Faye, *Souvenirs du Général Lacretelle*, Paris, Emile Paul, 1907, pp. 1-2.

[126] Anteriormente Mogador.

A Cabeça Espetada na Lança

peito, o retrato de uma bela mulher e olhava-o intensamente» [127].
Terá sido ele o primeiro legionário abandonado pelo amor?

Típico das bases da Legião no Norte de África durante o século seguinte era o forte no qual estes homens se trancavam todas as noites. Providenciando tanto conforto para os seus ocupantes como as fortalezas construídas pelos Romanos, frequentemente nos mesmos locais, era um quadrado com muralhas altas, com janelas de tiro a intervalos regulares, com o parapeito ameado e as torres de vigia existentes em cada canto acessíveis por escadas protegidas dos projécteis; era quase impossível conquistar estes fortes de surpresa. No caso vertente, fora construído de tijolos de adobe, mas outros recorriam à pedra existente no local. Todos tinham uma única porta, suficientemente alta para permitir a passagem de um homem a cavalo e suficientemente larga para uma pequena carroça. Os homens dormiam em redes penduradas nos dormitórios, havendo três salas reservadas para uso dos oficiais. Em Khemis, no centro do pátio, havia um relógio de sol, construído com a base de uma coluna romana, e uma grande árvore sob a qual os oficiais desfrutavam a frescura do fim da tarde com os seus copos de absinto. Era a única distracção da visão constante das muralhas de terra e tijolo cozidas pelo sol, que enlouqueciam literalmente os homens de tédio [128].

Na sua inspecção, realizada em 1844, o general François de Barail descobriu, não surpreendentemente, que os espanhóis do 2.º Regimento eram os legionários mais bem adaptados às condições do Norte de África, com uma maior resistência e capacidade de passarem sem água do que os altos nórdicos do 1.º Regimento. Os italianos foram considerados os piores soldados, seguidos de quarenta ingleses que tinham desertado do corpo expedicionário de Evans, em Espanha. Um dos seus defeitos era o facto de não conseguirem subsistir com a ração básica, necessitando do dobro da comida dos espanhóis.

No primeiro exemplo de solidariedade britânica que se tornou conhecida na Legião como a «máfia inglesa», estes homens, durante as marchas, deixavam-se todos ficar para trás quando um deles ficava exausto. Uma vez, MacMahon enviou um esquadrão de cavalaria

---

[127] Pierre de Castellane, *Military Life in Algiers*, Londres, Hurst & Blackett, 1853, vol. I, p. 237-238
[128] Wellard, *The French Foreign Legion*, p. 14.

nativa que se fez passar pelos homens de el-Kader, simulando um ataque e disparando para o ar, para os obrigar a retomar a marcha. Mas o truque só funcionou da primeira vez porque, ao ser novamente tentado, os ingleses formaram em quadrado e dispararam sobre os sipaios.

Em 18 de Março de 1845, o tratado de Lalla-Marna reconheceu, pela primeira vez, uma fronteira definida entre Marrocos e a Argélia, que foi colocada sob supervisão do Ministério da Guerra e dividida em três regiões militares baseadas em Orão, a ocidente, em Argel, no centro, e em Constantine, a oriente.

O ano também assistiu, em Junho, aos piores excessos da guerra de razias: o coronel Aimable Jean-Jacques Pélissier acendeu fogueiras na entrada de algumas cavernas nas quais se haviam refugiado 500 membros da tribo Ouled-Rhia, com a intenção de os asfixiar. Quando se soube que as suas tropas, ao entrarem nas cavernas, dois dias depois, tinham encontrado todos os homens, mulheres e crianças mortos, houve protestos em Paris. Num ciclo infernal de atrocidades e retaliações, uma coluna francesa foi massacrada em Sidi-Brahim, no dia 22 de Setembro. Em 24 de Abril de 1846, el-Kader matou os muitos prisioneiros que tinha consigo para acelerar a sua retirada para Marrocos. Repelido pelas forças do sultão, foi obrigado a regressar à Argélia.

A 5 de Maio de 1847, depois de o governo ter rejeitado as suas propostas para a colonização da Argélia através da concessão de terras aos veteranos, tal como haviam feito os Romanos, Bugeaud demitiu-se do cargo de governador-geral, sucedendo-lhe o duque de Aumale. No dia 23 de Dezembro, após década e meia de luta contra os Franceses, el-Kader rendeu-se finalmente ao implacável general Lamoricière, o qual, como parte da sua estratégia de terror, tinha por hábito cortar as rações das tropas para que estas se vissem obrigadas a pilhar as aldeias árabes[129]. O líder argelino foi desfilado em Paris como uma celebridade ou curiosidade, e depois colocado sob prisão domiciliária em Toulon e Pau, sendo-lhe posteriormente atribuído o Château d'Amboise como prisão de luxo. Ironicamente, quase um século mais tarde, um dos seus bisnetos alistou-se na Legião, servindo no Vietname e na Argélia após a Segunda Guerra Mundial.

---

[129] Porch, *The French Foreign Legion*, p. 82.

A CABEÇA ESPETADA NA LANÇA

No ano seguinte, Hajj Ahmed, bei de Constantine, também se rendeu, sendo autorizado a viver com o seu harém e os membros da sua casa em Argel, com algum luxo. Ironicamente, à medida que a Legião se tornava mais respeitada, o governo que a gerara ia enfraquecendo. Para a classe média, com os seus privilégios, Paris continuava a ser a capital da tolerância, onde um poeta como Charles Baudelaire e o primeiro-ministro Adolphe Thiers podiam exibir as suas amantes – três, no caso do rechonchudo e diminuto Thiers, o qual, além de Madame Thiers, desfrutava da mulher de um colega e das suas duas filhas.

Todavia, a corrente submarina da agitação política em França começava a transformar-se numa inundação. O início do ano de 1848 assistiu ao aparecimento, em todas as cidades, de parlamentos de trabalhadores. Qualquer homem podia expressar as suas opiniões, e algumas mulheres corajosas, entre as quais Flora Tristan (*), também se fizeram ouvir. Se algum orador tivesse recordado aos seus ouvintes as aspirações liberais da monarquia de Julho, não o teriam acreditado. Greves em protesto contra o preço das batatas e do pão, contra o custo de vida em geral, contra os salários e contra o problema do desemprego estavam finalmente a colocar Luís Filipe numa posição em que a demissão de mais um primeiro-ministro já não servia de remédio.

Abdicou em 24 de Fevereiro de 1848, depois de outra «situação sangrenta». Uma multidão de trabalhadores congregou-se junto à residência de François Guillaume Guizot, o seu último primeiro-ministro, que se demitira nesse mesmo dia. Para restaurar a ordem, soldados do 14.° Regimento de Linha mataram a tiro cinquenta e dois trabalhadores. De nada serviu a Luís Filipe depor a coroa na cabeça do neto, o duque de Paris, porque a população queria ver os Bourbons pelas costas. A rainha Maria Amélia apelou ao marido para que abandonassem França antes que as multidões resolvessem lidar com ela como tinham lidado cinquenta e cinco anos antes com a sua homónima, Maria Antonieta.

A reacção da Câmara dos Deputados à sucessão do duque de Paris foi de falsa alegria. Formou-se um governo provisório, mas

---

(*) Flora Tristan y Moscoso (1803-1844), mulher de letras, socialista e feminista. (N.T.)

153

A LEGIÃO ESTRANGEIRA

havia uma revolução no ar. A 20 de Abril, numa demonstração de força para impressionar os parisienses, 400 000 soldados da Guarda Nacional e do Exército formaram em parada num terreno aberto a oeste do Arco do Triunfo, sendo-lhes atribuídos novos estandartes, após o que destroçaram e confraternizaram com a população. No dia 4 de Maio, foi proclamada a II República. Porém, aqueles que suspiraram de alívio por não ter havido muito derramamento de sangue tiveram de repensar a sua posição decorridos onze dias, quando uma enorme e barulhenta multidão, incitada pela Sociedade dos Direitos do Homem, invadiu a Assembleia Nacional acenando bandeiras tricolores e tendo como pretexto a leitura de uma petição para o envio de auxílio militar à Polónia (*). Acusações e contra--acusações voaram de todos os lados. Foi proclamado um governo alternativo. Uma hora mais tarde, os seus líderes foram presos.

No mês seguinte, o arcebispo de Paris foi assassinado na rua, em plena luz do dia. Em 21 de Junho, o Ministério das Obras Públicas encerrou o seu depósito de Paris, estabelecido para garantir trabalho, com salários razoáveis, a milhares de trabalhadores na reconstrução da Cidade Luz. Os homens com menos de 25 anos de idade receberam ordens para se alistarem no Exército; os de idade superior foram proibidos de permanecerem na capital, a menos que conseguissem provar que residiam na cidade há mais de seis meses.

A resposta dos trabalhadores foi rápida: levantaram barricadas nos bairros operários, na parte oriental de Paris. O general Bréa atravessou as linhas para parlamentar, na esperança de evitar mais derramamento de sangue, mas foi lentamente estrangulado por três operários, à vista das suas tropas, após o que as barricadas foram atacadas com fogo de canhão e mosquetes. No dia 26 de Junho, enquanto eram removidos os destroços, o general Louis-Eugène Cavaignac anunciou orgulhosamente a vitória da ordem sobre a anarquia, provocada pelo seu próprio irmão, Godefroi Cavaignac, presidente da Sociedade dos Direitos do Homem. Nenhum dos dois estava destinado a tornar-se o primeiro presidente da II República.

No n.º 9 de Berkeley Street, em Londres, vivia exilado o príncipe Luís Napoleão Bonaparte, um sobrinho oportunista do grande imperador. Demonstrando a sua dedicação à ordem pública, ele servira

---

(*) Que tentava libertar-se do domínio russo. (*N.T.*)

A Cabeça Espetada na Lança

como polícia especial durante a supressão dos motins cartistas (*). Embora estivesse proibido, como membro da família Bonaparte, de pôr os pés em França, ele fora recentemente eleito deputado *in absentia* pelos departamentos de Paris, Yonne, Charente-Inférieure e Córsega. Financiado por duas amigas – Miss Elizabeth Harriet Howard emprestou-lhe mais de um quarto de milhão de dólares, e a prima dele, Mathilde, empenhou as jóias –, Luís Napoleão Bonaparte instalou-se em Paris na qualidade de candidato de compromisso à presidência da II República.

Quando os resultados da eleição foram anunciados, em 20 de Dezembro, Luís Napoleão Bonaparte emergiu como claro vencedor, com 5 432 226 votos, contra os 1 448 107 votos do seu rival mais próximo, o general Cavaignac. Um dos primeiros actos do primeiro presidente da II República foi declarar o Norte de África parte integral de França. Também introduziu o sistema de permitir a reclamação da cidadania francesa a qualquer legionário com cinco anos de serviço cumpridos com boa conduta. Além disto, numa demonstração de solidariedade para com o sofrimento dos Polacos, todos os legionários de nacionalidade polaca foram autorizados a demitir-se. No 1.º Regimento, em Sidi-bel-Abbès, futuro «lar» da Legião, a sul de Orão, vinte e três aproveitaram a oportunidade mas, decorrido um mês, dezassete mudaram de ideias. O 2.º Regimento foi mais atingido, quando 618 legionários italianos decidiram aproveitar-se de uma benesse similar concedida ao embaixador piemontês em Paris.

Na Argélia, as constantes razias numa região onde a vida já era difícil apenas permitiam o cultivo do ódio. Assim, quando os comerciantes itinerantes judeus divulgaram pelas tribos os primeiros boatos de agitação em França, os oficiais do Exército de África previram uma insurreição nacional que os expulsaria de vez do Norte de África. Tal não aconteceu, provavelmente devido ao facto de os líderes que poderiam ter coordenado as hostilidades estarem mortos ou exilados. Todavia, um acontecimento que teve lugar neste período é merecedor de atenção porque ilustra o rumo diferente que a conquista francesa poderia ter seguido se a maioria dos seus inimigos não tivesse sido limitada pela presença das suas famílias e rebanhos.

(*) O cartismo foi um movimento em prol de reformas políticas e sociais no Reino Unido, entre 1838 e 1848. Deriva o seu nome da Carta do Povo de 1838. (*N.T.*)

A Legião Estrangeira

Baseado na cidade fronteiriça sub-sariana de Biskra, o major legionário Charles Haillard de St-Germain estava afectado ao Departamento Árabe, uma organização que controlava espiões entre as tribos, cobrava impostos e tentava desanuviar as tensões antes que estas se transformassem em hostilidades. Constituindo supostamente os olhos e ouvidos do Exército, St-Germain fora uma nomeação desastrosa, carecendo de todas as qualidades necessárias para este tipo de missão. Decidiu que a cidade necessitava de uma fortaleza poderosa, recorreu ao 3.º Batalhão do 2.º Regimento como mão-de-obra e financiou a compra de materiais triplicando o imposto sobre as palmeiras, anualmente cobrado sobre todas as árvores, e não apenas sobre os tamarindos.

Em 18 de Maio de 1849, o 2.º tenente legionário Joseph Seroka entrou na aldeia fortificada de Zaatcha para prender Bouzian, o *caïd*, acusado de fomentar a agitação em resposta a esta nova medida. Após uma escaramuça com os apoiantes de Bouzian, Seroka e a sua escolta de sipaios retiraram. Uma força de apoio, constituída por vinte sipaios e alguns *goumiers* (infantes nativos), deu com a porta da aldeia trancada.

Dispondo de poucas tropas, St-Germain tentou servir-se de outra tribo para cumprir a sua missão, mas os guerreiros aproveitaram para ajustar contas antigas, o que levou a poderosa tribo Ouled-Sahnoun a atacar um acampamento dos seus inimigos hereditários, adjacente ao forte de St-Germain. Depois de os Ouled-Sahnoun terem ameaçado alguns legionários envolvidos na construção, uma descarga afugentou-os, mas não sem antes terem destruído muitos dos canais de irrigação vitais para o abastecimento da cidade em alimentos e água. Foi uma amarga lembrança de que, ao encorajar os locais a cultivarem os seus próprios cereais, St-Germain destruíra o mercado para os cereais dos Ouled-Sahnoun, tradicionalmente trocados por tâmaras cultivadas em Biskra e arredores.

Cem quilómetros a nordeste, o coronel Jean-Luc Carbuccia partiu com St-Germain, 600 legionários do reduzido 2.º Regimento (italiano), 400 homens dos Batalhões de África (unidades penais) e 250 cavaleiros franceses e nativos. Entrar na árida planície de Hodna no pino do Verão era coisa de doidos. O acampamento inimigo foi surpreendido pouco antes da madrugada de 9 de Julho; a tribo Ouled-Sahnoun foi massacrada, e os homens de Carbuccia arrebanharam 2000 camelos e 12 000 ovelhas. Extasiado pela vitória sobre a tribo, Carbuccia preparou-se para dar uma lição ao *caïd* recalcitrante.

156

A Cabeça Espetada na Lança

A chegada da sua coluna ao oásis, a 16 de Julho, bastou para obter a submissão dos chefes das aldeias não fortificadas. Apenas Bouzain não compareceu, a salvo atrás das sólidas muralhas de Zaatcha. Uma surtida, efectuada pela única porta, causou aos Franceses cinco mortos e doze feridos. Depois de alvejar as muralhas com a artilharia, Carbuccia ordenou a St-Germain que atacasse, face a um fogo contínuo proveniente das seteiras. Alguns legionários quase chegaram às muralhas mas foram travados por um fosso com água estagnada, que poderia ter sido revelado por um reconhecimento prévio adequado. Ao anoitecer, quando St-Germain retirou, os seus legionários contavam catorze mortos e setenta e um feridos.

Após três dias de escaramuças, compreendendo que sitiar Zaatcha no pino do Verão não conduziria a nada, Carbuccia retirou para Biskra. O seu fracasso desencadeou uma série combates, num dos quais St-Germain foi morto. A vingança teve início com o tempo mais fresco, a 7 de Outubro, quando uma força de 4493 homens, sob o comando do coronel Herbillon, chegou a Zaatcha pouco depois do alvorecer, após uma marcha forçada nocturna. Cerca de um quarto do contingente era composto por legionários. O coronel de sapadores propôs um ataque por três lados, mas Herbillon não quis dividir as suas forças. E também não interditou a utilização da única porta de Zaatcha, por onde chegavam todas as noites à aldeia reforços e provisões.

O cerco, com obras ofensivas, barricadas de palmeiras, canhoneio, assaltos e surtidas, destruiu o oásis e prolongou-se até 8 de Novembro, quando chegou uma coluna de reforço, composta por 1200 zuavos, sob o comando do general Canrobert. A alegria dos sitiantes foi de curta duração, ao compreenderem que estes homens tinham trazido consigo o flagelo da cólera. Foram os zuavos que finalmente penetraram em Zaatcha, massacrando todos os habitantes e oferecendo a Canrobert a cabeça de Bouzian espetada numa lança, que foi cravada junto à sua tenda. O total das baixas francesas é difícil de avaliar devido às enormes perdas por doença, mas as baixas da Legião parecem ter sido 193 mortos e 804 feridos – não se percebe bem para quê.

10

Caos na Crimeia

1851-1855

Tendo concluído com êxito a campanha contra os cabilas – pelo menos, na sua opinião –, St-Arnaud regressou a Paris, em Junho de 1851. Como recompensa, foi nomeado ministro da Guerra, a 27 de Outubro, no âmbito dos preparativos de um golpe de Estado no qual desempenharia um papel crucial, mobilizando 50 000 soldados na noite de 1/2 de Dezembro de 1851 para se apoderarem de pontos--chave em Paris e arredores. A Assembleia Nacional foi dissolvida com a prisão de 240 deputados, e dos trabalhadores e simpatizantes liberais que protestavam nas barricadas 380 foram imediatamente abatidos a tiro[130].

Nos quinze dias seguintes, foram presas 26 884 pessoas consideradas hostis ao golpe, sendo cerca de 9 000 transportadas para a Argélia, do mesmo modo que os britânicos transportavam os seus indesejáveis para povoar a Austrália e outras colónias. Os mais infelizes foram os 198 enviados para a Ilha do Diabo, na Caiena, infestada de febres, da qual poucos regressaram. Os operários e os camponeses tinham pago um preço terrível em vidas pela ambição de Napoleão I, e estavam menos preocupados em restabelecerem *la gloire de la France* para o seu sobrinho do que com ganharem um salário suficiente nas fábricas, ou viverem decentemente com os alimentos que

---

[130] *Chronique*, pp. 893-897.

produziam da terra. Por toda a França, a resistência ao golpe de Luís Napoleão Bonaparte foi implacavelmente suprimida.

Tendo a data escolhida para o golpe sido o aniversário da grande vitória de Napoleão em Austerlitz, exactamente um ano depois, a 2 de Dezembro de 1852, foi proclamado o II Império, com Luís Napoleão Bonaparte autodenominando-se Imperador Napoleão III. Distorcendo a verdade, ele adoptou o lema «O Império é pela Paz», enquanto procurava uma guerra fácil de vencer para mostrar ao resto da Europa que a França era novamente uma força a ter em conta. Carecendo o país de um exército ou de dinheiro para travar uma guerra sozinho, com a sorte que por vezes bafeja as pessoas erradas, a campanha da Crimeia caiu-lhe nos braços e resolveu o problema.

A guerra era alegadamente por motivos religiosos. Na província otomana da Palestina, a Igreja da Natividade, em Belém, na Judeia, marcava o sítio onde Santa Helena, a formidável mãe do imperador romano Constantino, decidira que Cristo havia nascido. Os monges ortodoxos russos pretendiam colocar uma estrela no telhado mas a resistência dos monges católicos romanos foi tão violenta que provocou vários mortos. Na sua qualidade de «protector dos crentes ortodoxos do Império Otomano», Nicolau I, czar da Rússia, alegou que as autoridades locais tinham incitado os assassínios. Em consequência, declarou guerra à Turquia para proteger os monges ortodoxos de novas violências, enquanto que a França, católica, se colocou naturalmente do lado oposto.

As verdadeiras causas da guerra residem nos esforços de sucessivos czares para «chegar ao mar», expandindo as suas possessões territoriais a partir do minúsculo principado da Moscóvia: para norte, até ao Mar Branco; para ocidente, até aos portos do Báltico, sem gelo; para oriente, até ao Pacífico; e para sul, até ao Mar Negro. Durante este processo, criaram um império que se estendia de São Petersburgo até Vladivostok, atravessando o Norte da Europa e da Ásia. Depois de Pedro, *o Grande*, ter estudado construção naval em Inglaterra, a marinha dos czares não parou de crescer, embora a sua eficácia fosse prejudicada por estar geograficamente dividida em quatro esquadras.

A Esquadra do Mar Branco, baseada em Arcangel, só podia fazer-se ao mar quando o gelo permitia. A Esquadra do Extremo Oriente encontrava-se demasiado distante da Europa para ter qualquer utilidade, e existia essencialmente para proteger a costa asiática

A Legião Estrangeira

de incursões japonesas e americanas. O emprego da Esquadra do Báltico dependia de quem controlasse o Estreito da Dinamarca (*), e a Esquadra do Mar Negro só podia entrar no Mediterrâneo com autorização do Império Otomano, que controlava o Bósforo e os Dardanelos.

Este direito estava garantido por tratado, mas Nicolau I considerava o controlo dos estreitos como o primeiro passo para a Rússia se tornar uma potência mundial. Em Julho de 1853, invocou a sua responsabilidade para com os monges mortos em Belém como desculpa para invadir os Principados do Danúbio (*), a ocidente do Mar Negro, na actual Roménia. Esta medida foi apenas a mais recente de uma série de terramotos na zona de contacto entre o Império Russo, em expansão, e o Império Otomano, em declínio, que vinham acontecendo desde 1676 e através dos quais a Rússia estendera progressivamente as suas fronteiras europeias para sul, até ao Mar Negro, para sudoeste, até ao rio Prut, e para sul do Cáucaso, na Ásia.

A França e a Grã-Bretanha não deviam favores à Sublime Porta, mas não queriam ver a esquadra russa do Mar Negro entrando e saindo à vontade do Mediterrâneo. Num volte-face digno de *1984*, de George Orwell, as intermitentes hostilidades entre a França e a Turquia relativamente à independência da Grécia foram canceladas e Napoleão III recebeu da Sublime Porta o estatuto de «protector dos lugares santos de Jerusalém». O motivo da Grã-Bretanha era mais simples: uma omnipresente desconfiança dos olhares gulosos da Rússia sobre a Índia.

Luís Filipe e a jovem rainha Vitória tinham realizado visitas oficiais aos respectivos países para assinalar o início daquilo que veio a ser conhecido por Entente Cordial, e o próprio Napoleão III passara anos felizes de exílio a norte do Canal da Mancha. Uma guerra conjunta contra a distante Rússia parecia a ambos os países uma boa oportunidade para demonstrarem o potencial da sua aliança ao Império Austríaco sem perturbarem o equilíbrio de poder continental.

No dia 23 de Setembro de 1853, a Royal Navy recebeu ordens de zarpar para Constantinopla. Encorajado, a 4 de Outubro, o exército turco, sob o comando de Omar Paxá, atacou os Russos que ocupavam os Principados do Danúbio e alcançou uma vitória em Oltenitza;

(*) Entre a Gronelândia e a Islândia. (N.T.)
(*) A Moldávia e Valáquia. (N.T.)

CAOS NA CRIMEIA

contudo, o seu efeito foi mais do que cancelado quando, pouco depois, os Russos destruíram a esquadra turca ao largo do Cabo Sínope, 300 km a nordeste de Ancara.

Em 3 de Janeiro de 1854, navios de guerra franceses e britânicos fizeram frente a navios russos no Mar Negro para protegerem transportes turcos. Sem se deixarem intimidar, as tropas russas avançaram para sul e, a 20 de Março, entraram em território otomano, na actual Bulgária. Sete dias depois, a Grã-Bretanha e a França declararam guerra à Rússia. Ao abrigo do tratado de aliança, datado de 10 de Abril, as primeiras tropas anglo-francesas chegaram a Varna, na Bulgária, a 30 de Maio, desembarcando no meio de uma epidemia de cólera.

A Áustria não ficara inactiva, concentrando 50 000 homens em armas na Galícia e na Transilvânia para responder à ameaça russa nos Principados do Danúbio. O facto de a guerra não se ter intensificado e incendiado toda a Europa deveu-se, em larga medida, a um oficial de cavalaria prussiano dotado de um talento extraordinário para a diplomacia. Edwin von Manteuffel foi enviado por Frederico Guilherme IV, rei da Prússia, a São Petersburgo, onde persuadiu o czar Nicolau I a retirar as tropas russas dos Principados do Danúbio. Deslocando-se logo a seguir a Viena, dissuadiu a Áustria de participar na guerra contra a Rússia. Não obstante estes esforços, o czar recusou as propostas avançadas pela França, Grã-Bretanha, Áustria e Prússia na conferência de paz, em Viena, no dia 8 de Agosto de 1854, mas von Manteuffel ficou pelo menos com a satisfação de saber que fora evitada uma guerra na Europa.

As potências ocidentais tinham mostrado o que valiam e a Rússia, com o nariz ensanguentado, recuara. Todavia, apesar da impossibilidade de conquistarem o país que, em 1812, destruíra o Grande Exército de Napoleão, Paris e Londres decidiram enviar forças terrestres para conquistar e destruir a importante base naval russa de Sebastopol, na península da Crimeia, para encerrarem duradouramente o urso na jaula.

Enquanto ministro da guerra, St-Arnaud temia as consequências de distrair o Exército de África da sua missão de conquista e policiamento da Argélia. Porém, este era agora o único corpo de tropas com experiência de combate que a França possuía. Assim sendo, a 10 de Maio, Napoleão III decretou que a Argélia deveria fornecer contingentes para a força expedicionária, de forma a compensar a instrução medíocre dos regimentos regulares em solo francês. Para a

161

A LEGIÃO ESTRANGEIRA

Legião, isto significou que cada um dos dois regimentos teve de fornecer dois batalhões de infantaria para uma brigada conjunta destinada à Crimeia. Um quinto batalhão, também retirado do 1.º Regimento, guarneceria o depósito da brigada, estacionado na base naval turca de Galípoli, no lado europeu do estreito dos Dardanelos.

A razão pela qual Bonaparte impôs a sua vontade ao seu ministro da Guerra pode estar no conselho que recebeu do seu conterrâneo corso, o general Jean-Luc Carbuccia, que esqueceu a vergonha da sua derrota em Zaatcha com uma devoção cega ao novo imperador de França durante e depois do golpe. Independentemente das razões, a verdade é que os cinco batalhões da Legião se encontravam entre as tropas francesas e britânicas que desembarcaram na Turquia nesse Verão, para serem ceifadas pelo seu velho inimigo, a cólera, sem sequer porem a vista num russo. E foi também por doença, e não em protesto contra a decisão de Napoleão III, que St-Arnaud se demitiu do seu cargo de ministro da Guerra. Estava a morrer de tuberculose e tossia sangue para o lenço com uma frequência embaraçosa. Aceitar o cargo de comandante supremo da força expedicionária francesa parecia garantir-lhe pelo menos alguma glória antes de morrer.

Tal como Carbuccia, o general Canrobert desempenhara um papel activo no golpe de Dezembro de 1851, e foi recompensado com o comando de uma divisão do contingente francês, composto inicialmente por 37 000 homens e 3 200 cavalos e mulas. Canrobert fez questão de passar em revista os batalhões do 2.º Regimento, do qual fora coronel, e seleccionou oito companhias de elite para formar um batalhão de marcha(*) que substituiria as pesadas baixas resultantes da cólera.

A história que é ensinada nas escolas britânicas dá a entender que o contingente de Lord Raglan constituía a força principal dos exércitos aliados; no entanto, depois das perdas devidas à cólera, à disenteria e ao tifo, os Britânicos constituíam o contingente mais pequeno, sendo metade dos 22 000 Turcos que combatiam com os Aliados e um nono das tropas francesas. O interesse limitado de Londres pela campanha manifestou-se na escolha de Raglan como comandante supremo do contingente britânico. Tendo servido como secretário militar do duque de Wellington quarenta anos antes, este

---

(*) Batalhão temporário, formado para uma operação específica (*bataillon de marche*). (*N.T.*)

par do reino, com 67 anos de idade, referia-se frequentemente aos Russos como «franciús». Não era uma característica auspiciosa para a partilha de comando com St-Arnaud.

Esta é a atribulada história de como 4500 homens que se tinham alistado na Legião para travar a guerra da França em África acabaram por desembarcar na península da Crimeia, em Setembro de 1854, para o prolongado cerco do porto-fortaleza de Sebastopol, defendido por 135 000 marinheiros, fuzileiros e soldados russos.

No dia 14 de Setembro, 120 transportes de tropas e navios de abastecimento desembarcaram a primeira vaga da força conjunta na Baía de Kalamitsky, 50 km a norte de Sebastopol – a cidade de César, tal como a tinham baptizado os seus fundadores, falantes de grego. O contingente de St-Arnaud compunha-se de elementos de regimentos de linha, zuavos, *tirailleurs* argelinos, sipaios, a Legião e os Batalhões de África, unidades penais. Para espanto dos Britânicos, o contingente francês incluía também as *cantinières* – geralmente mulheres de oficiais subalternos, que geriam as cantinas, forneciam rações adicionais em troca de dinheiro, vendiam vinho e bebidas espirituosas pelos acampamentos, e serviam por vezes de auxiliares de enfermagem (*).

Aquando do desembarque, as forças de Raglan contavam 27 000 oficiais e soldados, retirados dos Granadeiros, do 93.º Highlanders, dos Scots Fusiliers, dos Coldstream e a Brigada de Codrington, cinco divisões de infantaria e uma de cavalaria. A artilharia dispunha de vinte e seis canhões de campanha.

O general turco Ismail Paxá tinha consigo um grupo ainda mais heterogéneo. Todos os súbditos masculinos do Império Otomano podiam ser conscritos ao atingirem 20 anos de idade, constituindo teoricamente, em tempo de guerra, um exército de 570 000 homens, sendo que cada recruta servia cinco anos no activo e sete na reserva. Por conseguinte, as forças de Ismail Paxá incluíam tropas do Egipto, da Sérvia, dos Principados do Danúbio, de Tunis e de Trípoli. A cavalaria compunha-se de unidades irregulares polacas e de cossacos do Don que viviam em território otomano. Os seus

---

(*) Originalmente chamadas *vivandières*. O espanto atribuído pelo autor aos soldados britânicos não tem a ver com a presença de mulheres junto das tropas, que era algo frequente, mas com o facto de as *cantinières* pertencerem oficialmente às unidades, trajando uma versão feminina dos respectivos uniformes. (*N.T.*)

A Legião Estrangeira

infames *bashi-bazouks* eram considerados os menos fiáveis de todas as tropas, mais dados à pilhagem e à violação do que a manterem-se firmes e obedecerem às ordens(*).

Cinco dias mais tarde, a força conjunta avançou para sul, em formação, com os Franceses no centro, os Britânicos no flanco esquerdo e os Turcos no direito. Para chegarem à costa, a sul de Balaclava, tinham que atravessar cinco cursos de água. O rio Bulganek foi passado a vau, sem oposição, mas a travessia seguinte, no fim do dia de marcha, proporcionou-lhes uma amostra do que tinham pela frente. O rio Alma, apesar de rápido, podia ser passado a vau nalguns pontos, mas nas colinas que dominavam a sua margem sul eram claramente visíveis as posições russas, defendidas por 37 000 homens comandados pelo príncipe A. S. Menshikov([131]).

No dia seguinte, pelas 07:00, os Franceses estavam formados em duas linhas viradas para sul, ocupados no seu ritual do café, enquanto os Britânicos tomavam vagarosamente posição no flanco direito. À sua direita encontravam-se os Turcos, e a seguir a estes, o mar. Menshikov estava tão confiante que convidara para almoçar trinta jovens damas da guarnição – cujo entretenimento seria observarem, através de óculos, o massacre dos invasores.

Às 11:30, os aliados avançaram, atravessaram o Alma e continuaram em direcção às posições russas, observados pelo inimigo. Os Britânicos, que não combatiam desde Waterloo, quarenta anos antes, avançaram numa ordem impecável, com as suas pesadas mochilas europeias, sofrendo muitas baixas, enquanto os veteranos do Exército de África se desfaziam das suas mochilas no rio. A Legião recebeu ordens para avançar e ocupar uma elevação onde seriam instaladas duas posições de artilharia. A 300 m do inimigo, começou uma troca de tiros com os Russos. A rapidez com que carregavam as armas devia-se à grande cartucheira de cabedal que tinham à cintura, e que lhes valeu a alcunha de «barrigas de cabedal».

Na Europa, o fabrico de armas de fogo pessoais era uma indústria artesanal. Embora os militares americanos já tivessem introduzido a linha de montagem e as peças permutáveis, o grande avanço

---

(*) Estas tropas irregulares turcas eram armadas e aprovisionadas pelo governo mas não recebiam soldo nem tinham uniforme. Apenas serviam para serviço de reconhecimento ou piquete. (*N.T.*)

([131]) Para um excelente relato, com mapas e fotografias, ver: ‹www.xenophongi. org/crimea/waralma/alma.htm›.

CAOS NA CRIMEIA

tecnológico foi francês. Em 1849, o capitão Claude-Etienne Minić tornou obsoletas as balas de mosquete redondas ao inventar balas alongadas e de diâmetro inferior que mantinham melhor a sua velocidade, embora os seus projécteis, deformados, tivessem menos precisão. O Exército Francês combinou estas ideias na *carabine modèle 1846 à tige* e no *fusil d'infanterie 1848 à tige* (*).

Para ultrapassar a tendência dos canos estriados se tornarem cada vez mais difíceis de carregar devido à acumulação de resíduos de pólvora nas estrias, Minié sugeriu uma importante simplificação que permitiu ao seu novo projéctil ser facilmente carregado em canos sujos. Dado que já não se deformava ao ser empurrado com a vareta, também tinha maior precisão. William Russell, correspondente do *Times* londrino na Crimeia, descreveu como as descargas de balas *minié* fendiam as fileiras russas «como a mão do Anjo Destruidor».

Apesar de algumas unidades da infantaria de linha britânica terem recebido o novo mosquete estriado ao desembarcarem na Baía de Kalamitsky, a sua falta de prática com a nova arma não lhes proporcionou nenhuma vantagem no Alma. Mais tarde, durante a guerra, a infantaria russa, armada com mosquetes de alma lisa, viu-se em inferioridade face a soldados britânicos que disparavam com mosquetes estriados P/51 (*), embora muitos dos infantes das forças de Raglan ainda usassem os velhos mosquetes Brown Bess com que os seus avós tinham combatido Napoleão.

No Alma, após uma série de escaramuças que durou até às 17:30, os Russos retiraram. A Legião foi rendida, recuou para o rio, recuperou as mochilas e montou acampamento; as suas baixas cifraram-se em cinco oficiais feridos e cinquenta e cinco oficiais subalternos e soldados mortos e feridos. Receoso de cair numa cilada, o comando aliado, dividido, não perseguiu os defensores em retirada, embora seja possível que a obediência à máxima de Vegécio ([132]) de que na guerra a rapidez é ainda mais importante do que o número tivesse posto fim à campanha em dias. Os Russos apreciaram certamente a pausa, que

---

(*) A carabina é a Thouvenin. A culatra tinha uma haste (*tige*, em francês) no fundo do cano, em torno da qual ficava a pólvora do cartucho. Ao carregar o projéctil pelo cano, o soldado dava uma pancada forte com a vareta na bala, que era de chumbo macio, deformando-a sobre a haste e fazendo com que se encaixasse nas estrias. (*N.T.*)

(*) Ou rifle Minié Pattern 1851. (*N.T.*)

([132]) Na obra conhecida por *rei militaris instituta*.

A Legião Estrangeira

permitiu à Esquadra do Mar Negro afundar um esquadrão inteiro, bloqueando a entrada do porto de Sebastopol. Várias demoras subsequentes também possibilitaram a Menshikov tomar outras medidas para melhorar as suas defesas.

No dia 26 de Setembro, St-Arnaud, com a sua tuberculose gravemente exacerbada pela cólera, foi levado para bordo do *Berthollet*, com vista à sua repatriação imediata, mas morreu no mesmo dia, deixando Canrobert como comandante supremo do contingente francês durante os preparativos para a batalha seguinte da campanha. Esta teve lugar a 25 de Outubro, em Balaclava [133], que dominava a baía, na costa sul, onde os Britânicos desembarcavam provisões, escolhida por Raglan como um bom ancoradouro para os iates privados dos seus oficiais mais ricos.

O batalhão de marcha fora dissolvido e as companhias de elite reintegradas na brigada da Legião que chegou na segunda vaga, proveniente de Galípoli, sob o comando de Achille Bazaine, o veterano da primeira Legião entretanto promovido a brigadeiro, aos 43 anos de idade – era umas duas décadas mais novo do que muitos dos seus camaradas comandantes. Com ele veio a sua jovem noiva, Maria de la Soledad Tormo, filha da anterior senhoria de Bazaine em Tlemcen, cuja educação ele pagara. Era uma bela e animada rapariga, um objecto óbvio do desejo de outros homens numa campanha prolongada.

Atraente e socialmente requintada, Maria não abdicou de nenhum dos seus confortos domésticos ao acompanhar o marido na aventura. O mais volumoso era o seu piano de cauda. Não se sabe se ela desempenhou o seu papel de graciosa mulher do coronel, entretendo doentes e moribundos com os seus recitais, tal como foi noticiado em Paris, mas o certo é que entreteve vários oficiais franceses quando os deveres de Bazaine o afastavam de casa.

Os Russos consideravam a abrigada costa sudeste da Crimeia uma Riviera de Inverno, mas os legionários polacos devem ter sentido um arrepio ao imaginarem como seria o Inverno no seu acampamento de tendas, localizado no planalto exposto, desolado e ventoso que dominava a Baía de Strelitzka. A aproximação do Inverno jogava muito a favor de Menshikov. Em 5 de Novembro, por entre as neblinas matinais, ele lançou 40 000 soldados contra a extremidade

---

[133] Ver o relato em www.xenophongi.org/crimea/waralma/alma.htm.

CAOS NA CRIMEIA

mais fraca da linha, defendida por 8000 soldados britânicos, muitos dos quais morreram sem conseguir sequer sair das tendas.

Tal como o *The Times* noticiou, na Batalha de Inkermann a vitória pendeu ora para um, ora para outro lado, até que, pelas 10:00, um corpo francês de 3000 homens, incluindo os cavaleiros dos Caçadores de África, atacaram os Russos de flanco, ao mesmo tempo que outros 8000 Russos atacavam as principais posições francesas, incluindo as da Legião [134]. Só ao meio-dia foram os Russos repelidos, com um total de 15 000 baixas, contra 2600 Britânicos e 900 Franceses mortos e feridos, entre os quais a Legião contou 3 oficiais e 43 legionários mortos e muitos feridos [135].

As notícias desta vitória e da do Alma chegaram a Paris e Londres em dias, através do novo cabo telegráfico submarino lançado no Mar Negro especialmente para o efeito. Terão agradado de sobremaneira a Napoleão III e à rainha Vitória, cujo novo poeta laureado, Alfred Tennyson, imortalizou em verso os cavaleiros ingleses mortos no grande disparate de Balaclava, a 25 de Outubro [*], mas os Aliados não tardaram a ser atacados pelo aliado de Menshikov, o General Inverno. A sua chegada foi anunciada, no dia 14 de Novembro, por uma violenta tempestade que inundou as trincheiras e mandou pelos ares muitas das tendas tipo sino, para doze homens, montadas no planalto acima de Sebastopol, deixando milhares de soldados sem abrigo.

Com toda a lenha num raio de quilómetros requisitada para as obras de sítio, os homens, ainda com os seus uniformes de verão, começaram a morrer de frio; os sobretudos só foram distribuídos em Dezembro. Outra consequência da tempestade foram as carestias provocadas pelo facto de muitos navios de aprovisionamento terem encalhado, depois de lhes ser negada, pelo mestre do porto da Royal Navy, a entrada no inadequado porto da Baía dos Cossacos. Entre os que se afogaram no HMS *Rip van Winkle* encontravam-se Richard Nicklin, o primeiro fotógrafo de guerra oficial, e os dois sapadores que o assistiam na câmara escura.

Os horríveis problemas de intendência foram provocados, em grande medida, por fornecedores privados que entregavam comida

---

[134] Ver *inter alia* ‹www.lourmel-algeriefrancaise.com/un%20peu%20d'histoire. htm›.

[135] Porch, *The French Foreign Legion*, p. 126.

[*] A célebre Carga da Brigada Ligeira. (*N.T.*)

de qualidade medíocre e em pouca quantidade, mas grande parte da culpa pertence também ao almirante Boxer, encarregue dos transportes. Os navios acostavam em Balaclava sem aviso prévio nem manifestos; alguns chegavam a Constantinopla e eram mandados regressar à Europa sem ser descarregados. Na Baía dos Cossacos, os cais estavam cobertos de comida podre e de caixas de munições e barris de pólvora empapados, e as águas do porto, entre os vapores e os veleiros de transporte, estavam cobertas por uma camada de desperdícios e excrementos. Havia falta de forragem para alimentar os animais de carga que poderiam ter transportado as provisões até ao planalto, e as montadas da cavalaria tinham tanta fome que, desesperadas, comiam as crinas e as caudas umas das outras. Somente em finais de Janeiro de 1855 é que a situação foi parcialmente rectificada, depois de trabalhadores civis britânicos terem construído uma linha férrea de bitola estreita até ao cimo do planalto.

As notícias acerca deste caos vinham chegando a Londres nas missivas extremamente críticas de William Russel, até que, em Fevereiro, a vaga de críticas e reclamações por parte da opinião pública derrubou o governo de Aberdeen, que foi substituído por Lord Palmerston como primeiro-ministro, e Lord Panmure foi nomeado secretário da Guerra. Isto melhorou um pouco a organização e administração do exército britânico, e com o aproximar da Primavera o caos foi lentamente eliminado.

Em Março de 1855, foi formado um Corpo de Transporte Terrestre, e em Junho do mesmo ano foi estabelecido um corpo médico moderno para fornecer serviços hospitalares na península, mas entretanto tinham já morrido desnecessariamente centenas de milhares de homens. Por exemplo, em Usküdar, antes da chegada de Florence Nightingale, a taxa de fatalidades era de 44%; seis meses depois, ela reduziu-a para 2,2%, impondo medidas elementares de higiene e insistindo em boas práticas de enfermagem – mas nenhum legionário beneficiou das suas atenções.

11

Não Têm de Compreender

CRIMEIA, 1855 – 1856; ITÁLIA, 1859

Quando o solo gelou no planalto que dominava Sebastopol, tornou-se quase impossível abrir trincheiras. Do alvorecer ao crepúsculo, grandes duelos de artilharia entre os canhões aliados e as baterias russas provocavam baixas indiscriminadamente. Sob o impacto dos projécteis russos, a terra, gelada, transformava-se em estilhaços de gelo. E quando o solo degelava, as trincheiras ficavam outra vez inundadas. O conde Georges de Villebois-Mareuil descreve um anónimo legionário de pé na sua trincheira, num gesto arriscado. Talvez o nível da água na trincheira fosse demasiado elevado para ele se poder agachar. E prossegue o conde, «parece que [o legionário] não se dá conta do frio intenso, nem de mais nada, a não ser do inimigo e da sua determinação absoluta [de] morrer no seu posto» ([136]).

Não tendo conseguido atacar Sebastopol logo após os desembarques iniciais, os Aliados iniciaram o longo processo de submeterem, através do fogo dos canhões, uma cidade sem uma muralha contínua. Tal como mostram as fotografias não oficiais tiradas por Roger Fenton e James Robertson, superintendente da Casa da Moeda

---

([136]) Georges de Villebois-Mareuil, conde, «La Légion Étrangère», *La revue des deux mondes*, vol. 134, 1896, p. 876.

Imperial de Constantinopla, as defesas de Sebastopol, construídas pelo general de sapadores de Menshikov, o alemão Todleben, eram fortificações de terra, muito mais resistentes e de fácil reconstrução, reforçadas com madeira e gravetos, cestos de vime cheios de terra conhecidos por gabiões, e sacos de areia.

A principal fortificação de terra estava protegida por uma paliçada de estacas afiadas, uma vala e trincheira individuais para atiradores; à frente encontravam-se os antepassados do arame farpado – os abatis ou emaranhados de terra e ramos – e fogaças, covas cheias de pedras com cargas explosivas no fundo. Outras surpresas desagradáveis que aguardavam o legionário incauto incluíam os perfuradores de botas – estrepes e pranchas escondidas com pregos virados para cima. Debaixo do solo, num desagradável ensaio para a Flandres na Primeira Guerra Mundial, os sapadores russos e aliados minavam e contra-minavam, matando-se uns aos outros com pás afiadas quando se encontravam.

As posições francesas estavam orientadas contra a bateria Flagstaff, o Bastião Central e o Bastião da Quarentena, estendendo-se, no flanco direito, até ao Malakov, ao Pequeno Redan e, em finais de Fevereiro de 1855, ao baluarte do Mamelão. Tudo isto parece muito ordeiro, mas chamar cerco à operação é um engano, porque a cidade não podia ser totalmente cercada: a norte e a leste, vastas extensões de terreno não ocupadas pelos Aliados possibilitaram aos Russos enviar provisões e reforços para a cidade durante toda a campanha.

Os infernais bombardeamentos diurnos da artilharia cessavam com o desaparecimento da luz, sendo a noite aproveitada por ambos os lados para patrulharem a terra de ninguém, e grupos de assalto surgiam subitamente da escuridão, matando todos os homens de uma trincheira ou cova de atiradores, desaparecendo tão furtivamente como tinham aparecido.

Para a Legião, tal como para a maioria dos soldados aliados, o vestuário distribuído era tão inadequado que os feridos de ambos os lados eram desprovidos das suas vestes, da roupa interior e das botas muito antes de exalarem o último suspiro. No Inverno da Crimeia, isto significava a morte para muitos homens que teriam sobrevivido aos ferimentos.

Quando Florence Nightingale chegara ao hospital de Usküdar, frente a Constantinopla, no outro lado do Bósforo, os edifícios estavam infestados de ratos e pulgas, e cada homem tinha apenas direito

NÃO TÊM DE COMPREENDER

a uma caneca de água por dia – para beber e para se lavar. O mobiliário, o vestuário e a roupa de cama eram inadequados ou totalmente inexistentes. As enfermarias estavam completamente sobrelotadas, e os homens jaziam nos corredores, sobre finos colchões de palha, no meio de imundícies – suas e dos outros. No princípio, os médicos recusaram-lhe o acesso às enfermarias; quando a deixaram finalmente entrar, após o influxo de feridos decorrente da Batalha de Inkerman, pouco depois da sua chegada, a «Senhora do Candeeiro» (*) não requisitou medicamentos, mas sim 200 escovas e meios para lavar e desinfectar fora das enfermarias as roupas dos seus pacientes, imundas e infestadas de vermes.

Mas ela estava a tratar de homens que tinham sobrevivido durante vários dias antes de chegarem a Usküdar. Se eram assim as condições na base, as dos supostos hospitais de campanha, imediatamente atrás das linhas, no outro lado do Mar Negro, e a bordo dos transportes que evacuavam os feridos, desafiam a nossa imaginação.

As baixas eram tão elevadas que Napoleão III criou outra legião estrangeira por decreto, em 17 de Janeiro de 1855. Durante o exílio, a sua educação militar fora na escola de oficiais de Thun. Impressionado pelos soldados suíços, recrutou na Suíça – tal como já estavam a fazer os Britânicos para compensarem as suas perdas – para uma unidade à qual pretendera originalmente chamar «Legião Suíça», até que o coronel Johann Ulrich Ochsenbein, um soldado profissional suíço contratado para a comandar, convenceu o imperador de que isso seria uma gafe diplomática. Tinha razão: a competição de recrutamento entre a Legião Suíça britânica, a dois regimentos, e a Legião Suíça francesa, compreendendo dois regimentos de linha e um batalhão de infantaria ligeira, levou à aprovação de legislação federal, em 1859, proibindo os cidadãos suíços de servirem em exércitos estrangeiros([137]). Assim, a nova Legião de Ochsenbein foi oficialmente denominada 2.ª Brigada Estrangeira, com a 1.ª Brigada consistindo das unidades da Legião presentes na Crimeia.

Promovido a oficial general, Ochsenbein tornou-se o último estrangeiro a servir como general no Exército Francês. A sua legião

---

(*) A alcunha de «The Lady with the Lamp» decorre de uma reportagem do *Times*: «Caída a noite, depois de todos os médicos se terem retirado e de o silêncio e a escuridão se terem abatido sobre aquelas milhas de enfermos prostrados, podemos vê-la sozinha, com um candeeirinho na mão, fazendo a sua solitária ronda». (*N.T.*)

([137]) Porch, *The French Foreign Legion*, p. 133.

171

nunca foi grande coisa, excepto no papel, e ele passou o resto da campanha da Crimeia em Besançon, perto da fronteira com a Suíça, tentando convencer os eventuais recrutas a entrarem em França e alistarem-se. Estando os Britânicos a oferecer um bónus de alistamento de 150 francos contra os seus 20 francos, o recrutamento foi lento. Uma fonte melhor de reforços, «no terreno», foi o Piemonte-Sardenha, que aderiu à aliança contra a Rússia em Janeiro de 1855 e enviou 15 000 homens para a Crimeia, sob o comando do general de la Marmora.

Na Crimeia, o primeiro combate da Legião no novo ano teve lugar na noite de 19/20 de Janeiro, quando o 2.º Batalhão do 2.º Regimento foi vítima de um feroz ataque de surpresa. Surtidas russas semelhantes, em Fevereiro e Março, deixaram tantos cadáveres espalhados no campo de batalha que se organizaram tréguas para enterrar os mortos, enquanto os oficiais responsáveis por estes destacamentos trocavam charutos, champanhe e delicadezas com os seus homólogos em francês, a segunda língua da maioria dos oficiais de Menshikov. Os membros dos destacamentos funerários beneficiavam de poucas benesses ilícitas: a maioria dos cadáveres já fora pilhada por homens suficientemente desesperados para arriscarem a vida em busca de roupas mais quentes, de algumas moedas numa bolsa atada à perna ou do prémio mais desejado de todos, um par de *sapogi*, as botas russas.

No dia 3 de Fevereiro, o czar Nicolau I, exausto pelo trabalho, morreu de uma simples constipação que se transformara numa pneumonia, sucedendo-lhe o seu filho, Alexandre II. Em Sebastopol, a mudança de czar não fez qualquer diferença. Em 22 de Fevereiro e 22 de Março, surtidas violentas efectuadas pela guarnição danificaram severamente mas não destruíram as linhas de cerco, reforçadas pela chegada de 13 500 suíços, alemães e polacos, e pelo contingente do Piemonte-Sardenha.

No dia 9 de Abril, os Aliados deram início ao seu segundo grande bombardeamento de Sebastopol. Um total de 520 canhões aliados lançou 165 000 projécteis sobre as defesas, ao que responderam 998 canhões russos, disparando cerca de 90 000 projécteis. O canhoneio prosseguiu durante dez dias, provocando directamente 6131 baixas aos defensores, 1587 aos Franceses e 263 na muito reduzida linha britânica. Excepto os mortos e feridos que causou, fez pouca diferença, porque os Russos reparavam os danos todas as noites.

NÃO TÊM DE COMPREENDER

Raglan bem podia armar-se em fanfarrão com Canrobert e falar em lançar um «grande ataque», mas o fardo principal recairia sobre os Franceses e Canrobert era diariamente pressionado, pelo cabo telegráfico proveniente de Varna, por um imperador ostentando um novo e magnifico bigode militar e um complexo de Hitler – «sabia mais» do que os seus generais no terreno.

Com a Primavera sucedendo ao Inverno, o papel britânico no cerco foi tão prejudicado pela doença que apenas lhes restavam 11 000 homens aptos para guarnecerem as trincheiras, contra 90 000 Franceses e 50 000 Turcos, enfrentando 100 000 Russos. Raglan, que previra que a campanha terminaria «pelo Natal», teve de reduzir as rações para tão perto do nível da fome que os Franceses assumiram a responsabilidade pela alimentação dos dois exércitos. Num grande esforço logístico, iniciado em Julho de 1854 e com a duração de dezoito meses, a frota de abastecimento francesa forneceu ao teatro da Crimeia 310 000 homens, 42 000 cavalos, 1676 peças de artilharia e 600 000 toneladas de material.

Embora não tivesse sido uma criança sensível, o czar Alexandre II, cujo tutor fora um republicano suíço, era considerado – quando comparado com o seu pai dominador –, aos 36 anos de idade, liberal e pró-europeu. Na esperança de que uma grande vitória aliada desse a Alexandre motivos para negociar a paz, Napoleão III ordenou um ataque francês em grande escala para o dia 1 de Maio. O alvo era um importante bastião russo de onde eram efectuados pesados bombardeamentos de morteiro contra as linhas francesas. No dia previsto, às 20:30, seis companhias de elite da Legião lideraram o ataque de baioneta em riste. Empurrando à sua frente os defensores russos, foram reforçadas pelo resto do 1.º Regimento, comandado pelo coronel Viénot. Sucessivos contra-ataques russos foram repelidos, enquanto legionários do 2.º Regimento escavavam e construíam desesperadamente defesas para ligarem as linhas francesas ao bastião, conquistado com os seus oito morteiros.

Custo da operação: 480 feridos e 118 mortos franceses, incluindo o terceiro comandante da Legião que morreu em acção, o coronel Viénot, cujo nome seria imortalizado chamando aos edifícios do quartel-general em Sidi-bel-Abbès, e posteriormente em Aubagne, «Quartier Viénot».

No dia seguinte, os contra-ataques foram novamente repelidos, com o 2.º Regimento e um batalhão do 98.º Regimento de Infantaria envolvendo o flanco inimigo e defendendo as suas posições apesar dos violentos contra-ataques russos. A 3 de Maio, foi acordada outra trégua para enterrar os cadáveres, os quais, expostos à torreira do sol, já exalavam um fedor nauseabundo. Depois, os Russos iniciaram a construção de uma contrafortificação sobre uma elevação que dominava as linhas francesas.

Considerando ser impossível continuar a trabalhar com o seu homólogo inglês, doente e francófobo, e com as constantes interferências de Napoleão III, Canrobert resignou no dia 16 de Maio e assumiu o comando da 4.ª Divisão, ficando às ordens do seu sucessor, o general Pélissier. Embora rejeitasse as ordens mais ridículas emanadas de Paris – uma vez, chegou a cortar a linha telegráfica –, Pélissier estava prestes a descobrir que era muito mais fácil asfixiar mulheres e crianças argelinas do que matar soldados russos.

No dia 22 de Maio, os legionários participaram num novo «grande ataque». Às 21:00, as tropas francesas, incluindo dois batalhões do 2.º Regimento da Legião, irromperam das suas linhas e tomaram as primeiras trincheiras russas. Tentando reconquistar a posição, Menshikov lançou três batalhões contra eles, mas ao alvorecer ainda lá se encontravam, olhando para um mar de cadáveres; a Legião teve 5 oficiais e 34 soldados mortos, e 8 oficiais e 174 soldados feridos[138].

Três outros batalhões da Legião não tiveram tanto êxito. Durante os dois dias seguintes, a posição mudou de mãos nada menos de cinco vezes. As baixas incluíram mais de 200 legionários mortos e feridos. Acordada uma nova trégua para enterrar os mortos, a 23 de Maio, a tarefa tornou-se ainda mais repugnante do que o habitual: os corpos, inchados pelo calor, desmembravam-se sozinhos.

Pressionado por Paris para concluir uma guerra embaraçosamente prolongada e com tão poucos benefícios para a França, no dia 7 de Junho, o general Pélissier lançou um ataque sobre os dois fortes cruciais que bloqueavam o acesso a Sebastopol, conhecidos por Redan e Malakov, cuja localização, em terreno elevado, na ponta sudoeste das muralhas da cidade, negava toda e qualquer cobertura aos atacantes. Depois de ocuparem uma elevação próxima, chamada Outeiro Verde, os zuavos e a infantaria ligeira argelina conseguiram penetrar no Malakov, mas foram rechaçados com pesadas baixas.

---

[138] Porch, *The French Foreign Legion*, p. 127.

Não Têm de Compreender

A 17 de Junho, um ataque resoluto custou 3000 vidas aos Aliados, sem surtir nenhum efeito. No dia 28, Lord Raglan morreu de disenteria, sendo o corpo enviado para Bristol, para um funeral discreto no lar da família. Dado que o número dois de Raglan se encontrava demasiado doente para permanecer na Crimeia, quem o substituiu, no dia 1 de Julho, foi o general Sir James Simpson. Pélissier escolhera o dia da morte de Raglan para expurgar a desonrosa memória de Waterloo por meio de outro grande ataque ao Malakov. Porém, os Franceses, incluindo um destacamento voluntário de 100 legionários actuando como sapadores, sob o comando do sargento Valliez, por engano tomaram uma série de disparos próximos pelo sinal para iniciarem o ataque, dez minutos antes da hora. Os Britânicos lançaram o seu ataque à hora prevista mas os defensores do Redan, alertados pela movimentação francesa, ceifaram-nos com fogo de metralha. Ambos os ataques fracassaram, provocando 6000 baixas para nada.

Em finais de Julho, Alexandre demitiu Menshikov e substituiu-o pelo príncipe Gorchakov, cuja primeira iniciativa foi lançar um ataque através do rio Chornaya, no dia 16 de Agosto, com quatro divisões de infantaria e duas brigadas de artilharia. Fracassado o ataque, Gorchakov enviou uma missiva para São Petersburgo, declarando que seria inútil prolongar a defesa de Sebastopol. Finalmente, a 8 de Setembro, depois de uma barragem de três dias efectuada por 800 canhões aliados, os legionários integraram a vanguarda de um terceiro assalto, cujo sucesso se deveu, em grande medida, ao facto de terem aproximado do Malakov, noite após noite e debaixo de fogo, a rede de trincheiras de onde partiria o ataque, e de terem levado as escadas de assalto até às muralhas. O forte foi conquistado pelos Aliados, mas nunca se soube o custo total em vidas para ambos os lados.

Três dias mais tarde, os Russos mandaram pelos ares os restantes fortes, incendiaram ou afundaram os navios que lhes restavam e evacuaram Sebastopol. Durante o saque da cidade, os legionários desafiaram todas as tentativas de manutenção da disciplina: foram tantos os que se embebedaram ao pilharem as adegas dos comerciantes de vinho que «bêbedo como um legionário em Sebastopol» se tornou, durante muitos anos, uma medida de embriaguez. Dois legionários ébrios envenenaram a mascote regimental do 23.º de Fuzileiros Reais Galeses, uma cabra oferecida pela rainha Vitória. Sepultada cerimoniosamente, com honras militares, a cabra foi depois desenterrada pelos seus matadores e esfolada, sendo a pele transformada num casaco. O pedido educado de um major dos fuzileiros ao legionário que o vestia resultou na sua venda ao regimento, por £20 [139].

Graças ao cabo telegráfico sob o Mar Negro, a recompensa de Pélissier foi ser informado, quatro dias depois, da sua promoção a marechal de França por um imperador agradecido. Nomeado embaixador em Londres, recebeu o título de «duque de Malakoff» (sic) no ano seguinte, e trocou uma Londres vitoriana já a caminho do *smog* pelos céus azuis da Argélia e pelo cargo de seu governador-geral, que desempenhou até 1864, ano em que faleceu.

Consolo mais imediato pela perda de todos os homens cujas mortes lhe garantiram estas honrarias teve-o Pélissier depois de enviar o general Bazaine, com a Legião e uma brigada britânica, à conquista da fortaleza de Kinburn, no Sul da Ucrânia. Durante a ausência de Bazaine, Aimable Pélissier, nome apropriado, deslocava-se todas as tardes à residência de Madame Bazaine, talvez para a ouvir tocar piano. Certamente que o marido sabia, dado que Pélissier viajava sempre no único coche com libré existente em todo o território aliado, que fora propriedade de um nobre russo.

Os termos de paz só foram acordados no dia 1 de Fevereiro, em Viena, e ratificados em Paris, a 2 de Março de 1856, após um segundo Inverno que os legionários sobreviventes passaram a abrir trincheiras e a reconstruir algumas das fortificações. A 13 de Abril, Pélissier teve a companhia do general russo Luders numa cerimónia evocativa no cemitério francês, durante a qual anunciou que Napoleão III reconhecia o contributo da Legião para o esforço de guerra com a oferta da nacionalidade francesa a todos os legionários participantes, acompanhada da transferência para um regimento regular se o desejassem.

As perdas russas durante a campanha foram estimadas em 256 000 mortos – 128 700 em combate e os restantes devido à doença ou ao frio. Para os Aliados, a guerra marcou a primeira vez, desde as Cruzadas, que a França e a Grã-Bretanha combatiam do mesmo lado. O preço da sua vitória foram 252 600 vidas, das quais apenas 70 000 perdidas em combate, tendo morrido quase três vezes mais homens de cólera e/ou disenteria do que em acção.

Em Julho de 1856, dois anos depois de terem partido da Argélia, os sobreviventes da Legião formaram em parada no Quartier Viénot, em Sidi-bel-Abbès, para honrarem as suas baixas: 12 oficiais mortos

---

[139] Anderson, *Devils, Not Men*, p. 40.

NÃO TÊM DE COMPREENDER

e 66 feridos na guerra, com as baixas entre os legionários ascendendo a 1625. Por cada três homens que partiram para a Crimeia, regressaram menos de dois – uma percentagem de baixas relativamente pequena, devido ao endurecimento que tinham recebido antes de partirem para o Oriente.

Os sacrifícios da Legião foram reconhecidos num decreto assinado por Jean-Baptiste Vaillant, ministro da Guerra, regularizando a organização dos 1.º e 2.º «Regimentos Estrangeiros», tal como passariam a ser designados oficialmente ([140]). Por uma questão de conveniência, a brigada que regressava da Crimeia tornou-se o 2.º Regimento Estrangeiro, e as unidades suíças de Ochsenbein, abaixo do seu complemento oficial, formaram o núcleo do 1.º Regimento Estrangeiro, que continuou, não oficialmente, a ser chamado «regimento suíço».

Ao abrigo do tratado de paz, o Mar Negro foi declarado zona desmilitarizada. Contudo, catorze anos mais tarde, a Rússia denunciou o tratado e construiu novas bases e uma nova esquadra. Um aspecto mais importante foi o facto de os Aliados terem estabilizado o Império Otomano, que estava a desintegrar-se, até que, após a Primeira Guerra Mundial, o desmantelaram. Embora os veteranos da Legião não pudessem reclamar nenhuma vitória na Crimeia como exclusivamente sua, e as perdas em combate e por doença não tivessem sido superiores às de alguns períodos equivalentes no Norte de África, tinham combatido como uma unidade em muitas ocasiões, e construído um espírito de corpo e um sentimento de história regimental que não podem ser alcançados de nenhuma outra forma.

Além disso, de suma importância para o seu estatuto e para a qualidade dos seus futuros oficiais foi o facto de a Legião Estrangeira se ter revelado parte integrante da máquina militar francesa. Em 1861, o snobismo de um general que efectuava uma inspecção levou-o a deplorar «um regimento que mais não é do que uma amálgama de todas as nações da Europa» ([141]), mas já nenhum oficial de um regimento de linha poderia rotular a Legião de um depósito para o infortúnio, nas palavras de Soult.

No dia 14 de Janeiro de 1858, um anarquista italiano tentou assassinar Napoleão III quando este se dirigia para a ópera. Não foi um acontecimento invulgar – Luís Filipe sofrera um ou mais atenta-

---

([140]) Grisot e Coloumbon, *La Légion Étrangère de 1831-1987*, pp. 565-570.
([141]) SHAT, Xb 778.

dos à sua vida em cada ano do seu reinado –, mas alguns afirmaram que foi a partir desse momento que o imperador decidiu envolver-se nos assuntos italianos, não obstante a resistência da Igreja e da comunidade empresarial, receosas de novos impostos para o financiamento da iniciativa.

A verdadeira razão para a intervenção em Itália foi a determinação de Napoleão III em restaurar a integridade territorial da França através da recuperação da Sabóia e do condado de Nice. Em Julho de 1858, o imperador concluiu um pacto secreto de assistência mútua com Camillo Cavour, o primeiro-ministro do Piemonte, sendo esta restauração o *quid pro quo*. Assim, em Abril de 1859, quando a Áustria foi manipulada para declarar guerra ao Piemonte-Sardenha, a França honrou a sua parte do acordo e no dia 3 de Maio, em apoio de Cavour, declarou guerra à Áustria.

Ochsenbein desaparecera há muito, mas o 1.º Regimento já se encontrava na Córsega, tentando, sem êxito, recrutar em Itália. Desembarcando em Génova, no dia 11 de Maio, contava apenas 600 homens, e foi formado numa brigada com o 2.º Regimento, constituído por 60 oficiais e 1400 oficiais subalternos e soldados, incluindo os veteranos da Crimeia, chegados directamente da Argélia, em 26 de Abril. Juntos, avançaram para o interior para enfrentar o exército austríaco na pequena cidade de mercado lombarda de Magenta, 20 km a oeste de Milão.

O resto do exército francês incluía as primeiras unidades militares a deslocarem-se parcialmente para a frente por caminho-de-ferro, mas estava mal equipado em termos de provisões, munições, cavalos, tendas e até cobertores. Não trouxera artilharia de sítio; praticamente a única coisa que tinha a seu favor eram 68 dos novos canhões estriados, superiores a qualquer peça de artilharia que os Austríacos possuíam.

A brigada integrava o exército do general MacMahon ([142]), de 54 000 homens, que iria enfrentar os 58 000 soldados austríacos do general Franz Gyulai numa contenda diferente das batalhas campais da guerra napoleónica porque o campo em redor de Magenta estava dividido em pequenas propriedades, com pomares e vinhas separados por muros de pedra. Num terreno tão acidentado, a cavalaria

---

([142]) Era de ascendência irlandesa, mas nascera cidadão francês.

NÃO TÊM DE COMPREENDER

não podia manobrar e as linhas de ataque da infantaria francesa perderam rapidamente a sua coesão.

Não fossem as casacas brancas, os Austríacos teriam sido difíceis de distinguir por entre as vinhas e árvores dos pomares. No dia 29 de Junho, o primeiro oficial da Legião a descortinar algo branco no meio de todo aquele verde, o capitão Rembert, do 1.º Regimento, ao que parece por sua própria iniciativa, mandou os seus homens carregar sobre o inimigo. Em vantagem numérica naquela zona, os Austríacos mantiveram-se firmes. Observando a posição, o coronel Granet Lacrosse de Chabrière, comandando o 2.º Regimento de cima do seu cavalo branco, brandiu a espada acima da cabeça, ordenou aos seus homens que se desenvencilhassem das mochilas e gritou, «*En avant!*». Foram as suas últimas palavras. Mal acabara de dar a ordem, uma bala derrubou-o da sela, morto.

O ataque conjunto dos zuavos e dos legionários obrigou os Austríacos a uma retirada ordeira, até que o número dois de Chabrière, o tenente-coronel Antonio Martinez, mandou parar as tropas e, prudentemente, mandou avançar alguns granadeiros para atraírem o fogo do inimigo e avaliarem a sua posição. Os granadeiros regressaram pouco depois, com a informação de que os Austríacos estavam a abandonar Magenta, na direcção oposta. Aproveitando a oportunidade, Martinez ordenou aos seus legionários e aos zuavos que carregassem. Charles-Jules Zédé, que se alistara no 2.º Regimento em Sidi-bel-Abbès, em 1857, acabado de sair de St-Cyr, descreve, nas suas memórias, o que aconteceu quando a carga entrou em contacto com o inimigo: «Os Austríacos mal resistiram, renderam-se em massa, e nós ficámos furiosos ao vermos os oficiais deles desaparecerem a cavalo com as bandeiras. Só foi capturada uma... pelos zuavos» [143].

Ao escrevermos uma história da Legião, vimo-nos frequentemente confrontados com «factos» que se tornaram parte da tradição da Legião, mas que não passam de pura invenção. Um que é verdadeiro é a história de MacMahon passando a cavalo por alguns veteranos da Legião que reconheceu de Sebastopol, os quais fixavam as baionetas antes do assalto à cidade. «*Voici la Légion*», disse ele aos seus ajudantes, respondendo às saudações dos veteranos. «*L'affaire est dans le sac!*» – a coisa está no papo!

---

[143] J.-C. Zédé, *Souvenirs*, n.º 368, 45, citado em Porch, *The French Foreign Legion*, p. 129.

É o tipo de coisa que os oficiais superiores dizem para aumentar o moral nos momentos críticos, e estava longe da verdade. O grosso das tropas austríacas tinha retirado, mas Magenta ainda era defendida por Croatas e por algumas tropas de montanha tirolesas, protegidas atrás de um aterro ferroviário situado entre os Franceses e a cidade propriamente dita. Na descrição de Zédé, o que aconteceu a seguir parece uma cena de um filme de Hollywood: «Os zuavos e os legionários lançaram-se em frente. Nem os tiros dos canhões, nem as descargas [de mosquete] dos Austríacos conseguiram pará-los, e aquela torrente avançou para Magenta, levando tudo à sua frente» ([144]).

Isso é que era bom. Dois ataques foram contidos perto do aterro, com pesadas baixas, antes que os Franceses conseguissem chegar à cidade. Nas ruas, foi corpo a corpo, ou antes, baioneta contra baioneta. Dada a mistura de nacionalidades que combatiam dos dois lados, a cena de carnificina poderia ter inspirado o dito de Lenine de que a baioneta é uma arma com um trabalhador em cada extremidade, enquanto que a espada, mais aristocrática, tinha geralmente um oficial na extremidade do cabo.

O tenente-coronel Martinez, com o sangue a escorrer de um ferimento num olho, gritava ordens para se arrombarem as portas atrás das quais os defensores disparavam e para se incendiarem as casas, podendo os homens que se encontravam lá dentro morrer queimados ou sair e ser abatidos a tiro. Iluminada pelas chamas, a matança continuou até de madrugada. Os poucos austríacos capturados foram reunidos na praça, em frente da igreja. Os oficiais não conseguiam recuperar o controlo das tropas. Uma orgia alimentada pela sede de sangue converteu-se numa orgia alimentada pelo álcool. Nas adegas, alguns homens ficaram tão bêbedos que se afogaram no vinho que jorrava de pipas cujas torneiras ninguém se incomodava a fechar. Os que ainda estavam sóbrios mal conseguiam andar pela cidade, pois as ruas estavam pejadas de homens e cavalos mortos ou moribundos, misturados com os que jaziam embriagados.

A noite enchera-se horrivelmente de gritos e tiros, o ar da manhã encheu-se com os lamentos de homens em agonia, muitos dos quais poderiam ter sido salvos se tivessem recebido alguns cuidados médicos. Zédé evoca a cena: homens que ainda se tinham em pé desnudavam os

---

([144]) *Ibid.*, n.º 368, 46, citado em Porch, *The French Foreign Legion*, p. 129-130.

NÃO TÊM DE COMPREENDER

corpos dos tombados dos seus uniformes e equipamento. Os feridos que conseguiam andar coxeavam e cambaleavam, procurando auxílio. Não havia nenhum. Um legionário polaco chamado Kamienski, com um braço despedaçado por uma bala de mosquete, conseguiu encontrar o que passava por um posto de primeiros socorros, na estação ferroviária de Magenta, onde os médicos franceses não tinham ligaduras, pensos ou anestésicos. Tudo o que podiam fazer era dar aos feridos alguma água. Os que tinham instrumentos cirúrgicos achavam que não valia a pena operar homens que, daí a dias, morreriam de gangrena ou septicemia, como aconteceu a Kamienski[145].

Em Magenta, as baixas do 2.º Regimento foram 4 oficiais mortos e 250 oficiais subalternos e soldados mortos ou feridos – o que dava frequentemente no mesmo. Depois de enterrarem os mortos em gigantescas valas comuns, os Franceses, vitoriosos, entraram em Milão, no dia 7 Junho, com a Legião honrada com a liderança do desfile. A população saudou-os como libertadores e, na euforia do momento, alguns homens deram o nome para se alistarem na Legião, mas foram poucos os que compareceram à chamada quando chegou a altura do embarque para o Norte de África.

Após outro combate extremamente sangrento, entre 300 000 homens e 2600 canhões, numa frente de 20 km de comprimento, a sul do lago Guarda, em Solferino, no dia 24 de Junho, no qual a Legião esteve representada pelo 2.º Regimento, Napoleão III negociou a paz com a Áustria, em 8 de Julho, para desconsolo de Cavour, que contara libertar mais território a sul dos Alpes da soberania austríaca antes da retirada dos seus aliados franceses. Os imperadores da França e da Áustria assinaram o tratado de armistício no dia 11 de Julho, em Villafranca di Verona, mas foi somente em Março de 1860 que Cavour pagou oficialmente à França o preço da sua intervenção – a Sabóia e Nice.

Por uma vez, a carnificina gerou algo de bom. Presente em Solferino encontrava-se um humanitário suíço chamado Henri Dunant. Horrorizado face à continuação da matança insensata, horas a fio, sob um céu carregado, com os feridos deixados sem cuidados, em agonia, ele improvisou serviços médicos de emergência para as bai-

---

[145] Porch, *The French Foreign Legion*, p. 130.

A Legião Estrangeira

xas de ambos os lados. Esta iniciativa levou à fundação, em 1863, do Comité Internacional de Auxílio aos Feridos(*), e um ano depois, à primeira Convenção de Genebra.

Quanto ao 2.º Regimento, depois de ter combatido em solo europeu como parte integrante do exército francês, foi recompensado com a honra de, pela primeira vez, participar com os regimentos de linha de MacMahon no desfile da vitória, em 14 de Agosto, por uma Paris na qual o barão Haussmann, prefeito do Departamento do Sena, estava a demolir bairros inteiros para criar os elegantes *grands boulevards* e as espaçosas praças que transformaram a capital francesa naquilo que hoje vemos.

Após o breve momento de glória, chegou a hora de regresso à Argélia, no dia 22 de Agosto. Em Outubro, a regra de alistamento exclusivo para suíços foi abolida devido à falta de voluntários, passando a poder alistar-se os nacionais de qualquer país, e os uniformes regressaram às calças vermelhas e casacas azuis. O 1.º Regimento regressou à Argélia passando pela Córsega, em Fevereiro de 1860, e foi novamente combinado com o 2.º para formar um único regimento estrangeiro, tendo por cores regimentais o verde e o vermelho, como ainda hoje acontece.

Em Paris, um dos novos bulevares de Haussmann foi baptizado Magenta, e uma rua foi rebaptizada Solferino em honra da vitória. MacMahon foi nobilitado com o título de «duque de Magenta» e o bastardo de Soult, a Legião, tornou-se inquestionavelmente legítimo.

(*) O nome Comité Internacional da Cruz Vermelha apenas seria adoptado em 1876. (*N.T.*)

12

Mito e Loucura no México

1862-1863

Qualquer historiador da Legião fica necessariamente impressionado pela quantidade de memórias escritas por legionários de todas as patentes. Algumas são uma mistura de factos e fantasias; outras contam a verdade nua e crua da perspectiva limitada de um homem cujos olhos viam apenas o que cabia nos seus horizontes pessoais, limitados pelo sofrimento ou pelo calor do combate. No entanto, todas elas narram acções que deixam o leitor maravilhado com a coragem, o sacrifício e a camaradagem com que lutaram pelos interesses da França, numa desvantagem aparentemente inultrapassável, tão valentemente como os heróis de Homero.

Todos os anos, no dia 30 de Abril, a Legião comemora um aniversário: não de uma vitória, mas de uma derrota. Neste dia, onde quer que estejam reunidos legionários ou ex-legionários, numa cerimónia quase religiosa observada até pelos homens que esperavam a morte em Dien Bien Phu, em 1954, um oficial ou oficial subalterno lê em voz alta, em francês, uma história que todos eles conhecem de cor. Numa seca prosa militar que já foi, numa ou noutra altura, lida em todos os sotaques do mundo, a história reza o seguinte:

> O exército francês sitiava Puebla, no México. A Legião foi incumbida de patrulhar e proteger 20 km de estradas utilizadas pelos comboios de abastecimento. No dia 29 de Abril de 1863, o oficial no

A Legião Estrangeira

comando, o coronel Jeaningros, foi informado de que um grande comboio, transportando ouro, equipamento de sítio e munições, estava a caminho de Puebla. O seu ajudante, o capitão Danjou, convenceu-o a enviar uma companhia ao encontro do comboio. Foi escolhida a 3.ª Companhia, mas não tinha oficiais disponíveis para liderarem a patrulha. O capitão Danjou assumiu pessoalmente o comando e os segundos tenentes Maudet e Vilain (o tesoureiro) ofereceram-se para o acompanhar.

À 01:00 do dia 30 de Abril, os três oficiais e 62 homens da 3.ª Companhia fizeram-se ao caminho. Depois de cobrirem 20 km, pararam em Palo Verde, pelas 07:00, para fazer café. Nesse momento, o inimigo apresentou-se e começou imediatamente o combate. O capitão Danjou ordenou a formação de um quadrado defensivo, e conseguiu repelir várias cargas de cavalaria, infligindo pesadas baixas ao inimigo. Ao aproximar-se da estalagem de Cameron, um grande edifício que compreendia um pátio rodeado por um muro com três metros de altura, ele decidiu defender-se no local para fixar o inimigo, e adiar o mais possível o ataque ao comboio.

Enquanto os seus homens organizavam apressadamente a defesa da estalagem, um oficial mexicano instou o capitão Danjou a render-se por estar em grande inferioridade numérica. A resposta foi, «Temos cartuchos, não nos rendemos». Depois, erguendo a mão direita, Danjou jurou lutar até à morte e obrigou os seus homens a fazerem o mesmo juramento. Eram 10:00.

Até às 18:00, estes 60 homens, que não comiam nem bebiam desde a véspera, resistiram a 2 000 mexicanos – 800 cavaleiros e 1 200 infantes –, apesar dos extremos de calor e sede. Ao meio-dia, o capitão Danjou morreu com uma bala no peito. Às 14:00, o segundo tenente Vilain foi morto com uma bala na testa. Nesse momento, os Mexicanos conseguiram pegar fogo à estalagem.

Apesar do calor e do fumo que fazia aumentar o seu sofrimento, os legionários continuaram a resistir, mas muitos tinham sido atingidos. Às 17:00, o segundo tenente Maudet dispunha apenas de 12 homens em condições de combater. Nessa altura, o coronel mexicano reuniu os seus homens e disse-lhes que deviam ter vergonha por não conseguirem derrotar um punhado de valentes. Enquanto ele falava, um legionário que sabia espanhol traduzia as suas palavras para os outros legionários.

De seguida, o coronel Milán instou o segundo tenente Maudet a render-se, uma proposta que ele rejeitou com desdém. Os Mexicanos

MITO E LOUCURA NO MÉXICO

lançaram o assalto final, através das brechas que tinham aberto nas paredes. Pouco depois, restavam apenas cinco homens a Maudet: o cabo Maine, e os legionários Catteau, Wensel, Constantin e Léonard. Restando apenas um cartucho a cada um, fixaram baionetas e enfrentaram o inimigo num canto do pátio, de costas para o muro. A um sinal, dispararam os seus rifles à queima-roupa e carregaram à baioneta sobre o inimigo. O segundo tenente Maudet e dois legionários caíram mortos.

Maine e os seus dois camaradas iam ser massacrados quando um oficial mexicano se pôs à sua frente e gritou, «Rendição!» Eles responderam «Render-nos-emos se prometerem cuidar dos nossos feridos e nos deixarem ficar com as armas». As suas baionetas ainda eram perigosas. O oficial retorquiu, «A homens como vocês, não se recusa nada».

Os 60 homens do capitão Danjou tinham cumprido o seu juramento, repelindo 2 000 inimigos durante 11 horas. Mataram 300 e feriram outros tantos. Sacrificando-se para salvarem o comboio, cumpriram a missão que lhes fora confiada. O imperador Napoleão III decidiu que o nome de Cameron seria inscrito na bandeira do Regimento Estrangeiro, e que os nomes de Danjou, Vilain e Maudet seriam gravados a ouro nas paredes dos Inválidos, em Paris.

Em 1892, foi erguido um monumento no local da batalha, com a seguinte inscrição:

Aqui, menos de 60 homens enfrentaram um exército.
Foram esmagados pelo número.
Aqui, em 30 de Abril de 1863, estes soldados franceses foram abandonados pela vida, mas não pela coragem.
A pátria erigiu este monumento em sua memória.

Este é o *récit officiel* – a história oficial. A verdade não é tão linear, mas primeiro – e porque se sabe mais acerca destes soldados lendários do que da maioria dos legionários – é interessante notar que as idades dos oficiais franceses eram: Jean Danjou, 35; Clément Maudet, 34; Jean Vilain, 27. Não eram filhos mais novos e diletantes de famílias ricas, tais como poderiam ser encontrados num regimento de linha ou numa guarnição, em França. Eram soldados profissionais.

Danjou tinha mais do que medalhas para o provar. Presa ao seu antebraço esquerdo, usava uma mão de madeira, esculpida e articulada,

185

A Legião Estrangeira

pintada para se parecer com uma luva de cabedal, em substituição da que perdera quando o seu rifle explodira durante uma expedição cartográfica na campanha da Cabília. Na ausência de um sistema padrão para «testar» os canos, não era um acidente invulgar para a época. Danjou era também um veterano da intervenção em Itália, e recebera a Legião de Honra na Crimeia. Maudet e Vilain tinham servido como oficiais subalternos antes de conquistarem as suas comissões. Maudet, promovido há apenas três meses, era o oficial mais condecorado do batalhão e, como tal, o porta-bandeira. Vilain, o tesoureiro interino, alistara-se na Legião aos 18 anos de idade e também recebera a Legião de Honra por bravura.

A média de idades dos onze oficiais subalternos da companhia era de 28 anos. Embora houvesse apenas três legionários com 18 anos de idade, os 46 acerca dos quais existe informação tinham uma média de idades de 26. Era uma média relativamente jovem na década de 1860, quando o legionário médio tinha entre 28 e 32 anos de idade([146]) – possivelmente porque as elevadas baixas sofridas pela 3.ª Companhia durante o mês que passara na região das febres tinham atingido primeiro os homens mais velhos. Tudo isto comprova que a Legião era maioritariamente constituída por veteranos, e não por jovens inexperientes «em busca de glória». A profissão anterior mais comumente declarada na altura do alistamento era *militaire* – soldado no exército de outro país.

O facto de que a política de misturar homens de muitas nacionalidades estava plenamente em vigor em 1863 é amplamente demonstrado por uma análise dos oficiais subalternos e soldados da 3.ª Companhia participantes na batalha cuja nacionalidade está registada. Os números são os seguintes: 18 alemães, 13 belgas, 11 franceses que se tinham alistado como belgas ou suíços como justificação para falarem francês, 9 suíços, 1 holandês, 1 dinamarquês, 1 espanhol, 1 austríaco, 1 italiano e outro italiano nascido na Argélia.

Lida anualmente durante o «aniversário» da Legião, a versão oficial da batalha de Camarón – para dar ao local o seu nome mexicano – constitui um modelo de heroísmo abnegado, a ser emulado pelos outros legionários. Um civil pode ter dificuldade em acreditar que aqueles homens, que nunca se tinham encontrado antes de se juntarem à Legião, considerassem o seu juramento mais importante

---

([146]) Porch, *The French Foreign Legion*, p. 136.

MITO E LOUCURA NO MÉXICO

do que a própria vida. Não tinham o mínimo interesse pessoal no desfecho da batalha, mas obedeciam às ordens para benefício de um general que os enviara friamente para uma área onde muitos morreriam de doenças tropicais, e de um imperador, em Paris, que não queria saber deles para nada.

A primeira pergunta a responder é: o que faziam as tropas francesas no México? Não obstante ter custado 7 000 vidas e 300 milhões de francos ([147]), o legado da intervenção de Napoleão III, em 1862, é meia dúzia de palavras em mexicano, tais como *mariachis* – os músicos que tocavam nos *mariages* franceses. A verdadeira história de Camerone tem início dois anos antes de Danjou e todos os seus homens morrerem – aceitemos, de momento, que foi isso que aconteceu.

Quando a artilharia confederada disparou os primeiros tiros da Guerra da Secessão, sobre Forte Sumter, que guardava a entrada para o porto de Charleston, na Carolina do Sul, os ecos chegaram a Paris. Uma corrida aos investimentos, a que poderíamos chamar «Bolha Latino-americana», levara os investidores franceses e de outros países europeus a comprarem títulos garantidos pelo governo mexicano. O presidente Ignacio Comonfort foi substituído por Benito Pablo Juárez através de um golpe de Estado, em Janeiro de 1861. Depois da guerra civil que devastara o país, entre 1857 e 1860, a economia mexicana ficara em tão mau estado que Juárez se viu confrontado com um erário vazio. Como solução para este problema, começou a nacionalizar e vender propriedade da Igreja. Em Julho, anunciou que iria também suspender, durante dois anos, o pagamento dos juros de todas as dívidas contraídas no estrangeiro.

Os investidores britânicos, espanhóis e franceses exigiram aos respectivos governos que tomassem medidas. O esbanjador meio-irmão ilegítimo de Napoleão III, que ele nobilitaria com o título de duque de Morny, em 1862, e cujos negócios incluíam um império açucareiro e as termas e casino de Deauville, paraíso do jogo para os Britânicos, fez pressão junto dos vários governos em nome dos seus amigos. Napoleão III, a quem ele contou um chorrilho de mentiras, ficou convencido de que o povo do México pretendia ser salvo de Juárez e dos seus liberais através de uma intervenção estrangeira.

([147]) Geraghty, *March or Die*, p. 82.

A Legião Estrangeira

No dia 31 de Outubro de 1861, Grã-Bretanha, França e Espanha assinaram um acordo para levarem a cabo uma expedição militar conjunta para salvaguardar os investimentos e proteger os seus cidadãos no México, muitos dos quais tinham sido mortos durante a guerra civil. Juárez aceitou que poderiam guarnecer Vera Cruz, na costa do Golfo, Córdova, Orizaba, na estrada de Vera Cruz para Cidade do México, e Tehuacán, desde que não interferissem com a «soberania, independência e integridade territorial da República Mexicana».

Tratava-se de um claro desafio à Doutrina Monroe, enunciada pelo presidente Monroe em Dezembro de 1832. Esta doutrina não se limitava a proibir o envolvimento dos EUA nas questões do Velho Continente; declarava, no seu Artigo 4.º, que qualquer tentativa de uma potência europeia para oprimir ou controlar *qualquer* nação do hemisfério ocidental seria considerada um acto hostil contra os Estados Unidos. No entanto, com os Estados Unidos a braços com uma sangrenta guerra civil, as potências europeias sentiram-se temporariamente livres para intervirem a sul do Rio Grande.

Em Dezembro de 1861, a força expedicionária, composta por 7000 Espanhóis, 2500 Franceses e 700 Fuzileiros Reais britânicos, desembarcou e ocupou Vera Cruz, de onde partia a estrada dos Conquistadores, conhecida por Camino Real, passando por Soledad, Córdova e Puebla, até à Cidade do México, 300 km no interior. Todavia, a apregoada cobrança tripartida da dívida pela força das armas morrera à nascença. Depois de incorrerem em pesadas baixas por doença e ataques da guerrilha, Britânicos e Espanhóis retiraram o resto das suas forças em Abril do ano seguinte, tendo compreendido que Napoleão III estava a servir-se da intervenção como cobertura para um plano muito mais ambicioso.

O plano era, nada mais nada menos, contrariar a influência protestante anglo-saxónica no hemisfério ocidental através da criação de uma área de língua francesa nas Américas do Sul e Central. A ideia não era tão descabida como parece. Tal como ainda comprovam lugares com nomes como Baton Rouge, Lafayette e Nova Orleães, na Luisiana – o estado como o nome de um rei francês –, a metade ocidental da bacia do rio Mississipi fora francesa até 1803, data da sua aquisição pelos Estados Unidos. A menos de sete cêntimos por hectare por 1 300 000 km², foi a maior pechincha da história dos EUA. Assim, de certa maneira, Napoleão III estava apenas a tentar substituir uma colónia que o seu país perdera recentemente. Vista de

Paris, a conquista do México e a colocação de um rei fantoche no seu trono pareciam passos lógicos deste plano.

O fantoche escolhido foi o arquiduque Fernando Maximiliano José, irmão do imperador austríaco – inimigo da França no ano anterior. Maximiliano foi aconselhado pelo imperador Francisco José e por diplomatas britânicos a não se envolver no esquema de Napoleão III, que não tinha em conta a complexidade da política mexicana nem a vastidão do país. A distância da fronteira norte da Baja Califórnia à ponta oriental da Península do Iucatão é praticamente a mesma que medeia entre Gibraltar e Moscovo.

Todavia, os representantes dos latifundiários do México, um pequeno número de famílias imensamente ricas e conservadoras, considerando o jovem Maximiliano fácil de manipular, de tendências liberais, convenceram-no de que o povo o elegera rei. Esta mentira custar-lhe-ia a vida e a sanidade mental da sua jovem mulher belga, Carlota.

A condição imposta por Maximiliano para se tornar um testa--de-ferro da aventura francesa foi a disponibilização de um exército europeu de 10 000 homens para o colocar e manter no poder. Por conseguinte, prosseguiu o aumento do número de tropas francesas no México, com a Compagnie Générale Transatlantique adquirindo os mais modernos navios a vapor britânicos para inaugurar um serviço regular entre portos franceses e Vera Cruz.

Um mês depois, a 5 de Maio, chegou o primeiro aviso de que a intervenção no México não iria ser tão fácil como Napoleão III e o seu protegido austríaco tinham esperado. Independentemente do exactamente acordado com Juárez, o resultado foi o avanço das tropas francesas para o interior, com o objectivo de ocupar a Cidade do México. Em Puebla, os Mexicanos não só resistiram como também derrotaram os Franceses. O comandante supremo francês, o general Elie-Frédéric Forey, preparou-se para cercar e conquistar a cidade. Do outro lado do Atlântico, chegaram reforços em abundância. Em Setembro, desembarcaram em Vera Cruz 28 000 homens e 56 canhões, destinados ao cerco de Puebla, defendida por 22 000 Mexicanos.

No dia 29 de Janeiro de 1862, depois de o 1.º Regimento Estrangeiro ter sido dissolvido e os legionários que haviam completado um dos dois anos de contrato desmobilizados, os restantes oficiais e soldados foram integrados no 2.º RE que se tornou o Regimento Estrangeiro. No dia 15 de Março, o coronel Pierre Jeaningros assumiu o comando da unidade, descobrindo que vários dos seus oficiais de menor patente tinham já enviado uma petição a Napoleão III solicitando a oportunidade de participarem naquilo que era conhecido por *l'affaire Mexicain*, desconhecendo que o seu imperador já estava a considerar emprestar a Legião a Maximiliano por dez anos.

Em 9 de Fevereiro de 1863, depois de carregarem o equipamento e vinte e sete mulas no transporte Finistère, dois batalhões a sete companhias da Legião, e ainda um quartel-general e uma companhia de aprovisionamento, num total de 2000 homens, entraram nos navios de guerra franceses *St Louis* e *Wagram* e deixaram o «grande porto» de Mers el-Kébir, no Golfo de Orão. A sua desconfortável viagem pelas tempestades invernais do Atlântico Norte, até Vera Cruz, só terminou em 28 de Março.

Em vez de colocar a Legião na frente de cerco, onde a sua experiência, adquirida na Crimeia e em Itália, teria sido mais útil, Forey atribuiu-lhe a tarefa de guardar os primeiros 70 km da estrada de Vera Cruz, que atravessavam os pântanos e matagais da planície costeira, infestados de febres e onde reinava a malária. O chamado «pó dos jesuítas» – a casca moída da cinchona – fora pela primeira vez usado na Europa para curar a doença em 1642. Carlos II de Inglaterra e o filho de Luís XIV de França tinham ambos recuperado da malária graças a este remédio, mas era tão caro que ninguém o iria desperdiçar em soldados mercenários. E dado que ninguém associava a picada do mosquito ao aparecimento da doença – uma ligação somente descoberta em 1897, na Índia, por um cirurgião do Exército Britânico –, os legionários, em Vera Cruz, no ano de 1863, nunca pensaram em tomar medidas de precaução.

Além do mais, a área na qual a Legião estava estacionada apresentava quase todas as maleitas dos trópicos, incluindo uma variedade local da febre amarela chamada «vómito negro», que fazia a vítima vomitar sangue até morrer, depois de seis a oito horas de cãibras agonizantes. O *Historique Sommaire* tem muitas entradas lacónicas como, «No dia 7 de Outubro, o tenente Barrera morreu de vómito, em Córdova» ([148]). Charles-Jules Zédé afirma que, em 1863, morreu de doença um terço da Legião. Outro oficial que escreveu sobre as suas experiências, o capitão Gabriel Diesbach de Torny, um aristo-

---

([148]) *Légion Étrangère, Historique Sommaire – avril 1864*, ALE.

MITO E LOUCURA NO MÉXICO

crata suíço empobrecido originário de Friburgo, refere que as baixas foram muito piores, tendo a sua companhia de 124 homens ficado reduzida a 25 no espaço de um ano [149].

A primeira imagem de terra que Zédé teve ao chegar a Vera Cruz foi a de «uma costa lamacenta, sem vegetação, pejada de destroços de navios encalhados. À nossa direita, uma pequena ilhota na qual se erguia a fortaleza arruinada de San Juan de Ulla. À esquerda, a árida Ilha do Sacrifício, coberta por uma floresta de cruzes assinalando as sepulturas de marinheiros vítimas do clima malsão» [150].

O primeiro combate dos legionários teve lugar no princípio de Abril, quando ainda se estavam a adaptar. Um grande bando de guerrilheiros mexicanos atacou um campo de trabalhadores ferro-viários que se encontrava sob protecção da Legião. Desta vez, os *guerrilleros*, cuja postura alternava entre combatentes pela liberdade e bandidos, tinham-se metido com quem não deviam. Antes de se-rem repelidos, com pesadas baixas, o tenente Ernst Milson von Bolt matou o conhecido chefe guerrilheiro Antonio Díaz em combate sin-gular, uma acção pela qual recebeu a Legião de Honra.

Tudo isto explica porque é que, no dia 29 de Abril de 1863, a 3.ª Companhia se encontrava reduzida em número e com falta de ofi-ciais. Nesse dia, uma mulher local chegou à base, no monte Chiquihuite, à hora da sesta, e pediu para falar com o coronel Jeaningros. O pai dela era sargento na Guarda Nacional mexicana e, na véspera, o coronel Milán – o governador militar do estado de Vera Cruz, um aristocrata de aspecto espanhol – fora jantar a casa deles. Durante a refeição, a mulher ouvira os dois homens discutindo o plano de Milán para emboscar, em Palo Verde, um enorme comboio francês que saí-ra de Vera Cruz em 15 de Abril. Consistia de 64 carroças e 150 mulas que transportavam armas, munições e um cofre com 14 milhões de pesos, em moedas de ouro e prata, para pagar ao exército de Forey e a todos os trabalhadores locais, muleteiros e acompanhantes do exército junto a Puebla. Ela transmitiu esta informação a Jeaningros com o intuito de salvar a vida do marido, um carroceiro que seguia no comboio e que poderia muito bem ser morto na emboscada.

---

[149] Gabriel Diesbach de Torny, «Notes et Souvenirs», manuscrito não pu-blicado, p. 50, ALE.

[150] Zédé, «Souvenirs», in *Carnets de la Sabretache*, Julho-Agosto de 1934.

A Legião Estrangeira

Jeaningros enviou imediatamente a Soledad um jovem mexicano com uma mensagem instruindo o comandante do comboio para permanecer na localidade até a sua escolta poder ser reforçada. Na eventualidade de o mensageiro ser capturado pelo inimigo, ele também decidiu enviar a 3.ª Companhia, como apoio. Porém, o único oficial da 3.ª que não se encontrava doente ou ausente era o jovem tesoureiro interino, o segundo tenente Vilain.

Embora o seu contrato tivesse terminado e ele beneficiasse do direito à repatriação, Danjou adorava a Legião desde os seus quinze anos de idade, quando um antigo empregado do pai viera visitar a sua família, no Languedoc, encontrando-se em gozo de licença da Argélia. Envergava o uniforme de segundo tenente da Legião, e enchera a cabeça do garoto com histórias de façanhas e aventuras. Apesar de o pai o querer no negócio da família, Danjou frequentara St-Cyr, formando-se em 1847, como segundo tenente. Entediado até à medula depois de ser colocado em serviço de guarnição em França, no 51.º Regimento de Linha, Danjou pediu transferência para a Legião, à qual se juntou em Batna, na Argélia, em 24 de Setembro de 1852. Desde os quinze anos de idade, a Legião fora toda a sua vida. Agora, iria também ser a sua morte.

Danjou ofereceu-se para substituir o capitão ausente da 3.ª Companhia, e Maudet ofereceu-se para ir na qualidade de segundo comandante. Partindo à meia-noite, poderiam dirigir-se para oriente, na direcção da costa, e chegar a Palo Verde ao amanhecer, descansar no local até à noite seguinte e depois bater a estrada até Soledad. Se vissem a poeira do comboio avançando ao seu encontro, talvez ainda fossem a tempo de o alertar, dado que as carroças, quando muito carregadas, raramente cobriam mais do que 2 km por hora. Se não vissem nenhuma nuvem de poeira, significaria que o mensageiro tinha conseguido passar.

Reduzida pela doença e pelas mortes a 62 oficiais subalternos e soldados, de um complemento normal de cerca de 120, a 3.ª Companhia foi acordada às 23:00, tomou uma refeição de café e pão, e partiu à 01:00, tal como refere o relato oficial, com os três oficiais a cavalo e os restantes homens a pé. Levavam duas mulas, carregadas com rações e água para trinta e seis horas, e sessenta cartuchos por homem. A distância da base a Palo Verde era de 20 km. Deslocando-se pelo fresco da noite e com as munições e a comida adicionais transportadas pelas mulas, ser-lhes-ia possível cobrir esta distância

MITO E LOUCURA NO MÉXICO

antes de chegar o calor do meio-dia, mesmo tratando-se de homens que tinham estado doentes a maior parte dos trinta e quatro dias desde a sua chegada ao país.

Nesta parte do México, o clima é tão quente e húmido que a região constitui hoje a principal área de cultivo de cana-de-açúcar do país, possuindo a maior refinaria do mundo. Na época, a paisagem que os legionários tinham de atravessar, infestada de mosquitos, era um matagal de arbustos tropicais emaranhados com lianas; para se caminhar fora da estrada, só abrindo caminho com a lâmina de um sabre[151]. E apesar do seu nome grandioso, a Estrada Real era uma picada bastante necessitada de reparação, com os parapeitos levados pelas chuvas torrenciais e a sua superfície lamacenta profundamente esventrada pela passagem das carroças de abastecimento.

Pouco antes do alvorecer, a forte chuvada parou e eles receberam um pequeno-almoço de café e pão escuro num posto guarnecido por uma companhia de granadeiros da Legião, uma unidade de elite. O comandante do posto, o capitão Gustave Saussier, ofereceu alguns dos seus homens a Danjou, mas este, seguindo as instruções de Jeaningros, recusou. Situações de inferioridade numérica de um contra cinco ou até contra dez eram bastante normais no México, e a Legião tinha em muito pouca conta a pontaria dos guerrilheiros que constituíam a maior parte das forças inimigas na região.

Ao amanhecer, pelas 05:00, a coluna começou a descer, depois de terem transposto cuidadosamente a estreita ravina de Payo Ancho. Tinham em baixo, pela frente, o rio Jalapa. Ia ser um dia tórrido. Passaram por várias aldeolas de barracas, de onde os habitantes tinham fugido por se encontrarem numa zona de guerra. Normalmente, a cadência esquerdo-direito da marcha teria sido dada por Casimiro Lai, o tambor italiano, mas dada a provável proximidade do inimigo, marchavam em silêncio.

A aldeia de Camarón era igual a todas as outras pelas quais tinham passado, deserta e arruinada pela guerra, com o colmo dos telhados a cair para dentro das casas e o esqueleto de madeira recortando-se contra um céu cada vez mais claro. À esquerda da estrada, existiam

---

[151] Para um relato completo da batalha, das perspectivas mexicana e espanhola, e informações como chegar a Camarón, ver o sítio de Bernardo Massieu e Marco Coutollenc, em língua espanhola: ‹www.prodigyweb.net.mx/bservin/batalla_camaron_veracruz.htm›.

uns quantos casebres abandonados, com alguns edifícios mais sólidos situados 300 m para leste. Tratava-se de uma propriedade chamada Rancho Trindade, cujos donos, na sua maioria, jaziam no cemitério de Palo Verde. À esquerda, ou no lado norte do Camino Real, situava-se a grande casa principal, com uma dúzia de quartos. À direita, ficava o bloco dos estábulos, de um único andar, construído em redor de um pátio rodeado por um muro fino com cerca de 3 m de altura, dotado de apenas duas entradas, suficientemente largas e altas para a passagem de carroças. Também esta zona estava abandonada, sendo os únicos sinais de uma ocupação recente os restos das fogueiras acesas pelos guerrilheiros que lá haviam pernoitado.

Depois de passar pelo rancho, Danjou dividiu a tropa em duas secções. Seguiu pela estrada com uma secção e as duas mulas, enquanto a outra marchava numa linha paralela, no flanco esquerdo, abrindo caminho pelo matagal, à procura de sinais do inimigo. Não tendo descoberto nada, juntou-se ao resto da coluna em Palo Verde, por volta das 07:00. Os legionários descarregaram as mulas e fizeram um intervalo para beber café. O oficial subalterno mais graduado, o sargento-mor Henri Tonel, colocou sentinelas em círculo.

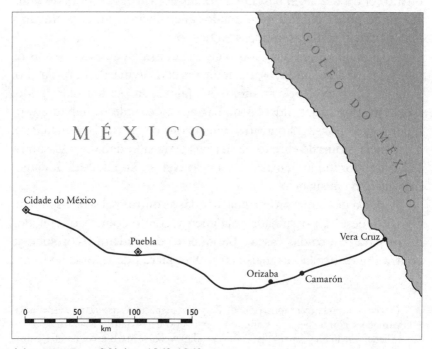

A intervenção no México, 1862-1863.

Mito e Loucura no México

O sol, escaldante, já secara a superfície do solo e começava a levantar remoinhos por todo o lado, os quais, combinados com a onda de calor, dificultavam a visão. Porém, não tinha ainda passado uma hora, as sentinelas discerniram uma reveladora nuvem de poeira criada pela aproximação de um grupo de cavaleiros. Mas não era o comboio francês, porque vinha da direcção oposta, e os cavaleiros já estavam muito perto quando os homens de Danjou conseguiram distinguir os bonés militares e os trajes à vaqueiro dos mexicanos.

Os homens que dormiam à sombra dos arbustos foram acordados, e os que estavam a fazer café apagaram a fogueira deitando-lhe o líquido em cima. Tonel ordenou a alguns homens, comandados pelo cabo Charles Magnin, que apanhassem as mulas, que pastavam perto, e as carregassem novamente com os contentores de água. Em cinco minutos, a companhia estava formada para o combate.

13

Morte ao Entardecer

MÉXICO, 1863-1867

Danjou decidiu não ficar na estrada e colocar os mexicanos em desvantagem movendo-se para norte, na direcção de La Joya. Abrindo caminho pelo mato com dificuldade, os legionários pareciam ter despistado o inimigo, mas a progressão era tão lenta que deram meia volta e regressaram a Camarón. Ao aproximarem-se do Rancho Trindade, ouviu-se um disparo, proveniente de uma das janelas. Cercando os edifícios abandonados, esquadrinharam o interior mas não encontraram ninguém. Preparando-se para oferecer resistência, Danjou enviou apressadamente alguns homens com os contentores para um barranco que costumava ter charcos no fundo, mas eles regressaram de mãos a abanar.

Apesar do disparo isolado feito na sua direcção, não parecia haver inimigos nas redondezas, pelo que Danjou decidiu regressar a Chiquihuite. Mal tinham percorrido 400 m, o homem que ia à frente avistou vários grupos de cavaleiros mexicanos preparando-se para uma carga. Ordenando a Lai para tocar a «Formar quadrado!», Danjou conduziu os seus homens, em formação defensiva, para um pequeno outeiro sem vegetação. Com os mexicanos agrupando-se em dois esquadrões para poderem atacar de dois lados ao mesmo tempo e dividir o fogo da companhia, a crise desta primeira e indecisa escaramuça verificou-se quando o barulho e o fumo da pólvora puseram as mulas em pânico, que fugiram e foram capturadas pelo inimigo.

MORTE AO ENTARDECER

Os mexicanos recuaram para uma distância segura e Danjou ordenou aos seus homens para deixarem de disparar. Jiménez, um comandante da cavalaria, aproximou ousadamente os seus homens até 60 m, e depois mandou-os carregar novamente com lança e sabre. Danjou berrou a ordem, «Fogo!».

A descarga ecoou, deitando homens e cavalos por terra, e os cavaleiros ilesos galoparam para fora do alcance das armas dos legionários, perseguidos por «fogo à vontade». Sendo o terreno aberto ideal para cargas de cavalaria, Danjou deslocou os seus homens para junto de um pequeno muro e de uma sebe de cactos, o que os protegeria dos cavaleiros – pelo menos, de um lado. Nesse local, repeliram outra carga mexicana, mais cautelosa. Durante a pausa que se seguiu, Danjou resolveu fazer regressar os seus homens, por secções, para o edifício mais próximo, o bloco de estábulos do Rancho Trindade.

Para ganhar o tempo necessário, ele mandou os homens gritar bem alto, em uníssono, «*Vive l'Empereur!*». O estratagema resultou. Pensando que tinham chegado reforços franceses, os mexicanos mantiveram-se quietos o tempo suficiente para a maioria dos legionários atingir a protecção dos muros do rancho antes que fosse disparado um tiro. Eram cerca de 09:30, e Danjou já perdera 16 homens na retirada para o rancho.

Avaliando a situação, ele compreendeu que não se encontrava na habitual inferioridade numérica de um contra cinco ou dez; a desproporção era muitíssimo maior. Pelo número de inimigos, tinha de ser a força de cavalaria com a qual o coronel Milán pretendia emboscar a coluna de aprovisionamento. Se ele conseguisse fixá-los no rancho, garantiria a segurança do comboio.

Construído segundo estilo tradicional, com as divisões viradas para o interior e dispostas em redor de um pátio central protegido por um muro de 3 m de altura, o complexo de edifícios poderia ser confundido – por franceses – com uma estalagem de estrada. Fora concebido para ser facilmente defensável, mas não contra a superioridade numérica que Danjou enfrentava. Nesta altura, a força da 3.ª Companhia era de três oficiais e quarenta e seis oficiais subalternos e legionários. Danjou mandou-os abrir buracos no muro de adobe, que era mais macio, para dispararem, e barricar as entradas com pedras e vigas caídas; depois, colocou o sargento Morzicki de vigia no telhado. Morzicki viu centenas de cavaleiros e infantes em

A Legião Estrangeira

uniformes diversos, armados com as mais modernas carabinas americanas e apoiados por multidões de guerrilheiros trajando à civil.

Ainda ninguém conseguiu explicar porque terá Milán empregado a totalidade das suas tropas no Rancho Trindade, quando teria bastado manter os homens de Danjou encurralados por uma força de contenção e usar os restantes para emboscar o comboio. Talvez o alerta de Jeaningros já tivesse chegado ao comandante do comboio, pelo que as forças de Milán não teriam mais nada com que se ocupar.

Sob o fogo esporádico dos atacantes, Danjou deslocou-se calmamente de posição em posição, verificando as defesas. Com o avançar do dia, aumentou o calor no pátio. O único líquido bebível disponível era uma garrafa de vinho que Danjou tinha no alforge, cuidadosamente preservada pela sua ordenança, Ulrich Konrad. Danjou mandou-o abrir a garrafa e dar algumas gotas a cada homem.

Do telhado, Morzicki alertou para a aproximação do tenente Ramón Lainé, um jovem oficial mexicano que falava francês, que trazia uma bandeira branca e que lhes disse: «Temos mais de 2000 homens e vocês são, no máximo, uns 60. Deponham as armas e rendam-se, para evitar um massacre». A resposta de Danjou foi: «Temos munições, não nos rendemos». Lainé retirou-se e os mexicanos começaram a disparar de todos os lados. Danjou disse aos seus homens para pouparem munições, atirando somente sobre alvos certos. Alvejados de cima dos muros e até do telhado, as baixas começaram a aumentar. Foi neste momento que Danjou percorreu as suas posições, fazendo cada um dos seus homens prometer não se render e combater até à morte.

Cerca das 11:00, quase todos os edifícios do rancho estavam na posse do inimigo, com os legionários agachados atrás de barricadas de cadáveres e escombros, nos cantos do pátio. Atingido no peito, Danjou caiu por terra, morrendo alguns minutos depois. Maudet, apesar de ser o oficial mais antigo por promoção, por cortesia deixou Vilain assumir o comando, pois a 3.ª era a sua companhia.

Ouviu-se um clarim, anunciado a chegada de mais tropas. Os legionários alegraram-se, na esperança de que pudessem ser os granadeiros do capitão Saussier, idos em seu socorro, ou a vanguarda do comboio, mas eram afinal 1000 infantes regulares mexicanos, chegando após uma marcha forçada. Havia uma enorme variedade de uniformes: cinzentos avivados a azul de Vera Cruz, azuis de Córdova,

Morte ao Entardecer

e os homens de Jalapa, com casacas azuis, calças cinzentas e quépis com cobre-nuca. Alguns calçavam botas, outros as alpercatas camponesas, de fabrico caseiro. Os oficiais eram ainda mais garridos, com riscas vermelhas ou azuis nas calças, dragonas douradas, botões de metal polido e, nos cintos, reluzentes coldres de cabedal. Em contraste, as casacas azuis e calças vermelhas dos legionários estavam imundas e manchadas com o sangue dos próprios e dos seus camaradas.

Da sua posição no telhado, Morzicki via que a posição era indefensável. O tenente Lainé aproximou-se novamente e repetiu a proposta de rendição. Sem se dar ao trabalho de perguntar a Vilain, Morzicki gritou-lhe, «*Merde*!». A resposta de Vilain foi a mais correcta: «Não nos renderemos!».

Além do tiroteio que ecoava por todos os lados, os legionários começaram a ouvir também o barulho de picaretas e pás, com os mexicanos a transformarem os buracos abertos no muro em brechas em vários pontos. Apesar do fogo cerrado, Vilain continuou a percorrer as posições dos seus homens, que disparavam calmamente sem falhar. Cerca das 14:00, depois de correr mais um risco, Vilain levou uma bala na testa e morreu instantaneamente.

Os feridos ficavam onde caíam. Sofrendo os tormentos da sede debaixo de um sol escaldante, alguns, desesperados, tentaram beber o seu próprio sangue ou urina. Ao calor do pátio e ao sufocante fumo da pólvora que os homens não conseguiam evitar inalar, acrescentou-se uma nova tortura quando os mexicanos incendiaram o colmo bolorento dos telhados. O pátio ficou tão cheio de fumo que os legionários, meio sufocados e com as lágrimas a escorrerem-lhes dos olhos, se viram reduzidos a disparar sobre as silhuetas difusas que se aproximavam cada vez mais. Quando o incêndio começou a morrer, decorridos noventa minutos, os legionários estavam separados dos inimigos mais próximos por meia dúzia de metros.

Às 17:00, uma pausa permitiu ao tenente Maudet verificar o estado dos homens que lhe restavam, dispersos pelas ruínas dos estábulos e pelo pátio; pouco depois, ouviram o coronel Milán exortando os seus homens para o ataque final. Uma terceira oferta de termos de rendição foi simplesmente ignorada pelos legionários, que tinham as gargantas demasiado ressequidas para responderem. Depois de vasculharem os bolsos dos seus camaradas mortos à procura de munições, os onze legionários ainda com vida, abrigados atrás dos seus parapeitos de cadáveres, ainda conseguiram matar tantos adversários que o pátio se encheu dos corpos ensanguentados de mexicanos mortos e moribundos.

Uma hora mais tarde, restavam apenas a Maudet cinco homens capazes de dispararem uma arma, com um cartucho para cada um. Fixando baionetas, o que lhes dava uma pequena vantagem, no corpo a corpo, sobre as carabinas sem baioneta dos mexicanos, emergiram do seu abrigo numa carga suicida sobre as várias centenas de inimigos que os confrontavam. Vendo dezenas de armas de fogo imediatamente apontadas ao único oficial, Maudet, o legionário belga Victor Catteau lançou-se em frente para o proteger e morreu com dezanove balas no corpo. O seu sacrifício foi em vão: o tenente também foi atingido com gravidade.

Aos legionários que ainda estavam de pé restariam apenas segundos de vida, mas o coronel Angel Lucio Cambas saltou para o meio dos homens desesperados, aparou um golpe do cabo Louis Maine e separou os dois grupos com a lâmina da sua espada. Cambas, que estudara em França, falava perfeitamente francês. «*Rendez-vous!*», gritou ele: Rendam-se!

Vendo que apenas ele próprio e dois camaradas estavam ainda de pé, o cabo, desorientado, respondeu com uma extraordinária presença de espírito: «Sim, se vocês prometerem deixar-nos ficar com as armas e o equipamento, e cuidarem do nosso tenente, que está ferido».

Com uma cortesia igualmente notável para semelhante momento e local, Cambas anuiu: «A homens como vocês, não se recusa nada».

Mandando buscar macas, Cambas conduziu Maine e o legionário Godfried Wensel por entre a multidão de mexicanos armados e excitados – os legionários pensavam que iam ser encostados a uma parede e fuzilados. E quase foi este o seu destino, porque um guerrilheiro, furioso, desmontou do cavalo com um revólver em cada mão, para os matar a ambos. Sem hesitar, Cambas sacou do seu revólver e matou-o com um tiro. Foi o último disparo que se ouviu nesse dia no Rancho Trindade, além dos tiros de misericórdia para os cavalos feridos.

O imaculado e bigodudo coronel Milán, que era o oficial mexicano mais graduado presente, estava espantado por um grupo tão pequeno de homens exaustos e feridos ter continuado a lutar em tão grande desvantagem. Pouco depois, ao ver os sobreviventes, concluiu, na frase que todo o legionário aprende, «*Pero no son hombres, son demónios!*».

Morte ao Entardecer

Dos vinte legionários ainda com vida, vários estavam moribundos. Na Argélia, em Espanha e até em Itália, ao combaterem contra os croatas de Francisco José, teriam sido degolados – ou pior. Com uma compaixão e cortesia raras para a situação, os mexicanos colocaram os que podiam ser transportados em macas improvisadas, duas por mula, e partiram para o hospital de Huatusco.

Com o calor e os solavancos da viagem, morreram cinco homens. Os sobreviventes foram tratados pelas irmãs de São Vicente de Paula e por uma senhora extraordinária, uma viúva, Dona Juana Marredo de Gómez, a quem os pacientes chamavam Mamã Juana. Maudet recebeu um tratamento ainda melhor, em casa do coronel Francisco Maredo, cuja filha cuidou pessoalmente do ferido, seguindo as instruções de Dona Gómez. Pouco antes de morrer, em 8 de Maio, Maudet, com grande dificuldade, escreveu num pedaço de papel para Mamã Juana: «Deixei uma mãe em França, encontrei outra no México». Foi enterrado com todas as honras militares.

Em Chiquihuite, no dia da batalha, o coronel Jeaningros não tinha motivos para suspeitar do que acontecera, dado que teria sido bastante normal Danjou descansar os seus homens durante o dia e regressar na noite seguinte. De manhã, não tendo eles aparecido, Jeaningros ordenou à 1.ª Companhia que saísse a procurá-los. Ao aproximarem-se de Camarón, deram com Casimiro Lai, o tambor de Danjou, jazendo entre os arbustos, à beira da estrada, milagrosamente vivo. O seu relato testemunhal foi o primeiro a ser registado.

Depois de sofrer sete ferimentos de lanças e dois de bala, Lai escondera-se debaixo de uma pilha de cadáveres até ao anoitecer, após o que se conseguiu arrastar-se para longe do local do combate. Mas a escuridão não dera descanso ao ferido. Se tivesse adormecido ou desmaiado devido à perda de sangue, os coiotes, atraídos pelo cheiro a sangue, tê-lo-iam atacado.

Quando Jeaningros chegou à *hacienda*, a dimensão da carnificina era evidente, apesar de os mexicanos terem removido todos os feridos de ambos os lados e enterrado os seus mortos. Os cadáveres de alguns legionários, sem uniformes nem botas, foram encontrados na vala para onde tinham sido atirados. Receando que alguns dos 3000 mexicanos ainda se encontrassem nas redondezas, Jeaningros não ficou para os enterrar; regressou à base, deixando os legionários mortos sem sepultura por mais dois dias.

A Legião Estrangeira

Nesse mesmo dia, Milán aguardava a chegada do comboio, em La Joya. O coronel autorizou o cabo Evariste Berg a escrever uma carta para Jeaningros, descrevendo o fim da 3.ª Companhia. Começava do seguinte modo: «No acampamento inimigo, 1 de Maio de 1863. Coronel, a 3.ª do 1.º está morta, mas conseguiu tanto que podemos afirmar que tinha uns belos soldados». Nunca entregue ao destinatário, a carta foi publicada, alguns dias depois, por vários jornais mexicanos.

E isto é o máximo que podemos dizer acerca do que aconteceu em Camarón. Ao saber da proximidade da cavalaria de Milán, o comandante do comboio francês protelou a entrada na zona de perigo até a sua escolta ser reforçada. Quando o comboio se encontrou finalmente com os homens de Jeaningros, em Palo Verde, os restos mortais dos legionários, entretanto vítimas de coiotes e abutres, foram sepultados. A chegada do comboio a Puebla foi fundamental para a queda da cidade, a 17 de Maio, altura em que, entretanto, Juárez fugira da Cidade do México para San Luis de Potosí, a norte. Assim, em termos militares, a política «anti-rendição» de Danjou foi correcta. Postumamente, em parte, Danjou conseguiu muito mais do que alguém poderia pedir.

Sem ser descoberta pelos destacamentos funerários dos dois lados, uma relíquia estranha ficou perto do Rancho Trindade. A mão de madeira de Danjou acabou por ser encontrada por um lavrador local de ascendência anglo-francesa, chamado Langlais, que a vendeu a Jeaningros, dois anos mais tarde, depois de muito regateio. Levada para o Quartier Viénot, em Sidi-bel-Abbès, atravessou o Mediterrâneo quando a Legião deixou a Argélia, e hoje encontra-se numa vitrina no museu do QG da Legião, em Aubagne[152]. Em solo francês também se podem ver a vedação da sepultura comum dos legionários em Camarón, hoje junto do memorial de guerra fora da aldeia da Legião, em Puyloubier, perto de Aix-en-Provence.

Existem três memoriais no local da batalha: um mexicano, um francês e outro erigido pelas autoridades locais no que constitui hoje uma atracção turística de fim-de-semana para visitantes curiosos provenientes da cidade do México. A inscrição francesa é repetida

_____

[152] O Museu da Legião Estrangeira, em Aubagne, possui uma colecção notável. Aberto ao público, usando a expressão do *Guia Michelin*, vale bem a viagem.

MORTE AO ENTARDECER

num latim intemporal, como que para assinalar a morte de legionários de César:

QVOS HIC NON PLVS LX
ADVERSI TOTIVS AGMINIS
MOLES CONSTRAVIT
VITA PRIAM QVAM VIRTVS
MILITES DESERVIT GALLICOS
DIE XXX MENSI APR. ANNI MDCCCLXIII

Aqui, menos de sessenta homens enfrentaram um exército...

Assim, após uma análise cuidadosa de todas as provas, a verdadeira história de Camarón ainda é mais espantosa do que o seco
relato tipo «nós contra eles». Mas quantos morreram verdadeiramente no Rancho Trindade? A martirologia da Legião implica que
apenas Maudet, o cabo Maine e dois legionários presumivelmente
feridos estavam vivos no momento da rendição. Mas Lai também
sobreviveu para contar a sua história, apesar de gravemente ferido,
e os que receberam cuidados médicos e recuperaram, em Huatusco,
foram trocados, no dia 14 de Julho, em Coscomatepec, pelo general
mexicano capturado Manuel María Alba.

O brigadeiro-general Anthony Hunter-Choat, que iniciou a sua
distinta carreira militar como Legionário n.º 116798 e concluiu os
seus cinco anos de serviço com a patente de sargento numa unidade de elite, o 1.º Regimento Pára-quedista da Legião, acredita
que, aquando da rendição, estariam vivos até vinte e três homens da
3.ª Companhia [153]. Este número inclui os dezasseis feitos prisioneiros durante a retirada para o rancho. Tendo em conta a sua inferioridade numérica e a duração do combate, é espantoso que tenham
sobrevivido tantos, ainda que temporariamente. Contudo, não obstante a sua incrível sorte em Camarón, poucos regressaram à Europa.
Além do sempre presente risco de doença, o seu modo de vida era
a violência; para os oficiais, os duelos eram o «desporto» mais
popular. O cabo Evariste Berg foi promovido a tenente depois de
Camarón, mas morreu no ano seguinte, ao travar um duelo por um
nebuloso ponto de honra.

---

[153] Comunicação pessoal do brigadeiro Hunter-Choat.

A LEGIÃO ESTRANGEIRA

Em Setembro de 1863, Napoleão III teve a ideia de se ver definitivamente livre de Legião oferecendo-a a Maximiliano – tal como Luís Filipe fizera com a infanta, em Espanha. Ao abrigo da Convenção de Miramar, que assinaram no dia 10 de Abril de 1864, o Regimento Estrangeiro permaneceria sob comando francês até à retirada de todas as outras forças francesas, após o que passaria a integrar o exército mexicano de Maximiliano. A redução de efectivos por doença e mortes em combate, bem como a repatriação dos felizardos que tivessem concluído os seus contratos em condições de serem repatriados, seria compensada através do recrutamento no México.

À semelhança de muitos outros planos que os políticos gizam para os militares, este poderá ter parecido bom no papel, mas qualquer oficial da Legião presente no México teria dito ao seu imperador que não iria funcionar. Poucos mexicanos «brancos» com experiência militar, nascidos na sela, quiseram alistar-se num regimento que se deslocava para todo o lado *a pé*, inclusivamente sob o calor do meio-dia. E quando foi baixada a fasquia, recrutando «índios» ou camponeses mestiços, também não vieram a correr. Uma tentativa para alistar antigos soldados confederados que procuravam asilo no México gerou exactamente um recruta, que foi rejeitado depois de insistir num período de seis meses à experiência antes de se comprometer de vez. Para remediar o baixo número de recrutamentos, o contrato inicial passou de dois para cinco anos, até hoje.

Coroado imperador no dia 10 de Junho de 1864, Maximiliano declarou a sua intenção de governar como um ditador benévolo. Justiça lhe seja feita, manteve as reformas agrárias de Juárez. Isto e a sua determinação de abolir a peonagem (*) dos camponeses índios custaram-lhe o apoio das famílias latifundiárias que o tinham trazido para o México. E também perdeu o apoio da Igreja, ao recusar devolver-lhe as enormes propriedades confiscadas por Juárez. Tal como Juárez, Maximiliano encontrou tão pouco dinheiro no erário que se viu obrigado a pagar do seu bolso as suas despesas diárias e as de Carlota.

O contingente francês, inicialmente de 3000 homens, acabou por chegar aos 40 000, sob o comando do sucessor de Forey, Achille Bazaine. Com a vitória da União sobre os exércitos confederados a norte do Rio Grande, em Abril de 1865, começaram a afluir ao México armas e voluntários para os liberais de Juárez.

(*) Sistema de servidão involuntária, geralmente por dívidas. (*N.T.*)

Dado que a maioria dos seus inimigos, regulares ou guerrilheiros, estava a cavalo, a Legião, uma formação de infantaria, encontrava--se em grande desvantagem. Embora alguns oficiais defendessem que a Guerra da Secessão demonstrara o ocaso da cavalaria devido à crescente eficácia da artilharia desenvolvida durante o conflito, era necessária uma infantaria montada, que pudesse deslocar-se mais depressa e desmontar para combater a pé. Por conseguinte, em Março//Abril de 1864, para responder a este requisito, o 1.º Batalhão formou uma companhia ao estilo dos dragões, conhecida por *l'escadron de la Légion* [154].

Depois da queda de Oaxaca, em Fevereiro de 1865, este núcleo foi expandido usando os cavalos capturados para montar ex-soldados de cavalaria alemães e polacos. Porém, dar a um homem um mustangue nervoso, domado pelos índios e com uma sela ocidental, quando ele não sabia montar nem cuidar da sua montada não era a resposta. Alguns cavalos europeus foram enviados de França, mas muitos partiram pernas durante as tempestades no mar e tiveram de ser abatidos. Dado que os cavalos são incapazes de vomitar e só podem estar imobilizados em baias alguns dias para não ficarem doentes, muitos outros morreram de enjoo ou inactividade durante a viagem.

No seu auge, em Setembro de 1866, a força de reacção rápida da Legião, composta por «cavalaria», contava apenas com 240 homens, incluindo oficiais e soldados. Bazaine pretendia introduzir as colunas ligeiras e rápidas que tinham sido tão úteis na Argélia, mas o reduzido efectivo da Legião e a superior destreza equestre dos regulares e guerrilheiros mexicanos significava que as companhias montadas não podiam arriscar-se a operar longe do apoio da infantaria. A sua principal eficácia residia no socorro às guarnições dos postos da Legião sob ataque.

Em Abril de 1865, o exército francês, apoiado pelas tropas belgas enviadas pelo pai de Carlota, o rei Leopoldo I da Bélgica, tinha empurrado as forças liberais de Juárez para norte, quase até à fronteira com o Texas. Mas após o fim da Guerra da Secessão, nesse mesmo mês, os Estados Unidos exigiram a retirada das tropas francesas do México porque a sua presença violava a Doutrina Monroe. A imperatriz Carlota partiu para a Europa, na tentativa de persuadir o papa Pio IX a colocar a Igreja ao lado de Maximiliano. Dado que o seu marido

---

[154] *Légion Étrangère, Historique Sommaire – avril 1864*, ALE.

A Legião Estrangeira

nada fizera para devolver as terras confiscadas à Igreja, o plano falhou. Depois, com Napoleão III a demonstrar uma total ausência de entusiasmo pela sua aventura mexicana, Carlota sofreu um colapso nervoso ao compreender que ela e Maximiliano tinham sido peões numa sórdida empresa comercial.

Um protesto formal de Washington contra a presença das tropas francesas em solo mexicano chegou a Paris no dia 6 de Novembro. Em 12 de Fevereiro, os novamente Estados Unidos intensificaram a pressão diplomática *exigindo* a evacuação de todas as tropas estrangeiras. Mas a guerra prosseguiu. Em Março, quarenta e quatro legionários cercados numa igreja a norte da Cidade do México foram socorridos pelos seus camaradas montados, apoiados por infantaria que, numa marcha forçada, fez a habitual viagem de dez dias em metade do tempo. Em Julho, 125 legionários estiveram de igual modo encurralados durante dois dias, por 500 inimigos, numa quinta perto de Matehuala, no Norte do estado de San Luis Potosí, até serem salvos por uma companhia montada. Mas já toda a gente sabia que a campanha estava perdida.

Vistas de uma forma objectiva, as actividades da Legião no território soberano da federação do México, à qual Napoleão III nem sequer se incomodou a declarar guerra, foram puro banditismo. Que os seus adversários fossem frequentemente bandidos que atacavam caravanas e diligências solitárias, matando e roubando os passageiros, não altera o facto de que não era uma guerra tal como se compreendia na Europa. Mas até os legionários que escaparam ao inferno das doenças tropicais, ao ritmo desumano das marchas forçadas, à tirania de oficiais sem vida privada e que só viviam para a «honra», à adrenalina do combate e à quase certeza da iminência da sua morte, até eles procuraram uma segunda dose.

Capturado após um massacre totalmente desnecessário de 102 oficiais e soldados devido a uma decisão de comando errada por parte do major Paul-Aimable de Brian, numa posição mexicana chamada Santa Isabella – sem importância estratégica e que não fora devidamente reconhecida –, um grupo de legionários recebeu ordens dos seus captores para enterrar os seus camaradas caídos em valas comuns. Quando eram conduzidos para um remoto campo de prisioneiros de guerra numa região desértica próxima do Rio Grande, dominaram os guardas e dirigiram-se para o Texas. Depois, chegaram a Nova Orleães, onde se falava francês, e de lá, não se sabe com que fundos, partiram de barco para Vera Cruz, onde se apresentaram ao serviço. Regressaram ao terrível ciclo, tendo o sargento alemão que organizara a fuga e mantido o grupo unido recebido uma medalha pelos serviços prestados.

Mas poucos desertores regressavam voluntariamente. O país não era a Argélia, onde o destino provável dos fugitivos era a tortura e a morte; os guerrilheiros acolhiam de bom grado desertores com experiência militar. Para o legionário que soubesse montar, que diferença fazia de que lado lutava naquela desgraçada guerra? Porfírio Díaz, futuro presidente do México, chegou mesmo a formar um corpo de 300 desertores franceses para lutar contra Juárez, a maioria dos quais ex-legionários [155].

Logicamente, as deserções aumentaram quando a Legião entrou nos estados de Tamaulipas, Nuevo León e Coahuila, que faziam fronteira com o Texas, levando o vice-cônsul francês em Galveston a queixar-se da quantidade de desertores que passava pela cidade. Em 1865, quando a Legião ocupou Matamoros, na fronteira entre o México e o Texas, chegou a haver oitenta deserções num só dia. Embora os fugitivos, quando capturados, fossem habitualmente punidos com o pelotão de fuzilamento – e muitos foram fuzilados *«pour encourager les autres»* (*) –, alguns oficiais consideravam a deserção como um processo natural que livrara os regimentos do seu refugo. A taxa de deserções da Legião não era particularmente elevada. No ano após Camarón, foi de 11,6%. Em 1865, foi apenas de 6%, e em 1867 baixou para 5,8% – muito inferior aos números relativos aos regimentos de linha na Europa, cujas condições de serviço eram substancialmente melhores.

Um suposto motivo que levava os homens a alistarem-se para servirem no México era pensarem que, depois de lá estarem, ser-lhes-ia fácil desertar e chegar aos Estados Unidos, terra de leite e mel. No entanto, esta razão não se afigura convincente, dadas as centenas de milhares de europeus pobres que conseguiram emigrar

---

[155] J. A. Dabbs, *The French Army in Mexico 1861-1867*, Haia, Mouton, 1963, pp. 230, 268.

(*) Alusão à célebre frase de Voltaire acerca do fuzilamento do almirante britânico Byng, em 1757, durante a Guerra dos Sete Anos, satirizado na sua obra *Cândido*: *«Dans ce pays-ci, il est bon de tuer de temps en temps un amiral pour encourager les autres»*. (N.T.)

A Legião Estrangeira

para a América, mesmo durante a Guerra da Secessão – foram tantos que 500 000 soldados da União tinham nascido na europa.

Uma justificação muito mais provável é o facto de muitos refugiados que chegavam a França serem obrigados a alistar-se, e começarem a causar problemas logo que chegavam ao depósito de Aix-en-Provence. Desprovidos do seu vestuário civil, com o qual poderiam fugir – como ainda acontece com os *engagés volontaires* –, roubavam roupa aos cidadãos com tanta frequência que Napoleão III recebeu uma petição para transferir a base para outro local. Repetindo todos os escândalos ocorridos nas primeiras bases da Legião, em Langres e Bar-le-Duc, sob o comando do barão Stoffel, 200 recrutas provocaram graves distúrbios em Aix-en-Provence depois de cinco arruaceiros terem sido detidos. Ecoando o receio de Stoffel de que os seus homens desertassem durante a marcha para o porto de embarque, os recrutas de 1865 foram conduzidos para o porto sob escolta, tal como os condenados que eram enviados para a Ilha do Diabo, mas foram tantos os que aproveitaram a mínima oportunidade para se escapulirem durante o caminho que o porto de partida foi alterado do distante St-Nazaire, na costa atlântica, para o porto mediterrânico de Toulon.

Em França, por esta altura, só os empresários amigos de Morny, que ainda sonhavam com o ouro mexicano, queriam que a guerra continuasse. No México, terão sido poucas as pessoas – excluindo Maximiliano – a não gritar silenciosamente de alegria quando Napoleão III ordenou a repatriação de todas as tropas francesas, em Dezembro de 1866. Leopoldo I fez o mesmo com as suas, em Janeiro de 1867.

Bazaine envidou esforços para manter intacto o que restava da Legião. Numa operação notavelmente coordenada, com a duração de oito semanas, o fragmentado contingente foi retirado de todos os postos isolados e reagrupado em seis batalhões, na Cidade do México e noutros locais, marchando depois para Soledad. Daqui, uma linha férrea recentemente construída transportou-os através da cintura das febres, passando pelas incontáveis sepulturas marcadas e anónimas dos seus antecessores que tinham morrido do vómito negro, e deixou-os no porto de Vera Cruz, onde eles sacudiram das botas e dos uniformes a poeira e a lama do Novo Mundo – para sempre.

MORTE AO ENTARDECER

Tal como acontecia desde 1831, a esmagadora maioria dos oficiais da Legião no México eram solteiros. A vida dura e brutalizante que levavam, os duelos por causa de dúbios pontos de «honra» e as incursões que conduziam, as quais não devem ter parecido às gentes locais diferentes das depredações dos bandos de foras-da-lei, deixavam-lhes pouco tempo para uma vida doméstica, mesmo que houvesse mulheres para os acompanharem em comissões tão deprimentes e perigosas.

Passando pela cidade de Soledad a caminho de Vera Cruz, Bazaine deve ter tido um pensamento para a esposa epónima que deixara em Paris, onde Madame Maria de la Soledad Bazaine mantivera numerosas ligações – até que a mulher de um amante descobriu as suas cartas de amor. Era uma actriz da Comédie Française, cheia de garra; embrulhou as cartas e enviou-as para Bazaine, no México, informando depois «a outra» do que tinha feito. Desesperada, Maria pediu ajuda a Napoleão III, mas este não conseguiu parar o navio postal, que já se encontrava no mar alto. Oito semanas depois de ter sido enviado, o embaraçoso pacote chegou ao QG de Bazaine, onde um leal ajudante de campo leu as cartas e as destruiu sem informar o seu general. Entretanto, Maria, para não enfrentar a fúria do marido, suicidara-se.

Partindo do princípio de que ela morrera de cólera, o flagelo da França do século XIX, Bazaine cumpriu um breve período de luto e depois repetiu a dose, cortejando e desposando outra bela jovem – desta vez, de uma das famílias mais ricas do México. Ele tinha 54 anos de idade e um bastão de marechal como recompensa pelos serviços prestados à França; ela tinha 17, a mesma idade de Maria quando Bazaine a desposara e levara para a Crimeia [156].

No dia 1 de Março de 1867, o último transporte de legionários zarpou de Vera Cruz, transpondo a passagem entre as ilhas-cemitério. As baixas da Legião na campanha cifraram-se em 1918 oficiais e soldados mortos, 83% por doença.

Alguns dias mais tarde, Juárez e o seu exército reocuparam a Cidade do México. Expulso da capital e enganado pelos seus apoiantes conservadores com a nomeação para comandante supremo do seu exército, que diminuía a olhos vistos, Maximiliano recusou-se a abdicar do seu trono ilusório. O que restava do exército, encurralado em Querétáro, 200 km a noroeste, foi cercado, reduzido à fome e, por fim, traído e entregue às forças de Juárez. Maximiliano capitulou

---

[156] Geraghty, *March or Die*, pp. 91-92.

em 15 de Maio de 1867. Apesar dos pedidos de Giuseppe Garibaldi e de muitas outras cabeças coroadas da Europa e intelectuais, entre os quais Victor Hugo, para que Juárez deixasse Maximiliano partir para o exílio, ele foi fuzilado nos arredores de Queretáro, no dia 19 de Junho. Desconhece-se exactamente quando é que a sua imperatriz, Carlota, soube que era viúva, porque ela nunca recuperou a sanidade mental e passou o resto da vida em várias instituições para loucos. Morreu com 87 anos de idade, em 1927.

14

À Coronhada e à Baionetada

FRANÇA, 1866-1870

A sorte de Achille Bazaine permitira-lhe sobreviver à Argélia, à Crimeia e ao México, e cada uma destas campanhas fizera-o subir progressivamente a escada das promoções. Regressando à Europa como marechal de França, na companhia da sua jovem noiva, ele não tinha razões para desconfiar que a sua próxima guerra seria a última, nem que seria desencadeada por um telegrama enviado da pequena cidade termal de Ems, na Alemanha.

A França não retirara as suas forças das Américas unicamente por causa da pressão de Washington: havia preocupações mais importantes e mais perto das suas fronteiras. No dia 3 de Julho de 1866, foi travada a batalha mais importante da Guerra das Sete Semanas, entre a Prússia e a Áustria, perto da cidade de Königgrätz[157], junto ao rio Elba, a 100 km de Praga, na Boémia Oriental. Esta breve mas violenta questiúncula entre o poderio declinante do Império Austríaco e a força ascendente do Reino da Prússia pôs meio milhão de homens em uniforme, com ordens para se matarem uns aos outros.

Cerca de 241 000 Austríacos, equipados com rifles de carregar pela boca e cujos oficiais acreditavam que a melhor forma de empregar a infantaria era em cargas à baioneta, estavam sob o comando do general Ludwig August von Benedek, que aceitara a missão com

---

[157] Hoje Hradec Králové, na República Checa.

relutância porque não conhecia as tropas nem o terreno. Contra eles, 285 000 Prussianos, divididos em três exércitos, encontravam-se dispostos num enorme arco que ia da fronteira da Saxónia à Silésia. O comando pertencia ao chefe do estado-maior prussiano, Helmuth von Moltke, o primeiro comandante a explorar o caminho-de-ferro para transportar rapidamente para a frente a maioria das tropas, de modo a que chegassem frescas e não desgastadas por longas marchas pelas estradas. Neste recontro, a infantaria estava decisivamente armada com a espingarda de agulha (*) Dreyse Zündnadelgewehr Modell 1862, com calibre de 15,43 mm e de retrocarga, que podia disparar seis vezes por cada disparo austríaco. Os Prussianos também fizeram batota, deitando-se para reduzir o seu tamanho como alvos em vez de ficarem de pé na ordem cerrada wellingtoniana, sem romper fileiras, e ser derrubados como pinos.

Em consequência, no dia 3 de Julho, em Königgrätz, os Austríacos perderam três vezes mais homens do que Moltke. Esta derrota de uma nação que fora a mais poderosa do continente teve a sua consagração no Tratado de Praga, que alterou radicalmente o equilíbrio de poder na Europa. Embora sem humilhar demasiado a Áustria, a Prússia anexou os territórios dos aliados de Viena em Hanôver, Nassau, Hesse-Kassel e Frankfurt, adquirindo as terras que tinham separado as metades oriental e ocidental do Estado prussiano, o que lhe permitiu constituir a Confederação da Alemanha do Norte. Estava montado o cenário para a Guerra Franco-Prussiana e para as duas guerras mundiais, nas quais a Legião teria um papel a desempenhar.

A genial alma gémea de Moltke nesta reformulação da Europa foi o matreiro primeiro-ministro Otto von Bismarck, que incitara a Áustria a declarar guerra engendrando uma disputa sobre a administração dos condados de Schleswig e Holstein, que as duas potências tinham controlado em conjunto desde que os haviam subtraído à Dinamarca, em 1864. Com o rei de Hanôver deposto e a casa reinante de Hesse igualmente destituída dos seus poderes, a Prússia tinha agora o potencial para se tornar a maior força na Europa, e Bismarck fazia tenções de o concretizar.

(*) Esta arma, mãe de todas as espingardas de culatra manual, deve o seu nome ao comprido percutor que atravessava o cartucho de papel para percutir a cápsula fulminante na base do cartucho. (N.T.)

À Coronhada e a Baionetada

A ocidente do Reno, algumas vozes – poucas e ignoradas – chamaram a atenção para o facto de a grande derrotada em Königgrätz ser *la belle France*. Contudo, numa inquietante antecipação da política da Frente Popular de Léon Blum, na década de 30, em vez de se preparar para a inevitável ameaça prussiana, o governo francês emagreceu o Exército. No dia 4 de Abril de 1867, a Legião foi reduzida de seis para quatro batalhões; as unidades de artilharia e sapadores foram as primeiras a desaparecer, com a transferência de 84 oficiais e 387 oficiais subalternos para outros regimentos. Antes de o Verão chegar ao fim, novos cortes reduziram os efectivos de 5000 para 3000, por força da transferência de legionários nascidos em França para regimentos regulares e passando prematuramente à disponibilidade 1000 estrangeiros.

Para o que restou da Legião, ocupando cem postos dispersos pela Argélia Oriental, foi uma vida difícil. Os legionários eram quase sempre empregues como mão-de-obra barata em projectos de engenharia civil. Era um trabalho desmoralizador para homens que se tinham alistado em busca de «glória ou morte». Nas suas memórias, o general Paul Adolphe Grisot fala do tédio e da fadiga esmagadora sofridos por homens trabalhando esforçadamente a rações reduzidas[158]. Uma má colheita fizera disparar os preços para um nível em que alguns legumes cultivados numa horta particular ou uma galinha roubada eram tema de conversa na messe durante dias. Muitos autóctones, demasiado pobres para comprarem alimentos importados, morriam de fome; registou-se uma epidemia de tifo e a cólera começou a ceifar vidas com grande rapidez – enquanto a omnipresente malária ia perseguindo as suas vítimas com maior lentidão.

Na parte ocidental da província, depois de Orão e Sidi-bel-Abbès, grassavam o tifo e a cólera. As escaramuças contra os esquivos rebeldes baseados do outro lado da fronteira, em Marrocos, custavam vidas, mas o principal inimigo era o terreno. A Argélia não é só tamarindos e sol. No planalto a sul de Orão, as neves de Inverno são constantes. Nesta região, em Abril de 1868, uma coluna da Legião que regressava à base de El Bayadh perdeu todos os animais de carga por causa do mau tempo e teve de abandonar a maioria do equipamento; um comandante de companhia, que se perdera devido a uma tempestade de neve, foi torturado até à morte por árabes

---

[158] Grisot e Coloumbon, *La Légion Étrangère de 1831-1987*, pp. 317-326.

provenientes de Marrocos; dezanove homens suicidaram-se. Na mesma região, em Fevereiro do ano seguinte, uma coluna que policiava a fronteira marroquina perdeu-se devido aos nevões e os legionários foram obrigados a optar entre abortarem a missão, depois de uma tentativa de reabastecimento ter fracassado, ou morrerem à fome – se os ferimentos gangrenados e a hipotermia não os liquidassem primeiro [159].

Mas em Paris, ninguém queria saber. Na última semana de 1870, nos ministérios e nos salões da elite, o falatório era acerca da candidatura ao trono espanhol do príncipe Leopoldo de Hohenzollern--Sigmaringen, primo de Guilherme I, rei da Prússia. Por fim, o governo francês despertou para o verdadeiro significado de Königgrätz e compreendeu que esta tentativa de extensão da influência prussiana em Espanha constituía um movimento em tenaz que ameaçaria a França a norte e a sul.

No dia 6 de Julho, o ministro dos Negócios Estrangeiros, Agénor de Gramont, declarou a oposição francesa à ideia. Guilherme I respondeu em 12 Julho, confirmando diplomaticamente a renúncia do primo ao trono espanhol, mas Gramont não ficou satisfeito. Enviou o embaixador francês em Berlim, o conde Victor Benedetti, para Ems, onde Guilherme I se encontrava a banhos. O rei confirmou educadamente a renúncia, mas Gramont ordenou a Benedetti que pedisse garantias de que nenhum outro Hohenzollern jamais se candidataria ao trono de Espanha. De forma educada mas firme, Guilherme I respondeu, através do seu ajudante de campo, o príncipe Radziwill, que não tinha mais nada a acrescentar.

O rei telegrafou ao seu primeiro-ministro, em Berlim, informando-o de todas as conversas mantidas e autorizando-o a publicar o telegrama na íntegra ou parcialmente. Conhecendo muito bem o ambiente belicista de Paris do breve período que lá residira na qualidade de embaixador na corte de Napoleão III, uma estada quase toda passada a namoriscar a bela mulher do embaixador russo, a condessa Katarina Orlova, Bismarck editou o telegrama de forma a dar a impressão de que Benedetti, muito pouco diplomaticamente, importunara o rei Guilherme e fora despachado por um secretário menor. Bismarck fez também com que, no dia seguinte, a sua versão fosse publicada no *Norddeutsche Allgemeine Zeitung*, que era distribuído

---

[159] *Ibid.*

gratuitamente em Berlim [160]. A data era crucial: o dia 14 de Julho, aniversário da tomada da Bastilha, era um feriado nacional em que o orgulho gaulês estava no zénite.

Porque é que Bismarck pretendia uma guerra contra a França? Não existem provas de que tencionasse ocupar o país permanentemente. Nem Hitler o quis fazer. O objectivo do matreiro chanceler da Prússia era unir todos os Alemães, atraindo os Estados alemães do Sul para uma aliança com a Confederação da Alemanha do Norte numa guerra patriótica contra os Franceses – uma aliança na qual a Prússia seria o parceiro dominante.

O governo francês caiu direitinho na armadilha de Bismarck. Em 15 de Julho, o parlamento aprovou os créditos necessários para a guerra, com menos de dez votos contra. Adolphe Thiers foi um dos poucos a apelarem à paz, argumentando que a França tinha suficientes problemas internos para desperdiçar dinheiro numa guerra. Em Janeiro, o funeral do jornalista parisiense Victor Noir, assassinado por um primo do imperador [*], originou manifestações de protesto republicanas, com a participação de 100 000 pessoas. Em Maio, um referendo reduzira o poder do Senado e destituíra Napoleão III das suas funções como chefe do Conselho de Ministros. Na indústria, a agitação laboral estava ao rubro, com as tropas abatendo frequentemente a tiro manifestantes desarmados junto de minas e fábricas. Anunciava-se uma nova revolução, mas os políticos não queriam saber que cada tiro disparado sobre os manifestantes era um segundo a menos na contagem decrescente do relógio que marcava o fim do Segundo Império. Aos gritos, os deputados impediram a continuação da exposição de Thiers, o qual foi apodado, entre outras coisas, de prussiano.

Como parte dos preparativos, Bazaine foi nomeado comandante do 3.º Corpo [161] do Exército do Reno, em 16 de Julho, na véspera de o primeiro-ministro, Émile Ollivier, aprovar uma declaração de guerra para vingar o alegado insulto ao embaixador francês. No dia 19 de Julho, quando o encarregado de negócios francês em Berlim

---

[160] *Chronique de France et des Français*, p. 933.

[*] Pierre Bonaparte. Em causa estava um alegado insulto à família Bonaparte publicado num jornal corso, que recebera o apoio do jornal onde trabalhava Victor Noir, *La Marseillaise*. (*N.T.*)

[161] Um *corps d'armée* era constituído por 25 000/30 000 homens.

entregou o texto da declaração de guerra a Bismarck, aqueles que tinham o sentido da História murmuraram que estavam a viver uma repetição do caso do enxota-moscas. Em Paris, os ministros, incluindo o primeiro-ministro Ollivier, diziam sentir-se aliviados. Nas ruas, multidões em júbilo esqueciam a agitação da véspera e entoavam palavras de ordem bombásticas. Uma das mais modestas era: «Para o Reno!». Uma das mais comuns era: «Abaixo Bismarck!». E os optimistas entoavam: «Para Berlim!». No dia 20 de Julho, o marechal Edmond Le Boeuf, ministro da Guerra, nomeou-se a si próprio general de divisão do Exército do Reno, tornando-se superior hierárquico de Bazaine.

Tem-se dito que foi o orgulho ferido de Napoleão III que o levou a declarar a guerra, com toda a irresponsabilidade de um jovem oficial casmurro desafiando outro para um duelo, mas ele já não tinha poder para o fazer. Além disso, estava tão doente – talvez fosse um problema psicossomático, decorrente da redução dos seus poderes como imperador – que a família receava a sua morte. Ainda estava visivelmente afectado quando partiu para a frente, em 28 de Julho, assumindo nominalmente o comando supremo em Metz, na Alsácia, e deixando a imperatriz Eugénia como sua regente constitucional.

Tal como Bismarck previra, os Estados de língua alemã, com a excepção da Áustria, aderiram à causa teutónica. Graças às draconianas e abrangentes leis de conscrição que o Chanceler de Ferro introduzira na Prússia, von Moltke podia chamar às armas meio milhão de homens treinados, o dobro do número dos imaculados soldados franceses, com as suas casacas azuis e calças vermelhas, marchando por rectas estradas napoleónicas em direcção à fronteira nordeste com a Alemanha. Com a comunicação instantânea proporcionada pelo telégrafo, o conde Albrecht von Roon, o especialista de Moltke em logística, lançou rapidamente sobre eles 1 183 000 reservistas e regulares prussianos, recorrendo aos carris que agora uniam praticamente todas as grandes cidades da Europa numa enorme rede. As hostilidades foram abertas no dia 2 de Agosto de 1870, em Saarbrücken.

Moltke era um general muito moderno, ansiando por explorar todos os instrumentos que a tecnologia do século XIX punha à sua disposição. Pouco impressionado pela bravura das cargas da cavalaria francesa durante as manobras anuais do Exército Francês, ele pretendia fazer uso da *Blitzkrieg* – embora a palavra ainda não tivesse sido inventada – para subjugar sucessivamente as cidades que se interpunham entre ele e Paris com o auxílio dos moderníssimos canhões de retrocarga de Alfred Krupp. Fabricados com precisão em aço de elevada qualidade faziam com que os canhões franceses, de bronze e de carregar pela boca, que defendiam as cidades-fortaleza do nordeste da França, parecessem peças de museu.

Le Boeuf anunciou bombasticamente ao parlamento que o país estava «tão bem preparado para a guerra que, se ela durasse um ano, não faltaria nada a nenhum soldado, nem sequer um botão de polaina» ([162]). Mas a elegância em parada era irrelevante para o novo estilo de guerra de Bismarck. É verdade que o vencedor de um recente concurso para melhorar as rações da Marinha Francesa inventara a margarina, mas a única invenção francesa potencialmente útil no confronto que se avizinhava era o Fusil d'Infanterie Modèle 1866, de calibre 11 mm, concebido por Antoine-Alphonse Chassepot, mais fiável e com maior alcance do que a Dreyse. Quando a guerra eclodiu, tinham já sido produzidos em série mais de um milhão, mas armas novas com as quais as tropas não treinaram nem sempre realizam o seu potencial.

Em contraste com a Prússia, a França não fizera cumprir rigidamente a conscrição desde Waterloo. Para apoiar o Exército regular, abaixo do seu complemento, Le Boeuf ordenou ao Exército de África para ceder unidades de Caçadores de África, zuavos e infantaria ligeira argelina. Apesar do cargo de Bazaine no 3.º Corpo, a Legião não foi pretendida porque o recrutamento para substituir as perdas sofridas no México aumentara a proporção de legionários de língua alemã, que era de 58% em 1866. Muito antes de Roma ter inventado a legião, já os comandantes tinham procurado não empregar tropas mercenárias contra os seus conterrâneos – os alemães ficavam de fora. A percentagem de belgas na Legião também era elevada, e o pesaroso pai de Carlota, tendo aprendido a lição no México, deixara bem claro a ambos os lados que não desejava ver o seu país nem os seus cidadãos envolvidos na guerra – os belgas também ficavam de fora.

Na Argélia, os legionários que tinham esperado que o troar dos canhões os chamasse a tarefas mais marciais a norte do Mediterrâneo viram as suas expectativas goradas quando dois batalhões foram enviados para substituir os zuavos – que partiam para a Europa – num

---

([162]) *Chronique de France et des Français, p. 933.*

posto chamado El-Hasaiba, o Maldito, por tantos homens lá colocados morrerem de malária.

Em 4 de Agosto, o marechal MacMahon batia em retirada com a sua Divisão Douay depois de ter sido derrotado pelo príncipe herdeiro prussiano, Frederico Guilherme, em Wissemburgo, na Alsácia. Dois dias mais tarde, em Froeschwiller-Woerth, onde os 8.º e 9.º regimentos de cavalaria couraçada franceses foram aniquilados numa carga heróica mas inútil contra a artilharia prussiana, o coronel Raphaël de Suzzoni disse aos seus homens do 2.º de *Tirailleurs* Argelinos, em árabe, que não arredariam pé e morreriam pela França, mas não cederiam um centímetro. Ele morreu. Eles morreram. Seis mil homens foram capturados. O centímetro não foi cedido, mas foi conquistado na mesma.

A retirada francesa transformou-se numa debandada. No mesmo dia, em Forbach, na vizinha Lorena, as tropas do general Charles-Auguste Frossard, flanqueadas, foram obrigadas a retirar. A frente desmoronava-se como um castelo de cartas. Na Alsácia, as corajosas cargas de cavalaria foram em vão. Tinha chegado a guerra moderna. A 10 ou 12 de Agosto, Napoleão III, cada vez mais doente, assinou a ordem nomeando Bazaine comandante supremo do Exército do Reno.

Tentando efectuar uma junção com MacMahon, Bazaine avançou em direcção a Verdun. No dia 14 de Agosto, em Borny, foi ferido. Após as batalhas indecisas de Mars-la-Tour e Gravelotte, a 16 e 18 de Agosto, Bazaine recuou sobre a cidade-fortaleza de Metz, com o seu exército relativamente intacto. Entretanto, MacMahon fora escorraçado até Châlons-sur-Marne, na Champanhe. Três desastrosos dias mais tarde, Bazaine estava cercado em Metz. No dia 25 de Agosto, MacMahon recebeu ordens para romper o cerco e socorrer o exército de Bazaine. Em vão.

Desesperadamente necessitado de reforços, Le Boeuf olhou para Tours, no centro da França. Esperando a afluência de uma torrente de voluntários estrangeiros prontos a morrerem pela França, ele estabelecera na cidade o depósito de mais uma legião estrangeira, contando atrair interessados enquanto durassem as hostilidades. Mas a torrente não se materializou; os recrutas foram menos de 1000, metade dos quais alemães. Por deferência para com a vontade do rei Leopoldo I, os belgas que se alistaram foram enviados para longe do perigo, para a Argélia, mas os alemães foram conservados e designados 5.º Batalhão do Regimento Estrangeiro.

À Coronhada e a Baionetada

No dia 2 de Setembro, 39 generais e 104 000 oficiais e soldados franceses foram capturados em Sedan, onde a 13 de Maio de 1940 as tropas de Hitler efectuariam a sua penetração. Com eles foi capturado o seu enfermo imperador, o qual, envergando o uniforme de general e na companhia de quatro oficiais de estado-maior, foi conduzido, numa caleche, ao encontro do vitorioso rei da Prússia. Esperava-o um breve período de prisão na Argélia, seguido do exílio em Inglaterra.

Ao ser informada do sucedido, a imperatriz Eugénia começou a fazer as malas, enquanto o príncipe herdeiro, com 14 anos de idade, se dirigia para o exílio na Bélgica. Um dos últimos actos da imperatriz foi a assinatura de um decreto convertendo o batalhão de Tours no 5.º Regimento Estrangeiro. Em 4 de Setembro de 1870, apenas um mês após o início da guerra, o II Império entrava nos seus estertores de morte. Em Paris, a turba invadiu o antigo lar da imperatriz, o Palácio Bourbon, ao mesmo tempo que ela instalava residência em segurança, do outro lado do Canal da Mancha, em Hastings. Desaparecidos o imperador e a imperatriz, nasceu inauspiciosamente a III República. Léon Gambetta e o governador militar de Paris, o general Louis Jules Trochu, que criticara acerrimamente a deficiente preparação militar francesa, formaram um Governo de Defesa Nacional, a título provisório, em Tours, onde o 5.º Regimento se vinha constituindo desde 22 de Agosto. Estava prestes a chegar a hora da Legião – a sua hora menos digna, dirão alguns.

Após a sua vitória em Sedan, o II Exército prussiano, comandado pelo príncipe herdeiro Frederico Guilherme, avançou rapidamente para cercar Paris. As linhas férreas que, de todas as direcções, convergiam para a capital constituíam uma vantagem a seu favor, sendo muito mais difícil para os Franceses deslocarem as suas forças de lado, entre várias frentes. A 19 de Setembro, Paris encontrava-se sitiada por dois exércitos alemães, totalizando 400 000 soldados experientes. Embora Trochu possuísse mais de meio milhão de homens dentro das linhas de cerco para defesa da capital, a sua qualidade era muito variável: 17 regimentos de linha com 200 canhões eram suplementados por 15 000 marinheiros, 12 000 gendarmes e 465 000 homens da Guarda Nacional – 135 000 provenientes das províncias e 330 000 da própria Paris.

Mas Paris resistiu: os cidadãos abriram trincheiras para transformar a cidade num campo fortificado que conseguiu manter os exér-

A Legião Estrangeira

citos sitiantes de Moltke à distância durante quatro meses. No dia 22 de Setembro, o socialista revolucionário Louis-Auguste Blanqui apelou abertamente a uma revolução sangrenta, incitando o rival de Karl Marx, o anarquista russo Mikhail Bakunine, a trocar a Suíça por Lyon, onde ele declarou sozinho a abolição do Estado francês!

As aproximações com vista a eventuais negociações de paz não deram em nada. Toul caiu. Estrasburgo caiu. Com as linhas telegráficas cortadas pelos Alemães, a correspondência de Paris com o exterior era, como bem sabem os filatelistas, por meio de «pombogramas» em papel ou microfilme que eram aumentados e copiados à chegada, através de cestos suspensos de balões e em esferas de metal estanques postas a flutuar no Sena – a montante para o correio a receber, a jusante para as cartas a enviar. Os Prussianos faziam tiro ao alvo com elas. Em 5 de Agosto, Gambetta, desesperado, subiu para o cesto de vime de um balão na colina de Montmartre e atravessou as linhas de cerco para reunir um novo exército nas províncias. Pretendera dirigir-se para sul, para Tours, mas um vento caprichoso decidiu o contrário, empurrando o balão para norte e quase fazendo-o descer em território controlado pelos Prussianos.

A 8 de Outubro, a sudoeste de Paris, 15 000 Bávaros, comandados pelo general von der Tann e com o apoio de 100 canhões Krupp, cercaram Orleães. A cidade era defendida por 10 000 homens e um punhado de canhões de bronze, de carregar pela boca. Entre os defensores encontravam-se os 1350 oficiais e soldados do novo 5.º Regimento, que iriam ser duramente postos à prova, bem como alguns zuavos e *tirailleurs* argelinos.

A Batalha de Orleães teve início 20 km a norte da cidade, em Artenay, onde a 4.ª Divisão do major Adolf von Heinleth ficou surpresa ao ver as multidões de cidadãos que, a cavalo ou em coches, se tinham ido instalar com os seus cestos de piquenique para assistir ao combate. À primeira salva dos canhões Krupp, fugiram a toda a pressa – tal como muitos soldados franceses –, provocando um pânico generalizado na cidade. Bivacando para passar a noite, Heinleth preparou-se para tomar de assalto os subúrbios no dia seguinte. Os seus canhões de aço não lhe seriam úteis, e ele contava com a sua infantaria bávara e suábia para dar conta do recado com espingarda e baioneta.

Uma indicação do que era a nova Legião é o facto de que, entre os oficiais recrutados sem escrutínio naquela hora de desespero, se

À Coronhada e a Baionetada

encontrava um tenente que desertou para os Alemães e um major espanhol que se passou para o outro lado com armas e bagagens. Entre os homens, um turco, completamente lunático, passou mais tempo a lutar contra os seus camaradas do que contra o inimigo, e um dos cem voluntários irlandeses ocupou a maior parte do tempo a escrever notícias para os jornais.

Mais grave do que estes excêntricos era a ausência generalizada de instrução. Os melhores oficiais subalternos tinham sido colocados em regimentos regulares; os que restavam mal conheciam os seus homens. Contudo, a Legião recuou de modo relativamente ordeiro, depois de repetidamente flanqueada devido ao colapso de outras unidades. Pelas 17:00, o seu comandante, o major Arago, estava morto, bem como 18 oficiais e 580 oficiais subalternos e soldados, tendo sido capturados 250 homens [163].

Nas suas memórias, Heinleth recorda que «A Legião Estrangeira lutou com grande teimosia. Por entre as casas que ardiam e se desmoronavam, os valentes suábios caíram sobre os bravos mercenários internacionais à coronhada e à baionetada... Cerca de 4000 franceses foram mortos, feridos ou capturados, dos quais a Legião Estrangeira, de 1300 homens, perdeu... 19 oficiais e 900 oficiais subalternos e soldados» [164].

---

[163] Porch, *The French Foreign Legion*, p. 165.
[164] Citado em Geraghty, *March or Die*, p. 101.

15

Vendas e Balas nos Bulevares

FRANÇA, 1870-1871

Wein, Weib, Gesang... Foram, de facto, vinho, mulheres e canções naquela noite para os jubilantes alemães, senhores da cidade onde Joana d'Arc se transformou na consciência nacional francesa depois de ser queimada viva pelos Ingleses durante uma guerra diferente. Enquanto os vencedores celebravam, os sobreviventes do 5.º Regimento Estrangeiro escapuliram-se da cidade vestidos à civil. Disfarçado de moleiro enfarinhado ia um graduado de St-Cyr, que se alistara sob o nome de «sargento Kara» mas que tomaria o seu devido lugar na História ao ser coroado rei Pedro I da Sérvia, em 1903.

Em 19 de Outubro, dois batalhões da antiga Legião, totalizando 2000 homens mas sem os seus legionários alemães[165], desembarcaram em França, provenientes da Argélia, e absorveram o que restava do 5.º Regimento. Gambetta, agora ministro da Guerra, atribuiu-os ao Exército do Loire, de 125 000 homens, incumbido da reconquista de Orleães, mas o povo que eles tinham ido libertar deu aos legionários um frio acolhimento, antecipando a hostilidade dos presidentes de câmara da Flandres durante a Primeira Guerra Mundial, que recusaram abrigo e comida às tropas coloniais e à Legião até serem obrigados a providenciá-los, por vezes debaixo da mira de uma pistola

---

[165] Porch, *The French Foreign Legion*, p. 165.

VENDAS E BALAS NOS BULEVARES

de oficial. Vivendo em tendas, no frio e húmido Outubro de 1870, os legionários recém-chegados devem ter suspirado pela Argélia – com sol, pás e tudo.

O que fazia Bazaine durante todo este tempo? Isolado em Metz, sem esperança de socorro, ele resistiu durante cinquenta e quatro dias, até ao fim de Outubro. Embora posteriormente acusado de uma inactividade traiçoeira, ele fixou mais de 200 000 soldados prussianos que poderiam ter tomado Paris de assalto antes de as defesas estarem prontas. A capitulação incondicional, em 27 de Outubro, pôs nas mãos dos Prussianos 173 000 homens, 1570 canhões e 53 bandeiras regimentais. Vivendo de rações muito reduzidas, com as suas montadas e animais de carga morrendo à fome e depois comidos como a única carne disponível no deserto árido do interior das linhas de cerco, restavam apenas às tropas rações para quatro dias. Mesmo assim, a capitulação de Bazaine valeu-lhe um conselho de guerra que o condenou à morte.

Em 2 de Novembro, o governo de Gambetta encontrava-se em Bordéus, para onde tinha fugido, e tentava recrutar e armar outro meio milhão de homens. Paris estava em ebulição, e passava fome. No mercado em frente da Câmara Municipal, vendiam-se ratos esfolados por 50 a 75 cêntimos cada um, enquanto que um gato custava 8 francos – muito acima das posses dos operários. Todos os animais do zoo, nos Jardins d'Acclimatation, tinham sido comidos há muito, bem como todos os cavalos no interior das linhas defensivas. No dia 31 de Outubro, compreendendo que a queda de Metz libertaria forças alemãs que intensificariam o cerco a Paris, a turba invadiu a Câmara Municipal. Um batalhão da Guarda Nacional passou-se para o lado dos manifestantes, e a ordem só foi restaurada com muita dificuldade.

Nos dias 3 e 4 de Novembro, Adolphe Thiers esteve em Versalhes, tentando negociar termos de paz com Bismarck. Em Orleães, von der Tann encontrava-se numa inferioridade numérica de um contra cinco face ao reforçado Exército do Loire, comandado pelo general Aurelle de Palladines. A 8 de Novembro, procurando terreno aberto para confrontar esta ameaça, von der Tann saiu com as suas forças da cidade e instalou-se em Coulmiers, 20 km a oeste. No dia seguinte, quando a batalha começou, um dos oficiais do estado-maior alemão era Ernst Milson von Bolt, o ex-tenente da Legião que matara Antonio Díaz no México e recebera a Legião de Honra pela proeza. Tinha pela frente, no Exército do Loire, muitos homens que ele poderia ter reconhecido através de um telescópio, se tivesse tempo de perscrutar os milhares de rostos que avançavam ao encontro dos canhões prussianos.

Um deles, sobrevivente de Camarón, era Félix Brunswick, de Bruxelas, entretanto promovido a sargento. Poderá ter sido ele quem deu origem à lenda de que von Bolt ordenou aos canhões alemães que cessassem fogo sobre homens ao lado dos quais ele combatera no México. A verdade mais provável é que o canhoneio terminou quando os Prussianos romperam o contacto com o inimigo para executarem uma retirada ordeira para norte. De Bordéus, Gambetta, jubilante, ordenou a Palladines que convertesse Orleães num campo militar. No dia seguinte, estavam já a ser instaladas baterias de artilharia, enquanto os legionários abriam trincheiras.

Para o governo, em Bordéus, a reconquista simbólica da cidade natal de Joana d'Arc foi vista como o primeiro passo para a libertação de Paris. Para estimular os legionários que abriam trincheiras em Orleães, Gambetta telegrafou a Palladines, «Paris passa fome!». Mas o jantar não estava a caminho. Os 200 000 Prussianos e seus aliados libertados pela capitulação de Metz isolaram ainda mais eficazmente a capital do resto do país, preparando-se para o assalto final.

Existia um exército inexplorado de 80 000 Bretões inactivo em Conlie, a norte de Le Mans. Nos últimos dias desesperados de Novembro, Gambetta prometeu-lhe armas, mas mudou de ideias no dia seguinte, não fossem elas ser utilizadas para uma insurreição secessionista, tal como acontecera durante a I República. E von der Tann ainda não estava em fuga. No dia 1 de Dezembro, subitamente, interrompeu o seu recuo e contra-atacou, empurrando o Exército do Loire para Patay, perto de Orleães, e reconquistando brevemente a cidade, em 4 de Dezembro. De costas para o Loire, a Legião e os zuavos receberem ordens de não arredarem pé da margem errada, cobrindo o resto do exército, que retirava para o outro lado do rio.

Uma ideia errónea muito divulgada é a de que o clima francês, excluindo nos Alpes e nos Pirinéus, é sempre muito mais ameno do que a norte do Canal da Mancha. Geralmente é, mas nalguns anos, no Inverno, as baixas pressões sobre a Escandinávia levam o clima siberiano para sul, até à Dordonha e a Gers. As vinhas, sem folhas, parecem cruzes numa paisagem branca. A vegetação mediterrânica morre. As aves caem em pleno voo, mortas de hipotermia. O mercúrio desce para -25° ou mais. O Inverno de 1870/1871 foi assim. A 6 de

VENDAS E BALAS NOS BULEVARES

Dezembro, a Legião estava reduzida a metade. Os dois batalhões provenientes da Argélia tinham perdido 210 homens – alguns em combate, vários capturados e outros mortos pelo terrível frio enquanto dormiam ao relento. No dia 10 de Dezembro, os desgraçados sobreviventes foram combinados num batalhão de marcha, incumbido de reforçar o Exército Oriental, comandado pelo general Charles Denis Nicolas Bourbaki, a quem fora atribuída a missão de cortar as linhas de comunicações e aprovisionamento alemãs no Franco-Condado.

Os legionários tinham recebido rações para dois dias, para uma viagem que deveria ter durado trinta e seis horas. Em vagões abertos e sem aquecimento, oficialmente designados «para 8 cavalos ou 40 homens», gelaram durante duas semanas, enquanto os seus comboios eram bloqueados pela neve, degelavam, eram desligados e ligados a locomotivas, e voltavam a ficar bloqueados. Desembarcando em Ste-Suzanne, perto de Montbéliard, no Franco-Condado, os legionários foram imediatamente enviados para a frente, com o seu número aumentado por 2000 Bretões apressadamente armados mas sem instrução, colocando teoricamente os efectivos do regimento em 3000. O general Grisot refere que os oficiais, sem outra alternativa, formaram unidades novas combinando estes homens com uma mistura de oficiais subalternos inexperientes e legionários veteranos ([166]). A disciplina era um grande problema, com homens esfomeados abandonando os seus postos e utilizando as armas para caçarem pequenos animais para a panela, abatendo as árvores dos pomares para lenha e vendendo o equipamento em troca de comida e bebida – e a temperatura continuava abaixo de zero.

Os Prussianos estavam mais acostumados aos extremos invernais, e também mais bem equipados para lhes resistirem. No dia 5 de Janeiro, os canhões Krupp deram início a um bombardeamento contínuo de Paris. No dia seguinte, os comités revolucionários dos vinte bairros de Paris apelaram ao fim do Governo de Defesa Nacional de Gambetta. Começara a insurreição.

Nas pessoas de Bismarck e von Moltke, os Alemães tinham uma liderança unificada e que sabia exactamente o que queria. No lado francês, a confusão era total. No Leste, onde se encontrava a Legião, o general Bourbaki, homem de aspecto garboso, com um esplêndido bigode e o peito coberto de condecorações, via-se a braços com vários

---

([166]) Grisot e Coloumbon, *La Légion Étrangère de 1831-1987*, p. 338.

problemas insuperáveis: o seu governo *provisório* ainda se encontrava em Bordéus, o aprovisionamento das suas tropas era inadequado e a infra-estrutura do país estava a ruir à sua volta.

Nestas circunstâncias, era difícil as suas tropas, incluindo a Legião, manterem o moral contra um comandante tão competente como Edwin von Manteuffel, o homem que impedira a escalada da guerra da Crimeia e que se distinguira durante a invasão do ano transacto vencendo as batalhas de Amiens e Rouen. Na guerra dentro de uma guerra entre estes dois generais que se enfrentavam em desigualdade, Bourbaki começou bem, com uma pequena vitória sobre os Alemães em Villersexel, perto de Belfort, a 9 de Janeiro. O seu problema principal era o governo do qual recebia ordens, e que, a dada altura, o mandou avançar para Dijon e aliviar a pressão sobre os voluntários italianos de Garibaldi, que deveriam estar a apoiar a sua retaguarda!

O dia 19 de Janeiro foi negro para os novos legionários, quando a sua deficiente instrução os transformou em alvos fáceis para um inimigo bem treinado. O tesoureiro da Legião foi morto em combate e o seu cofre, contendo 4341 francos, caiu nas mãos dos Alemães, mas as coisas piorariam durante a noite. Não tendo os inexperientes oficiais subalternos colocado nenhuma sentinela, uma patrulha alemã capturou uma companhia inteira de homens transidos de frio que se aqueciam junto das fogueiras. E no entanto, espantosamente, estes novos legionários, indisciplinados e quase sem instrução, avançaram ao encontro de uma barragem da artilharia alemã, em Ste-Suzanne, e conquistaram a posição inimiga, sendo repelidos pouco depois.

Incapaz de romper as linhas inimigas para socorrer Belfort, que estava sitiada, Bourbaki, depois de severamente batido em Héricourt, a 10 km de Belfort, ficou demasiado desmoralizado para comandar. No dia 22 de Janeiro, encurralado entre Manteuffel e a fronteira suíça com um exército exausto e sem abastecimento, fez a última de várias tentativas de suicídio e foi substituído pelo general Justin Clinchant, um veterano da Crimeia e do México.

Raspando o fundo do tacho, desesperado por reforços, Gambetta ordenou ao Exército de África que enviasse para França a cavalaria nativa com oficiais franceses, cujos cavaleiros, desde a época otomana, ainda eram chamados sipaios. Mas os sipaios não faziam tenção de morrer por uma França vencida. Responderam assassinando os

VENDAS E BALAS NOS BULEVARES

seus oficiais e, como que numa punhalada nas costas, desencadearam uma insurreição para expulsar os Franceses do Norte de África.

No dia 23 de Janeiro, com dezenas de milhares de pessoas quase mortas de fome em Paris, o ministro dos Negócios Estrangeiros, Jules Favre, avistou-se secretamente com os Prussianos em Versalhes, para solicitar termos de rendição. A 28 de Janeiro, Bismarck concedeu um armistício de três semanas para possibilitar a eleição de uma nova legislatura, com a qual ele pudesse negociar. O preço foi a capitulação de Paris e uma multa de 2000 milhões de francos.

O Exército Oriental não foi incluído nas negociações de paz, e ficou entregue a si próprio. Clinchant retirou, deixando duas divisões, incluindo a Legião, defendendo Besançon, enquanto Manteuffel perseguia o resto do seu destroçado exército até à Suíça. Chegados à segurança de território neutral perto de Genebra, 87 847 homens exaustos entregaram aos Suíços um arsenal que incluía 285 canhões. Tamanha foi a confusão que ninguém nunca soube exactamente quantos morreram em combate, de ferimentos insuficientemente tratados ou de gangrena e fome. Clinchant foi internado, sendo libertado em Março.

Tudo chegara ao fim – menos a gritaria. No dia 28 de Janeiro, o ministro do Interior ordenou a todas as forças francesas que depusessem as armas. Iludindo-se a si próprio ou tentando iludir os eleitores que se preparavam para ir às urnas, Gambetta declarou grandiosamente que embora Paris tivesse caído, a França não estava derrotada. Numa confusão geral que se repetiria em 1940, os políticos estavam divididos entre aqueles que, à semelhança de Gambetta, queriam que outros continuassem a morrer por uma causa perdida, e os que, tal como Adolphe Thiers, podiam dizer, com toda a honestidade, «eu avisei-vos. Parem os combates».

Thiers ganhou, mas herdou um país irrevogavelmente dividido e à beira da ruína financeira. Um dos primeiros actos da Assembleia Nacional foi deixar de pagar os salários da Guarda Nacional e ordenar o seu desarmamento. No dia 6 de Março, todos os voluntários estrangeiros da Legião e 415 conscritos alistados para a duração da guerra foram passados à disponibilidade para poupar dinheiro. Apesar de ser belga, o sargento Brunswick sobreviveu a esta purga e foi promovido a sargento-mor, comandando maioritariamente bretões numa Legião residual, constituída por 66 oficiais e 1003 oficiais subalternos e soldados.

Nessa altura, os Prussianos já se encontravam nos subúrbios ocidentais de Paris há três dias. No centro da cidade, em 18 de Março, a Guarda Nacional ocupou a Câmara Municipal e dez pessoas foram mortas quando as forças da ordem tentaram expulsá-las. O exército tentou apoderar-se da artilharia concentrada pelos *communards* [167] nas colinas de Montmartre e Belleville, mas a recusa da Guarda Nacional incitou os soldados a desobedecerem às ordens e a executarem os dois generais no comando.

As chamas da revolução propagaram-se qual fogo florestal atiçado por um vento forte. Em 23 de Março, em Marselha, a Guarda Nacional tomou de assalto a Prefeitura. A 24, foi proclamada a Comuna em Toulouse. No dia 27, o que restava da Legião recebeu ordens para se juntar ao Exército de Versalhes. A 29 de Março, Paris era governada pelos *communards*, que promulgaram as suas próprias leis, abolindo a conscrição e encarcerando qualquer pessoa suspeita de lealdade para com o II Império.

Bandeiras vermelhas tinham sido hasteadas em todos os edifícios públicos, e as igrejas foram convertidas em clubes de debate, onde assistências turbulentas eram arengadas no sentido de darem o seu apoio a uma república operária, revezando-se no púlpito oradores e oradoras, estas últimas exigindo para as mulheres direitos iguais e salário igual para trabalho igual. Enquanto muitos falavam, alguns extremistas começavam a assassinar reféns. Alguns foram abatidos sem mais delongas, outros foram reservados para julgamentos-espectáculo. Em cidades de província como Limoges, os *communards* impediram as tropas de seguirem para Versalhes e Paris para suprimirem a rebelião. Quando o Exército pôs fim à Comuna de Marselha, em 4 de Abril, foram fuzilados 150 *communards* e detidos 900, que foram conduzidos, na ponta das baionetas, para a prisão-fortaleza do Castelo de If, no golfo de Lion. Em Besançon, os rebeldes não conseguiram impedir a Legião, muito reduzida em número, de partir de comboio para Versalhes, onde chegou no dia 1 de Abril. Tinha pela frente a missão mais suja da sua história.

Na Argélia, começava a surgir outra dor de cabeça para Gambetta. No dia 8 de Abril, uma *jihad* colocou os 3.º e 4.º batalhões da Legião – maioritariamente formados por Alemães que tinham ficado no Norte

---

[167] Também designados por *fédérés*.

de África – frente a 150 000 cabilas armados, que ameaçavam lançar todas as forças francesas para o mar. No dia 20 de Abril, em França, a Legião, não justificando praticamente o adjectivo de «estrangeira», foi reforçada com 6 oficiais e 370 conscritos dos regimentos de linha, regressando ao seu complemento de 72 oficiais e 1373 oficiais subalternos e soldados. Embora fossem quase todos franceses ou bretões, o estigma da sua «operação» seguinte denegriu injustamente o brasão da Legião desde então, e deu origem, um século depois, a ameaças de dissolução por parte dos partidos comunista e socialista.

No dia 2 de Maio, Paris tremeu sob os primeiros disparos do segundo bombardeamento do ano, mas desta vez os projécteis eram franceses. Em 10 de Maio de 1871, foi assinado o tratado de paz, em Frankfurt, tendo-se Bismarck negado a retirar o exército de ocupação enquanto a ordem não fosse restaurada em França. Com este objectivo, ele aceitou que o governo, em Versalhes, mantivesse um exército nos arredores de Paris, e ordenou a libertação de todos os prisioneiros de guerra detidos na Alemanha para que o pudessem reforçar.

As más notícias para Thiers e Favre, à mesa das negociações, foi o aumento da indemnização de 2000 milhões de francos imposta pelo acordo de armistício para 5000 milhões de francos, devendo os exércitos prussianos permanecer em solo francês até ser paga a sua totalidade! «Solo francês» não incluía as províncias da Alsácia e da Lorena, declaradas alemãs [168].

Faute de mieux, os termos de rendição foram ratificados pela Assembleia Nacional reunida em Versalhes, no dia 18 de Maio, após o que, contando com os Prussianos para impedirem a fuga de quaisquer insurrectos da capital, a norte e a leste, o Exército Francês foi incumbido de suprimir a rebelião. A anarquia dos *communards* significava que as ordens dadas pelos seus oficiais muitas vezes não eram obedecidas, pelo que a artilharia concentrada em Paris era mal comandada, com os artilheiros tirando duas horas para almoço ao meio-dia, e parando quando chegava a altura do *apéritif* de fim de tarde. Depois de jantar, o fogo da artilharia era, na melhor das hipóteses, esporádico. Mas mesmo assim, em 19 de Maio, a Legião tinha

---

[168] O ressentimento francês face a estas duras condições levou ao vingativo Tratado de Versalhes, em Junho de 1919, que lançou as sementes da Segunda Guerra Mundial.

já sofrido baixas de 3 oficiais e 15 legionários mortos, e 9 oficiais e 102 soldados feridos – o que era frequentemente a mesma coisa, dadas as condições dos hospitais de campanha.

No dia 22 de Maio, o Exército descobriu a porta de St-Cloud sem guarda e aberta. A Legião foi uma das unidades que penetraram imediatamente na cidade e massacraram 300 *communards* em frente da Igreja da Madeleine para mostrar que o governo não estava a brincar. As atrocidades multiplicaram-se de ambos os lados, sendo a resposta imediata do povo a execução de um grupo de seis reféns que incluía o arcebispo de Paris. Em retaliação, intensificando a violência, o Exército fuzilou 700 cidadãos. Civis enraivecidos irromperam pela prisão de La Grande Roquette e levaram 49 dos reféns que lá se encontravam detidos, incluindo padres e polícias. Conduzidos pelas ruas aos gritos de «Matem os chuis!» e «Morte aos amantes de Jesus!», foram insultados, bombardeados com imundícies e depois mortos a tiro e à pancada na rua Haxo.

Na manhã seguinte, as Tulherias e muitos edifícios governamentais e igrejas estavam em chamas. Debaixo de uma chuva torrencial e no meio de uma fumarada sufocante, a Legião e outras unidades militares perseguiram os *communards* armados até ao cemitério do Père Lachaise. Os *communards* resistiram desesperadamente entre os túmulos e os jazigos familiares até ficarem sem munições, após o que foram despachados à baionetada e à coronhada.

O ódio que isto provocou nos parisienses foi de tal ordem que os legionários foram avisados para não pilharem as lojas de bebidas, depois de um cabo ter morrido por beber vinho envenenado. No dia 26 de Maio, uma companhia da Legião, depois de conquistar uma barricada e dez canhões perto da Porte de la Villette, fuzilou os seus prisioneiros. A dimensão dos massacres que tiveram lugar não está comprovada, mas provavelmente excedeu, por um factor de dez, o número de vítimas do Terror de Robespierre, em 1794, que está mais bem documentado. O diário regimental da Legião contém entradas secas como, «Foram levadas a cabo numerosas execuções», e «A manhã [de 30 de Maio] foi passada a enterrar os cadáveres dos [fuzilados] de 28 e 29 de Maio» ([169]).

No início de Junho, a rebelião estava acabada, mas a vingança continuou. Em retaliação pelos assassínios cometidos pela Comuna,

---

([169]) *1er Régiment Étranger 1867-72*, ALE.

VENDAS E BALAS NOS BULEVARES

homens e mulheres foram denunciados e sumariamente fuzilados enquanto o governo restaurava a ordem. Longas colunas de prisioneiros foram conduzidas, sob escolta, pela Porte de la Muette, onde o general Gaston-Alexandre Galliffet levava a cabo a sua própria *Selektion* (*), ordenando que pessoas que chamassem a atenção, por nenhum motivo especial, fossem retiradas da coluna e fuziladas no local. Os restantes prosseguiram a lúgubre viagem sob guarda até aos campos prisionais de Satory, uma área de instrução militar nos arredores de Versalhes.

Os políticos trataram de reconfigurar novamente a Legião. Para absorver o fluxo de refugiados da Alsácia e da Lorena, agora ocupadas pelos Alemães, foi autorizado o recrutamento de homens oriundos dessas áreas. O general Alfred Chanzy, um futuro governador-geral da Argélia que aparentemente se esquecera de como a Legião combatera por ele no Exército do Loire, advogou a abolição da Legião com a justificação de que dependia demasiado dos oficiais subalternos alemães. Para reequilibrar as nacionalidades, foi oferecida a possibilidade, a oficiais subalternos que haviam passado à disponibilidade depois de servirem em regimentos regulares, de regressarem à carreira das armas na Legião. Os que o fizeram descobriram-se destituídos dos seus direitos de pensionistas franceses e tratados como estrangeiros através de um estratagema burocrático. Quando isto se tornou conhecido, o alistamento parou. Em resultado, os alsacianos e os lorenos tornaram-se a espinha dorsal da Legião até depois do fim da Primeira Guerra Mundial, constituindo 45% dos oficiais subalternos apesar de ter sido autorizado o alistamento de cidadãos franceses a partir de Outubro de 1881.

O julgamento dos líderes *communards* teve início em Versalhes, a 17 de Agosto, e terminou em 22 de Setembro, com resultados previsíveis. Em Dezembro, o número *oficial* de pessoas fuziladas cifrava-se já em 30 000. Outras 40 000 estavam presas, muitas enfrentando o transporte para a Nova Caledónia e outras colónias prisionais. Entre as vítimas desta purga encontravam-se os bombeiros de Paris, que tinham permanecido nos seus postos e combatido os incêndios durante o cerco, depois de terem recebido ordens para abandonarem a cidade e juntarem-se ao exército, em Versalhes.

(*) O autor alude às selecções de prisioneiros para execução ou trabalho escravo efectuadas nos campos de concentração ou de extermínio nazis. (*N.T.*)

A Legião Estrangeira

Dado estarem sujeitos à disciplina militar, foram considerados traidores e fuzilados ([170]).

Uma das últimas vítimas da Guerra Franco-Prussiana foi Achille Bazaine, condenado por um tribunal militar, em 10 de Dezembro de 1873, a ser destituído da sua patente e honras e executado, por pelotão de fuzilamento, por grosseira negligência do dever ao ter ordenado a capitulação de Metz. O marechal MacMahon, então presidente da III República, comutou a sentença para vinte anos de prisão, sendo óbvio que Bazaine fora transformado em bode expiatório para salvar a honra nacional.

No dia 9 de Agosto de 1874, graças aos esforços da sua jovem mulher mexicana, Bazaine desceu 150 m por uma corda levada às escondidas para a sua cela e escapuliu-se da supostamente inviolável prisão-fortaleza da ilha de Ste-Marguerite, ao largo de Cannes. A mulher esperava no fundo do penhasco, num esquife, para conduzir Bazaine – com 63 anos de idade mas presumivelmente ainda bastante atlético – para um iate privado que aguardava ao largo. Seguiram para o exílio em Espanha, onde pelo menos ela podia falar a língua. A outra mulher da vida de Bazaine, a Sorte, tinha-o finalmente abandonado. Sem nunca ter sido perdoado, morreu em Madrid, a 28 de Setembro de 1888, depois de passar os últimos anos na capital espanhola, doente e na miséria.

Foi um fim triste para um homem que passara a vida a servir sucessivos governos franceses. A sua retirada para trás das muralhas de Metz fixara 200 000 Prussianos, dando a Paris tempo que teria tornado possível o seu socorro se os políticos tivessem parado com as suas questiúnculas; além disso, ele mantivera o seu exército intacto e, caso o cerco de Metz tivesse sido rompido, pronto para enfrentar os invasores prussianos ou os rebeldes *communards*.

Aqueles que mais tinham a agradecer-lhe eram os 140 000 soldados de Metz, que teriam morrido à fome se ele não tivesse aceite render-se aos Prussianos na altura própria. Por muito dinheiro que Madame Bazaine pudesse ter obtido dos seus parentes mexicanos para usar em subornos, ela não poderia ter organizado sozinha a

---

([170]) Ainda estão sujeitos à lei militar. Num recente fórum na Internet, um frustrado bombeiro de Paris foi aconselhado por um legionário a cumprir o seu contrato até ao fim antes de tentar alistar-se na Legião, para não ser considerado um desertor!

VENDAS E BALAS NOS BULEVARES

fuga de Bazaine de uma prisão militar. Seria bom acreditar que alguns dos oficiais e soldados que saíram vivos do inferno de Metz contribuíram para que o comandante ao qual deviam a vida, mas caído em desgraça, pudesse pelo menos morrer em liberdade.

16

Puxando a Cauda do Dragão

ARGÉLIA, 1871-1882; VIETNAME E FORMOSA, 1883-1885

Em Julho de 1871, o governo francês decidiu que os batalhões que se encontravam em França – 1.º, 2.º e 5.º, com o regimento de marcha, e ainda o 6.º Batalhão, em fase de constituição, em Dunquerque, e a companhia destacada que servia com o Exército do Loire – deveriam ser amalgamados com os 3.º e 4.º batalhões, na Argélia, para formar um total de quatro batalhões. Com mais frequência do que a maioria dos outros exércitos, a Legião tem tido de contornar as «sentenças» dos políticos. A hostilidade da opinião pública contra a Alemanha que resultou na proibição de alistamento de Alemães até 1880 teve pouco significado prático, dado que os Alemães continuaram a alistar-se fingindo que eram suíços alemães ou alsacianos. Com o seu exército continental limitado pelas restrições impostas por Bismarck no Tratado de Frankfurt, a França decidiu novamente que se não podia expandir-se na Europa, faria o que as outras potências europeias estavam a fazer e apoderar-se-ia do seu quinhão daquilo que veio a ser denominado por Terceiro Mundo.

A partir de 1882, a expansão da Argélia francesa envolveu as unidades da Legião estacionadas na região num programa sustentado de subjugação das tribos, avançando cada vez mais para o interior do Sara. A França já controlava partes da África Ocidental, a Nova Caledónia, as Novas Hébridas e o Taiti, onde Gauguin pintaria tão arrebatadoramente. No ano seguinte, alargou as fronteiras

Puxando a Cauda do Dragão

das suas possessões indochinesas a norte, para o Tonquim ou Norte do Vietname. Embora a Igreja pressionasse repetidamente os políticos católicos para «civilizar os nativos» através do envio de missionários, a motivação principal, à semelhança de todos os outros impérios do século XIX, era de índole comercial: obter das colónias matérias-primas baratas e obrigá-las a comprar bens manufacturados relativamente caros.

Eugène Étienne, desde longa data deputado do Partido Colonial por Orão, afirmou-o sucintamente: «O único critério a aplicar a qualquer empreendimento colonial é a avaliação das vantagens e do lucro que daí decorrerão para a pátria» ([171]). Nos dezoito anos que se seguiram à derrota de 1871, sucederam-se dezanove administrações em Paris, mas sem afectar o ritmo da expansão colonial. Os consequentes apelos à Legião triplicaram antes do final do século, mas inicialmente os quatro batalhões localizados na Argélia foram principalmente empregues como mão-de-obra barata, escavando valas, abrindo túneis nas montanhas e drenando pântanos num extraordinário programa de engenharia civil que ainda hoje beneficia os habitantes dos antigos territórios franceses do Norte de África.

Tudo isto se alterou quando entrou em cena outro comandante carismático. O coronel François Oscar de Négrier, sobrinho de um general napoleónico que servira em África, era um graduado de St-Cyr que se distinguira ao matar um colega num duelo. Típica deste conceito marialva e temperamental que os oficiais tinham da profissão das armas foi a sua reacção, durante a Guerra Franco-Prussiana, ao ser consignado a um hospital na sitiada Metz, com ferimentos nas pernas suficientemente graves para o manterem afastado da sela durante algumas semanas.

A sua mais famosa – e tipicamente breve – arenga à Legião foi, «Vocês, legionários, haveis-vos feito soldados para morrerem, e vou enviar-vos para onde se morre». Praticando o que pregara, abandonou o hospital, mandou selar o cavalo, foi ajudado a montar e depois atravessou as linhas a galope, matando a tiro dois ulanos que tiveram a temeridade de lhe exigir os papéis de identificação. Apresentando-se ao serviço no Exército do Norte, foi ferido por duas outras vezes antes do fim da guerra.

([171]) Geraghty, *March or Die*, p. 111.

A LEGIÃO ESTRANGEIRA

Tendo servido em África em 1864-1866, Négrier tinha as suas ideias para fazer a Legião largar as pás e pegar nas espingardas. Dadas as enormes distâncias a cobrir e a necessidade de fazer uso da surpresa contra um inimigo que conhecia intimamente o terreno, no dia 8 de Dezembro de 1881, ele requisitou 50 mulas aos árabes locais e converteu os seus 100 homens que marchavam melhor em infantaria semimontada. Depois de carregarem as mochilas, a comida, a água e as munições numa mula, dois legionários em excelente condição física, levando apenas pequenas mochilas e as espingardas, podiam cobrir até 60 km num dia de dez horas, que era aproximadamente o máximo que podia ser tirado de uma mula carregada, e que também servia de montada para os homens, à vez, para darem descanso aos pés.

Este ritmo infernal não podia ser mantido durante muito tempo sem exaurir homens e mulas, mas em etapas curtas garantia o elemento vital da surpresa contra um inimigo que dava como certo que uma coluna francesa se deslocaria ao ritmo das suas bagagens. Um rápido sucesso inicial, graças a este novo *modus operandi*, ocorreu quando a infantaria semimontada de Négrier surpreendeu a tribo de Sidi Slimane perto da fronteira marroquina e a obrigou a abandonar tendas, posses e 4000 ovelhas, que foram leiloadas após o regresso à base, garantindo a cada legionário um bónus de 15 francos.

Mas desta vez, a última gargalhada foi à custa da Legião. Bou-Amama, chefe dos Slimane, decidiu vingar-se. No dia 28 de Abril de 1882, um grupo exploratório, semelhante àquele em que Danjou perdera a mão, cartografava o acidentado território em redor do Chott Tigri, um lago de água salgada na parte ocidental da Argélia. Os agrimensores, sob o comando do capitão Castries, eram protegidos por duas companhias de atiradores e uma das novas unidades semimontadas, comandada pelo tenente Massone, perfazendo um total aproximado de 300 oficiais, oficiais subalternos e soldados. Foram direitinhos ao encontro de uma emboscada preparada por Bou-Amama. Dos declives da paisagem, 900 cavaleiros árabes e 1600 guerreiros a pé caíram sobre eles sem aviso. O número de atacantes – é sempre exagerado quando saem vencedores – deve ser considerado com alguma reserva, mas tratava-se certamente de um bando grande e perigoso.

A manobra prescrita para a infantaria montada era desmontar imediatamente, com homens pré-designados segurando as mulas

PUXANDO A CAUDA DO DRAGÃO

para que não fugissem com a água e as munições que transportavam, como acontecera em Camarón. Entretanto, os seus camaradas formavam um quadrado defensivo, com as mulas no interior, e ripostavam ao fogo inimigo. Até os dragões, sempre que eram atacados, desmontavam para se defenderem. Porém, no calor do momento e com pouca prática no seu novo papel, os legionários, montados em mulas, tentaram contra-atacar guerreiros montados em cavalos.

Foi um erro fatal. Durante sete horas, os guerreiros foram repelidos pelos legionários, formados em três quadrados, incapazes de reagruparem e consolidarem a posição. Quando compreenderam o erro táctico cometido, já os dois oficiais e todos os oficiais subalternos estavam mortos. Foram os que tiveram sorte. Os capturados pelos árabes foram torturados até à morte à frente dos seus camaradas, mas fora do alcance de espingarda para que ninguém pudesse pôr fim ao seu sofrimento com um tiro certeiro.

Quando Bou-Amama rompeu o contacto com o inimigo e se dirigiu para a segurança de território marroquino, a Legião já sofrera 25% de baixas: 3 oficiais e 28 homens feridos, e 48 oficiais subalternos e soldados mortos, além dos dois oficiais da companhia montada. Os sobreviventes foram-se arrastando para o fortim de Gelloul, de onde tinham partido, quando deram com a coluna de socorro, liderada por Négrier, que não era o tipo de general de ficar na base quando se perspectivava alguma acção.

Alguns oficiais advogavam que as companhias montadas deveriam ter uma mula por homem; outros afirmavam que isso apenas os encorajaria a tentarem manobras próprias da cavalaria, com resultados fatais. O segundo argumento levou a melhor e as companhias foram fixadas em 215-230 homens, com um número de mulas equivalente a metade dos efectivos e cavalos para os oficiais. Apesar de alguns reveses iniciais, o êxito global da política de «vamos a eles» de Négrier na Argélia valeu-lhe a promoção a brigadeiro-general e a colocação no Vietname, em Setembro de 1883.

Dez anos antes, um traficante de armas francês sem escrúpulos chamado Jean Dupuis contratara um exército privado para conquistar a cidade de Hanói, no Norte, de modo a monopolizar o comércio do sal, extremamente lucrativo, com a província chinesa de Yunnan, que não tinha acesso ao mar, recorrendo a um vapor para rebocar juncos carregados de sal Rio Vermelho acima. Depois, 1200 km a sul, um miserável conluio de missionários católicos, vigaristas e oficiais de marinha franceses avançou para norte a partir do delta do Mekong, impondo um tratado aos mandarins de Hué, no Vietname Central. Em 1874, estes reconheceram o *status quo* e concederam à França alguns direitos em Hanói e no seu porto de mar, Haiphong. Os Vietnamitas escolheram o mal menor: esperavam que os Franceses expulsassem os ocupantes chineses, que consideravam o Norte do país uma zona-tampão para proteger a sua fronteira sudoeste.

No dia 8 de Novembro de 1883, o 1.º Batalhão desembarcou no Norte, no porto de Haiphong, juntamente com dois batalhões de *tirailleurs* argelinos – e foram recebidos com o famoso discurso de Négrier. Depois de se transferirem dos navios de transporte para pequenas embarcações, uma viagem de seis horas entre os bancos de areia do estuário do Cua Cam deixou-os num quartel desolado num pântano fétido e infestado de mosquitos, cujos únicos vizinhos eram a alfândega, um arsenal e alguns edifícios ocidentais. Não terá passado pela cabeça de nenhum dos 600 legionários que desembarcaram nesse dia com o seu comandante, o major Marc-Edmond Dominé, que iriam travar uma guerra na qual os seus sucessores ainda estariam a morrer pela França 71 anos depois.

Subindo o rio de vapor, até Hanói – onde o Rio Vermelho tinha uns bons 800 m de largura –, passaram por uma planície onde homens e mulheres com chapéus cónicos e recorrendo a búfalos de água trabalhavam em arrozais de um verde vivo que se estendiam até ao horizonte. Comparadas com a aridez de partes do Norte de África que os homens conheciam, as palmeiras e as aldeias, cujos tectos de colmo espreitavam por cima do bambu circundante, pareciam o paraíso.

Estes camponeses não eram o inimigo. Os adversários iniciais da Legião foram os «Pavillons Noirs», ou mercenários da Bandeira Negra, cujo nome derivava das bandeiras pretas que levavam para o combate, constituídos por irregulares utilizados por Pequim, que podia negar a sua utilização quando lhe convinha. Dois milénios depois de Sun Tzu ter escrito *A Arte da Guerra*, as suas tácticas eram muitas vezes primitivas, na maioria ataques em «vagas humanas» que lhes custavam baixas enormes. No entanto, o seu forte, em Son Tay, apenas a 60 km de Hanói, era um modelo daquilo que poderia ser conseguido com materiais locais. Com uma arrogância tipicamente europeia, os «olhos redondos» recém-chegados criaram um mítico arquitecto militar renegado chamado «Sir Collins» – possivelmente baseado num traficante de armas como Dupuis, que instruíra os seus clientes indígenas

PUXANDO A CAUDA DO DRAGÃO

na utilização de armas de fogo modernas –, pois tinham decidido que só um europeu poderia ter concebido um forte tão sofisticado [172]. Construída, com mão-de-obra *coolie* (*), de terra, bambu e tijolos de fabrico local, a fortaleza era um complexo de fossos cheios de água, valas, paliçadas e os ubíquos paus afiados, destinados a perfurar a bota de um atacante incauto.

Depois de as canhoneiras do almirante Amédée Courbet terem subido o Rio Vermelho e bombardeado a cidadela, em 16 de Dezembro de 1883, os sapadores da Legião, incluídos nos 5000 efectivos do almirante, abriram arriscadamente caminho por entre as defesas. «O capitão Mehl, da Legião Estrangeira, caiu mortalmente ferido no exacto momento em que os seus homens... chegavam ao parapeito. Um legionário de nome Mammaert foi o primeiro a penetrar na fortaleza» [173]. A conquista de Son Tay, após quinze horas de combates, originou um protesto do embaixador chinês em Paris.

Négrier chamou um segundo batalhão da Legião, que chegou em Fevereiro de 1884. Entretanto, Pequim reforçara a sua guarnição em Bac Ninh com uma força de 15 000 tonquineses comandados por oficiais e oficiais subalternos chineses, bloqueando a chamada Estrada dos Mandarins – que conduzia à China – a somente 40 km de Hanói. No dia 12 de Março de 1884, os dois batalhões da Legião desalojaram a guarnição. O cabo belga Mammaert, um gigante, esteve novamente na vanguarda da luta, espetando na muralha uma bandeira tricolor improvisada, feita com a banda azul que usava à cintura, um lenço branco e um pedaço das suas calças vermelhas. Uma surpresa desagradável para os oficiais de Legião, cujas tropas estavam armadas com a espingarda Gras de 1874, de tiro a tiro, foi a descoberta, no arsenal abandonado, de uma substancial panóplia de armas de fogo moderníssimas, incluindo espingardas de repetição Martini-Henrys, Remingtons, Spencers e Winchesters. Consolaram-se com a crença de que nenhum chinês conseguia disparar com pontaria ou manter-se firme perante a baioneta de um branco.

Pretendendo regressar à ribalta de onde estava a ser deslocada pelas forças terrestres, a Marinha Francesa levou a guerra não declarada

---

[172] Porch, *The French Foreign Legion*, p. 208.

(*) Termo histórico pelo qual eram designados os trabalhadores braçais da Ásia, particularmente da China e da Índia, no século XVIII e início do século XX. (*N.T.*)

[173] M. Poulin, *L'Admiral Courbet, sa jeunesse, sa vie militaire et sa mort*, Limoges, Ardant, 1888, p. 67.

contra o Império Celestial até à Formosa – diversão que foi, mesmo para os imperialistas do século XIX, uma arrogância irreflectida. O almirante Courbet começou com um bombardeamento naval do porto e arsenal da cidade continental de Fu-zhou, que teve como resposta uma declaração de guerra formal por parte de Pequim. Dirigindo-se a Taiwan, então conhecida pelo nome português de Formosa, desembarcou a sua força de 1800 fuzileiros navais, um batalhão penal e os 3.º e 4.º batalhões da Legião, perto do porto de Chi-lung, na costa norte. Não se sabe o que pretenderia ele conseguir, dado que o único recurso explorado de Taiwan era um campo carbonífero que produzia combustível de baixo teor.

Tan-shui, 30 km a oeste, era o outro porto que servia a capital, Taipei. Ao tentarem conquistá-lo e interditar o estuário que conduzia a Taipei, os Franceses foram repelidos e escorraçados, com pesadas baixas, para Chi-lung. O aparecimento da monção transformou

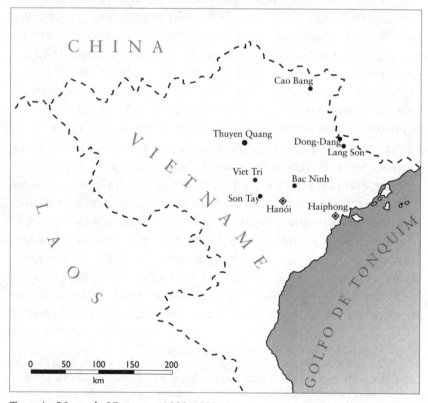

Tonquim/Norte do Vietname, 1883-1892.

PUXANDO A CAUDA DO DRAGÃO

o pequeno porto, dominado por colinas reocupadas pelo inimigo, num pântano onde a malária e a cólera cobravam a sua quota diária. Com as mortes reduzindo consideravelmente o seu número, os defensores ficaram tão dispersos que os Chineses se introduziam na cidade pela calada da noite, desenterrando os cadáveres e cortando-lhes as cabeças para as levarem de volta e receberem a respectiva recompensa em dinheiro [174].

A guarnição, composta por legionários, fuzileiros navais e homens do batalhão penal, estava reduzida a 600 esqueletos ambulantes, vivendo num deserto de feitorias delapidadas e casebres. O seu aspecto foi eufemisticamente descrito pelo legionário britânico Lionel Hart, de 19 anos de idade, que chegou ao local em 1885, integrando os reforços de Courbet, como «pálidos e muito cansados» [175]. No fim do mês, a injecção de sangue novo possibilitou a reconquista das colinas sobranceiras a Chi-lung, mas quando uma segunda coluna partiu para Tan-shui foi novamente repelida, forçando até o temerário almirante Courbet a reconhecer que a campanha estava a consumir vidas desnecessariamente. Os sobreviventes foram retirados e enviados para o Vietname.

No Verão anterior, em 4 de Julho, a França oferecera aos Estados Unidos o seu maior presente de aniversário de sempre: a Estátua da Liberdade. Pela mesma altura, 20 000 soldados regulares chineses e irregulares das Bandeiras Negras tinham saído da província de Yunnan e entrado no Vietname, a sul, baseando-se na fortaleza de Thuyen Quang e arredores, no rio Son Gam [176], 165 km a norte de Hanói. Construída de tijolos e com um perímetro de 1200 m de muralhas, estava situada numa clareira rodeada de selva densa. No centro do forte havia um outeiro encimado por um pequeno pagode que servia de messe de oficiais.

Em meados de Novembro de 1884, desafiando abertamente as instruções de Paris no sentido de limitar as operações ao delta do Rio Vermelho, em redor de Hanói e Haiphong, o tenente-coronel Charles Duchesne subiu o rio com 700 legionários e fuzileiros, apoiado por três canhoneiras, para desentocar os Bandeiras Negras. Depois de

[174] H. MacAleavy, *Black Flags in Vietnam*, Nova Iorque, Macmillan, 1968, pp. 257-258.

[175] Le Père Pralon, *Lionel Hart, engagé volontaire*, Paris, Retaux-Bray, 1888, p. 189.

[176] Os Franceses chamavam-lhe «la Rivière Claire».

resistirem a uma emboscada, as tropas conseguiram expulsar os Chineses e instalar a sua própria guarnição em Thuyen Quang. Ficou a comandá-la o major Dominé, com os capitães Borelli e Moulinay à frente de uma companhia de legionários cada um. O total de efectivos era de 319, com mais 160 homens da 8.ª Companhia do 1.º de Infantaria Ligeira Tonquinesa, sob o comando do capitão Diaz, tropas recrutadas localmente mas com oficiais franceses. Os «indiferenciados» incluíam trinta e dois artilheiros para servirem as quatro peças de artilharia de campanha – há quem diga seis – trazidas nas canhoneiras, e um pequeno destacamento de sapadores.

Dominé era um soldado de carreira típico do século XIX, que ascendera à patente de coronel depois de ser ferido na Argélia e em combate contra os Prussianos, em França. Na segunda ocasião, em 1870, com o cotovelo desfeito, proibira o cirurgião de lhe amputar o braço, preferindo morrer do que ficar incapacitado para o serviço, mas acabara por sobreviver, desafiando todas as probabilidades, ficando com o braço rígido.

Havia pouco mais de 600 homens para defenderem o forte contra os 20 000 Bandeiras Negras que se sabia estarem nas redondezas. O único auxílio disponível era o apoio de fogo fornecido ocasionalmente pela canhoneira *La Mitrailleuse*, comandada pelo aspirante Senes, com uma tripulação de treze homens, que se encontrava no rio. Na guerra de nervos que se seguiu à partida de Duchesne, a 23 de Novembro, com as outras duas canhoneiras, os legionários supersticiosos acharam premonitório o facto de que, tal como Danjou, Dominé só tinha um braço em condições.

Estava prestes a nascer outra lenda tipo Camarón. Nos princípios de Dezembro de 1884, uma patrulha de rotina travou uma ligeira escaramuça com uma pequena força de homens armados que desapareceu na selva. Intuindo que se tratara de um reconhecimento efectuado para uma força muito maior, o major Dominé ordenou que a vala que protegia a muralha exterior fosse desentulhada, e mandou oito sapadores da Legião, comandados pelo sargento Bobillot, construir uma casamata num outeiro a cerca de 350 m do perímetro, que dominava as muralhas e permitia observar bem o que se passava dentro do forte, de modo a controlar a zona atrás da elevação e impedir que os Chineses lá instalassem quaisquer armas pesadas.

O sargento de sapadores, um antigo jornalista, fez uso da sua imaginação para escavar um posto de comando parcialmente subterrâneo, protegido por valas e minas. A obra ainda estava incompleta quando, em 31 de Dezembro, várias centenas de regulares chineses marcharam em redor do posto, sem abrir fogo, numa impressionante demonstração de força. No primeiro dia do ano, a primeira vaga humana deixou os legionários sitiados a contemplarem 150 mortos e feridos inimigos jazendo por terra em redor do campo fortificado, muitos deles vítimas do fogo da *Mitrailleuse*. Sem nenhum Henri Dunant para proteger os feridos apelando à caridade cristã, estes foram rotineiramente despachados, em retaliação contra a prática chinesa de exibir as cabeças cortadas dos prisioneiros ou enviá-las ao inimigo em cestos com mensagens insultuosas [177].

No dia 16 de Janeiro, os legionários colocados nas muralhas viram *coolies* chineses a abrir trincheiras em todos os lados. As trincheiras ligaram-se no dia 20, isolando Thuyen Quang do resto do mundo. Na noite de 26/27 de Janeiro, os Bandeiras Negras incendiaram a aldeia situada a 400 m de fortaleza, numa operação de diversão, e ao mesmo tempo atacaram o campo fortificado, mas foram repelidos com pesadas baixas.

O comandante inimigo, Liu Yung-fu [178], ordenou aos sapadores que fossem aproximando as trincheiras das muralhas do forte, enquanto eram flagelados pelo fogo dos canhões dos defensores. Em simultâneo, escavavam um túnel por baixo dos obstáculos que Bobillot dispusera em torno da casamata no cimo do outeiro. Dado que permanecer no local significaria irem pelos ares devido a uma mina subterrânea, o destacamento foi retirado com o auxílio de fogo de cobertura, na noite de 30 de Janeiro, sendo a casamata de Bobillot destruída pelos canhões do forte.

A partir da manhã seguinte, Liu Yung-fu teve ao dispor o local ideal para sujeitar o campo fortificado ao fogo de atiradores furtivos, durante todo o dia, até ao final do cerco. Os Franceses tiveram de começar a andar encolhidos e abrigados nas trincheiras e abrigos subterrâneos, mas apesar das precauções as suas baixas foram aumentando. Os oficiais subalternos e soldados eram sepultados em valas comuns, alguns oficiais mereceram a dignidade de um caixão feito de caixas de biscoitos. Dispondo apenas de vinte e nove pás, os defensores tinham de escolher entre abrir abrigos para os vivos

---

[177] Lionel Hart Pralon, *Engagé volontaire*, p. 128.
[178] Por vezes transliterado Li Xan-Phuc ou Luu Vinh Phuoc.

ou sepulturas para os mortos. Quem possuía bastantes instrumentos para escavar eram os Chineses, que se ouviam, todas as noites, removendo toneladas de terra enquanto avançavam os túneis até às muralhas. As sapas inimigas ficaram tão próximas que foram penduradas lanternas nas muralhas para desencorajar ataques de surpresa, e alguns legionários, com um extraordinário sentido de humor, socorrendo-se de um laço na ponta de uma haste de bambu, apoderaram-se de uma bandeira negra e arvoraram-na sobre a muralha à guisa de troféu.

No dia 3 de Fevereiro, um corajoso *coolie-tram* tonquinês, como eram designados os informadores locais, ofereceu-se para passar as linhas disfarçado de camponês. Chegado à margem do rio, fabricou, com ramos de bambu, uma engenhoca tosca para boiar, sob a qual passou pelos vigias dos Bandeiras Negras com a cabeça debaixo de água, respirando por um tubo. Ninguém tinha esperança que ele conseguisse passar. No dia 7 de Fevereiro, o capitão Diaz, da infantaria ligeira tonquinesa, foi morto com um tiro na testa. Nessa noite, quando os outros oficiais brindavam, na messe, à sua cadeira vazia, tiveram de se atirar para debaixo da mesa – por cima das suas cabeças, o primeiro projéctil disparado pelos Chineses abrira um buraco no telhado do pagode. O seu choque ao compreenderem que o inimigo tinha conseguido trazer artilharia apesar da natureza montanhosa da zona deveria ter feito o coronel Piroth pensar duas vezes em Dien Bien Phu.

E a situação não tardaria a piorar. No dia 11 de Fevereiro, o legionário Vaury espetou uma picareta num pedaço de terra suspeito dentro das muralhas, e ficou a olhar para um chinês que o alvejou num braço antes de desaparecer pelo túnel que vinha escavando. Nesse mesmo dia, no posto francês de Viet Tri, o *coolie-tram* entregou a mensagem de Dominé: «Sou obrigado a informar que, embora a nossa vontade de resistir seja a mesma, a nossa força e saúde não tardarão a chegar ao fim. Julgo ser da maior importância que uma coluna o mais forte possível seja enviada para romper o cerco de Thuyen Quang» [179].

Na noite do dia seguinte, os Chineses abriram uma brecha na muralha sudoeste com uma mina de pólvora negra, mas a resposta rápida

---

[179] C. Hubert, *Le Colonel Dominé*, Paris, Berger-Levrault, 1938, p. 66

dos defensores aniquilou os primeiros trinta ou quarenta Bandeiras Negras que entraram pela brecha e desencorajou os que vinham atrás. Minutos depois, uma segunda mina abriu outra brecha. No confuso combate que se seguiu, a Legião sofreu onze baixas, o que motivou os legionários, de manhã, a efectuarem uma surtida e destruírem as sapas mais próximas das muralhas, enquanto as brechas eram fechadas com varas de bambu encostadas a cestos com terra. No dia 18 de Fevereiro, enquanto supervisionava os trabalhos, Bobillot foi alvejado no pescoço, vindo a morrer lentamente na enfermaria, quatro semanas depois. Entretanto, os Chineses acrescentaram morteiros ao seu arsenal, pelo que qualquer defensor que se expusesse em plena luz do dia para responder às necessidades da natureza arriscava-se às balas dos atiradores furtivos ou aos projécteis de canhões e morteiros.

Às 05:45 do dia 22 de Fevereiro, os Bandeiras Negras deram início à barulheira de cornetas e gritos que anunciava um assalto em massa. A Legião evacuou imediatamente as partes das muralhas que se sabia estarem minadas, pouco antes de enormes explosões abrirem três novas brechas, num total de mais de 60 m de largura. Pelas brechas, numa confusão de fumo e poeira, uma horda de Chineses, batendo em gongues e aos berros, correu direitinha para uma mina defensiva que Bobillot colocara no caminho antes de morrer. Repelindo os sobreviventes, os legionários taparam a brecha com bambu e cestos de terra. Para a Legião, o balanço do dia foram o capitão Moulinay e quatro homens mortos, e outro oficial, três oficiais subalternos e trinta e sete legionários feridos.

E assim continuaram as coisas: noites e dias sem dormir, preenchidos com atiradores furtivos, minas, brechas, assaltos com granadas e sacos de pólvora negra lançados por cima das muralhas, acabando em matanças à faca e à baioneta. Uma gigantesca explosão atirou com os corpos de vários legionários por cima da muralha, caindo nas trincheiras inimigas. Respeitando a tradição da Legião de não deixar os seus mortos para trás, o legionário Hinderschmidt lançou-se pela brecha e recuperou vários corpos para impedir que fossem mutilados, regressando com eles ao forte por entre uma saraivada de tiros disparados pelos dois lados, até ser também atingido na garganta.

«A luta prosseguiu nas brechas, corpo a corpo, durante quase trinta minutos, com os combatentes separados apenas pelas paliçadas [improvisadas] de bambu» ([180]). O disciplinado relato oficial que Dominé faz de um dos ataques mais breves dá apenas uma pequena ideia do horror – ou talvez os homens já estivessem tão atordoados de exaustão e excesso de adrenalina decorrentes de semanas a combaterem pela vida que tudo aquilo lhes parecia normal. Os defensores encorajaram-se quando, no dia 25 de Fevereiro, chegaram a Thuyen Quang notícias animadoras, trazidas pelo fiel *coolie-tram*. O major Dominé pregou numa porta, para que todos lessem, a seguinte informação: «No dia 13 de Fevereiro, ao meio-dia, a bandeira nacional [francesa] foi hasteada na cidadela de Lang Son. O oficial no comando também informa a guarnição de que... toda a 1.ª Brigada está a subir o rio [Son Gam] para socorrer Thuyen Quang». O forte continha cerca de 200 homens ainda capazes de pegarem em armas, mas dispunham apenas de 180 espingardas e estavam muito dispersos pelos 1200 m do perímetro, 10% do qual era constituído por uma simples paliçada de bambu – e a situação piorava diariamente a olhos vistos.

Para que serviam todo aquele sofrimento e todas aquelas baixas? Precisavam os Chineses de empregar tantos homens e munições na conquista de um forte pelo qual poderiam simplesmente ter passado, utilizando os trilhos da selva, se a sua intenção era atacarem Hanói de noroeste? Parece que o jogo de Liu Yung-fu era mais complexo do que lhe tem sido atribuído. Quanto aos defensores, colocava-se uma pergunta mais premente: onde estava o auxílio pelo qual ansiavam noite e dia?

([180]) M.-E. Dominé, *Journal, 28 February*, citado em Porch, *The French Foreign Legion*, p. 217.

17

Melhor Seria Impossível

VIETNAME, 1885-1892

A nomeação, em Paris, de um ministro da Guerra mais agressivo foi quanto bastou para o comandante supremo no Vietname, o general Brière de l'Isle, lançar uma ofensiva ambiciosa pela Estrada dos Mandarins até Lang Son, a última fortaleza antes da fronteira chinesa, e aí bloquear a estrada contra novas incursões. Incluídos no seu pequeno exército de doze batalhões de tropas europeias e locais, que partiu do delta do Rio Vermelho, no dia 3 de Fevereiro de 1885, encontravam-se o brigadeiro Négrier e 1800 legionários dos dois batalhões recém-chegados da Formosa, além de um batalhão penal argelino e alguma artilharia.

Depois de se embrenharem nas montanhas e na selva, foram constantemente atrasados por fortins que guardavam a estrada. Esta campanha não foi um exemplo acabado das sofisticadas tácticas europeias: ao assaltar frontalmente uma posição chinesa, uma das companhias de Négrier perdeu todos os oficiais e um terço dos soldados, descobrindo-se depois que uma simples manobra de flanqueamento foi suficiente para lançar o pânico entre os defensores chineses, que fugiram a toda a pressa antes de ficarem com a retirada cortada. As condições meteorológicas estavam contra os Franceses e as suas tropas tonquinesas; a chuva transformou a chamada «estrada» num rio de lama, no qual homens e mulas chapinharam durante nove dias até avistarem Bac Viay, o último posto fortificado antes de

A LEGIÃO ESTRANGEIRA

Lang Son, que foi tomado depois de uma barragem de artilharia e de um assalto que custou 200 baixas.

Estava aberto o caminho para os Franceses chegarem ao objectivo, uma cidade muralhada que constituía um quadrado com cerca de 400 m de lado. Para grande surpresa sua, os defensores chineses desapareceram, permitindo-lhes entrar na cidade. No dia 16 de Fevereiro, Brière de l'Isle entregou o comando a Négrier e voltou para trás com uma coluna, comandada pelo coronel Giovanelli, para socorrer Thuyen Quang, empreendendo uma marcha de 160 km por montanhas, pântanos e selvas.

Era este o momento para o qual Liu Yung-fu concebera os seus planos: os homens que estavam a morrer em Thuyen Quang eram o isco para atrair uma força maior para a sua armadilha. Atacada pelos Bandeiras Negras no caminho para Hoa Moc, a coluna de Giovanelli sofreu baixas num total aproximado de 27 oficiais e 500 oficiais subalternos e soldados, mais do que perdera a guarnição que iam socorrer. O número exacto não é consensual, em parte porque muitos homens morreram dos ferimentos antes de receberem qualquer tratamento médico, e outros tantos sucumbiram de doença e exaustão provocada pela marcha forçada.

O domínio colonial foi alcançado por pequenos contingentes de tropas lideradas por oficiais europeus e dotadas de armamento moderno, mantendo efectivamente um regime de terror sobre milhões de indivíduos pertencentes aos «povos inferiores». O duplo triunfo de Liu Yung-fu mostrou que os *gwailo*, os diabos estrangeiros, não eram invencíveis. Depois de ter alcançado o objectivo psicológico pretendido, as suas tropas desapareceram na selva, no dia 3 de Março, deixando apenas uma pequena força de retaguarda que resistiu até ao último homem contra as cargas à baioneta da Legião.

Significativamente, em Thuyen Quang, após dois meses e meio de cerco, acontecia simultaneamente a mesma coisa, com uma companhia de Bandeiras Negras deixada para trás como força de bloqueio. Enquanto a guarnição aniquilava estas tropas à bala e à baioneta, o legionário Tirbald Steoberg lançou-se em frente do capitão Borelli, tal como havia feito o legionário Catteau ao tentar salvar a vida do tenente Maudet em Camarón. Steoberg morreu instantaneamente, crivado de balas, mas Borelli foi salvo de uma morte certa.

Quando a coluna de socorro avistou Thuyen Quang, foi confrontada com uma cena de árida desolação. Todas as árvores e bambus tinham sido cortados para utilização nos 8 km de trincheiras e parapeitos que ziguezagueavam pelo terreno esventrado, pejado de cadáveres putrefactos, e armas e equipamento de cerco abandonados. Nas ruínas do forte, formaram em parada, liderados por Dominé, menos de 200 fantasmas barbudos e imundos. Brière de l'Isle fez o tipo de discurso a que os generais são dados em ocasiões semelhantes. O que terão pensado os vinte sobreviventes estropiados para toda a vida quando ele lhes disse que, até ao fim dos seus dias, poderiam erguer a cabeça quando se gabassem de terem estado em Thuyen Quang?

O seu sacrifício e o dos seus camaradas que morreram em Thuyen Quang e Hoa Moc é honrado na mais famosa canção de marcha da Legião, «Le Boudin», que é entoada, mais do que cantada, em cada refeição na messe. Um verso diz,

> No Tonquim, a imortal Legião
> Honrou a nossa bandeira.
> Heróis de Camerone e irmãos modelares
> Dormi em paz nas vossas sepulturas.

Para honrar os homens que tinham morrido sob o seu comando em Thuyen Quang, o capitão Borelli escreveu um poema com vinte e sete verses, intitulado, *Aos meus homens que estão mortos, e especialmente em memória de Tirbald Steoberg, que me ofereceu a sua vida, em 3 de Março de 1885, no cerco de Thuyen Quang.* São muitos os que têm criticado os oficiais da Legião por desperdiçarem as vidas dos soldados e negligenciarem o seu bem-estar, mas as classes altas do século XIX, de onde eram oriundos os oficiais, estavam acostumadas a tratar duramente os que lhes eram socialmente inferiores, uniformizados ou não. Basta este curto excerto do poema de Borelli para desmentir as alegações de que *nenhum* deles se importava:

> Sou eu, meus companheiros, meus camaradas guerreiros.
> É o vosso chefe de ontem, que vos vem aqui falar
> Do quê, não sei ao certo
> Meus mortos: saúdo-vos e digo-vos, Obrigado.

A LEGIÃO ESTRANGEIRA

Sem honra ? Adiante. E sem fé? O que quer isso dizer?
Que mais teria sido necessário, que mais teriam eles querido?
Não haveis mantido, até ao martírio,
a palavra dada e o compromisso assumido?

Mercenários? Tínheis de comer.
Desertores? Não seremos nós os juízes.
Estrangeiros? Seja. E depois? Segundo que mau livro
era o Marechal de Saxe francês?

Nunca guarda de Rei, de Imperador, de Autocrata,
de Papa ou de Sultão – nunca regimento algum
ornado de ouro, ataviado de azul de escarlate
marchou mais viril ou garboso [181].

É interessante o facto de Borelli, cinquenta anos depois de Soult ter constituído a Legião, ainda ter que repudiar as acusações dos quezilentos políticos de Paris – que os legionários eram escumalha, vira-casacas, homens sem honra. Levando pessoalmente duas das bandeiras negras capturadas para a capela da Legião no Quartier Viénot, em Sidi-bel-Abbès, o capitão, pesaroso, estipulou que não eram pertença da França, e que se alguma vez a Legião fosse retirada para a Europa as bandeiras deveriam ser queimadas.

Depois da partida de Brière de l'Isle de Lang Son, a situação na fronteira permaneceu calma. Contudo, a guarnição do posto avançado de Dong-Dang, separada da fronteira por uma planície de arrozais, notou um aumento das fortificações do outro lado, por detrás

---

[181] Os quatro versos aqui traduzidos dizem, no original:

Mes compagnons, c'est moi, mes bonnes gens de guerre./C'est votre Chef d'hier qui vient parler ici/de ce qu'on ne sait pas, ou que non le sait guère./Mes Morts, je vous salue e je vous dis, Merci.

Sans honneur ? Ah, passons. Et sans foi ? Qu'est-ce à dire ? Que fallait-il de plus et qu'aurait-on voulu ?/N'avez-vous pas tenu, tenu jusqu'au martyre/la parole donnée et le marché conclu?

Mercenaires? Sans doute, il faut manger pour vivre./Déserteurs? Est à nous de faire ce procès? Etrangers? Soit. Après? Selon quel mauvais livre/le Maréchal de Saxe étai-il donc français?

Jamais garde de roi, d'Empéreur, d'Autocrate,/de Pape ou de Sultan – jamais nul régiment/chamarré d'or, drapé d'azur ou d'écarlate/n'alla d'un air plus mâle et plus superbement.

das quais se foram concentrando reforços chineses até se estimar que fora reunido um exército de 40 000 homens.

No dia 22 de Março, a guarnição de Dong-Dang repeliu o primeiro ataque. A história é ambígua face ao que sucedeu depois. Na época, correram rumores de que Négrier fora pressionado por Jules Ferry, o primeiro-ministro colonialista, para alcançar uma vitória rápida que lhe daria trunfos adicionais para as suas negociações com a China, em Paris. O temperamento belicoso de Négrier valera-lhe a alcunha vietnamita de «Mau-Len», Sr. Depressa, pelo que é igualmente provável que ele tenha decidido assestar um golpe contundente aos Chineses de uma vez por todas, na convicção de que Pequim necessitava de levar uma ensinadela para pôr cobro a novas incursões.

Durante o inquérito oficial posterior, Négrier contentou-se em dizer, «As patrulhas de cavalaria e os reconhecimentos efectuados por oficiais deram conta, a partir de 15 de Março, de um aumento continuado das forças chinesas. As tácticas chinesas consistiam em construir campos fortificados o mais perto possível [das nossas linhas] e depois avançar contra as linhas de comunicações. A necessidade de manter o inimigo longe das linhas de comunicações tornava obrigatória a ocupação de Dong-Dang. Dadas as reduzidas forças sob o nosso comando, uma defesa passiva, obrigando à ocupação de numerosos postos, estava fora de questão. Pareceu ser preferível combinar todas as forças disponíveis e atacar em força. O general decidiu, imediatamente após a defesa com êxito de Dong-Dang [em 22 de Março], aproveitar a desmoralização do inimigo e atacar [o forte chinês mais próximo] em Bang-Bo com todas as suas forças» ([182]).

Esta seca linguagem militar esconde as implicações políticas da guerra transfronteiriça.

Imediatamente depois de atravessar a fronteira, a vanguarda francesa foi contida nas íngremes encostas que se sucediam aos arrozais frente a Dong-Dang. Com dois batalhões franceses e um batalhão de infantaria ligeira tonquinesa incapazes de avançar, a Legião passou através deles e desalojou o inimigo, permitindo à força principal meter pelo desfiladeiro chamado Portas da China e desembocar na província de Guangxi. Conquistada uma segunda linha de

---

([182]) Tradução abreviada do autor. Para o texto completo, ver SHAT, 3H 10, relatório Négrier, 22 de Abril de 1885.

A LEGIÃO ESTRANGEIRA

fortificações, tornou-se visível uma terceira, e depois uma quarta. Os Chineses tinham disposto de 3000 anos para construírem as suas defesas em profundidade.

Depois de uma grande força inimiga ter tentado flanquear os Franceses pela direita e sido repelida pela artilharia, a Legião e outras tropas instalaram-se para passar a noite, sentindo-se optimistas em virtude deste primeiro sucesso. A meio da manhã de 24 de Março, quando as neblinas matinais começaram a levantar, as tropas deram início à habitual eliminação das sucessivas posições inimigas. A meio da tarde, teve lugar um maciço contra-ataque chinês, primeira indicação de que os soldados inimigos combateriam mais tenazmente pelo seu país do que em solo estrangeiro.

Cerca de 25 000-30 000 soldados inimigos, bem liderados, abriram rapidamente caminho até às posições francesas. O legionário Maury recordaria: «Já não tínhamos munições. Restavam-me somente duas balas, e eu pensei que não iria escapar com vida. De noventa homens, restavam apenas vinte e sete» [183]. Outro sobrevivente, o legionário Bôn-Mat, confessou mais tarde: «Alvejados da frente e dos flancos, sofremos pesadas baixas. Os feridos e os que estavam demasiado exaustos para acompanharem os restantes foram abandonados, e nunca mais os vimos» [184].

Na manhã seguinte, tornou-se óbvia a razão pela qual um terceiro sobrevivente escreveu: «Naquela altura, o meu único objectivo era conseguir fugir. Ferido ou não, eu não queria cair nas mãos dos meus perseguidores» [185]. Os Chineses, disciplinados, tinham-se abstido de atravessar a fronteira, pelo que foram enviados grupos de soldados para procurarem os desaparecidos e os feridos. Os Chineses deixaram-nos passar porque *queriam* que eles vissem o que acontecera aos que tinham apanhado. Nas palavras de Bôn-Mat, «Trouxemos uma dúzia, mas encontrámos muitos mais, executados e horrivelmente mutilados» [186].

O diário regimental regista laconicamente que o 2.º Batalhão perdeu nesse dia um capitão e nove oficiais subalternos e soldados, com

---

[183] A.-P. Maury, *Mes campagnes au Tonkin*, Lyon, Vitte & Peyrusssel, 1888, pp. 194-196.

[184] Bôn-Mat, *Souvenirs d'un légionnaire*, Paris, Messein, 1914, pp. 177-179.

[185] J.-P. Le Poer, *A Modern Legionary*, Nova Iorque, Dutton, 1905, p. 145.

[186] Bôn-Mat, *Souvenirs d'un légionnaire*, p. 181.

cinquenta e dois feridos e dois desaparecidos, mas as perdas totais devem ter sido elevadas para Négrier abandonar Dong-Dang e recuar para as posições em redor de Lang Son, onde a Legião recebeu um atempado reforço de 1700 homens provenientes da retaguarda.

No dia 28 de Março, às 07:00, os Chineses lançaram-se em vagas sucessivas sobre as posições francesas, mas foram mantidos à distância até ao crepúsculo, altura em que retiraram de forma impressionantemente ordeira. A baixa mais controversa do dia foi Négrier, o qual, ferido no peito pelas 15:30, foi obrigado a entregar o comando ao tenente-coronel Paul Gustave Herbinger. A brilhante carreira militar de Herbinger ia ser maculada para sempre.

Herbinger, que fora professor de Táctica Militar na Escola Superior de Guerra, deixou atónitos os oficiais presentes na sua primeira reunião de comando ao informá-los de que, segundo a sua apreciação da situação, Lang Son era indefensável, tendo em conta as forças inimigas que tinham pela frente e os problemas inerentes ao reabastecimento, tendo muitas unidades ficado sem munições durante os combates. Os oficiais, que esperavam uma ordem «à Négrier» – resistir a todo o custo –, ficaram furiosos ao serem informados de que a fortaleza seria abandonada nessa mesma noite. Um major dos Batalhões de África exigiu o direito de defender Lang Son sozinho, mas Herbinger foi peremptório. Tudo o que não pudesse ser transportado para a retaguarda deveria ser destruído.

Quando as notícias foram transmitidas pela cadeia de comando, começou uma orgia de pilhagens e destruição, com muitos legionários apossando-se dos pertences dos oficiais e empanturrando-se com as provisões acumuladas antes que os quartéis-mestres as pudessem destruir. Inevitavelmente, abusaram dos barris de vinho e de *tafia*, um rum produzido localmente. Segundo Herbinger, o 2.º Batalhão superou todos os outros. Todavia, o major François George Diguet defendeu os seus homens alegando que *apenas* vinte estavam completamente embriagados, uma ofensa capital aquando em serviço, e tentou desviar as culpas para os quartéis-mestres e comerciantes, por não terem rebentado os barris quando destruíram os outros mantimentos.

O legionário Maury recorda-se de ver «vários soldados deitados no chão, podres de bêbedos. Desarmámo-los e abandonámo-los» [187].

---

[187] Maury, *Mes campagnes au Tonkin*, p. 199.

A LEGIÃO ESTRANGEIRA

Se deitar a artilharia a um rio próximo, apesar das súplicas dos artilheiros, era prática normal, é indicativo do pânico generalizado o facto de com a artilharia ter ido também um cofre, chegado dois dias antes, com moeda mexicana no valor de 600 000 francos. A retirada pela Estrada dos Mandarins até ao delta decorreu sem incidentes de maior, embora alguns grupos de retaguarda da Legião tenham ficado separados da coluna e sido obrigados a regressar por trilhos na selva, seguidos a uma distância discreta pelos Chineses, para deixarem bem claro que ainda não tinham encolhido as garras.

Herbinger foi usado como bode expiatório para o fracasso da política de Brière de l'Isle e para a impetuosa incursão de Négrier na China por ser o táctico frio e analítico que se tornara impopular ao admitir que a força das armas francesas não era absoluta, ao passo que Négrier, com o seu ferimento heróico, agira como o heróico ferrabrás que um bom oficial devia ser. Para se acautelarem por terem exorbitado o seu mandato, os generais Brière de l'Isle e Borgnis-Desbordes acusaram Herbinger de ser alcoólico e mentiram acerca da situação militar para mancharem ainda mais o seu nome.

Regressando a França em Junho de 1885, Herbinger exigiu a abertura de um inquérito judicial para limpar o seu nome. Em Fevereiro do ano seguinte, o tribunal ouviu o testemunho do major Schaeffer, comandante do 3.º Batalhão, que afirmou que os Chineses estavam a preparar um ataque maciço precisamente para o dia em que tivera lugar a evacuação, mas os apoiantes de Brière de l'Isle e Négrier insistiram que as provisões eram suficientes para resistir.

Na verdade, a guarnição estava a meia ração há já alguns dias, as munições para a artilharia encontravam-se praticamente esgotadas e restavam dezassete balas por homem. Embora fosse exonerado de qualquer culpa, Herbinger morreu três meses depois, com 47 anos de idade, como um homem destroçado. A sua apreciação da situação fora correcta. Com forças regulares chinesas e dos Bandeiras Negras concentrando-se ao longo de toda a fronteira, não teria sido possível defender Lang Son sem perdas de vidas colossais, nem retirar os 3700 homens da guarnição depois de a cidade ser cercada pelas forças enormes que os Chineses tinham colocado no terreno.

A chegada das notícias das dispendiosas derrotas a Paris provocou a queda do governo de Jules Ferry, o mais duradouro da III República. Mas essa questão não nos diz respeito. A Legião não faz política; executa-a, dentro dos limites da coragem humana, e ninguém a pode

MELHOR SERIA IMPOSSÍVEL

acusar de ter falhado a esse respeito durante a conquista do Vietname. Uma combinação de problemas internos e ameaças externas noutros pontos forçou os Chineses a assinarem um acordo de cessar-fogo, no dia 4 de Abril. Este levou ao Tratado de Tientsin, em Junho de 1885, pelo qual abandonaram as suas pretensões ao Tonquim. Por sua vez, esta posição deu origem a uma revolução palaciana em Hué, tendo o rei, de 14 anos de idade, fugido para as montanhas para organizar a resistência contra os Franceses. Estes limitaram-se a substituí-lo por um fantoche e dividiram o país, à semelhança da Argélia, em três áreas militares-administrativas: Tonquim, Annam e Cochinchina, no Sul.

Depois destes acontecimentos, o Vietname tornou-se a melhor colocação para a Legião. Entre 1887 e 1909, as estatísticas mostram, surpreendentemente, muito poucos legionários mortos em combate neste teatro: somente 271, contra 2705 fatalidades por doença [188], pois o Vietname era conhecido como a terra onde «a disenteria é a rainha e a malária o rei» [189]. Num período particularmente mau, antes da chegada da profilaxia moderna e barata para a malária, o sargento legionário Ernest Bolis chegou ao Vietname com uma companhia de 119 homens, notando que, no fim da sua comissão de serviço, apenas 16 estavam em condições de regressar a Sidi--bel-Abbès. Os outros tinham morrido ou ficado permanentemente incapacitados [190].

Mas existiam boas razões para ir para o Oriente. Um ano no Vietname contava como dois para efeitos de pensão, enquanto que o serviço na Argélia era considerado uma colocação doméstica. Além disso, era pago um subsídio colonial, que não se aplicava ao Norte de África. Enquanto os militares de outras unidades francesas viviam na Indochina como reis, com «rapazes» nativos que lhes lavavam a roupa, limpavam as armas e até as transportavam em patrulha, a Legião era mais dura, proibindo o manuseamento das armas pelos servos, mas estes lavavam a roupa interior dos legionários e limpavam os uniformes e outro equipamento, um luxo inaudito no Norte de África.

---

[188] Tournyol du Clos, coronel, *La revue de l'Infanterie*, vol. 89, n.º 525, 1 de Maio de 1936, p. 859.

[189] L. Huguet, *En colonne: souvenirs d'Extrême-Orient*, Paris, Flamarion, s/d, p. 109.

[190] Ernest Bolis, *Mémoires d'un sous-officier*, Châlon-sur-Saône, Courrier de Saône et Loire, 1905, p. 61.

A LEGIÃO ESTRANGEIRA

Para aqueles que não se importavam de ver dentes escurecidos pelo bétel(*) a seu lado na cama, a *congai*, contratada a longo prazo por meia dúzia de piastras por semana, não servia apenas de conforto nocturno. Era muito comum as mulheres dos soldados da infantaria ligeira tonquinesa seguirem na retaguarda das colunas, levando os seus utensílios de cozinha e uma grande parte do equipamento dos maridos aos ombros, suspensos numa vara de bambu. Por vezes, faziam mais do que isto. Tal como Herbinger bem sabia, na marcha para Long San e durante a posterior campanha na fronteira chinesa, as rações foram muito abaixo do mínimo necessário. Cerca de 8000 *coolies* e 800 póneis, que se considerava suportarem melhor o clima do que as mulas, tinham sido arregimentados para transportar as peças de artilharia desmontadas, as vitualhas e as munições para a campanha de Long San. Porém, devido à política chinesa de matar todo e qualquer *coolie* capturado, os trabalhadores arregimentados desapareceram à primeira oportunidade. Foram as empreendedoras *congais*, tais como a do legionário Bôn-Mat, que salvaram a situação, deslocando-se até ao delta para comprarem comida para os «maridos» e seus camaradas.

Onde quer que se encontrasse, o legionário tinha no álcool a sua libertação. No Vietname, a *tafia* e o *choum-choum*(*) eram baratos. Mas para os oficiais e soldados, o ópio, a duas piastras o cachimbo, era o grande relaxamento. Suscitando inicialmente o desagrado de Paris e da Igreja, acabou por se tornar a droga da sociedade nos meios coloniais no princípio do século XX, ao ponto de, em 1914, o seu negócio ser já um monopólio governamental, gerando um terço de todas as receitas fiscais provenientes da Indochina([191]). Na Legião, desde que um homem não ficasse viciado ao ponto de afectar a disciplina e a sua utilidade militar, os oficiais faziam vista grossa.

Em 1891, o novo governador-geral, Antoine de Lanessan, dividiu a fronteira com a China em quatro sectores, colocando um coronel à

(*) Planta aromática cujas folhas são empregadas numa mistura masticatória. (*N.T.*)

(*) Fungo (*Rhizopus oryzae*) utilizado pelos Chineses na produção do *baijiu*, um álcool de arroz destilado. (*N.T.*)

([191]) C. Meyer, *La vie quotidienne des Français en Indochine 1860-1910*, Paris, Hachette, 1985, p. 259.

frente de cada um, com instruções para «pacificar» a respectiva área de acordo com os seus próprios métodos. Era um trabalho difícil e sujo. As patrulhas da Legião e de outras unidades deslocavam-se ligeiras, pelos trilhos da selva. A leste do Suez, os legionários usavam uniformes brancos e trocavam os seus quépis por capacetes coloniais, que se julgava impedirem as insolações. Dado que os Chineses identificavam os alvos europeus pelos capacetes brancos, a Legião usava frequentemente coberturas de cabeça não regulamentares.

Sem meios para a evacuação dos feridos, «se abandonássemos um tipo, encontrávamo-lo depois massacrado pelos piratas que... lhe enfiavam um pau pelo rabo acima até lhe sair pelo ombro. Por isso, quando algum estava nas últimas, dávamos-lhe um pouco de *tafia* e dizíamos-lhe, «é para a viagem». Depois, metíamos-lhe um cano na boca e puxávamos o gatilho. Íamo-nos embora de consciência tranquila» [192].

Em Agosto de 1892, uma patrulha oriunda de Cao Bang foi emboscada por um bando armado e refugiou-se no posto fronteiriço chinês de Bo Cup, onde a aquiescência embaraçada do comandante ao seu pedido de refúgio ficou explicada quando uma das patrulhas chinesas regressou à base, manifestamente depois de se ter envolvido num tiroteio, e alguns dos soldados elogiaram o tenente legionário pela habilidade com que conseguira fugir com os seus homens à emboscada que eles lhe tinham montado.

Os soldados mantêm o sentido de humor em situações em que os civis talvez não o façam. O marechal Joseph Galliéni costumava recordar os seus tempos como coronel comandante do 2.º Distrito Militar, que englobava Lang Son. Após várias incursões registadas no Verão de 1896, ele protestara junto do seu homólogo chinês, o marechal Sou, o qual lhe apresentara desculpas mas dissera que não conseguia controlar os seus soldados. Todavia, não punha quaisquer objecções a que fossem imediatamente fuzilados se apanhados em flagrante delito. A solução de Galliéni foi jogar o jogo de Sou e substituir as suas tropas regulares naquela zona da fronteira por legionários, que também se entregavam a incursões transfronteiriças para pilharem e obterem alimentos. Quando Sou protestou, Galliéni retorquiu que os legionários eram estrangeiros, sobre os quais ele

---

[192] A. Sylvère, *Le légionnaire Flutsch*, Paris, Plon, 1982, p. 64.

não tinha qualquer controlo, mas se Sou quisesse fuzilá-los, ele não colocaria objecções. As incursões chinesas acabaram.

Na Indochina, depois da conquista inicial, a vida dos soldados não consistiu em grandes batalhas ou cercos prolongados. Foi uma lenta rotina de patrulhas, uma entediante vida de guarnição e períodos de descanso e recuperação durante os quais o ópio, as mulheres e o álcool alimentavam o sonho do Oriente exótico que os fizera oferecer-se como voluntários. E continuaram a oferecer-se, não obstante os perigos que os esperavam. A Legião teve sempre mais homens desejosos de ir para o Oriente do que os que lá eram necessários, embora um número considerável destes voluntários mudasse de ideias durante a longa e desconfortável viagem marítima, desertando no Canal do Suez, inaugurado em 1869 e propriedade da França e da Grã-Bretanha, ou num porto de escala, onde desafiavam as balas das sentinelas postadas no portaló, em busca de um futuro incerto e sem dinheiro numa terra estranha.

Mas os que se apresentaram deixaram algo de si naquela terra estranha e fértil, que estava há mil anos em guerra e assim continuaria durante mais um século. Ainda hoje, recordando as paisagens turísticas e o povo vietnamita e o seu modo de vida, os velhos legionários que lá serviram suspiram e murmuram, *«Qu'elle était belle, la vie là-bas!»*. A maior parte do tempo, a vida era bela. Para um legionário, melhor seria impossível.

18

Guerra na Barriga de Dan

DAOMÉ, 1892-1894

A passagem da Legião a brigada, em Dezembro de 1884, pouca diferença fez para as unidades presentes no Vietname. Na Argélia, o 1.º Regimento (1.º RE) estava baseado em Sidi-bel-Abbès, e o 2.º RE em Saïda, 90 km a sudeste. Em Julho de 1892, cada regimento recebeu ordens para fornecer 400 homens para a formação de um regimento de marcha que seria enviado para o Daomé, hoje Benim, na África Ocidental[193].

Este sistema de unidades temporárias tinha prós e contras. Os seus defensores argumentavam que permitia a concentração dos melhores homens para uma missão específica, deixando de fora o refugo. Os seus adversários contrapunham que exercia um efeito negativo sobre o moral porque dividia os legionários em duas classes – os que recebiam sempre as missões apetecíveis e os que se tornavam desanimados e se fingiam doentes. Era melhor, diziam eles, pegar numa companhia cujos homens tivessem recebido instrução juntos, pôr os mandriões na ordem e recorrer a voluntários para substituir os que se encontrassem fisicamente incapacitados para a missão.

---

[193] Porch, *The French Foreign Legion*, pp. 245-247.

A Legião Estrangeira

O sargento Frederic Martyn, retirado do Vietname por sofrer de febre biliosa hemoglobinúrica (*) mas entretanto curado, estava desejoso de regressar ao estrangeiro. Durante um jantar na cidade para fugir à monotonia da comida da cantina, descobriu uma oportunidade de fugir ao tédio da vida num depósito pelo jornal *Echo d'Oran*. Ao ler que o Ministério da Guerra colocara à disposição da Marinha um batalhão da Legião Estrangeira que partiria para o Daomé no dia 4 de Agosto, Martyn e o seu camarada, o sargento Ivan Petrovski, regressaram apressadamente ao quartel para darem os seus nomes como voluntários. Estando muito abaixo na lista, depositaram as suas esperanças no facto de o comandante nomeado para o batalhão ser o major Marius-Paul Fauraux, às ordens de quem tinham servido no Tonquim [194].

O seu entusiasmo poderá ter sido alimentado pelos rumores de que o rei Behanzin ou Koudo do Daomé tinha uma guarda pessoal composta por mulheres-guerreiras. As Amazonas – assim eram chamadas – eram originalmente cativas que tinham sido treinadas como guerreiras e proibidas, sob pena de morte, de ter relações sexuais com qualquer homem que não o rei. Dado que ele possuía um grande harém, isto condenava-as a uma vida de virgens, cuja principal compensação era residirem na habitação real e comerem da sua alimentação. O seu estatuto era tão elevado que as famílias importantes doavam filhas para a guarda real, tal como as famílias medievais europeias tinham doado garotos à Igreja como oblatos.

Em 1861, Sir Richard Burton, ao visitar a África Ocidental, descrevera-as como nada sedutoras, «com um desenvolvimento de tecido adiposo, indicativo de tudo menos de uma antiga virgindade. Vi matronas velhas, feias e quadradas, arrastando-se irritadamente com a cara de poucos amigos». Ele dividiu-as em cinco categorias: as que tinham bacamartes, cada uma seguida da sua portadora de munições; as caçadoras de elefantes, das quais se dizia serem as mais valentes; as mulheres das navalhas, que pareciam espantalhos; a infantaria, que ele achou «de aspecto bastante doce»; e as arqueiras de elite. Depois de notar que no Daomé o objectivo da guerra era a captura de

---

(*) Espécie de malária, caracterizada por uma urina cor de sangue ou preta. (N.T.)

[194] Martyn, Frederic, *Life in the Legion from a Soldier's Point of View*, Nova Iorque, Scribner's, 1911, pp. 184-185.

escravos e não a morte do inimigo, ele concluiu que as mulheres eram certamente tão ou mais valentes do que os homens [195].

Quer tenha sido ou não devido a uma mal informada luxúria por estas guerreiras, a verdade é que foram tantos os legionários que se ofereceram como voluntários em Sidi-bel-Abbès que o coronel do 1.º RE se limitou a nomear o capitão, o tenente e o 2.º tenente mais graduados para o contingente de Faraux, deixando-lhes a liberdade de seleccionarem os seus oficiais subalternos e soldados. O alto capitão Paul Brundsaux, nascido na Alemanha, alcunhado «Loum--Loum» no Vietname devido à sua barba extravagante e cuja obsessão pela obediência valera à filha uma estada na prisão de bel-Abbès, era uma escolha óbvia para o regimento de marcha. Era graças à filha que ele servia na Legião, depois de se ter demitido do Exército, em Bizerta, ao ser-lhe recusada autorização para desposar a mãe, que estava grávida. Embora fosse um graduado de St-Cyr, perdera três anos de antiguidade por ter saído do Exército para se casar, realistando-se depois na Legião. Também fora recompensado pela sua integridade com uma comissão no «estrangeiro», unicamente válida para serviço nas colónias, o que o impedia de alguma vez se transferir para um regimento regular.

Os dezassete dias de viagem de Orão até Cotonou, na Costa dos Escravos, a bordo dos transportes *Ville de St-Louis e Mytho*, decorreram sem incidentes. No dia 23 de Agosto de 1892, os legionários que se encontravam nos conveses avistaram as palmeiras e praias arenosas da costa. Os comandantes ancoraram ao largo e os homens prepararam-se para se transferir para as barcaças e pirogas que os transportariam até à costa, através da rebentação.

A primeira visão que tiveram do país foi tão desanimadora como a da chegada a Haiphong. Cotonou consistia num punhado de cabanas nativas mal amanhadas, com um longo cais que entrava mar adentro, uma fábrica rudimentar que processava amêndoas e óleo de palma, a casa do residente, uma pequena enfermaria e um fortim toscamente construído, onde uma pequena guarnição francesa protegia esta contestada feitoria. Uma viagem de 30 km para o interior, em pirogas rebocadas por canhoneiras francesas, levou-os ao antigo

---

[195] Sir Richard Burton, *A Mission to Gelele, King of Dahome*, Londres, Routledge & Kegan Paul, 1966, pp. 261-264.

A LEGIÃO ESTRANGEIRA

porto esclavagista português de Porto Novo, na lagoa de Nokoué, onde o rei de Tofa os aguardava para lhes dar as boas vindas, usando um chapéu de oficial francês e uma sobrecasaca bordada a ouro, sem nada por baixo. Regiamente impávido perante a risota suscitada pelo seu aspecto, o rei bem podia permitir-se sorrir indulgentemente para os estrangeiros, em direcção ao interior para morrerem, de doença ou ferimentos, numa guerra para o manter no seu esquálido trono.

A capital era uma enorme aldeia de cabanas de lama com telhados de colmo, infestada de febres, situada num pântano junto da lagoa. O «quartel» no qual os legionários trocaram os seus uniformes por vestuário tropical ligeiro e capacetes coloniais era apenas um aglomerado de barracões sem paredes, com telhados de folhas de palmeira. O costume local de sepultar os mortos debaixo das habitações familiares permeava tudo com um fedor a putrefacção, pelo que os legionários não se lamentaram quando, no dia 1 de Setembro, a chegada de carregadores locais arregimentados para transportarem o seu equipamento significou que poderiam marchar para norte e juntar-se ao resto da força expedicionária de 4000 homens comandada pelo coronel Alfred-Amédée Dodds, um extraordinário mulato nascido no Senegal e formado em St-Cyr. O nome de Daomé deriva de Dan-ho-me, que significa «na barriga de Dan», porque o «palácio» do rei Behanzin fora construído sobre a sepultura de um seu predecessor assassinado.

Dodds planeava seguir o rio Ouémé, para norte, e chegar à capital de Behanzin de sudeste. Isto duplicava os quilómetros a percorrer a partir da costa, mas tinha a vantagem de evitar os extensos pântanos infestados de febres localizados no caminho mais directo. O crime pelo qual Behanzin iria ser punido era o de ter invadido o seu antigo reino vassalo de Tofa, agora sob protecção francesa, depois de traficantes de armas alemães, que pretendiam uma guerra para poderem vender as suas mercadorias, lhe terem dito que a Alemanha «acabara com a França» em 1871.

Tal como se pode ver em qualquer mapa, a África Ocidental fora totalmente retalhada pelas grandes potências, com a Alemanha, a Grã-Bretanha e a França manobrando para se colocarem numa posição de vantagem. A campanha francesa no Daomé, em 1892, tinha a sua origem nas pretensões francesas baseadas em «tratados» forjados por comerciantes sem escrúpulos, segundo os quais a faixa

GUERRA NA BARRIGA DE DAN

costeira entre Cotonou e o antigo porto esclavagista britânico e francês de Ouidah ([196]) fora cedida à França. Necessitando de Ouidah para escoar o óleo de palma, que constituía o único bem exportável do reino desde que a escravatura fora abolida, Behanzin utilizara as armas fornecidas pelos alemães para atacar Porto Novo, em 1890, e recuperar o controlo sobre Ouidah. A instável trégua que se seguiu foi quebrada em 1892, quando alguns dos seus soldados dispararam sobre uma canhoneira francesa no rio Ouémé, oferecendo a Eugène Étienne, agora ministro das Colónias, o pretexto para montar a expedição de Dodds.

Partindo de Porto Novo, o avanço pela margem oriental do Ouémé, em terreno difícil, foi lento, a uma média de 8 km por dia. Algumas unidades afortunadas puderam deslocar-se regiamente nas pirogas, rebocadas pelas canhoneiras francesas, mas para a maioria a progressão foi muito sofrida. Martyn recorda: «Durante uma hora, arrastávamo-nos por um mangal; na hora seguinte, tínhamos que abrir caminho por erva mais alta do que as nossas cabeças, ou avançávamos à catanada por arbustos densos. Não levávamos nada, excepto as armas e 150 cartuchos por homem, mas até esta carga ligeira era o máximo que conseguíamos suportar» ([197]). Outros homens recordam principalmente o calor, sufocante e nauseabundo. Quanto aos que se descuidavam e andavam descalços depois de marcharem um dia inteiro de botas, o seu desconforto era aumentado pelas dores provocadas pelas carraças, que se lhes enterravam debaixo das unhas dos pés e tinham de ser tiradas por um nativo, com uma agulha em brasa.

Em 11 de Setembro, a vanguarda chegou à cidade de Dogba, onde os sapadores deveriam construir uma ponte para toda a gente poder passar para a margem ocidental. Depois, até Abomey, haveria apenas um rio a atravessar. Prudentemente, Dodds decidiu aguardar em Dogba até que os retardatários e os reforços da Legião se juntassem ao corpo principal. Chegada a Dogba, a Legião construiu um campo de marcha ao estilo romano, com um fosso e uma paliçada em três lados, ficando a retaguarda encostada ao rio.

No dia 19 de Setembro, pouco antes do alvorecer, os piquetes de fuzileiros navais postados no exterior do perímetro ouviram

---

([196]) Ou «Whydah» para os falantes de língua inglesa.
([197]) Martyn, *Life in the Legion from a Soldier's Point of View*, p. 195.

movimentos na selva. Pressupondo que as formas negras entre as árvores eram os carregadores nativos aliviando-se, foram apanhados de surpresa quando centenas de guerreiros daomeanos irromperam da escuridão e se lançaram em frente, gritando e ululando. Mas não se tratava de um indisciplinado assalto tribal. O exército daomeano, bem instruído, sabia disparar por descargas e executar manobras simples. Integrava cerca de 4500 guerreiros regulares, entre os quais as 800 Amazonas, e um número idêntico de «reservistas», e era comandado por chefes de guerra profissionais.

Os primeiros tiros dos piquetes, enquanto fugiam para o acampamento, acordaram os seus camaradas, que dormiam com as armas empilhadas fora das tendas. Os toques de clarim da Legião, as ordens gritadas de Loum-Loum e os guinchos dos atacantes combinaram-se no fragor do combate. Felizmente, embora os Daomeanos tivessem adquirido aos traficantes de armas alemães 2000 Mausers modernas, espingardas Chassepot, espingardas de repetição Winchesters, cinco metralhadoras francesas muito usadas e até seis canhões Krupp, as suas armas de fogo, raramente limpas, eram disparadas com os olhos fechados, na crença de que as armas pessoais faziam pontaria sozinhas. Aliás, a maioria dos guerreiros de Behanzin estava armada com velhos bacamartes, arcos e flechas, e espadas e lanças cujas lâminas, compridas e finas, forjadas à mão, serviam para golpear e espetar.

«[Os meus legionários] já vinham correndo na minha direcção de espingarda na mão, alguns em cuecas, outros em camisa», escreve o tenente Jacquot acerca daquela manhã. «O que importa é que estavam presentes, e quando o major Fauraux chegou, dois minutos depois, já tínhamos começado a disparar sobre os muitos inimigos, felizmente enredados na barreira de abatis feitos de árvores [espinheiros] com os ramos virados para o exterior, entre a selva e o nosso lado do acampamento» [198].

Martyn refere ter disparado o mais rapidamente que conseguia carregar a arma, cada tiro derrubando uma sombra negra sob a luz crepuscular. Quando Henri-Paul Lelièvre chegou à linha de fogo, deu com os Daomeanos a não mais de 10 m de distância, alguns ripostando friamente ao fogo dos legionários sentados em pequenos bancos que tinham levado com eles para o efeito. Escreve novamente Jacquot:

---

[198] Jacquot, capitão, «Mon journal de marche de Dahomey», MS não publicado citado em Porch, *The French Foreign Legion*, p. 257.

GUERRA NA BARRIGA DE DAN

«A infantaria disparava descargas. A artilharia disparava metralha [*shrapnel*], a uma distância inferior a 100 m. A canhoneira *Opale* fustigava a mata com granadas da sua metralhadora Hotchkiss [199], que passavam a assobiar por cima das nossas cabeças» [200].

O major Fauraux, que insistiu em montar no cavalo para supervisionar o corpo a corpo e ser visível pelos seus homens, levou um tiro e morreu pouco depois. Provavelmente, foi vitimado por um dos atiradores furtivos dissimulados nas árvores, os poucos que apontavam cuidadosamente antes de dispararem. Segundo a lenda da Legião, as suas últimas palavras para Dodds foram: «Está satisfeito com os meus homens?» [201]. Independentemente do que terá acontecido, a verdade é que foi o contra-ataque dos legionários, à baioneta, que quebrou a primeira vaga dos guerreiros de Behanzin.

Os outros quatro ataques em massa que se seguiram ao alvorecer foram reminiscentes das vagas humanas chinesas no Vietname. Martyn leva a narrativa até ao momento em que os legionários puseram fim à batalha carregando à baioneta sobre a muralha de corpos que tinham pela frente: «Enterrávamos-lhes as baionetas no corpo até ao punho, com um pancada seca, repulsiva, e depois atirávamo-los para o lado, para arranjarmos espaço para o seguinte, como um agricultor a carregar feno com a forquilha, até que, para chegarmos aos vivos, fomos obrigados a subir por cima dos mortos e moribundos, empilhados aos dois e três... Eles não conseguiam fugir porque a enorme massa de gente que tinham atrás os empurrava contra as nossas baionetas. Foi uma carnificina terrível» [202].

Pelas 09:00, os atacantes que ainda conseguiam andar desapareceram na selva. Os feridos foram despachados à baioneta. Alguns prisioneiros, ilesos, foram fuzilados logo a seguir, incluindo duas Amazonas de Behanzin, envergando saias azuis de algodão, até aos joelhos, presas à cintura por cartucheiras de cabedal; da cintura para cima, o seu corpo, oleado, estava nu. Os legionários, sexualmente curiosos, repararam que algumas das amazonas mortas mal eram

---

[199] A Hotchkiss era uma metralhadora pesada operada a gás, introduzida em França em 1892. A *Opale* estaria possivelmente a disparar granadas com os seus canhões e a fazer fogo com a Hotchkiss.

[200] Jacquot, «Mon journal de marche de Dahomey», citado em Porch, *The French Foreign Legion*, p. 257.

[201] Geraghty, *March or Die*, p. 129.

[202] Martyn, *Life in the Legion from a Soldier's Point of View*, p. 197.

núbeis, enquanto que outras eram muito mais velhas e tinham seios flácidos. As tropas desfizeram-se dos cadáveres de homens e mulheres de modo idêntico – alguns foram para os crocodilos do rio, outros para uma gigantesca pira funerária que ardeu de forma nauseabunda durante dias. Pagando um preço de cinco mortos e 60 feridos, a coluna de Dodds contou 832 inimigos mortos.

Um emissário de Behanzin foi conduzido à presença de Dodds para pedir a paz e, ao mesmo tempo, avisar que o seu amo era «o tubarão que come Franceses». Disseram-lhe para regressar com a mensagem de que Dodds era «a baleia que come tubarões» [203].

Atravessado o Ouémé, a progressão foi lenta, com emboscadas frequentes. A desgraça das tropas foi aumentada com serviços de guarda nocturna reforçada, e com alertas à primeira luz do dia. No dia 28 de Setembro, as canhoneiras foram emboscadas quando reconheciam o rio. A 30, depois do anoitecer, o acampamento francês foi bombardeado por artilharia situada na margem oposta, mas sem baixas – o cálculo do alcance era tão mau que a maioria dos projécteis caiu na selva, muito além do acampamento.

Em 4 de Outubro, quando a vanguarda senegalesa chegou à aldeia de Poguessa, a cavalaria nativa sudanesa e uma companhia de infantaria haúça (*) que ia na cabaça da coluna foram duramente emboscadas, dando meia volta e debandando para a retaguarda. Os atiradores furtivos escondidos nas árvores mataram três oficiais, mas os projécteis da artilharia daomeana voltaram a passar inofensivamente por cima das tropas. Quando os franceses deram a ordem de cessar-fogo, o inimigo, supondo que eles deveriam estar sem munições, atacou novamente.

Uma companhia da Legião foi incumbida de flanquear o adversário pela esquerda, enquanto as canhoneiras bombardeavam as reservas inimigas, que se concentravam em clareiras visíveis do rio. Entre os corpos contados no campo de batalha, pejado de fetiches que supostamente desviariam as balas francesas, jaziam mais de trinta Amazonas, que Martyn considerou terem lutado pelo menos tão corajosamente como os homens. Um fuzileiro naval que agarrou uma delas com

---

[203] Lelièvre, Henri-Paul, «Campagne du Dahomey», MS não publicado, ALE, p. 27.

(*) Dos Haúças, povo da África Ocidental, principalmente centrado na cidade de Kano, na Nigéria. (N.T.)

intenções sexuais levou uma dentada tão grande no nariz que um oficial teve de a trespassar com o sabre para que ela largasse o soldado [204]. Entre os prisioneiros incólumes, que esperavam atados junto à tenda de Dodds para serem interrogados, encontrava-se uma amazona que parecia ter uns 15 anos de idade. Sorrindo agradavelmente aos captores, implorou pela vida mas foi abatida juntamente com os outros, pois não havia provisões para alimentar prisioneiros nem homens a mais para os guardar.

Emboscadas, escaramuças, bombardeamentos, caminhos abertos à catanada na selva e no matagal para sofrer menos emboscadas do que nos trilhos principais... os Franceses começavam a sofrer de sede, pois os Daomeanos, durante a retirada, tinham envenenado ou tapado todos os poços. A chuva, torrencial, foi acolhida como uma fonte de água que rapidamente se esgotou. O avanço parou. No dia 16 de Outubro, Dodds foi obrigado a retirar, para dar aos feridos e doentes uma oportunidade de recuperação. Com os lábios enegrecidos e a língua inchada, os homens estavam a desidratar-se a um ritmo alarmante, particularmente os que sofriam de disenteria, estimados por Martyn em um em cada cinco europeus. Levando os feridos e enterrando os mortos pelo caminho, a Legião regressou ao ponto de partida.

No dia 17 de Outubro, depois de uma caravana com 200 feridos ter sido enviada para a costa sob a protecção de duas companhias de tropas nativas, a coluna, reduzida em número, contava 53 oficiais, 1533 oficiais subalternos e soldados, e 2000 carregadores. Necessitava bastante das duas companhias senegalesas que haviam chegado como reforços, permitindo a Dodds criar quatro batalhões improvisados, cada um com uma companhia «ligeira» da Legião e duas companhias nativas.

O desfecho continuava incerto, mas um auxílio fortuito assumiu a forma de uma epidemia de varíola entre os Daomeanos, e uma sublevação dos escravos ioruba (*) que lhes cultivavam os campos, milhares dos quais se aproveitaram da preocupação dos seus amos com a invasão francesa e se insurgiram, provocando danos e perdas de vidas que distraíram os chefes de Behanzin no momento certo para Dodds.

---

[204] J. Berne, *L'Expédition du Dahomey*, Sidi-bel-Abbès, Lavenue, 1893, p. 60.
(*) Etnia da África Ocidental. (*N.T.*)

A Legião Estrangeira

Em 26 de Outubro, Dodds, apoiado com reforços que tinham trazido artilharia da costa, avançou novamente sobre a capital de Behanzin. Ao conquistarem a cidade de Kana, até Martyn e outros legionários que tinham visto horríveis «guardas de honra» de cabeças de inimigos espetadas em estacas em acampamentos de bandidos no Vietname, ficaram horrorizados face ao mobiliário usado pelos Daomeanos, feito de ossos humanos, e com os crânios usados como pratos e taças para beber. A visão de tantas partes do corpo humano transformadas em artefactos grotescos causou nos infantes senegaleses o receio de que o *ju-ju* (*) se apoderasse das suas almas naquele lugar macabro.

Três semanas mais tarde, em 16 de Novembro, depois de infrutíferas negociações de paz com Behanzin, que não tinha o dinheiro vivo e já não controlava os seus chefes de modo a poder cumprir os duros termos incondicionais impostos por Dodds – entretanto promovido a oficial general para lhe conceder estatuto suficiente para negociar com um rei –, a coluna francesa entrou em Abomey, onde foi confrontada por visões ainda mais grotescas, incluindo o trono do rei, feito de ossos humanos. Não havia sinais de Behanzin, pelo que Dodds nomeou um dos irmãos do ausente como monarca fantoche.

As estatísticas são notoriamente enganadoras. Em Paris, o governo clamou vitória ao módico preço de 11 oficiais e 70 oficiais subalternos e soldados mortos, e 25 oficiais e 411 oficiais subalternos e soldados feridos, mas estes números não incluem as perdas por doença, insolação ou simples desidratação, cinco vezes mais elevadas, nem os homens repatriados com a saúde arruinada para o resto da vida. Dos 800 legionários do 1.º RE e do 2.º RE que haviam desembarcado em Cotonou no dia 23 de Agosto, somente 450 podiam responder «Presente!» no fim da expedição, mas os 35% de baixas sofridas por doença pela Legião foram muito inferiores às sofridas pelos fuzileiros navais, que deixaram de existir como força de combate.

Nunca se estabeleceu com certeza se esta diferença se deveu a todo o processo de endurecimento pelo qual os legionários tinham passado na Argélia, ou simplesmente porque eram homens mais velhos, no auge, enquanto que os fuzileiros eram rapazes novos, ainda não totalmente desenvolvidos fisicamente e recém-chegados da Europa.

(*) Palavra originária da África Ocidental e que designa simultaneamente o poder sobrenatural atribuído a um objecto e o próprio objecto. (*N.T.*)

No entanto, também noutras guerras os legionários sofreram menos perdas por doença do que outras forças europeias, embora dos 219 legionários evacuados de Cotonou, no dia 25 de Dezembro de 1892, somente 150 conseguiram descer para o cais, em Orão; os outros iam de maca. Entre as suas recordações, encontrava-se o guarda-sol branco de Behanzin, ornado com cinquenta mandíbulas inferiores humanas.

A pequena guerra na barriga de Dan prosseguiu aos tropeções, enquanto Behanzin era acossado de aldeia em aldeia. No dia 26 de Janeiro, quando o rei deposto foi finalmente encurralado, os seus captores europeus olharam com surpresa para o prisioneiro a cujo reinado de canibalismo e terror tinham posto cobro. Era um jovem de idade indeterminada, sossegado e de aspecto bastante consciencioso. Iria passar o resto da sua vida num exílio relativamente confortável – na companhia de quatro mulheres e quatro dos seus filhos, um príncipe daomeano e a sua mulher, e um intérprete – na ilha caribenha de Martinica e posteriormente na Argélia, como refém pelo bom comportamento do seu povo.

19

A Campanha Barateira

MADAGÁSCAR, 1895

O Daomé não foi o único empenhamento da Legião a sul do Sara durante os últimos anos do século XIX. Foi um período em que oficiais temerários de muitas nações europeias abocanharam pedaços de África ou da Ásia para os seus senhores políticos de Londres, Madrid, Lisboa, Berlim e Roma – com a satisfação de legarem o seu nome ou o dos seus monarcas a traços da paisagem nunca antes vistos por olhos europeus.

Uma das companhias montadas da Legião assim ocupadas enquanto a coluna de Dodds perseguia Behanzin pela mata compunha-se de 4 oficiais e 120 legionários emaciados que, no dia 3 de Maio de 1893, regressaram cambaleantes ao posto francês de Kayes, na fronteira entre o Mali e o Senegal, depois de terem coberto quase 3000 km durante oito meses de exploração e combates nas áreas inexploradas do interior dos actuais Costa do Marfim, Mali e Guiné. Recambiados para Sidi-bel-Abbès como inválidos depois de passarem por horríveis provações, desapareceram da história.

O objectivo francês com esta errática abordagem era garantir o controlo do Continente Negro, da costa da África Ocidental até ao Mar Vermelho. Na extremidade oriental, este plano colidia com dois objectivos imperiais britânicos: o controlo do Egipto, do Canal do Suez e do Mar Vermelho, devido à sua importância estratégica para o caminho imperial da Índia, e a construção de uma linha férrea do Cabo da Boa Esperança ao Cairo.

A CAMPANHA BARATEIRA

Os choques eram inevitáveis, e o mais célebre ocorreu em Julho de 1896, quando o capitão Jean-Baptiste Marchand, com uma coluna de infantaria senegalesa, chegou a Fashoda ([205]), no Sul do Sudão, depois de um épico safari de 3000 km iniciado em Libreville, na costa ocidental. Quando o futuro Lord Kitchener também chegou a Fashoda, em 18 de Setembro, depois de abrir caminho à força partindo do Sul, do Egipto, via Omdurman e Cartum, Marchand recusou-se a abrir mão do forte. O confronto só foi evitado por pouco, quando Marchand aceitou arvorar na torre as bandeiras britânica e egípcia ao lado da tricolor.

Nesta ocasião, os Franceses retiraram a contragosto, depois de o secretário dos Negócios Estrangeiros, Lord Salisbury, lhes ter prometido apoio político contra a crescente ameaça do Império Alemão. Noutras situações, as potências europeias evitaram conflitos de interesses geopolíticos trocando áreas de influência entre si, tal como quando a Grã-Bretanha trocou o seu domínio sobre a ilha de Heligolândia pelos interesses alemães em Zanzibar e a zona adjacente do continente africano ([206]), ao mesmo tempo que cedia à França a quarta maior ilha do mundo em troca dos seus interesses comerciais em Zanzibar. Depois de adquirir assim Madagáscar, Paris viu-se confrontada, quatro anos depois, com uma insurreição anticolonialista na ilha, que levou a que o Exército de África fosse solicitado a contribuir com um batalhão da Legião, composto por 22 oficiais e 818 oficiais subalternos e soldados, para integrar uma expedição punitiva de 30 000 homens, sob o comando do general Jacques-Charles Duchesne, o qual, quando era tenente-coronel, rompera o cerco de Thuyen Quang.

Madagáscar era dominada pela tribo Merina, que era governada pela casta Hova, liderada pela rainha Ranavalona III, a qual, em 1868, fora convertida por missionários à Igreja Anglicana. Na verdade, o verdadeiro poder estava nas mãos do seu marido e primeiro-ministro, Rainilaiarivony. Traficantes de armas europeus tinham equipado a guarda real merina com espingardas modernas Remington, mas os 40 000 homens do exército da rainha Ranavalona estavam equipados com mosquetes, lanças e arcos e flechas.

([205]) Hoje Kodok.
([206]) Ver G. Drower, *Heligoland: the true story of German Bight*, Stroud, Sutton, 2002.

A Legião Estrangeira

Apesar de treinado por dois soldados de fortuna britânicos, o coronel Charles Shervington e o general Digby Willoughby, o corpo de oficiais hova estava mais preocupado com a grandeza dos seus uniformes: galões dourados no boné, no cinto e no alamar de um enorme sabre que chegava ao chão, calças com riscas vermelhas e grandes dragonas douradas. Um tenente tinha cinco riscas douradas na manga, um general onze e um marechal de campo dezassete! O correspondente do *Daily Telegraph* em Antananarivo, ele próprio uma relíquia da presença britânica na ilha, observou que se tratava de um exército «sem intendência, sem pré [e] sem equipamento, excepto uma espingarda, algumas balas redondas para mosquete e uma tanga de algodão» [207]. Excluindo os muitos desfiles, a instrução era inexistente devido a uma escassez de munições que os impossibilitava de dispararem as armas.

Este tipo de exército não poderia ter-se oposto ao desembarque em força em Taomasina [208], o porto da costa leste mais próximo da capital, Antananarivo [209]. Em Dezembro de 1864, depois de um bombardeamento que afugentara os habitantes, a Marinha francesa, estabelecera uma base no local, e existia outra base naval francesa em Diego Suarez, no extremo norte da ilha. É, pois, um mistério porque é que Duchesne optou por desembarcar do outro lado desta gigantesca ilha, *em frente* da capital. A explicação provável reside no eterno papão das forças armadas: a rivalidade inter-ramos. O Ministério da Guerra, em Paris, reduzira em 30 milhões de francos o orçamento requerido pela Marinha para conquistar Madagáscar, empregando fuzileiros navais que seriam desembarcados na costa leste.

Tendo Madagáscar um clima decididamente tropical, Duchesne planeou no sentido de os seus soldados marcharem leves, com todo o equipamento e armas pesadas transportados em 5000 dos célebres carros Lefèbre. Tratava-se de carrinhos de mão extremamente pesados, de duas rodas, desenhados de acordo com as especificações do Exército e transportados em forma de *kit*, sendo depois montados em terra e puxados ou empurrados através de 450 km de floresta

---

[207] E. E. Knight, *Madagascar in Wartime*, Londres, Longmans Green, 1896, p. 162.

[208] Então chamada Tamatave.

[209] Então chamada Tananarive.

húmida tropical, por montanhas que chegavam a elevar-se 800 m acima do nível do mar.

Os melhores planos dos generais saem frequentemente furados. A invasão «furou-se» no Dia Um, quando o desembarque, em Mahajanga ([210]), na costa noroeste, teve de ser completamente repensado porque os sapadores que construíam um cais onde a flotilha de Duchesne – onze navios liderados pelo *Primaguet* – deveria descarregar o equipamento e desembarcar as tropas – descobriram, após sondagens, que seria impossível os navios acederem-lhe devido à presença de um recife de coral, presumivelmente indicado nas cartas navais mas que não lhes fora revelado. Além do mais, embora a grande enseada chamada Baía de Mahajanga parecesse – num mapa no Ministério da Guerra, em Paris – uma opção excelente para transportar o contingente 50 km para o interior utilizando as pequenas embarcações fluviais que tinham sido trazidas, desmontadas, nos porões dos navios, revelou ondas tão violentas nas transições das marés que cada barco lançado à água foi rapidamente inundado – tal como a Marinha certamente sabia quando apresentara o seu plano.

Agravando todos estes problemas, não existiam estradas pelas quais empurrar os carros! Enquanto prosseguia o desembarque, de Janeiro a Abril, a solução de Duchesne para este problema foi iniciar uma campanha de recrutamento de carregadores para transportarem os carros enquanto os seus homens *construíam* as estradas. Um apelo a 2000 *coolies* no Vietname não obteve resposta. Conseguiu obter uma força de um pouco mais de 1000 somalis, provenientes da África Oriental. Da Argélia chegaram navios com 3500 cabilas, que desconheciam certamente o tipo de trabalho que lhes iria ser exigido, que seriam mal alimentados durante a viagem e que, quando necessitassem de tratamentos na ilha, lhes seria negado o acesso aos postos médicos ([211]).

Outros 2000 homens, mestiços e de físico duvidoso, foram recrutados nos bairros da lata das vilas e cidades do Magrebe. Acrescentando-lhes alguns nativos recrutados localmente – membros da tribo Sakalave, inimigos hereditários dos Merina dominantes –, Duchesne conseguiu reunir uma força de 7715 carregadores para transportarem

---

([210]) Então chamada Majunga.
([211]) Porch, *The French Foreign Legion*, p. 277.

o equipamento dos seus 658 oficiais e 14 773 oficiais subalternos e soldados. O termo «equipamento» não incluía as mochilas, que os homens tinham de levar às costas.

Para abrirem os trilhos através dos quais os carros poderiam ser deslocados, seguindo um rumo ao longo da margem direita dos rios Betsiboka e Ikopa, os legionários utilizavam mais frequentemente as picaretas e as pás do que as baionetas. Com o seu humor negro, alcunharam colectivamente estes instrumentos de «modelo 1895», como se fossem espingardas. Naquelas temperaturas tropicais, morreram tantos homens de insolação enquanto os manuseavam que o dia de trabalho foi reduzido para um período entre o alvorecer e as 10:00, com um segundo turno das 17:30 até ao jantar.

Como recreio, pouco mais havia a fazer do que embebedarem-se e provocarem distúrbios. Se houvesse nativas por perto, os resultados eram previsíveis. Quando o jovem tenente Paul Rollet desembarcou em Madagáscar sete anos depois, para integrar as forças de ocupação, descobriu que nove dos seus legionários tinham recentemente – e tipicamente – entrado numa aldeia nativa e violado todas as mulheres ([212]). Os 150 reforços da Legião que chegaram a Mahajonga em 1895 não tinham nada que se lhes pudesse censurar, mas uma companhia de recrutas destinados ao 200.º Regimento de Infantaria, que chegou com eles, desapareceu na sua primeira noite em terra, entrando na aldeia de Makoas e raptando todas as mulheres sob a ameaça das armas ([213]).

Após sete semanas de agonia abrindo uma espécie de estrada através de selvas e matagais infestados de febres, além de construírem pontes para atravessarem rios, apenas tinha sido percorrido um quarto do caminho e o reabastecimento já era tão deficiente que os legionários estavam praticamente a viver da terra, matando todo o gado que encontravam. Comparados com a construção da estrada, os combates foram fáceis. No dia 2 de Maio, em Marovoay, na foz do rio Betsiboka, os Merina debandaram tão depressa que os legionários que os perseguiam não conseguiram apanhá-los. Em 9 de Junho, em Maevatanana, no rio Ikopa, 100 km para o interior, assistiram à mesma coisa.

([212]) Documentos Rollet, ALE, citado em Porch, *The French Foreign Legion*, p. 303.

([213]) E. Reibell, *Le calvaire de Madagascar*, Paris, Berger-Levrault, 1935, p. 104.

A CAMPANHA BARATEIRA

Duchesne não deixou que as mortes por insolação e febre o impedissem de progredir com a coluna até chegar à cidade de Andriba, no planalto, uma região mais saudável, depois de dezassete semanas de pesadelo abrindo caminho por selvas e montanhas. Muito antes, os postos de primeiros socorros e os hospitais de campanha já se tinham revelado desastrosamente inadequados porque o orçamento do exército fora reduzido com a eliminação deste tipo de «luxos».

Embora nesta campanha o quinino estivesse teoricamente disponível – no Daomé, nem sequer fora disponibilizado –, os seus fornecimentos eram irregulares porque o modo como fora carregado nos porões tornara-o o último artigo a ser descarregado. E muitas vezes, mesmo quando era distribuído, os homens não se davam ao trabalho de o tomar. Além disso, até ser descoberta a ligação entre o insecto e a doença, em 1897, poucos pensavam em tomar quaisquer precauções contra os mosquitos.

No dia 21 de Agosto, depois de os defensores malgaxes de Andriba terem sido postos em debandada por um bombardeamento de três horas por parte da artilharia francesa – tão laboriosamente arrastada da costa pela 2.ª Brigada do brigadeiro-general Emile Voyron –, Duchesne decidiu acelerar o passo deixando os homens mais fatigados para trás e seleccionando 5000 dos mais aptos para uma coluna rápida que, em marchas forçadas e apoiada por 3000 mulas de transporte, percorreria o resto do caminho; Voyron segui-lo-ia com os mais lentos. Do contingente original de 840 legionários desembarcados, os médicos, cujos padrões eram bastante baixos dado que a maioria dos homens já estava a sofrer de malária, deram apenas como aptos para esta operação 19 oficiais e 330 oficiais subalternos e soldados. Destes, os 150 em melhores condições físicas foram seleccionados para a fase final da guerra.

Frederic Martyn, entretanto promovido a tenente, e o capitão Brundsaux, integravam os reforços que chegaram nesta altura, descobrindo que se iam juntar a um exército de espantalhos febris e emaciados. Ao vê-los serem passados em revista por Duchesne, no dia 12 de Setembro, o tenente Gustave Langlois escreveu que os homens estavam «tão abatidos, deprimidos e pálidos, pareciam mais mortos do que vivos. Os uniformes estavam em farrapos. As botas tinham-se desintegrado. Os capacetes eram demasiado grandes para as cabeças, que pareciam crânios de esqueletos, e escondiam, quase por completo, os rostos amarelos com olhos da cor da febre. Pareciam tão patéticos, pobres e miseráveis que me vieram as lágrimas aos olhos» ([214]).

Dois dias mais tarde, esta fantasmagórica coluna móvel partiu para a última etapa, ao longo daquilo que passava por ser uma estrada, com destino à capital, 160 km para sudeste. Integrando esta força de 4013 oficiais subalternos e soldados, sob o comando de 237 oficiais, o Regimento de África compunha-se de dois batalhões de *tirailleurs* argelinos e um «batalhão» da Legião, com 150 efectivos. Antes do dia chegar ao fim, depararam com a primeira de uma série de posições defensivas. Na manhã seguinte, a tarefa dos legionários foi avançarem, através de um pântano, sobre a artilharia merina, cuja maioria dos projécteis não explodiu. Os artilheiros e a infantaria de apoio fugiram quando a Legião efectuou a primeira descarga, a 2000 m de distância – completamente fora do alcance efectivo.

Escreve novamente Langlois: «Um dos defensores, sem amor-próprio, fugiu. Outros dois ou três puseram-se de pé, olharam à sua volta e piraram-se também. Como se fossem um só homem, saltaram subitamente da trincheira e desapareceram a correr pelas ravinas abaixo, largando as armas para poderem fugir mais depressa. Saudámos a sua grotesca debandada com uma chuva de insultos» ([215]).

Depois da adrenalina desta caricatura de ataque, instalou-se o cansaço. Não houve perseguição, por serem muito poucos os que ainda conseguiam correr. Uma marcha nocturna, em 18 de Setembro, deixou para trás uma longa fila de homens que não conseguiram acompanhar a subida até à próxima linha de fortificações, nas montanhas Ambohimenas, onde fazia tanto frio à noite que os homens que caíam de exaustão se transformavam em cadáveres hirtos antes do nascer do sol. Langlois recorda-se de bater relutantemente nos seus retardatários com um pau para os manter em movimento, para bem deles.

Ao alvorecer, o Regimento de África – o que dele restava – foi incumbido do ataque frontal. A artilharia merina, como habitualmente, foi ineficaz. Quando os legionários ainda se encontravam a mais de 1000 m de distância, a linha de figuras vestidas de branco que se via nas fortificações começou a diminuir. Com o aparecimento de alguns fuzileiros navais e guerreiros sakalave numa cordilheira que

---

([214]) Gustave Langlois, tenente-coronel, *Souvenirs de Madagascar*, Paris, Charles Lavauzelle, 1897, p. 116.

([215]) *Ibid.*, pp. 123-124 (tradução abreviada do autor).

A CAMPANHA BARATEIRA

flanqueava as fortificações, o pânico dos defensores foi de tal ordem que os primeiros legionários a chegarem à linha de defesas, impressionantemente concebida, encontraram-na desocupada.

Um oficial inglês pertencente ao exército malgaxe contou ao vice-cônsul britânico que 300 homens tinham morrido ao caírem num precipício durante a debandada, e que outros tinham subornado os seus oficiais para que estes desertassem, dando-lhes assim uma desculpa para fugirem. Não precisavam de uma desculpa: dispondo apenas de quinze cartuchos cada um, bastava-lhes dispará-los assim que avistassem os Franceses para depois retirarem. Para substituírem os que entravam em pânico, os Merina, desesperados, enviavam para a frente grupos de prisioneiros acorrentados.

À frente dos vitoriosos franceses espraiava-se agora uma paisagem de pequenas aldeias cercadas por arrozais, mas o que deveria ser um alegre avanço sobre a capital transformou-se num duro teste de resistência. Nas terras altas, a febre não era o principal inimigo. Os homens morriam de puro cansaço. Até os legionários endurecidos por anos de campanhas na Argélia tinham gasto as suas últimas forças a subir até às fortificações das montanhas. Tornaram-se mais frequentes os suicídios dos que não conseguiam enfrentar um novo dia de marcha, o moral caiu a pique como nunca, e as provisões começaram a esgotar-se. A ração diária de dezasseis biscoitos de roer foi reduzida para oito e depois para quatro, com os doentes pagando favores dando os seus biscoitos aos homens mais aptos. Os homens que ficavam para trás sozinhos eram atacados pelos nativos e mortos à machadada. Os Merina capturados não eram mortos, mas sim utilizados para transportarem as mochilas dos seus captores.

Na manhã de 26 de Setembro, a vanguarda da longa coluna chegou ao último desfiladeiro e olhou para baixo, avistando Antananarivo, a 20 km de distância. Os homens foram autorizados a descansar durante quarenta e oito horas antes do assalto final. Este custou à Legião seis feridos mas não sofreu praticamente nenhuma resistência: o exército da rainha Ranavalona, que os seus conselheiros britânicos não conseguiram controlar, opôs um simulacro de defesa e debandou ao primeiro contacto.

No dia 30 de Setembro, pela manhã, os Franceses ocuparam a última cordilheira, a 4 km de Antananarivo. A partir desta posição, a artilharia começou a bater a cidade com um bombardeamento que não tardou a pôr os habitantes em fuga para a segurança dos campos.

A Legião Estrangeira

Pouco antes da Legião avançar, liderando o derradeiro assalto, os danos causados pela artilharia ao tecto do palácio da rainha tiveram como resposta a exibição de uma bandeira branca. Langlois ficou furioso por os seus legionários receberem ordens para permanecerem junto dos canhões, sendo-lhes negada a honra de serem os primeiros a entrar na capital conquistada.

O primeiro-ministro Rainilaiarivony foi obrigado a aceitar termos de rendição humilhantes. Esperava-o o exílio na Argélia, mas a sua partida não garantiu a paz na ilha. Menos de doze meses depois, uma nova insurreição, liderada pelo Partido Menalambos, teve que ser subjugada pelo general Joseph-Simon Galliéni, que exilou a rainha Ranavalona para a Ilha da Reunião e aboliu a monarquia.

A dispendiosa vitória de Duchesne foi como pegar num martelo para abrir uma noz, e quase destruir o martelo antes de compreender que a noz era uma uva. Até ao fim, tal como os generais da Primeira Guerra Mundial, jantando e dançando nos seus *châteaux* longe da frente, ele parece ter vivido num mundo próprio. Numa ocasião, reparando em três oficiais e dez soldados de uma unidade de sapadores que regressavam de um local de trabalho, ele gritou-lhes, «São oficiais a mais para soldados a menos!», aparentemente sem se aperceber de que se estava a dirigir aos últimos sobreviventes de uma companhia de sapadores reduzida a um punhado de homens devido à doença e às privações sofridas na construção de pontes e de caminhos nos pântanos [216].

Aquelas semanas de agonia, exaustão e doença custaram à força expedicionária 4613 vidas de europeus, um quarto deste número de soldados negros e 1143 cabilas. Dado que as baixas em combate foram praticamente negligenciáveis, a culpa cabe inteiramente a Duchesne, por ter organizado tão desastrosamente a sua guerra privada.

A Legião voltara a sofrer mais do que qualquer outra tropa europeia. Na contagem realizada em 1 de Setembro, 450 legionários ainda conseguiam ter-se de pé e responder à chamada, o que não é dizer que todos eles podiam pegar numa espingarda e assaltar uma posição inimiga. Mas outras unidades, das quais o 200.º Regimento de Infantaria constitui um exemplo, tinham deixado de existir separadamente: dispunham de tão poucos homens aptos que tiveram de ser reformadas como «regimentos mistos».

---

[216] E. Reibell, *Le calvaire de Madagascar*, p. 119.

A Campanha Barateira

De 150 Caçadores de África, somente 20 conseguiam montar a cavalo. Até os Caçadores a Pé, maioritariamente recrutados entre as melhores tropas alpinas francesas, dispunham apenas de 350 homens capazes de pegarem numa espingarda – de um complemento de 800 efectivos [217]. Depois de uma breve estada de três meses no interior, o 13.º Regimento de Fuzileiros Navais viu os efectivos reduzidos de 2400 para 1500 homens. Quanto aos doentes, amontoados nos porões dos transportes para a viagem de regresso, 554 morreram antes de chegarem a França, e outros 348 depois.

Nos sórdidos anais da rivalidade inter-ramos, existem poucos exemplos piores do que a campanha barateira do general Duchesne em Madagáscar.

---

[217] Porch, *The French Foreign Legion*, p. 275.

20

Milagre e Massacre em Taghit

NORTE DE ÁFRICA, 1901-1903

A desconfiança paranóica que os líderes franceses do século xix tinham em relação ao seu Exército, que poderia, pela força das armas, derrubá-los facilmente dos seus precários cargos de poder, pareceu ser justificada quando um capitão judeu que trabalhava no Ministério da Guerra foi sentenciado a prisão perpétua na Ilha do Diabo, em 1894, por alegadamente ter passado informações ao adido militar alemão em Paris. Passaram-se cinco anos até que o capitão Alfred Dreyfus fosse levado de volta para França, para ser novamente julgado em conselho de guerra e «perdoado» por um crime que não cometera. O seu nome só foi limpo em 1906, e ele foi reintegrado com a devida antiguidade depois de ter sido estabelecido que o seu acusador no julgamento original falsificara os documentos incriminatórios(*).

Esquecendo que muitos civis tinham partilhado os sentimentos anti-semitas dos inimigos uniformizados de Dreyfus, sonoramente alardeados pelo pasquim *La Libre Parole*, o público foi encorajado a considerar todo aquele sórdido processo como mais uma prova da falta de credibilidade de uma casta militar que era capaz de passar segredos ao inimigo ou enviar um dos seus para a Ilha do Diabo.

(*) A título de curiosidade, refira-se que o verdadeiro traidor, o major Ferdinand Walsin Esterhazy, era um ex-legionário. (*N.T.*)

MILAGRE E MASSACRE EM TAGHIT

Por conseguinte, ao tornar-se ministro da Guerra, em 1901, o general Louis André estabeleceu um sistema de ficheiros secretos com o registo das convicções políticas e religiosas de todos os oficiais, sendo as promoções reservadas para aqueles cujas opiniões ou ausência de opiniões os tornavam nomeados «de confiança». Quando um deputado nacionalista revelou esta bisbilhotice pré-Gestapo, em Outubro de 1904 ([218]), André foi obrigado a demitir-se, facto que, um mês depois, provocou a queda do governo.

Mas o mal estava feito: o Exército passou a ser dirigido por uma camarilha de oportunistas sem imaginação e a França pagaria um elevado preço por isto aquando da próxima invasão alemã, em 1914. Por exemplo, no Departamento Financeiro do Exército, 31,9% de todos os oficiais chegavam à patente de brigadeiro-general ou superior, enquanto que nos regimentos de linha somente uns míseros 1,5% dos capitães chegavam ao posto de major ([219]). Não era, pois, surpreendente que jovens oficiais ambiciosos e com contactos optassem pela progressão rápida que era exclusivamente possível nos ramos administrativos, enquanto os oficiais das armas de combate, que expressavam as suas opiniões, estagnavam, com o consequente efeito adverso sobre o moral – principalmente na Legião, onde um notável condutor de homens como Paul «Loum-Loum» Brundsaux poderia ter acabado a sua carreira como capitão se a Primeira Guerra Mundial não o tivesse catapultado para a patente de brigadeiro-general.

Em 1900, as potências europeias tinham já manifestado as suas pretensões sobre a quase totalidade do Continente Negro, à excepção de Marrocos, cujos sucessivos sultões e respectivos conselheiros tinham conseguido seguir um rumo independente por entre os campos de minas da diplomacia colonialista. Embora o seu país meça 1328 km entre norte e sul, e 765 km entre este e oeste, uma grande parte é constituída por montanhas áridas e deserto. Duas coisas tornavam-no apetecível para os colonialistas europeus: as jazidas minerais e a sua posição estratégica.

Dado que a extremidade norte do país se situa a apenas 13 km do Sul de Espanha, os Espanhóis tinham ocupado os enclaves centrados em Ceuta e Melilla durante séculos. Em 1859, uma disputa sobre as fronteiras de Ceuta acabou com os Espanhóis expandido o enclave

---

([218]) Conhecido por *l'Affaire des Fiches*.
([219]) Geraghty, *March or Die*, p. 140.

no ano seguinte, conquistando Tétuão e garantindo a posse de uma zona espanhola maior, incluindo as minas de ferro das montanhas do Rif. Para conseguir pôr fim à disputa, Marrocos teve de pagar uma indemnização de 20 milhões de dólares, aceitar as fronteiras alargadas de Ceuta e ceder outro enclave a Espanha, em Ifni.

Outras potências europeias com desígnios sobre Marrocos incluíam a Alemanha e a Rússia, mas a Grã-Bretanha e a França tinham razões específicas para se envolverem. Os Britânicos, na posse de Gibraltar e do seu porto e estaleiro naval desde 1704, requeriam, no mínimo, a neutralidade benevolente de Marrocos devido à sua posição dominante no estreito, através do qual milhares de navios mercantes e de guerra britânicos rumavam anualmente à Índia e ao Extremo Oriente desde a abertura do Canal do Suez. Os Franceses argumentavam que Marrocos tinha de estar sob o seu controlo para garantir que os «rebeldes» argelinos não encontravam asilo no país. Na verdade, para se protegerem de uma invasão francesa, os Marroquinos tinham ignorado o seu dever religioso de providenciarem protecção a um irmão muçulmano, Abd el-Kader, expulsando-o para a Argélia para ser preso pelo general Lamoricière.

Depois da morte do sultão de Marrocos, Sidi Muhammad, em 1873, o seu filho, Moulay Hassan, continuara a luta para preservar a independência do país. Após a sua morte, em 1894, à frente de uma força expedicionária que não conseguira subjugar os guerreiros do Atlas, que pilhavam as caravanas trans-sarianas, o vizir, Ba Ahmed, governou como regente até 1901, em nome do pequeno sultão, Abd al-Aziz – anglófilo e amante das tecnologias modernas, escandalizou os súbditos mais religiosos ao andar de bicicleta e instalar um elevador no palácio.

Por muitas razões, os franceses da Argélia observavam os acontecimentos em Marrocos como uma raposa a mirar o galinheiro. O devaneio de um caminho-de-ferro trans-sariano custou a vida ao coronel Paul Flatters, do Departamento Árabe, às mãos dos tuaregues, em cujas terras ele estava a traçar o percurso da linha. Os seus companheiros foram salvos por uma influente tuaregue chamada Tarichat, que os levou para a sua tenda e negou o acesso aos potenciais assassinos [220]. Um plano ainda mais lunático do que o de Flatters – inigualado até os planeadores da URSS terem secado o Mar

---

[220] F. Fleming, *The Sword and the Cross*, Londres, Granta, 2003, p. 169.

MILAGRE E MASSACRE EM TAGHIT

de Aral ao desviarem as águas dos rios Syr Daria e Amu Daria –, foi a ideia de desviar o rio Níger para transformar o Sara num mar interior. Mais realistas eram as ambições de doze companhias de exploração petrolífera, depois da descoberta de gigantescas reservas de petróleo no Sara precisamente quando a importância futura do transporte motorizado começava a tornar-se óbvia.

Apesar de Paris oferecer passagens grátis para a travessia do Mediterrâneo, foram tantos os emigrantes desiludidos que apanhavam o barco mais próximo de regresso a Toulon ou Marselha que o censo de 1902 revelou que o único aumento na população europeia da Argélia se devera à chegada de 40 000 soldados. Mas se a vida era dura para os europeus, muito pior era para os árabes. Em Paris, o jornal *Le Temps* escreveu: «Os nativos só têm direito a impostos, injustiças e insultos» ([221]). Do outro lado do Canal da Mancha, o *Times* de Londres dizia o seguinte: «Os nativos pagam a maioria dos impostos e pouco recebem em troca. São colocados numa situação em que têm de escolher entre a resignação à miséria absoluta e a revolta» ([222]).

A inevitável sublevação teve início em 2 de Julho de 1900, com a decapitação de cinco legionários italianos na área de Tuat, no Sara. Em 1901, o mercado britânico para esparto, utilizado para o fabrico de cordas, sandálias, cestos e esteiras, ruiu e provocou desemprego generalizado nas terras altas, onde o cultivo do esparto fora a principal fonte de receitas, forçando os camponeses a recorrerem ao banditismo. No dia 29 de Abril de 1901, a aldeia europeia de Marguerite, apenas a 80 km de Argel, foi atacada por 400 guerreiros, que saquearam o local, matando quase todos os 200 habitantes. Outras atrocidades desta natureza levaram muitos agricultores europeus a abandonarem as terras que lhes tinham sido concedidas e a irem para cidades como Argel e Orão, onde pelo menos a vida se parecia com o que conheciam na Europa.

As forças francesas baseadas na Argélia entravam repetidamente em território marroquino com impunidade. Em 1845, o governo militar da Argélia dissera ao seu vizinho ocidental que não fazia sentido definir formalmente uma fronteira a sul de um ponto cerca de 300 km para o interior, a partir da costa, entre Aïn Sefra, na Argélia, e Figuig,

---

([221]) *Le Temps*, 2 de Maio de 1901.
([222]) *The Times*, 29 de Abril de 1901.

A Legião Estrangeira

em Marrocos, já que se tratava de uma região semidesértica que se fundia gradualmente com o Sara, habitada exclusivamente por nómadas que apenas reconheciam a autoridade dos seus líderes.

Os Marroquinos interpretaram isto como significando que se um dia fosse traçada uma fronteira mais para o interior, deveria ser uma linha norte-sul, aproximadamente a partir deste ponto. Como se pode ver em qualquer mapa, a França aproveitou-se desta ambiguidade para empurrar a fronteira indefinida cada vez mais para ocidente. Numa ocasião, o coronel Bertrand, comandando o 1.º RE, teve o descaramento de conduzir 2000 homens pelo deserto, com uma caravana de aprovisionamento de 4500 camelos, para ocupar o oásis marroquino de Igli, que se localizava muito a oeste da fronteira indefinida. Mais uma vez, os homens no terreno exorbitavam as suas instruções. O futuro primeiro-ministro Georges Clemenceau, hoje recordado principalmente pela dureza do Tratado de Versalhes, em 1919, proclamou que Marrocos era «um ninho de vespas. É certo que poderíamos apoderar-nos do país, mas por que preço, em sangue e dinheiro?» ([223]).

Uma lista de todos os combates da Legião na área em disputa durante a última década do século XIX e a primeira do século XX seria difícil de elaborar e de ler. Para os homens que lá estiveram, vivendo uma vida à Beau Geste antes da sua criação pelo escritor P. Wren, e que poderiam narrar todos os momentos arrepiantes das suas escaramuças e razias nas montanhas e desertos do Norte de África, cada provação terrível, cada marcha esgotante até aos limites da resistência humana e mais além, é do domínio da lenda. Para aqueles que nunca ouviram o sangue latejando-lhes nos ouvidos ao correrem a formar um quadrado defensivo debaixo de fogo de guerreiros que emasculavam os cativos, alguns exemplos bastarão para transmitir o teor da vida de legionário durante aqueles anos.

Resistência? Depois da conquista do importante oásis de Timimoun, no Sara, em 7 de Maio de 1900, o major Letulle conduziu 9 oficiais e 400 oficiais subalternos e soldados do 2.º RE de regresso à base, não como um abutre, voando 500 km em linha recta, mas numa odisseia três vezes mais longa, com temperaturas estivais de 50° C à sombra – sem outra sombra que não a dos seus próprios camelos. Depois de marcharem sobre areia demasiado quente para ser tocada e

---

([223]) *The Times*, 29 de Abril de 1901.

MILAGRE E MASSACRE EM TAGHIT

através de zonas cheias de pedras pontiagudas e aceradas, chegaram à base com os uniformes e as botas feitos em pedaços.

Coragem e sangue-frio? Decorridas apenas duas semanas após o regresso de Bertrand, o major Bichemin, numa operação semelhante, com um batalhão de *tirailleurs* argelinos, posicionou uma companhia montada do 2.º RE à frente da coluna, após uma razia na qual tinham capturado 4000 camelos. É quase inacreditável o comprimento de uma caravana de tantos camelos atados em fila indiana, caminhando pelas dunas e zonas pedregosas.

Quando se tornou evidente que os desesperados donos dos animais pretendiam recuperá-los – constituíam a sua riqueza e fonte de carne –, uma secção da companhia montada foi destacada para escoltar os animais para longe do perigo, enquanto o grosso das tropas enfrentava os guerreiros. Mas estes, não sendo mais estúpidos do que os seus opressores, recusaram o isco e dissimularam-se na paisagem até os camelos e respectivos guardas não poderem ser imediatamente auxiliados pela coluna principal; foi então que 300 cavaleiros árabes e 600 guerreiros apeados lançaram o seu ataque. Tal foi a sua rapidez que antes que os legionários pudessem prender as mulas, oito estavam mortos e outros tantos feridos. Com a coragem do desespero e uma impecável disciplina de fogo, formaram em quadrado, disparando apenas para matar. Conseguiram resistir tempo suficiente para que um esquadrão de sipaios, alertado pelos disparos, fizesse meia volta e pusesse os atacantes em fuga.

Quando números reduzidos de europeus conseguiam resistir a grandes forças de guerreiros sarianos – como neste caso –, não nos devemos esquecer de que tinham a vantagem não só da instrução e da disciplina, mas também do armamento; muitos guerreiros continuavam equipados com espada, lança e um pequeno escudo de pele usado no braço esquerdo, que de pouco servia contra armas de fogo.

No dia 1 de Junho de 1903, o recém-nomeado governador da Argélia, Célestin Jonnart, foi emboscado perto de Figuig, o ponto, no interior, a partir do qual os Franceses vinham empurrando progressivamente para ocidente a antiga fronteira marroquina. Se lhes tivessem perguntado, os homens do 2.º RE incluídos na coluna punitiva enviada, duas semanas depois, para vingar a afronta, na região desértica entre Wadi Gur e Wadi Zisfana, bem poderiam ter-se interrogado sobre o que andaria um civil tão importante a fazer na área em disputa. Mas ninguém lhes perguntou.

A LEGIÃO ESTRANGEIRA

E assim sucessivamente: o imparável avanço dos europeus industrializados e a resistência inútil das tribos do deserto. Estas tribos entendiam tanto o conceito de *posse* da terra entre este poço e aquele oásis, aos quais tinham direitos hereditários, como os índios de Manhattan que, depois de venderem direitos de caça na ilha que tem o seu nome, em 1626, por bugigangas e tecidos estimados em 60 florins, foram informados por Peter Minuit, director-geral da Província da Nova Holanda, de que haviam «assinado» um contrato de cedência de terras, pelo que já não tinham qualquer direito a permanecer no local.

Os europeus excêntricos sempre se sentiram atraídos pelo vazio das paisagens áridas. Um deles era um antigo oficial do 4.º de Hussardos, chamado Charles de Foucauld. Militar fogoso, a sua reputação de mulherengo extravagante, culminando no envio da amante do momento para a Argélia num baú de viagem, era conhecida por todo o Exército – assim como a riqueza da sua mesa. Na infância, a gula que demonstrara durante as refeições familiares aterrorizara os seus parentes mais novos – além da sua comida, comia também a deles.

Colocado nos Caçadores de África, este *playboy* hedonista entediou-se e demitiu-se da sua comissão. No entanto, regressou posteriormente à Argélia e tornou-se pupilo de Oscar MacCarthy, a maior autoridade sobre o Norte de África e suas culturas, que era o guardião da biblioteca Mustafá Paxá, de 25 000 volumes. Vivendo ao estilo nativo, em casa de MacCarthy, Foucauld estudou árabe, adquirindo suficiente domínio da língua e da escrita para poder viajar, disfarçado de comerciante itinerante judeu mas arriscando a vida se a sua impostura fosse descoberta, até à cidade proibida de Fez.

As orações corânicas e hebraicas que MacCarthy aprendera para a viagem desencadearam uma conversão apaixonada ao cristianismo, que o levaram a ir em peregrinação a Roma. Tornando-se monge trapista, ele acusou os seus irmãos da ordem de não viverem «a vida do nazareno» em suficiente pobreza, perigo e desconforto – de acordo com os padrões do seu temperamento excessivo. Após o seu regresso à Argélia, em 1901, fundou a sua própria ordem, chamada Irmãozinhos de Jesus, cuja regra impunha tanto rigor e desconforto que ele foi o único membro durante a sua vida.

Depois de vários testes, Foucauld escolheu para «casa-mãe» um eremitério esquálido e desconfortável com dois m^2 que ele próprio construiu perto da base francesa mais desolada da Argélia, em

Beni-Abbès, no Wadi Soura. Do forte, edificado há pouco, viam-se, a norte e a leste, as dunas cor-de-rosa do Erg Ocidental. A oeste, uma zona pedregosa estendia-se até Marrocos, e a sul ficava uma extensão inexplorada de rocha negra e argila xistosa. Aïn Sefra, o terminal ferroviário e ponto de abastecimento mais próximo, ficava a 400 km de distância.

Independentemente do que pensassem os seus antigos irmãos oficiais acerca da sua religião «neo-nazarena», a coragem pessoal e a indiferença de Foucauld à doença, subnutrição e perigo suscitavam de tal forma a admiração deles que quase o julgavam a encarnação da santidade. Os oficiais do Exército e da Legião colocados na guarnição de 800 homens de Beni-Abbès forneciam-no amplamente de provisões. Ele dava-as a quem pedisse, escravos ou homens livres, enquanto se castigava com uma dieta de fome, à base de papas de aveia e de pão feito a partir de cevada que ele próprio moía e figos. A sua lógica era que tendo os Padres Brancos e outras ordens missionárias fracassado, com perda de vidas, na imposição do Evangelho aos nativos, ele fá-lo-ia através do seu exemplo de pobreza e humildade voluntárias. Nunca lhe passou pela cabeça que os habitantes do deserto, eternamente pobres e famintos, não viam nenhuma virtude na sua condição.

Contudo, Deus pareceu estar ao lado dos Franceses quando uma ex-escrava que se tornara seguidora de Foucauld lhe sussurrou alegadamente, no confessionário do eremitério, que o xerife Moulay-Mustafá reunira um exército de 4000 a 9000 homens – a impossibilidade de uma contagem precisa devia-se parcialmente à tendência nómada que tinham as tribos de mudarem de ideias e abandonarem qualquer empreendimento conjunto quando os seus inimigos hereditários lhe aderiam. A intenção do xerife era administrar uma dura lição à guarnição do remoto posto de Taghit, cuja presença obrigava as tribos circundantes a pagarem impostos. O desfiladeiro de Taghit, entre as gigantescas dunas do Grande Erg e uma extensão impassável de rochedos nus e varridos pelo vento, era uma passagem naturalmente plana e tão estreita que apenas permitia a passagem de três camelos lado a lado. A aproximação ao desfiladeiro era bloqueada pelo ksar ou aldeia fortificada de Taghit ([224]).

Foucauld alertou a guarnição ameaçada. Em Taghit, no pino do Verão, entre 17 e 20 de Agosto de 1903, o capitão Susbielle, com

---

([224]) «La Cologne d'Igli 1900», MS não publicado, ALE.

A LEGIÃO ESTRANGEIRA

470 homens envergando diversos uniformes franceses e tendo apenas como artilharia dois *howitzers* de campanha de 80 mm, resistiu ao exército de Moulay-Mustafá. Os últimos reforços a chegarem antes de os guerreiros cercarem o posto foram um pelotão de um batalhão penal e o 1.º Pelotão da 22.ª Companhia Montada do 2.º RE, sob o comando do tenente Pointurier, que efectuou uma marcha nocturna de 60 km para chegar a tempo.

No fim do breve cerco, quando os guerreiros retiraram, nove defensores estavam mortos e vinte e um feridos. As baixas inimigas foram estimadas em 1200. O santo cruzado de Beni-Abbès escreveu no seu diário: «Foi o melhor feito de armas na Argélia nos últimos quarenta anos» ([225]). À medida que as notícias se foram rapidamente espalhando pelo Exército, foi considerado milagre que a caridade de Foucauld em «oferecer o Evangelho» a uma humilde escrava tivesse possibilitado que a guarnição, posta de sobreaviso, resistisse e perdesse tão poucos homens contra um inimigo tão numeroso.

Tal como muitas outras lendas, esta era falsa. Foucauld nada teve a ver com o aviso a Susbielle em Taghit porque ele estivera a marralhar o Vaticano para ser autorizado a celebrar missas durante uma digressão de um ano pelos oásis do Sara; ia montado num burro, e atrás de si caminhava uma serva, uma escrava liberta. Ao ouvir falar no ataque, Foucauld correu para Taghit, para cumprir a sua missão cuidando dos feridos. Chegando a 6 de Setembro, tratou dos feridos e abençoou os mortos. O verdadeiro milagre de Taghit foi que, após a sua chegada, nenhum ferido morreu, como resultado da dedicação abnegada com que os tratou ([226]).

Em 2 de Setembro, antes da chegada de Foucauld, uma coluna mista de sipaios e legionários fora emboscada por 300 guerreiros do exército de Moulay-Mustafá, na desolada e incaracterística paragem de caravanas em El Mounghar, descrita por um legionário que lá se encontrava como «nenhures, nada, um ponto hipotético num mapa» ([227]). Escolhendo o momento quando os legionários estavam a preparar o café, pelas 09:30, após uma noite de marcha, os guerreiros afugentaram

---

([225]) J. Germain, e S. Faye, *Le Général Laperrine*, Paris, Plon, 1922, p. 98.

([226]) Fleming, *The Sword and the Cross*, p. 171. [Importa aqui referir que a Igreja atribui um milagre a Foucauld, a cura de uma mulher que sofria de cancro, motivo que sustentou a sua beatificação pelo Papa Bento XVI, em 13 de Novembro de 2005 (*N.T.*)].

([227]) «La Cologne d'Igli 1900».

os camelos e as mulas dos legionários, que transportavam a água e as munições adicionais.

Divididos em dois grupos em outeiros vizinhos, um comandado pelo aristocrata dinamarquês Christian Selchauhansen e o outro pelo capitão Vauchez, os legionários e alguns sipaios desmontados lutaram desesperadamente. Depois de o alto e louro dinamarquês ter sido mortalmente ferido, dois dos seus homens tentaram salvá-lo mas foram mortos [228]. O comando passou para um cabo chamado Tisserand, que ordenou aos homens que disparassem apenas pela certa. Supondo que eles estavam sem munições, os guerreiros aproximaram-se demasiado, permitindo ao cabo liderar uma frenética carga à baioneta que os repeliu temporariamente.

No outro outeiro, o capitão Vauchez fora também uma das primeiras baixas. O comando passou para o sargento-mor Tissier, que morreu pouco depois. Os sobreviventes, desesperados, mantiveram os atacantes à distância até às 16:20, quando o capitão Susbielle regressou com os sipaios que tinham sido enviados em busca de auxílio e um grupo de voluntários, bem como o capitão Bonnelet, do 1.º RE, à frente da sua companhia montada. Quando os guerreiros foram afugentados, 36 homens jaziam mortos, 49 estavam feridos e somente 20 legionários ainda se tinham de pé.

O inquérito subsequente atribuiu todas as culpas ao capitão Vauchez, enquanto que o heroísmo de Tisserand foi reconhecido com a promoção póstuma a segundo tenente. Dado que os oficiais promovidos directamente das fileiras eram habitualmente transferidos para outro regimento para evitar problemas disciplinares com os seus antigos camaradas, o 2.º tenente Tisserand (falecido) foi alistado no 1.º RE.

---

[228] Geraghty, *March or Die*, p. 145.

21

No Reino do Ocidente

NORTE DE ÁFRICA, 1901-1914

A título de álibi político, as referências franceses às incursões transfronteiriças sublinhavam sempre que os atacantes – tal como acontecera em Taghit e em El Mounghar – eram «rebeldes» marroquinos [229]. Esta postura ignorava convenientemente o facto de que os guerreiros em causa não se consideravam súbditos do sultão nem de nenhum outro homem, e que não tinham o conceito de linhas traçadas num pedaço de papel, pois nunca haviam visto um mapa. Dentro de Marrocos ou – traduzido em árabe – «reino do Ocidente» [230], os acontecimentos corriam de feição para as potências europeias. Depois de atingir a maioridade, em 1910, o sultão Abd el-Aziz rodeou-se de companheiros europeus e adoptou os seus costumes, o que escandalizou duplamente os mais religiosos dos seus súbditos. O descontentamento popular era tão generalizado que o pretendente Bu Hmara estabeleceu temporariamente uma corte rival perto de Melilla.

O coronel Louis Hubert Gonzalve Lyautey acreditava piamente na visão do século XIX de considerar a conquista colonial europeia como uma força civilizadora, e servira sob o comando do general Galliéni no Vietname e em Madagáscar. Soldado de cavalaria, não

---

[229] Geraghty, *March or Die*, p. 146.
[230] *Al mamlakah al Maghribiyah.*

obstante uma grave lesão que sofrera na coluna durante a infância, Lyautey regressou a França em 1902, para assumir o comando do 14.º de Hussardos, aquartelado em Alençon. Aparentemente, foi o governador-geral Jonnart quem recomendou que lhe fosse atribuído o comando de Aïn Sefra, base das operações de policiamento da disputada fronteira com Marrocos.

Independentemente de qual fosse a perspectiva de Paris, Lyautey não tinha a intenção de travar uma guerra defensiva; na sua óptica, era muito melhor levar a guerra ao inimigo, devastando o seu território. Para mostrar às tribos pacificadas da Argélia, que pagavam tributo à França, que a França era capaz de as proteger dos seus inimigos, fosse qual fosse a sua origem, ele planeou a instalação de três grandes bases 150 km no interior de território marroquino, a partir das quais as companhias montadas da Legião poderiam interceptar qualquer ameaça à Argélia francesa.

Não seriam meros fortins construídos com tijolos de lama, mas sim cidadelas poderosas, com altas muralhas e torreões – para todos os efeitos, comunidades fundadas com objectivos exclusivamente militares. Os imensos blocos de casernas com cinco andares, em bel--Abbès e Saïda, tinham sido construídos à semelhança dos quartéis de qualquer outra cidade do Sul de França, mas as bases de Lyautey reflectiam o seu amor ao exótico nos seus arcos mouriscos e nas janelas com persianas, como modernos hotéis. Dado que os únicos mapas da área disputada eram os feitos pelo exército colonial, ele simplesmente inventou nomes para as novas bases de modo a dissimular a sua localização em território marroquino, para que nenhum político ou diplomata metediço se apercebesse exactamente do que ele estava a tramar.

Lyautey recebeu uma grande ajuda quando a Grã-Bretanha e a França assinaram a Entente Cordiale, em 8 de Abril de 1904, para evitarem quaisquer conflitos de interesses coloniais e avisarem uma Alemanha crescentemente belicosa para se manter à distância. Entre outras provisões, a Entente concedia à Grã-Bretanha liberdade de acção relativamente aos seus planos coloniais para o Egipto, e fazia o mesmo com a França em relação a Marrocos, deixando alguma margem de manobra razoável aos interesses espanhóis na região. Outras cláusulas redefiniam a fronteira da Nigéria a favor da França, e atribuíam-lhe o controlo do vale superior do Gâmbia. A parte oriental da Tailândia, adjacente à Indochina francesa, também passava a pertencer à França.

A LEGIÃO ESTRANGEIRA

Uma das cláusulas secretas da Entente, que só foi divulgada sete anos mais tarde, era que a Grã-Bretanha faria vista grossa caso a França anexasse a totalidade de Marrocos, excepto a zona espanhola, *se o sultão se revelasse incapaz de exercer a autoridade sobre os seus súbditos.* Dado que nunca um sultão fora capaz de controlar as tribos do deserto, a sul, responsáveis pela maioria das incursões armadas na Argélia, nem os orgulhosamente independentes berberes das montanhas do Rif, a cláusula mais não era do que uma luz verde de Londres para Lyautey.

Furioso face à aproximação entre a Grã-Bretanha e a França, dois inimigos tradicionais com os quais a Alemanha contara lidar separadamente, o *Kaiser* Guilherme II visitou Tânger, no dia 31 de Março de 1905, e declarou o seu apoio à independência marroquina. Encorajado, o jovem sultão revogou os seus acordos com a França. O pânico diplomático resultante foi resolvido na Conferência de Algeciras, entre Janeiro e Abril de 1906, na qual foram consagrados, em princípio, os direitos comerciais da Alemanha e de outras nações, mas o policiamento do país foi entregue à França, sendo o Norte declarado dentro da esfera de influência espanhola. A não interferência da Itália foi comprada com o apoio das pretensões de Roma sobre a Líbia. Solucionados estes conflitos de interesses coloniais, as potências europeias mais envolvidas na região reuniram-se com os representantes marroquinos em Algeciras para discutirem o futuro do país, utilizando as dívidas do sultão como instrumento de pressão para impor a presença de cobradores de taxas alfandegárias franceses e espanhóis nos portos marroquinos.

A pressão alemã sobre Marrocos conseguira o reverso do que Guilherme II esperara. Pela primeira vez desde a Guerra da Crimeia, a crescente ameaça do militarismo alemão forçara os estados-maiores generais britânico e francês a falarem um com o outro. Durante as discussões amigáveis, reflectindo a sua crescente preocupação relativamente ao aumento da marinha do *Kaiser*, o apoio da Royal Navy foi prometido à França na eventualidade de as suas costas e portos serem ameaçados pela esquadra alemã.

Quando Marrocos protestou junto de Paris contra os avanços a partir da Argélia, Lyautey não fez caso e foi recompensado, em 1906, com o comando do distrito militar do Oranais. Como era a vida dos legionários apanhados nestas manobras encontra-se muito bem explicado numa das memórias não publicadas existentes nos arquivos

292

No Reino do Ocidente

de Aubagne. O testemunho presencial do sargento Lefèvre [231] entra em algum pormenor relativamente a uma operação comandada pelo general Vigy, iniciada em Abril de 1908, quando três colunas francesas atravessaram a ambígua fronteira para destruírem uma *harka* – uma coligação de tribos marroquinas que ameaçava a base de Lyautey em Béchar.

No dia 14 de Abril, a coluna avançada, consistindo da 24.ª Companhia Montada do 1.º RE e de uma unidade de sipaios argelinos, acampou no oásis de El-Menabha, no Wadi Guir. Os legionários começaram imediatamente a construir muros com as pedras que se encontravam no local. Assim, existia já um acampamento rudimentar pelas 17:00, quando chegou a coluna principal, composta por infantaria da Legião, *tirailleurs* argelinos, alguns zuavos e uma bateria de *howitzers* de 80 mm, com o apoio de uma caravana de 800 camelos. A *harka* encontrava-se apenas a 10 km ou 12 km de distância, e os seus batedores conheciam todos os movimentos dos Franceses. Às 05:10 da manhã, disparos provenientes das elevações que dominavam o oásis mataram homens que dormiam nas suas tendas de lona branca, enquanto outros pegavam nas espingardas e se abrigavam por detrás dos muros do perímetro do lado da proveniência dos tiros, preparando-se para sofrerem um ataque.

Mas o ataque veio pela retaguarda. Subitamente, o acampamento encheu-se de figuras vestidas de branco, disparando sobre todos os uniformes franceses e rasgando as tendas para alvejar quem ainda se encontrasse no interior. Sob uma luz difusa, quarenta e sete legionários do 2.º RE que defendiam uma secção do muro foram obrigados a recuar para o acampamento, e o mesmo tiveram que fazer os *tirailleurs* colocados no seu flanco. A bateria começou a disparar contra a colina, onde estava concentrado o grosso do inimigo. A coberto desta barragem improvisada, setenta e cinco legionários da companhia montada tomaram a colina de assalto e desalojaram a principal força marroquina, pagando o preço de dez mortos e dezassete feridos.

Felizmente para os Franceses, os atacantes estavam mais interessados no saque do que na vitória, o que permitiu aos defensores levarem a melhor, mais à baioneta do que à bala. Quando o sol, tinto de sangue, se ergueu sobre a árida paisagem, eles perseguiram os últimos

---

[231] Lefèvre, *Les Mémoires du Sergent Lefèvre à la Légion Étrangère*, MS não publicado, ALE.

assaltantes até 2 km do oásis, abatendo-os como alvos de cartão numa carreira de tiro, após o que retiraram para contarem as perdas. No caminho de regresso, mataram a tiro ou à baioneta todos os árabes feridos. Depois, nas ruínas do acampamento, sentaram-se em cima dos cadáveres inimigos para tomarem o pequeno-almoço [232]. Dado que as perdas francesas tinham sido metade das do inimigo, o general Vigy considerou o recontro uma vitória, ignorando o facto de que as tribos podiam dar-se ao luxo de perder dez vezes mais homens do que ele.

A *harka* reagrupou-se no início de Maio, a noroeste de Béchar, nos palmeirais de Beni Ouzien. Enquanto se aproximava do inimigo pelo vale do Wadi Guir, Lefèvre teve oportunidade de reparar na fertilidade da terra: campos de trigo e cevada demarcados por baixos muros de pedra, palmeirais e hortas aninhadas, como crianças, sob a protecção de uma *ksar* ou aldeia fortificada com muralhas de lama. O intrépido fotógrafo Jules Imbert fotografou uma delas pouco depois, em Novembro ou Dezembro de 1908. As suas fotografias, em negativos de vidro, mostram as muralhas de Bou Denib, com mais de 8 m de altura, cheias de buracos e seteiras, fazendo dela um local perigoso de assaltar sem artilharia [233]. No interior não havia meia dúzia de cabanas de lama, mas sim um número considerável de belas casas caiadas e uma mesquita cujo minarete branco se ergue bem acima da povoação.

Depois do monótono e pardo deserto pelo qual tinham marchado, o verde era um alívio para os olhos dos legionários, mas os eventuais pensamentos poéticos evocados pela vegetação foram rapidamente postos de lado pelos preparativos para o cumprimento da missão que os conduzira ao local. Depois da artilharia ter «preparado» o alvo, a 24.ª Companhia Montada atacou a pé. Ao chegarem aos palmeirais do oásis, avançaram pelo meio dos cadáveres, matando a tiro e à baionetada todos quantos encontraram. Não dispondo de sistemas de comunicações, não poderiam contactar a artilharia, que teve de deixar de disparar para não os aniquilar a todos. A 24.ª sofreu quinze mortos, incluindo o oficial no comando, mas as perdas inimigas não puderam ser avaliadas porque os legionários tiveram de retirar com a chegada da noite. Das plantações ouviam-se os lamentos das famílias, chorando os seus guerreiros mortos.

---

[232] *Ibid.*
[233] Ver imagens em ‹www.ecpad.fr›.

No Reino do Ocidente

A utilização da 24.ª como tropa de choque desta maneira valeu ao general Vigy uma reprimenda, no sentido de que deveria ter empregue a infantaria de reserva. O general Bailloud, comandante do 19.º Corpo, também desaprovou a ausência de um verdadeiro plano de batalha, tendo em conta a colocação dos legionários da 24.ª em desvantagem nos palmeirais, sem apoio da artilharia. Na sua opinião, Vigy estivera obcecado com a ideia de empregar uma companhia montada como tropa de elite, deixando-se talvez levar pelo «nós conseguimos» do oficial que comandara a 24.ª Companhia Montada, entretanto morto em combate, como por vezes acontece. Independentemente dos motivos, a recompensa da companhia foi ficar de reserva no dia seguinte, quando o *ksar* de Bou Denib foi tomado de assalto. No entanto, os legionários juntaram-se à pilhagem depois de os 500 homens e 300 mulheres terem sido expulsos da povoação e colocados, sob guarda, junto das muralhas. Lefèvre evoca os legionários carregando as suas mulas com tâmaras, farinha, roupas e armas roubadas das casas.

Os relatos de combate são frequentemente tão cínicos que nos esquecemos da miséria provocada pela guerra. Nesta ocasião, uma pequena abertura na gíria oficial da época, quando as unidades contavam os inimigos mortos, permite um fugidio vislumbre do sofrimento humano: uma mãe, desesperada, implorou a Lefèvre que a ajudasse a encontrar o filho, do qual ficara separada durante o combate. Lefèvre auxiliou-a, e ela deu-lhe a única coisa que lhe restava: um colar de contas de vidro do Sudão.

A *harka* que atraíra os Franceses a Bou Denib esfumou-se mas, em Agosto, regressou para atacar o *ksar*, guarnecido pela 24.ª Companhia Montada, com outra unidade da Legião ocupando um fortim próximo. Os sucessivos ataques foram repelidos pela artilharia instalada nas muralhas, até que surgiu uma grande coluna de socorro. Na madrugada do dia 7 de Setembro, a *harka* foi atacada por cerca de 5000 Franceses, com o apoio de 18 canhões.

A carnificina foi enorme. Lefèvre refere que os Marroquinos, ao atacarem, foram literalmente ceifados pela artilharia, que começou depois a bombardear o enorme acampamento de tendas da *harka*, que se espraiava pela planície de Djorf. Os que puderam, agarraram nos pertences que não tinham sido destruídos pelo bombardeamento e fugiram, a pé ou a cavalo, cada um por si. Ao persegui-los, a 24.ª Companhia Montada encontrou marroquinos mortos e feridos por todo o lado, continuando a dar com aquilo a que Lefèvre chama «destroços humanos até 10 km do campo de batalha». Os habitantes de Bou Denib, forçados a enterrarem os mortos, fizeram-no de modo apressado, não muito bem. «Por todo o lado se vêem pés, mãos e cabeças saindo do chão. O fedor [da putrefacção] é omnipresente» [234].

Vigy não foi o único general impressionado pelo potencial das companhias montadas; alguns oficiais defendiam que toda a Legião deveria ser organizada do mesmo modo. Mas o preço que os legionários que as integravam pagavam por ganhar o dobro era elevado. Os períodos de descanso eram poucos e os homens desertavam por puro cansaço. A rotatividade dos soldados das companhias montadas era tão alta que, em 1910, quando o general Bailloud procurou a 24.ª para felicitar os homens que tinham combatido em El Menabha e Bou Denib, já não havia nenhum na companhia [235]. Em Julho de 1910, na Argélia, dezoito legionários desertaram da 3.ª Companhia Montada do 1.º RE. Apesar de o inquérito ter atribuído a culpa à pressão colocada pelas incessantes operações, a causa parece ter sido o assassinato de um dos seus camaradas doentes pelos árabes depois de um oficial subalterno brutamontes lhe ter negado a vez de montar numa mula e ele não ter conseguido acompanhar o ritmo da companhia.

Enquanto os Franceses se expandiam em Marrocos pelo deserto, a situação do país deteriorava-se rapidamente. Decorridos meses sobre a Conferência de Algeciras, começaram a ser assassinados funcionários e civis britânicos e franceses. Quando um grupo de trabalhadores franceses que estava a reconstruir o porto de Algeciras foi morto, em Julho de 1907, o navio de guerra *Galilée* bombardeou a zona nativa da cidade e desembarcou uma força de fuzileiros navais para proteger os estrangeiros refugiados no consulado francês dos tumultos cada vez mais orientados para a expulsão do número crescente de europeus. Esta acção foi seguida do envio de uma força expedicionária de 3000 homens, incluindo um contingente da Legião, que foi aumentada, em seis meses, para um exército de ocupação de 14 000 homens, sob o comando do general Albert d'Amade, que impôs a lei marcial num raio de 75 km a partir de Casablanca.

Embora algumas unidades da Legião tivessem trazido do deserto (onde nunca sobreviviam testemunhas) práticas como matar os

---

[234] «Lefèvre» (tradução abreviada do autor).
[235] Porch, *The Fench Foreign Legion*, pp. 323-324.

No Reino do Ocidente

cativos feridos à baionetada ou a tiro e saquear os bens «inimigos», seria de pensar que os alemães residentes em Marrocos prefeririam ser protegidos da turba muçulmana por tropas sob o controlo de outra potência europeia. Mas não era assim. Nos dez anos que precederam a Primeira Guerra Mundial, o recrutamento de alemães para a Legião Estrangeira baixou para metade, de 34% para cerca de 16% [236]. Parte da razão prende-se com o facto de as guerras coloniais da Alemanha oferecerem aos jovens que buscavam aventuras em locais exóticos e a oportunidade de o fazerem com o uniforme do *Kaiser*. Em segundo lugar, o crescente profissionalismo do Exército Alemão desencorajava a tradicional brutalidade dos oficiais subalternos, que tantas vezes levara os conscritos a desertarem. Finalmente, livros de ex-legionários como Erwin Rosen narravam pormenores como a punição do silo, um buraco cónico escavado no chão, no qual o infractor era preso dias e noites a fio, no meio da sua própria imundície, sem poder deitar-se nem sentar-se; quando o retiravam, não conseguia ter-se de pé. Segundo Rosen, o general Négrier encontrou quinze silos ocupados durante uma inspecção ao quartel de Saïda e aboliu imediatamente aquela forma de punição [237].

Dado que o tempo de castigo não contava para efeitos de pagamento do pré ou de passagem à disponibilidade, Rosen afirma que um contrato de cinco anos de serviço poderia prolongar-se facilmente durante oito anos ou mais, devido ao tempo de detenção no quartel ou sofrendo punições mais severas. Com o pré calculado em 5 cêntimos por dia nos primeiros três anos e 10 cêntimos nos quarto e quinto anos, ele calcula que o soldo total recebido seria de 127,75 francos! [238]

Com a Internationaler Völkerrechtsbund zür Bekämpfung der Fremdenlegion [*] e outras organizações dissuadindo activamente os jovens alemães de se alistarem ao serviço de potências estrangeiras, particularmente da França, a falta de recrutas provenientes d'além Reno foi compensada com um número crescente de fuzileiros navais e homens dos regimentos regulares e coloniais cujo realistamento fora recusado por razões disciplinares, os quais se juntaram à Legião como modo de completarem os quinze anos de serviço necessários para

---

[236] Porch, *The Fench Foreign Legion*, p. 293.
[237] Erwin Rosen, *In the Foreign Legion*, Londres, Duckworth, 1910, p. 229.
[238] *Ibid.*, pp. 239-240.
[*] Liga Internacional Contra a Legião Estrangeira. (*N.T.*)

efeitos de pensão. Agudizando o problema, legionários estrangeiros com um cadastro de boa conduta que adquiriam a nacionalidade francesa após os seus cinco anos de serviço optavam frequentemente por se alistarem nos regimentos regulares, onde o pré, as condições de serviço e as perspectivas de promoção eram melhores.

Na Legião, a bebida era um problema constante. Durante uma inspecção, o general Herson, que condecorou a bandeira do 1.º RE em bel-Abbès, no dia 27 de Abril de 1906, foi particularmente crítico face a um aumento assinalável da venda de equipamento para comprar álcool, e da consequente destruição de equipamento e do recheio do quartel por legionários embriagados ([239]). Em sintonia, surge o lamento do coronel Désorthèz, comandante do 2.º RE, por ter assinado 1482 condenações de trinta a sessenta dias de detenção em 1905, ano em que também se realizaram no regimento 334 julgamentos em conselho de guerra. E isto sem contar com os tradicionais castigos físicos regularmente distribuídos pelos oficiais subalternos e pelos oficiais menos graduados, tais como *le tombeau*, no qual o infractor era obrigado a abrir a sua própria sepultura e a dormir lá dentro, independentemente das condições meteorológicas, e *la crapaudine*, que significava aproximadamente «atado como um peru», pelo qual os pulsos do infractor eram amarrados atrás das costas e os tornozelos acorrentados quase encostados aos pulsos, resultando em cãibras agonizantes e sem marcas de qualquer violência física.

A disciplina talvez pudesse ter sido menos dura se a Legião tivesse disposto de oficiais e oficiais subalternos em número suficiente. Uma companhia de infantaria de linha possuía 3 oficiais, 6 sargentos e onze cabos para um complemento nominal de 148 soldados mas que costumava estar mais próximo dos 120. As companhias da Legião contavam geralmente com 200 soldados ou mais, mas tinham o mesmo número de oficiais e oficiais subalternos, sem quaisquer supra-numerários. A escassez era agudizada pela política de destacar legionários para regiões tão dispersas como a Indochina, Madagáscar, Argélia e Marrocos. Além do mais, a licença de seis meses por convalescença à qual os quadros tinham direito depois de dois anos de serviço a leste do Suez significava que os batalhões contavam frequentemente com apenas cinco ou seis oficiais, e cada companhia com apenas um ou dois sargentos.

([239]) SHAT, 1H 1015, relatório Herson.

No Reino do Ocidente

Nestas condições, foi fácil para os «expatriados» alemães em Marrocos, sob o disfarce de oferecerem hospitalidade a homens solitários, longe dos seus lares e famílias, atraírem *várias centenas* de legionários descontentes para regressarem à Europa através de um «caminho-de-ferro clandestino» (*). Em Agosto de 1908, o general d'Amade alertou o embaixador francês em Tânger para a notícia de um jornal alemão que chegara ao seu conhecimento, anunciando que um cargueiro alemão, o *Riga*, desembarcara quinze desertores alemães da Legião em Tânger, no dia 16 de Agosto.

No papel, a deserção não era, nesta época, pior na Legião do que na maioria dos regimentos do Exército Francês. Em 1907, na metrópole, 36% dos reservistas não se apresentaram nos quartéis para receberem instrução, e entre 1906 e 1911 o número de conselhos de guerra nas unidades regulares duplicou, o que era invulgar em tempo de paz. No mês que antecedeu o alerta do general, dezoito alemães tinham desertado da Legião, e o total para esse ano incluiu outros vinte e nove. O percurso que faziam foi descoberto em Setembro de 1908, como resultado de um excelente trabalho de detective. Um russo, um suíço, um austríaco e três alemães, vestidos à civil e exibindo livre-trânsitos emitidos pelo cônsul alemão em Casablanca tentaram abordar o vapor postal *Cintra*, ancorado no porto durante a sua escala regular.

Um oficial subalterno da Legião, colocado no cais para o efeito, reconheceu alguns dos desertores e alertou o oficial de serviço no porto, que informou o consulado francês. Não se sabe se foi por o barqueiro ter entrado em pânico ao ser mandado regressar aos cais ou, como alguns afirmaram, se foi por causa da bebedeira dos desertores, que tinham celebrado prematuramente a sua fuga, mas o facto é que o bote se virou, atirando-os a todos à água. Puxados ensopados para o cais, foram presos pela polícia militar que os aguardava no local.

Não sendo os PM conhecidos pela sua delicadeza quando apanham desertores, o lago diplomático encrespou-se quando, durante a confusão resultante, o cônsul alemão e um militar marroquino de guarda ao consulado foram também tratados com alguma rudeza. Em Berlim, o chanceler Bernhard von Bülow exigiu a libertação dos

---

(*) Alusão ao «Underground Railroad», uma rede de rotas secretas e casas seguras pelos escravos para fugirem dos estados esclavagistas americanos no século XIX. (*N.T.*)

alemães ilegalmente detidos fora de território francês e desculpas pelos maus-tratos infligidos ao pessoal consular.

Em Berlim, o príncipe Guilherme, conhecido, por algum motivo íntimo, pelos seus parentes britânicos como «Little Willy» (*), algo que compensava com a sua predilecção por espadas cerimoniais imensamente compridas que tinham de ser seguradas à sua frente para não fazerem tropeçar ninguém que viesse atrás – começou imediatamente a ameaçar lançar, a oeste do Reno, os seus queridos granadeiros da Pomerânia, para vingar o miserável insulto à soberania alemã. Ainda mais curiosamente, o seu pai deu uma entrevista ao excêntrico coronel Montagu-Stuart-Wortley, cuja residência, em Inglaterra, alugara para passar o Verão. Stuart-Wortley enviou o seu rascunho da entrevista para Berlim, para aprovação. Von Bülow, aparentemente demasiado ocupado, deu-o a ler a um subordinado, que julgou que deveria apenas corrigir a gramática e não editar o conteúdo.

Era um desastre anunciado ([240]). Publicada no *Daily Telegraph*, em 28 de Outubro, a entrevista com o *Kaiser* sublinhava que ele gostava dos Britânicos, mas a maioria dos seus súbditos não. E incluía as seguintes linhas imortais: «Vocês, ingleses, são loucos, loucos, loucos como lebres em Março», e «na recente reacção alemã face aos acontecimentos de Marrocos não há nada que seja contrário à minha explícita declaração de amor à paz» (feita num discurso durante um jantar na Guildhall (*), na City). Após ter sido informado de todos os pormenores pelo Ministério dos Negócios Estrangeiros, a resposta privada do rei Eduardo VII, que nunca tivera muita simpatia pelo seu primo, o *Kaiser,* ou «Pilinha», limitou-se sucintamente a oito palavras: «Espero que o Governo Francês se mantenha firme, E. R.» ([241]).

No dia 7 de Novembro, os embaixadores britânico e russo informaram o Quai d'Orsay de que Londres e Moscovo apoiavam a posição tomada por Paris face a Berlim. Esta crescente tensão originada por um punhado de desertores da Legião poderia ter sido a faúlha que desencadeou a Primeira Guerra Mundial, não fosse von Bülow ter alertado o *Kaiser* para o facto de que ainda seriam necessários alguns anos até que a Alemanha estivesse em condições de travar uma guerra

---

(*) Também traduzível por «pilinha». (*N.T.*)

([240]) As consequências do lapso de von Bülow levaram à sua demissão, em 26 de Junho de 1909.

(*) A Câmara da cidade de Londres. (*N.T.*)

([241]) Geraghty, *March or Die*, p. 151.

contra uma aliança constituída pela Grã-Bretanha, França e Rússia. Von Bülow encontrou uma saída sem perder a face quando o seu homólogo austríaco lhe sugeriu que submetesse a questão ao arbítrio do Tribunal Internacional de Haia.

A argumentação alemã apresentada ao tribunal, em 24 de Novembro, foi a de que os direitos concedidos por tratado pelo sultão colocavam os alemães residentes em Marrocos sob a jurisdição exclusiva do cônsul alemão em Casablanca, pelo que a detenção fora uma violação da imunidade consular e os desertores alemães deveriam ser entregues ao cônsul. A posição francesa foi a de que a Alemanha não tinha quaisquer direitos em Marrocos sobre pessoas que não fossem de nacionalidade alemã, nem nenhuma autoridade para proteger alemães ao serviço de uma potência estrangeira, em particular dado que o incidente ocorrera numa zona sujeita à lei militar.

Entretanto, cinquenta legionários alemães do 2.º RE eram detidos depois de requisitarem um comboio pela força das armas, entre Aïn Sefra e Saïda, na esperança de chegarem à longínqua costa e apanharem um barco para a Europa. O cabecilha era um bávaro chamado Pal que já tinha desertado do 1.º RE, onde servira sob outro nome. Fantasista carismático, convencera os seus companheiros de que estava em missão secreta, que fora enviado por Berlim para os salvar. Foi recompensado com vinte anos de trabalhos forçados.

A deserção era um jogo de azar. Os desertores capturados em menos de seis dias eram simplesmente tratados como casos de ausência sem licença, e os homens que desertavam quando estavam embriagados muitas vezes eram tratados com brandura. Numa ocasião, um sargento da Legião atacou um oficial subalterno de um batalhão penal que obrigara um desertor a regressar à base descalço ([242]). Todavia, muitas vezes, os que eram capturados e devolvidos pelas tropas nativas tinham sido maltratados e até arrastados por cavalos a galope. No outro extremo da escala, homens que desertavam com as armas e eram perseguidos pelas tropas nativas sofriam frequentemente a morte às suas mãos, dado que para recolher a recompensa era mais fácil apresentar uma cabeça do que um homem vivo. Aqueles que eram apanhados pelo inimigo pouco tempo depois de uma razia tinham o pior destino, sendo escravizados ou torturados até à morte.

([242]) Sylvère, *Le légionnaire Flutsch*, p. 203.

A LEGIÃO ESTRANGEIRA

Nada disto incomodava os juízes de Haia. Depois das suas deliberações, iniciadas em 19 de Maio de 1909, os cinco doutos advogados não responderam com uma sentença, mas antes com compromisso político. O seu acórdão censurou a Alemanha por «uma falta grave e manifesta» ao auxiliar não alemães a desertarem, e estipulou que a Alemanha também não tinha direito a proteger desertores alemães. A França foi diplomaticamente censurada por excesso de força e falta de respeito para com o pessoal consular. Contudo, o verdadeiro sentimento do tribunal resulta evidente ao não recomendar a devolução de nenhum dos legionários desertores à custódia alemã ([243]).

A França acalmou a crise do Reno confirmando os direitos comerciais alemães em Marrocos, possivelmente porque, com o país à beira do colapso, não valiam grande coisa. Paul Revoil, um futuro governador-geral da Argélia, subornou o jovem sultão com um empréstimo de 7,5 milhões de francos do Banque de Paris et des Pays Bas para financiar o seu sonho de modernização do sistema de propriedade da terra em Marrocos. O projecto falhou miseravelmente devido à falta de agrimensores treinados à europeia e à enraizada hostilidade a mudanças sociais. Por fim, Abd al-Aziz teve de pagar o preço daquilo que os seus súbditos consideravam ser uma colaboração excessiva com os europeus, e foi deposto por Abd al-Hafid, seu irmão. A desordem aumentou progressivamente até que, três anos mais tarde, o próprio al-Hafid, cercado em Fez pelas tribos, se viu obrigado a implorar aos Franceses que o salvassem. A coluna de socorro que rompeu o cerco integrava um contingente substancial da Legião.

Com o país em caos fora das áreas fortemente ocupadas, a Alemanha enviou a canhoneira *Panther* para Agadir, no dia 1 de Julho de 1911, oficialmente para proteger os interesses alemães durante uma insurreição local, mas na realidade para mostrar aos Franceses um punho de ferro dentro de uma luva muito fina. Conhecido por «Incidente de Agadir», esta demonstração de força foi – nas palavras de Winston Churchill – mais um passo no caminho para o Armagedão. Nesse Outono, o governo, em Londres discutiu planos de

---

([243]) Um interessante sumário do *The Handbook for the Diplomatic History of Europe, Asia and Africa 1870-1914*, publicado em Washington, D. C., pelo Government Printing Office, em 1918, enconhtra-se disponível em ‹www.mtholyoke.edu/acad/intrel/boshtml/bos135.htm›.

302

contingência para uma eventual guerra, mas a crise foi ultrapassada através de uma convenção franco-alemã, a 4 de Novembro, que reconheceu o protectorado francês de Marrocos em troca da cedência à Alemanha de faixas de território na bacia do Congo. As objecções espanholas foram eliminadas com o tratado franco-espanhol de 27 de Novembro, revendo as anteriores fronteiras franco-espanholas em Marrocos a favor de Madrid, e através da criação de uma zona internacional em redor de Tânger.

A salvação de Abd al-Hafid pelos Franceses teve um preço. Forçado a assinar o Tratado de Fez, em 30 de Março de 1912, pelo qual reconheceu o protectorado francês em troca da promessa de apoio para sua pretensão ao sultanato, al-Hafid foi recompensado com um simulacro de autoridade. Lyautey fora chamado a França em 1910, para comandar um corpo de exército, em Rennes. Regressando ao Norte de África como primeiro residente-geral do Protectorado de Marrocos, um dos seus primeiros actos foi substituir Abd al-Hafid pelo irmão mais novo, Moulay Jussef, que era mais submisso e ao qual foi requerido que «governasse» o país através de departamentos recém-criados, administrados por funcionários franceses.

Os distritos fora dos centros urbanos eram administrados por «controladores civis» franceses; nas áreas importantes, tais como Fez, a administração era supervisionada por oficiais generais. No Sul, vários chefes ou caides berberes foram autorizados a permanecer semi--independentes. A impotência dos marroquinos membros do governo é exemplificada por Muhammad al-Moqri, que era grão-vizir quando o protectorado foi inaugurado, e que ainda ocupava o cargo quando Marrocos recuperou a independência, quarenta e quatro anos depois – altura em que tinha mais de cem anos.

Ainda que, administrativamente, Lyautey demonstrasse uma tolerância e um respeito pelos costumes locais que deixava em todas as raças uma impressão da sua dignidade e competência, em campanha era implacável. A pacificação prosseguiu aos solavancos, até que as forças que tinham partido da Argélia se encontraram com as que vinham avançando para oriente a partir da costa atlântica, em Taza, três meses apenas antes da eclosão da Primeira Guerra Mundial, em Agosto de 1914. Foi uma junção mais simbólica do que real: Marrocos estava longe de subjugado, pois as dezanove tribos do Rif continuaram, por muitos anos, a lutar contra os Espanhóis, a norte do seu território, e contra os Franceses, a sul.

Um importante activo das colónias eram as reservas de homens que representavam. Com a aproximação da guerra, em 1914, a Legião teve dificuldade para cumprir a sua quota. Em 1913, o general Antoine Drude, comandante do distrito militar de Orão, queixara-se de que o 2.º RE, aquartelado em Saïda, estava 500 efectivos abaixo do seu complemento oficial, e que ao 1.º RE, em bel-Abbès, faltavam 1000 homens [244]. Mas Lyautey, ao receber ordens no sentido de enviar quarenta batalhões para França, preencheu a sua quota com zuavos, sipaios, os batalhões penais e algumas da recém-criadas unidades marroquinas. As únicas tropas europeias que lhe restavam eram dois batalhões de legionários alemães e austríacos, que tinham exercido o seu direito a não serem enviados para combate contra os seus compatriotas. Foi sobre os seus improváveis ombros, durante os quatro anos que se seguiram, que caiu o fardo da manutenção do domínio francês em Marrocos.

---

[244] Números contestados em SHAT, 3H, 148, 12 de Março de 1913.

22

Caos e Confusão

FRANÇA, 1914

Em Novembro de 1913, o tópico do dia nas esplanadas dos cafés dos bulevares de Paris era o facto de Marcel Proust não conseguir uma editora para *Um amor de Swann* [245]. Na *Nouvelle Revue Française*, o editor André Gide não lhe queria tocar nem com luvas. Depois de as editoras Mercure de France e Fasquelle também terem recusado, Bernard Grasset aceitou publicar a novela de Proust, mas com tão poucas expectativas de sucesso que o autor teve de pagar do seu bolso todos os custos de produção.

A população da capital ainda estava em profunda negação durante os primeiros meses de 1914. Embora a visita de Estado, em Abril, do rei Jorge V de Inglaterra e da sua rainha alemã, nascida princesa Maria von Teck, tivesse constituído um espectáculo de solidariedade para benefício de Berlim, toda a gente fingiu oficialmente que fora para celebrar o décimo aniversário da Entente. Do outro lado do Reno, o ritmo dos preparativos alemães para uma ofensiva terrestre e naval maciça era tal que a questão que ocupava o estado-maior general francês não era a possibilidade de uma guerra, mas sim quando e sob que pretexto a Alemanha desencadearia a ofensiva há muito planeada pelo grande senhor da guerra, o conde Alfred von Schlieffen. Tiveram a resposta quando o terrorista Gavrilo Princip, muito desa-

---

[245] *Du côté de chez Swann.*

A Legião Estrangeira

jeitadamente, assassinou o arquiduque Francisco Fernando e a sua consorte, Sofia von Hohenberg, no dia 28 de Junho, em Sarajevo.

Em Paris, a primeira medida do estado-maior foi de indumentária. Em 2 de Julho, as calças dos soldados franceses, tradicionalmente fabricadas de tecido vermelho para esconder as manchas de sangue no campo de batalha, foram alteradas para um azul-cinzento margi-nalmente menos visível. A 15 de Julho, foi finalmente aprovada a lei que introduzia o imposto sobre os rendimentos, que sofrera uma prolongada resistência, e ninguém perguntou para que é que o governo necessitava do dinheiro. Nos últimos dias do mês, o Exército começou a requisitar a colheita de trigo. Decorridas poucas semanas, requisitaria também cabeçadas, arneses, rédeas e selas, forragem e cavalos de todas as raças e tamanhos, às centenas de milhares, para remonta e puxar artilharia e mantimentos para a frente, onde os poucos veículos motorizados se atolariam fora das estradas.

No dia 1 de Agosto, o país foi colocado em pé de guerra através da proclamação de uma ordem de mobilização geral, saudada por apelos do escritor suíço Blaise Cendrars [246] e de um grupo de outros intelectuais de Paris para que «todos os homens dignos desse nome» que amassem a França se envolvessem activamente na «mais formidável conflagração da história» [247]. Igualmente entusiastas pela causa francesa, nobres russos emigrados e artesãos italiano que residiam em Paris uniram-se e tentaram encontrar uma unidade militar onde se alistarem.

Os membros da comunidade britânica em França receberam uma circular de conteúdo formal, *Objectivo: Formação de um Corpo Voluntário Britânico, para oferecer os seus serviços ao Ministro da Guerra francês*. Dirigida a todos os homens com experiência militar, terminava com a exortação «*God Save the King! Vive la France!*». Os Britânicos que se ofereceram passaram alguns dias exercitando-se no parque de diversões Cidade Mágica, enquanto que os emigrados russos alugaram um cinema só com plateia para o efeito, removendo as cadeiras para criarem um salão de exercícios. Os americanos aprenderam a marchar nos jardins do Palais Royal, depois de incitados pelo Comité dos Amigos da França, que evocou o passado revolucionário

---

[246] Pseudónimo de Frédéric Sauser.
[247] M.-C. Poinsot, *Les volontaires étrangers en 1914-15*, Paris, Dorbon-Aine, 1915, pp. 12-13.

partilhado entre a França e os EUA. O apelo terminou com as palavras «*Vive la France immortelle! Vive la colonie americaine!*» ([248]). Os emigrantes judeus emitiram um apelo às armas multilingue: «Embora ainda não sejamos franceses por direito, somos franceses de alma e coração, e o nosso dever mais sagrado é colocarmo-nos à disposição desta nobre e grande nação para participarmos na sua defesa. Judeus estrangeiros, cumpri o vosso dever e *Vive la France!*» ([249]).

No dia 3 de Agosto, a Alemanha declarou formalmente guerra e concretizou as suas palavras com o primeiro ataque aéreo sobre alvos civis. A cidade de Lunéville foi atacada com três bombas largadas manualmente da barquinha de um dirigível. A guerra aérea começara de modo espectacular, mas o conflito seria a guerra do caminho-de-ferro por excelência: 4278 comboios foram requisitados para deslocar os reservistas de todas as partes da França para a frente. Na Grã-Bretanha, oitenta comboios por dia transportavam homens e provisões para as docas de Southampton com destino à força expedicionária inicial de Sir John French, uma divisão de cavalaria e seis de infantaria.

A ordem de mobilização assinada pelo presidente Poincaré não afectou directamente a Legião, mas dado que a lei não autorizava nenhum estrangeiro a servir numa unidade militar francesa, os voluntários estrangeiros foram encaminhados para os postos de recrutamento da Legião. Um ano antes, o complemento total do 1.º RE e do 2.º RE fora de 10 521 homens. Durante os primeiros oito meses da guerra, 32 296 voluntários estrangeiros acorreram às cores da França ([250]), muitos deles julgando-se euforicamente como São Jorge lutando contra o dragão teutónico para salvar a virgem da literatura, arte e civilização gaulesas. Antes da guerra terminar, com o Armistício de 11 de Novembro de 1918, alistar-se-iam na Legião outros 11 000 voluntários. Até ao último tiro, 31 000 foram mortos, feridos ou dados como desaparecidos em combate.

Nem todos os homens incluídos nas estatísticas eram verdadeiros voluntários, dado que os legionários de países beligerantes cujos

---

([248]) Wellard, *The French Foreign Legion*, pp. 83-84.

([249]) Poinsot, *Les volontaires étrangers en 1914-15*, pp. 31-32.

([250]) Incluindo 6500 alsacianos e lorenos, 4913 italianos, 3393 russos, 2396 alemães e austro-húngaros, 1867 suíços, 1462 belgas, 1380 gregos, 1369 checos/ eslovacos, 979 espanhóis, 600 americanos dos hemisférios norte e sul, 595 turcos, 591 luxemburgueses e 379 britânicos.

contratos expiraram durante a guerra preferiram frequentemente realistar-se do que serem internados como civis inimigos. Cerca de 70% dos oficiais subalternos da 2.ª Companhia Montada do 1.º RE eram alemães. Eles e outros arriscavam-se ao pelotão de fuzilamento se fossem capturados pelos seus compatriotas na Frente Ocidental. Por esta razão, os legionários nascidos na Alemanha e na Áustria que se ofereciam como voluntários para a Europa costumavam mudar oficialmente os seus nomes para nomes franceses. Os outros podiam optar por servir em teatros onde não confrontariam os seus compatriotas do outro lado da terra de ninguém ou permanecer com as forças de guarnição no Norte de África e na Indochina. Em sentido oposto, tropas coloniais do Vietname, Norte de África e Senegal embarcaram para a Europa, tendo a Argélia fornecido, no seu auge, 170 000 homens – que chegaram a França em unidades militares organizadas com os seus próprios oficiais, e foram frequentemente lançados para os piores sectores das linhas sem qualquer preparação. Em contraste, o fluxo de estrangeiros que ofereceram os seus serviços dentro de França gerou caos e confusão – que já existiam em demasia. A necessidade urgente era de veteranos duros e disciplinados, não de amadores entusiastas que seriam mais uma desvantagem do que uma vantagem.

No dia 8 de Agosto, o *Journal Officiel* anunciou finalmente que os civis estrangeiros que se encontrassem em França poderiam alistar-se durante a duração das hostilidades, mas somente na Legião Estrangeira. Nem todos ficaram. Aqueles cujas pátrias se tornaram aliadas da França transferiram-se para servirem com os seus compatriotas. Assim, os legionários britânicos transferiram-se posteriormente para o BEF(*), os italianos serviram sob a sua bandeira quando Roma se declarou pelos Aliados, e os americanos partiram para se tornarem *doughboys*(*), com toda a vantagem da sua experiência de combate quando os EUA entraram na guerra, em 1917.

Na sua obra autobiográfica *La Main Coupée*, Blaise Cendrars assevera erradamente que «foi necessário um mês inteiro de conversações com o ministro da Guerra até que ele... aceitasse o recrutamento deste

---

(*) British Expeditionary Force. (*N.T.*)

(*) Alcunha pela qual eram conhecidos os soldados de infantaria dos EUA durante a Primeira Guerra Mundial. Não existe consenso quanto às origens e significado do termo, que pode ser traduzido por «rapaz da massa» (de pastelaria). (*N.T.*)

CAOS E CONFUSÃO

exército de voluntários» [251]. Cendrars alistou-se a 3 de Setembro, com os canhões alemães já nitidamente audíveis em Paris, mas não foi dos primeiros voluntários. Duas semanas antes, em 25 de Agosto, depois de se alistar nos Inválidos, frente à Torre Eiffel, do outro lado do Campo de Marte, Alan Seeger, poeta de Harvard, liderou cinquenta dos seus compatriotas americanos pelas ruas, acenando com a bandeira americana e saudados pela multidão, até à Gare St-Lazare, de onde partiram de comboio para Toulouse, para receber a instrução básica, sem fazerem a mínima ideia do inferno para o qual se tinham oferecido. Pouco antes de ser morto, dois anos mais tarde, Seeger escreveu no diário, falando por muitos dos entusiásticos voluntários de Agosto de 1914, «Apenas me alistei pela glória» [252].

No dia 12 de Agosto, tanto o 1.º RE como o 2.º RE tinham um batalhão de marcha em Marrocos, e formaram quatro meios-batalhões para serviço na Europa, excluindo legionários de futuras nações inimigas, que ficariam em África. Em 28 de Agosto, os homens do 1.º RE entraram no comboio em bel-Abbès. Chegados a França, rumaram para norte, absorvendo pelo caminho, no depósito de recrutamento em Avignon, voluntários italianos e de outras nacionalidades. O recruta suíço Jean Reybaz registou o seu horror ao ver, no depósito, como os legionários veteranos roubavam tudo aos voluntários de classe média [253].

Os homens do 2.º RE seguiram um caminho diferente depois de partirem de Saïda, parando em Toulouse para incorporar, no 2.º/2.º, os voluntários americanos e de outras nacionalidades que tinham recebido instrução no Quartier Pérignon. O americano Henry Farnsworth considerou a competência militar dos oficiais subalternos da Legião muitíssimo reconfortante depois de todas as marchas para cima e para baixo que o tinham obrigado a fazer os sargentos instrutores dos bombeiros de Paris. Se é possível imaginarmos a reacção dos duros oficiais subalternos do 2.º RE àqueles tenros civis que tinham de converter rapidamente em soldados, também os voluntários ficaram horrorizados ao dar consigo a partilhar os dormitórios com homens que costumavam roubar o equipamento dos

[251] Blaise Cendrars, *La main coupée*, Paris, Folio, 1974, p. 141.
[252] Alan Seeger, *Letters and Diary of Alan Seeger*, Nova Iorque, Scribner's, 1917, p. 154.
[253] Jean Reybaz, *Le 1er mystérieux: souvenirs de guerre d'un légionnaire suisse*, Paris, André Barry, 1932, pp. 16-17.

A Legião Estrangeira

camaradas para não terem de limpar o seu, e que ocasionalmente o vendiam para comprarem bebidas. Os refugiados da Europa de Leste, politizados, ficaram espantados ao descobrir que os seus oficiais subalternos não queriam saber de política, nem por quem ou contra quem iriam combater (254).

As fricções que se verificam quando se juntam soldados profissionais e com carreiras longas mas com menos educação académica e amadores que servem por um curto período de tempo – como aconteceu durante a conscrição para o Vietname nos EUA e nos anos de serviço militar obrigatório no Reino Unido, após a Segunda Guerra Mundial – foram muito mais agudas em 1914, dado que o fosso classe/educação era muito maior. Seeger escreveu, «o descontentamento alimenta-se de muito mais coisas do que habitualmente, dado que uma maioria de homens que se alistou voluntariamente foi atirada para um regimento constituído quase por inteiro pelo refugo da sociedade, fugitivos à justiça e rufiões, [e] comandados por oficiais subalternos que nos tratavam, sem qualquer distinção, como estavam habituados a tratar os seus indisciplinados rebentos em África» (255).

A Legião era, mais do que nunca, «governada pelos sargentos», porque muitos oficiais em busca de promoção tinham-se transferido para regimentos de linha durante o Verão de 1914, erroneamente convencidos de que o governo respeitaria a proibição da Legião servir em França constante da sua constituição original. Esta carência de oficiais foi compensada com estranhos que serviram com as unidades da Legião, mas que ficaram apenas o tempo suficiente para conquistar um louvor e talvez uma Cruz de Guerra, atribuída a todos os participantes numa incursão às trincheiras que trouxessem prisioneiros para interrogatório. A sua rápida chegada e partida em nada contribuiu para a construção da confiança que é essencial entre oficiais e soldados. Um dos sargentos reservistas do 2.º/1.º, cuja função mais importante era a distribuição do correio, foi Édouard Daladier, futuro primeiro-ministro de França.

O estado-maior general francês tem sido muito criticado – e com razão – por ter desperdiçado vidas à toa, e o mesmo tem acontecido a generais britânicos da Primeira Guerra Mundial, como Haig, que

---

(254) K. Todorov, *Balkan Firebrand*, Chicago e Nova Iorque, Ziff Davis, 1943, p. 50.

(255) Seeger, *Letters and Diary of Alan Seeger*, p. 153.

310

CAOS E CONFUSÃO

herdou o comando do general French no dia 17 de Dezembro de 1915. Quando a guerra eclodiu, a ideia fixa, em Paris, era aplicar todos os recursos numa *guerre à outrance*, uma luta de morte para reconquistar os departamentos perdidos da Alsácia e da Lorena, dos quais a Prússia se apoderara após a guerra de 1870-1871. Esta obsessão ignorava o principal eixo de avanço dos exércitos alemães, em conformidade com o plano do conde Alfred von Schlieffen, modificado pelo seu sucessor, Helmuth Johannes von Moltke. A França iria pagar caro este erro.

O plano de Schlieffen para uma guerra contra a França e a Rússia, comprometidas por tratado a apoiar-se mutuamente, era deixar apenas uma força de bloqueio na Frente Leste, onde o inimigo necessitaria de seis semanas para mobilizar o seu exército, enorme mas mal equipado [256], e usar este hiato crucial para derrotar a França na Frente Ocidental – defendendo o flanco esquerdo com oito divisões e concentrando cinquenta e quatro no flanco direito do avanço alemão [257], que evitaria as extensas fortificações fronteiriças francesas movimentando-se através da Bélgica neutral. Passando ao lado das fortalezas de Liège e Namur, localizadas para protegerem o acesso a Bruxelas e não a Paris, o exército entraria em França perto de Lille. Depois, o plano previa a divisão das forças, com uma metade virando para sul para envolver Paris, e a outra avançando para leste, de modo a cortar a linha de retirada francesa da fronteira. Com os exércitos franceses rodeados no Norte e Paris cercada, a França seria forçada a uma capitulação humilhante.

Somente depois de uma vitória relâmpago em França é que Schlieffen pretendia enviar a maior parte dos seus exércitos para leste – rapidamente, por caminho-de-ferro –, para lidar com o urso russo que despertava lentamente do seu sono invernal. Mas Schlieffen reformou-se em 1905, e o seu sucessor, o general Helmuth von

---

[256] Não apenas por causa da vastidão do país, da deficiente rede ferroviária e da ineficiência da administração civil. Também existiam problemas de personalidade no comando russo. O comandante supremo, o grão-duque Nikolai, desconhecia totalmente o minucioso Plano 19, da autoria de Sukhomnlinov, o ministro da Guerra, para um ataque preventivo na Prússia Oriental, que aliviaria a pressão sobre os Franceses na Frente Ocidental. Fosse como fosse, o grão-duque estava de costas viradas para os comandantes dos seus exércitos, com os quais não falava, mesmo que as suas comunicações – não codificadas, o que muito favorecia os Alemães, que as escutavam – fossem adequadas para uma guerra de movimento.

[257] Contra tropas que incluíam o BEF, no flanco esquerdo francês.

Moltke, «o Jovem», sobrinho do vencedor de 1871, era demasiado cauteloso para colocar tantos ovos no cesto do flanqueamento, e desperdiçou a possibilidade de uma vitória rápida enquanto os Franceses estavam demasiado obcecados com a Alsácia e a Lorena para o travarem. O resultado foi um sucesso inicial, à medida que as suas tropas avançavam pela «pobre e pequena Bélgica», onde os *howitzers* austríacos Skoda, de 305 mm, e o canhão de 420 mm Grande Bertha, da Krupp, as maiores e mais poderosas peças de artilharia até então fabricadas, dispararam projécteis de detonação retardada que explodiram dentro das fortalezas depois de penetrarem nas suas muralhas de betão reforçado.

Moltke quase chegou a Paris, mas a vitória final fugiu-lhe porque, embora a sua artilharia tivesse um alcance muito superior aos 75 mm franceses, não é possível ocupar o terreno com canhões, e o facto de Moltke ter reduzido a escala do brilhante plano de Schlieffen deixou-o sem tropas suficientes para sitiar a capital ou cortar a retirada francesa. Quando teve de rodar para leste enquanto ainda se encontrava a norte de Paris, o general Galliéni, comandante militar da cidade, suspirou de alívio, sabendo que Moltke, ao contrário do que o seu tio fizera, em 1871, carecia seguramente de homens e recursos suficientes para cercar a cidade.

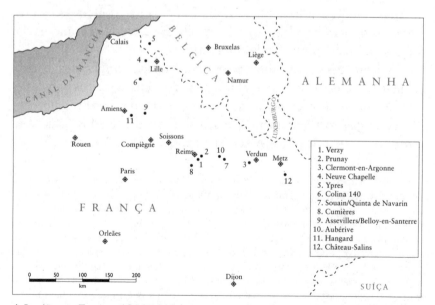

A Legião em França, 1914-1918.

CAOS E CONFUSÃO

Entretanto, o presidente Poincaré e o governo tinham-se retirado para a segurança de Bordéus, o mais longe possível do avanço alemão. Durante a resistência desesperada do exército francês frente a Paris, era difícil dormir; os canhões troavam no horizonte e todas as tropas que se conseguiram disponibilizar foram enviadas para a frente, localizada a cerca de uma hora de distância, em táxis e autocarros requisitados. A Batalha das Fronteiras, nome pelo qual ficou conhecida esta fase da guerra, foi o maior conflito armado da história até então, com a participação de mais de 2 milhões de homens. Entre 14 de Agosto e o início da Primeira Batalha do Marne, em 6 de Setembro, a França perdeu 10% dos seus oficiais e 300 000 oficiais subalternos e soldados. No Marne, durante os seguintes doze dias seguintes de combate, a condecoradíssima Divisão Marroquina perdeu 46 dos seus 103 oficiais e 4300 dos seus 5000 oficiais subalternos e soldados.

No dia 18 de Outubro, o 2.º/1.º e o 2.º/2.º Regimentos de Marcha (RM) saíram do seu campo militar, em Mailly, na Champanha, para render a infantaria ligeira senegalesa que defendera a linha em Verzy, somente a 4 km de distância. Com uma daquelas manobras da caneta administrativa que confundem os simples soldados, as tropas foram imediatamente separadas, sendo o 2.º/2.º enviado para a frente do Aisne e o 2.º/1.º colocado alguns quilómetros a norte, em Prunay, onde as trincheiras avançadas ficavam a 700 m do inimigo. Integrados numa brigada com os dois outros RM e com o 4.º RM de *tirailleurs* argelinos, permaneceriam neste sector da frente, «relativamente tranquilo», até Abril de 1915.

O termo «relativamente tranquilo» englobava pequenos ajustamentos das linhas que custavam vidas, e incluía não só os perigos a que os veteranos se tinham acostumado na Argélia, mas também a impossibilidade de se aquecerem e secarem no frio e na lama das trincheiras, terrores novos como os morteiros *Minenwerfer*, que disparavam pesadas bombas a pequenas distâncias (*), e ainda o risco de serem literalmente minados e mandados pelo ar sem aviso. Não menos desgastante era a impossibilidade de ter um ritmo de sono

---

(*) Existiam em versões de diferentes calibres (pesado, médio e ligeiro), e destinavam-se principalmente a destruir fortificações e defesas de arame farpado. Utilizavam uma variedade de explosivos inadequados para a artilharia, à qual estava exclusivamente reservado o TNT. (*N.T.*)

A Legião Estrangeira

normal e, com as cozinhas de campanha situadas na retaguarda, a três horas de caminho, nunca havia comida quente nem possibilidade de a aquecer. Entre os feridos, encontrava-se o legionário Zinovi Pechkoff, filho adoptivo de Máximo Gorki, que ganhou a Medalha Militar por ter ficado sem um braço mas viria a comandar um batalhão em Marrocos e na Argélia até 1939, tendo inventado um método original para montar no cavalo: prendia as rédeas com os dentes e servia-se do braço que lhe restava para saltar para a sela.

Foram quase 5000 os italianos que se alistaram no 4.º/1.º RM da Legião [258], comandado pelo tenente-coronel Ricciotti Garibaldi, filho do líder revolucionário italiano. Inicialmente alcunhada «Legião Italiana», ficou conhecida por Legião Garibaldi dado que, mesmo após a morte do capitão Bruno Garibaldi no seu primeiro combate, na Champanha, a unidade ainda contava, entre os oficiais, quatro membros da ilustre família italiana.

No dia 26 de Dezembro de 1914, às 03:00, os que ainda conseguiam dormir com temperaturas abaixo de zero foram acordados. Depois de receberem uma dose de aguardente, avançaram para a linha da frente, a cerca de 500 m do inimigo. A barragem de artilharia, que estava supostamente a destruir o arame farpado alemão, directamente à frente deles, era tão ensurdecedora que poucos homens conseguiram ouvir as ordens gritadas pelos oficiais e os cornetins tocando à carga. Mas apesar da barragem, quando os sapadores italianos, que tinham aberto passagens no arame farpado francês durante a noite, chegaram ao arame farpado alemão, encontraram-no intacto. Abrindo caminho com corta-arames, foram ceifados pelas metralhadoras que disparavam das linhas alemãs, e a brecha aberta no arame farpado acabou por ser à custa do peso dos mortos, sobre os quais os seus camaradas passaram.

Tendo o objectivo sido apenas parcialmente atingido, agacharam-se nas trincheiras alemãs ou a poucos metros, entre os cadáveres dos camaradas e dos últimos inimigos demasiado lentos a fugirem para a retaguarda. Depois, entrou em acção a artilharia alemã, servindo-se de coordenadas previamente estabelecidas tomando as suas trincheiras por alvos. Após uma hora de perdas contínuas, embora não muito elevadas, os Italianos receberam ordem para regressarem à linha de partida, uma retirada que custou baixas adicionais.

---

[258] Isto é, o 4.º Batalhão de Marcha do 1.º RE.

CAOS E CONFUSÃO

No dia 5 de Janeiro, os 1.º e 3.º batalhões voltaram a entrar em acção. Depois de terem sido detonadas oito enormes minas colocadas pelos sapadores sob as posições alemãs, as tropas conquistaram três linhas de trincheiras, capturando duas metralhadoras, mais de 100 inimigos, e avançando temporariamente a frente 500 m. Nos dias 7, 8 e 9, estiveram novamente em combate, contra dragões da Silésia e *Landwehr*(*) de Hesse. Sem nenhum benefício aparente, perderam 429 homens, incluindo outro neto de Giuseppe Garibaldi[259]. No dia 10 de Janeiro, em Clermont-en-Argonne, foram reorganizados.

Em 5 de Março de 1916, as elevadas baixas sofridas e a certeza da declaração iminente de Itália ao lado dos Aliados[260] – para se vingar da Áustria-Hungria pela sua longa ocupação da península, que fora terminada com auxílio francês –, levaram à dissolução do 4.º/1.º RM. A maioria dos legionários italianos regressou a casa; somente 127 se ofereceram para permanecer com as tropas da Legião em França – entretanto congregadas na 1.ª Brigada da Legião Estrangeira, comandada pelo coronel Théodore Pein.

(*) Tropas milicianas. (*N.T.*)
[259] Em 2 de Janeiro.
[260] Em Maio de 1915.

23

Canhões e Gás nas Trincheiras

FRANÇA, 1915

Pein, um interessante homem de acção, não poderia ter sido mais diferente do que os oficiais de estado-maior franceses blasés, nos seus *châteaux* na retaguarda. Era um *pied-noir* de primeira geração, para quem o deserto e as montanhas do Norte de África eram o lar. Um dia, desafiara Lyautey para provar que era possível atravessar o Sara de motocicleta. Com o veículo definitivamente avariado depois de alguns dias a viajar pelos trilhos de camelos do deserto, Pein e a sua ordenança quase morreram de sede, mas o seu espírito permaneceu inabalado.

Os seus homens, um dos quais foi Blaise Cendrars, eram «alfaiates, peleiros, estofadores, ourives e porteiros, músicos de clubes nocturnos, ciclistas profissionais, chulos e carteiristas... e também alguns filhos da nobreza, como o cavaleiro polaco Przybyszewski e Bengoechea, filho do banqueiro mais rico de Lima, no Peru, além de alguns intelectuais de Montparnasse, os quais, tal como eu, se sentiam encantados pelo obsceno calão dos nossos divertidos companheiros» [261]. A referência aos ciclistas alude presumivelmente a François Faber, o luxemburguês que vencera a Volta a França em 1909, rapidamente promovido a cabo e morto em combate. Se Cendrars necessitasse de aliterações com a letra «P», poderia ter mencionado um pintor e um príncipe.

---

[261] Cendrars, *La main coupée*, pp. 31-32.

Moïse Kisling, cujo estúdio, em Montparnasse, era frequentado por Modigliani, Cocteau e Max Jacob, alistou-se em Agosto de 1914 para a duração do conflito, e o mesmo fez o príncipe Luís II do Mónaco.

Os oficiais subalternos da Legião era certamente velhas raposas do deserto, mas truques como dormir com a espingarda atada ao punho para os assaltantes árabes não a roubarem eram inúteis na guerra que acabara de começar – e durante a maior parte do tempo, as espingardas também não serviram para nada. A Lebel, a espingarda do Exército Francês, possuía uma culatra que encravava com demasiada facilidade devido à lama ou à areia, e um cano comprido que prejudicava o movimento nas trincheiras, traía as movimentações das tropas ao ser visto a sobressair dos parapeitos e, com a baioneta fixada, era fatalmente pesadona no corpo a corpo. Como tal, era de tão pouca utilidade contra as metralhadoras, os morteiros e a artilharia que o humor das trincheiras dizia que fora inventada para manter os oficiais subalternos da retaguarda ocupados a ministrar exercícios e limpeza de armas. Uma pá de trincheira, bem aguçada, era muito mais útil para estes ratos bípedes, não só para abrirem os buracos que os salvavam das ondas de choque das explosões, mas também para esfacelarem o rosto de um inimigo ou abrirem-lhe a cabeça quando assaltavam uma trincheira.

Cendrars descreve a sórdida realidade do avanço para as primeiras linhas, tão diferente da glória marcial que ele imaginara. Para evitarem ser vistos por um avião de reconhecimento alemão que solicitaria um «*stonk*» (*) que os aniquilaria a todos antes de chegarem à frente, deslocavam-se de noite, tacteando, sem ter sequer uma vela, avançando com lama até aos joelhos onde o chão de pranchas fora destruído pelos bombardeamentos, tropeçando em sacos de areia rotos e chocando violentamente contra as barreiras antiestilhaços dispostas perpendicularmente na trincheira.

Os narizes dos recém-chegados captaram o pivete nauseabundo dos cadáveres por enterrar e o permanente cheiro químico dos explosivos, acre e irritante, bem como odores mais familiares, que lhes disseram que a lama pegajosa na qual caminhavam e ocasionalmente

---

(*) Neste contexto, trata-se obviamente de uma barragem concentrada de fogo de artilharia ou morteiro a pedido. O termo «*stonk*» (Standard Concentration?) parece ter originado em 1940/1941 e ser próprio das forças britânicas e da Commonwealth. Ver: ‹www.balagan.org.uk/war/crossfire/history/artillery.htm›. (*N.T.*)

A Legião Estrangeira

caíam também se compunha de excrementos e urina, pois as únicas instalações sanitárias eram muitas vezes as próprias trincheiras. Na primeira noite, foram tentados a dormir, com os ouvidos procurando distinguir o esgaravatar dos ratos em busca de carne humana dos passos abafados de um grupo de ataque, prestes a matá-los com granadas, mocas e baionetas. Com o alvorecer, a paisagem revelou--se um desolador deserto sem árvores, unicamente visível através de um periscópio de cartão tosco, excepto para os que tencionavam suicidar-se.

Os homens passavam os dias encolhidos em cima de colchões de palha, em grutas de fabrico humano, com os passa-montanhas puxados para baixo, envoltos em camadas de roupa húmida. Por companhia, tinham os ratos e os piolhos. Ao escurecer, emergiam cautelosamente e reparavam as zonas da trincheira danificadas pelos bombardeamentos diurnos, arriscavam a vida nas trincheiras de comunicação para ir buscar para os camaradas água e comida que raramente estava quente quando regressavam, ficavam de sentinela numa escuridão prenhe de ameaça e movimento, esgueiravam-se para a terra de ninguém para reparar o arame farpado destruído durante o dia, arriscando-se a dar de caras com uma patrulha alemã – ou, pior ainda, eram enviados numa incursão às trincheiras inimigas em busca de prisioneiros, regressando com um bávaro ou saxão aterrorizado para ser interrogado pelos homens que tinham morto os seus camaradas.

Quando davam de caras com o inimigo na terra de ninguém, estavam sempre em desvantagem, pois os Alemães estavam mais bem alimentados e vestidos, mais bem treinados e equipados. Cendrars e Seeger são unânimes ao afirmarem que os *poilus* ([262]) cobiçavam o equipamento alemão, sendo os artigos mais apreciados as granadas, as pistolas automáticas Luger, as lanternas eléctricas e os foguetes luminosos. A disparidade era geral: até a artilharia francesa era de menor alcance do que as baterias alemãs, que se encontravam a salvo do fogo de contra-bateria. A peça de artilharia francesa mais comum era o célebre canhão de 75 mm, concebido em 1897, que carecia da elevação necessária para atingir um alvo escondido atrás de uma elevação do terreno. Pior ainda, muitas vezes não tinha o alcance para efectuar

---

([262]) Alcunha dos soldados franceses durante a Primeira Guerra Mundial, que significa literalmente «peludos», devido a andarem frequentemente com a barba por fazer quando estavam na frente.

uma barragem rolante à frente de um avanço. Enquanto os canhões eram deslocados para uma nova posição, os atacantes ficavam sem qualquer cobertura e muitas vezes encontravam-se no limite do novo alcance, sendo flagelados pelos seus próprios canhões quando estes recomeçavam a disparar.

Alguém disse que eram 90% de tédio interrompidos por 10% de terror. Numa carta ao pai – e que não o deixaria muito tranquilo –, datada de 11 de Janeiro de 1915, Seeger descreve como ele e Kiffin Rockwell, também aluno de Harvard e que se tornaria famoso como piloto da Esquadrilha Lafayette (*), se encontravam num posto de observação num solar arruinado, identificado apenas como «C...» para passar pela censura. Uma granada alemã caiu-lhes aos pés, mas não explodiu. Seeger correu a informar o cabo de que o inimigo estava muito próximo. Gritou «*Aux armes!*» no preciso momento em que outra granada caiu perto. Lançando-se ao chão, ergueram as cabeças após a explosão e viram a porta a ser aberta a pontapé, enquanto os primeiros alemães irrompiam na sala. O trio pôs-se em fuga para salvar a vida, mas o cabo foi morto a tiro [263].

A Frente Ocidental não era o único teatro em que a Legião estava em acção. A partir de São Petersburgo, o grão-duque Nikolai vinha implorando qualquer intervenção que desviasse as forças das Potências Centrais da Frente Leste, dando aos Russos algum alívio. Assim, quando a Turquia declarou guerra aos Aliados, no princípio de Novembro de 1914, os estados-maiores generais britânico e francês reexaminaram um plano que contemplava a conquista do canal dos Dardanelos, com 50 km de comprimento, e a ocupação de Constantinopla. As dificuldades eram imensas mas, no dia 2 de Janeiro de 1915, os Aliados decidiram montar uma operação naval e terrestre combinada. A 28 de Janeiro, o Comité dos Dardanelos (*) optou por uma operação exclusivamente naval, recorrendo a navios de guerra obsoletos, demasiado velhos e lentos para a frota principal. Em 16 de Fevereiro, também esta

---

(*) Esquadrilha de caça constituída principalmente por pilotos voluntários americanos. (*N.T.*)

[263] Seeger, *Letters and Diary of Alan Seeger*, p. 51.

(*) Tratar-se-á antes do Conselho de Guerra (War Council), criado em Novembro de 1914, para se ocupar das políticas relativas à guerra. O Comité dos Dardanelos, que o substituiu com responsabilidades mais abrangentes aos níveis estratégico e operacional, só foi constituído em Maio de 1915, precisamente para acompanhar as operações já em curso nos Dardanelos e em Galípoli. (*N.T.*)

A Legião Estrangeira

decisão foi alterada, pois a marinha não poderia abrir caminho à força enquanto as baterias costeiras, bem posicionadas, permanecessem nas mãos dos Turcos.

Com uma grande força terrestre britânica concentrada no Egipto, incluindo um pequeno contingente francês, a Royal Navy começou o bombardeamento dos alvos terrestres no dia 16 de Fevereiro, mas esta operação foi interrompida devido ao mau tempo e só recomeçou no fim do mês. Alguns grupos de demolição, constituídos por fuzileiros navais, desembarcaram quase sem oposição, mas o mau tempo voltou a interferir. O bombardeamento foi retomado no dia 18 de Março, mas a perda de três couraçados afundados e outros três danificados confirmou a opinião dos marinheiros de que para se ter êxito seriam necessários desembarques em larga escala. Estes começaram às primeiras horas de 25 de Abril: os Britânicos no Cabo Hellas, as forças australianas e neo-zelandesas na Península de Galípoli, e o contingente francês, constituído por quatro batalhões de zuavos tunisinos e um batalhão da Legião – pomposamente designado Regimento de Marcha de África (RMA) e comandado pelo general Maurice Sarrail, politicamente bem «encostado» –, foi desembarcado na costa oposta, na Anatólia, perto de Kumkale.

As coisas não correram melhor aos legionários do que às forças britânicas e ANZAC(*) que se encontravam na outra costa. No fim da primeira semana de Maio, já só sobrevivia um capitão para comandar o RMA, dispondo apenas de algumas centenas de homens, incluindo um oficial subalterno da Legião e um punhado de legionários. Mas o seu sofrimento ainda não acabara. Reagrupados numa força multinacional sob o comando de Sarrail, esperava-os uma longa e penosa marcha a partir de Salonica e atravessando partes da Hungria e da Jugoslávia, sendo o seu único sucesso a conquista de Monastir aos Búlgaros. Apesar de Sarrail a saudar como uma vitória, restavam tão poucos sobreviventes ao seu «exército» que o batalhão da Legião foi dissolvido quase no fim da guerra e os homens embarcados para França.

Entretanto, em França, em Abril de 1915, os voluntários tinham já alterado o protocolo daquilo que consideravam confrontos inúteis e que só provocavam incursões de represália. Numa antevisão do «*fragging*» de oficiais e oficiais subalternos com excesso de zelo no

---

(*) Acrónimo de «Australian and New Zealand Army Corps». (*N.T.*)

Vietname (*), Cendrars refere a emboscada montada pela sua secção a um tenente demasiado entusiasta para o desencorajar de voltar a aparecer na linha da frente [264].

Quando um oficial subalterno tacanho quis acusar Cendrars de confraternização com o inimigo, ele explicou que ambos os lados necessitavam de combustível de um monte de escória localizado na terra de ninguém daquela região de minas de carvão. Em vez de se matarem uns aos outros por algo que existia em quantidade para todos, serviam-se à vez – os alemães numa noite, os legionários noutra. Isso era confraternizar? E no que dizia respeito aos voluntários, se um ocasional presente de cerveja, comida ou cigarros fosse deixado onde o outro lado o encontraria na noite seguinte, isso nada tinha a ver com vencer ou perder a guerra [265].

Quando o tempo melhorou, surgiu um novo perigo. Os Alemães estavam a utilizar um gás desde Janeiro, na Polónia, onde o ar era demasiado frio para uma vaporização eficaz em que fosse possível produzir o efeito máximo. Na Frente Ocidental, os Franceses tinham disparado as suas primeiras granadas sobre as trincheiras alemãs muito cedo, em Agosto de 1914. Em Neuve Chapelle, em Outubro desse ano, caíram nas linhas francesas projécteis alemães contendo um agente químico irritante que provocava violentos ataques de espirros.

Pouco passava das 17:00 do dia 22 de Abril de 1915 quando as sentinelas francesas na saliente de Ypres viram uma neblina amarelo--esverdeada, proveniente das linhas alemãs, avançar rente ao solo na sua direcção. O problema da libertação do gás a partir de contentores era que uma mudança na direcção do vento empurrava-o para as secções das brigadas químicas, mas depois de ter sido desenvolvida a técnica de o lançar em projécteis, acrescentou-se a todos os outros horrores da guerra a possibilidade de os homens ficarem cegos ou com os pulmões tão queimados que se afogavam nas suas próprias secreções. O toque de um gongo improvisado e o grito de «Gás!» fazia todo o soldado pegar apressadamente na sua desajeitada máscara, com a qual tinha que dormir, escavar e até saltar do parapeito e correr pela lama, através do arame farpado e debaixo de fogo de metralhadora. Os cavalos e os cães utilizados para levarem mensagens

---

(*) O nome deriva do recurso frequente a granadas de fragmentação. (*N.T.*)
[264] Cendrars, *La main coupée*, pp. 182-184.
[265] *Ibid.*, pp. 312-314.

A LEGIÃO ESTRANGEIRA

entre a frente e as trincheiras das reservas para coordenar as barragens de artilharia também tiveram de se habituar a usar capacetes semelhantes a enormes sacos de alimentação colocados sobre os olhos, as narinas e a boca. A primeira protecção de que os legionários dispuseram foi de fabrico caseiro. Urinando numa peúga e prendendo-a às narinas, a amónia naturalmente presente exercia algum efeito neutralizante sobre o gás de cloro, mas o pior estava para vir com a introdução do gás mostarda pelos Alemães, em 1917, que provocava, ao mais leve contacto com a pele, queimaduras que se transformavam em bolhas enormes.

A acção significativa na qual a Legião participou a seguir foi numa escala completamente diferente. No dia 9 de Maio de 1915, a Divisão Marroquina, incluindo quatro batalhões do 2.º/1.º RMLE, foi incumbida de tomar de assalto o esporão de Vimy, 10 km a norte de Arras, designado Colina 140 nos mapas dos oficiais. Antes do alvorecer, uma barragem de «preparação» de cinco horas manteve os Alemães enfiados nos seus profundos abrigos, escavados na Colina 140, enquanto ia destruindo o arame farpado existente entre as linhas. Às 09:58, os canhões silenciaram-se. Decorridas nove décadas, a quietude ainda lá está, ecoando nos ouvidos dos visitantes. E também lá estão ainda os buracos e montículos esculpidos pela artilharia com terra fria e corpos quentes, hoje suavizados pelo tempo mas ainda estranhamente contra-natura. A erva tornou-a novamente verde, mas não é uma terra agradável.

Nessa manhã fatal, às 10:00 em ponto, o silêncio foi quebrado por apitos nos outros regimentos e pelos clarins nas trincheiras da Legião. Seguiram-se as ordens, aos gritos, enquanto oficiais e soldados, temporariamente surdos, subiam pelas escadas encostadas aos parapeitos e caminhavam, debaixo do peso das armas e do equipamento, em direcção ao arame farpado, o qual, como de costume, não fora destruído. Emergindo incólumes dos seus abrigos – tão profundos e tão bem construídos que faziam as trincheiras aliadas parecer tocas de animais –, os Alemães chegaram junto das suas metralhadoras antes que os legionários com os corta-arames tivessem efectuado o primeiro corte no arame farpado. Disparando 600 balas por minuto, as metralhadoras ceifaram os homens que faziam bicha para passar pelas estreitas passagens abertas no arame farpado, antes que tivessem tido tempo para se aperceber de que aquele assalto não iria ser o «passeio» prometido.

Canhões e Gás nas Trincheiras

Eis a descrição de Seeger:

...naquelas distantes orlas de solo sagrado
onde expira a carga valente e suicida
quando o corneteiro, morto, há muito deixou de tocar, e no arame
retorcido
o último e louco avanço vacila, desmorona-se e pára,
ceifado por uma chuva de férreos estilhaços... ([266])

Atrás das linhas alemãs, a artilharia inimiga, pré-alinhada com arame farpado, começou a despedaçar os vivos e os mortos. Mas os sobreviventes continuaram a avançar, até à segunda linha de arame farpado e às primeiras trincheiras inimigas. Encontrando-as quase desertas, eliminaram os poucos defensores à granada e à baioneta. Não houve tempo para saborear a vitória: antes que se conseguissem enfiar nos abrigos desocupados, um veterano que sabia com que contar gritou aos novatos que se anunciava uma nova barragem. O que importa se eram projécteis «amigos», fora de tempo, ou alemães, pré-alinhados para as trincheiras perdidas? Eram igualmente mortíferos.

Onde estão os reforços prometidos?, perguntaram uns aos outros. O 156.º Regimento de Infantaria deveria ter acompanhado a Legião, no flanco direito, mas o seu avanço morrera nos arredores do bem fortificado entroncamento rodoviário de Neuville-St-Vaast. Os legionários tinham avançado demasiado depressa, e pagaram o preço. Com atiradores furtivos e metralhadoras na sua retaguarda, encontravam-se expostos numa saliente impossível de defender. Os comandantes dos três batalhões estavam mortos. Tipicamente, mas com pouco senso, o coronel Pein abandonou o seu posto de comando para avançar com a segunda vaga. Quando reconhecia o terreno entre a primeira e a segunda linhas alemãs, na expectativa de um contra-ataque inimigo, uma bala disparada por um atirador furtivo atravessou-lhe os pulmões. Resgatado por dois legionários da cratera para onde se arrastara, foi levado para as linhas francesas mas morreu pouco depois, sendo enterrado na aldeia vizinha de Acq.

Pelas 15:00, um contra-ataque efectuado por uma unidade alsaciana desalojou os legionários – restavam poucos oficiais vivos – do

---

([266]) Alan Seeger, *Poems*, Londres, Constable, 1917, p. 173.

A LEGIÃO ESTRANGEIRA

cimo da Colina 140, mas eles mantiveram-se no sopé, à espera de reforços que não chegavam, apenas com as rações de combate, a água que tinham levado consigo, e o que conseguiram pilhar nos abrigos alemães e nos cadáveres. Não havia nenhum sinal de actividade nos flancos, excepto à esquerda, os argelinos da Divisão Marroquina. Ao anoitecer, as baixas ascendiam a 1889 mortos – quase metade dos homens que tinham partido das trincheiras doze horas antes.

Exactamente uma semana depois, 2 km para norte, ao longo das mesmas linhas, os sobreviventes da Colina 140 integraram a vaga de um assalto à Colina 119, atrás dos zuavos, que efectuaram o ataque principal. Sob o fogo cerrado das metralhadoras, atravessaram a ravina abaixo da colina e conquistaram a posição, sofrendo pesadas baixas. Um erro que não cometeram desta vez foi deixar quaisquer alemães vivos atrás de si. O maior perigo foi o fogo mal coordenado da sua própria artilharia. Os reforços não chegaram como previsto, pelo que a Legião e a Divisão Marroquina tiveram que defender a posição toda a noite, depois de um contra-ataque, pelas 20:00, os ter apanhado em desvantagem em trincheiras que não tinham sido «viradas» – continuavam com os parapeitos virados para o lado errado.

Toda a valentia foi inútil. Na manhã de 17 de Junho, teve início uma barragem alemã tão pesada que foi dada ordem de retirada, novamente pela ravina, varrida pelo fogo das metralhadoras, onde uma das baixas foi um dos novos comandantes de batalhão. Para os participantes, fora uma «proeza» mais sangrenta do que a de 9 de Maio, ainda que oficialmente, numa força atacante de 67 oficiais e 2509 oficiais subalternos e soldados, se tivessem *apenas* registado 45 mortos e 320 feridos. Outros homens que nunca mais responderiam «Presente!» à chamada eram os 263 desaparecidos.

Na sua inocência, os voluntários tinham pensado que a coragem abnegada bastaria para abrir uma brecha nas linhas inimigas e que poria rapidamente fim à guerra. Pela primeira vez nas suas vidas privilegiadas, tinham conhecido o terror e o desconforto, e visto morrer os amigos com quem se tinham alistado, enquanto os seus oficiais chegavam e partiam à caça de perspectivas de carreira, e os oficiais subalternos disciplinadores dos bombeiros de Paris desapareciam para tarefas mais agradáveis. Carecendo do credo do soldado regular – pensar é para os outros –, expressaram a sua opinião de que o esforço de guerra aliado não estava a ser suficientemente bem gerido para merecer o seu sacrifício.

Canhões e Gás nas Trincheiras

Até certo ponto, a tradição da Legião de combinar nacionalidades abafou este tipo de protestos, mas as unidades nas quais muitos homens partilhavam uma mesma língua fizeram ouvir o seu desagrado. No dia 16 de Junho de 1915, o Batalhão Grego recusou-se a avançar, dizendo ao coronel que se tinham alistado para combater contra os Turcos e não contra os Alemães. Fosse por ele lhes ter prometido uma transferência para os Dardanelos ou porque a infantaria ligeira argelina que se encontrava atrás deles começou a fixar baionetas, lá aceitaram avançar. Mas palavras não são actos. Foi em vão que o tenente suíço Marolf gritou em grego «Avançar!» – os seus homens desapareceram na direcção oposta.

Correndo desesperadamente atrás deles, descobriu-os encolhidos de medo em crateras e nas trincheiras. Em 19 de Junho, o coronel foi novamente forçado a intervir, após o que os gregos foram retirados da frente «para instrução». O subsequente julgamento em conselho de guerra absolveu Marolf e o batalhão foi dissolvido; os legionários gregos foram enviados para a frente turca, onde os que continuaram a lutar não se distinguiram em combate. Mais ou menos ao mesmo tempo, homens da Alsácia e da Lorena que não tinham declarado o seu desejo de servir na Frente Ocidental foram enviados para o Norte de África e outros teatros. As perdas em combate e estas partidas reduziram a força da Legião de quatro batalhões no princípio de Maio para dois – e o moral caiu a pique.

Talvez por terem sido os primeiros a amotinar-se, os gregos não foram castigados. Os voluntários russos tiveram menos sorte [267]. Incluíam muitos imigrantes judeus de segunda geração, oriundos da Europa de Leste e residentes em Paris, que se tinham alistado para evitar ser encarcerados como civis inimigos. Por se terem negado a obedecer às ordens, entre sete e onze foram julgados em conselho de guerra e fuzilados [268]. Depois disto, o recrutamento de judeus estrangeiros diminuiu consideravelmente. Desconhece-se a presença de algum sentimento de anti-semitismo: as fontes fiáveis colocam o número de execuções em unidades do Exército Francês, em 1915,

---

[267] Muitos dos que se declaravam russos eram oficialmente classificados como polacos, romenos ou de outra nacionalidade, dependendo da localização das fronteiras na altura do seu nascimento ou alistamento.

[268] Léon Poliakoff, *Histoire de l'antisemitisme 1870-1933*, Paris, Calman-Lévy, 1977, p. 294.

em 442, quase tantos como os 528 homens fuzilados após os grandes motins de 1917[269].

Aqueles que acreditam na disciplina militar afirmam que esta purga de dissidentes foi o motivo pelo qual o moral da Legião subiu do seu ponto baixo de 1915, mas é igualmente possível que o efeito atordoante da guerra de trincheiras tivesse pura e simplesmente minado a energia para fazerem qualquer outra coisa que não continuar a lutar *à espera* de morrer – não pela França, por *nada*. Se assim foi, a preciosa individualidade dos voluntários foi desgastada ao ponto de eles se terem tornado, afinal, soldados profissionais. Este estado de espírito era cantado em mil trincheiras: «Estamos aqui porque estamos aqui, porque estamos aqui, porque estamos aqui...».

Retirados da frente para se reagruparem, em Julho, os sobreviventes do 3.º/1.º e do 4.º/1.º foram absorvidos pelo 2.º/1.º e pelo 2.º/2.º RMs, afectados, no papel, à Divisão Marroquina. Nesta altura, já envergavam o novo uniforme azul horizonte e usavam o característico capacete Adrian, de aço, com pouco que os distinguisse dos outros *poilus*.

Foi por esta altura que Alan Seeger escreveu numa carta para casa, «Se tiver que ser, que seja no calor da batalha. Porquê pestanejar? É, de longe, a forma mais nobre na qual a morte pode chegar. Em certo sentido, é quase um privilégio». Soa-nos a rebuscado. Mas Alan Seeger era assim. T. S. Eliot, seu colega de estudos em Harvard, ao recensear o seu livro, *Poems*, escreveu «como alguém que o conheceu pode atestar. [Ele] viveu toda a sua vida neste plano, com uma impecável dignidade poética; tudo nele era condizente». Dignidade? Sim, mas também existe um profundo desespero no poema mais conhecido de Alan Seeger, *Encontro com a Morte*, escrito pouco antes da sua morte:

> Deus sabe que eu estaria melhor
> em almofadas de seda e perfumado,
> onde o amor lateja num sono abençoado,
> batida com batida, e sopro com sopro,
> onde são queridos os despertares sussurrados...

---

[269] *Le Crapouillot* de Agosto de 1934 também refere (p. 49) 216 execuções em 1914, 315 em 1916 e 136 em 1918, mas continua a ser impossível confirmar os números – até um historiador americano tão respeitado como Douglas Porch viu negado o acesso aos arquivos relevantes.

CANHÕES E GÁS NAS TRINCHEIRAS

...Mas tenho um encontro com a Morte
à meia-noite, numa povoação em chamas,
quando a Primavera regressar ao Norte,
e sou fiel à minha palavra,
não faltarei ao encontro.

As palavras de Seeger parecem exprimir o espírito de muito voluntários quando a Legião foi lançada para a ofensiva de Outono do marechal Joffre, na Champanha, iniciada, a 22 de Setembro, com um bombardeamento de preparação que durou três dias e noites. Numa experiência com nova tecnologia, pretendia-se que a artilharia fosse dirigida por observadores a bordo de aviões. Foram fornecidos quadrados de tecido branco para os homens coserem nas capas. Suficientemente grandes para serem vistos do ar, deveriam permitir aos aviadores fazer «rastejar» a barragem imediatamente à frente dos atacantes. A ideia foi vencida pelo tempo, no dia 25 de Setembro, quando um denso nevoeiro junto ao solo e fortes chuvas impediram os aviões de observação de descolarem. Mas mesmo que o tivessem feito, os observadores não conseguiriam ver os homens no terreno.

Apesar disto, o 2.º/2.º RM saltou das trincheiras às 09:15, para render os fuzileiros coloniais, que tinham conquistado uma bateria alemã no Outeiro de Souain poderosamente defendido. Depois, os legionários ocuparam o local enquanto as vagas seguintes passavam pela posição. «Passavam pela posição» talvez seja um eufemismo. Segundo o diário regimental, elementos do 171.º Regimento de Infantaria começaram a fugir, sendo reagrupados pelos legionários. Tal como noutras ocasiões, «reagrupados» poderá ter significado que os fugitivos decidiram arriscar-se contra os Alemães em vez de serem abatidos a tiro pela Legião, cujo crescente profissionalismo é comprovado pelo êxito que alcançaram naquele dia – devido, pelo menos em parte, às lições que haviam aprendido nas colinas 140 e 119, no sector do Artois.

De seguida, o 2.º/2.º avançou até que, às 10:30, quando atacavam a segunda linha alemã, perto das ruínas da quinta de Navarin, foram vítimas de um desastre. Os projécteis das baterias pesadas francesas começaram a cair antes da quinta, mesmo em cima dos legionários, que se lançaram imediatamente ao chão, em terreno aberto. Desesperados, os oficiais de ligação da artilharia dispararam foguetes de sinalização para que a distância de tiro fosse aumentada, mas o

A Legião Estrangeira

fumo e o nevoeiro fizeram com que não fossem vistos nas baterias. Enquanto os oficiais de ligação sobreviventes tentavam regressar às posições da artilharia, abrindo caminho pela segunda vaga, que avançava pelas trincheiras de comunicação, a vanguarda começou a ser atingida pelas baterias alemãs, com projécteis explosivos e gás [270].

Três dias mais tarde, ao escrever sobre as suas experiências na quinta de Navarin, o legionário americano Edward Morlae observou que, imediatamente depois de a Legião ter desalojado os saxões da segunda linha de trincheiras, virou-as como que em segundos, construindo um parapeito contínuo com 30-35 cm de altura. «Entre cada homem havia uma parede divisória de poeira [sic] com 25-40 cm de espessura, cuja utilidade foi demonstrada por um projéctil que caiu no nicho de Blondine, fazendo-o em pedaços sem ferir o seu companheiro da direita nem o da esquerda» [271]. Morlae também descreve como era estar debaixo de uma barragem. Além do barulho, «caía da escuridão uma chuva de fragmentos de metal, bocados de terra, mochilas, espingardas, cartuchos e bocados de carne humana» [272].

Incapaz de voltar a escrever, outro americano, Henry Weston Farnsworth, ex-aluno de Groton e Harvard, jazia morto. Entre as muitas outras baixas na quinta de Navarin encontrava-se um antigo oficial britânico. John Ford Elkington ganhou a Medalha Militar e foi o primeiro britânico a receber a Cruz de Guerra. No dia 28 de Setembro, durante um ataque às trincheiras inimigas, ficou sem uma perna. Com 50 anos de idade, alistara-se na Legião depois de ser julgado em conselho de guerra e demitido por cobardia após o seu batalhão quase ter sido aniquilado em Mons. Para persuadir o presidente da câmara de St-Quentin a ajudar os sobreviventes, Elkington assinara um papel dizendo que se renderia aos Alemães se eles chegassem à vila – o autarca pretendera impedir combates que pudessem destruir a povoação. Todavia, a assinatura de Elkington no documento fizera com que ele fosse considerado inapto para comandar. Quando o seu anonimato como legionário foi quebrado pela publicação das condecorações francesas por bravura, o rei Jorge V mandou publicar na *London Gazette* a seguinte informação: «O rei tem o prazer de

_____

[270] Um relato hora a hora encontra-se disponível no *website* de *Les Bulletins de l'ASMAC*, sob o título *La Légion Étrangère sur le front de Champagne*.

[271] Edward Morlae, *A Soldier of the Legion*, Boston e Nova Iorque, Houghton Mifflin, 1916, pp. 51-54.

[272] *Ibid.*, pp. 32-33.

CANHÕES E GÁS NAS TRINCHEIRAS

aprovar a reintegração de John Ford Elkington na patente de tenen-te-coronel do Regimento Real do Warwickshire, com a sua antigui-dade anterior». Elkington também recebeu a DSO (*).

Uma das outras 602 baixas que pagaram o preço na quinta de Navarin foi o cabo Cendrars, cujo braço, gravemente mutilado, lhe foi amputado no dia seguinte; em compensação, Cendrars também recebeu a Medalha Militar. A taxa de atrição de 30% levou o tenente--coronel Cot a interromper o avanço e a solicitar a retirada do 2.º/2.º para a retaguarda.

Em 20 e 21 de Agosto, o RMLE alcançou uma vitória notável em Cumières, fazendo 680 prisioneiros e capturando 15 canhões, a um custo de 53 mortos e 271 feridos ou desaparecidos em combate. Estas perdas eram consideradas negligenciáveis para uma unidade que atingisse os seus objectivos. Em finais de 1915, a Legião, em França, não tinha excesso de efectivos. No dia 11 de Novembro, os 3316 sobreviventes foram reagrupados e tornaram-se o único Regimento de Marcha da Legião Estrangeira, comandado pelo tenente-coronel Cot. Os voluntários – poetas e chulos, merceeiros e universitários – tinham sido forjados, no fogo do combate, numa máquina de combate de elite.

O RMLE foi um dos cinco regimentos que receberam a Medalha Militar durante a guerra, e o segundo regimento mais condecorado dos exércitos franceses, apenas ultrapassado pelo Regimento de Infantaria Colonial de Marrocos (273). Os legionários do 3.º RE que hoje usam o cordão duplo combinando as cores da Legião de Honra e da Cruz de Guerra de 1914-1918 devem agradecer aos seus predecessores do RMLE, que conquistaram esta honra com o sangue que derramaram, com os corpos despedaçados e com as mentes torturadas.

(*) Anderson, *Devils, Not Men*, pp. 57-58. [A DSO é a Distinguished Service Order, atribuída aos oficiais das forças armadas do Reino Unido por conduta distinta ou meritória, geralmente em combate. (*N.T.*)]

(273) Porch, *The French Foreign Legion*, p. 334.

24

Encontro com a Morte

FRANÇA, 1916-1918

O objectivo estratégico da Primeira Batalha do Somme foi afastar forças alemãs dos Franceses, que se encontravam sob pressão em Verdun. Foi iniciada com um bombardeamento ininterrupto numa frente de 60 km, de 24 de Junho a 1 de Julho, dia em que, após terem novamente recebido a garantia falsa de que o arame farpado e as fortificações alemãs haviam sido destruídos, 60 000 Britânicos e 40 000 Franceses avançaram das trincheiras *na primeira vaga.*

O longo bombardeamento de preparação não se limitou a avisar os Alemães exactamente onde deveriam esperar o ataque; a sua paragem foi o sinal para que eles emergissem dos abrigos, com dois e três níveis subterrâneos e tectos de betão reforçado, a tempo de massacrarem os atacantes. Com os Britânicos a sofrerem 57 450 baixas no primeiro dia, o ímpeto do avanço perdeu-se logo à partida. Até chegar ao fim (*), este longo pesadelo infligiria aos Aliados 704 000 mortos e feridos, contra 237 159 baixas alemãs [274]. A leste, durante o mesmo período, os Franceses perderam cerca de 400 000 homens na área de Verdun, pelo que a diversão saiu mais cara do que o «espectáculo» principal.

(*) No dia 18 de Novembro. (*N.T.*)

[274] J. Mosier, *The Myth of the Great War*, Londres, Profile, 2002, pp. 236, 241.

ENCONTRO COM A MORTE

No dia 1 de Julho, o RMLE estava em reserva e avançou para Assevillers, outrora uma aldeola sonolenta da Picardia ([275]), que fora tomada de assalto por tropas da infantaria colonial. Entrincheirando--se, os legionários ficaram três dias à espera de ordens. Do outro lado das linhas, apenas a 2 km de Assevilliers, situava-se a aldeia de Belloy--en-Santerre, poderosamente fortificada com uma rede de defesas alemãs acima e debaixo do chão. Foi aqui que Seeger teve o seu encontro.

Na madrugada do dia 5 de Julho, Seeger e os seus companheiros alinharam-se nos seus pontos de partida, a cerca de um quilómetro das posições avançadas alemãs. Um corneteiro tocou «Le Boudin» e à carga. Os legionários, bastante sobrecarregados, não tinham hipóteses de carregar sobre o que fosse, mas passaram por cima dos parapeitos e foram subindo, em ordem aberta, o pequeno declive que levava até à aldeia destruída pela artilharia, no meio de um silêncio enervante, ocasionalmente quebrado por um grito e algumas explosões distantes.

Os defensores observaram-nos a avançar, aguardando, disciplinadamente mudos, até que os primeiros homens estivessem a uns meros 300 m de distância; depois, abriram fogo com as metralhadoras. Decorridos dois minutos, a 11.ª Companhia, no flanco direito, não tinha praticamente um único homem de pé. Aqueles que ainda se conseguiam mover foram reagrupados pelo capitão Tscharner, um suíço, sob cujas ordens se apoderaram do esgoto aberto imediatamente a sul da aldeia. Atrás de uma cobertura nauseabunda mas que lhes salvou a vida, viram a segunda vaga ser ceifada pelas saraivadas horizontais das metralhadoras. Entre os homens atingidos que deram uma volta sobre si próprios e depois caíram por terra encontrava-se o poeta de Harvard que se alistara «pela glória».

Ao profetizar a sua morte «quando a Primavera chegar, com uma sombra sussurrante», Alan Seeger enganara-se na estação do ano mas acertara no local, «nas cicatrizes da encosta de uma colina bombardeada». Atingido nos intestinos, jazeu em agonia numa cratera à vista do esgoto, até morrer. A lacónica e apropriada citação junto à sua Medalha Militar no museu da Legião, em Aubagne, diz, «[Este] jovem legionário, um entusiástico, enérgico e apaixonado amante da França, [foi um] voluntário que se alistou no início das hostilidades,

_____

([275]) A oeste da saída 13 da auto-estrada A1; a leste do mesmo entroncamento fica Belloy-en-Santerre.

que [deu] provas de uma coragem e um espírito admiráveis [e] tombou gloriosamente frente a Belloy-en-Santerre, em 11 de Julho de 1916. Bel-Abbès, 24 de Julho de 1924, coronel Boulet-Desbareau, comandante do 4.° Regimento Estrangeiro» [276].

Os camaradas de Seeger tiveram de o abandonar. Saindo da vala do esgoto, passaram duas horas a combater corpo a corpo contra os alemães, casa a casa, com granadas e baionetas, até os expulsarem de Belloy. Ao anoitecer, tentaram desesperadamente refortificar a aldeia abandonada, na expectativa de contra-ataques alemães. Num dia, o RMLE perdera 25 oficiais e 844 oficiais subalternos e soldados, um terço dos efectivos. Na manhã seguinte, ao serem rendidos, os legionários levaram para a retaguarda 750 prisioneiros, um número que teria sido mais elevado se muitos alemães não tivessem medo de se render à Legião, depois de todas as histórias de horror difundidas acerca dela na Alemanha antes da guerra.

No seu recontro seguinte, na noite de 7 de Julho, outros 400 homens foram gravemente feridos ou mortos. Durante uma semana no Somme, metade do regimento de marcha acompanhou Seeger ao seu encontro.

Em Dezembro de 1916, o general Robert George Nivelle substituiu Joffre como comandante supremo. Em Maio, sucedera ao general Philippe Pétain no comando do II Exército, em Verdun, onde a sua utilização de barragens de artilharia «rastejantes» em dois contra-ataques de grande sucesso permitiu aos Franceses reconquistarem quase todo o terreno perdido para os Alemães nos seis meses anteriores. Nivelle foi promovido pela segunda vez em sete meses, passando à frente de muitos generais mais antigos, porque a sua filosofia – bem argumentada – de ataques frontais em coordenação com bombardeamentos de artilharia maciços impressionou os políticos, incluindo o primeiro-ministro britânico, David Lloyd George. Mas os seus subordinados estavam à espera que ele se estampasse, o que lhe aconteceu metaforicamente na ofensiva do Aisne, juntamente com 120 000 baixas francesas.

Tal como tanta vez acontece com os generais de substituição depois de esperarem impacientemente pela sua vez, Nivelle estava convencido

---

[276] *Jeune legionnaire, enthousiaste et énergétique, aimant passionnément la France, engagé volontairement au début des hostilités et faisant preuve d'un courage et entrain admirables, glorieusement tombé le 11 juillet 1916 devant Belloy-en--Santerre. A Bel-Abbès 24 juillet 1924, le colonel Boulet-Desbareau, commandant le 4ème Régiment Etranger.*

de que sabia o que fazer. A chave para quebrar o impasse na Frente Ocidental, disse ele, era parar com as «mordidelas» de Joffre nas linhas inimigas e executar um ataque colossal. Tal como o plano de Navarre, em 1954, foi agradável de ouvir para os seus amigos políticos bem colocados.

Para sua desgraça, a Divisão Marroquina, incluindo o RMLE, era um dente da chave de Nivelle, que começou a rodar na fechadura alemã no dia 16 de Abril: 800 000 homens entraram na terra de ninguém numa frente de 80 km, das proximidades de Soissons, a oeste, até leste de Reims. Tudo fora planeado com antecedência: foi calculada a tonelagem exacta de munições para cada calibre, bem como o número de refeições, as horas da barragem e o ritmo do avanço.

O objectivo atribuído no dia seguinte ao RMLE era um bastião crucial, defendido por ninhos de metralhadoras posicionadas para fogo cruzado, num esporão chamado Golfe, perto do Mont Sans Nom, o que o tornava perfeitamente adequado para propósitos defensivos. Em baixo situava-se uma zona de morte, plana e aberta, pela qual os legionários tinham que avançar, para depois virarem à esquerda e cercarem a aldeia de Aubérive, impedindo os seus defensores de serem reabastecidos. Todavia, a rede de trincheiras, túneis e abrigos era tão complexa que os Alemães lhe chamavam *das Labyrinth*. Inexpugnável face a um ataque frontal, deveria ser tomada de assalto pelo 1.º Batalhão, comandado pelo major Sampigny, atacando para norte, e pelo 3.º Batalhão, do major Deville, avançando para leste e apoderando-se do esporão do Golfe; o 2.º Batalhão, sob o comando do major Waddell, ficava em reserva.

A menos que as metralhadoras alemãs localizadas no Golfe fossem neutralizadas primeiro pela artilharia, era uma missão suicida; contudo, para não dar aviso ao inimigo, não deveria ser executada nenhuma barragem poderosa. A alternativa era a utilização táctica de morteiros de trincheira e canhões de 37 mm, tendo os comandantes no terreno a possibilidade, se e quando necessário, de solicitarem o apoio dos 75 e 105 em bateria mais atrás. A ligação seria efectuada com o recurso a foguetes de sinalização e estafetas. Duas coisas a favor dos atacantes eram os uniformes cor de cáqui distribuídos à divisão, menos visíveis, e o tempo, que parecera anunciar-se bom na noite anterior.

Pouco depois das 11:00, o 1.º Batalhão começou a avançar para a linha da frente pelas trincheiras de comunicação, seguido pelo

A Legião Estrangeira

3.º Batalhão. Começou a chover, com a lama calcária das trincheiras inundadas manchando as calças de cáqui com riscas brancas. Recebendo ordens para partirem das trincheiras debaixo de um vento forte e de chuva torrencial, às 04:45 do dia 17 de Abril – esta hora peculiar significou que a artilharia alemã só começou a sua barragem, preparada para começar à hora certa, dez ou quinze minutos depois do início da operação –, os homens do 1.º Batalhão escorregaram e deslizaram na lama gélida, no meio da escuridão, seguidos pelo 3.º Batalhão. Durante a noite, os sapadores tinham aberto passagens no arame farpado francês, mas eram agora obrigados a abrir brechas no arame farpado alemão com os seus corta-arames – debaixo de um vento fortíssimo e de chuva torrencial, e sob o fogo das metralhadoras e da artilharia alemãs.

Cerca das 07:00, o tenente-coronel Duriez, o gordíssimo comandante do RMLE, foi mortalmente ferido e passou o comando ao major Deville. O fogo do inimigo varria o terreno plano atrás deles, enquanto a vanguarda, dividida em pequenos grupos de homens rastejando pela lama e abrigando-se como podiam sob a luz impiedosa dos foguetes de magnésio, ia procurando avançar por entre os bastiões inimigos. Ao chegar ao Bosque das Bétulas, o 3.º Batalhão limpou-o a corpo a corpo, com baionetas e granadas, muitas vezes distinguindo o inimigo pela voz no meio de uma chuva de granizo que se transformou em neve.

Incapazes de se manterem na primeira linha, os Alemães recuaram para a segunda, perseguidos de perto pelos legionários para fugirem à inevitável barragem que iria atingir as trincheiras perdidas. Quanto mais se aproximavam de Aubérive, mais desesperada foi sendo a resistência dos Alemães nas trincheiras *Byzance, Dardanelles e Prinz Eitel*, com metralhadoras, granadas e lança-chamas – empregues pela primeira vez contra as tropas britânicos em Hooge, no dia 30 de Julho de 1915. Ao anoitecer, 16 horas depois de se lançarem ao ataque, tinham tomado o lado sul da saliente em combates corpo a corpo, durante os quais cada homem utilizou dez ou mais granadas.

Na madrugada de 19 de Abril, o bastião de Aubérive havia sido tão batido pela artilharia francesa que os Alemães retiraram, deixando para trás vestuário, munições e até café quente, bebido avidamente por homens que estavam há três dias e noites sem beber água pura. Um dos comandantes de companhia, o capitão Fernand Victor-Marie Maire, filho de legionário, decidiu que, naquelas circunstâncias, um risco a mais pouco pesaria nas suas hipóteses de sobrevivência, mas poderia fazer toda a diferença entre um sucesso rápido e uma lenta atrição. Sem esperar pelo fim da barragem de preparação, conduziu os seus homens através do descampado entre a sua posição e as trincheiras alemãs, enquanto caíam os projécteis «amigos», pelo que chegaram à primeira linha de defesa antes que os Alemães conseguissem sair dos seus profundos abrigos.

À baioneta e à granada – durante todo o combate, o consumo médio *per capita* foi de dez –, a posição foi conquistada antes de as companhias de flanco atingirem os seus objectivos. Em troca de baixas pesadas, incluindo Duriez e os capitães Germann e Manurien, o RMLE abocanhou 2 km² na saliente alemã. Maire tivera razão ao arriscar: noutro local, após um combate, os 275 homens que haviam partido de madrugada estavam reduzidos a 19 ao anoitecer.

Maire estava a tornar-se uma lenda da Legião. Uma noite, num abrigo, aceitou relutantemente o convite para ser o quarto jogador numa partida de *bridge* com outros oficiais. Atacariam ao amanhecer. Depois da última partida, apertaram as mãos e dirigiram-se para as respectivas unidades. Pelas 06:00, Maire estava por terra, com uma bala na coxa esquerda, mas antes de os maqueiros o levarem para o posto de primeiros socorros, já os outros três jogadores de *bridge* tinham morrido ([277]).

No dia 21 de Abril, a 6.ª Companhia estava a «descansar» numa trincheira alemã conquistada, no esporão designado por Trincheira 67 nos mapas franceses. Incapaz de dormir devido à humidade, à temperatura próxima do zero e à imundície, o sargento-mor Max-Emmanuel Mader, nascido na Alemanha, decidiu que seria prudente reconhecer uma maior extensão da trincheira, bem construída, na direcção do inimigo. Levando consigo uma jovem sentinela, o legionário Bangerter, de 18 anos de idade, o sargento dobrou uma esquina e foi confrontado com a visão panorâmica de um vale através do qual um tenente francês conduzia os seus homens em patrulha, com as espingardas a tiracolo, sem se darem aparentemente conta de que estavam a ser observados por uma posição alemã cujos metralhadores aguardavam que a presa se aproximasse o suficiente.

Bangerter quis disparar um foguete para alertar a patrulha, mas Mader teve uma ideia melhor. Acordando dez dos seus homens,

---

([277]) Gerahty, *March or Die*, p. 186.

A Legião Estrangeira

conduziu-os agachados, ao longo de uma dobra do terreno e não pela trincheira, e chegou a uma posição por cima do ninho de metralhadoras. Os Alemães estavam demasiado concentrados na patrulha para ouvirem a aproximação do inimigo pela retaguarda, e uma dezena de granadas caiu-lhes em cima, matando ou ferindo a maioria. Os sobreviventes foram feitos prisioneiros. Ninguém poderia ter criticado Mader por deixar a patrulha desenvencilhar-se sozinha, mas ele ordenou aos seus homens que preparassem a posição contra um eventual ataque inimigo e desceu a correr para o vale, uma figura suada, suja e barbuda num uniforme lamacento, difícil de reconhecer como francês ou alemão, gritando aos espantados membros da patrulha que o seguissem.

Depois, interrogou os metralhadores sobreviventes em alemão fluente, inteirando-se da localização exacta de uma bateria camuflada ali próxima. Com os seus legionários e uma companhia de infantaria ligeira, encontrou e conquistou a bateria após cinco horas de combate contra uma companhia da Guarda Imperial. Por este feito, recebeu a Legião de Honra e tornou-se o oficial subalterno mais condecorado em França.

A proeza notável do RMLE, conquistando 7 km de trincheiras e a bateria na saliente de Aubérive, custou 16 oficiais e 777 oficiais subalternos e soldados. Muitas destas vidas poderiam ter sido salvas se o abastecimento de munições tivesse sido adequado. O diário regimental refere: «Os homens choravam de raiva. Só a falta de granadas os parou» ([278]).

Mas não constou nada parecido na Ordem Geral n.º 809 do IV Exército, datada de 7 de Maio de 1917, onde se lê: «[O RMLE é um] regimento extraordinário, que incita o ódio ao inimigo e [inspira] o mais elevado nível de sacrifício. No dia 17 de Abril, sob o comando do tenente-coronel Duriez, atacou um inimigo alerta e fortemente entrincheirado, apoderando-se das suas primeiras linhas. Parado por fogo de metralhadora e apesar da perda do seu comandante, mortalmente ferido, [o RMLE] prosseguiu a operação às ordens do comandante de batalhão Deauville, e após incessantes combates corpo a corpo, durante cinco dias e noites, até o objectivo ser alcançado, retirou ao inimigo 2 km² de terreno, obrigando-o, com ataques contínuos, a evacuar uma aldeia poderosamente defendida que resistia

---

([278]) SHAT, 24N, 2912, RMLE, 23 de Abril de 1917, p. 12.

Encontro com a Morte

há dois anos a todos os nossos ataques. [assinado] Anthoine, general comandante».

O substituto de Duriez, o tenente-coronel Paul Rollet, era um soldado de gema, que se classificara em 311.º numa classe de 585 cadetes em St-Cyr. Quatro anos depois, em Dezembro de 1899, este oficial baixo, de constituição ligeira, dotado de uma barba imponente e de olhos de um azul penetrante, que ficaria conhecido como o «pai da Legião», pediu transferência do tédio da vida de guarnição, nas Ardenas, para se alistar na Legião, conquistando o respeito dos seus homens na Argélia, em Madagáscar e em Marrocos, devido à sua excepcional resistência física. Em todas as razias, fazia questão de caminhar o dobro dos seus homens, que se revezavam montando as mulas enquanto ele se mantinha apeado, gastando as solas de corda do seu calçado não regulamentar que lhe valeu a alcunha de «Capitão Alpercatas».

Em França, insistiu em usar o quépi em vez do capacete de aço, e em combate andava com um chapéu-de-chuva fechado em lugar da arma de oficial, não porque um coldre com um revólver lhe fizesse o uniforme cair mal, como afirmaram alguns oficiais atentos à moda, mas porque ele acreditava que a posse de uma arma distraía o comandante da tarefa que lhe cabia, o comando dos seus homens. O afecto que eles lhe tinham conquistara-o pelo seu absoluto sentido de justiça e pela sua constante disponibilidade de lutar por eles contra as hierarquias superiores, uma característica tão pouco apreciada pelos generais franceses como noutros exércitos. Típica da atitude de «vamos a eles» de Rollet foi a decisão de se transferir da Legião para um regimento regular, em 1914, por medo de não participar na guerra.

O regresso deste comandante, senhor de uma reputação, entre os oficiais subalternos mais antigos, de ter *baraka* ou sorte, aconteceu imediatamente depois de o dispendioso fracasso da ofensiva de Nivelle no Aisne ter quebrado, em muitos regimentos franceses, a pouca vontade de continuar que ainda restava, resultando em motins generalizados. O RMLE não parece ter sido afectado, talvez por tantos dos seus efectivos serem voluntários, enquanto que os soldados dos regimentos regulares eram maioritariamente conscritos contra-vontade.

A Legião acrescentou uma segunda mancha negra à sua carreira – a primeira foram as execuções em Paris, após a Comuna – pela forma como os legionários passaram a actuar como polícias militares,

A LEGIÃO ESTRANGEIRA

dado que não os havia em número suficiente para impedirem unidades inteiras de abandonarem as suas posições e dirigirem-se para a retaguarda. O moral do muito sacrificado Exército Francês subiu lentamente após a demissão de Nivelle e a sua substituição pelo general Philippe Pétain, em 15 de Maio de 1917. Embora concordasse com Nivelle relativamente à necessidade de coordenar a artilharia para reduzir as perdas horríveis sofridas pela infantaria, Pétain viu claramente que era forçoso implementar uma combinação de incentivos e punições, dado que o recurso ao pau sem a cenoura estava a matar o burro.

No decorrer de visitas às cantinas e cozinhas, ele horrorizou os seus ajudantes-de-campo ao insistir em comer a comida dos *poilus* e provar o seu vinho, para testar a qualidade com as suas próprias papilas gustativas, não hesitando em censurar cozinheiros e oficiais de intendência por falharem no seu dever de garantirem que os homens eram, pelo menos, alimentados devidamente e com regularidade. Entre outros incentivos, ele introduziu as licenças para homens que não iam a casa há anos, e atribuiu o cordão amarelo e verde da Medalha Militar ao RMLE. A um civil não parecerá grande coisa em troca de todo o sofrimento, mas todas as pequenas variações autorizadas aos uniformes são expressões de orgulho regimental, e em determinados momentos isto é a única coisa que resta para motivar homens exaustos e desorientados em combate.

Em Janeiro de 1918, o RMLE foi retirado da frente, na Lorena, para reforçar tropas que procuravam conter o «bojo» alemão perto de Soissons e Compiègne, apenas a 60 km a nordeste de Paris. Com o colapso gradual da Frente Leste à medida que a Revolução Bolchevique incitava cada vez mais soldados russos a abaterem os seus oficiais, largarem as armas e irem para casa, Berlim começara a deslocar cinquenta divisões dos seus exércitos orientais para a Frente Ocidental. Por fim, a assinatura do tratado de Brest-Litovsk, em 3 de Março de 1918, libertou os efectivos necessários para Berlim desencadear outra gigantesca ofensiva, com o nome de código Michael, pelos II e XVII exércitos, entre Arras e St-Quentin, enquanto o XVII Exército protegia o flanco do avanço.

Conhecida pelos Aliados como Segunda Batalha do Somme, foi precedida de um bombardeamento efectuado por 6000 canhões. No dia 26 de Abril, o RMLE encontrava-se entre as tropas maioritariamente britânicas que defendiam Amiens, um centro de comunicações

338

estrategicamente importante. Incumbidos de ocuparem um outeiro arborizado em Hangard, 15 km a sudeste da cidade, onde o preço de tocar numa árvore despedaçada ou no solo era o aparecimento imediato de bolhas devido às gotas de gás mostarda, os legionários, avançando atrás dos tanques britânicos, viram-se numa situação muito diferente da guerra estática das trincheiras.

Na ausência de comunicações rádio, uma barragem rastejante só funcionava quando era respeitado estritamente o horário pré-determinado. Com a frente avançada num local e sem alterações noutro, isso era impossível. Aproveitando-se do terreno parcialmente arborizado e de um denso nevoeiro, pequenos grupos de metralhadores alemães conseguiram, não dando sinais da sua presença, deixar-se ficar para trás e flagelar os legionários pela retaguarda, pelo que o avanço foi inferior a um quilómetro. Repelidos, os legionários contra-atacaram e conseguiram ater-se ao bosque até serem rendidos, em 6 de Maio, mas debaixo de bombardeamentos de artilharia continuados e ataques terrestres tão horríveis que o 1.º Batalhão se viu reduzido a um oficial e 187 oficiais subalternos e soldados. Depois de todos os oficiais terem sido mortos, o comando de uma companhia ficou nas mãos do legionário mais antigo, um luxemburguês chamado Kemmlet.

O merecido descanso do RMLE na retaguarda foi interrompido em 27 de Maio, quando o general Erich von Ludendorff lançou a Operação Blücher. Numa frente que se estendia de norte, de Soissons, para leste, até Reims, quinze divisões alemãs atacaram as sete divisões francesas e britânicas que tinham pela frente, ultrapassaram a crista do Chemin des Dames[279] e atravessaram o rio Aisne em força. A 30 de Maio, estavam de regresso ao Marne, entre Château-Thierry e Dormans.

Juntamente com o resto da Divisão Marroquina, o RMLE foi transportado em autocarros para oeste de Soissons, com a missão de defender a linha da frente, que vacilava. Fizeram-no ao preço de 42 mortos e 280 feridos ou desaparecidos em combate, e apesar

---

[279] A crista tinha este nome por causa da estrada construída no seu cimo para as filhas de Luís XV poderem apreciar as magníficas vistas da paisagem nas duas direcções quando visitassem a condessa de Narbonne, cujo solar se localizava nas proximidades. A importância atribuída por ambos os lados à crista era obviamente por causa da vista.

de uma desesperada escassez de munições. À pressão do combate acrescia a impossibilidade de um sono repousante, devido aos repetidos ataques com gás, durante os dias que se seguiram, que exigiram o uso constante das desajeitadas máscaras. Os louvores à sua coragem devem ter soado a oco aos sobreviventes: desde Hangard, as perdas cifravam-se em 1250 homens, sem a chegada de quaisquer substitutos.

No dia 14 de Julho, Rollet marchou à frente da bandeira do RMLE no desfile do Dia da Bastilha, e o regimento recebeu a Medalha Militar, oficialmente por bravura mas na realidade por se ter mantido firme durante os motins. A Legião voltou ao serviço quatro dias depois, quando a Divisão Marroquina participou na tentativa do general Ferdinand Foch para cortar a saliente alemã a sul de Soissons. Às 04:45, o RMLE, seriamente reduzido em número, atacou atrás de uma protecção de tanques ligeiros Renault, sem grande ajuda de uma barragem mal coordenada. Em duas horas, os legionários fizeram 450 prisioneiros. No dia 20 de Julho, os Alemães efectuaram três contra-ataques mas a Legião resistiu, perdendo 780 homens.

Uma das poucas histórias pessoais com um fim feliz é a do sargento-mor Mader, que perdeu o braço e a maior parte do ombro direitos numa explosão. Durante a Guerra dos Bóeres, quase sempre travada sobre solo virgem e seco, a maioria dos ferimentos de bala sarava naturalmente. No entanto, nas férteis terras agrícolas do Norte da França e da Flandres, ricas em estrume, as fortes doses de bactérias que os projécteis injectavam até em ferimentos relativamente superficiais, e ainda a presença de moléculas de gás de cloro e/ou mostarda e de outros resíduos químicos provenientes de munições que haviam explodido provocavam, com demasiada frequência, a gangrena do gás, seguida da amputação e da morte.

A palavra francesa *triage*, com o significado original de «divisão em três lotes», veio a ser utilizada na medicina militar porque os cirurgiões nos postos de primeiros socorros tinham de dividir as baixas nos homens que podiam ser enviados para a retaguarda sem cuidados médicos, nos que necessitavam de cirurgia imediata para sobreviverem, e naqueles nos quais a cirurgia seria uma total perda de tempo. Fosse qual fosse o critério, Mader pertencia à terceira categoria. Infelizmente, não se sabe o que ele disse quando recuperou os sentidos e viu um padre a administrar-lhe a extrema-unção, mas a sua determinação indomável e uma constituição de ferro possibilitaram-lhe sobreviver

ENCONTRO COM A MORTE

para exibir a fita da Legião de Honra na lapela durante o resto da sua vida, que teve uma duração normal(*).

Concentrando um número inaudito de peças de artilharia para o bombardeamento preliminar de preparação sobre as linhas alemãs, Pétain ordenou uma ofensiva limitada perto de Verdun, em Agosto, na qual as baixas do RMLE foram apenas 53 mortos 271 mortos/ /desaparecidos em combate em troca de 16 canhões pesados e 680 prisioneiros. Naturalmente, a bandeira regimental foi condecorada com a Legião de Honra, acto comemorado com um segundo cordão, em vermelho, no uniforme de cada legionário.

No dia 1 de Setembro, o RMLE conseguiu conquistar duas aldeias perto de Soissons que tinham resistido aos ataques americanos, e deu por si a travar a nova guerra de movimento e infiltração, com algumas companhias reduzidas aos últimos cinquenta homens. Juntamente com o resto da Divisão Marroquina, os legionários chegaram à Linha Hindenburgo, constituída por casamatas de cimento e sistemas de trincheiras abundantemente protegidos por arame farpado, onde se distinguiram fazendo prisioneiros em número duas vezes superior aos seus próprios efectivos. Quando o general Mangin lhes ordenou que conquistassem o túnel ferroviário de Vauxaillon, o próprio Rollet avançou à frente dos seus homens, exaustos, acompanhado por um tambor e um corneteiro a tocar «Le Boudin». Flagelados por fogo amigo e inimigo, quando os legionários chegaram ao fim do túnel estavam reduzidos a 50% do seu complemento no início do combate. Em reconhecimento da perda de 1433 oficiais e soldados, foi criado um novo cordão para os sobreviventes, combinando as cores da Legião de Honra e da Cruz de Guerra.

Nos últimos meses da guerra, até ao armistício que silenciou os canhões ao bater da décima primeira hora do décimo primeiro dia do décimo primeiro mês de 1918, o RMLE foi um esqueleto. Apesar da crença pessoal de Rollet na Legião, o regimento de marcha não conseguiu compensar as suas perdas com novos recrutas. Os jovens europeus estavam fartos de guerra e os batalhões coloniais já não tinham gente a mais.

(*) Passado à disponibilidade em virtude da amputação, Mader foi nomeado guardião-mor do Palácio de Versalhes. Entre 1940 e 1945, durante a ocupação alemã, exerceu as suas funções sob uma falsa identidade, fazendo-se de surdo-mudo para não ser reconhecido pelo seu forte sotaque alemão. (N.T.)

A LEGIÃO ESTRANGEIRA

O coronel Bouchez, no comando da 1.ª Brigada Marroquina, enviou um relatório pessimista ao comandante da 1.ª Divisão Marroquina (à qual a Legião pertencia nominalmente). Intitulado *Reconstituição do Regimento da Legião Estrangeira*, dizia, entre outras coisas: «Desde a entrada na guerra da Bélgica, da Itália, da América e da Grécia, e da formação dos exércitos checo e arménio, a Legião viu secarem as suas fontes de recrutamento. Somente os suíços e os espanhóis continuam a alistar-se em número suficiente para remediar a situação. Por conseguinte, a existência da Legião está ameaçada, mas um regimento com as suas tradições e passado não pode morrer. Se a Legião morrer, será impossível reconstituí-la em tempo de paz. Não nos podemos esquecer da publicidade hostil na imprensa estrangeira» [280].

Quando o Exército checo foi constituído, em 1918, Rollet tinha já perdido 1020 homens para os vários exércitos das potências beligerantes, embora ele acreditasse que se tinham transferido mais por recearem não serem vistos a combater pelos seus países do que por desejarem deixar a Legião [281]. Os russos que se encontravam em França eram legalmente cidadãos de um Estado neutral desde Brest-Litovsk, logo recrutáveis, mas os três batalhões czaristas enviados pelo grão-duque Nikolai para combaterem na Frente Ocidental tinham-se amotinado em La Courtine, em 1917, em solidariedade com a Revolução Bolchevique. Em 1918, depois de 265 homens numa unidade de 694 terem declarado que não queriam mais nada com a guerra, 375 russos foram recrutados em Junho e Julho, mas negaram-se a arriscar a vida em combate por uma causa que não era a sua.

Em 6 de Novembro de 1918, Rollet avistou-se, em Paris, com o general branco Ignatiev, cujas condições para se juntar à Legião com o que restava do seu exército em França foram que os seus oficiais pudessem manter as patentes. Rollet retorquiu que já tinha quatro oficiais russos e que não necessitava de mais, muito obrigado. Ficou tudo em águas de bacalhau.

Na parte final da guerra, um fã americano da Legião, Frank S. Butterworth, tentou recrutar um regimento americano para a Legião Estrangeira em território dos EUA, até que foi informado pelo se-

---

[280] Relatório do coronel Bouchez, datado de 26 de Julho de 1918, *in* Documentos Rollet, ALE (tradução abreviada do autor).

[281] Documentos Rollet, sem data, ALE.

Encontro com a Morte

cretário da Guerra de que a sua iniciativa era inconstitucional [282]. No entanto, a célebre Esquadrilha Lafayette, composta por pilotos americanos, foi discretamente legitimada como 103.ª Esquadrilha de Perseguição do US Air Service, em Janeiro de 1918 [283]. É claro que havia sempre a possibilidade de recorrer aos regimentos coloniais para colmatar as brechas no RMLE, mas numa época em que os exércitos britânico e americano segregavam as tropas negras e brancas, esta opção não ocorreu a Rollet. A sua sugestão alternativa no sentido de que cada regimento regular doasse alguns homens para a Legião caiu em orelhas moucas, embora o maior grupo nacional existente no RMLE no fim da guerra fosse constituído por 905 legionários franceses.

A complicar o problema de Rollet havia a tendência, por parte dos recrutadores, de contornarem a proibição de estrangeiros servirem no Exército Francês colocando-os na Legião durante um período simbólico de alguns dias e transferindo-os depois para regimentos franceses. Em França, o americano Julian Green, um condutor de ambulância voluntário que tentou alistar-se na Legião para não ser enviado para os EUA para receber a instrução básica e embarcar depois para a Europa, descobriu que «esta dificuldade foi muito bem contornada: primeiro, alistaram-me na Legião Estrangeira (onde estive durante uma hora), e depois transferiram-me da Legião para o exército regular» [284]. Do mesmo modo, o compositor homossexual de *jazz*, Cole Porter, alistou-se como o n.º 47 647, no dia 20 de Abril de 1918, mas foi imediatamente colocado no 3.º Regimento de Artilharia, na

---

[282] Porch, *The French Foreign Legion*, p. 376.

[283] Constituída em 20 de Abril de 1916, a esquadrilha era uma anomalia porque os Franceses tinham pilotos a mais e aviões a menos. Contudo, a Esquadrilha Lafayette foi creditada com 199 aviões inimigos abatidos. Entre os pilotos ex-legionários contavam-se Kiffin Rockwell, que abateu dois aviões alemães e morreu em combate, em 1916, e Edward Genet, morto por fogo anti-aéreo em Abril de 1917. O mais extraordinário destes extraordinários homens foi o pugilista profissional negro Eugene Bullard, que não se «coadunava» nesta esquadrilha WASP [White Anglo-Saxon Protestant. (N.T.)] e foi colocado, para se verem livres dele, no 107.º Regimento de Infantaria francês. Pertencente à geração de músicos negros que enriqueceram a vida musical francesa entre as guerras mundiais tocando *jazz* nos clubes nocturnos de Paris, Bullard realistou-se em 1940, foi ferido durante a retirada, no Verão, e evacuado para os Estados Unidos.

[284] Green, J., *Memoirs of Happy Days*, Nova Iorque e Londres, Harper and Brothers, 1942, pp. 182-183.

343

escola de artilharia de Fontainebleau ([285]), em consonância com a preferência de Pétain por artilheiros em detrimento de mais carne para canhão. Servindo com a sua bateria de 20 de Setembro a 23 de Janeiro de 1919, foi depois adstrito à equipa do adido militar americano e passou formalmente à disponibilidade em 17 de Abril.

O RMLE acabou a guerra em Château-Salins, uma vila lorena que era alemã deste 1870, tendo por capital Berlim e não Paris. Sem se importar minimamente com este facto, Rollet pretendia honrar os legionários mortos enquanto os canhões ainda ecoavam nos ouvidos dos sobreviventes. Desfilou os seus homens pela vila, na sua própria parada de vitória, precedido por tambores, corneteiros e a bandeira regimental, altamente condecorada. Apenas a bandeira do Regimento de Infantaria Colonial de Marrocos era mais condecorada.

No ano seguinte, no desfile da vitória, em Paris, Rollet obedeceu às ordens para usar capacete. Ao ver a chama no Túmulo do Soldado Desconhecido, sob o Arco do Triunfo, talvez ele tenha sentido o que o legionário Pascal Bonetti pôs em palavras, em 1920:

> Quatro anos penou, sangrou, sofreu.
> Depois, um dia, tombou naquele inferno.
> Quem sabe se este desconhecido que dorme sob o arco imenso
> juntando a sua glória épica ao orgulho do passado
> não é aquele estrangeiro tornado filho de França,
> não pelo sangue recebido, mas pelo sangue vertido? ([286])

É muito possível que sim, apesar de um rumor, difícil de comprovar, que o primeiro Soldado Desconhecido, escolhido ao acaso, foi um soldado colonial negro, apressadamente substituído. Segundo o *Livre d'Or des Légionnaires morts pour la France au cours de la Grande Guerre 1914-1918* ([287]), morreram com o uniforme da Legião 512 italianos, 455 russos e 578 suíços, contra 69 americanos e apenas 2 britânicos na Frente Leste e 18 em França, devendo-se estes números baixos à presença do BEF em França desde o início da guerra.

([285]) Ficheiro pessoal de Cole Porter, em ALE.

([286]) *Quatre ans il à peigné, saigné, souffert./Et puis, un soir il est tombé dans cet enfer./Qui sait si ce inconnu qui dort sous l'arche immense/mêlant sa gloire épique aux orgueils du passé/n'est pas cet étranger devenu fils de France,/non par le sang reçu mais par le sang versé?*

([287]) «Lista nominativa», manuscrito não publicado, ALE.

25

Crise de Identidade

NORTE DE ÁFRICA, 1918-1940

A escala das baixas francesas na guerra foi muito superior à da Grã-Bretanha, e se tivesse sido igualada nas forças americanas teria derrubado a administração, em Washington (*). Tal como ainda podemos testemunhar pelos memoriais de guerra em qualquer aldeia francesa, durante os quatro anos de carnificina foi morto um em cada três franceses. A despovoação masculina foi de tal ordem que um olhar pela lista telefónica de qualquer comuna no Sul do país ainda revela mais apelidos italianos e espanhóis do que franceses.

Para substituir os franceses mortos, centenas de milhares de homens sem terra, de Leão, da Lombardia, da Cantábria e da Calábria, atravessaram os Alpes e os Pirinéus a pé e fixaram-se no Sul de França, trabalhando nos campos, tratando dos animais e podando as vinhas dos *poilus* mortos. As raparigas locais, herdeiras das posses que os seus irmãos e pais tinham morrido para defender, desposaram-nos como únicos homens disponíveis para procriarem a próxima geração.

As fileiras da Legião já não apresentavam uma maioria de homens nascidos franceses. Nalguns batalhões, a percentagem de recrutas

---

(*) Existem várias estatísticas. Por exemplo, em números aproximados (mortos, feridos e desaparecidos em combate), Grã-Bretanha: 3 050 000; França: 5 920 650; EUA: 262 725 (in Hogg, Ian V., *Dictionary of World War I*, Oxford, Helicon Publishing Ltd, 1994). (*N.T.*)

franceses chegou a diminuir para 7%, garantindo-lhes promoções rápidas, em muitas casos a sargento decorrido um ano após o alistamento. Em 1920, 72% dos legionários eram originários de nações inimigas durante a Primeira Guerra Mundial. Catorze anos depois, este número desceu para 44%, e embora os nascidos franceses fossem somente 16%, constituíam 35% dos oficiais subalternos ([288]). Isto não se deveu necessariamente a uma questão de chauvinismo, mas porque a língua de comando era o francês e muitos legionários nunca a dominaram suficientemente para se fazerem compreender de um modo claro – uma situação potencialmente fatal em combate.

Durante todos estes anos, Rollet agarrou-se obstinadamente à sua visão de uma Legião maior e melhor. Compreendendo que os louvores e as honras que, durante a guerra, tinham chovido à catadupa sobre os homens das cinquenta e uma nacionalidades do RMLE contavam pouco junto das altas patentes e dos políticos, ele conseguiu persuadi-los de que a Legião daria uma excelente escola para os melhores jovens oficiais formados em St-Cyr, que poderiam depois ser colocados nos regimentos regulares para os imbuir de energia e valor. O seu aliado político mais poderoso era o general Jean Mordacq, chefe de gabinete do primeiro-ministro Georges «Tigre» Clemenceau. Mordacq servira na Legião antes da guerra e estava convencido, mais do que nunca, de que a França necessitava de soldados estrangeiros nas colónias para não perder mais dos seus jovens. Em consequência, em 1919, ele elaborou um plano para a constituição de várias divisões estrangeiras, compreendendo regimentos de infantaria, cavalaria, artilharia e engenharia ([289]).

Outro aliado poderoso era Lyautey, que não obedecera às ordens para retirar, enquanto durasse a guerra, para alguns enclaves internacionais na costa, onde os estrangeiros poderiam estar a salvo. Contudo, os seus efectivos tinham sido tão reduzidos pelas mortes em combate e pelas deserções que ele recorrera a transferências obrigatórias de outras unidades para manter uma aparência de força normal nos cinco batalhões de Marrocos, compostos por um grande número de alemães e austríacos. Estavam divididos em dois campos irreconciliáveis: os que tinham pretendido regressar à Europa no

---

([288]) Porch, *The French Foreign Legion*, p. 386.
([289]) Jean Mordacq, general, *Le Ministère Clemenceau. Journal dun témoin*, Paris, Plon, 1931, vol. III, p. 328.

CRISE DE IDENTIDADE

início da guerra mas não o conseguiram, e os voluntários enviados para o Norte de África para não terem de combater contra os seus compatriotas. O recrutamento foi tão baixo que, em Junho de 1918, Lyautey propôs a oferta de um bónus de 500 francos aos que se realistassem, e o envio dos restantes para campos de prisioneiros de guerra na Córsega, onde não poderiam causar problemas [290].

Os seus planos para completar a colonização de Marrocos no pós--guerra contemplavam a colocação permanente de 30 000 soldados europeus, incluindo uma grande parte da Legião aumentada de Mordacq. Porém, o plano de Mordacq foi rejeitado pelo parlamento, onde muitos deputados receavam uma força mercenária predominantemente alemã em uniforme francês, numa altura em que o Exército regular se compunha principalmente de conscritos a curto termo. Embora poucos civis imaginassem que decorreriam apenas duas décadas até a Alemanha invadir a França pela terceira vez em setenta anos, uma proporção significativa dos políticos franceses suspeitava de que os seus vizinhos d'além--Reno acabariam, em poucos anos, por se libertar do colete-de-forças imposto pelo Tratado de Versalhes e ameaçar novamente a França. No seu modo de ver, com alguns batalhões compostos principalmente por *schleus* [291], quem poderia confiar em semelhante exército? Juraram que ele nunca mais voltaria a pôr os pés em solo francês.

Todavia, ninguém levantou obstáculos a que os monstros fossem usados para implementar e manter a paz nas possessões ultramarinas francesas, embora tivesse que se estabelecer um limite à patente a que poderiam chegar os oficiais não franceses. E assim nasceu a regra de que os estrangeiros poderiam chegar até à patente de capitão, acima da qual só os franceses eram promovíveis. Mas isto também levantou problemas, pois era difícil encontrar oficiais franceses imediatamente após a guerra, uma altura em que os soldados profissionais eram olhados com tanto desagrado em França que poucos andavam na rua de uniforme. Como resultado, alguns dos novos oficiais da Legião eram bastante selvagens, e não teriam sido aceites em unidades regulares porque causariam certamente problemas.

Outros oficiais eram demasiado mansos e brandos; servindo rotativamente na Legião ao abrigo de um programa chamado «Théâtre des Opérations Extérieures», para aumentarem a sua experiência, viam-se

---

[290] SHAT, 3H, 93.
[291] Um termo pejorativo, equivalente a «boche».

A LEGIÃO ESTRANGEIRA

constantemente obstruídos por oficiais subalternos experientes que se deliciavam a minar a sua autoridade. Humilhados sempre que um rude veterano não lhes fazia continência fora de serviço, os oficiais do TOE refugiavam-se em sonhos de uma colocação seguinte melhor.

No fim da Primeira Guerra Mundial, independentemente da opinião que Paris tinha deles, a reputação internacional de bravura dos dois regimentos franceses mais condecorados, o RMLE e o Regimento de Infantaria Colonial de Marrocos, era tal que, em Outubro de 1919, o governo espanhol enviou a Marrocos o major José Millán Astray y Terreros, um dos seus soldados coloniais mais experientes, para estudar, em primeira mão, a organização e os métodos do governo militar de Lyautey e decidir como poderiam ser aplicados nos enclaves espanhóis. Millán Astray regressou a Madrid com ideias muito próprias, a criação de uma Legião Estrangeira espanhola, organizada de modo diferente, para emprego no Norte de África. Em Janeiro de 1920, um decreto régio criou este novo exército com o nome de Terço de Estrangeiros, e Millán Astray foi promovido a coronel como seu primeiro comandante. La Bandera, nome pelo qual veio a ser conhecida, nunca alcançou o fascínio da sua irmã mais velha francesa.

Não surpreende que Millán Astray não tenha ficado impressionado com a Legião, constituída por inimigos que tinham ficado para trás e veteranos das trincheiras que pretendiam viver o tempo suficiente para beneficiarem das suas pensões, e ainda soldados de carreira refugiados de exércitos que já não existiam depois da Revolução Russa e da agitação generalizada na Europa de Leste. No caso destes últimos, o regresso a casa teria significado um pelotão de fuzilamento, se tivessem sorte. Sem lar, com as suas famílias mortas e os seus bens destruídos ou confiscados, para onde poderiam ir, a não ser para a Legião? Sem esperança de recuperarem a sua patente anterior, alistaram-se como praças.

Se é verdade que muitos dos episódios que os legionários adoram são apócrifos, o diálogo na página ao lado pode muito bem ter tido lugar quando Rollet inspeccionou os novos recrutas que chegaram a Sidi-bel-Abbès, em 1920. O recruta em causa teria sido o general de brigada russo branco Boris Krechatisky, que regressou à base da hierarquia militar e se alistou como praça porque a profissão das armas era a única que conhecia e ninguém lhe dava emprego[292].

---

[292] Promovido a tenente, serviu até 1939.

Rollet atribuía muitos dos problemas de disciplina e moral da Legião àquilo que considerava ser a influência contaminadora dos civis europeus na Argélia. Se lhe tivesse sido dada a possibilidade, ele teria deslocado toda a Legião para o interior de Marrocos, onde não existia nenhum. No entanto, o 1.º RE permaneceu baseado em bel--Abbès, enquanto que o 2.º RE se transferiu de Saïda para Meknès, em Marrocos. Os sobreviventes do RMLE converteram-se no 3.º RE, aquartelado em Fez, em Marrocos, e comandado por Rollet, desde a sua formação, em 1920, até Março de 1925, quando ele desposou uma mulher atraente e muito mais jovem, Clémentine Hébert. Para que o casal pudesse ter uma vida normal, relativamente «europeia», ele foi nomeado para o comando do 1.º RE, em Sidi-bel-Abbès.

Nesta expansão da Legião no pós-guerra, foi constituído o 4.º RE, em Mèknes, em Dezembro de 1920, que se transferiu posteriormente para Marraquexe, no centro de Marrocos. Dois anos mais tarde, 1500 km a leste, em Sousse, na Tunísia, foi criado o Regimento Estrangeiro de Cavalaria. O REC foi na maioria recrutado a partir de cossacos, polacos e russos dos exércitos brancos, equilibrados com alguns ulanos do *Kaiser*, tendo por oficiais cavaleiros franceses dos sipaios e dos Caçadores de África. Um legionário extraordinário, um ex-coronel de hussardos czarista que se autodenominava Odintsoff, reduziu a idade em mais de uma década para se poder alistar. Tantos dos seus camaradas emigrados eram filhos da nobreza que o regimento recebeu a alcunha de «Le Royal Étranger», apesar de a guerra que iriam travar estar muito longe das brilhantes paradas de cavalaria e

O coronel Rollet, inspeccionando os novos recrutas: «O que fazias antes de te alistares na Legião?».
Recruta: «Era general, meu coronel».

A LEGIÃO ESTRANGEIRA

entusiásticas cargas através das planícies da Europa Central e Oriental às quais estavam acostumados.

Dos vários milhares de oficiais e oficiais subalternos czaristas que deram por si a passar fome em Constantinopla depois de fugirem ao governo comunista através da Ucrânia ou do Cáucaso, no fim da Guerra Civil, várias centenas aceitaram uma passagem gratuita em navios franceses que os conduziram directamente ao Norte de África, onde o seu temperamento habitual «a única coisa que temos a perder é a vida» introduziu na panóplia de brincadeiras grosseiras da Legião a roleta russa para loucos chamada «Cuco» [293]. Um candidato mais sóbrio à Legião foi o maior soldado da Finlândia, o general Mannerheim. Inovador no seu país, em 1925, candidatou-se para servir na Legião em Marrocos, mas foi educadamente informado de que não havia nenhum posto vago para um oficial de cavalaria com 59 anos de idade.

Quatro anos depois, a força da Legião totalizava, no papel, dezoito batalhões de infantaria, seis esquadrões de cavalaria, cinco companhias montadas e quatro companhias de engenharia. Um ano mais tarde, os três batalhões estacionados na Indochina converteram-se no 5.º RE. Este foi possivelmente o auge da força real da Legião, num total de 33 000 homens. Pouco antes da eclosão da Segunda Guerra Mundial, três batalhões do 1.º RE e um do 2.º RE tornaram-se o 6.º RE, na Síria, e em Julho de 1939 foi criado o 2.º REC, que viria a distinguir-se por ser a unidade da Legião mais vezes dissolvida e reconstituída! Os regimentos de infantaria passaram a ser designados por REI, Regimento Estrangeiro de Infantaria, para serem distinguidos das outras armas.

Depois do fluxo de recrutas cujas vidas tinham sido destroçadas pela guerra e pela revolução, a Depressão gerou uma nova colheita, com homens provenientes de todos os sectores da sociedade a alistarem-se, 25% com menos de 20 anos de idade e 64% com idades inferiores a 25 anos. Os trabalhadores, especializados ou não, formavam 73% dos efectivos da Legião, e 7% eram trabalhadores agrícolas.

Eram os 13% de trabalhadores de escritório que constituíam o problema num mundo extremamente exigente do ponto de vista físico. As opiniões diferem quanto ao grau da sua inaptidão física.

---

[293] J. Weygand, *Légionnaire*, Paris, Flamarion, 1951, pp. 218-219.

CRISE DE IDENTIDADE

Algumas memórias escritas entre as guerras mundiais implicam que o exame médico pelo qual passavam os recrutas era uma simples formalidade; outras, que dava muita atenção à qualidade da visão e da dentição. Muitos problemas resultavam da subnutrição infantil no caso de homens que tinham crescido durante a guerra, quando as Ilhas Britânicas haviam sofrido o bloqueio imposto pelos submarinos e a Alemanha fora isolada de muitos dos seus tradicionais fornecedores de alimentos. Até homens que tinham crescido no campo e comido bem durante a infância podiam encontrar-se numa forma física muito deficiente depois de estarem desempregados durante a Depressão e comerem irregularmente nos meses anteriores ao seu alistamento.

A atitude mental dos novos recrutas também era fonte de problemas. Em 1921, o diarista regimental do 2.º RE queixava-se de que os novos legionários não se tinham juntado à Legião em busca de aventura: «A [sua] principal motivação parece ser o desejo de viverem pacificamente enquanto esperam por melhores dias. Os legionários de hoje são... mais dóceis e menos beberrolas, mas também são mais macios. O elevado número de cartas que escrevem e recebem demonstra que não quebraram os laços com os seus países» ([294]). E também era uma indicação de que eles possuíam mais habilitações académicas do que os duros da antiga Legião.

Embora menos susceptíveis a problemas relacionados com a bebida do que os seus antecessores, estes homens não constituíam a matéria-prima ideal para ser transformada numa soldadesca brutal e licenciosa, mas Rollet não se importaria de os ter em maior número. Em 1923, um comandante de batalhão chegou ao ponto de sugerir que o já tradicional contrato de cinco anos de serviço fosse encurtado para três de modo a atrair recrutas em busca de uma breve aventura, mas não de uma carreira militar. A introdução de um bónus em dinheiro aquando do alistamento e de outro no fim da instrução, dois incentivos que os veteranos de antigamente não tinham conhecido, deparou com a resistência de alguns oficiais com o argumento de que forneciam aos jovens recrutas infelizes o dinheiro necessário para poderem financiar a sua deserção.

Antes da guerra, quando os legionários eram maioritariamente franceses, a deserção em massa fora rara porque se regressassem «a

---

([294]) SHAT, 34N, 310, *Historique du Régiment 1921 à 1934.*

A Legião Estrangeira

casa» seriam apanhados, mas se os recrutas estrangeiros do pós-guerra conseguissem regressar ao seu país ou a um qualquer país neutral, ficariam a salvo. Assim, desertavam com mais frequência e em maior número. Os que eram capturados após mais de seis dias de ausência ou que tivessem levado a arma consigo expiavam o crime no batalhão penal da Legião, em Béchar, 400 km a sul de bel-Abbès. Um dia normal poderia ser passado a fabricar, à mão, uma quota de 1000 tijolos por homem. Qualquer infracção aos regulamentos draconianos era recompensada com *le peleton*, horas de rápidos exercícios sob temperaturas de quarenta e muitos graus, em uniforme de gala, com a mochila cheia de pedras e as bandoleiras substituídas por arame farpado.

O que *podia* um recruta fazer com o dinheiro a pesar-lhe no bolso numa cidade de guarnição como bel-Abbès? Na época, havia apenas três prazeres à venda: álcool, uma boa refeição e sexo. Até ao estabelecimento dos bordéis da Legião, sob supervisão médica, para reduzir a incidência de doenças venéreas[295], existiam na cidade três *maisons de tolérance* autorizadas para o pessoal da Legião, das quais Le Chat Noir e Au Palmier eram lendárias pelas hordas de raparigas nuas e seminuas que caíam em cima de cada homem que entrava. O ambiente do Moulin Rouge era ligeiramente mais composto: a «carne» ficava tranquilamente de pé ou sentada a um canto da sala. Depois de o cliente fazer a sua escolha e pagar à madame, esta chamava a rapariga e o par subia ao primeiro andar com uma toalha limpa.

A destruição de um bordel ou de um bar durante uma zaragata de bêbedos era tão comum que era punida com uma estada na prisão da cidade. O príncipe dinamarquês Aage fora director de um banco que falira em 1922. Promovido a tenente, tornou-se um oficial popular. Uma vez, mandou libertar da prisão alguns legionários dinamarqueses para que fossem entrevistados, durante o jantar, por uma jornalista de Copenhaga. Numa antevisão do Escândalo Tailhook, o jantar acabou com a senhora chorosa e seminua, mas ninguém foi castigado[*].

---

[295] Não funcionou, porque os homens que preferiam um bordel civil evitariam a penalidade por contraírem DV nesse estabelecimento tendo depois relações com uma rapariga dos BMC, para garantirem que os seus nomes constavam da lista de utentes quando dessem parte de doentes. Se já estivessem infectados, passavam o problema à rapariga e aos seus clientes subsequentes.

[*] A Tailhook é uma associação com fins não lucrativos que promove os interesses dos militares ligados à aviação naval dos EUA. Em 1991, durante o seu 35.º Simpósio, 90 participantes afirmaram ter sido sexualmente assediados, o que desencadeou um longo e polémico processo de investigação. (N.T.)

1–2 O preço da glória: O Movimento aos Mortos do general Rollet (em cima), no quartel-general da Legião, em Aubagne, homenageia 35 000 legionários mortos, incluindo este (em baixo), morto no Vietname, em 1950. *(1. Colecção do autor/2. ALE)*

3-5   O marechal Soult (à esquerda) gerou um bastardo para o rei Luís Filipe (ao centro), que queria um império sem derramar sangue francês. O general St-Arnaud (à direita) gabou-se de que, em Constantine, «Não deixámos um único turco vivo». (*3., 4. Colecção do autor/5. MLE*)

6–8   Em Espanha, o coronel Bernelle (à esquerda) batia nos legionários famintos, mas Madame Bernelle (ao centro) queria ser ela a comandar. O major Conrad (à direita), inimigo de ambos, morreu em Barbastro, combatendo contra legionários renegados. (*6., 7., 8. MLE*)

9–11   O coronel Chabrière (à esquerda) morreu como um herói em Magenta. No México, tudo o que restou do capitão Danjou (ao centro) foi a sua mão de madeira. O coronel Jeaningros (à direita) enviou Danjou e os seus homens para a morte. (*9. MLE/10. Colecção do autor/11. MLE*)

12–14 O general Bazaine (à esquerda) regressou à pátria com uma mulher rica e o bastão de marechal – e caiu em desgraça. Alan Seeger tinha encontro marcado com a morte – poeta, em Harvard (ao centro); cabo da Legião (à direita). *(12., 13. Colecção do autor/14. MLE)*

15–17 O compositor de jazz Cole Porter (à esquerda) cantou, «Quem quer ser um legionário? Eu quero». O capitão Maire (ao centro) conduziu os seus homens para uma barragem da sua própria artilharia. O general Rollet (à direita) tornou-se o pai do bastardo de Soult. *(15. Colecção do autor/16. MLE/17. Colecção do autor)*

18–20 O coronel Amilakvari (à esquerda), herói do Deserto Ocidental, amava a amante do general Koenig (ao centro). O coronel Jeanpierre (à direita) amava os seus homens mas arriscou-se demais na Argélia. *(18., 19. Colecção do autor/20. MLE)*

21 Os espantalhos da Argélia só receberam os seus uniformes em 1840. (*MLE*)

Morte do coronel Chabrière em Magenta, 1859. *(MLE)*

24   *Em cima:* Os duros dos duros. Uma companhia montada atravessa um *wadi* durante a brutal campanha marroquina de 1912. (Colecção do autor)

25   *À direita em baixo:* Foram legionários como estes, com as suas espingardas Lebel 1896, que provocaram um incidente internacional em Agadir, em 1911, ao espancarem o cônsul alemão. *(MLE)*

23   *À esquerda:* Depois dos heróis de Camarón. Mas quantos morreram ao certo no Rancho Trindade, em 30 de Abril de 1863? *(MLE)*

26   À *direita*: «Alistei-me pela glória», escreveu Alan Seeger. No Outono de 1914, voluntários estrangeiros marcham para a frente, à distância de uma curta de viagem de autocarro. *(ALE)*

27   À *direita, em baixo*: O santuário do general Rollet. A «casa-mãe» da Legião, em Sidi-bel-Abbès. *(Colecção do autor)*

28   *Em baixo*: À espera do inimigo, «algures na Argélia», c. 1935. *(Colecção do autor)*

29   A caminho da frente: Um oficial subalterno da Legião despede-se da sua mulher vietnamita e do filho, em Sidi-bel-Abbès, em Março de 1940. *(ALE)*

30   À espera da Wehrmacht: Um metralhador da Legião «algures em França», em Maio de 1940. *(ALE)*

31   Maio de 1940: Na Gare de Lyon, voluntários da Legião marcham para a derrota e para morte. *(ALE)*

32   Deserto Ocidental, Julho de 1942: O general Montgomery *não* adorava os heróis de Bir Hakeim do general Koenig. *(ALE)*

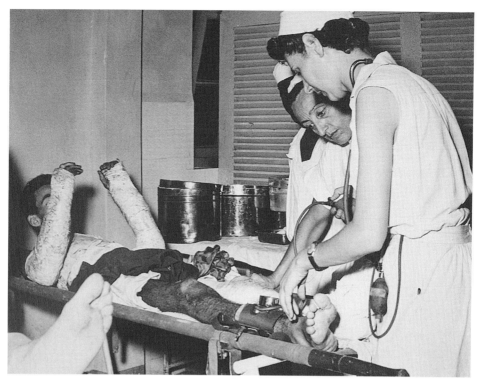

33   Hospital de Saigão, 1950: Vai levar algum tempo até que este infeliz legionário tenha vontade de tagarelar com estas enfermeiras. *(ALE)*

34   Campo típico da Legião no Vietname, protegido por estacas de bambu pontiagudas em vez do habitual arame farpado. *(ALE)*

35   Região do Delta, Norte do Vietname, c. 1950: «Será hoje o meu dia de sorte?». O último homem desta patrulha da Legião parece estar com dúvidas. *(ALE)*

36   Dien Bien Phu, 22 de Março de 1954: Secção de morteiros do 1.º BEP. Apenas um em cada quatro homens regressou com vida. *(ALE)*

37   *Em cima*: Verão de 1958: Esquecidas há muito as mulas de Rollet, um tanque AMX-13 do 1.º REC efectua uma patrulha junto da fronteira tunisina. *(ALE)*

38   À direita em cima: Aurès, 1959: Levando a guerra a um inimigo esquivo, os páras do 1.º REP, comandado pelo coronel Jeanpierre, saem de um Shawnee H-21 Flying Banana. (ALE)

39   À direita em baixo: Argélia, 1957: O 1.º REC de regresso à base depois de perseguir os *fells* nas Montanhas do Aurès. (ALE)

40　　Apesar de mecanizados e dotados de alta tecnologia, os legionários de hoje ainda têm que marchar – mas nos desfiles. *(Colecção do autor)*

41　　Quartier Danjou, Castelnaudary, QG do 4.º RE: Apenas um em cada seis recrutas consegue chegar ao fim de seis meses infernais de instrução e conquistar o quépi branco. Legionários num momento de descontracção após o desfile de formatura. *(Colecção do autor)*

CRISE DE IDENTIDADE

Aage era da opinião de que por detrás de cada legionário havia uma mulher, e contava a história de um tenente e de um dos seus homens, mortos no mesmo recontro: ambos tinham nos bolsos a fotografia da mesma mulher. Esta ideia proporcionou uma boa piada na paródia que Bucha e Estica fizeram, em 1931, a *Beau Geste*, intitulada *Beau Hunks*, na qual ambos se alistam por terem sido abandonados pela mesma rapariga – e descobrem que todos os outros soldados da companhia também têm uma fotografia dela junto do coração, bem como um chefe bandido local morto pela sua patrulha! É sempre a mesma coisa... Em 1999, perguntei a um jovem instrutor de guerra na selva porque é que a maioria dos recrutas franceses se alistava. A sua resposta lacónica foi idêntica à do príncipe Aage, mais de meio século atrás: «*Histoire de nana, le plus souvent*» – questões de saias, é o mais frequente.

Embora Rollet e os outros coronéis da Legião sentissem desagrado face aos muitos filmes, romances e relatos autobiográficos do período entre as guerras mundiais que sensacionalizavam a vida de legionário, estas obras foram verdadeiramente a sua melhor publicidade antes de as bandas sonoras sincronizadas se tornarem realidade com O *Cantor de Jazz*, de Al Johnson, em 1927. Nenhum jovem que ansiasse pelo Velho Oeste dos filmes de *cowboys* podia voltar atrás no tempo, para uma época em que os homens eram homens e faziam o que tinham que fazer, deixando uma mulher chorando baixinho em segundo plano – mas podia alistar-se na Legião.

Os produtores cinematográficos adoravam o deserto porque era um lugar barato para filmagens perto de Hollywood. Os êxitos de bilheteira de Rodolfo Valentino, ídolo das matinés, incluíram O *Sheik* (1921), *Sangue e Areia* (1922) e O *Filho do Sheik* (1926). Pelo menos um jovem viu um filme em Londres glorificando a Legião, e logo que saiu do cinema foi oferecer-se como voluntário ao consulado francês, em Brompton Road ([296]). Qualquer homem que saísse da escuridão do cinema local, cheia de fumo, onde os bruxuleantes raios luminosos emanados da cabina de projecção pintavam os seus anseios a preto e branco no ecrã, poderia fantasiar, enquanto regressava aos seus solitários alojamentos ou ao dormitório do Exército de Salvação, em entrar num centro de recrutamento da Legião e alistar-se para ver quão duro ele seria entre estranhos que se tornariam os seus melhores amigos

---

([296]) Stuart, B., *Adventures in Algeria*, Londres, Herbert Jenkins, 1936, p. 18.

A Legião Estrangeira

e apreciariam o seu verdadeiro valor. Para homens solitários que se sentiam menosprezados na vida civil, para homens sem competências ou habilitações académica especiais, para homens rejeitados pela sociedade ou por uma mulher, era um sonho que poderia ser realizado. O génio de Rollet foi vender o sonho, e ao fazê-lo tornou-se verdadeiramente o Pai da Legião.

Depois de 1918, uma comissão constituída por elementos de todas as forças do Exército recomendara o mesmo uniforme para todos os soldados. Os regimentos regulares usavam o uniforme azul horizonte introduzido em 1914, as formações das colónias vestiam cáqui e a Legião, na Síria, teve de ser uniformizada com equipamento excedentário do Exército dos EUA. Turistas que passaram pelo Norte de África entre as guerras mundiais espantaram-se ao ver legionários em patrulha com sandálias e artigos de vestuário árabe. Andavam muitas vezes de barba por fazer e não se davam ao trabalho de fazer continência aos oficiais. O único artigo de equipamento invariavelmente usado era o quépi branco, com o seu cobre-nuca contra o sol.

Durante a guerra, o quépi fora substituído por um barrete de polícia ou por um capacete de aço nas trincheiras. As dragonas também desapareceram, em 1915. Mas em 1922, um carregamento de velhos quépis de cáqui foi desenterrado de alguns armazéns e distribuído aos legionários que serviam em Marrocos. As capas dos bonés anteriores à guerra, usados por homens com muito tempo de serviço, tinham ficado quase brancas devido às repetidas lavagens, pelo que os novos recrutas branquearam as suas artificialmente para darem a sensação de que tinham alguns anos «em cima».

Durante 1924 e 1925, Rollet insistiu junto do Ministério da Guerra, em Paris, solicitando autorização oficial para substituir o capacete colonial branco regulamentar e o barrete de polícia pelo quépi em todas as unidades da Legião. Finalmente, no dia 18 de Junho de 1926, foi concedida a autorização, mas não para um quépi branco – para um vermelho. Os vários comandantes decidiram fazer a lei pelas suas próprias mãos e a maioria dos quépis não tardou a tornar-se branca, apenas com o 1.º RE e o 4.º RE a usarem os vermelhos.

Havia algo de gabarolice masoquista na obsessão com o quépi branco, que dava um alvo maravilhoso para um inimigo escondido em operações de guerra nas montanhas e no deserto. A elevada incidência de ferimentos na cabeça levou os poderes estabelecidos a considerarem a utilização de capacetes de lata similares aos das

CRISE DE IDENTIDADE

trincheiras, até que alguém alertou para o facto de que fritariam o cérebro dos utilizadores no Verão do Sara. O compromisso alcançado foi deixar a Legião usar quépis cáquis.

O legionário Jean Martin recorda a confusão resultante. Ao receberem ordens para tingirem os seus quépis branqueados, os legionários saíram-se com um arco-íris, com os metralhadores, apesar das ordens em contrário e das punições, a exibirem quépis de malva claro ([297]). A competição das cores só ficou decidida no Dia da Bastilha de 1939, quando o contingente da Legião participante na parada de 14 de Julho desfilou pelos Campos Elíseos com quépis de um *branco* imaculado. Hoje, o *engagé volontaire* recebe o seu quépi branco no fim dos seis meses de instrução básica, numa cerimónia quase religiosa à qual se segue uma piela colectiva.

Outro artigo de uniforme tradicional da Legião que renasceu com Rollet é a banda azul, usada em redor da cintura. Embora os homens se apeguem a artigos que tornem os uniformes diferentes, ninguém gostava muito da banda porque para baixar as calças era necessário desenrolar dois metros de tecido, e para dar as três voltas para a enrolar novamente e deixá-la justa era necessária a ajuda de um camarada que pegasse numa ponta ou de uma porta para a entalar. Por esta razão, os legionários embarcados para a guerra na Europa, em 1939, deitaram as bandas pela borda fora logo que deixaram de ver terra, mas um coronel Blimp([*]) da intendência desenterrou novas bandas que os apanharam quando treinavam para a operação de Narvik, para a qual as bandas eram particularmente inapropriadas. Três anos mais tarde, sob o calor do Deserto Líbio, receberam novamente ordens para as usar – por cima de camisas de manga curta e calções largos do Exército Britânico!

Mas isto são pormenores. Rollet apresentou uma nova criação em toda a sua glória, no centenário da Legião, em 1931. Ele poderia ter escolhido o verdadeiro aniversário da Legião, comemorando o decreto de Luís Filipe, datado de 1831; mas em vez de optar numa das muitas vitórias da Legião optou pela Batalha de Camarón, por traduzir o dever de obediência cega do legionário – até à morte.

([297]) J. Martin, *Je suis un légionnaire*, Paris, Fayard, 1938, pp. 177-178.

([*]) Personagem pomposa, irascível, chauvinista e xenófoba criada pelo cartoonista David Low, satirizando as atitudes reaccionárias do *establishment* britânico nas décadas de 30 e 40. (*N.T.*)

Em 1913 e 1914 tinham-se celebrado, de forma algo improvisada, as Festividades de Camerone, mas no dia 30 de Abril de 1931 Rollet superou-as produzindo uma parada espectacular para os dignitários visitantes e vinte e sete delegações de ex-legionários – *les anciens de la Légion*.

Todo o culto necessita de um templo. Se Camarón tivesse acontecido em território francês, seria lá que Rollet teria construído o seu santuário. O segundo melhor lugar era Sidi-bel-Abbès. Para Bíblia, Rollet contratou o respeitado historiador militar Jean Brunon para investigar e compilar uma história hagiográfica da Legião, apropriadamente chamada *Livre d'Or*, no qual bel-Abbès é chamada «casa-mãe» – como se a Legião fosse uma nova Ordem dos Templários [298].

A liderar o primeiro desfile do Dia de Camerone em bel-Abbès ia um corpo de sapadores barbudos para «abrirem a estrada» à cadência Hohenlohe de oitenta e oito passos por minuto. Os sapadores, com aventais de pele de vaca e enormes machados de lenhador ao ombro em vez de espingardas, são hoje tradicionais à frente dos desfiles da Legião. Na sua origem, na época do II Império, as barbas destinavam-se a tornar o sapador imediatamente identificável entre os seus camaradas na confusão do combate. Rollet recriou-as para dar um efeito teatral.

O auge da celebração de 1931 foi a consagração cerimonial do Monumento aos Mortos, um enorme globo terrestre em bronze, fundido pelos engenheiros da Legião, com Camarón indicado por uma estrela dourada e todos os países onde a Legião tinha combatido ricamente dourados. Em cada canto da base quadrada de mármore, cuja construção foi da responsabilidade do major Maire, encontra-se uma estátua em tamanho real de um legionário honrando os camaradas mortos. Tal como os seus uniformes testemunham, Rollet decretou que o da frente esquerda deveria simbolizar os homens mortos durante a conquista do Norte de África; atrás, os que tombaram pelo Segundo Império; a figura da frente direita era em memória dos que tinham morrido nas trincheiras, e a de trás dos mortos nas guerras coloniais. O monumento custou o equivalente a £8000, uma soma considerável para a época, conseguida através da subscrição voluntária de um dia de pré de 30 000 oficiais e soldados, cujos nomes estão gravados na base.

---

[298] J. Brunon, *Le Livre d'Or*, edição do autor, p. 454.

CRISE DE IDENTIDADE

As canções de marcha, exceptuando as brejeiras, não são tão importantes no Exército Britânico como na maioria dos exércitos europeus. A Legião tem muitas canções. A que se canta em todas as refeições é «A Morcela». «Le Boudin» foi elevada por Rollet ao estatuto de música clássica, com uma banda de 180 músicos que a tocou na sua parada comemorativa, repetida todas as semanas daí em diante como uma passagem em revista e realizada não no quartel do Quartier Viénot, em bel-Abbès, mas sim na Via Sacra, entre o quartel e o centro da cidade.

À nova imagem criada por Rollet faltou apenas o Código de Honra do legionário. A antiga Legião abandonara muitas vezes homens que não tinham conseguido acompanhar o ritmo exigente de uma coluna marchando sob o calor seco do Sara ou nas selvas gotejantes de Madagáscar. No Vietname, aqueles que não conseguiam acompanhar o ritmo não tinham sido abandonados às torturas dos Chineses ou dos bandidos locais: haviam recebido um golpe de misericórdia para serem poupados a uma morte agonizante. Ainda durante a guerra no Rif, os legionários afirmaram ter deixado para trás os moribundos porque os sãos já estavam sobrecarregados com o transporte daqueles que ainda tinham algumas hipóteses de sobrevivência ([299]).

Existe algo de sacrificial na ideia de homens arriscando a vida para recuperarem o cadáver de um camarada, tal como exige o Código de Honra, criado na década de 80. Desde então, tem sido cantado, na parada, como um juramento místico ao deus sem rosto cuja insígnia é a granada flamejante com o lema *Legio patria nostra*. Alguns legionários nem sequer compreendem todas as palavras durante os primeiros meses de instrução, mas quantos cristãos, muçulmanos ou budistas acreditam verdadeiramente nas palavras que pronunciam como uma afirmação de pertença a uma congregação ou comunidade? Do mesmo modo, cantar as canções da Legião e do Código de Honra é uma afirmação de pertença a uma família ou irmandade.

Além de líder dotado, Rollet era também um psicólogo arguto – talvez a primeira característica faça parte da segunda –, e ao criar uma identidade acabada para o legionário estava a iscar um anzol. Muitos homens e mulheres envergam um uniforme como soldados, marinheiros, aviadores, médicos, enfermeiras, padres e freiras porque

---

([299]) Cooper, A. R., *Born to Fight*, Edimburgo e Londres, Blackwood, 1969, p. 166.

A LEGIÃO ESTRANGEIRA

lhes dá uma identidade. O génio de Rollet foi tornar a identidade do legionário disponível para homens de todos os quadrantes sociais, académicos e geográficos, não definindo a imagem de uma forma demasiado precisa, excepto nos ideais que qualquer um pudesse tentar alcançar.

Vários psicólogos e psiquiatras têm tentado analisar a mística da Legião. Se acreditarmos em tretas psicológicas, *todos* os legionários são emocionalmente deficientes e alistam-se em busca de uma identidade ou família à qual possam pertencer. Mas isso explica porque é que príncipes como Pedro da Sérvia, Luís II do Mónaco, Sisowath Monireth da Tailândia, Aage da Dinamarca e Amilakvari da Geórgia, bem como todos antigos e futuros generais, escritores e ministros serviram na Legião? Não possuíam já uma identidade? A verdade é que existem muitas razões para um homem se tornar legionário, e o produto de Rollet continua a permitir a jovens viverem o seu sonho realizando uma necessidade interior tão profunda que em troca dão a vida quando são chamados a fazê-lo.

26

Nos Dois Extremos do Mediterrâneo

NORTE DE ÁFRICA, 1918-1933; SÍRIA/LÍBANO, 1918-1927

Durante a Primeira Guerra Mundial, Lyautey conseguira manter a maioria dos ganhos territoriais da França em Marrocos. Após a cessação das hostilidades, com as suas forças aumentando gradualmente, a rotina anual passou a ser o envio, todas as primaveras, de colunas que se internavam cada vez mais em território não subjugado, onde construíam fortes mal acabados com materiais locais, nos quais uma guarnição era abandonada durante meses, bem provida de alimentos e munições. Depois de a força principal abandonar a área, toda a saída em busca de água, para efectuar reparações no exterior das muralhas ou para qualquer outra coisa sujeitava as tropas a eventuais emboscadas.

Eram estes fortes, numa paisagem de deserto monótono e montanhas desoladas, sem nenhum contacto com a população local, sem se ver sequer um único animal vivo durante meses a fio, olhando-se dia após dia para as mesmas caras – ao ponto de serem odiadas – que levavam os homens à depressão. Meio a brincar, deitavam às culpas à mordidela da *cafard* (*), mas o problema era a privação sensorial, para a qual o único remédio era anestesiarem-se com a bebida.

A sensação de estarem constantemente vigiados por olhos invisíveis e o perigo omnipresente de serem mortos por uma bala de um

---

(*) Barata. (*N.T.*)

atirador escondido desgastava os nervos de homens que viviam na ponta da navalha. Com uma satisfação masoquista, contavam uns aos outros histórias de terror como a daquela noite em Tadlount, em Marrocos, no ano de 1923, quando o tenente Aage enviara quatro homens de guarda para uma torre vizinha, onde deveriam passar a noite depois de retirada a escada que constituía o único acesso. De manhã, não tendo os soldados regressado ao forte, Aage saiu a investigar com seis homens. Encontraram a escada no deserto. Na torre, o cabo, um alemão, jazia com a garganta cortada de orelha a orelha; agachado a um canto, estava um legionário russo, enlouquecido mas fisicamente incólume. Os outros dois legionários nunca mais foram vistos. Histórias como esta propagavam-se rapidamente.

Bem podiam os oficiais, entre os quais o príncipe Aage, falar de cargas à baioneta como um trabalho maravilhoso. A realidade quotidiana da guerra em Marrocos eram as privações, as torturas e as mutilações, que davam excelente material para memórias sensacionalistas de legionários, tais como *Hell Hounds of France* e *Legion of the Lost*, pelo «ex-legionário 1384» ([300]).

O homem do momento, que soube explorar a vulnerabilidade e o baixo moral das forças coloniais francesas e espanholas em Marrocos, foi um excepcional senhor da guerra berbere da tribo Banu Uriaghel. Abd el-Krim foi educado por professores europeus no enclave espanhol de Tetuão, e também frequentou a escola islâmica de Fez, após o que entrou para o Departamento de Assuntos Nativos. Eleito *qadi al-qudat* ou principal juiz muçulmano de Melilla, foi editor do suplemento em língua árabe do jornal espanhol *El Telegrama del Rif*. Preso em 1917 por escrever artigos anticolonialistas, foi libertado no ano seguinte mas acabou por recear pela sua segurança quando as autoridades espanholas começaram a atacar os dissidentes e a entregarem refugiados de território francês, algo que não era habitual.

Estabelecendo-se nas montanhas do Rif com o seu irmão como chefe do estado-maior, el-Krim conseguiu realizar a difícil proeza de formar uma confederação temporária de tribos para combater os Espanhóis, matando cerca de 13 000 dos seus soldados, incluindo o general Manuel Silvestre, o oficial mais graduado do Norte de África espanhol. Na segunda metade da campanha, Abd el-Krim também pôs a Bandera em debandada e quase matou o coronel Francisco Franco,

---

([300]) Publicada em Londres por Sampson Low, Marston & Co. (sem data).

NOS DOIS EXTREMOS DO MEDITERRÂNEO

que se refugiou em Tetuão, em 13 de Dezembro de 1924, deixando mortos no terreno várias centenas de soldados. As armas abandonadas na debandada foram cuidadosamente recolhidas pelos guerreiros para utilização futura. Assim se concretizou o pesadelo dos colonos militares e civis do século XIX, resumido na copla de Hilaire Belloc:

> Pelo menos, a metralhadora Maxim
> É algo que eles não têm; mas nós, sim.

Abd el-Krim não dispunha apenas de metralhadoras; também beneficiava de uma imprensa favorável, com os jornalistas britânicos e americanos aparentemente convencidos de que ele pretendia introduzir uma democracia ao estilo ocidental [301]. Mais importante ainda era o facto de ele se ter apoderado da artilharia de Franco. Não estando disposto a esperar até que os canhões fossem apontados contra si, Lyautey decidiu atacar primeiro, estabelecendo uma linha de bloqueio com sessenta e seis fortes guarnecidos por tropas senegalesas e argelinas, de Fez até Kifan, em território reclamado mas não ocupado pela Espanha.

A Legião não teve grande participação nestes acontecimentos, dado que o receio de que os homens desertassem para território espanhol fez os seus comandantes manterem-nos bastante longe da fronteira. Quando a ameaça de serem enviados para Béchar não impediu 106 dos seus homens de desertarem – a pé – para o Marrocos espanhol, Fernand Maire introduziu um sistema de prémios, oferecendo aos guerreiros berberes locais 20 francos por devolverem um desertor vivo ou 100 francos pela cabeça.

Isto contrastava com a abordagem psicologicamente inteligente de Abd el-Krim, que proibiu os seus homens de torturarem e matarem os desertores da Legião, contratando-os como instrutores para transmitirem aos guerreiros a sua experiência com as armas capturadas. Para encorajar mais legionários a desertarem, imprimiu folhetos em alemão que eles poderiam usar como salvo-condutos, e que prometiam melhor soldo do que na Legião e/ou repatriação via Tânger. Depois de ser capturado, Abd el-Krim admitiu a um jornalista que nunca confiara nos desertores da Bandera ou da Legião, e que só os deixava entrar em acção vigiados de perto.

---

[301] Wellard, *The French Foreign Legion*, p. 95.

A Legião Estrangeira

Durante o período em que os adidos militares e cônsules franceses recrutaram activamente no estrangeiro para preencher as vagas do pós-guerra, ocuparam-se do transporte de homens que, em muitos casos, se tinham alistado por capricho ou por não terem que comer, e que teriam mudado de ideias se fossem enviados para França sozinhos. É por esta razão que a Legião não oferece transporte aos potenciais legionários. Se não têm a iniciativa ou a determinação suficientes para chegarem a um centro de recrutamento em França pelos seus próprios meios, não interessam([302]).

Joseph Klems constitui um bom exemplo. Originário de Düsseldorf, alistou-se na Legião em 1920 e serviu numa companhia montada do 2.º REI, conquistando as divisas de sargento dois anos mais tarde. Por razões relacionadas com os maus tratos que infligia aos subordinados, foi punido. Em muitos exércitos, os oficiais subalternos são promovidos, despromovidos e novamente promovidos. Era certamente um processo normal na antiga Legião, onde a bebida levava muitos homens a perderem as divisas. Mas no caso de Klems, já sem a protecção da patente, foi posta à prova às mãos de homens que tinha feito sofrer quando era sargento.

Em vez de aceitar o castigo e aprender a comportar-se melhor da próxima vez que fosse promovido, Klems desertou com a espingarda, em 1923, e fez-se passar, entre os berberes do Médio Atlas, por um *hadj-aliman*, um alemão convertido ao Islão e que fora em peregrinação a Meca. O castigo por ser descoberto teria sido cirúrgico. Para manter a fachada, Klems terá necessitado de algum domínio do Alcorão, ou talvez de uma mentalidade de vigarista. Seja como for, Abd el-Krim viu nele o homem pelo qual vinha esperando e colocou-o à frente da artilharia e das metralhadoras capturadas ao general Silvestre, nessa altura muito necessitadas de alguns cuidados e carinhos.

Até Lyautey ter traçado a sua linha na areia demasiado perto para o gosto de Abd el-Krim, o senhor da guerra berbere não tivera problemas com os Franceses. Porém, dado que a nova linha de fortins isolava os rifenhos das suas fontes de alimentos no vale de Ouerrha, lançou 4000 guerreiros contra as fortificações, no dia 13 de Abril

---

([302]) Os *engagés volontaires* ainda realizam odisseias notáveis para chegarem a um centro de recrutamento, como foi o caso do candidato arménio mencionado na Introdução, que se deslocara a pé do seu país, percorrendo cerca de 4000 km.

Nos Dois Extremos do Mediterrâneo

de 1925. Graças ao treino em tácticas modernas de infantaria que tinham recebido de Klems, os guerreiros berberes descartaram a tradicional *fantasia* de se exporem deliberadamente às balas francesas numa demonstração da sua confiança na protecção de Alá. Metade dos fortes de Lyautey foi neutralizada em semanas: trinta foram evacuados por serem indefensáveis, e nove foram tomados de assalto por el-Krim e Klems, sendo os defensores massacrados.

Embora certamente pleno de sensacionalismo, este relato de um anónimo legionário britânico descreve o que era sofrer semelhante ataque:

Acordei com um grito agudo, como o de uma criança gritando de dor, e depois uma descarga de tiros de espingarda encheu o ar, seguida do conhecido grito de «*Illaha, illah allah akbar!*» (*). Pus-me em pé de um salto, enquanto o oficial subalterno gritava, «*Aux armes! Aux armes! Prenez la garde, légionnaires!*». Os homens gritavam ao tombarem, trespassados por facas ou balas. O meu amigo Dell [um canadiano], o único homem de quem eu gostava na Legião, fora esventrado do peito para baixo, e os seus olhos tinham uma triste expressão de surpresa no seu rosto branco de morte. Uma mão agarrava a espingarda, a outra já não existia.

Ao ver os rostos escuros dos árabes à minha frente e sabendo que tinham sido eles quem esventrara o meu camarada, enlouqueci de fúria e lutei como um louco. Proveniente do outro lado do forte, ouvi o matraquear seco das metralhadoras, mas onde nos encontrávamos não podiam ser usadas porque o inimigo estava entre nós. [O capitão] parecia mais louco do que nunca, e de quando em quando ria a bandeiras despregadas. Esvaziou o revólver na direcção em que a luta era mais renhida, de pé, à beira da muralha, e subitamente, com um último grito de «*Vive la Légion!*», vi-o cair para trás e desaparecer ([303]).

No forte de Beni Derkul, o tenente Pol Lapeyre e os seus senegaleses resistiram durante sete semanas. Sem hipóteses de socorro, colocou cargas de demolição e, quando as portas foram finalmente despedaçadas por um aríete e os guerreiros entraram, mandou o forte pelos ares – consigo e com os seus homens. Para socorrerem outro forte sitiado e com as munições praticamente reduzidas à última bala

---

(*) «Só existe um deus, Alá é grande!» (*N.T.*)

([303]) «Ex-legionário 75645», *Slaves of Morocco*, Sampson Low, Marston & Co., 1938, pp. 144-146 (abreviado pelo autor).

– que os defensores poupavam para se suicidarem –, dois oficiais e quarenta legionários do 6.º Batalhão do 1.º RE ofereceram-se como voluntários para se infiltrarem pelas linhas de cerco e salvarem a guarnição.

Um tenente e dez homens chegaram ao fortim, onde o barulho da sua chegada levou os defensores a carregarem nos detonadores preparados para mandar tudo pelos ares. Isto obrigou os legionários a empreenderem imediatamente a viagem de regresso através das linhas inimigas, agora plenamente alertadas, na companhia dos sobreviventes da guarnição. Apenas três legionários conseguiram regressar à base, merecendo uma citação honrosa([304]).

Dado o rápido desenvolvimento da guerra aérea durante a Primeira Guerra Mundial, teria causado surpresa se o comando francês não tivesse usado aviões em apoio das tropas que operavam num terreno tão difícil e montanhoso. O ex-legionário americano Charles Sweeney foi contratado, com um orçamento extremamente reduzido, para transformar um grupo de aviadores acrobáticos americanos na Esquadrilha Xerifiana(*), que efectuou 470 missões na guerra do Rif até ser dissolvida, em Novembro de 1925, devido às pressões diplomáticas de Washington. Antecipando as últimas missões da Luftwaffe sobre as forças do general Paulus, isoladas em Estalinegrado, para lançarem caixas com Cruzes de Ferro, Jean-Marie de Lattre de Tassigny, futuro comandante supremo francês no Vietname, tentou que os pilotos de Sweeney largassem pequenos pacotes com cubos de gelo e medalhas nos fortes sitiados por Abd el-Krim. Não foi um sucesso. Era fácil bombardear aldeias tribais sem defesas anti-aéreas, mas efectuar largadas de precisão nos pátios de fortes cercados revelou-se impossível.

Lyautey pediu reforços a Paris, mas os seus senhores políticos fizeram ouvidos de mercador. A única concessão foi a autorização para formar unidades de cavalaria da Legião para compensar a dissolução dos sipaios argelinos, suspeitos de tendências nacionalistas. Nem todos os oficiais da Legião eram a favor de montar legionários a cavalo. O general Niessel, comandante do 19.º Corpo de Exército, em Argel, admitiu que poderiam desertar mais facilmente! Até Rollet considerava a cavalaria desnecessária, vendo a Legião como uma

---

([304]) «La Tragédie de Médouina», Vert et Rouge, n.º 28, 1950, pp. 40-45.
(*) Escadrille Chérifienne. (*N.T.*)

Nos Dois Extremos do Mediterrâneo

força de infantaria. E também se opôs à artilharia da Legião, porque os oficiais artilheiros eram matemáticos frios e calculistas, que estragariam o ambiente de fanfarronada das messes da Legião[305]. No entanto, foram formadas quatro companhias de sapadores, e vários batalhões receberam as suas próprias baterias de campanha.

Na guerra do Rif, Klems decidia perspicazmente que postos atacar e quais manter cercados por uma pequena força sitiante enquanto o Exército de Libertação Marroquino continuava o seu avanço vitorioso. Cada vitória da confederação tribal trazia mais homens para a bandeira de Abd el-Krim, o que levou Madrid e Paris, assustadas, a tentarem iniciar conversações de paz. Mas Abd el-Krim recusou-as, na esperança de lhes extorquir uma entidade política autónoma, a República do Rif.

Em Paris, Lyautey arcou com as culpas por uma situação que ele próprio previra. Em Junho de 1925, o homem que tinha governado Marrocos sozinho durante tantos anos foi votado ao esquecimento em França. Em Julho, Philippe Pétain, que se retirara da vida militar e política para fazer criação de galinhas com a sua nova mulher numa quinta na Provença, atravessou o Mediterrâneo para assumir o comando naquilo que era agora considerado uma guerra. Chegou a Marrocos com todas as vantagens que Lyautey pedira e lhe tinham sido recusadas.

Para restaurar a glória da França, foram retirados cinquenta batalhões ao exército de ocupação na Renânia e enviados para Marrocos. Confrontadas por 160 000 Franceses e 200 000 Espanhóis, as forças de Abd el-Krim desapareceram, enfraquecidas por más colheitas e por uma epidemia de tifo que devastou as suas aldeias de montanha. Ciente de que a campanha fragmentada que Lyautey travara contra um inimigo móvel era uma guerra muito diferente da que conhecera na Europa, o marechal Pétain, um velho soldado, era demasiado astuto para se lançar imediatamente na refrega. Uma lição que aprendera em St-Cyr era que o tempo gasto nos preparativos raramente é desperdiçado. Como tal, levou o seu tempo, recusando deixar-se arrastar para salvamentos prematuros de postos da Legião isolados, raciocinando que poderiam ser restabelecidos depois de ele derrotar Abd el-Krim, e que os homens que neles se encontravam não eram da sua responsabilidade.

---

[305] Porch, *The French Foreign Legion*, p. 392.

A LEGIÃO ESTRANGEIRA

Escrevia à mulher todas as tardes, instruindo-a detalhadamente sobre quais as galinhas a manter e quais a matar quando a quota de ovos que ele lhes definia não era cumprida, mas esta imagem doméstica compara-se mal com as suas actividades matinais: a máxima de Vegécio([306]), «Primeiro, devasta o território do inimigo», poderia ter sido o lema pendurado na parede do seu gabinete. Pétain lançou a sua ofensiva em meados de Setembro, com equipamento moderno, artilharia, divisões motorizadas, aviões de reconhecimento e colunas enormes de mulas, camelos e homens, incluindo mercenários marroquinos. Tudo fora meticulosamente organizado, até à colocação do *bordel mobile de campagne* no lugar mais seguro do avanço. Todas as noites, a sua dúzia ou mais de raparigas marroquinas entre os 15 e os 18 anos de idade eram visitadas por dezenas de homens segundo um horário pré-determinado([307]).

Incessantemente, as colunas de Pétain incendiaram plantações e destruíram casas para deixarem os guerreiros e as suas famílias famintos e sem abrigo sob as temperaturas negativas do cruel Inverno do Rif. No dia 8 de Maio de 1926, as forças espanholas e francesas, com o inimigo encostado à parede, massacraram tantos homens de Abd el-Krim que, duas semanas depois, a 23 de Maio, o seu líder foi encurralado. Cercado pelas forças francesas – felizmente para si –, Abd el-Krim assinou o tratado de rendição no dia 26 de Maio, com todos os seus sonhos de independência destroçados. Para incompreensão dos seus aliados espanhóis, que pretendiam fuzilar o líder berbere, Pétain exilou-o numa propriedade confortável na remota Ilha da Reunião, no Oceano Índico, com uma generosa pensão de 100 000 francos por ano.

Em 1947, como gesto de clemência, o primeiro presidente da IV República, Vincent Auriol, comutou a pena para um exílio mais agradável, na Riviera francesa. Quando o navio que transportava Abd el-Krim e quarenta e dois membros da sua casa atravessava o Canal do Suez, o velho guerreiro, agora com 65 anos de idade, conseguiu escapulir-se em Port Said e esconder-se entre os seus correligionários. Viveu no Cairo pregando a libertação do Magrebe até pouco antes do seu início pela FLN, em 1954.

([306]) O *Epitoma rei militaris*, um tratado sobre guerra escrito por Flávio Vegécio Renato (século IV d. C.), ainda era estudado em St-Cyr em 1894, quando Rollet frequentava a academia.

([307]) Wellard, *The French Foreign Legion*, p. 96.

A derrota da confederação às mãos de Pétain não impediu os guerreiros do Rif de regressarem a casa para reconstruírem as suas aldeias arruinadas e desafiarem os Franceses a partir de inacessíveis bastiões de montanha, tal como os Pathans haviam desafiado os soldados do Raj na Fronteira do Noroeste. Os últimos rifenhos só se renderam no Verão de 1933.

Tem sido afirmado que o êxito inicial de Abd el-Krim contra as tropas espanholas e francesas inspirou outras insurreições coloniais, em particular a Revolta Drusa de 1925, na Síria, mas tudo o que possuem em comum é a mesma atitude arrogante por parte dos administradores coloniais europeus, insensíveis aos costumes locais e religiosos.

Os povos nativos não sabiam, mas o Médio Oriente fora talhado muito antes, no dia 9 de Maio de 1916, por um acordo assinado por Sir Mark Sykes, pela Grã-Bretanha, e Georges Picot, representando a França, mantido secreto até ser «denunciado» pelo governo russo pós-revolucionário. As provisões principais eram que, depois da guerra, a França ficaria com a Síria, o Líbano e outro território qualquer, enquanto que a Grã-Bretanha se apoderava do Iraque, rico em petróleo, e dos portos palestinianos de Haifa e Acre, até aos quais seria construído um oleoduto(*). A missão do arqueólogo convertido em soldado T. E. Lawrence(*), iniciada em Outubro do mesmo ano, foi uma fraude, e a sua promessa ao xerife Hussein ibn-Ali de Meca de que ele teria um país para governar após a guerra em troca da sublevação das tribos do Hejaz(*) contra o Império Otomano foi completamente falsa. Poucas vezes tanta desgraça teve origem em meia dúzia de mentiras.

Para garantir que os Britânicos não se esqueciam do seu acordo com a França, Paris enviou um regimento de marcha para combater

---

(*) Mais exactamente, à França caberia a Arménia, a Síria otomana (Síria, Líbano e partes do Centro e Sul da Turquia) e o Norte do Iraque. A Grã-Bretanha ficaria na posse do Sul do Iraque, Jordânia, Kuwait, da costa norte da Arábia Saudita e de uma área em redor de Haifa. A maior parte da Palestina seria convertida numa zona internacional. As áreas britânica e francesa seriam administradas directamente pelas potências ocupantes e por um ou mais Estados árabes seus clientes. Foi também decidida a cedência, à Rússia, do Bósforo e as quatro províncias arménias turcas, mas a França e a Grã-Bretanha suspenderam esta parte do acordo após a Revolução Russa de 1917. (N.T.)

(*) Lawrence da Arábia. (N.T.)

(*) Região ocidental da Arábia Saudita, encostada ao Mar Vermelho, entre Haql e Jizan, que inclui as importantes cidades de Meca, Medina e Jeddah. (N.T.)

A Legião Estrangeira

no exército do general Allenby (*). Era constituído por uma miscelânea de tropas – mais do que o habitual –, compreendendo infantaria francesa e argelina, uma esquadrilha aérea, um esquadrão de cavalaria africana e alguns oficiais para comandarem um miscelânea de ex-soldados sírios e arménios recrutados localmente. Este último elemento era conhecido por Legião do Oriente e conseguiu alguns êxitos notáveis contra os Turcos.

Quando os Franceses tomaram posse da Síria e do Líbano, depois da Primeira Guerra Mundial, com a aprovação da Sociedade das Nações, um dos seus primeiros actos foi expulsarem de Damasco o xerife Hussein, após o que os Britânicos, embaraçados, lhe ofereceram um prémio de consolação sob a forma de um trono fantoche em Bagdad. Entre a mistura de religiões e raças que Hussein deixou para trás na Síria e no Líbano, encontrava-se a minoria religiosa de 100 000 drusos ou *al-muwahhidun* (*), que tinham rompido com o resto do Islão no século XI e não autorizavam a conversão à sua fé nem o casamento com não drusos.

Com todos os seus compromissos no Norte de África e os problemas de recrutamento do pós-guerra, a Legião tinha poucos efectivos disponíveis, mas para estabelecer o controlo francês na Síria foram embarcados para a região dois batalhões do 4.º REI e um esquadrão do 1.º REC, bem como alguns cameleiros sarianos comandados por oficiais franceses, e tropas coloniais do Senegal e de Madagáscar. A guerra de «pacificação» que se seguiu foi muito semelhante à que se travava no Rif, com atrocidades cometidas por ambas as partes, mas não carecia da inspiração de Abd el-Krim nem de mais ninguém: os ingredientes eram locais.

Em 1923, a situação estava relativamente tranquila, quando um tal capitão Carbillet foi nomeado governador da área de Jabal al--Duruz, onde residia a maioria dos drusos. Carbillet parece ter pertencido à melhor categoria de administrador colonial francês, conseguindo espremer dos impostos que cobrava os fundos necessários à construção de escolas e estradas e ao fornecimento de água potável,

---

(*) Comandante da Força Expedicionária Egípcia que conquistou a Palestina e a Síria ao Império Otomano, em 1917 e 1918. (*N.T.*)

(*) «Monoteístas» ou «unitários». Conhecemos melhor a palavra como designação de uma dinastia norte-africana, os Almóadas. (*N.T.*)

368

Nos Dois Extremos do Mediterrâneo

e para outras formas de melhorar a vida da população local. Em 1925, Carbillet demitiu-se ou foi demitido, e cinco líderes drusos procuraram avistar-se com o alto-comissário francês para a Síria para receberem garantias quanto ao seu sucessor.

O alto-comissário era o general Maurice Sarrail, que encontrámos pela última vez conduzindo os legionários sobreviventes dos Dardanelos para Salonica, na Primeira Guerra Mundial. A nomeação de um dos soldados menos diplomáticos de França para semelhante posto foi uma opção desastrosa. Em vez de ouvir os drusos, meteu-os na prisão como castigo pela sua descarada afronta. Foi como uma faúlha num barril de pólvora. A partir de Julho de 1925, os guerrilheiros drusos, liderados pelo sultão al-Atrash, atacaram povoações e comboios, e derrotaram várias unidades francesas durante o mês de Agosto, incluindo destacamentos do 4.º REI. Em Setembro, juntaram-se aos drusos os nacionalistas sírios, apelando a uma insurreição nacional. Com Damasco em brasa, os Franceses bombardearam a cidade, provocando mil baixas(308) e atiçando literalmente as chamas da revolta em toda a Síria e Líbano.

Em Paris, a reacção do governo à derrota de uma força mista de 3000 soldados malgaxes e sírios em uniforme francês foi ordenar a Sidi-bel-Abbès que enviasse um batalhão de legionários para a Síria para impor a ordem. O legionário americano Bennett Doty, originário de Dermopolis, no Alabama, pertencia ao 8.º Batalhão do 1.º REI e escreveu um livro acerca das suas experiências, *Legion of the Damned* [Legião dos Malditos]. Bem poderia ter-se chamado *Legião dos Bêbedos*; segundo ele, a viagem marítima até Beirute foi, do princípio ao fim, uma longa farra alcoólica.

Isto coaduna-se com a história do mineiro galês desempregado John Harvey, que se alistou e deu por si a tratar das montadas dos aristocráticos russos brancos do 4.º Esquadrão do 1.º REC, em Sousse, na Tunísia. Destacado para a Síria com 165 cavalos e 15 mulas de carga, Harvey ficou trancado na cabina do seu tenente para não desertar quando o transporte *Porthos* atracou nos portos de Alexandria, Port Said e Jaffa, sob controlo britânico. O seu confuso relato dos combates na Síria é interessante porque ilustra a quantidade

---

(308) *Ibid.*, p. 101.

A Legião Estrangeira

de soldados que lutaram – à semelhança dos Tommies(*) em França, em 1914-1918, que julgavam que a Alemanha se localizava do outro lado do horizonte – sem fazerem a mínima ideia de onde se encontravam ou porque é que estavam a combater. E exceptuando a organização da sua unidade e oficiais, ele também conhecia mal a estrutura da Legião.

A geografia levantina de Harvey é igualmente vaga, mas o seu relato da viagem do porto de Beirute para o interior num comboio atacado pelos drusos é bastante explícito, com os atacantes cavalgando ao lado da composição como índios num *western* e os legionários ripostando das janelas das carruagens. Os drusos ficaram nitidamente em desvantagem quando a companhia de metralhadoras do 4.º REI abriu fogo sobre eles, mas o comboio chegou a Damasco com quatro camaradas de Harvey feridos e três passageiros civis mortos. A sorte dele foi a presença dos metralhadores. Num ataque recente na mesma linha, as baixas tinham ascendido a mais de setenta, com o comboio avançando descontroladamente durante vários quilómetros depois de o maquinista ter sido abatido a tiro. Um passageiro conseguira chegar à locomotiva e evitar o desastre fechando a válvula da pressão[309].

No dia 10 de Setembro de 1925, Doty, Harvey os cossacos e os ex-hussardos do 1.º REC juntaram-se ao 5.º Batalhão do 4.º REI na aldeia de Musseifré. Construíram uma pista de aviação e seis bastiões em redor da povoação, enquanto o 1.º REC colocava um perímetro de cavaleiros para os proteger dos drusos que se sabia estarem nas vizinhanças. Sob o calor do fim do Verão, dispondo apenas de rações de combate e da água lamacenta proveniente de um poço que tinha de ser fervida para se poder beber, os camaradas de Doty, privados de álcool, estavam à beira de um motim decorridos três dias de trabalhos.

Em 16 de Setembro, quando os batedores deram conta, através de um heliógrafo, da aproximação um grande grupo de drusos, ninguém parece ter prestado muita atenção. Às 03:00 da manha seguinte, os primeiros tiros fizeram os defensores disparar foguetes luminosos que

---

(*) O termo Tommy ou Tommy Atkins designava as praças do Exército Britânico durante as duas guerras mundiais, estando principalmente associado à Primeira. As tropas do Commonwealth também chamavam Tommies aos soldados britânicos. Não existe consenso quanto à origem do termo. (*N.T.*)

[309] J. Harvey, *With the Foreign Legion in Syria*, Fresno, Linden Publishing, 2003, pp. 86-87 (originalmente publicado pela Hutchinson, em Londres, em 1928).

revelaram centenas de homens vestidos de branco rastejando para as inadequadas defesas de arame farpado. Alguns infiltrados mataram os homens que guardavam os cavalos dos legionários e massacraram alguns animais no local, fugindo da cidade montados nos outros, passando entre os bastiões. Os atiradores de elite da Legião reagiram como se estivessem a praticar desporto, abatendo primeiro os cavalos e usando os cavaleiros em fuga para tiro ao alvo.

Quando se deu o ataque principal, o inimigo era em tão grande número que as metralhadoras encravaram devido ao sobreaquecimento. Disparando pelos buracos, Doty viu a massa de atacantes chegar várias vezes a poucos metros das muralhas. Alvejados também pelos inimigos que tinham subido para os telhados das casas e do túmulo de um homem santo, localizado na sua retaguarda, os bêbedos desleixados cujo comportamento a bordo do navio tanto escandalizara Harvey revelaram a sua verdadeira faceta de soldados altamente treinados e disciplinados, senhores de nervos de aço. Um canhão de 37 mm tratou dos infiltrados nos telhados, mas só depois de vários oficiais e oficiais subalternos terem sido abatidos.

Próximo do alvorecer, o comandante, o capitão Landriau, esperava que os aviões franceses bombardeassem os drusos depois de nascer o dia. As munições escasseavam e os homens foram avisados para guardarem a última bala para si próprios, mas os drusos desapareceram com o alvorecer, levando os seus feridos. Em 165 homens, o 1.º REC perdeu 25 mortos, e sofreu 24 feridos. Foram socorridos por um batalhão do 16.º de *Tirailleurs* argelinos, que carregou sobre a aldeia e eliminou os poucos drusos que ainda lá se encontravam.

No dia 19 de Novembro, os mesmos homens, comandados pelo capitão Landriau e na companhia de um esquadrão de sipaios tunisinos, encontravam-se num forte construído pelos Turcos em Rachaya, nas espaldas do Monte Hermon. Uma patrulha, comandada pelo tenente Gardy, foi emboscada nas redondezas, primeira indicação de que uma força 4000 drusos, bem provida de armas e munições provenientes de depósitos turcos saqueados, cercara o forte. A única forma de comunicar com o exterior era através de pombo-correio. A última mensagem da guarnição foi «Enviem um batalhão». Mais uma vez, as munições tornaram-se tão escassas que as cargas à baioneta eram o único modo de repelir os atacantes e conseguir algum alívio. Foi um guião de Hollywood ao contrário: a cavalaria morrendo apeada até

A Legião Estrangeira

ser salva por uma coluna de infantaria argelina proveniente do vale de Bekaa.

No outro extremo do Mediterrâneo, prosseguia a guerra no Rif. Em Djihani, em 1929, um inexperiente tenente italiano deixou-se atrair para um combate em campo aberto, que resultou na morte de quarenta e um legionários. Estas perdas nada eram quando comparadas com as da Primeira Guerra Mundial, mas a opinião pública francesa ficou indignada e foram finalmente tomadas medidas para modernizar o equipamento da Legião. Em Março de 1930, foi criada a primeira companhia motorizada, em Mèknes, substituindo as mulas do tenente Gambiez e os homens da companhia montada do 2.º Batalhão do 2.º REI por quatro carros blindados Berliet. Dado que o transporte motorizado carecia de estradas, estas foram construídas com o apoio da experiência da Legião em engenharia civil. Foi construída uma auto-estrada de 140 km entre Marraquexe e Ouarzazarte, que necessitou da abertura, à picareta, de um túnel de 70 m através de uma montanha que ficava no caminho.

A guerra de escaramuças e razias continuou a atiçar as chamas do ódio, que irromperam em 23 de Maio de 1930, quando uma companhia montada da Legião foi cercada no Wadi Guir por 750 guerreiros, sendo apenas salva da aniquilação pelos seus camaradas da 3.ª Companhia Montada do 2.º REI e um esquadrão de sipaios. No dia 29 de Agosto, a 1.ª Companhia Montada do 2.º REI sofreu vinte e um mortos em Tadighoust.

Um bastião inimigo resistiu à Legião durante três meses. No Djebel Badou, nas montanhas do Atlas, 3000 guerreiros e suas famílias, apoiados por várias centenas de refugiados e com os seus rebanhos de 15 000 ovelhas, acabaram por ser expulsos das suas casas e refugiaram-se nas muitas grutas da área, saindo apenas para irem buscar água às fontes vizinhas. Bombardeados pela aviação e implacavelmente metralhados, os guerreiros acabaram por se render para saciarem a sede das suas famílias, mas não antes de muitos homens se terem atirado para um precipício com a satisfação de levarem um legionário consigo depois da sua longa escalada. Depois de os «rebeldes» terem entregue as armas, foi-lhes esfregado metaforicamente sal nas feridas através da realização de um desfile de vitória francês no local, cujos participantes celebraram depois com um *méchoui* feito com as ovelhas dos guerreiros, assadas inteiras sobre as brasas de uma gigantesca fogueira. Parecia uma cena de um

Nos Dois Extremos do Mediterrâneo

daqueles filmes sobre o deserto que se apoderavam da imaginação dos candidatos a legionários entre as guerras mundiais.

Um dos segredos menores da história é se algum legionário se terá sentido motivado ao assistir à opereta *Desert Song*, com música de Sigmund Romberg e letra de Oscar Hammerstein. O enredo tinha algumas parecenças com a história de Klems. Encurralado finalmente numa gruta pelos franceses depois de ter sido traído por uma das suas involuntárias mulheres berberes, esperava-se que resistisse heroicamente e depois tomasse «a atitude correcta», suicidando-se para não ser capturado.

Mas Klems não o fez. Rendeu-se, foi julgado em conselho de guerra e condenados à morte, no início de 1927. Todavia, a instabilidade política que se vivia em Paris e a pressão exercida por diplomatas alemães fizeram com que a pena fosse comutada para prisão perpétua na Ilha do Diabo. Depois de sete anos de miséria e fome na ilha, ele foi libertado em 1934, após a pressão diplomática exercida sobre Paris por Berlim, a mando do novo governo nacional-socialista de Hitler. Repatriado para a Alemanha, Klems suicidou-se na cadeia quando cumpria pena por um crime menor, pouco antes de Hitler invadir a Polónia, em 1 de Setembro de 1939.

27

Veteranos e Voluntários

FRANÇA, 1939-1940; NORUEGA, 1940

A versão geralmente aceite nos países anglo-saxónicos da derrota e capitulação da França, em 1940, foi criada quando a Grã-Bretanha, sozinha, levantou o seu próprio moral acusando os seus aliados continentais de a terem «abandonado». Esta simplificação é tão verdadeira – e tão enganadora – como a de um francês dizer que os Britânicos combateram até à última gota de sangue francês antes de renunciarem unilateralmente às suas obrigações em Dunquerque.

Ao denegrirem o Exército Francês por falta de espírito combativo, os Britânicos podiam dar palmadinhas nas costas uns aos outros e dizer, «Aqui, nunca seria assim», ignorando o facto de que a Grã-Bretanha estava tão mal preparada para a guerra como a França, não obstante os sérios avisos de Churchill e do «partido belicista» (*). A única razão pela qual «nunca foi assim» decorre de a Grã-Bretanha ter um mínimo de 20 milhas marítimas a separar as suas costas da Wehrmacht, que estava bem equipada e treinada para travessias de rios no continente mas não para uma invasão da Grã-Bretanha, que não constava das intenções originais de Hitler.

O erro monumental do estado-maior general francês foi considerar o imenso investimento nas cidadelas subterrâneas e na artilharia

---

(*) O chamado «grupo de Churchill» era constituído por Winston Churchill, Duncan Sandys (seu genro) e Brendan Bracken. (*N.T.*)

VETERANOS E VOLUNTÁRIOS

imóvel da Linha Maginot como um Canal da Mancha. Incrivelmente, esqueceram-se do Plano Schlieffen modificado que tão rapidamente levara os Alemães aos arredores de Paris, em 1914, e não quiseram olhar para a geografia: na extremidade ocidental da Linha, a Holanda e a Bélgica proporcionavam uma ponte terrestre ideal para os *Panzers* de Guderian a flanquearem – tal como haviam feito os pais dos seus tanquistas, envergando os uniformes do *Kaiser*, vinte e cinco anos antes.

O *Anschluss* com a Áustria e a invasão da Checoslováquia, em 1938, e o fim da Guerra Civil de Espanha, em 1939, tinham gerado fluxos de voluntários para a Legião. No Verão desse ano, com a guerra aproximando-se cada vez mais, o Ministério da Guerra francês não conseguiu decidir-se relativamente aos estrangeiros que se ofereciam para combater pela França. As hesitações continuaram até 16 de Setembro, ia já a guerra na segunda semana. Entre os que aguardavam uma resposta encontrava-se o aviador francófilo Charles Sweeney, que voltou a oferecer-se para formar uma esquadrilha com pilotos americanos e aviões franceses. Ainda estava à espera em Maio de 1940, mas nessa altura a proposta já fora ultrapassada pelos acontecimentos.

Alguns estrangeiros residentes em França ofereceram-se por uma questão de convicção política, outros por amor ao país e ao seu modo de vida, consideravelmente mais tolerante em relação aos negros, à bebida, às drogas e ao inconformismo sexual do que a Grã-Bretanha ou a América da década de 30. Outros eram exilados políticos da Alemanha e de países do Leste europeu, convencidos de que um uniforme francês lhes garantiria um seguro contra o dia em que a Gestapo fosse à sua procura.

Tal como em 1914, foi decidido que os estrangeiros só poderiam servir com o uniforme da Legião. O primeiro regimento da Legião a chegar a França foi o 11.º REI, comandado pelo coronel Fernand Maire, um veterano várias vezes ferido, compreendendo 2500 legionários veteranos e 500 reservistas da Legião, com um elemento blindado da 7.ª Divisão Norte-africana e do Grupo de Reconhecimento Divisional n.º 97 (*). Para distinguir as novas unidades voluntárias desta «antiga» Legião, foram formadas em Regimentos de Marcha de Voluntários Estrangeiros (RMVEs), com um número a começar por 20. Em 1939, o 21.º RMVE e o 22.º RMVE recrutaram mais ou menos qualquer estrangeiro que pretendesse envergar um uniforme

---

(*) Groupement de Reconnaissance divisionnaire n° 97. (*N.T.*)

A Legião Estrangeira

francês, e receberam um núcleo de oficiais e oficiais subalternos da Legião, completando o quadro com reservistas da Legião chamados às armas. Em Maio de 1940, foi formado o 23.º RMVE.

Excluindo os 3000 refugiados antifascistas espanhóis com experiência de combate que tinham fugido a Franco no fim da Guerra Civil de Espanha e sido mantidos, desde então, em campos de concentração no Sul de França, muitos dos voluntários dos RMVE eram empregados de escritório, em má condição física. Depois de se alistarem, todos eles tendiam a causar fricções por se congregarem em grupos nacionais por causa de problemas linguísticos, e a natureza argumentativa dos judeus de Leste irritava os oficiais subalternos veteranos quando respondiam às suas ordens com um «Porquê?». E os oficiais subalternos reservistas não estavam muito contentes por voltarem a envergar o uniforme da Legião: agora com mulher e filhos, tinham dificuldade em regressar aos copos e às zaragatas da vida de solteiro.

Cada um dos RMVE e o 12.º REI, depois de os efectivos terem sido completados com voluntários, tinha cerca de 300 recrutas judeus. Outros 400 recebiam instrução no Norte de África, e no 12.º REI do coronel Maire, em La Valbonne, perto de Lyon, existiam outros 1800. Esta proporção elevada começou a alarmar não só os oficiais da Legião mas também o estado-maior general, que tentavam transformar estes civis cultos e académicos em soldados cegamente obedientes. No dia 14 de Fevereiro de 1940, numa altura em que seria de pensar que qualquer soldado era melhor do que nenhum, o estado-maior general emitiu instruções no sentido de que, no futuro, os voluntários judeus para a Legião deveriam ser recusados sob vários pretextos, mas sem tornar evidente que estavam a ser alvo de «medidas especiais».

Além da política da Legião de evitar concentrações de qualquer nacionalidade, havia uma segunda razão para desconfiar dos Espanhóis e europeus de Leste: ambos os grupos incluíam muitos comunistas. Desde a assinatura do Pacto de Não Agressão Germano-Soviético, em 23 de Agosto de 1939, a Internacional Comunista, que controlava os partidos comunistas não soviéticos, era pró-alemã e continuaria a sê-lo até Hitler invadir a URSS, em Junho de 1941. Por conseguinte, qualquer comunista ocidental era suspeito no início da guerra, quando o Partido Comunista Francês foi proibido e muitos dos seus membros passaram à clandestinidade. Em Barcarès, nos Pirinéus, o 22.º RMVE contava

VETERANOS E VOLUNTÁRIOS

quarenta e sete nacionalidades mas continha 25% de Espanhóis – na sua maioria refugiados que tinham combatido no lado republicano e comunista durante a guerra civil.

Independentemente das suas características políticas ou raciais, estes voluntários fizeram a instrução à pressa e receberam equipamento obsoleto – quando receberam – de uma intendência em caos. No 12.º REI, a situação era tão má que o tenente Georges Masselot teve que escrever os seus próprios manuais de instrução para as armas distribuídas, maioritariamente obsoletas e para muitas das quais não existiam peças sobressalentes, o que as tornava naturalmente inúteis. Com poucos cinturões e bandoleiras disponíveis, os seus homens prenderam o equipamento com cordas ([310]).

Uma unidade estrangeira de reconhecimento móvel, o GERD n.º 97, foi constituída a partir do 2.º Esquadrão do 1.º REC com oficiais do 2.º REC, formado em Julho de 1939 e dissolvido após o Armistício de Junho de 1940. De todas as formações da Legião em França, apenas a 13.ª DBLE estava armada com a moderna espingarda de infantaria modelo MAS 36 – e isto para a missão em Narvik. As outras utilizavam ainda a Lebel, que já estava ultrapassada na Primeira Guerra Mundial. Tendo em conta a ênfase dada aos *Panzers* na vanguarda do avanço alemão, é deplorável que os voluntários nunca tenham recebido armas antitanque. No entanto, tendo os RMVE permanecido em campos de treino até Maio de 1940, não parece ter existido uma verdadeira intenção de os deixar entrar em combate – até que a situação se tornou tão desesperada que eles foram atirados para a frente na base do tudo ou nada.

No dia 11 de Maio, o 12.º REI recebeu ordens para abandonar o campo de instrução em La Valbonne e entrar imediatamente em acção. Com 600 polacos e 900 espanhóis ([311]), foi incumbido da defesa de Soissons, na Picardia. Atacado por *Stukas* e *Panzers*, no dia

---

([310]) *Képi Blanc*, n.º 490, Maio de 1989.

([311]) Incluindo o remetente do postal da Figura XX. A mensagem, com erros ortográficos e gramaticais, é dirigida a Pierre Genty, a/c Madame Genty, em La Vigne St-René, Côtes du Nord. Diz o seguinte: «Valbonne, dia 7. Meu pequenino, duas palavras para te dizer que me encontro de boa saúde e espero que este postal também te encontre bem. Vou de licença na terça ou quarta, mas podes escrever--me para casa. São só sete dias – depois, é a frente. Mas não te preocupes comigo, espero ver-te antes de partir para a frente. [ilegível] deixo-te por um instante. [assinado] Aquele que te ama e pensa em ti».

A LEGIÃO ESTRANGEIRA

6 de Junho, depois de romper o cerco a que fora sujeito, o regimento ficou esfrangalhado. O comandante, o coronel Besson, comentou posteriormente que os oficiais subalternos alemães, excelentes durante a instrução, haviam sido menos ousados em combate porque sabiam o que lhes aconteceria se fossem capturados. Um dos oficiais, o tenente Albert Brothier, apreciou a elevada motivação dos recrutas espanhóis e do Leste europeu – não importava que ignorassem as tradições da Legião e fossem desleixados na parada([312]).

Um incidente que ocorreu durante a retirada de Soissons ilustra outro problema dos voluntários «políticos». Um dos ex-comunistas polacos, que abandonara o partido depois de o Pacto de Não Agressão Germano-Soviético ter dividido a sua pátria entre os signatários, relata que, ao ser ferido, pediu ajuda aos seus camaradas que iam passando por ele a correr; mas eles, membros «leais» do partido, tinham-no abandonado à morte. Ficou a dever a vida a um veterano da Legião, um oficial subalterno que se arriscou para ir buscar o ferido([313]).

Acompanhando o fluxo de refugiados, o 12.º REI chegou a Limoges, no centro da França, por alturas da assinatura do Armistício, mas dos 2800 homens que tinham concluído a instrução restavam apenas 300. As baixas do 11.º REI de Maire, na frente do Somme, foram de 50% entre 9 e 22 de Junho, atingindo um total final de 75%. Para não cair na posse do inimigo, a bandeira regimental foi queimada perto da igreja de Crézilles, na área de Nancy. Foi também aqui, segundo o legionário Georges Manue, que foram fuzilados dois desertores, poucas horas antes do Armistício([314]), após o que os veteranos conseguiram atravessar um país afundado no caos, chegar à costa mediterrânica e embarcar para o Norte de África.

Quanto às unidades de voluntários, o 21.º RMVE foi transferido da Linha Maginot para a frente de Verdun, onde, na noite de 8/9 de Junho, foi despedaçado pelos ataques alemães e deixou praticamente de existir. Desarmados após o Armistício, em Nancy, os sobreviventes foram inicialmente colocados em «jaulas» e posteriormente em campos de prisioneiros permanentes. Na frente do Marne, no dia 13 de Junho, o 24.º RMVE abandonou as suas posições e fugiu, mas

---

([312]) *Képi Blanc*, n.º 490, p. 47.

([313]) Z. Szajkowski, *Jews and the Foreign Legion*, Nova Iorque, KATV, 1975,pp. 74-75.

([314]) Porch, *The French Foreign Legion*, p. 464.

VETERANOS E VOLUNTÁRIOS

não teria podido fazer muito mais dada a confusão generalizada à sua volta. O 23.º RMVE sobreviveu a dois dias e noites de pesadelo, sob constantes ataques dos *Panzers*, apoiados pelos *Stukas*, rompeu o contacto com o inimigo no dia 17 de Junho, quando Pétain emitiu uma ordem ambígua que foi considerada por quase toda a gente como uma indicação para depor as armas.

O desempenho do 22.º RMVE foi tão bom como o de qualquer regimento regular. Transportado do seu campo de treino para a frente da Alsácia, carecendo de muito equipamento essencial, foi imediatamente destacado para outra área. Depois de viajar de comboio e em camiões, efectuou uma marcha de seis dias no meio da confusão do principal ataque inimigo para chegar a Marchélepot, no Somme. Sofreu fortes ataques alemães entre 22 de Maio e 6 de Junho, dia em que ficou sem munições. Alguns voluntários usaram o seu último cartucho para rebentar os miolos, em vez de serem capturados pelos Alemães; outros, de origem Alemã, foram fuzilados imediatamente após a captura, não obstante os seus uniformes e documentos franceses. Dos restantes, muitos polacos e espanhóis viriam a morrer, não em campos de prisioneiros e tratados de acordo com as regras da guerra, mas em campos de concentração e campos de extermínio.

O desempenho dos voluntários não foi, pois, inferior ao das unidades regulares, mal comandadas e subjugadas ao longo de toda a frente. Tendo em conta que muitos dos voluntários civis sabiam que, após a captura, o uniforme francês que envergavam não seria respeitado em conformidade com a Convenção de Genebra, a sua coragem foi incrível.

Após a invasão aliada do Norte de África, os regimentos da Legião combateram pelos Franceses Livres de de Gaulle, mas uma unidade lendária foi gaullista durante toda a guerra e, em 1940, representava metade do seu exército. Formada na Argélia como um regimento de marcha mas mais pequeno, a 13.ª Meia-Brigada da Legião Estrangeira (13.ª DBLE), originalmente destinada à Síria, foi embarcada para França e posta a praticar técnicas de guerra no Árctico. Os legionários calcularam que iriam ser enviados para norte, mas num exército nunca se pode estar certo destas coisas.

Exactamente uma semana após a sua aliança com a Alemanha, a URSS invadiu o seu vizinho ocidental, a Finlândia. Durante o Outono e o Inverno, o minúsculo Exército Finlandês travou uma série de

A LEGIÃO ESTRANGEIRA

brilhantes acções de retaguarda contra o gigantesco Exército Vermelho, infligindo baixas enormes aos soldados russos, cujos melhores generais estavam a apodrecer nos campos do Gulag ou tinham sido fuzilados nas purgas de Estaline. Dado que a URSS se aliara à Alemanha nazi, a Grã-Bretanha e a França prepararam-se para intervir ao lado dos Finlandeses, através da Operação Petsamo. Contudo, devido às diferenças de opinião entre Londres, que pretendia concentrar-se na ameaça principal, em França, e o estado-maior general francês, que contemplava várias acções de diversão noutros pontos, na esperança de que atrasariam a invasão alemã ([315]), nada foi feito e os Finlandeses acabaram por capitular, em 13 de Março de 1940.

No dia 8 de Abril, navios da Royal Navy minaram as águas norueguesas contra uma invasão alemã. O governo de Oslo protestou, mas Hitler lançou a sua invasão no dia seguinte. Os Britânicos e os Franceses decidiram finalmente agir e destruir o porto estratégico de Narvik, a partir do qual o minério de ferro sueco, de elevada qualidade, era exportado para a Alemanha.

A 13.ª DBLE, comandada pelo tenente-coronel Raoul-Charles Magrin-Vernerey, foi integrada numa força mista que incluía duas brigadas norueguesas, um contingente polaco e três batalhões da 24.ª Brigada dos Guardas. O contingente francês era comandado pelo general Marie-Émile Antoine Béthouart. Zarparam de Brest no *Monarch of Bermuda*, um paquete da linha Canadian Pacific, sob escolta de sete navios da Royal Navy, e desembarcaram no dia 13 de Maio, contra forte oposição terrestre e aérea alemã, nos portos pesqueiros de Bjerkvik e Meby, cerca de 10 km a norte de Narvik, no fiorde de Herjangs. Simultaneamente, uma força britânica desembarcou a sul de Narvik, em Ankenes. O plano era avançar a partir das duas testas-de-ponte num movimento de tenaz que envolveria os 4500 alemães e austríacos ([316]) que ocupavam Narvik.

Béthouart formara-se em St-Cyr, na mesma classe de de Gaulle. Tal como Magrin-Vernerey, era o tipo de oficial que poderia ter travado o avanço alemão se dispusesse de efectivos e equipamento adequados. Magrin-Vernerey fugira de casa para se alistar na Legião, com

---

([315]) Johnson, P., *A History of the Modern World*, Londres, Weidenfeld & Nicolson, 1983, citado em Geraghty, March or Die, p. 217.

([316]) Embora o número inclua 1500 marinheiros alemães salvos de navios da Kriegsmarine, ainda assim as forças terrestres tinham uma superioridade numérica de dois para um sobre os atacantes.

Veteranos e Voluntários

15 anos de idade, mas fora obviamente rejeitado. Quando a Primeira Guerra Mundial terminou, ele era capitão no 60.º de Infantaria; fora ferido por sete vezes e nomeado Cavaleiro da Legião de Honra. O seu direito a uma pensão por incapacidade a 90% não o impediu de servir na Legião entre as guerras mundiais, no Norte de África, no Médio Oriente e no Vietname. Juntamente com Béthouart, ia alcançar a única vitória francesa de 1939-1940.

Quando os homens do 1.º Batalhão da 13.ª DBLM desembarcaram da sua improvisada frota de invasão – baleeiras de madeira rebocadas por MTB(*) –, entraram numa corrida contra o tempo, e sob condições meteorológicas adversas. A neve, em muitos locais manchada com o sangue dos habitantes locais, despedaçados pela artilharia naval, chegava-lhes aos joelhos. E no entanto, apesar das previsões pessimistas dos regulares, o capitão Pierre-Olivier Lapie ficou impressionado ao ver os seus espanhóis, anteriormente taciturnos, mostrarem a sua dureza em combate, enquanto que os europeus de Leste, cuja pletora de qualificações académicas valera à 13.ª DBLE a alcunha trocista de *la troupe des intellectuels*, demonstravam a sua verdadeira valia sempre que viam um uniforme alemão ([217]).

Cientes de que seria uma questão de dias até que as quarenta e cinco divisões da Wehrmacht do general Gerd von Rundstedt começassem a penetrar em França, Béthouart e Magrin-Vernerey estavam decididos a cumprir rapidamente a sua missão. Todavia, enquanto punham várias unidades alemãs em fuga, abandonando equipamento e homens que foram capturados, a «guerra fantasma» (*) chegou ao fim e os *Panzers* de Guderian lançaram-se na sua *Blitzkrieg* através da Holanda e da Bélgica.

No dia 24 de Maio, as tropas britânicas envolvidas na «diversão» norueguesa receberam ordens de retirada e prepararam-se para o seu cumprimento, mas Béthouart e Magrin-Vernerey ignoraram as

---

(*) Acrónimo de Motor Torpedo Boat, nome dado aos torpedeiros pelas marinhas da Grã-Bretanha, Noruega, Canadá e EUA durante a Segunda Guerra Mundial. (*N.T.*)

([217]) P.-O. Lapie, *La Légion Étrangère à Narvik*, Londres, John Murray, 1941, pp. 30-34.

(*) A «*phoney war*», «*drôle de guerre*» ou «*Sitzkrieg*» designa o período entre Setembro de 1939 e Maio de 1940, mediando entre o fim da conquista da Polónia e a invasão da França pela Alemanha, durante o qual praticamente não se registaram combates na fronteira franco-alemã. (*N.T.*)

A LEGIÃO ESTRANGEIRA

instruções enviadas por Paris para que fizessem o mesmo. Embora carecessem de forças suficientes para defender Narvik de um contra-ataque alemão, decidiram continuar a missão como forma de salvar o orgulho nacional no meio da derrota.

O 2.º Batalhão da 13.ª DBLE avançou a partir do sul; o 1.º fez-se ao mar e desembarcou imediatamente a norte de Narvik, na noite de 27/28 de Maio. Combatendo em enorme desvantagem, abriu caminho por uma série de túneis ferroviários fortemente defendidos, entrou na cidade, demoliu muitas instalações portuárias e destruiu vários aviões da Luftwaffe no aeródromo local. Pela sua participação na terrível batalha dos túneis, o legionário britânico James Williamson conquistou a Cruz de Guerra com estrela e barra norueguesa.

Uma companhia do 2.º Batalhão, comandada pelo tenente Szabo, avançou ao longo da linha férrea através da qual o minério era transportado, quase até à fronteira sueca. Liderados pela unidade de motociclistas de Jacques «Toto» Lefort, conseguiram isolar temporariamente todas as forças alemãs que se encontravam a norte da sua posição. Depois, apesar de invictos, foram obrigados a retirar para não ficarem isolados por força da retirada geral. Quando dois aviadores alemães capturados abateram dois guardas britânicos com uma pistola Luger que tinham escondida, os legionários executaram-nos [318].

Depois de libertar quarenta prisioneiros aliados, capturar 400 soldados alemães e destruir uma grande quantidade de equipamento militar, a 13.ª DBLE foi retirada, no dia 7 de Junho, tendo perdido sete oficiais, cinco oficiais subalternos e cinquenta e cinco legionários – dois dos quais, segundo o legionário veterano Charles Favrel, foram julgados por deserção num conselho de guerra improvisado e fuzilados, não obstante afirmarem que haviam ficado para trás por terem adormecido de exaustão [319]. Ele afirma também que outro legionário, um espanhol, foi fuzilado por ter sido apanhado a pilhar, mas continua a ser impossível verificar oficialmente estas coisas.

---

[318] Anderson, *Devils, not Men*, p. 70.
[319] C. Favrel, *Ci-devant légionnaire*, Paris, Presses de la Cité, 1963, p. 164.

28

De Que Lado Estamos, Sargento?

FRANÇA – NORTE DE ÁFRICA – SÍRIA – GRÃ-BRETANHA, 1940

Se a história da Legião na Segunda Guerra Mundial é, por vezes, confusa para quem a lê, foi muito pior para os homens envolvidos. Na Síria, John Harvey era o típico soldado que não sabia exactamente onde estava nem qual era o objectivo político pelo qual lutava, mas num conflito a maioria dos combatentes sabe de que lado está. Durante a Segunda Guerra Mundial, muitos legionários e outros militares franceses fizeram esta pergunta aos seus superiores, descobrindo que eles também não tinham a certeza. «Combatemos pela França» podia significar lealdade ao governo legal, o de Vichy, ou que se combatia contra esse mesmo governo, ao lado de de Gaulle.

Quando a 13.ª DBLE regressou a França via Glasgow, em 14 de Junho, deparou-se, ao desembarcar, com tamanho caos que não havia ordens para ela. Pode imaginar-se a frustração de Béthouart e de um ferrabrás como Magrin-Vernerey. Era difícil manter a disciplina. *Pour encourajer les autres*, dois irmãos que tentaram desertar foram executados [320], e Magrin-Vernerey terá pessoalmente abatido a tiro um jovem tenente de infantaria que lhe disse que prolongar a resistência só iria causar problemas a toda a gente [321].

---

[320] Anderson, *Devils, not Men*, p. 70.
[321] *Ibid.*, p. 70.

A LEGIÃO ESTRANGEIRA

No dia 18 de Junho, o coronel Charles de Gaulle, um delfim de Pétain, que o protegera dos muitos inimigos que ele fizera devido às suas críticas, na década de 30, à estratégia e qualidade dos generais da França, fez o seu célebre apelo aos franceses e francesas para que continuassem a luta. Os que pudessem fazê-lo foram convidados a juntar-se às suas forças da França Livre, que existiam apenas na sua imaginação. A voz solitária de de Gaulle, gritando no deserto da derrota, mexeu com a alma indomável de Magrin-Vernerey, mas o coronel renegado baseado em Londres era tecnicamente um traidor ao governo, que fugira para Bordéus.

Uma coisa era cometer pessoalmente traição, mas nenhum oficial francês podia ordenar aos seus homens que traíssem o governo, por muito que eles discordassem das suas políticas. Consequentemente, Magrin-Vernerey deu aos seus veteranos de Narvik a alternativa entre renderem-se em França ou juntarem-se a de Gaulle. Os que quiseram ir com ele para Inglaterra ficaram ou foram transferidos para o 1.º Batalhão. Os outros, integrados no 2.º Batalhão, optaram por permanecer em França e regressar ao Norte de África, sob o comando do major Boyer-Resses.

Os tanques alemães encontravam-se nos arredores de Brest quando do Magrin-Vernerey embarcou os seus 500 homens no próximo navio para Southampton. O capitão Marie-Pierre Koenig e o tenente Dmitri Amilakvari ficaram literalmente a ver navios quando efectuavam um reconhecimento perto de Rennes. No entanto, resolveram o problema requisitando um barco de pesca para os levar a Jersey, de onde um navio costeiro os transportou para Inglaterra. Depois, seguiram para o campo dos Franceses Livres de de Gaulle, em Trentham Park, perto de Stoke-on-Trent. Dormindo ao relento na primeira noite e posteriormente em tendas, encontraram na 13.ª DBLE a única formação organizada entre uma miscelânea de retalhos do Exército, da Marinha e da Força Aérea franceses, evacuados de Dunquerque. As provisões disponíveis não eram suficientes e, durante quatro dias, a comida escasseou, até que alguns veados que vagueavam pelo parque foram abatidos e cozinhados nas cubas de lavagem de roupa.

Magrin-Vernerey foi promovido a coronel por de Gaulle, em reconhecimento pelo êxito do ataque a Narvik e, felizmente para os cronistas, trocou o seu apelido pelo nome de guerra de Monclar, mais simples – na tentativa de poupar problemas à família, em França. Koenig foi promovido a major. No entanto, os seus homens estavam muito descontentes com a situação em que se tinham metido ao votarem a favor de o seguirem para Inglaterra. No próprio dia em que o Armistício entrou em vigor em França, vinte e nove espanhóis amotinaram-se, convictos de que a Legião seria dissolvida e eles seriam entregues a Franco. Foram escoltados para a prisão pela polícia britânica, dado que não tinham sido construídas celas em Trentham Park.

Esta triste situação descontrolou-se, com muitos outros espanhóis entrando em greve por solidariedade ([322]). Também foram entregues à polícia. Ao receberem um ultimato para escolherem entre a «repatriação» para unidades da Legião no Norte de África e a permanência na Grã-Bretanha com os Franceses Livres, os espanhóis demonstraram quão profundo era o seu desespero ao optarem por uma terceira alternativa que não respondia a nenhuma das suas necessidades: votaram a favor de ficar na prisão. Alguns oficiais e oficiais subalternos franceses eram anglófobos, pelas mesmas razões obscuras que levam muitos britânicos insulares a não gostarem dos franceses. Argumentaram que enviar os espanhóis para prisões britânicas não era a forma como se tratavam os camaradas na Legião, por muito problemáticos que fossem.

A altiva «visita de Estado» realizada por de Gaulle ao campo, no dia 30 de Junho, nada fez para sanar o diferendo. Muitos legionários boicotaram o evento mas infrutiferamente, dado que de Gaulle não fazia tenção de falar com os oficiais subalternos e soldados – algo que o seu mentor, Pétain, teria feito, para que eles pudessem dar voz às suas queixas.

Embora não tivesse muitos motivos para gostar dos Britânicos, Monclar decidiu que sendo eles os únicos aliados que ofereciam alguma hipótese de redimir a vergonha da derrota, era melhor esconder os seus sentimentos e tentar dar-se razoavelmente com aqueles que eram – algo a contragosto – seus anfitriões. Para se ver livre dos que não concordavam consigo, encorajou um movimento de repatriação organizado por oficiais que tinham combatido valentemente em Narvik. Ao que parece, um dos factores que pesou na decisão destes homens foi o ressentimento perante a atitude dos habitantes locais, mal informados, que se resumia na frase, «os Franceses abandonaram-nos».

([322]) Porch, *The French Foreign Legion*, p. 471.

A Legião Estrangeira

O seu dilema era o seguinte: se de Gaulle perdesse, os seus apoiantes seriam traidores apátridas; por outro lado, de que servia a repatriação para o emasculado Exército do Armistício, cuja principal função era guardar a linha de demarcação entre a Zona Ocupada e a França de Vichy? Era óbvio que a guerra, temporariamente num impasse – com os Alemães incapazes de invadirem as Ilhas Britânicas e os Britânicos impossibilitados de fazerem algo mais do que ficarem na defensiva –, iria durar vários anos, durante os quais os homens casados não veriam as mulheres e os filhos. Um vizinho do autor, Marcel Verliat, era reservista na Marinha Francesa. Desembarcado em Portsmouth, comeu uma refeição de salsichas e batatas fritas na caserna local da RN, acompanhada com um chá feito muito antes. Depois de provar a comida inglesa, regressou a bordo com a maioria dos seus companheiros, onde permaneceu até as amarras serem soltas – e puderam regressar aos prazeres da *cuisine française*. Muitas decisões tomadas nesta altura foram determinadas por razões pessoais ou familiares que nada tiveram a ver com o que estava politicamente ou moralmente «certo» ou «*errado*» ([323]).

Curiosamente, o recrutamento para a Legião não parece ter cessado imediatamente após o Armistício. O jornalista e escritor Arthur Koestler, embora detentor de passaporte húngaro, fora correspondente do jornal londrino *News Chronicle* durante a Guerra Civil de Espanha, e os seus artigos tinham-lhe valido uma estada numa prisão fascista. Grato por não ter tido direito ao último cigarro e às doze balas que ambos os lados ofereciam geralmente aos estrangeiros mais irritantes, não estava interessado em conhecer uma prisão da Gestapo. Ao saber da capitulação de Pétain, em 17 de Junho de 1940, Koestler reinventou-se como Albert Dubert, motorista de táxi suíço, de Berna, falante de alemão, e «ofereceu-se» para a Legião, deixando bem claro ao solidário sargento do posto de recrutamento que pretendia sair de França, teoricamente para se alistar na «verdadeira Legião», no Norte de África.

Não tendo recebido qualquer ordem, no meio do caos generalizado, para deixar de recrutar, o sargento alistou Koestler e emitiu-lhe

---

([323]) Os navios franceses que se encontravam em portos britânicos puderam partir sem obstáculos até 28 de Junho.

um certificado de viagem. Os outros europeus de Leste costumavam dizer que um húngaro era um homem capaz de entrar numa porta giratória atrás de outra pessoa e sair primeiro. Koestler correspondeu à definição, conseguindo abrir caminho pelos três milhões de refugiados que engarrafavam as estradas e competiam pelo pouco transporte público existente. Dirigindo-se para Marselha, havia um aspecto no qual ele estava melhor do que os refugiados civis, que dependiam de cozinhas montadas por voluntários, dado que os seus documentos de alistamento lhe garantiram um tecto e alimentação nas instalações militares que encontrou pelo caminho.

Quando chegou ao depósito da Legião em Fort St-Jean, em Marselha, no dia 11 de Agosto, após uma viagem de seis semanas que teria levado um dia em circunstâncias normais, Koestler já era oficialmente um ex-legionário, pois todas as forças francesas na Zona Livre governada por Vichy tinham sido desmobilizadas ao abrigo dos termos do Armistício, que entrara em vigor em 25 de Junho. Embora Marselha se localizasse na Zona Livre, nem sequer os refugiados detentores de vistos de entrada emitidos por países dispostos a acolhê-los recebiam autorizações de saída de França antes de serem investigados, para garantir que os Alemães não levantavam objecções. Em consequência, Koestler tornou-se compincha de quatro soldados britânicos que fugiam trajando à civil. Juntos, conseguiram que os deixassem abordar um navio com destino a Orão, onde o barão Rudiger von Etzdorf, um ex-oficial de marinha antinazi, lhes providenciou meios de chegarem a Lisboa, uma cidade neutral, e depois a Londres.

Entre os legionários temporários menos famosos encontrava-se Miroslav Liskutin, um dos cinquenta pilotos checoslovacos que fugiram para França após a ocupação alemã do país, abandonado pelos seus aliados britânico e francês em Outubro de 1938. Oferecendo-se para combater pela França, foi alistado na Legião e colocado, disparatadamente, no 1.º REI, em Sidi-bel-Abbès. Transferido para a Força Aérea em Maio de 1940, Liskutin, legionário n.º 84202, encontrou-se, por alturas do armistício, no meio de um grupo de pilotos franceses e de outras nacionalidades que tentavam roubar aviões no aeroporto de Bordéus-Mérignac, com o objectivo de fugirem para a Grã-Bretanha e continuarem a lutar. Mas as tripulações de terra, não beneficiando desta alternativa, recusaram-se a abastecer os aviões de combustível, e foi de barco que os pilotos chegaram finalmente ao Reino Unido

A Legião Estrangeira

– Liskutin acabou a guerra como chefe de esquadrilha condecorado com a DFC e a AFC(*).

Por enquanto, os refugiados não alemães escondidos debaixo do uniforme francês eram peixe miúdo, mas muitos legionários nascidos na Alemanha ou na Áustria constavam das listas da Gestapo. Nos dias 17 e 20 de Agosto, e de 6 a 9 de Setembro, a Comissão Especial de Controlo alemã insistiu na sua entrega, ao abrigo do Artigo XIX do Armistício, com a justificação ridícula de que eram membros de uma quinta coluna pró-nazi ilegalmente detidos pelos franceses(*)!

Também havia muitos legionários e ex-legionários alemães e austríacos que *queriam* juntar-se aos alemães, por motivos de convicção pessoal ou para evitarem represálias sobre as suas famílias no *Reich*. Em Fuveau, entre Aix-en-Provence e Marselha, noventa ex-legionários pró-Hitler foram entregues a um grupo de busca da Luftwaffe. De igual modo, pequenos grupos de oficiais italianos tentavam localizar legionários italianos para serem repatriados de acordo com os termos do armistício separado assinado com Mussolini. No Norte de África, em Agosto, 320 legionários alemães exigiram a repatriação. Isolados no campo penal de Koléa, estavam praticamente amotinados e respondiam a qualquer oficial que tentasse dar-lhe ordens gritando repetidamente «*Heil Hitler!*». Nos dias 26 de Setembro e 9 de Outubro, dois grupos totalizando 996 alemães foram reunidos para repatriação, embora seja impossível dizer quantos eram pró-nazis e quantos foram obrigados ou se ofereceram por causa das famílias que tinham no *Reich*.

A disparidade entre a estimativa feita por Berlim do total de alemães e austríacos na Legião e o número entregue foi mencionada por Goebbels no seu diário, numa data tão posterior como 8 de Março de 1941. Ele advoga que os «retardatários» devem ser formados em unidades de «reabilitação» para combaterem em África – por outras palavras, batalhões penais para os castigar por não

---

(*) Durante a Segunda Guerra Mundial, a Distinguished Flying Cross era atribuída ao pessoal da RAF que se distinguia em combate, e a Air Force Cross podia ser distinguir qualquer membro das forças aéreas do Reino Unido e da Commonwealth por actos de bravura durante operações aéreas, mas não directamente contra o inimigo. (*N.T.*)

(*) O excerto do Artigo XIX que é aqui relevante diz laconicamente o seguinte: «O governo francês obriga-se a entregar todos os alemães que forem nominalmente solicitados pelo governo alemão, residentes em França e nas possessões, colónias, protectorados e mandatos franceses» (ver p. ex. ‹http://www.kbismarck.com/frencharmistice.html›). (*N.T.*)

DE QUE LADO ESTAMOS, SARGENTO?

terem desertado em 1933, quando começou a campanha nazi de difamação da Legião ([324]).

Todos os legionários nascidos nos países do Eixo que pretendiam ser repatriados foram autorizados a partir, mas um número incontável de legionários que não quis regressar foi administrativamente «perdido». *Legio patria nostra* é mais do que um lema. Nenhum oficial da Legião estava preparado para entregar à Gestapo legionários e oficiais subalternos procurados por actividades antinazis ou que tivessem qualquer outro motivo para pensarem que poderiam sofrer por terem servido na Legião, a *bête noire* de Hitler desde 1933.

Por conseguinte, foi constituída uma «coluna fantasma» sem o conhecimento de Vichy nem da 19.ª Divisão, em Orão, que tutelava Sidi-bel-Abbès. Com os seus registos pessoais rasgados e queimados, estes homens receberam roupas civis e converteram-se no «Destacamento de Trabalhadores Estrangeiros n.º 1», sob o comando do segundo tenente Chenel, o mais jovem oficial do 1.º REI, acabadinho de sair de St-Cyr. Em camiões, deslocaram-se de Sidi-bel-Abbès para Aïn Sefra, seguindo depois para o depósito do batalhão penal, em Béchar, no distante Sul. Através das tempestades de areia do Sara e sob um calor sufocante, avançaram até Bourem, no rio Níger, no centro do actual Mali. A etapa seguinte, até à base francesa de Bamako, foi relativamente monótona. Aí os aguardava um comboio para os levar para Louga, no Senegal, onde esperava uma segunda coluna fantasma, proveniente de Fez. Foi com todo o prazer que o seu comandante, o capitão de Winter, entregou os seus homens a Chenel e regressou a casa.

Em carruagens fechadas, engatadas a um comboio civil, os «trabalhadores europeus» viajaram até ao porto de Dacar, onde foram escondidos num armazém das docas. A sua viagem clandestina já totalizava quase 4000 km. Embarcados sem documentos no *Cap Padaran*, esperavam-nos outros 20 000 km de viagem, pelo Cabo da Boa Esperança, até ao Vietname, onde constituíram os últimos reforços que o 5.º REI receberia até ao fim da Segunda Guerra Mundial. Curiosamente, o regimento que agora os protegia recebia as suas ordens do governo colonial do Vietname, leal a Vichy e coabitando

---

([324]) Ver Paul Carell, *Afrika Korps*, Paris, J'ai Lu, 1963, p. 278. Dois mil destes homens serviram no Afrika Korps de Rommel, inicialmente em batalhões de trabalho, depois integrados na sua infantaria. Alguns entraram em acção contra a 13.ª DBLE, que combatia com os Franceses Livres, em Bir Hakeim, em 1942.

A Legião Estrangeira

incomodamente com as forças de ocupação japonesas ao abrigo do acordo de 30 de Abril de 1940. Este acordo reconhecia a soberania francesa mas concedia «certas facilidades» ao Japão.

Em 1 de Julho de 1940, 636 dos 1619 oficiais e soldados de Trentham Park subiram para comboios destinados a Bristol, tendo optado pelo regresso ao Norte de África francês. Foi uma despedida emocional, com Monclar apertando a mão de cada um dos trinta e um oficiais de partida, que lhe faziam continência com desculpas de última hora [325]. O momento foi estragado pela recusa da guarda de honra de apresentar armas quando os que iam partir se afastaram. Num último apontamento triste, quando a polícia britânica entregou em Bristol os 300 legionários espanhóis que haviam estado encarcerados, eles negaram-se a subir para bordo do *Mèknes* e deitaram-se no cais, temendo novamente que depois de chegarem a Marrocos fossem entregues a Franco e fuzilados.

Para apagar a vergonha de 1 de Julho, a 13.ª DBLE foi rebaptizada 14.ª DBLE e assim permaneceu até 4 de Novembro, quando reassumiu a sua designação original. Apanhado no meio de todas estas manobras, James Williamson, quando regressou de licença à caserna, no dia 13 de Julho, foi aconselhado a ver-se livre do seu uniforme francês e a alistar-se no Exército Britânico. Ao fazê-lo, tornou-se desertor da Legião – uma situação somente rectificada quando passou oficialmente à disponibilidade, em 5 de Abril de 1966! [326].

As forças de Monclar tinham ficado reduzidas a 900 oficiais subalternos e soldados e vinte e oito oficiais, entre os quais o major Koenig e o príncipe georgiano tenente Amilakvari. Até a sua convicção de que tinham feito a escolha certa deve ter sido muito abalada quando o Almirantado ordenou ao almirante Sommerville, em Gibraltar, que levasse a cabo, no dia 3 de Julho, a Operação Catapult: a destruição da esquadra francesa no porto de Mers el-Kébir, perto de Orão.

Pela primeira vez desde Waterloo, armas britânicas foram apontadas a militares franceses.

A desactivação dos navios estava em curso, com as caldeiras apagadas, as torres de artilharia sem energia e as munições transferidas

---

[325] Brunet de Sairigné, *Les Carnets de Lieutenant-Colonel Brunet de Sairigné*, Paris, Nouvelles Editions Latines, 1990, pp. 37-39
[326] Anderson, *Devils, not Men*, p. 71.

DE QUE LADO ESTAMOS, SARGENTO?

para paióis em terra. Os reservistas residentes no Norte de África já tinham sido desmobilizados. A maioria dos aviões navais franceses fora desarmada, e tinham sido removidos os projécteis e os blocos de culatra das baterias costeiras que protegiam Mers el-Kébir.

Primeiro, aviões Swordfish do porta-aviões HMS *Ark Royal* minaram as saídas do porto para evitar a fuga de qualquer navio. Depois, Sommerville apresentou ao almirante Gensoul um ultimato: os seus navios deveriam zarpar imediatamente e combater ao lado dos Britânicos, ou ser afundados pelas tripulações. Na verdade, o almirante Darlan já tinha ordenado que as válvulas do casco fossem guardadas noite e dia, tendo o oficial de quarto ordens para as abrir à primeira tentativa de abordagem por parte das forças do Eixo – tal como aconteceu posteriormente, no porto de Toulon.

A bordo do HMS *Hood*, o almirante Sommerville obedecia às ordens o mais lentamente possível. Às 16:25, hora local, o *Hood* disparou o primeiro projéctil. Embora os navios franceses tivessem os motores a trabalhar e pudessem ripostar com as munições que haviam entretanto sido levadas para bordo, não podiam manobrar dentro do porto sem colidirem uns com os outros. Foram como alvos numa carreira de tiro para o bombardeamento da Royal Navy, que matou 1297 marinheiros franceses e feriu várias centenas. Enquanto os seus camaradas envolviam os cadáveres em mortalhas e os médicos socorriam os feridos, três esquadrilhas de Swordfish do *Ark Royal* atacaram com fogo de canhão ao nível dos conveses, aumentando as baixas.

A Operação Catapult serviu às mil maravilhas a propaganda de Vichy. A mensagem constante dos cartazes colados em todo o lado, em ambas as partes da França, era: como pode qualquer francês confiar nos ingleses que fizeram isto? Mesmo assim, um pequeno fluxo de voluntários provenientes da França ocupada foi chegando a Trentham Park. Nenhum teria corrido o risco se não estivesse extremamente motivado, como foi o caso do segundo tenente Pierre Messmer, destinado a tornar-se ministro da Defesa de de Gaulle entre 1960 e 1969, e primeiro-ministro de 1972 a 1974. No princípio, até os oficiais deste calibre tiveram dificuldades para manter a disciplina, tal como aconteceria em qualquer outra unidade depois de um cisma tão traumático. Um problema frequente era a ausência não autorizada dos homens, em virtude de as raparigas locais se terem tornado mais do que «apenas boas amigas».

A Legião Estrangeira

Gradualmente, o contacto com os habitantes locais foi diminuindo os preconceitos de ambas as partes, e a escolha entre partir e
ficar eliminara os oficiais e soldados mais anglófobos. A reservada e
distante visita relâmpago de de Gaulle, em finais de Junho, não con-
tribuíra nada para o moral dos homens, mas a visita a Trentham Park
do rei Jorge VI – tímido e gago –, no dia 25 de Agosto, serviu para
mostrar ao monarca britânico como eram garbosos e disciplinados os
militares franceses. Foi, pois, mais animado que o pequeno exército
de Monclar, alguns dias mais tarde, embarcou em Liverpool com destino a África.

29

De Que Lado Disse, Miss?

ÁFRICA OCIDENTAL, 1940; ERITREIA E SÍRIA, 1941; LÍBIA, 1942

A noite de 31 de Agosto de 1940, sábado, foi uma daquelas noites sem luar que deixou novamente a RAF espantada pelo modo como os bombardeiros da Luftwaffe conseguiam encontrar os alvos sem a lua para os ajudar [327]. O dia anterior fora o pior da Batalha de Inglaterra, com quarenta e um aviões britânicos perdidos. Pela quarta noite consecutiva, caíram bombas sobre as zonas residenciais e as docas de Liverpool. Os incêndios ainda deflagravam quando, pouco depois das 09:00, o capitão do SS *Pennland*, um paquete holandês desarmado, disse adeus ao piloto que o conduzira pelo rio Mersey e navegou para norte, por entre um nevoeiro marítimo misericordiosamente denso que escondia o seu navio de qualquer avião de foto-reconhecimento da Luftwaffe [328]. A bombordo, passando pelos escolhos da antiga costa dos provocadores de naufrágios, na península de Wirral, chegava o Comboio HX 66, proveniente de Halifax, na Nova Escócia. Os seus cinquenta e um navios diversos haviam chegado incólumes às ameaçadas Ilhas Britânicas, passando pelos submarinos e pelos aviões da Luftwaffe baseados na Noruega.

---

[327] A tecnologia *Knickebein* era uma simples triangulação, com os bombardeiros da Luftwaffe voando ao longo de um feixe de rádio até ao ponto onde era intersectado, exactamente por cima do alvo, por outro feixe, proveniente de uma direcção diferente,

[328] Sairigné, *Les Carnets de Lieutenant-Colonel Brunet de Sairigné*, p. 42.

A Legião Estrangeira

A bordo do *Pennland* seguiam os oficiais e soldados da 13.ª DBLE. O seu navio irmão, o SS *Westernland*, levava entre os seus passageiros Charles de Gaulle e uma testemunha singular dos altos e baixos da Operação Menace – a sua tentativa de seduzir as colónias francesas da África Ocidental e afastá-las de Vichy. Aos trinta e um anos de idade, Susan Travers, a única mulher que serviu na Legião Estrangeira, era descrita como uma maria-rapaz pelos que a conheciam [329]. Filha de um oficial da Royal Navy, era bilingue porque crescera praticamente em França, e dominava razoavelmente bem o alemão e o italiano – falados com «uma ameixa na boca». A sua autoridade natural de classe média e ausência habitual de ares e encantos femininos fazia com que todos os legionários se lhe referissem respeitosamente como «La Miss».

Travers esquiava e jogava ténis com uma qualidade acima da média, mas o que lhe viria a granjear uma fama imorredoura eram os seus nervos de aço e a sua coordenação instintiva, que faziam dela um piloto de automóveis de corrida de primeira água. Embora seguisse a bordo do *Westernland* como uma simples condutora de ambulância emprestada aos Franceses Livres, a sua única experiência de enfermagem fora obtida na Finlândia, com um pequeno grupo de voluntárias da Cruz Vermelha Francesa [330]. Na época, parecera-lhe a única forma de uma inglesa residente em França participar na guerra, mas cuidar dos feridos não era para o seu coração de maria-rapaz.

No Mar da Irlanda, os transportes encontraram-se com a escolta: o HMS *Barham* e o HMS *Resolution*, vários contratorpedeiros e o porta-aviões HMS *Ark Royal*, o navio-almirante do almirante Sir John Cunningham [*]. A direcção em que seguiram foi um grande desvio pelo Atlântico, para evitarem as patrulhas dos hidroaviões alemães que partiam da costa atlântica francesa, e reduzir o risco de ataque pelos submarinos. Após escala na base da Royal Navy em Freetown, na Serra Leoa, ancoraram a um quarto de milha marítima de Dacar, capital do Senegal, no meio de um denso nevoeiro, na manhã do dia 23 de Setembro.

---

[329] Geraghty, *March or Die*, p. 269.

[330] Travers, Susan, *Tomorrow to be Brave*, Londres, Corgi, 2001, pp. 60-63.

[*] O *Barham* e o *Resolution* eram couraçados. Os contratorpedeiros eram em número de 10, e a esquadra integrava ainda 5 cruzadores. (*N.T.*)

De Que Lado Disse, Miss?

As coisas correram mal logo desde o início, agravadas pelo facto de as autoridades de Vichy saberem, devido ao reconhecimento aéreo, que o singular *Ark Royal* estava à espreita no horizonte. Depois de dois grupos de emissários de de Gaulle terem sido feridos, numa violação do protocolo militar universal, no dia 25 de Setembro, as baterias costeiras começaram a bombardear a pequena esquadra de Cunningham, obrigando-a sair do alcance dos canhões(*). Um destacamento de fuzileiros tentou desembarcar e obter o apoio da população ao longo da costa, mas teve de se retirar depois de metralhado pelos aviões de Vichy.

Condenado à morte em conselho de guerra no dia 2 de Agosto, de Gaulle sabia que a sua credibilidade política estava a zero. Se não conseguisse conquistar as colónias africanas para a sua causa, a sua afirmação de que falava em nome de terceiros revelar-se-ia infundada e ele juntar-se-ia à comunidade de políticos polacos e checos exilados em Londres, cujos soldados eram simplesmente alistados nas forças britânicas. Depois da humilhante rejeição sofrida no Senegal, de Gaulle manteve-se na privacidade da sua cabina enquanto o comboio navegava outros 4000 km para sul e leste.

No dia 8 de Outubro, em Douala, nos Camarões, de Gaulle e a 13.ª DBLE despediram-se da força de escolta de Cunningham e foram acolhidos pelos habitantes locais – franceses e nativos – com um entusiasmo delirante. De Gaulle deu mais do que um suspiro de alívio, ciente de que Churchill se preparara para lhe retirar o apoio. De seguida, visitou o Chade e outros territórios equatoriais franceses que se tinham declarado a favor dele e contra Vichy, mas em Yaoundé, nos Camarões, e em Libreville, no Gabão, a 13.ª DBLE teve de recorrer às armas para subjugar as guarnições de Vichy. Disparar sobre outros franceses foi algo que levou Monclar e muitos dos legionários às lágrimas, mas tinha de ser feito([331]).

Outras forças da França Livre, comandadas pelo coronel Jacques-Philippe Leclerc, tinham preparado o caminho para de Gaulle nos territórios equatoriais. Promovido a general por de Gaulle, Leclerc conduziu os seus homens numa odisseia de 1800 km, do Chade a Tripoli, na costa do Mediterrâneo, subjugando as guarnições italianas

---

(*) Mas não sem ter sofrido danos em vários navios e afundado um contrator-pedeiro e dois submarinos, na chamada Batalha de Dacar. (*N.T.*)

([331]) *Ibid.*, p. 78.

A LEGIÃO ESTRANGEIRA

pelo caminho, para efectuar uma junção com o 8.º Exército britânico.
Depois de garantir o controlo da África Ocidental francesa, com a excepção do Senegal, a 13.ª DBLE atravessou o Cabo da Boa Esperança
e subiu a costa oriental de África. Em Port Sudan, no Mar Vermelho,
as tropas foram informadas de que iriam participar numa campanha pouco publicitada que tinha por objectivo expulsar as forças
de Mussolini da Eritreia, de onde os Italianos poderiam causar problemas aos Britânicos no Egipto e ao tráfego marítimo aliado que
passava pelo Mar Vermelho.

Em 8 de Abril de 1941, uma força anglo-francesa apoderou-se do
importante porto de Massawa, onde Monclar exigiu a rendição ao oficial italiano mais graduado. Em vez de o entregar graciosamente, o
almirante Bonnetti lançou o seu sabre de parada ao mar, mas quando a
maré baixou um legionário astuto recuperou-o e ofereceu-o a Monclar
à guisa de troféu. Esta pequena campanha foi importante para a recuperação do orgulho da unidade para o teatro de operações seguinte,
com a 13.ª DBLE entrando em acção contra o 6.º REI na Síria e no
Líbano, violando o princípio de que os legionários nunca disparavam
sobre outros legionários. Travers não foi incomodada pelos milhares
de homens que se encontravam em Massawa sem nada para fazer e
com algum dinheiro no bolso; o coronel Monclar atribuiu a máxima
prioridade à abertura de um bordel exclusivamente reservado aos soldados, servido por mulheres locais e duas prostitutas italianas[332].

Na Síria, mais do que em qualquer outro lugar, a guerra foi extremamente confusa para a Legião. Em 1941, o 6.º REI integrava
o Exército do Levante, comandado pelo general Fernand Dentz, o
qual, na qualidade de comandante militar de Paris, entregara a capital aos Alemães, no dia 14 de Junho de 1940. A sua promoção ao
posto de alto-comissário para a Síria, onde permaneceu leal a Vichy,
valeu-lhe uma sentença de morte no fim da guerra, que ele conseguiu
evitar morrendo na prisão. Os homens do 6.º REI tiveram mais sorte.
Quando capturados, argumentaram, com razão, que só estavam a
cumprir as ordens dos oficiais, os quais, por sua vez, estavam a obedecer às instruções do governo legal, em Vichy.

Existira uma facção pró-gaullista entre os oficiais do 6.º REI, liderada pelo coronel Edgar de Larminat, que usara a missão de ligação

---

[332] *Ibid.*, p. 105.

DE QUE LADO DISSE, MISS?

das forças britânicas na Palestina Ocupada como um canal para sondar a disponibilidade britânica para apoiar um golpe. As indicações deixam entender que os seus apoiantes eram em número significativo, até ele ser detido por ordem do general Dentz. Encarcerado em Damasco enquanto aguardava a sua execução por traição, Larminat foi libertado, no dia 30 de Junho de 1940, por um pequeno comando de legionários que o levou para sul, para a Palestina, onde ele foi recebido como convidado de honra na messe dos oficiais da Warwickshire Yeomanry[333].

Desaparecido Larminat, outros oficiais considerados demasiado gaullistas foram recambiados para o Norte de África, onde não poderiam causar problemas, ou mudaram compreensivelmente de ideias quanto a atrelarem-se a um coronel renegado cujo único apoio provinha das pessoas que tinham assassinado os indefesos marinheiros de Mers el-Kébir. Embora de Gaulle exibisse a patente interina de general, o seu verdadeira posto era de coronel; foi precisamente nestes termos que lhe foi devolvida, para Londres, uma carta que ele enviou ao alto-comando do Exército Francês explicando as suas acções no Verão de 1940.

Reforçando a observação de que muitas das opções aparentemente políticas que confrontaram os soldados franceses durante a Segunda Guerra Mundial foram tomadas por razões apolíticas, o coronel Fernand Barre, então comandante do 6.º REI, escreveu, muito depois, que não tivera nada contra os seus irmãos oficiais da 13.ª DBLE. Ele pensava que, se tivesse estado no lugar deles, teria provavelmente tomado as mesmas opções[334]. A confusão de lealdades era de tal ordem que Monclar e um dos seus comandantes de companhia preferiram não participar na campanha da Síria por se recusarem a disparar contra outros legionários, independentemente da justificação. O comando da 13.ª DBLE passou para Marie-Pierre Koenig, entretanto promovido a coronel.

As forças de Vichy na Síria e no Líbano totalizavam trinta batalhões. Os Aliados atacaram com vinte batalhões, e pelos mais

---

[333] Geraghty, *March or Die*, p. 222 [Tratava-se, tal como o nome indica, de um regimento de cavalaria do Exército Territorial britânico. (*N.T.*)].

[334] Carta não publicada do coronel Barre, datada de 1 de Outubro de 1981, ALE.

A Legião Estrangeira

diversos motivos. A Grã-Bretanha, para que o aeródromo de Alepo deixasse de ser utilizado pelos aviões alemães que bombardeavam alvos britânicos no Iraque. Dentz ordenara às suas tropas que disparassem sobre *qualquer* avião que sobrevoasse a Síria ou aterrasse no território, até que Vichy concedera aos alemães direitos de utilização dos aeródromos na ingénua esperança de que conseguiria tornar menos duros os termos da ocupação. Ao receber ordens para abrir também os portos sírios ao tráfego marítimo do Eixo, Dentz recusou[335].

Nesta situação, de difícil leitura, de Gaulle parece ter partido do princípio de que a chegada da 13.ª DBLE, numa demonstração de força com apoio britânico, faria pender para o seu lado as tropas maioritariamente coloniais que guarneciam a Síria e o Líbano sem ser disparado um único tiro, não obstante Dentz ter relutantemente respondido, ao ser informalmente sondado, que obedeceria às ordens de Vichy[336]. Em consequência, a acção inicial dos Franceses Livres foi o bombardeamento das posições defendidas pelo 6.º REI com milhares de panfletos. A resposta assumiu a forma de panfletos igualmente denunciatórios, advogando a perspectiva oposta.

Para a invasão da Síria, o Comando Aliado do Médio Oriente, muito pressionado por diversas solicitações, conseguiu reunir uma força britânica, indiana, francesa e australiana, sob o comando de Sir Henry «Jumbo» Maitland Wilson, incluindo um esquadrão de cavalaria australiano, conhecido por «Kelly's gang» (*). Como uma espécie de ramo de oliveira estendido à guarnição de Vichy na Síria – 35 000 soldados, maioritariamente coloniais, e ainda aviões e tanques – os «aussies» receberam ordens para usar os seus chapéus australianos em vez de capacetes, «até serem alvejados». A ordem for recebida às gargalhadas e com os gestos apropriados.

Os preparativos para a Operação Barbarossa, a invasão da União Soviética por Hitler, em 22 de Junho de 1941, foram um golpe de sorte que conduziu à evacuação de todos os aviões e soldados alemães da Síria. Usando uniformes britânicos e capacetes coloniais

---

[335] Buckley, C., *Five Ventures*, Londres, HMSO, 1954, pp. 46-47.

[336] *Ibid.*, p. 44.

(*) O nome evoca Edward «Ned» Kelly, célebre fora-da-lei australiano do século XIX. (*N.T.*)

cáquis com um escudo tricolor, a 13.ª DBLE entrou em território sírio a partir da actual Jordânia, apoderando-se de Dar'ah, no Sul, e avançando depois para norte, em direcção a Damasco, juntamente com a 5.ª Brigada de Infantaria indiana. No dia 19 de Junho, treze legionários foram mortos e vários outros feridos durante o assalto às colinas de Kissoueh, que controlavam o acesso à capital pelo sul, mas o grande teste estava por chegar.

Em 20 de Junho, quando Damasco caiu na posse da força aliada, uma companhia da 13.ª DBLE, comandada pelo major Dmitri Amilakvari, deu de caras com o 6.º REI em Kadam, um subúrbio sul da capital. Depois de cada lado ter sofrido uma baixa, o garboso príncipe georgiano, um dos oficiais mais populares da Legião, com uma capa verde que fora estraçalhada por estilhaços em Narvik, sempre de cabeça rapada e sem nunca usar capacete, mandou cessar--fogo e ordenou ao corneteiro que tocasse «Le Boudin». Quando os defensores responderam com o mesmo toque, Amilakvari avançou friamente até junto de um sargento, um cabo ferido e cinco legionários do 6.º REI, que lhe explicaram que tinham ordens para resistirem até às 01:00.

«Muito bem», disse Amilakvari. «Vamos deixá-los sossegados até lá». À 01:15, retomou o avanço, sem derramamento de sangue. Todavia, este truque não resultou noutro ponto de Kadam, quando a 13.ª DBLE viu pela frente o 29.º de *Tirailleurs* Marroquinos. Os marroquinos combateram tão tenazmente que, terminada a refrega, alguns dos legionários de Amilakvari tiveram de ser impedidos de matar os feridos.

Os registos não são muito claros, mas parece que Maitland Wilson evitou usar a 13.ª DBLE em situações onde poderia encontrar o 6.º REI. O facto de Dentz não ter os mesmos escrúpulos em utilizar o 6.º REI onde os combates eram mais renhidos é comprovado através da comparação das baixas. Enquanto a 13.ª DBLE se preparava para atacar Baalbek, no Líbano, o conflito centrava-se 200 km a nordeste, em Tadmuriyah, onde metade dos 500 homens da guarnição pertencia ao 4.º Batalhão do 6.º REI.

Um dos dois bastiões de Tadmuriyah, designado T2 e defendido por onze homens do 6.º REI, rendeu-se à Cavalaria da Guarda britânica, após uma troca de tiros simbólica; porém, o bastião T3, defendido por três oficiais subalternos e dezanove legionários do 6.º REI, resistiu a uma semana de ataques de unidades de cavalaria miliciana britânicas

A Legião Estrangeira

e de elementos da Legião Árabe de Glubb Paxá(*). No dia 28 de Junho, uma patrulha do Regimento de Essex deu com o bastião ocupado apenas por seis legionários. A 3 de Julho, depois de o grosso das suas forças, composto por beduínos locais, ter desertado em massa, o comandante da posição defensiva principal, Forte Weygand, enviou emissários às linhas aliadas, apresentando a rendição de seis oficiais e oitenta e sete legionários, maioritariamente russos e alemães.

Após a conquista de Tadmuriyah, os combates prosseguiram no Líbano, onde, de 6 a 12 de Julho, os 1.º, 2.º e 3.º batalhões do 6.º REI, com uma elevada percentagem de espanhóis, tiveram um bom desempenho contra uma força combinada britânica e australiana. Escrevendo posteriormente sobre esta experiência, o coronel Fernand Barre do 6.º REI disse que não quisera combater, mas que não poderia ter-se rendido com honra até as forças aliadas não terem demonstrado uma superioridade avassaladora. Com a Operação Barbarossa em pleno andamento, com problemas na Jugoslávia e empenhado no Norte de África, Hitler não podia disponibilizar forças para a Síria. Sem possibilidade de receber reforços, o comando de Vichy capitulou. O saldo da breve campanha cifrou-se, para a 13.ª DBLE, em 21 mortos e 47 feridos, contra os 128 mortos e 728 feridos do 6.º REI.

O armistício assinado em Akko, na Palestina, em 14 de Julho, deu aos homens do 6.º REI a escolher entre a transferência para a 13.ª DBLE e a repatriação para França. Fossem quais fossem as ilusões de de Gaulle acerca de conquistar o 6.º REI para a sua causa, ele sofreu um profundo choque. As relações entre os oficiais e soldados da 13.ª DBLE e do 6.º REI eram correctas mas frias. Muitos oficiais do 6.º REI eram da opinião de que os seus homólogos da 13.ª DBLE, promovidos rapidamente por de Gaulle para colmatar as vagas, eram traidores que tinham lhes tinham passado à frente na bicha das promoções. Atiçando as chamas da sua inveja, durante uma visita à Palestina e à Síria, o líder da França Livre, cada vez mais confiante, promoveu Koenig a general.

Dois dias antes da data prevista para a repatriação do 6.º REI, todos os oficiais e soldados, do coronel Barre ao mais recente legionário, formaram em parada na «sessão de escolha». Koenig orde-

---

(*) Criada em 1923 como uma força de polícia do emir da Transjordânia para manter a ordem entre as tribos e patrulhar a estrada Amã-Jerusalém, a Legião Árabe viria a ser transformada pelo general John Bagot Glubb num exército de elite. (*N.T.*)

De Que Lado Disse, Miss?

nou a Barre para se retirar, de modo a que cada homem do 6.º REI pudesse escolher sem coacção, mas Barre recusou. Chegou-se a um compromisso: Barre sairia por uma porta e viraria à esquerda para ser repatriado; o regimento segui-lo-ia, e quem pretendesse ficar com a 13.ª DBLE viraria à direita.

Para satisfação de Barre, o regimento inteiro – excepto um solda-do – seguiu-o, formou atrás da banda regimental e afastou-se orgu-lhosamente. Embora as condições parecessem garantir uma escolha livre, poderá ter existido um elemento de coacção naquele dia, pois um mistério envolve o facto de que, de um rol nominal totalizando 3344 homens no dia 8 de Junho, somente 1233 desembarcaram com Barre em Marselha. Descontando os mortos e feridos, a 13.ª DBLE afirmou que a discrepância decorria de 1400 homens do 6.º REI te-rem afinal decidido juntar-se à unidade. Todavia, uma estimativa mais fiável coloca o número entre 677 e 1000 – alguns por deserção, antes da *séance d'option*, outros chegando aos poucos de campos de prisio-neiros aliados no teatro de operações, e alguns provindo de hospitais e de outros lugares [337].

Desaparecido o 6.º REI, a 13.ª DBLE instalou-se para passar um daqueles estranhos interlúdios na guerra, durante o qual Travers não só teve um caso com Koenig, apaixonou-se por ele – e descobriu que ele tinha uns ciúmes enormes das anteriores relações dela com vários dos seus oficiais. Vivendo com Koenig na moradia que ele habitava num subúrbio de Beirute, Travers foi acordada uma noite por um homem que julgou ser Koenig entrando para a sua cama. Quando se acariciavam, ela passou-lhe as mãos pela cabeça e viu que estava rapada. Assustado pela informação de que ela era agora amante do seu general, Amilakvari, que supusera que seria sempre bem-vindo na sua cama, desapareceu com o rabo entre as pernas [338].

Por esta altura, na Grã-Bretanha, a arrogância de de Gaulle levara Churchill a reflectir que, de todas as cruzes que tinha de carregar como líder de guerra do seu país, nenhuma era mais pesada do que a Cruz da Lorena, símbolo dos Franceses Livres. No Médio Oriente, a pouca fiabilidade da 13.ª DBLE aos olhos do comando aliado tornava-a um activo muito duvidoso na guerra ao longo do litoral norte-africano,

---

[337] A.-P. Comor, *L'épopée de la 13e demi-brigade de la Légion Étrangère 1940-45*, Paris, Nouvelles Editions Latines, 1989, pp. 161-162.

[338] Travers, *Tomorrow to be Brave*, pp. 146-161.

com a consequência de que, como tantas vezes acontecera à Legião no passado, lhe foram atribuídos os trabalhos mais sujos.

À semelhança de Koenig, Monclar, perdoada a sua crise de consciência, fora também promovido a general. Na reorganização, Amilakvari foi promovido a tenente-coronel e assumiu o comando da 13.ª DBLE, a partir do dia 16 de Setembro. Com o sangue novo adquirido no Líbano, ele tinha agora sob o seu comando 1771 homens, organizados em três batalhões a quatro companhias, designados 1.º, 2.º e 3.º Batalhões da Legião Estrangeira (BLE). A nomenclatura escolhida parecia negar totalmente a existência dos principais regimentos da Legião, que viviam a guerra na Argélia. Equipados pelos Britânicos como infantaria ligeira mecanizada, dois batalhões foram designados meias-brigadas, sob o comando do tenente-coronel Amilakvari e do coronel de Roux, formando a 1.ª Brigada da França Livre, comandada pelo general de Larminat e adstrita ao 8.º Exército. O outro batalhão ficou temporariamente fora da guerra, ao que parece devido ao facto de o Comando do Médio Oriente não dispor de equipamento suficiente para os três.

O início do ano de 1942 encontrou o comandante supremo para o Médio Oriente, o general Sir Claude Auchinleck, atarefado a reforçar a Linha Gazala, uma série de «caixas» fortificadas defensivas no Deserto Ocidental, estendendo-se, de norte para sul, desde a aldeia de Gazala, perto de Bengazi, na costa da Líbia, até a um forte italiano abandonado, construído, antes da guerra, num local marcado nos mapas com o nome de Bir Hakeim. Era esperado o ataque que o marechal de campo Erwin Rommel desencadeou, no dia 20 de Janeiro, exigindo o emprego de muitos reforços e lançando o Afrika Korps e os seus aliados italianos para leste, na esperança de empurrar os Britânicos de volta para o Egipto e roubar-lhes o controlo do Canal do Suez.

Na extremidade sul da linha, Bir Hakeim consistia de uma «caixa» hexagonal de arame farpado e trincheiras com cerca de 16 km de circunferência, centrada nalgumas cisternas subterrâneas, escavadas na rocha, chamadas *bir*; o poço que outrora as enchera secara, mas eram o ponto de convergência de várias picadas do deserto. No dia 4 de Dezembro, a 1.ª Brigada da França Livre, comandada por Larminat, herdou este desolado emaranhado de defesas da 150.ª Brigada de Infantaria britânica, encantada por abandonar uma posição cercada por tantas minas de tantos tamanhos e sensibilidades

DE QUE LADO DISSE, MISS?

diferentes que até as tempestades de areia e, por vezes, o calor, as faziam frequentemente explodir em sucessão.

É possível que, algures na estrada, os oficiais subalternos de Larminat tenham reconhecido um rosto familiar num uniforme britânico. Poucas semanas antes, Brückler, um antigo sargento da Legião, envergara um uniforme da Wehrmacht. Ferido e capturado por tropas da Commonwealth no Deserto Ocidental, fora aparentemente «virado» pelos serviços secretos militares britânicos enquanto convalescia no hospital de Shallufa, e agora integrava um pequeno grupo de falantes de alemão em uniforme britânico que se preparava para uma incursão contra o longínquo aeródromo da Luftwaffe em Darnah, na Líbia.

No aeródromo, Brückler ofereceu-se para reconhecer o terreno sozinho e «rendeu-se» ao oficial de serviço que se encontrava na torre de controlo. O oficial, alarmado perante a visão de um homem desmazelado, envergando um uniforme britânico e com um lenço árabe na cabeça, estava prestes a abatê-lo quando Brückler denunciou o resto do grupo. Na versão da história que relatou anos mais tarde, na Argélia, ao legionário britânico James Worden, foi condecorado por Rommel e colocado no 361.º Regimento, longe da frente, de modo a que não existisse a possibilidade de ser capturado pelos Aliados. O que ele não contou foi que os seus três companheiros de missão eram judeus, e que foram quase certamente enviados para a morte. Terminada a guerra, receoso por se vir a encontrar numa lista de criminosos de guerra devido à sua traição, Brückler realistou-se na Legião sob o nome de Brockman. No circuito tipicamente fechado da Legião, Worden contou a história a um sargento-mor alemão, seu companheiro de bebida, e descobriu que ele fora um dos oficiais de Luftwaffe de serviço em Darnah na noite da incursão. Parte factual e parte ficção, é uma boa patranha [339].

Em Bir Hakeim, as temperaturas nocturnas desciam abaixo do zero; à tarde, podiam chegar aos 50° C, e as queimaduras provocadas pelo sol eram castigadas como se fossem ferimentos auto-infligidos. Além de hordas de mosquitos que mordiam e enlouqueciam perante a aproximação de cada tempestade de areia, que chegavam sob a forma de uma muralha negra até ao céu, deslocando-se a velocidades de 90 km/h ou mais, o único movimento naquele deserto árido eram o contínuo bailado dos remoinhos ocres, desencadeados pela mínima

---

[339] Worden, *Wayward Legionnaire*, pp. 49-50.

A Legião Estrangeira

deslocação do ar e que se combinavam com o suor ou o muco para criar uma pasta abrasiva nas axilas, nas virilhas, nos olhos, no nariz e em qualquer outro orifício.

Além da Legião, a guarnição de Bir Hakeim incluía alguns artilheiros navais e uma bateria anti-aérea britânica com canhões Bofors, infantaria ligeira argelina e marroquina, artilharia de Madagáscar e da Maurícia, um batalhão do Taiti, alguns sapadores libaneses, auxiliares vietnamitas e um batalhão de marcha composto por chadianos negros, dos quais se dizia serem praticantes de feitiçaria (*).

Durante os três meses que se seguiram, esta estranha congregação de todas as cores e raças reforçou as defesas, as quais, na opinião de Koenig, eram bastante deficientes, enquanto Travers aprendia a arte de se deslocar pelo deserto ao volante do seu carro de comando, uma carrinha Ford Utility com os vidros traseiros e laterais pintados para não reflectirem a luz do sol. A cada hora certa, ela tinha de parar, verificar os pneus, muito desgastados, e limpar o filtro de ar. Koenig não podia, em simultâneo, ficar à secretária e passar o maior tempo possível a liderar patrulhas de longa distância, com a duração de dois ou três dias, conhecidas por «colunas Jock» – a sua invenção era atribuída ao general «Jock» Campbell (*). Os outros veículos – jipes e Bren Gun Carriers (*) – tinham as suas Brens montadas em reparos que permitiam a utilização contra aviões e alvos terrestres. Na presença de um alvo inimigo tentador, o lema era *Shoot and scoot!* (*)

No início de Abril, Larminat entregou o comando a Koenig e partiu para formar a 2.ª Brigada da França Livre, em Bardia, na Líbia, sem saber que estava a virar as costas à história: Bir Hakeim iria juntar-se a Camerone nas bandeiras da Legião.

(*) Estava também presente uma brigada judaica. (*N.T.*)

(*) Convém referir que estas colunas foram específicas do teatro norte-africano. Integravam carros blindados, artilharia e infantaria motorizada, e eram quase sempre constituídas a partir de pessoal da 7.ª Divisão Blindada britânica. Quando concebeu este tipo de formação, Campbell era tenente-coronel. (*N.T.*)

(*) O Universal Carrier, mais conhecido por Bren Gun Carrier (mesmo sem a metralhadora pesada Bren) era um pequeno veículo de lagartas, sem tejadilho, destinado ao transporte de pessoal e equipamento mas podendo também funcionar como plataforma de armas. Com cerca de 113 000 unidades fabricadas, é o veículo blindado mais numeroso de sempre. Ver p. ex. ‹http://www.wwiiequipment.com/carriers.aspx›. (*N.T.*)

(*) Este termo, cuja tradução literal poderia ser «disparar e desandar», refere-se a uma técnica própria da artilharia, nomeadamente a de disparar sobre um alvo e mudar imediatamente de posição para evitar o fogo de contra-bateria. (*N.T.*)

30

«La Miss» e os Heróis de Bir Hakeim

DESERTO OCIDENTAL, 1942

Duas semanas mais tarde, Koenig foi informado de que iria ser rendido em Bir Hakeim por uma força sul-africana([340]). Nunca aconteceu. No dia 26 de Maio, chegou a sua oportunidade para redimir a duvidosa reputação adquirida pela 13.ª DBLE na Síria, quando Rommel colocou Bir Hakeim no mapa ao dizer aos seus aliados italianos que, em princípio, neutralizariam a heterogénea guarnição em quinze minutos.

O primeiro contacto foi efectuado por uma coluna de tanques ligeiros italianos M 13 ([*]), pertencentes à Divisão Blindada Ariete e à Divisão Motorizada Trieste, que se confrontaram, fora do arame farpado, com um grupo de protecção constituído por elementos da 7.ª Divisão Blindada e da 3.ª Brigada Indiana. Após o anoitecer, tendo os seus protectores sido enviados para outra zona, os defensores ouviram nitidamente o chiar ameaçador das lagartas dos tanques italianos e o pulsar dos grandes motores diesel cercando a caixa defensiva.

De madrugada, Koenig recebeu, via rádio, uma mensagem da 7.ª Divisão Blindada informando-o de que, com a ofensiva de Rommel no Norte a aumentar de intensidade, ele estava por sua conta. Koenig

---

([340]) Travers, *Tomorrow to be Brave*, p. 189.

([*]) Trata-se do Fiat-Ansaldo M(edio) 13/40. Embora concebido como um tanque médio, estava efectivamente mais próximo de ser um veículo ligeiro. (*N.T.*)

A Legião Estrangeira

era um homem de acção. Embora tivesse recebido ordens para minar as passagens entre os campos de minas e aguardar o ataque inimigo, ele enviou várias colunas Jock, em Bren Gun Carriers, em missões de reconhecimento. Estes grupos regressaram com as más notícias de que os *Panzers* IV alemães já se encontravam a leste de Bir Hakeim, impossibilitando qualquer possibilidade de reabastecimento e o acesso à fonte de água mais próxima.

Às 09:00 do dia seguinte, os legionários que se encontravam no perímetro viram uma coluna de M 13 com canhões de 75 mm (*) aproximando-se em linha; a primeira vaga, com cinquenta tanques, era seguida de outra com vinte. Contra estes veículos, os franceses dispunham de vinte canhões antitanque de 75 mm. Separados por 400 m, ambos os lados abriram fogo, no momento em que o tanque da vanguarda detonava uma mina e ficava fora de combate. A infantaria italiana que seguia os tanques pensou duas vezes e correu para os camiões, que desapareceram em direcção à retaguarda. No entanto, apesar das baixas, os tanques da Divisão Ariete continuaram a avançar. Seis penetraram nas defesas. No posto de comando avançado da Legião, com o inimigo apenas a vinte passos de distância, os livros com os códigos e a bandeira começaram a ser queimados; subitamente, os serventes das peças antitanques, que tinham esperado pela melhor altura, abriram fogo e repeliram o ataque ([341]).

Às 11:30, a Ariete tinha já perdido trinta e três tanques – mas não por falta de espírito agressivo. O seu comandante, o coronel Prestisimone, vira serem sucessivamente destruídos os dois tanques a bordo dos quais atacara, e quando o terceiro ficou fora de combate foi capturado, ferido, queimado e em cuecas – depois de ter despido o seu fumegante uniforme. Fora um digno adversário. Mallec, o robusto capelão jugoslavo da Legião, deu-lhe um pijama para o seu encontro com Koenig. Ao ver noventa dos seus tanquistas dentro de uma jaula improvisada, adjacente ao QG, a conversa de Prestisimone resumiu-se a, «O que correu mal?». Na jaula com os seus homens, depois de aceitar as sinceras desculpas de Koenig por não lhe poder disponibilizar uma acomodação melhor, Prestisimone culpou Rommel por este lhe ter dito que bastaria um quarto de hora para

---

(*) O M 13/40 estava armado com um canhão Ansaldo de 47 mm, com fraco poder de penetração. (*N.T.*)

([341]) Geraghty, *March or Die*, p. 243.

conquistar Bir Hakeim. «Ele também nos disse que todas as minas tinham sido removidas», retorquiram os seus homens.

Eram tantos os tanques postos fora de combate que, de longe, pareciam estar apenas estacionados para encherem os depósitos. Camiões alemães e italianos aproximaram-se confiantemente do arame farpado, julgando que os tanques estavam formados numa posição defensiva. As suas cargas foram um acrescento bem-vindo para os depósitos franceses. As colunas Jock esgueiraram-se de novo pelas passagens e regressaram com um comboio de abastecimento alemão que se perdera no início de uma tempestade de areia, e – melhor ainda – com um camião--cisterna com 1000 l de água potável. Os condutores destes veículos foram os primeiros prisioneiros alemães feitos pela Legião, o que fez disparar o moral. No entanto, ao final do dia, Koenig viu-se a braços com uma dor de cabeça imprevista, sob a forma de 154 prisioneiros italianos e 125 alemães que teriam de partilhar das limitadas rações dos defensores, já muito à conta porque as colunas Jock tinham libertado, dos seus captores do Eixo, 654 britânicos e indianos capturados durante a primeira fase da batalha.

Num combate em que a vantagem ia alternando entre os antagonistas, 15 km a norte, Rommel parecia estar a perder o seu ímpeto quando, subitamente, ordenou a algumas das suas tropas, imobilizadas num campo de minas, que o atravessassem a direito e atacassem. A consequente captura de 3000 soldados britânicos e 123 peças de artilharia foi como um poderoso choque eléctrico para o 8.º Exército. Entretanto, as patrulhas móveis de Koenig estavam na crista da onda, despedaçando as colunas de abastecimento do Eixo com os seus canhões de 75 mm soldados na caixa aberta dos camiões ([342]), à guisa de caçadores de carros de fabrico caseiro. Num destes recontros, Pierre Messmer, entretanto promovido a capitão, «ferveu» ([*]) quinze tanques alemães, disparando no limite do alcance ([343]). Durante uma pausa na zona de Bir Hakeim, um comboio de aprovisionamento francês trouxe provisões de El Adem e partiu com as «bocas inúteis» – prisioneiros inimigos, prisioneiros aliados libertados e alguns feridos.

([342]) Ver fotografia em Travers, *Tomorrow to be Brave*, p. 280.

([*]) De «*to brew up*», calão militar anglo-saxónico designando um veículo blindado que começa a arder depois de atingido por um projéctil. (*N.T.*)

([343]) Geraghty, *March or Die*, p. 245.

A Legião Estrangeira

Em sentido contrário, em direcção de Bir Hakeim, seguia um automóvel do estado-maior, conduzido por Susan Travers. Pouco antes do primeiro ataque, Travers fora mandada para a retaguarda com o pessoal de enfermagem feminino. Como desculpa para regressar, levantara a viatura na oficina de reparações, confiando na sua relação pessoal com Koenig para ser autorizada a ficar – a única mulher na caixa. Requisitando um semi-abrigo com tecto de aço ondulado para a sua carrinha Ford Utility, apenas a 200 m do QG de Koenig, ela acomodou-se naquilo a que chamava o seu túmulo, outro abrigo escavado na rocha, com 1,20 m de profundidade, rodeado de sacos de areia e com um tecto de lona que a protegia do sol mas de nada serviria contra os estilhaços.

A sua única mobília era a cama de campanha, comprada nos Army and Navy Stores, na Strand. A sua banheira desdobrável, de tela, adquirida na mesma altura, ficou na bagageira da viatura devido à escassez de água. Durante algum tempo, até se sentir sozinha, viveu no abrigo dia e noite, dando conta de um carregamento de carne e espargos enlatados, com a intenção de não deixar nada para os Alemães quando estes chegassem ([344]).

Até 31 de Maio, pareceu que a «linha» aliada ia resistir. No entanto, os Italianos conseguiram efectuar uma penetração importante a norte de Bir Hakeim. Aproveitando esta pausa à sua porta, Larminat fez uma visita de inspecção à base e ficou impressionado com todas as medidas tomadas. Depois de ele partir, Amilakvari foi à caça com quatro dos camiões antitanque, e destruiu vários blindados inimigos antes de ser obrigado a regressar à base. Noutro combate de tanques, rápido e extremamente confuso, entre os *Panzers* e os blindados britânicos, junto ao arame farpado, a artilharia de campanha do capitão Gabriel de Sairigné fez várias vítimas, embora ninguém pudesse afirmar ao certo que todas eram tanques inimigos, tão má era a visibilidade devido às ondas de calor e à poeira levantada pelas lagartas dos tanques e pelas detonações dos projécteis.

Se Koenig tivesse pretendido uma vida sossegada, estas actividades poderiam ter sido consideradas uma provocação insensata do inimigo, mas ele não era esse tipo de soldado. Todavia, a 2 de Junho, as patrulhas da Legião foram mandadas regressar urgentemente à base devido

---

([344]) Travers, *Tomorrow to be Brave*, pp. 202-205.

à aproximação de duas colunas de blindados, avançando de oeste e de norte. A estimativa mais correcta da sua força, incluindo todas as viaturas de abastecimento, era de aproximadamente 1000 veículos. Bir Hakeim foi cercada e bombardeada pela artilharia e pela aviação italiana durante o dia. Depois de dois ataques de blindados com apoio de infantaria terem sido travados na parte sudoeste do perímetro pela artilharia antitanque, dois oficiais italianos aproximaram-se com uma bandeira branca.

A sua chegada coincidiu com o limite de tempo que fora imposto a Koenig: resistir durante dez dias, a qualquer custo. Mas quando os oficiais italianos foram conduzidos, vendados, ao seu QG, ele respondeu educadamente ao convite para capitular, declarando, «Digam ao vosso general que não estamos aqui para nos rendermos». Com igual cortesia, os italianos inclinaram-se e partiram, depois de felicitarem Koenig e os seus homens por serem *grandi soldati*.

O motorista dos italianos entrara em pânico e fugira devido às ameaças à sua vida proferidas por legionários maliciosos que falavam italiano, pelo que tiveram de ser os oficiais a conduzir o veículo. Meia hora depois, o primeiro projéctil de 105 mm caiu sobre as posições francesas e, para tornar a vida ainda mais desagradável, desencadeou-se uma tempestade de areia, reduzindo a visibilidade quase a zero. Susan Travers suportou a tempestade sentada no Ford, teoricamente estanque, tentando não se mexer para transpirar o menos possível, mas os homens que se encontravam nas 1200 trincheiras, abrigos e posições de artilharia não tinham essa possibilidade. A água disponível baixou novamente para níveis críticos.

No dia 3 de Junho, pelas 09:30, dois prisioneiros de guerra britânicos passaram pela desagradável experiência de serem alvejados pelas sentinelas da Legião ao aproximarem-se do arame farpado, até serem reconhecidos como amigos. Traziam consigo uma carta, escrita em papel quadrado para mensagens e assinada pelo próprio Rommel, dizendo à guarnição para hastear bandeiras brancas e abandonar a posição desarmada. Este tipo de carta deveria ter sido dirigida ao comandante, não aos seus homens, e nunca deveria ter usado a forma familiar, *Wenn Ihr weisse Flaggen zeigt* – «se mostrarem bandeiras brancas» –, que implicava que Rommel estava a dirigir-se a homens sob o seu comando. Koenig, alcunhado pelos seus homens «*le vieux lapin*», não ficou um «coelhinho feliz» depois de ler aquela insultuosa quebra de protocolo. Se ele tivesse necessitado de algo para fortalecer a sua determinação, a carta de Rommel teria bastado.

Pelas 17:00, a bateria de Bofors abateu quatro Stukas em poucos minutos. Outro acontecimento invulgar nesse dia foi a aterragem, numa pista improvisada dentro da caixa, de um Spitfire que ficara sem combustível, pilotado por um sul-africano. Durante uma pausa fortuita no bombardeamento, e depois de reabastecido a partir de um depósito de emergência, descolou vacilantemente e desapareceu. Um estilhaço perfurou o radiador do carro de Koenig, e Travers conseguiu convencer um dos mecânicos vietnamitas a desmontá-lo e a levá-lo, com a sua ajuda, para a primitiva oficina, onde o buraco foi selado. Durante o regresso ao *bunker*, ela perdeu-se várias vezes no nevoeiro das abrasivas partículas de poeira.

Nessa noite, chegou um comboio de aprovisionamento britânico que conseguira atravessar as linhas inimigas. Ao regressar, no dia 5 de Junho, quase se cruzou com a viatura de um trio de oficiais alemães, os quais, cerca das 04:30, se apresentaram com um terceiro convite à rendição «para evitar derramamento de sangue desnecessário». Koenig recusou recebê-los e ordenou que lhes dessem apenas cinco minutos para se colocarem fora do alcance das armas da base. Na pressa de se afastarem, passaram por cima de uma mina que pôs o seu Kubelwagen (*) fora de acção, e tiveram de apressar o passo para regressar às suas linhas.

As más notícias, chegadas com o amanhecer, deram conta de que uma grande batalha, a norte, custara aos Britânicos 6000 mortos, feridos ou prisioneiros, e 150 tanques. Logo que as implicações destes acontecimentos foram digeridas – pouco mais havia para o pequeno-almoço –, começaram a cair os primeiros projécteis, deslocando-se pelo ar com o som de um comboio expresso e acompanhados, para espanto de defensores e atacantes, de uns chuviscos que rapidamente se transformaram numa cortante saraivada de granizo. As sementes começaram imediatamente a germinar e, em poucas horas, o deserto floresceu. Os aviões amigos e inimigos cruzavam os céus tão próximos uns dos outros que os serventes dos Bofors pouco podiam fazer, excepto observarem os aviões abatidos por outros aviões mergulharem em direcção ao solo, deixando riscas de fumo negro atrás de si e

---

(*) O equivalente ao jipe na Wehrmacht, mas com menor capacidade todo-o-terreno. (*N.T.*)

«La Miss» e os Heróis de Bir Hakeim

explodindo no deserto. Rommel empregou todas as reservas disponíveis na subjugação de Bir Hakeim. Duas divisões italianas, duas divisões alemãs e vinte e uma baterias prepararam-se para desferir o golpe de misericórdia. Num único dia, 500 bombardeiros Heinkel e Savoia chegaram e partiram em vagas, lançando as suas bombas sobre as posições francesas. Nesta fase, segundo algumas estimativas, os 3700 homens que se encontravam atrás do arame farpado estariam a desviar da ofensiva principal de Rommel forças inimigas dez vezes mais numerosas, e ainda uma parte significativa das forças aéreas do Eixo no Deserto Ocidental. No jogo militar dos números, os Franceses, pela primeira vez desde Narvik, estavam a ganhar.

Nessa noite, como preliminar para um grande ataque, os sapadores alemães abriram uma larga passagem nos campos de minas. A coberto de uma densa neblina matinal e debaixo de um céu muito carregado, os sapadores libaneses substituíram as minas removidas, mas sem se darem conta de que o nevoeiro escondia a aproximação de uma bateria da melhor peça de artilharia multiuso da guerra: o canhão de 88 mm. E também iriam enfrentar a melhor metralhadora da guerra: a Maschinengewehr 42, que começava a substituir a MG 34. Funcionando através do recuo e avanço das partes móveis, com uma cadência máxima de 1000 disparos por minuto e utilizando munições para espingarda de 7,92 mm, com alimentação por fita, ambos os modelos respondiam ao sobreaquecimento com canos que podiam ser substituídos em segundos.

Com vagas de tanques e infantaria avançando de sul, oeste e norte, os 88 disparavam à queima-roupa, na horizontal, flagelando a única elevação a partir da qual os observadores da artilharia francesa conseguiam ver o campo de batalha. O ataque só foi travado com o auxílio de várias intervenções da RAF, mas mal os seus aviões regressaram à base surgiram sessenta bombardeiros Junkers cujas bombas incluíam minas terrestres de acção retardada para dificultarem a recolha dos feridos e a reparação dos estragos.

À beira do desespero, com grandes brechas nas defesas, Koenig ordenou à companhia de Messmer, que combatia sem dormir há quarenta e oito horas, que actuasse como uma coluna móvel e tapasse os buracos abertos no dispositivo. Um ataque efectuado por trinta e cinco Junkers destruiu o *bunker* que abrigava o principal paiol francês, um défice que foi parcialmente compensado pelos pequenos e rápidos comboios que se esgueiravam de noite por entre as forças alemãs, trazendo provisões e evacuando os feridos, alguns dos quais tinham jazido em campo aberto durante horas, não sendo possível fazer-lhes chegar ajuda durante o dia.

Chegado o dia 8 de Junho, os Franceses já tinham resistido mais tempo do que alguém – de ambos os lados – poderia ter previsto, e agora Rommel incentivava pessoalmente os seus homens, impaciente por eliminar aquela pústula no seu flanco sul. Embora uma posição importante tivesse caído na posse do inimigo nesse dia, as tropas de Koenig continuaram a resistir, movendo-se como zombis, dormindo em pé. As reservas de água estavam reduzidas a meio litro por homem. Muitos soldados já tinham esvaziado os radiadores dos camiões e bebido o líquido amargo e cor de ferrugem depois de o passarem pelos filtros das máscaras de gás, que esperavam não ter de usar para o seu propósito original. A água para se barbearem e lavarem recebia o mesmo tratamento ([345]). Ver boa comida e água potável caírem do outro lado do arame farpado durante um abastecimento aéreo mal sucedido era uma verdadeira tortura.

A manhã de 9 de Junho surgiu envolta num espesso nevoeiro. Quando levantou, quatro 88 e seis metralhadoras pesadas abriram fogo da posição conquistada na véspera. Para o caso de qualquer defensor se interrogar porque é que não se seguiu um ataque de infantaria, a resposta foi dada por quarenta Stukas, bombardeando em mergulho e com as suas sirenes a uivarem. A tarde trouxe um ataque de quarenta e dois Junkers, após o que a infantaria alemã ameaçou conquistar as posições francesas mas foi repelida, no último momento, por um contra-ataque de meias-lagartas, energicamente comandados por um veterano bretão da Primeira Guerra Mundial, o tenente Jean Dève, alcunhado «Dewey».

O fogo de contra-bateria alemão adquiriu uma precisão cirúrgica. Um projéctil mandou pelos ares o paiol de uma posição da artilharia francesa, provocando uma gigantesca explosão secundária. Milagrosamente ileso, o sargento improvisou imediatamente um torniquete para o coto do braço do outro sobrevivente, que se esvaía em sangue, e pô-lo a salvo pouco antes de a posição ser conquistada pelo inimigo. Os homens corriam riscos incríveis, talvez por acreditarem que, tendo sobrevivido até ali, eram imortais, ou simplesmente porque o seu discernimento era prejudicado pelo barulho e pela adrenalina

---

([345]) *Ibid.*, p. 207.

«La Miss» e os Heróis de Bir Hakeim

libertada por três semanas de bombardeamento inimigo. Quando
Koenig enviou uma grade de cerveja a um sargento do 3.º Batalhão
cujos artilheiros tinham destruído dois morteiros e um canhão de 77
mm, o jubilante recipiente subiu para o parapeito de sacos de areia
para desafiar o adversário e foi prontamente morto a tiro.

O grande acontecimento do dia foi um abastecimento aéreo, efectuada com êxito, que incluiu um contentor com 170 l de água, imediatamente distribuídos pelos feridos. Destinada a um círculo mais
restrito foi o teor de uma mensagem rádio codificada, enviada pelo
8.º Exército, no sentido de que Bir Hakeim tinha mais do que cumprido os seus objectivos e que era desnecessário prosseguir a resistência. Koenig não fazia tenção de se render, nem de deixar que os
seus homens ficassem a assistir à guerra em campos de prisioneiros.
Mas também não estava disposto, honra lhe seja feita, a abandonar os
feridos e romper o cerco com os restantes. No entanto, era impensável
tentar uma fuga em massa à luz do dia, e ele necessitava de vinte e
quatro horas para planear e preparar a surtida através da qual esperava pôr em segurança o maior número possível dos seus homens.

A fiel Travers foi uma das poucas pessoas às quais ele confiou
o plano. Ele só a tinha procurado umas duas vezes durante os últimos três meses, e fez questão de lhe contar pouca coisa para que
ela, caso fosse capturada e identificada como sua motorista, pudesse
verdadeiramente dizer que desconhecia totalmente os seus planos.
Informada por Koenig, que mal conseguia manter os olhos abertos,
de que a operação teria lugar na noite do dia seguinte, o único pre-
parativo que ela teve que fazer foi partir o pára-brisas dianteiro do
Ford para que não se estilhaçasse e a cegasse caso fosse atingido por
uma bala ([346]).

Na manhã do dia 9 de Junho, a primeira vaga de aviões inimigos
não pôde largar as suas bombas porque as posições alemãs e italianas estavam demasiado próximas das francesas. Com as munições
de todos os calibres a esgotarem-se, o 2.º Batalhão repeliu um ataque
italiano com granadas de mão. Às 13:00, 130 aviões da Luftwaffe
arrasaram o que restava da parte norte do perímetro e uma bomba
destruiu o hospital – claramente assinalado –, matando os feridos e
a maioria do pessoal médico. Dez tanques avançaram tão em cima
do bombardeamento de artilharia que se seguiu, que os seus flancos

([346]) *Ibid.*, pp. 208-211.

A Legião Estrangeira

eram atingidos pelos estilhaços. Os Bren Carriers foram novamente empregues para conter o ataque, finalmente repelido pelos canhões de uma esquadrilha de Spitfires da RAF que surgiu no último minuto – e ainda bem, porque poucas peças de artilharia ainda estavam utilizáveis, depois de terem efectuado uma média diária de 700 disparos cada uma, totalizando 42 000 projécteis durante o cerco [347].

Ao anoitecer, depois de uma diversão providenciada por um ataque da 7.ª Divisão Blindada à retaguarda inimiga, todos os preparativos essenciais para o rompimento estavam concluídos – não para leste, em direcção à retaguarda britânica, mas para sudoeste, onde as forças do Eixo se encontravam em menor número. Depois de atravessar as linhas sitiantes, a ideia era virar para sudeste e depois seguir para norte, em direcção a uma mamoa onde existia um depósito de combustível britânico, conhecido por B837. Tinha de ser encontrado na escuridão, descobrindo três lanternas vermelhas apontadas para sul, de modo a evitar que o inimigo as visse.

As notícias espalharam-se quando os legionários viram os seus oficiais a envergarem uniformes limpos e a usarem as últimas gotas da preciosa água potável para fazerem a barba de vários dias. Depois, chegaram as ordens para destruir tudo o que pudesse ser destruído e inutilizar o resto. O 3.º Batalhão recebeu a pior tarefa: ficar para trás e proteger os flancos da coluna. Os 200 feridos mais graves foram carregados em camiões e ambulâncias. Entre os que se ofereceram para ir a pé encontrava-se o sargento porta-bandeira do 3.º Batalhão, cujo braço fora amputado horas antes.

A retirada começou à meia-noite, o mais silenciosamente possível, para não alertar os sitiantes. A navegação no deserto continha sempre um elemento de sorte, particularmente numa noite tão escura como aquela. E a sorte pareceu faltar quando o melhor navegador de Koenig, o tenente Bellec, conduziu a longa coluna de veículos para um campo de minas. A explosão do seu Bren Carrier desencadeou o som inconfundível das MG 34 e MG 42 disparando na direcção do clarão. Um segundo Bren Carrier passou por cima de uma mina. Travers e todos os outros sustiveram a respiração. Teria o segredo sido revelado, ou será que os sitiantes julgavam estar a lidar com um pequeno grupo tentando infiltrar-se com provisões?

---

[347] Geraghty, *March or Die*, p. 259.

«La Miss» e os Heróis de Bir Hakeim

Bellec subiu para um terceiro Bren Carrier, compreendendo o seu erro. A única saída era para trás. Aos sussurros, os feridos que conseguiam andar foram mandados descer dos camiões, na esperança de os tornar demasiado leves para detonarem as minas antitanque colocadas por todo o lado. Começaram a caminhar, conscientes de que um passo poderia fazê-los em pedaços. De modo igualmente cuidadoso, Travers fez a sua meia volta mais apertada de sempre e seguiu a viatura de Amilakvari pela escuridão, interrompida pelos clarões dos veículos que explodiam e ardiam à esquerda e à direita. O seguinte foi o de Amilakvari. Desviando-se, receosa de passar ela própria por cima de uma mina, Travers recolheu o príncipe georgiano, algo chamuscado, sabendo que cada corpo adicional aumentava a probabilidade de os pneus do carro fazerem detonar uma mina.

Depois de os Alemães começarem a disparar foguetes luminosos, a rapidez tornou-se a única arma. Uma metralhadora pesada particularmente próxima foi eliminada pelo tenente Dève, que passou com o seu meia-lagarta por cima dos serventes e da arma. Depois de repetir a proeza com uma segunda metralhadora, morreu ao tentá-la pela terceira vez. Incrivelmente, no meio de toda aquela confusão de explosões, gritos e fogo inimigo, Bellec ou outro homem qualquer conseguiu reorientar-se e a coluna progrediu lentamente pela brecha nas linhas inimigas. Travers, com Amilakvari sentado a seu lado, de pistola-metralhadora Tommy em punho e disparando sobre todos os alvos que via até que Koenig o mandou calar, continuou a carregar no acelerador, ignorando as lombas, os buracos e os gritos do general para que reduzisse a velocidade para não partir a suspensão nem colidir com outro veiculo.

Não terá certamente existido outro campo de batalha no qual uma mulher, conduzindo uma viatura através de campos de minas e posições inimigas, pôs a salvo dois oficiais superiores, que tinham sido seus amantes e que a deixaram conduzir porque ela era a melhor dos três ao volante. O tributo final à condução de Travers foi o facto de os únicos danos no carro terem sido os amortecedores destruídos, uma amolgadela na traseira, provocada por outro veículo, e onze buracos de bala. Pelas 02:00, tinham-se perdido de toda a gente e encontravam-se sozinhos no deserto, navegando por estimativa e com o auxílio de uma bússola de bolso pertencente a Amilakvari, que tinha de se apear para a consultar. Durante uma destas paragens,

A LEGIÃO ESTRANGEIRA

ouviram claramente vozes alemãs e seguiram imediatamente caminho, sem se preocuparem com a navegação!

Nascido o dia, a ausência de qualquer veículo à vista convenceu Koenig de que as suas forças tinham sido totalmente aniquiladas ou capturadas. A fadiga, a culpa por ter sobrevivido e a responsabilidade pelos homens sob o seu comando combinaram-se para esmagar o seu espírito. Travers, ao volante, ouviu-o decidir que o seu dever era deixá-la algures em segurança e dar meia volta para se entregar, para estar com os seus homens. Felizmente, Amilakvari argumentou que ele não poderia oferecer ao Eixo tamanha vitória de propaganda ([348]).

Por fim, dirigindo-se para leste e depois para norte, estavam bastante confiantes de ter atravessado as três linhas de cerco, mas falharam completamente a mamoa B837. Por sorte, deram com a oficina de campanha de uma companhia blindada britânica, que os orientou para o QG da 2.ª Brigada da França Livre. Larminat estava ausente; partira ao alvorecer, com dois camiões e seis ambulâncias, para se encontrar com os fugitivos de Bir Hakeim na mamoa. Com Amilakvari e Koenig atordoados pela hipótese de serem os únicos sobreviventes, Travers levou o carro para a secção de manutenção, para uma reparação improvisada dos amortecedores.

Cumprida a sua missão, adormeceu à sombra do carro, e quando despertou viu-se num sonho realizado. Ambulâncias e veículos de todos os tipos chegavam separadamente e em comboios, com as suspensões gemendo sob as suas cargas de homens imundos, esfomeados e sedentos, sentados, em pé ou pendurados. O rompimento custou aos Franceses Livres 72 mortos confirmados, 21 feridos e 726 desaparecidos em combate, mas pelas 19:00 desse dia Koenig já sabia que a sua aposta compensara e que ele conseguira pôr em segurança, passando pelas linhas inimigas, cerca de 2500 homens da Brigada da França Livre. Durante os três dias seguintes, foram chegando mais homens. A unidade que mais sofreu foi o 3.º Batalhão. Incumbido de proteger os flancos durante o rompimento, ficou com a última oportunidade de poder escapar incólume. Os majores dos dois batalhões foram capturados, tendo o major Puchois do 3.º BLE sido atacado por vinte alemães, cujo oficial o convidou cortesmente a entregar a pistola vazia depois de uma luta exemplar.

([348]) Travers, *Tomorrow to be Brave*, pp. 218-228.

«La Miss» e os Heróis de Bir Hakeim

Retirados para Alexandria para se reequiparem, Koenig e os seus homens foram aplaudidos pela numerosa população de língua francesa. Entusiasmados pelo seu heróico desempenho em Bir Hakeim, alguns oficiais criticaram insensatamente a RAF, considerando que o seu apoio fora inadequado. Tendo em conta que a Força Aérea do Deserto estava a braços com outros compromissos, estas críticas constituíram outra fonte de irritação para os Britânicos, incluindo um «Very Important Visitor». Winston Churchill, numa digressão destinada a levantar o moral das tropas da Commonwealth, muito pressionadas no Deserto Ocidental, ignorou totalmente os Franceses, o que Koenig considerou uma desconsideração pessoal[349].

E o general Bernard Montgomery, nomeado, em Agosto, para substituir Auchinleck como comandante supremo, também não tinha muito afecto pelos seus aliados franceses. Todavia, no Outono de 1942, enquanto ele se preparava para empurrar Rommel para a Tunísia, os homens de Koenig, reequipados e reagrupados em dois batalhões totalizando 1274 homens, foram incumbidos de executar um ataque de diversão contra El Himeimat, uma cordilheira poderosamente fortificada que dominava a Depressão de Qattara. Esta depressão, uma bacia de lagos salgados e pântanos abaixo do nível do mar, na fronteira entre o Egipto e a Líbia, era intransponível pelo tráfego militar, motivo pelo qual constituía a extremidade sul das linhas de Rommel, que se estendiam da costa, em El Alamein. A posição era defendida por 400 páras italianos, bem entrincheirados e protegidos por campos de minas.

Tal como alguém comentou na altura, não era uma missão que se desse aos melhores amigos. Devido ao facto de El Himeimat apenas ser acessível através de uma planície descampada, exposta à artilharia dos defensores, foi tomada a decisão de atacar de noite, às 17:30 de 23 de Outubro. Tudo correu mal. A informação estava completamente desactualizada. Quando as tropas chegaram à parte da escarpa onde não havia contacto rádio, a rede de comando falhou, tornando impossível a coordenação[350]. Os sapadores abriram caminho pelos campos de minas, mas quando os primeiros meias-lagartas da 1.ª Meia-Brigada se atolaram na areia, a artilharia inimiga abriu

---

[349] H. Amoureux, *La Grande Histoire de France sous l'Occupation*, Paris, Laffont, 1979, vol. IV, pp. 268-269.

[350] Porch, *The French Foreign Legion*, p. 484.

A Legião Estrangeira

fogo e surgiram tanques alemães nos flancos. Com os seus veículos atolados e transformados em alvos imóveis, o major Pâris de Bollardière abandonou o ataque, mas com os rádios sem funcionarem não pôde comunicar a sua decisão ao tenente-coronel Amilakvari, que continuou a atacar com a 2.ª Meia-Brigada.

Com a chegada do dia, outros blindados alemães juntaram-se ao contra-ataque, e a Luftwaffe também apareceu para metralhar os franceses. A 2.ª Meia-Brigada ficou sob tanta pressão que Amilakvari a retirou para um reduzido perímetro defensivo, numa pequena elevação. Às 09:00, Koenig ordenou a retirada. Durante os safaris das colunas Jock, era normal os legionários usarem os seus quépis brancos ([351]), mais frescos do que os capacetes de aço, mas Amilakvari recusava-se, mesmo em combate, a substituir o seu quépi de coronel, preto com galões dourados, por um capacete. Durante a retirada, foi atingido por um estilhaço de 105 mm na cabeça e teve morte imediata. O seu corpo foi envolto na capa verde esfarrapada e levado pelos seus legionários. A dor de Travers e de todos os homens que o tinham conhecido e admirado foi imensa.

Tendo-nos tornado cínicos devido a todas as distorções verificadas nas relações públicas e nos meios de comunicação, tendemos a duvidar das aventuras marciais de Susan Travers, a rapariga que sempre quisera ser um rapaz. De facto, parecem incríveis, tal como a sua carreira militar após a guerra, quando uma mudança de género – apenas no papel – permitiu a um mundo tenazmente masculino da Legião integrá-la formalmente no seu quadro com o posto de *adjutant-chef*, sargento-mor.

Entre as medalhas que recebeu durante a guerra, incluem-se a Cruz de Guerra. No início de 1956, foi informada de que lhe iria ser também atribuída a Medalha Militar. No pátio dos Inválidos, a poucos degraus do túmulo de Napoleão, a condecoração foi-lhe pregada na lapela do casaco pelo idoso general que fora seu amante muito tempo antes, no Líbano. Por respeito pelos sentimentos de outras pessoas, ela só contou a sua história muito depois da morte de Koenig, em 1970. Em 1996, Travers foi nomeada Cavaleira da Legião de Honra, tal como seu pai – tornaram-se os únicos pai e filha a serem assim honrados. Estas condecorações, as mais altas da França por bravura, não se recebem por se inventarem fantasias.

([351]) Ver diversas fotografias em Travers, *Tomorrow to be Brave*.

31

Um Casamento à Força

NORTE DE ÁFRICA, 1942-1943; EUROPA, 1944-1945;
VIETNAME, 1945-1949

Embora a operação em El Himeimat tivesse sido apenas um ataque de diversão e a ofensiva, na sua globalidade, tivesse tido êxito, Montgomery interpretou a retirada da Legião, após baixas de apenas onze mortos e sessenta e nove feridos, como falta de determinação. Em resposta, o general Larminat, um homem infeliz que se suicidou em 1962, culpou a mediocridade da informação e a alegada insuficiência do apoio aéreo e de artilharia britânico. Koenig não o demitiu a ele mas sim a Bollardière, numa tentativa infrutífera para apaziguar Montgomery, que colocou a Legião na reserva em 14 de Novembro, seis dias depois da Operação Torch, os desembarques anglo-americanos em Casablanca, em Marrocos, e em Orão e Argel, na Argélia, confrontando Rommel com uma guerra em duas frentes. Os exércitos alemães e italianos ficaram encurralados entre as forças predominantemente americanas, a oeste, e o 8.º Exército, a leste.

Os desembarques da Operação Torch em Marrocos sofreram relativamente pouca resistência, com algumas unidades pró-gaullistas de Vichy obedecendo aparentemente às ordens mas disparando deliberadamente ao lado dos alvos – o que não impediu que fossem bombardeadas e metralhadas pelos pilotos americanos, que não conseguiram aperceber-se do que estava a acontecer. Um esquadrão de espanhóis do 1.º REC foi mais longe, rendendo-se sem disparar

A LEGIÃO ESTRANGEIRA

um tiro ([352]). Em redor de Casablanca, a resistência aumentou sob a liderança de Charles Noguès, o residente-geral pétainista, quando as forças invasoras tentaram expandir as suas testas-de-ponte iniciais. Todavia, os combates cessaram em 10 de Novembro, e no dia seguinte as autoridades francesas de Marrocos concluíram um armistício com os americanos.

Na Argélia, a situação não foi tão linear. Algumas tropas francesas permaneceram leais a Pétain, enquanto outras apoiaram o general anti-França de Vichy que os Aliados apoiavam no Norte de África, o alto e aristocrático Henri Giraud. A reputação de Giraud não estava manchada por alegações de colaboracionismo porque ele estivera num campo de prisioneiros alemão até 1942, quando conseguira fugir e chegar clandestinamente à Argélia.

Encontrando-se em Argel o comandante supremo de Vichy, o almirante Darlan, aquando da invasão, o calendário americano foi alterado, no dia 9 de Novembro, por um contra-ataque francês contra a testa-de-ponte de Arzew, perto de Orão. No dia 11, os comandantes alemães e italianos, receando uma invasão aliada do Sul de França, ocuparam a Zona Livre, até então território francês soberano, governado por Vichy. Não poderiam ter agido de outro modo, mas esta violação do acordo de armistício provocou o realinhamento da maioria dos pétainistas do Norte de África, induzindo Noguès e outros a aceitarem as propostas de Darlan para um entendimento com os Aliados. Mediado por diplomatas americanos, este acordo reconheceu Darlan como o líder político do Norte de África francês, com o general Giraud na qualidade de comandante supremo de *todas* as forças da França Livre. No dia 13 de Novembro, esta situação foi aprovada por Eisenhower, contra considerável oposição mas com o apoio do Presidente Roosevelt.

De Gaulle ficou furioso, mas o acordo fechado com Darlan reflectia a sua fraca popularidade junto do Exército de África – menos de 10% dos seus membros reconheciam a sua autoridade. Além do mais, os Americanos importavam-se pouco com os sentimentos de de Gaulle, dado que a sua manobra, politicamente astuta, convertera em aliados os 120 000 homens do Exército de África, os quais, caso contrário, teriam continuado a combater por Rommel.

([352]) A. Perrot-White, *French Legionnaire*, Londres, John Murray, 1953, pp. 182--197.

UM CASAMENTO À FORÇA

Embora o acordo trouxesse também para o lado dos Aliados toda a África Ocidental francesa, Darlan não conseguiu persuadir o almirante Laborde, em Toulon, a fugir para o Norte de África enquanto ainda havia tempo. Não obstante ser anti-alemão até à medula, Laborde, compreensivelmente, recusou passar-se com as suas tripulações e navios para o lado que matara os seus amigos e camaradas em Mers-el-Kébir. A sua única palavra de resposta à ordem de Darlan para o fazer foi «*Merde!*». Em resultado, um total de 171 navios que poderiam ter encurtado a guerra foi negado à causa aliada devido ao pavoroso erro de cálculo de Churchill no dia 3 de Julho de 1940.

Em 27 de Novembro de 1942, a Luftwaffe minou as saídas do porto de Toulon para impedir Laborde de mudar de ideias, pelo que ele implementou a ordem anterior de Darlan, que se mantinha válida desde Agosto de 1940. Todos os navios que se encontravam no porto foram afundados para frustrar os planos alemães tendentes à sua captura ([353]).

Durante um mês, a vida decorreu de forma praticamente normal no Norte de África controlado por Darlan. Os informadores informavam, prendia-se gente e as leis anti-semitas permaneciam em vigor. Os desertores, incluindo homens que tinham combatido por de Gaulle, eram enviados para campos penais no deserto, infestados de doenças. As messes de oficiais da Legião continuaram a exibir o retrato do marechal Pétain.

No dia 24 de Dezembro, Darlan foi assassinado, em circunstâncias misteriosas, por Fernand Bonnier, um jovem de vinte anos de idade que fora treinado na utilização de armas pessoais por oficiais americanos ou britânicos. Foi encomendado um caixão para Bonnier *antes* do seu julgamento em conselho de guerra, durante o qual ele esperava, com toda a confiança, ser libertado pelos seus controladores. Em vez disso, foi convenientemente fuzilado às 07:30 do dia 26 de Dezembro, e enterrado numa sepultura sem identificação, tendo deixado apenas uma ambígua nota escrevinhada nas costas de um cartão de visita de um proeminente gaullista ([354]). Os seus controladores nunca fora revelados, mas a partir desse momento de Gaulle demonstrou um dom

---

([353]) C. Williams, *The Last Great Frenchman*, Londres, Little, Brown, 1993, p. 200.

([354]) *Ibid.*, p. 204.

A Legião Estrangeira

para a política que espantou os seus muitos inimigos e os seus poucos apoiantes no campo aliado, trocando repetidamente as voltas ao seu rival, Giraud, para se tornar o líder de toda a França Livre.

No início de 1943, Rommel estava a ser esmagado num quebra-nozes cuja tenaz oriental era o 8.º Exército – excluindo a 13.ª DBLE, cujo moral caíra novamente a pique ao permanecer na reserva, treinando na Tripolitânia, até à última fase da retirada do Afrika Korps para a Tunísia, em Abril-Maio de 1943. Enviadas para a frente – tardiamente – porque falavam a segunda língua da região, as suas tropas foram avançando em combate para ocidente. A outra tenaz do quebra-nozes, composta pelas forças que avançavam de oeste, maioritariamente americanas, tinha o seu flanco sul protegido pelos seis desmoralizados batalhões da Legião (³⁵⁵) que haviam integrado o Exército de África, incumbidos da miserável tarefa de abrirem caminho para leste, combatendo, debaixo do mau tempo invernal, na zona montanhosa e acidentada do interior.

Os primeiros legionários a entrarem em acção foram os sobreviventes do 1.º REC, formados num esquadrão de carros blindados e numa companhia de infantaria, que atacaram a 11 de Janeiro, em Foum el-Gouafel, fazendo 200 prisioneiros e capturando trinta canhões de 47 mm (³⁵⁶). Depois de entregar o comando ao general Jürgen von Arnim, Rommel, que estava doente, foi chamado à Alemanha, em 6 de Março. No dia 23, foi constituído o 1.º REIM, o 1.º Regimento de Infantaria de Marcha da Legião, com tropas de bel-Abbès, incluindo homens que, em 1941, tinham preferido ser repatriados do que juntarem-se aos Franceses Livres, e com a 4.ª DBLE, que chegara do Senegal.

No início de Maio, o regimento sofreu pesadas baixas no Djebel Mansour, em combate contra unidades blindadas alemãs. Tunis foi conquistada no dia 7 de Maio, Bizerta quase ao mesmo tempo. Com a recusa de Hitler de autorizar a evacuação de quaisquer tropas alemãs do Norte de África, von Arnim foi obrigado a render-se, no dia 13 de Maio. No desfile da vitória, em Tunis, no dia 20 de Maio, Koenig e os seus homens foram autorizados a marchar com o 8.º Exército (³⁵⁷),

---

(³⁵⁵) De 50 000 homens em 1940, os efectivos da Legião, excluindo a 13.ª DBLE, tinham baixado para 18 000 – ver Porch, *The French Foreign Legion*, p. 490.

(³⁵⁶) Anderson, *Devils, Not Men*, p. 79.

(³⁵⁷) Porch, *The French Foreign Legion*, p. 485.

Um Casamento à Força

dado que o 19.º Corpo de Exército francês, ao qual a Legião pertencia «organizacionalmente», não só incluía Barre e o seu 6.º REI da Síria mas, pior ainda, era pró-Giraud e anti-de Gaulle. As divisões no seio da Legião ainda não tinham acabado e os parceiros deste casamento à força tiveram de ser arrastados para o altar, passo a passo, mesmo depois da reintegração oficial da 13.ª DBLE, no dia 1 de Agosto de 1943.

Uma guarda de honra composta por oficiais e soldados da 13.ª DBLE, enviada da Tunísia para escoltar de Gaulle, foi colocada sob detenção depois de entrar na Argélia, e escoltada até à fronteira por tropas armadas. Alguns oficiais gaullistas organizaram uma rota de fuga clandestina para que os desertores da Argélia pudessem chegar à 13.ª DBLE, na Tunísia. Em resposta, os serviços de informações internos da Legião, conhecida por Bureau de Securité de la Légion Étrangère (BSLE), infiltraram informadores entre os homens envolvidos. Os primeiros militares transferidos oficialmente – 17 oficiais, 20 oficiais subalternos e 180 legionários – receberam um acolhimento extremamente frio à sua chegada à 13.ª DBLE. Vários dos oficiais que tinham estado a assistir à guerra no Norte de África preferiram ser novamente transferidos a suportarem a hostilidade dos gaullistas mais agressivos [358].

Durante os dez meses que se seguiram ao fim das hostilidades no Norte de África, o moral de todas as formações da Legião ressentiu-se. Ainda que em processo de total reequipamento com material americano moderno, a Legião estava a perder tantos soldados veteranos, transferidos para as forças americanas, britânicas e outras, que o tenente-coronel Gaultier fez eco dos receios sentidos no fim da Primeira Guerra Mundial, de a Legião ir minguando até desaparecer [359].

Apesar de ter chegado tarde à longa e inconclusiva campanha de Itália, chegando em Abril de 1944, como parte da 1.ª DFL de de Gaulle, comandada pelo general Diégo Brosset, a 13.ª DBLE combateu em Pontecorvo e San Lorenzo, sendo designada 1.º e 2.º BLE da 1.ª Divisão da França Livre. Também se distinguiu em Radicofani, no Val d'Orcia, onde três tanques Tigre que guardavam o acesso ao castelo medieval, situado num alto esporão rochoso, foram atacados, numa acção de diversão, pelas metralhadoras do segundo

---

[358] *Ibid.*, p. 493.
[359] SHAT, 12P, 83, com data de 10 de Março de 1945.

tenente Marcel Guillot, enquanto o tenente Julian e cinco voluntários escalavam a face do rochedo e, empregando uma generosa quantidade de granadas de mão, eliminavam a companhia de infantaria alemã que se encontrava intramuros.

Retirada de Itália em Agosto, para participar na Operação Anvil, a invasão aliada do Sul de França [360], a 13.ª DBLE trocou finalmente a insígnia com a Cruz da Lorena que usava no ombro pelo galo gaulês comum ao resto da Legião, embora continuasse a privilegiar a boina tipo comando usada em Narvik em detrimento do tradicional quépi branco até ao desfile da vitória em Paris, em Maio de 1945. No dia 16 de Agosto, pelas 18:00, ao desembarcar em Cavalaire-sur-Mer, a 13.ª DBLE passou do comando americano para o do general de Lattre de Tassigny, consolidando a posição de de Gaulle como líder de *todas* as forças francesas.

A determinação de de Gaulle no sentido de que as suas tropas não fossem relegadas para segundo plano na reconquista da França colocou uma enorme pressão sobre a 13.ª DBLE. Chegando a Lyon, no dia 5 de Setembro, sofreu pesadas baixas na conquista de Autun, após o que efectuou a junção com o RMLE e o 1.º REC – isto depois de uma resposta pouco ortodoxa à escassez de efectivos ter sido negociada, em Agosto de 1944, por oficiais do OSS [*]. Esta operação envolveu a deserção, pelas linhas inimigas, de uma unidade SS de 650 ucranianos, que foram alistados por inteiro na Legião, onde continuaram a combater sob o comando dos seus oficiais, numa violação da prática estabelecida de fragmentação dos grupos nacionais.

A mudança de lado não serviu de nada aos ucranianos. Poderão ter pensado que a Legião passara a ser a sua pátria, mas no Verão seguinte foram repatriados à força por de Gaulle, no cumprimento dos termos dos acordos de Ialta – e fuzilados [361]. Perto de um milhão de cossacos e outros europeus de Leste que tinham combatido não por Hitler mas contra o domínio militar russo das suas pátrias foram igualmente destituídos dos seus direitos como prisioneiros de guerra

---

[360] Culpada por muitos líderes aliados de ter abrandado a invasão a norte, o que possibilitou a Estaline apoderar-se a maioria do centro e do sudeste europeus.

[*] O Office of Strategic Services, agência de serviços secretos dos EUA durante a Segunda Guerra Mundial que viria a dar origem à CIA. (*N.T.*)

[361] Comor, *L'épopée de la 13e demi-brigade de la Légion Étrangère 1940-45*, pp. 285-287

Um Casamento à Força

e entregues pelos EUA e Grã-Bretanha, juntamente com as suas mulheres e filhos, para serem executados ou enviados para o Gulag[362].

Alguns exemplos de truques sujos numa campanha suja.

No terrível Inverno de 1944-1945, um destacamento da Legião, transportando os seus feridos, viu-se cercado 20 km a sul de Estrasburgo. Conseguiu regressar às linhas francesas depois de um legionário alemão ter convencido uma sentinela de que eram reforços da Wehrmacht, enviados para impedir a fuga dos franceses sitiados! Depois de divulgar o paradeiro dos seus camaradas, a sentinela foi a primeira a morrer.

Depois de entrarem na Alemanha, um dos oficiais subalternos que fora escondido da Comissão do Armistício sob um nome falso – o sargento-mor Moulin chamava-se Porschmann –, fingiu ser um oficial superior, interrogando por telefone as unidades da Wehrmacht e das SS que iam ser atacadas para determinar a sua força e dispositivo. O jovem capitão de outra companhia deu a um dos seus legionários, que tinha sangue judeu, meia hora para concluir a sua guerra pessoal. Autorizado a infiltrar-se na aldeia onde nascera, e cujos habitantes haviam traído a sua família à Gestapo, o legionário desapareceu na escuridão, a rastejar, com dez granadas e trinta minutos de folga. Os habitantes estavam escondidos nas caves. Ouviram-se dez explosões abafadas, após o que ele regressou, dentro do tempo. Ninguém fez nenhum comentário[363].

Não obstante todos os truques sujos, as baixas da 13.ª DBLE foram pesadas, mas não superiores às de outras forças francesas, obrigadas ao máximo de esforço por de Lattre para justificarem as ambições políticas de de Gaulle no pós-guerra. Essencialmente, foram a paranóia e exaustão decorrente do combate que levaram dois oficiais da 13.ª DBLE a acusarem a «outra Legião», em Sidi-bel-Abbès, de tentar eliminá-los atribuindo todas as missões mais perigosas aos gaullistas. Fosse qual fosse a verdade contida nestas alegações, a 13.ª DBLE foi retirada da frente alemã em Março de 1945, e transferida para os Alpes.

Quando a guerra chegou ao fim na Europa, em Maio de 1945, a França não recebeu uma zona de ocupação na Alemanha, pelo que teve de ser criada uma a partir das zonas britânica e americana.

---

[362] Ver N. Tolstoy, *Victims of Yalta*, Londres, Hodder & Stoughton, 1977.
[363] Comunicação pessoal ao autor.

A LEGIÃO ESTRANGEIRA

Foi aí que, entre Outubro e o fim do ano, a Legião enviou equipas de recrutamento aos campos de prisioneiros, oferecendo-lhes a escolha entre ficarem à espera de serem libertados e vestirem o uniforme da Legião. A maioria dos soldados da Wehrmacht estava farta de guerra, mas homens dos Länder (*) alemães sob ocupação russa, ex-membros das SS e outros indivíduos com motivos para recearem ser julgados em tribunal se ficassem na Europa ofereceram-se como voluntários, num total de 12 000.

Um deles, cuja guerra fora um apenas um tudo-nada mais complicada do que a de muitos outros, foi o ex-sargento Brückler ou Brockman, que traíra os seus companheiros durante a incursão ao aeródromo de Darnah, em 1942. Outro foi o médico pessoal de Mussolini, que ascendeu à patente de sargento-mor médico. Naqueles tempos, os oficiais recrutadores da Legião não faziam demasiadas perguntas embaraçosas, porque a França necessitava do maior número possível de soldados experientes para outra guerra que estava a começar.

Pela altura em que a 13.ª DBLE foi transferida para os Alpes, o regimento da Legião esquecido no Vietname encontrava-se em mísero estado. Depois de obedecer às ordens de Vichy para não resistir à invasão japonesa, o 5.º REI (364) fora reforçado, em 1941, com as duas colunas fantasmas de «trabalhadores europeus», mas a suspensão da rotatividade normal que se verificara desde então fizera aumentar consideravelmente a idade média do pessoal. Além do mais, o tédio estultificante da vida de guarnição sob ocupação japonesa reduzira a eficácia de combate para o nível mais baixo de sempre. A falta de medicamentos combinou-se com a malária, a disenteria e as doenças venéreas para reduzir os níveis gerais de saúde. No papel, as forças francesas, totalizando 65 000 homens, era das colónias o dobro das do ocupante japonês, mas a maioria das tropas eram coloniais. Em segundo lugar, tinham sido substancialmente desarmadas e careciam de munições. Finalmente, os Japoneses estavam cada vez mais nervosos depois da perda da Birmânia para os Britânicos e dos triunfos do general Douglas MacArthur, a reconquista das Filipinas e a tomada de Iwo Jima.

(*) Os estados alemães. (N.T.)

(364) Desde 1930, todas as unidades da Legião no Vietname estavam agrupadas no 5.º REI, que assim se tornou o regimento indochinês.

UM CASAMENTO À FORÇA

O comando francês gizara planos de contingência para lidar com um alegado plano dos Japoneses para massacrarem todos os europeus da Indochina quando retirassem. Após vários falsos alarmes, na noite de 9 de Março de 1945, muitas casernas francesas encontravam-se sem guarda e numerosos militares estavam em casa, com as suas mulheres e famílias vietnamitas. Os oficiais e os soldados começaram a ser detidos nos seus lares, em bares e em restaurantes. Em Lang Son, o general Lemonnier autorizou vários dos seus oficiais a aceitarem o convite para um banquete, onde os seus anfitriões japoneses os receberam ao som de uma banda de *jazz* – às 20:00, os oficiais franceses viram-se cercados por guardas armados. Os que resistiram foram abatidos a tiro ou trespassados pelas espadas dos oficiais[365].

Os legionários foram metralhados enquanto cantavam a «Marselhesa», num último gesto de desafio. Um dos três sobreviventes, o legionário Hardouvalis[366], conseguiu fugir para casa da sua *congai* vietnamita. Traído pelos vizinhos, recusou-se a divulgar o esconderijo de algumas armas americanas recentemente largadas de pára-quedas, e teve a distinção de ser obrigado a abrir uma sepultura vertical mais pequena do que ele e a saltar lá para dentro – quando lhe cortassem a cabeça, passaria a caber perfeitamente[367].

Quando Lemonnier e o residente francês, Camille Auphale, se negaram a assinar um documento de rendição, mandaram-nos abrir as suas próprias sepulturas; de seguida, ajoelharam-se à beira delas e foram decapitados. Em Hanói, houve legionários que lutaram até à última bala e depois à baioneta, até serem dominados; os sobreviventes foram mortos à pancada, com facas e com baionetas. No batalhão penal, em Ha Giang, a resistência também foi rapidamente ultrapassada, seguindo-se execuções em massa.

O tenente Chenel, o jovem oficial que levara as colunas fantasmas para o Vietname, quase foi apanhado num quarto de hotel, em Hanói, mas escapou armado unicamente com o seu revólver de serviço. De arma em punho, sequestrou os serviços de um condutor de riquexó. Quando o homem ficou esgotado, roubou uma bicicleta. Depois de a bicicleta se avariar, roubou outra. Seguidamente, continuou a cavalo e a

---

[365] Anderson, *Devils, Not Men*, p. 85.

[366] Por vezes chamado Tsakiropoulos, possivelmente uma confusão entre o seu verdadeiro nome e o nome com que se alistou.

[367] P. Sergent, *Les maréchaux de la Légion*, Paris, Fayard, 1987, p. 369.

A LEGIÃO ESTRANGEIRA

pé, até se unir aos seus homens, em Son La, após uma viagem de 200 km efectuada em menos de três dias. Depois de receber o comando da 1.ª Companhia do 1.º Batalhão, em 20 de Março, Chenel desencadeou a sua própria guerra contra os Japoneses.

Em vão. A surpresa e a selvajaria tinham cumprido os seus objectivos. O general francês no comando estava fugido, sem insígnias no uniforme e fazendo-se passar por um administrador colonial, depois de ter garantido a de Gaulle e intenção de combater até ao último homem contra os Japoneses. Chegando ao aeródromo de Dien Bien Phu seis dias antes do seu estado-maior, o brigadeiro Sabattier recebeu o coronel Passy[368], braço direito de de Gaulle e chefe dos seus serviços de informações, que chegara de avião de Calcutá. Passy informou-o da sua nomeação a major-general e tornou-o representante supremo do governo no que restava do Vietname francês[369]. Sabattier viria a escrever um livro para justificar a sua conduta[370].

No Nordeste do Vietname, soldados como Chenel continuaram a luta mas acabaram por ser forçados a retirar, em cinco colunas totalizando 3000 homens, para o outro lado da fronteira com a China, sofrendo repetidas emboscadas durante a sua marcha épica de cinquenta e dois dias. As suas *congais* tinham sido abandonadas ao seu destino, mas uma delas, por lealdade ao sargento Leibner, seguiu a coluna durante 240 km. Depois de ele ser morto numa escaramuça contra os perseguidores japoneses, ela olhou brevemente para o seu cadáver e desapareceu na selva.

Pouco mais de 1000 homens conseguiram chegar a território chinês, sofrendo de beribéri e subnutrição. Tiveram a sorte de o embaixador francês junto de Chiang Kai-Shek ser o general Zinovi Pechkoff, um ex-legionário. Ele conseguiu repatriar alguns dos feridos para a Europa, através da Índia[371]. Depois de o 5.º REI ter sido oficialmente dissolvido, no dia 21 de Julho de 1945, os mais aptos foram formados num batalhão de marcha que, em 8 de Fevereiro, iniciou o longo regresso ao Vietname, abrindo caminho à força contra os senhores da guerra locais ao longo da futura Pista Ho Chi Minh.

---

[368] De seu verdadeiro nome Dewavrin.
[369] Sergent, *Les maréchaux de la Légion*, p. 363.
[370] G. Sabattier, *Le Destin de l'Indochine*, Paris, Plon, 1952.
[371] Anderson, *Devils, Not Men*, p. 85.

Um Casamento à Força

Ao dragarem o Lang Son à procura dos blocos de culatra dos canhões de 155 mm lançado ao rio para os salvar dos Japoneses, os sapadores também recuperaram vários baús antigos, forrados a chapa. Abertos à força, revelaram-se cheios de moedas mexicanas novinhas em folha, datadas de 1884 e 1885 [372]. Desafiando todas as probabilidades, decorrido mais de meio século, o «saco azul» lançado ao rio pelo tenente-coronel Herbinger no pânico da retirada de 1885 fora recuperado pelos seus legítimos proprietários.

O 5.º REI era verdadeiramente a legião perdida. A atitude de de Gaulle foi considerar os seus membros como colaboracionistas pétainistas. O Presidente Roosevelt, que morrera no dia 12 de Abril, em Washington, declarara que a França tinha sugado a Indochina durante cem anos e que o povo do Vietname tinha «direito a algo melhor» [373]. Nem ele nem o seu sucessor, Harry Truman, sentiam a mínima simpatia pelas ambições colonialistas dos seus aliados europeus. Em Londres, Winston Churchill fora rejeitado como líder da Grã-Bretanha para o pós-guerra, e nada podia fazer para influenciar Washington. O seu sucessor, o primeiro-ministro Clement Atlee, não gostava do colonialismo nem da França.

Na Conferência de Potsdam, em Julho-Agosto de 1945, Estaline, fazendo o seu jogo de fundo, abocanhou todos os países bálticos e balcânicos que pôde para aumentar o único império do século xx, consentindo que a Grã-Bretanha aceitasse a capitulação japonesa no continente asiático, incluindo no Vietname, a sul do paralelo 16, com o Kuomintang de Chiang Kai-Shek fazendo o mesmo a norte. O representante da Grã-Bretanha na cerimónia de rendição foi o almirante Louis Mountbatten, comandante supremo aliado no Sudeste Asiático. Numa missiva secreta ao Ministério dos Negócios Estrangeiros britânico, ele avisou que os Franceses não conseguiriam reapoderar-se da sua antiga colónia do Vietname como se nada tivesse acontecido desde 1940, devido ao crescimento, durante a ocupação japonesa, do movimento independentista do Viet Minh, liderado por Ho Chi Minh [374].

Com o Vietname dividido em dois, enquanto as tropas chinesas entravam na metade norte, as tropas britânicas desembarcaram

[372] Sergent, *Les maréchaux de la Légion*, p. 194.
[373] Citado em Geraghty, *March or Die*, p. 270.
[374] Mountbatten, Lord, *Report on Post Surrender Tasks*, Londres, HMSO, citado em Arnold-Foster, *The World at War*, Londres, Thames Methuen, 1983, p. 323.

429

A Legião Estrangeira

em Saigão, em Setembro, e os europeus sobreviventes passaram pela experiência enervante de as verem utilizar soldados japoneses armados para manterem a ordem. Poderá parecer estranho, à luz da sua continuada e bem sucedida campanha para expulsar os Franceses do seu país, que o principal promotor do regresso das tropas francesas nessa época tenha sido Nguyen Hai Quoc, cujo nome de guerra era Ho Chi Minh, que significa «Aquele [Que] Ilumina o Caminho». Ho Chi Minh era professor de história, e via claramente que as potências europeias, humilhadas pelos Japoneses e financeiramente arruinadas por duas guerras mundiais, nunca recuperariam o seu estatuto anterior à guerra na Ásia. As colónias das quais se tinham eventualmente reapoderado não tardariam a ser perdidas para os movimentos de independência nacional, tal como acontecera na Índia, na Malásia, em África e nas Ilhas Orientais Holandesas. Mas a China nunca abriria a mão.

Tendo fundado o Viet Minh ([375]) em Maio de 1941, durante o seu exílio na China, Ho Chi Minh considerava que era melhor os seus compatriotas – nas suas próprias palavras – «cheirarem cu francês durante pouco tempo do que comerem merda chinesa durante séculos» ([376]). Alguns dos seus seguidores objectaram contra a sua aceitação à colocação de 15 000 soldados franceses a norte do paralelo 16, mas tendo em conta que o *quid pro quo* foi a partida de 18 000 militares chineses, Ho Chi Minh fez vingar a sua tese.

Apesar de liderado por comunistas – Ho Chi Minh era fundador do Partido Comunista do Vietname e membro do Comintern –, o Viet Minh declarava-se uma frente nacional, aberta a todas as tendências políticas. Após a rendição japonesa aos Aliados, em 10 de Agosto de 1945, unidades do Viet Minh, armadas por agentes do OSS, assumiram o controlo da capital do Norte, Hanói, no dia 19, e proclamaram a República Democrática do Vietname.

O general Leclerc só regressou a Hanói em 18 de Março de 1946, com uma força simbólica para substituir os Chineses, que não estavam com pressa de partir. A seu lado, enquanto inspeccionava a guarda de honra, encontrava-se um homenzinho vestido à ocidental,

---

([375]) Nome completo *Viet Nam Doc Lap Dong Minh Hoi*, que significa Liga para a Independência do Vietname.

([376]) J. P. Harrison, *The Endless War*, Nova Iorque, Columbia University Press, 1989, p. 109.

UM CASAMENTO À FORÇA

de fato, e com um chapéu mole de feltro. Tratava-se do ministro do Interior da RDV, Vo Nguyen Giap, que comandara as forças da guerrilha vietnamita que haviam combatido os Japoneses no Vietname a partir de 1943.

O Acordo Franco-Vietnamita reconheceu a RDV em troca da sua aceitação do estatuto de membro da União Francesa (*), e de atribuir concessões a empresas francesas – a principal era a borracheira Michelin. Mas o alto-comissário de de Gaulle, o almirante Georges Thierry D'Argenlieu, denunciou o acordo desde o princípio, colocando a sua fé no poder das armas francesas – e foi assim que a Legião se envolveu nesta história. D'Argenlieu era uma personagem curiosa. Servira na Marinha durante as duas guerras mundiais, mas entre uma e outra fora um carmelita descalço – e voltaria a sê-lo depois de desempenhar o seu papel nesta tragédia.

Partindo de Saigão, as tropas francesas e norte-africanas de Leclerc iniciaram o longo avanço para norte – com a participação do 3.º REI e da 13.ª DBLE, cujo comandante, o coronel Sairigné, foi um dos primeiros a tombar, vítima de uma emboscada do Viet Minh. No dia 5 de Outubro, o 1.º e o 2.º batalhões do 2.º REI, sob o comando do coronel Lorrilot, desembarcaram em Nha Trang para garantir a posse da costa do Annam ou Vietname Central. Para ambos os antagonistas, os truques eram o prato do dia. Os bandos mistos do Viet Minh, soldados japoneses e bandidos locais tinham o desagradável hábito de transformar as suas balas em balas dum-dum (*), o que garantia que eram feitos poucos prisioneiros. O 2.º REI recorria a diversos embustes, um dos quais era disfarçar os legionários mais pequenos e de pele mais escura de camponeses *nah qué*, vestindo-os com pijamas pretos e chapéus cónicos, para garantir o máximo efeito de surpresa.

Nas províncias nortenhas, assoladas pela fome, os camponeses, que não tinham comida suficiente para si próprios e para os seus filhos, eram vítimas de violações e pilhagens às mãos dos bandos armados nativos e dos irregulares chineses. A tensão foi aumentando até que, a 19 de Novembro, em Hanói, o Viet Minh agravou o

---

(*) Criada pela Constituição de 1946 (IV República), a União Francesa substituiu o Império colonial francês e converte as colónias em departamentos e territórios ultramarinos. (N. T.)

(*) Por exemplo, fazendo um X com uma faca na ponta da bala, garantindo a sua deformação e/ou fragmentação com o impacto, provocando lesões muito mais graves do que uma bala convencional. (N. T.)

A Legião Estrangeira

conflito: depois de cortar o abastecimento de água e electricidade, atacou a guarnição francesa com morteiros e armas ligeiras. Antes de desaparecerem na selva, no estilo tradicional da guerrilha, libertaram todos os prisioneiros das cadeias. A morte de vinte e seis soldados franceses pelos guerrilheiros provocou uma resposta selvagem: no dia 23 de Novembro, os canhões dos navios de D'Argenlieu bombardearam a indefesa cidade portuária de Haiphong, provocando a morte de aproximadamente 6000 civis vietnamitas ([377]) – o que, por sua vez, levou ao rapto ou assassinato de 600 civis europeus.

Tal como o ataque a Fort Sumter deu início à Guerra da Secessão, o bombardeamento de Haiphong foi o primeiro golpe assestado na Guerra dos Trinta Anos do Vietname: primeiro assalto, França *versus* Viet Minh; segundo assalto, EUA *versus* NVA e Viet Cong. Em França, tendo-se de Gaulle demitido depois de dar o seu melhor para reunir um povo profundamente dividido, poucas pessoas se interessavam pelo que estava a acontecer em seu nome no outro lado do planeta.

Entre os legionários do 2.° REI que desembarcaram em Haiphong no dia 7 de Dezembro, encontravam-se dois segundos tenentes que fariam nome na Legião: Bernard Cabiro e Roger Faulques. O alto-comissário francês, Jean Sainteny, esforçava-se por manter a população civil calma, mas a capital estava cercada por um número desconhecido de inimigos. Depois de transportado rio acima pelas lanchas de desembarque da Divisão Naval de Assalto, alcunhada «Dinasau», o 2.° REI foi incumbido de descobrir o número de efectivos do inimigo e reabrir a Estrada Nacional 1, que ligava Hanói e Saigão.

Foi um Natal sinistro, com os bombardeiros Junkers herdados da Luftwaffe largando munições de pára-quedas a unidades francesas isoladas e sem possibilidade de reabastecimento – mesmo no centro de Hanói ([378]). A 1.ª Companhia, comandada por Cabiro, teve quatro legionários mortos e dois oficiais, dois oficiais subalternos e dezoito soldados feridos. Os Franceses foram-se gradualmente impondo, tanto que em Hanói, com o seu clima temperado e as suas frondosas avenidas, orladas de moradias e dispostas como uma cidade de província do Midi, os oficiais e as suas mulheres europeias voltaram a jogar ténis e a nadar no Cercle Sportif, a assistir à missa

---

([377]) Nunca foi publicado um número exacto.
([378]) Cabiro, *Sous le béret vert*, p. 130.

Um Casamento à Força

na enorme catedral católica construída em tijolo vermelho, e a ouvir concertos na Ópera. Cerca de 1200 km a sul, na húmida Saigão, o Continental Palace Hotel, na Place Garnier – hoje Praça Lam Son –, era um pedaço da Europa à deriva, com bebidas frias na varanda e quartos com ar condicionado, disponibilizando todos os serviços possíveis. Depois do anoitecer, os europeus prudentes raramente se aventuravam do outro lado do rio, na cidade chinesa de Cholon, mas mais por causa dos *tongs* (*) do que dos comunistas.

Fora das principais cidades, a impossibilidade de «pacificar» zonas montanhosas e de selva sem matar toda a população, entre a qual as dedicadas tropas de Giap se sentiam «como peixes na água» (**), reduziu os Franceses a alcançarem um desconexo progresso no papel, enchendo os mapas dos comandantes com fortalezas tipo «ouriço», estrategicamente situadas. Uma destas, em Hoc Monh, nos arredores de Saigão, foi construída pelos legionários como um palácio fortificado, dispondo de salão de jantar, enfermaria, prisão, geradores de electricidade e canalizações e instalações sanitárias modernas. Servindo num «ouriço» menos luxuoso, Eugen Brause, sargento-chefe da Legião, recorda-se de ter massacrado vagas com metralhadoras bem situadas em casamatas de cimento, e do intenso cheiro a combustível e porco assado quando as fogaças, tanques de *napalm* enterrados sob o talude, eram activadas electricamente durante um ataque ([379]).

A menos que possuísse uma pista de aviação, até o «ouriço» mais bem construído era vulnerável quando os reforços e as provisões chegavam em comboios blindados, através da rede das *routes coloniales*, que ainda são as principais estradas do Vietname. As Estrada Nacionais Três e Quatro tornaram-se armadilhas de morte para todos os comboios, excepto os mais poderosos. A rotina do Viet Minh era sitiar um bastião, esperar pela coluna de socorro, emboscá-la e desaparecer.

Tal como em todos os confrontos entre forças convencionais e de guerrilha, a raiva dos soldados traduziu-se em matanças ocasionais.

(*) Sociedades secretas sino-americanas. Talvez o termo mais apropriado a empregar aqui seja «tríades». (*N.T.*)

(**) O autor cita Mao Tsé-tung (obra publicada em língua portuguesa com o título de *Problemas Estratégicos da Guerra Subversiva*). (*N.T.*)

([379]) Entrevista perante as câmaras em *Les légionnaires allemandes dans la Guerre d'Indochine*, com produção de Marc Eberle, transmissão pela Arte-TV, em 9 de Fevereiro de 2005.

Cerca de 60% dos legionários envolvidos eram alemães e os testemunhos provêm de alguns que ainda estão vivos. Descrevendo um desses excessos, quando os cadáveres de homens decapitados foram deixados numa aldeia à guisa de aviso, e as mulheres e crianças foram queimadas vivas dentro das suas habitações, o ex-cabo Günther Woitzik afirmou ter ficado tão enojado que desertou pouco depois. Ele não se recordava se aquilo acontecera antes ou depois de alguns dos seus camaradas terem sido encontrados junto a um rio onde tinham estado a nadar, com os olhos arrancados e o pénis e os testículos enfiados na boca. «Eu guardava sempre as últimas três balas para mim», disse ele [380].

Joachim Schriever não só desertou, como também combateu como renegado ao lado do Viet Minh, até ser repatriado para a zona russa da Alemanha, passando por Moscovo e pela China, em 1951. «Os Chineses eram oficialmente amigos porque os nossos países eram irmãos socialistas», referiu ele. «Mas em privado diziam, «Narigudos não prestam». O político leste-alemão Erich Honecker organizou um total de sete transportes de desertores da Legião pela mesma via. Alguns, entre os quais Schriever, foram apresentados em conferências de imprensa para denunciarem a guerra imperialista no Vietname, mas depois viveram o resto das suas vidas vigiados pela Stasi, dada a probabilidade de terem sido politicamente corrompidos durante a sua estada no Ocidente [381].

O desertor Willy Deckers recordou-se, quando o comboio Moscovo-Berlim chegou à estação fronteiriça, em Frankfurt-an-der-Oder, de ter sido recebido pelo que julgou ser a banda da Juventude Hitleriana à qual pertencera, mas foi informado de que eram membros da Freie Deutsche Jugend, a equivalente comunista. Depois, juntamente com os outros desertores do seu transporte, passou meses confinado num «campo de quarentena», supostamente à espera dos resultados das suas análises de sangue de despiste da malária.

Isto aconteceu muito antes do Muro de Berlim, pelo que Schriever, depois de ser libertado, arriscou e atravessou a fronteira para o Ocidente. Porém, depois de outro desertor e activista comunista, Jackie Holsten, ter sido encarcerado, Deckers considerou que parecia

---

[380] Ibid.
[381] *Ibid.*

mais seguro ser tratado como espião no Leste e regressou ([382]). Ao mesmo tempo, na zona francesa da Alemanha ocupada, as equipas de recrutamento da Legião desafiavam abertamente a polícia alemã e chegavam a fazer passar clandestinamente para França até cinquenta jovens por dia ([383]).

O tempo, disse Ho Chi Minh, joga a nosso favor porque os imperialistas não podem matar um de nós por cada criança que nasce – no fim, vencemos sempre. Nessa altura, menos de 5% dos vietnamitas apoiavam os comunistas, mas quanto mais tempo a França e depois os EUA prosseguiram o conflito, mais forte se tornou o partido.

As tácticas da Legião no Norte de África eram manifestamente inadequadas para perseguir um inimigo ao qual bastava esconder a arma para se parecer com qualquer camponês dos arrozais, deltas, selvas e montanhas do Vietname. Inicialmente, o 1.º REC esteve equipado com veículos anfíbios americanos M29 Crab. Depois da morte de demasiados homens nestas armadilhas de morte, sem tejadilho, passou a utilizar outro veículo todo-o-terreno modificado, o Alligator, o qual, sendo fechado, dava pelo menos projecção contra as granadas lançadas por voluntários suicidas durante as emboscadas.

O disciplinado Viet Minh tornou-se exímio na técnica utilizada pelos comunistas chineses contra os Britânicos na Malásia: destruir a estrada após a passagem dos veículos da vanguarda, isolando-os dos restantes, e depois lançar chuvas de granadas e disparar com metralhadoras bem posicionadas sobre a coluna de veículos civis e militares imobilizados. O alto-comando decidiu que a única forma de levar a guerra ao inimigo era utilizando alguns dos Junkers ex-Luftwaffe para largar rapidamente pára-quedistas onde eram necessários. A Legião formou os seus primeiros pára-quedistas com voluntários da 3.ª Companhia do 3.º REI, sob o comando do capitão Morin, um piloto certificado, em Abril de 1948. Depois da instrução, o 1.º Batalhão Estrangeiro de Pára-quedistas, conhecido por 1.º BEP, desembarcou em Haiphong, no Outono de 1948. O tenente Cabiro e outros oficiais do 2.º BEP saíram do seu avião em Than Son Nhut, no dia 24 de Janeiro de 1949, e os seus homens desembarcaram do transporte *Joffre*, em Saigão, em 9 de Fevereiro. Seis semanas mais tarde, estavam em acção na região central do país.

([382]) *Ibid.*
([383]) *Ibid.*

A Legião Estrangeira

O equipamento de ambos os batalhões era tão obsoleto que as suas pesadas espingardas Lebel, da Primeira Guerra Mundial, tinham de ser largadas à parte para que os homens não se ferissem ao chegar ao solo. Por esta razão, os páras ficavam armados apenas com facas de combate até darem com os seus molhos de espingardas. Quanto aos pára-quedas, havia tão poucos que tinham de ser recolhidos após cada salto para serem reutilizados – os *viets*, muito observadores, consideravam prioritário roubá-los ou destruí-los. Assim, a primeira decisão que um pára da Legião tinha de tomar ao chegar ao solo era dobrar à pressa as ondeantes dobras de seda ou correr imediatamente para a sua arma, talvez a uns duzentos metros de distância. Mesmo assim, *la guerre aeroportée*, a guerra aerotransportada, era o trunfo que venceria o conflito no Vietname, ou pelo menos foi isso que os generais continuaram a pensar até a derrota de Dien Bien Phu lhes ensinar o contrário.

PARTE TRÊS

PERÍODO PÓS-IMPERIAL

32

Quem Precisa da Legião?

Quando os Acordos de Evian puseram fim à Guerra da Argélia, em 1962, o consenso em muitas messes de oficiais era que, não havendo mais guerras coloniais para travar, a Legião deixara de ser útil à França. Compreensivelmente, de Gaulle dissolveu o 1.º REP, mas o que salvou o resto da Legião e a transformou numa força de combate moderna e de nível mundial foram, de acordo com o folclore da Legião, os argumentos do então primeiro-ministro Pierre Messmer, ex-oficial da Legião.

Mas Charles de Gaulle era um homem influenciável, ou estava a fazer um jogo mais complexo?

Visto das margens do Sena, em 1962, o mundo estava a tornar-se cada vez mais monolinguístico: todas as outras culturas estavam a ser submergidas ou varridas por uma torrente de Pepsi, Coca Cola e detergentes Procter and Gamble, seguida de uma enxurrada de filmes de Hollywood, slipes, sutiãs Playtex, calças de ganga Levis e cereais Nabisco.

Mais tarde, dar-se-ia o irresistível vendaval cultural das séries televisivas transatlânticas e da implantação mundial das multinacionais capazes, através das decisões secretas das suas administrações, de desestabilizarem países inteiros. Mas em 1962, parecia a de Gaulle que ainda havia tempo para a França e os países de língua francesa construírem uma muralha política à sua volta e manterem à distância esta ameaça à independência da sua identidade política, cultural e comercial.

A palavra *francophonie* nasceu em 1880, para designar a comunidade linguística constituída pela França, pelo Quebeque e pelas partes da Bélgica e da Suíça onde o francês era a primeira língua, e pelas regiões onde era a segunda – utilizada nos intercâmbios culturais e comerciais por uma classe média de educação francesa – tais como o Levante e o Sudeste Asiático. O plano de de Gaulle era unir os mais de cinquenta países francófonos num bloco onde interesses culturais e económicos comuns poderiam ser protegidos daquilo que ele via como uma conspiração anglo-saxónica para dominar todo o planeta. O zénite desta política foi o seu discurso em Montreal, no Verão de 1967, terminado com «*Vive le Québec libre!*».

Os nativos de língua inglesa dão como garantida a conveniente predominância do seu idioma, mas a escrita árabe é a segunda mais utilizada no mundo. Se todos os executivos falantes de inglês fossem obrigados a dominá-la para a sua correspondência empresarial rotineira, a nossa perspectiva do mundo alterar-se-ia. O espanhol é a primeira língua para 250 milhões de pessoas. O espanhol básico é de fácil aquisição para os europeus, mas o turismo e o mundo dos negócios seriam muito diferentes se todos nós fôssemos obrigados a aprendê-lo para podermos viajar no estrangeiro. O mandarim é a primeira língua de 800 milhões de pessoas, e a segunda para muitos outros milhões, mas se fôssemos obrigados a aprender nem que fosse um mínimo dos 15 000 caracteres chineses para utilizarmos um computador, veríamos o mundo de forma diferente.

Estes exemplos ilustram a desvantagem em que se encontram os falantes de língua francesa, e porque é que de Gaulle quis revalidar a língua que fora outrora a da diplomacia, mundialmente respeitada pela sua precisão. As cimeiras francófonas de hoje congregam chefes de Estado de cinquenta e cinco países – da Bélgica e do Benim até ao Vanuatu e ao Vietname -, mantendo a cultura francesa viva nesses países e encorajando o comércio e o turismo em mútuo benefício.

Outro objectivo de de Gaulle com a criação do bloco francófono era a redução de algumas das tensões da Guerra Fria, perigosamente polarizada, cujos dois principais actores, em Washington e Moscovo, manipulavam países mais pequenos como peões num jogo que poderia acabar num desastre global. A França era membro fundador da OTAN, mas a hostilidade do seu presidente ao controlo americano da

QUEM PRECISA DA LEGIÃO?

aliança levaria, em Março de 1966, à expulsão das forças da OTAN, pelo que deixava de ser possível lançar mísseis nucleares a partir de território francês sem consultar previamente o governo. Dado que qualquer lançamento contra a URSS teria desencadeado uma retaliação imediata contra a fonte dos mísseis atacantes, poucos franceses questionaram esta decisão.

Em 1962, de Gaulle considerava a interferência dos EUA e do bloco soviético nos assuntos internos dos países do Terceiro Mundo como passos largos no caminho para um conflito global [384]. Esta opinião era partilhada por muitas pessoas em Washington e Moscovo, tal como testemunha a Teoria do Dominó. Para diminuir a possibilidade de a retirada francesa e belga das suas antigas colónias ser explorada no âmbito da Guerra Fria, de Gaulle acreditava que a França se poderia tornar uma força promotora da paz oferecendo uma alternativa à intervenção de qualquer dos antagonistas em países que não desejavam tornar-se aliados de nenhum dos dois blocos.

Este novo papel de manutenção de paz só poderia ser posto na prática depois de a França se libertar do estigma de «opressor colonialista» que se associara à sua ocupação armada da Argélia. Resolvida esta questão, a França poderia voltar a ser um actor importante no jogo da geopolítica, desde que possuísse uma força de reacção rápida auto-suficiente e capaz de executar missões de manutenção de paz eficazes e a baixo custo, com muito pouco apoio, nas selvas, desertos, pântanos e montanhas prevalecentes em grande parte do Terceiro Mundo.

Já em 1831 muitas vozes se haviam erguido contra a loucura de aventuras coloniais francesas. Em 1962, depois de a Guerra da Argélia ter custado a quase todas as famílias francesas a vida de um parente ou de um conhecido próximo, de Gaulle sabia que poucos eleitores se deixariam conquistar pelo seu sonho – a menos que a força de reacção rápida fosse oficialmente composta por estrangeiros cuja morte não custaria votos nas eleições francesas. Obrigado, marechal Soult. O problema, para Charles de Gaulle e, após a sua resignação, em 1969, para os sucessivos ocupantes do Palácio do Eliseu, era que um exército de estrangeiros, cujos oficiais subalternos e soldados se demonstravam

---

[384] Daí a aproximação da França ao seu inimigo tradicional, a Alemanha, e à sua aliada tradicional, a Rússia.

A Legião Estrangeira

tão leais aos seus oficiais como os páras do 1.º REP tinham sido, era demasiado perigoso para manter em solo francês, a não ser que fosse desmembrado de uma forma que os homens do presidente só pudessem juntar novamente as peças fora de França.

Para garantir que a Legião nunca mais desencadearia uma insurreição nem se tornaria instrumento de um golpe, os seus depósitos regimentais em França foram separados por centenas de quilómetros e localizados muito longe da capital. À maior distância que se consegue estar de Paris no continente, o 1.º RE[385] tinha o seu principal quartel-general em Aubagne, perto de Marselha. Incumbido da instrução, o 4.º RE estava em Castelnaudary, perto de Toulouse. A cavalaria estava em Orange, também no Sul. Os legionários mais perigosos, os do 2.º REP, estavam confinados à Córsega, sem meios para chegarem ao continente mais depressa do que o *ferry* de transporte de automóveis nocturno. Nas ocasiões em que foram instalados noutros locais, em número superior ao de um destacamento, um observador exterior poderia ser desculpado por pensar que a Força Aérea tinha relutância em providenciar os necessários aviões de transporte.

A Legião não mudou muito desde esta enorme reestruturação. Em 2005, os seus 394 oficiais, 1705 oficiais subalternos e 5768 legionários estavam integrados na estrutura de comando do Exército Francês da seguinte forma:

1.º RE (Aubagne)	Núcleo de comando da Legião
4.º RE (Castelnaudary)	Estrangeira
2.º REP	11.ª Brigada Pára-quedista (Toulouse)
1.º REC	
1.º RE Engenheiros	6.ª Brigada Blindada Ligeira (Nîmes)
2.º REI	
2.º RE Engenheiros	27.ª Brigada de Infantaria de Montanha (Grenoble)
3.º REI	Comando da Guiana
13.ª DBLE	Comando de Djibuti

---

[385] Ao alterarem o seu papel em virtude da reorganização, o 1.º REI e o 4.º REI abandonaram o «I» de «Infantaria».

QUEM PRECISA DA LEGIÃO?

Cerca de 10% dos oficiais têm comissões «estrangeiras», tendo-se alistado como legionários; os restantes são fornecidos pelo Exército Francês, depois de se formarem nos vários colégios militares. Quanto às origens dos legionários, há pouco tempo, um grupo de *engagés volontaires* recém-alistado foi mandado sentar-se por um dos instrutores. Metade dos instruendos sentou-se, incluindo um vietnamita e um africano. O segundo instrutor deu a mesma ordem em russo, e os restantes sentaram-se – ficaram apenas de pé dois anglo-saxões monoglotas. Metade provinha da Europa de Leste. Dos trinta, somente cinco chegariam ao fim dos seis meses de instrução. Os outros ficariam pelo caminho, antes de poderem receber o quépi branco após o fim da recruta e serem colocados num regimento.

33

A Legião Renascida

Em finais de 1962, o 1.º RE já estava instalado no seu no QG, em Aubagne. O memorial foi colocado num lado da parada, e as bandeiras e distinções no museu e na nova capela de honra. O 2.º REP ainda estava na Argélia, onde, conforme o estipulado nos Acordos de Evian, o enclave de Mers el-Kébir permaneceria francês até 1968 – à semelhança da base dos EUA em Guantánamo, em Cuba. A disciplina estava a ressentir-se e o moral era baixo entre os páras – soldados especializados agora a abrir valas em redor do aeródromo militar de Bou Sfer. Foi nesta altura que James Worden se encontrou com Simon Murray no local. Ambos ficaram surpreendidos por a Legião conseguir continuar a recrutar, ainda que sem compensar todas as deserções: em três meses, Murray registou 20 alistamentos e 136 deserções.

A pista de aviação de Bou Sfer era 80 m mais curta do que o previsto porque alguns legionários faltosos tinham sido condenados pelos cabos não a esfregarem o chão nem a fazerem flexões, mas sim a exercerem as suas competências de combate nocturno roubando sacas de cimento dos armazéns de materiais de construção, fortemente guardados. O cimento destinado à pista era considerado mais bem empregue para construir bases para as tendas, que foram os únicos alojamentos do 2.º REP durante aquele Inverno gélido e húmido, até serem substituídas por barracas pré-fabricadas na Primavera.

A LEGIÃO RENASCIDA

No dia 10 de Dezembro de 1962, o general Lefort presidiu à tomada de posse do novo coronel do 2.º REP, e anunciou o novo papel do
regimento como uma força de combate de elite. O moral começou a
subir. Quando não estava a abrir valas ou drenos, Murray integrava a
equipa de tiro do regimento, o que elevava o moral, e também era muito solicitado como pianista para bailes na messe dos oficiais. A vedação
do perímetro e as minas ainda não tinham sido colocadas, pelo que
Murray, Worden e outros veteranos costumavam abandonar a base à
noite, em busca dos prazeres do bordel imaculadamente decorado gerido por duas senhoras, Janine e Suzanne, na aldeola de Bou Sfer.

Os anglo-saxões não acostumados à ideia de bordéis militares
talvez não se dêem conta de que as actividades sexuais estão isentas
de qualquer obrigatoriedade; muitos homens apenas se deslocam ao
bordel para beberem um copo num ambiente mais agradável do que
o bar do *foyer du légionnaire*, o clube dos legionários na base. Para
aqueles que se interrogam acerca da atracção mútua entre prostitutas
e heróis, Worden sugere que se dão bem não apenas por constituírem
a oferta e a procura num mesmo mercado, mas também porque existe
uma simpatia instintiva entre os membros das duas profissões mais
antigas do mundo, ambas desprezadas até serem necessárias.

O principal desporto de público em Mers el-Kébir era o râguebi,
no qual a equipa do 2.º REP adquiriu a reputação de lesionar com
gravidade os jogadores visitantes de outras unidades militares francesas. O treino físico regressou à rotina diária, bem como exercícios em
que os homens saltavam para e de embarcações de assalto insufláveis
em todos os tipos de condições meteorológicas, ou eram desembarcados por submarino em ilhas sem água doce para testar a sua resistência e iniciativa para regressarem à base antes de morrerem à sede.

Na antiga base do batalhão penal, em Béchar, no Sara, o 2.º RE
guardou a área de testes nucleares franceses. Concluídos os testes, o
regimento mudou-se para Mers el-Kébir quando Béchar foi entregue
à Argélia. Entretanto, o 3.º RE foi transferido directamente da Argélia para Madagáscar, para receber instrução em guerra anfíbia e operações tropicais. Posteriormente transferido para a Guiana francesa
para treinar operações na selva e desempenhar serviços de guarda
em redor do Centro Espacial Europeu, em Kourou, teve um papel
especial na zona de lançamento do Ariane.

Inicialmente, o 4.º RE mudou-se de Tébessa para sul, para o
Sara, com a missão de guardar os poços de petróleo em redor de

Touggourt. Depois da sua subsequente transferência para França, tornou-se o regimento de instrução, hoje baseado no impressionante Quartier Danjou, construído expressamente para o efeito, nos arredores de Castelnaudary. No Verão de 1965, o 5.º RE começou a enviar homens de Béchar para o 5.º Regimento Misto do Pacífico, criado para a construção e segurança da zona de ensaios nucleares do Centre d'Expérimentation du Pacifique. Entre outras tarefas, incluem-se a manutenção de veículos e a operação de centrais eléctricas e instalações de destilação de água.

Desprezada até ser necessária? Worden sabe o que diz. Os legionários transferidos rotativamente da Argélia para França eram recebidos com indiferença ou até hostilidade pelos habitantes das cidades perto das suas bases. Na sua primeira visita a Aix-en-Provence, Worden e os amigos, impecavelmente vestidos com os seus uniformes de domingo, viram ser-lhes recusado o atendimento nos hotéis e restaurantes simplesmente porque eram legionários[386]. Este fenómeno não se restringe à França. Rudyard Kipling escreveu acerca dos soldados britânicos,

> É Tommy isto, e Tommy aquilo, e «Tommy, desaparece».
> Mas é «Obrigado, Sr. Atkins», quando a coisa aquece. (*)

A companhia de Worden foi incumbida de reenterrar os caixões de Rollet, de Aage e do Legionário Desconhecido no cemitério da Legião, em Puyloubier, a aldeia para legionários deficientes e em convalescença na Provença, a região de Cézanne. Worden ofereceu-se para abrir a cova para o Legionário Desconhecido. Típico do *ethos* bizarro da Legião é o facto de todos os seus membros conhecerem a identidade do Legionário Desconhecido. Chamava-se Zimmerman e morreu na cama, depois de vinte anos de serviços distintos. A honra póstuma foi conferida aos seus restos para enfatizar que todos os legionários merecem ser honrados, independentemente da sua patente ou currículo.

Apresentando-se no novo QG do 2.º REP, em Camp Raffalli, nos arredores do porto de Calvi, na Córsega, Worden informou o seu nome, número, tempo de serviço e tempo com a patente arvorada. Ele voara na RAF durante a Segunda Guerra Mundial e tinha consciência

---

[386] Worden, *Wayward Legionnaire*, p. 156.
(*) Excerto de «Tommy» da obra poética *Barrack-Room Ballads* (Primeira Série, 1892). (*N.T.*)

de que já não era um jovem leão. Mesmo assim, surpreendeu-se ao ouvir o comandante, o tenente-coronel Caillaud, que servira no BEP no Vietname, murmurar para o comandante da base, «Onde é que eles vão desencantar estes velhadas?»

Sob a enérgica liderança de Caillaud, o 2.º REP transformou-se de um regimento pára-quedista convencional em algo muito mais fascinante, com cada companhia tendo uma especialidade, à semelhança do SAS. Na época, as ideias de Caillaud foram consideradas revolucionárias no Exército Francês. Ele acreditava que cada membro do regimento deveria ser bom em várias especialidades. Por isso, a 1.ª Companhia recebe instrução em guerra antitanque, combate nocturno e guerra urbana; a 2.ª Companhia especializa-se em guerra de montanha e guerra no Árctico; a 3.ª Companhia é a que molha os pés, com as suas operações anfíbias e os seus nadadores de combate; os membros da 4.ª Companhia são os tipos a evitar numa noite escura: recebem instrução em infiltrações de longa distância para recolha de informações e sabotagem, e são *snipers* de elite. A Companhia de Comando e Serviços é responsável pelas instalações do QG, das comunicações, de apoio médico, de reparações e outras. A Companhia de Reconhecimento e Apoio possui um pelotão de reconhecimento, dois pelotões antitanque, um pelotão anti-aéreo, um pelotão de morteiros e o pelotão de batedores. Vários legionários são também treinados para efectuarem operações HALO (*) em território hostil para salvamento de reféns e outras missões que não se contam às namoradas.

Já em 1964, Worden observou que o moral, muito abalado pela retirada da Argélia, cuja motivação política escarnecera de todas as mortes, estava a subir lentamente – e o mesmo acontecia com o número de legionários britânicos. De cerca de cinquenta em toda a Legião por alturas do fim da Guerra da Argélia, o número subira, no 2.º REP, para cerca de 12% depois da Guerra das Falklands, em 1982, muito depois de Worden, Murray e o seu compatriota Bob Wright se terem distinguido como o primeiro trio com a mesma nacionalidade a servirem simultaneamente como *caporeaux-chefs* (*) no mesmo regimento.

(*) High Altitude Low Opening – salto em queda livre, com o pára-quedas aberto longe do avião, a baixa altitude, utilizado em inserções clandestinas. (*N.T.*)

(*) Patente intermédia entre o 1.º cabo e o furriel, não existente no Exército Português. (*N.T.*)

A LEGIÃO ESTRANGEIRA

O novo papel da Legião, concebido por de Gaulle, continuou a crescer de importância após a sua morte, em 1970. Contingentes de força variada têm servido no Camboja, no Ruanda, no Congo, na Bósnia, na Sérvia, na Croácia, na República Centro-Africana, no Líbano e no Iraque, durante a Guerra do Golfo. E também têm estado «noutros sítios». Um ex-oficial subalterno do SAS admitiu ao autor ter encontrado, há alguns anos, um destacamento do 2.º REP no disputado Sara Ocidental. Perguntaram-lhe o que lá estavam os legionários a fazer, e ele respondeu, «O mesmo que nós». Quando o autor lhe perguntou inocentemente o que era, o homem de poucas palavras grunhiu, «Não se faça de tonto».

Três exemplos de intervenção da Legião ilustram o seu papel moderno. A República do Chade, que é multi-étnica, situa-se no coração do continente africano, rodeada pelo Sudão, República Centro--Africana, Camarões, Nigéria, Níger e Líbia. Com vizinhos destes, o apelo do presidente chadiano, em 1969, solicitando assistência militar à França não causou surpresa a ninguém. A resposta consistiu de um QG táctico e duas companhias de atiradores da Legião, sob o comando do major de Chastenet, com três aviões de observação Tripacer, um helicóptero de comando Alouette, um helicóptero de ataque Pirate e seis transportes H-34 (*).

Chegado ao país, Chastenet adquiriu localmente veículos para transformar os seus páras em unidades motorizadas, e dotou-se de uma secção de cavalaria para patrulhar áreas inacessíveis ao tráfego motorizado. Durante os primeiros seis meses, a força de intervenção entrou em acção contra as forças rebeldes por três vezes. A mais espectacular foi a terceira. Quando regressava no Alouette de uma visita de cortesia a Am Tinan, no Sul do país, Chastenet viu um grupo de cavaleiros rebeldes. Fornecendo instruções ao piloto para se manter no rumo como se estivesse tudo bem, alertou as forças via rádio. Uma secção de legionários foi helitransportada para o local mas os rebeldes refugiaram-se num bosque, e foi então que entrou em acção o helicóptero de ataque Pirate. A operação saldou-se por sessenta e oito rebeldes abatidos.

No dia 25 de Outubro de 1969, o coronel Jeannou Lacaze aterrou na capital, Abéché ([387]), com o estado-maior, os estandartes regimentais

---

(*) Também helicópteros. (N.T.)
([387]) Anteriormente Fort Lamy.

448

A Legião Renascida

e reforços do 2.º REP, e ainda uma companhia do 1.º RE, o que possibilitou uma rápida expansão da escala das operações. Estas atingiram o auge em 1970, depois de o major Malaterre ter assumido o comando. Em Outubro, a Companhia de Reconhecimento e Apoio, comandada pelo capitão Wabinski, foi aerotransportada para a região de Aouzou, no Noroeste, perto da fronteira com a Líbia. Insurrectos transfronteiriços tinham cercado a guarnição do exército chadiano em Aouzou, que estava encurralada no quartel e perdera o controlo da pista de aviação, localizada 5 km a sul da cidade.

Arriscando, os pilotos franceses aterraram na pista, desequilibrando os insurrectos ao expelirem as suas cargas de legionários prontos para o combate com os aviões *em andamento*. Desnorteados pela rapidez dos legionários, os líbios ofereceram pouca resistência, permitindo aos homens de Wabinski efectuarem a junção com a coluna de socorro que se aproximara pela estrada, a coberto da noite. A força combinada, guiada por soldados chadianos locais, tentou depois cortar a retirada dos insurrectos para a Líbia através do desfiladeiro de Leclerc, empurrando-os para grutas remotas.

No dia seguinte, chegou de avião uma companhia de páras chadianos. Juntamente com os legionários, expulsaram os rebeldes das cavernas, matando quarenta e um e capturando duas metralhadoras, duas espingardas de assalto e dezanove espingardas. Antes do fim da operação, foram apreendidas outras três metralhadoras, seis espingardas e uma enorme quantidade de documentos comprometedores, tendo morrido um legionário e sido feridos seis. Na intervenção no Chade, a maioria das «baixas» foram provocadas pelas hemorróidas de que sofriam homens sentados em veículos militares com suspensões demasiado duras, durante horas aos solavancos sobre lombas de terra dura como cimento.

No Outono de 1962, a 13.ª DBLE, esse híbrido de longa duração, deu por si num novo lar, na República de Djibuti, no Corno de África, com o apoio rotativo de companhias do 2.º REP. Quatro anos antes, este território, estrategicamente importante, tinha votado a favor da sua permanência na União Francesa, para não ser engolido pela sua vizinha a República Democrática Somali.

Catorze anos depois, o processo de independência, a ter lugar em 1977, colocou Djibuti, um território com 23 000 km² e uma população de 600 000 pessoas, sob enorme pressão por parte da vizinha Somália. Com o objectivo de pôr fim à presença militar francesa,

A LEGIÃO ESTRANGEIRA

crucial para a independência do território, no dia 3 de Fevereiro de 1976, na Cidade de Djibuti, quatro terroristas somalis sequestraram um autocarro escolar com vinte e sete crianças filhas de militares franceses. Ao chegarem ao posto de controlo policial nos limites da cidade, o terrorista que ia ao volante lançou o autocarro contra a barreira e afastou-se em direcção à fronteira da Somália. Encontrando o ponto de passagem bloqueado por um veículo da gendarmeria, o condutor colocou-se junto à porta, usando um rapaz como escudo humano e apontando-lhe a pistola à cabeça, e ordenou aos gendarmes que não interferissem. O rapaz foi depois enviado ao oficial no comando com as exigências dos sequestradores, nomeadamente a libertação de todos os terroristas presos, sendo-lhes devolvidas as armas, a «independência» imediata do país e a pronta evacuação de todas as forças francesas. O não cumprimento absoluto teria como resposta a execução de todas as crianças.

Um grupo da GIGN (*), a unidade antiterrorista de França, aterrou em Djibuti. O oficial no comando ofereceu-se como refém em troca da libertação das crianças, mas a proposta foi recusada. Era já de noite quando Jehanne Bru, uma funcionária civil da base de Djibuti, foi autorizada a levar comida e bebidas para as crianças que se encontravam no autocarro.

Nesta altura, uma companhia do 2.º REP, comandada pelo capitão Soubirou, estava já posicionada em torno do autocarro. Os terroristas insistiram que a estrada fosse desbloqueada, após o que o condutor seguiu para o posto fronteiriço somali, de modo a que qualquer tiroteio pusesse os soldados somalis na linha de fogo, desencadeando um incidente internacional.

Foi novamente proferida a ameaça de execução das crianças se o governo francês não cumprisse todas as exigências. Dentro do autocarro, além das crianças e da corajosa Jehanne Bru, encontravam-se três terroristas. Outro estava atrás do veículo, dois patrulhavam por perto e um sexto encontrava-se na varanda do posto fronteiriço. Subitamente, três secções do 2.º REP atacaram o autocarro, matando a tiro os dois terroristas em patrulha. Sob o fogo de cobertura dos *snipers* da 13.ª DBLE, os cabos Larking e Lemoine, e o 1.º sargento Jorand, conseguiram entrar no autocarro. Os três sequestradores a bordo foram mortos em segundos. Durante o tiroteio, morreu também uma

(*) Groupe d'Intervention de la Gendarmerie Nationale. (*N.T.*)

450

A LEGIÃO RENASCIDA

menina que estava sentada ao colo do condutor como escudo humano, mas vinte e duas crianças ilesas foram imediatamente evacuadas pelas janelas do autocarro. Os feridos, cinco crianças, Jehanne Bru e o motorista do autocarro, foram evacuados de helicóptero para o hospital da Cidade de Djibuti. Quatro crianças recuperaram, mas uma segunda menina morreu dos ferimentos recebidos durante o assalto e foi sepultada em Aubagne, junto ao túmulo do avô, que fora oficial subalterno na Legião.

O Chade e Djibuti são territórios que merecem pouca atenção nos meios de comunicação de língua inglesa, mas houve uma operação da Legião que foi notícia em todo o mundo. Teve lugar em 1978, numa cidade africana chamada Kolwezi.

34

A Pomba que era um Tigre

12-16 DE MAIO DE 1978

No dia 12 de Maio de 1978, o nome de Kolwezi não tinha qualquer significado, excepto para alguns milhares de pessoas ligadas à indústria mineira. No dia seguinte, os meios de comunicação de todo o mundo centravam a sua atenção nesta típica cidade mineira africana, na província zairense de Shaba [388], onde o enorme complexo industrial da empresa Gécamines empregava várias centenas de técnicos europeus e uma grande força de trabalho africana. Incluindo os dependentes dos técnicos, a população europeia ascendia a cerca de 3000 pessoas, que acordaram, no dia 13 de Maio, um sábado, como alvos da Operação Chicapa.

«Chicapa», que significa «pomba» em cubano, fora o nome escolhido pelos conselheiros cubanos em Angola – eles próprios controlados por conselheiros soviéticos [389] –, porque nessa época a pomba branca de Picasso era um símbolo universal de paz muito explorado pelas organizações comunistas; no entanto, os rebeldes da FNLC [390],

---

[388] O Zaire chama-se hoje República Democrática do Congo. Shaba chamava--se Katanga, que fora uma província do Congo Belga até 1960.

[389] Sob a égide do comité soviético-cubano, presidido por Raul Castro, irmão de Fidel, e coordenado pelos generais soviéticos Vassili I. Petrov e Sergey Sokolov, estavam em curso operações de desestabilização cubanas em Angola, Argélia, Benim, Etiópia, Guiné Equatorial, Líbia, República do Congo, Serra Leoa, Tanzânia e Zâmbia.

[390] A Front National de Libération du Congo, liderada por Nathanaël M'Bumba.

A Pomba que era um Tigre

maioritariamente adolescentes, autodenominavam-se «Tigres». Partindo dos seus campos de treino em Angola, tinham realizado uma marcha forçada de 300 km através da savana. Armados com espingardas de assalto Kalashnikov, espingardas belgas FAL, Uzis israelitas e M16 americanas, envergavam uniformes em segunda mão de uma dúzia ou mais de exércitos africanos e europeus, tendo como único sinal de identificativo um pequeno emblema de tecido azul com um tigre de prata cosido no uniforme.

O objectivo da invasão era desestabilizar o governo do presidente Mobutu através da conquista das minas de cobre e diamantes operadas pela companhia Gécamines, a qual, aquando da independência do país, em 1960, ficara com os direitos de exploração que haviam pertencido à empresa belga Union Minière du Haut Katanga. Os Soviéticos dotaram-se de um álibi plausível ficando em Angola e entregando o controlo operacional no terreno aos seus subordinados cubanos – que não se juntaram à longa marcha forçada, chegando comodamente de avião depois de a cidade ter sido conquistada pelos rebeldes ([391]).

As mães tiraram toda a comida que tinham nos armários da cozinha e esconderam-na debaixo do chão, para não ser roubada pelos rebeldes, os quais haviam chegado sem provisões. As mais prudentes encheram as banheiras com água antes de o abastecimento ser cortado. Nesta fase, a sua principal preocupação era impedirem que as crianças saíssem à rua e fossem atingidas duranteas trocas de tiros entre as tropas das FAZ e os rebeldes, que não faziam prisioneiros.

A base da Gécamines em Lumumbashi informou via rádio a capital, Kinshasa, acerca da escala da invasão, mas o governo do presidente Mobutu não fez nada. O seu álibi para justificar a inacção foi a invasão dos rebeldes katangueses, lançada no ano anterior e travada, a 100 km de Kolwesi, pelas tropas de elite da Divisão Kamanyola do Exército Zairense ([392]), auxiliada por uma força expedicionária marroquina. Todavia, desta vez, o governo de Kinshasa demonstrou pouco interesse em reforçar as tropas das FAZ em Kolwezi, a braços com uma invasão obviamente muito maior e mais determinada.

Na embaixada francesa, em Kinshasa, André Ross, o calmo e cortês embaixador, foi informado dos acontecimentos pelo seu adido

---

([391]) P. Sergent, *La Légion saute sur Kolwezi*, Paris, Presses de la Cité, 1978, p. 86.

([392]) Treinada pelos norte-coreanos.

militar, o coronel Larzul, um bretão. Larzul, que não era dado a verbosidades, informou-o secamente da destruição de todos os aviões da pista de aviação de Kolwezi. Convocado ao palácio presidencial, Ross estava à espera de tudo menos da calma garantia de Mobutu de que dissera ao embaixador soviético para pôr cobro à invasão ou assumir a responsabilidade por ela. De momento, Ross não pôde fazer mais nada do que passar esta informação a Paris.

Às 05:00 do dia 14 de Maio, o embaixador conseguiu falar por telefone com um director da Gécamines, em Lumumbashi, e ficou a saber que todos os soldados zairenses em Kolwezi tinham sido mortos ou fugido para norte, com a excepção de alguns que se encontravam encurralados num quartel cercado pelos rebeldes. Estas informações foram transmitidas às embaixadas belga e americana.

Em Kolwezi, a FNLC acusou todos os homens europeus de serem mercenários a soldo do Exército Zairense. Para poupar dinheiro, o engenheiro Pierre Vérot não levara a família para África. Arrastado para junto de uma parede cheia de buracos de bala, teve de passar por cima de vários corpos. Mandado virar-se para a parede

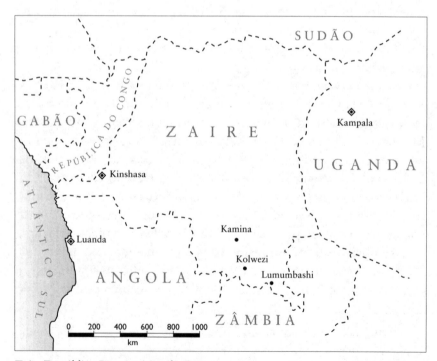

Zaire/República Democrática do Congo.

A POMBA QUE ERA UM TIGRE

pelo oficial encarregue da execução, Vérot recusou-se, acreditando que os adolescentes que compunham o pelotão de fuzilamento não conseguiriam matar um homem que os olhasse nos olhos. Cada vez que o obrigavam a virar-se para a parede, ele voltava-se e enfrentava os seus potenciais assassinos – e de repente disseram-lhe que podia ir-se embora para casa.

Outro civil, Marc Fauroux, de 50 anos de idade, pertencia à segunda geração de uma família que geria a empresa de engenharia que, a seguir à Gécamines, era o maior empregador. Dado que, seis meses antes, Mobutu proibira a posse, pelos europeus, de *toda e qualquer* arma de fogo, Fauroux observou, impotente, as forças de invasão entrarem na cidade, no sábado, e estimou-as em cerca de 4000 homens. Nessa mesma manhã, foi convocado por um homenzinho uniformizado com um *cloche*(*) onde estava escrito, a esferográfica, «Comandante». Na mão, o indesejável visitante tinha um caderno de apontamentos com uma longa lista de nomes e moradas.

«Chama-se Marc Fauroux?».

Não valia a pena negar. Quatro soldados agarraram Fauroux pelos braços e levaram-no. «Para onde me levam?», perguntou ele, o mais calmamente possível.

«Para o teu julgamento».

Reparando nalguns rebeldes que guardavam os armazéns da principal rua comercial contra os saqueadores, Fauroux consolou-se com aquela prova de disciplina por parte dos invasores. Mas depois, ao lado de um carro blindado francês AML incendiado, viu os primeiros cadáveres, que já tinham sido atacados pelos cães selvagens. O «tribunal» para onde foi conduzido, cheio de rebeldes armados até aos dentes e todos a gritarem ao mesmo tempo, fê-lo pensar na turba do julgamento de Luís XVI, uivando pelo sangue do rei.

Acusado de «colaboracionismo económico através da rapina dos recursos minerais do povo» ([393]), ele tentou por várias vezes interromper os seus acusadores e defender-se, mas disseram-lhe que já estava condenado à morte, com a sentença a ser executada imediatamente. Mudo de choque, estava a ser levado da sala pelo pelotão de fuzilamento quando viu um rebelde a tremer, discutindo violentamente com os «juízes». Reconhecendo nele um capataz que trabalhara para

---

(*) Tipo de chapéu de senhora, em forma de sino. (*N.T.*)
([393]) Sergent, *La Légion saute sur Kolwezi*, p. 55.

A Legião Estrangeira

si alguns anos antes e fora um excelente empregado, Fauroux ouviu a sala silenciar-se enquanto o seu inesperado advogado o defendia. Por fim, o «juiz» mais importante sorriu e grunhiu uma ordem breve.

Fauroux, que esperava ser libertado e murmurava uma oração pelo salvador, foi novamente agarrado, levado para o exterior e encostado a uma parede cheia de buracos de bala, com os pés dentro de poças de sangue fresco. Demasiado em choque para fechar os olhos, ouviu o clique dos selectores de tiro das Kalashnikovs, viu-as serem apontadas – e depois levou com uma chuva de fragmentos de alvenaria enquanto os rebeldes esvaziavam os carregadores contra a parede, por cima da sua cabeça, rindo-se a bandeiras despregadas da partida que lhe tinham pregado.

Fora de Kolwezi, até em Kinshasa a vida decorria sem alterações. Na manhã de segunda-feira, pelas 10:00, o embaixador Ross convocou ao seu gabinete o coronel Larzul e o coronel Yves Gras, de 55 anos de idade, chefe da missão de assistência militar no Zaire. Mostrou-lhes uma cópia de um telegrama da embaixada belga para Bruxelas: os expatriados belgas no Zaire exigiam que o governo belga montasse uma intervenção aerotransportada para proteger os cidadãos em perigo em Kolwezi. Talvez o final pudesse ser feliz.

Nessa noite, Ross e Gras estiveram presentes numa recepção diplomática dada pelos marroquinos. À superfície, tudo estava normal, mas eles repararam que os convidados zairenses estavam muito metidos consigo próprios e olhavam nervosamente para os relógios. Ignorando o protocolo diplomático, o coronel Gras aproximou-se do encarregado de negócios belga, Van Sina, e perguntou-lhe o que ia o governo belga fazer relativamente à situação. Van Sina, gaguejando, respondeu que não era uma decisão da sua competência.

Antes de o belga se conseguir afastar, Gras sibilou-lhe, «Se você não convencer o seu governo a agir, vai haver um massacre».

Na terça-feira, dia 16 de Maio, a manhã chegou cedo, como sempre acontece no equador. Em Kolwezi, à medida que a disciplina dos rebeldes se ia esfumando, a previsão de Gras começava a concretizar-se. Depois de passarem três dias a empanturrar-se de comida e cerveja, consideraram a pilhagem e a matança como prerrogativas dos vencedores. Nas áreas residenciais europeias, os pais converteram as divisões sem janelas em abrigos improvisados, enchendo-as com colchões ou quaisquer outras coisas que pudessem absorver as balas perdidas ou os estilhaços de granada que perfuravam as paredes enquanto os rebeldes

A Pomba que era um Tigre

perseguiam soldados zairenses feridos ou simplesmente esvaziavam os seus carregadores contra as casas por divertimento.

Homens, mulheres e crianças, negros e europeus, começaram a morrer às mãos dos rebeldes, que pilhavam e matavam indiscriminadamente numa orgia de destruição, partindo e incendiando o mobiliário e reduzindo a pó as louças das casas de banho pelo simples prazer de destruírem tudo o que tivesse alguma utilidade. Alguns europeus que removeram uma parte vital do motor dos seus automóveis para simularem uma avaria e impedirem o seu roubo foram abatidos a tiro; outros sofreram a mesma sorte depois de entregarem as chaves e ficaram a morrer onde caíram, até matilhas de cães semi--selvagens se aproximarem para um inesperado festim.

Após outra reunião com Mobutu, que continuava a recusar-se a admitir que a situação estava fora de controlo, Ross enviou um telegrama para Paris, dirigido ao presidente Valéry Giscard d'Estaing, informando-o de que os 3000 europeus de Kolwezi eram reféns dos rebeldes, que as execuções sumárias e as pilhagens generalizadas levavam a recear a ocorrência de massacres e que a situação piorava a cada hora. Pouco depois, um francês residente em Lumumbashi chegou com as notícias de que Kolwezi estava sem electricidade nem água e que as matanças cstavam a aumentar. Ross telefonou ao embaixador belga, sugerindo diplomaticamente uma intervenção franco-belga, mas este disse-lhe que os «boatos alarmistas» eram exagerados e que o ministro dos Negócios Estrangeiros belga estava em «negociações», em Bruxelas, com o filho do líder secessionista katanguês Moisés Tshombé.

A reacção de Larzul é impublicável. Uma tradução educada seria «terra de malucos». Enquanto se dotava de mapas para planear uma operação de salvamento, via as hesitações dos políticos em Paris e Bruxelas como algo de incrível. Gras comparou a situação com uma casa a arder com toda a gente a discutir sobre quem tinha o direito de utilizar o extintor.

Alguns bombeiros já estavam a caminho. Ao alvorecer, uma companhia de páras zairenses fora largada a leste da Cidade Nova, perto do que fora o QG do Exército Zairense. Mortos enquanto desciam e mortos no solo, antes de conseguirem desapertar os arneses, os pára-quedistas foram quase todos eliminados em minutos. Os poucos sobreviventes fugiram, dando com uma coluna motorizada das FAZ, proveniente de Lumumbashi e comandada pelo major

Mahele, enviada para efectuar a junção com os pára-quedistas. Em Bruxelas, os representantes da FNLC, convencidos de que as tropas de Mobutu não teriam conseguido colocar-se em campo sem apoio estrangeiro, anunciaram que os pára-quedistas eram europeus e que tinham sofrido centenas de baixas. As notícias correram mundo. Pior ainda, a FNLC declarou depois que qualquer outra intervenção armada teria como resposta «retaliações graves» sobre os reféns europeus e a inundação das minas, onde já tinham sido colocadas cargas de demolição ([394]).

O fracasso do lançamento dos pára-quedistas foi a gota de água para os últimos soldados zairenses que ainda resistiam em Kolwezi. Com origens tribais diferentes das dos katangueses e nem sequer falando a mesma língua, tentaram escapulir-se em pequenos grupos, desencadeando uma sede de sangue ainda maior nos rebeldes, intoxicados pela sua fácil vitória. E também já não eram controlados pelos cubanos, que parecem ter abandonado a área de Kolwezi depois de formarem uma milícia em Manika, a cidade nativa.

Nos escritórios da companhia Baron-Levêque, vários europeus viram os adolescentes Tigres aproximarem-se, rindo, armados com diversos tipos de armas automáticas. Dizendo que não havia soldados zairenses no interior, dois engenheiros mecânicos saíram para a rua, com as mãos longe do corpo para mostrarem que estavam desarmados. Os rapazes ceifaram-nos. Apontando as armas aos homens, mulheres e crianças que se encontravam dentro do edifício, continuaram a disparar até as paredes ficarem todas cobertas de manchas de sangue; nalguns sítios, os corpos dos que tinham tentado desesperadamente afastar-se ficaram em pilhas com um metro de altura. Os únicos sobreviventes foram dois homens que se tinham ajudado um ao outro e subido para o espaço diminuto entre as paredes e o telhado ao ouvirem os primeiros tiros, e uma mulher com quatro ferimentos graves de bala, que ficou debaixo de um monte de cadáveres.

O herói do dia foi o major Mahele, cujos jovens e inexperientes recrutas páras se preparavam para debandar ao sofrerem a primeira emboscada, mas ele pôs-se em pé e abriu fogo, eliminou um atirador furtivo rebelde com uma granada e gritou aos soldados para o imitarem. Inspirados pela sua coragem, eles deram o seu ancestral grito de

---

([394]) *Ibid.*, pp. 82-84.

guerra, «*Kanga diablos!*», e abriram caminho por várias outras emboscadas até reconquistarem o aeroporto, depois de matarem cerca de uma centena de rebeldes. Pouco depois das 14:00, o valente major conseguiu transmitir as boas notícias via rádio. O último teste para as tropas foi um único contra-ataque, pelas 18:00, que foi repelido.

«E ainda bem», comentaria posteriormente Mahele. «Estávamos praticamente sem munições».

35

Avançar! Não Avançar! Avançar!

OPERAÇÃO LÉOPARD, 17-19 DE MAIO DE 1978

À medida que as notícias sobre Kolwezi foram chegando, em Camp Raffalli, na Córsega, e na cidadela de Calvi, onde se localizava a messe dos oficiais, alguns oficiais e soldados tiveram a sensação de que se tratava de uma situação que só o 2.º REP estava treinado para resolver. Mas não era provável que fossem incumbidos dessa missão, dado que o Zaire, na qualidade de ex-Congo Belga, estava mais ligado a Bruxelas do que a Paris, e em Kolwezi havia muito mais cidadãos belgas do que franceses.

Às 11:00 do dia 17 de Maio, uma quarta-feira, o coronel Philippe Erulin recebeu um telefonema do QG da 11.ª Brigada Pára-quedista, em Toulouse, informando-o de que o 2.º REP fora colocado em alerta operacional, a postos para se deslocar em seis horas, com todo o equipamento e veículos. Não foi especificado nenhum destino.

Ele retorquiu: «Preciso de um mínimo de vinte e quatro horas». Ele era o líder enérgico e engenhoso de uma unidade que considerava ser o melhor regimento de soldados profissionais do Exército Francês. Não estava a ser negativo.

Do outro lado da linha, o general Liron replicou, «Diga-me quais são os problemas».

Apesar de estar a apenas dois meses da reforma, Erulin conhecia o estado de prontidão de cor, dia e noite. Aparte os oficiais e soldados em gozo de licença, a 1.ª Companhia, comandada pelo capitão Vergio,

AVANÇAR! NÃO AVANÇAR! AVANÇAR!

andava a calcorrear as montanhas da Córsega, longe da estrada mais próxima; parte da 2.ª Companhia encontrava-se em Bastia, no outro lado da ilha; outros destacamentos estavam em Corte, no planalto central. O maior problema era como recuperar os sessenta e seis oficiais e soldados na altura em instrução, desde Castelnaudary até ao curso de nadadores de combate em Mountlouis-Collioure, nos Pirinéus.

«Eu trato de lhe enviar todos os que se encontram no continente dentro do limite de tempo», disse Liron. «Em relação aos outros, faça o melhor que puder».

Antes de Erulin ter pousado o auscultador, todos os homens na base ouviram o som ensurdecedor da sirene de alerta, mandada tocar pelo ajudante, o coronel Bénézit, que estivera a ouvir a conversa. Os civis acham que os oficiais subalternos andam sempre aos gritos, mas depois de a sirene se calar ouviram-se poucas vozes altas. Aperfeiçoados por exercícios constantes, cada oficial, oficial subalterno e soldado sabia qual era o seu lugar e o que era esperado de si.

Pelas 17:00, todos os homens estavam presentes, com uma excepção. O capitão-médico Jean-Noël Ferret informou que faltava um homem. Yannick Lallemand partira com uma companhia do 2.º REI e encontrava-se algures nas montanhas, entre Porto Vecchio e o desfiladeiro de Bavella. Não estava ausente sem autorização; era o capelão do Exército para a Córsega e tinha responsabilidades especiais para com o 2.º REP, mas constava do quadro regimental como maqueiro.

O homem mais tranquilo mas mais atarefado do campo era o capitão Stéphane Coevoet, um flamengo, que era o responsável pela logística. Cabia-lhe meter os homens certos nos aviões certos, com o seu equipamento ligeiro, e garantir que os veículos e o equipamento pesado de que eles necessitaram no terreno lhes chegariam a tempo. O seu gabinete era uma montanha de papelada, listas e manifestos indicando precisamente o peso da carga de cada avião. Enquanto ele fazia os seus cálculos, muitos homens dormiam com os seus uniformes de combate, tendo aprendido há muito a comer e dormir quando podiam.

Às 16:00, o regimento, excluindo o capelão, estava pronto. O prazo chegou ao fim sem notícias de Toulouse. Vários oficiais tinham sido convidados para tomar uma bebida por um conferencista da Universidade de Liège, na Bélgica, que se encontrava de passagem por Calvi. Na ausência de ordens em contrário, Erulin autorizou-os. O anfitrião, um antigo director de agronomia na África Central Belga, conhecia

A Legião Estrangeira

intimamente o Zaire mas não sabia que os seus convidados se encontrariam no país dali a algumas horas – e eles também não o sabiam.

Em Kinshasa, o embaixador Ross lia um telegrama – interceptado – do cônsul-geral belga, em Lumumbashi, para o seu governo, em Bruxelas. «Torna-se cada vez mais urgente intervir para impedir novos massacres... Imploro encarecidamente uma intervenção o mais rapidamente possível... Cada hora de atraso significa mais vidas perdidas» ([395]). Era raro – para não dizer mais – um diplomata escrever naqueles termos ao seu governo, pelo que Ross enviou imediatamente uma cópia do telegrama para Paris, pensando, «Isto vai fazer o presidente Giscard agir».

Três andares acima, os coronéis Gras e Larzul planeavam um lançamento de pára-quedistas em Kolwezi. A zona óbvia era a pista de aviação, a 5 km da cidade, ainda na posse dos homens de Mahele, mas isso significaria que os páras seriam forçados a abrir lentamente caminho pelas áreas residenciais, dando aos rebeldes tempo mais do que suficiente para matarem todos os europeus da cidade. Tinha de haver uma maneira melhor.

Não dispondo de fotografias aéreas, a equipa de Gras desenhara cópias da área de Kolwezi a partir de um mapa regional à escala 1:10 000. Os contornos do relevo, as linhas de caminho-de-ferro e os vagos traçados das áreas urbanas de pouco serviam para evitar perigos como as árvores e as linhas de alta tensão. Se os pilotos passassem demasiado tempo a analisar o terreno, isso também alertaria os katangueses, que começariam a massacrar os reféns. O punhado de oficiais que se encontrava no gabinete de Gras estava a dar o seu melhor, mas com o passar do tempo e sem notícias de Paris o seu ânimo foi diminuindo – e o mesmo acontecia ao 2.º REP, na Córsega, ainda à espera da ordem «Avançar!».

A meia-noite chegou e passou. Na sua residência, em Kinshasa, o embaixador André Ross não conseguia dormir. A súplica de Lumumbashi, *imploro encarecidamente uma intervenção o mais rapidamente possível*, não lhe saía da cabeça. Quando o telefone do estúdio tocou, ele olhou para o relógio e viu que era meia-noite em ponto. Com o seu instinto de diplomata, adivinhou que algum prazo entre Paris e Bruxelas acabara de expirar.

([395]) Sergent, *La Légion saute sur Kolwezi*, p. 107.

AVANÇAR! NÃO AVANÇAR! AVANÇAR!

A mais de 6000 km de distância, o chefe de gabinete, num tom frio e impessoal, disse-lhe: «O presidente requer que informe imediatamente o chefe de Estado do Zaire de que vão ser largados pára--quedistas franceses em Kolwezi».

Ross voltou a respirar e marcou o número do palácio presidencial de Mobutu. A central telefónica passou-o para uma secretária que o passou para um camareiro que o passou para um guarda-costas; ficou à espera, até ser informado de que, a título excepcional, o iriam passar ao próprio cidadão-presidente. Mobutu pareceu enormemente aliviado por alguém ir assumir a responsabilidade pela situação, e disse a Ross para agradecer ao presidente Giscard por ele.

O telefonema seguinte do embaixador foi para Gras, o qual, quinze minutos depois, através de um telefonema em código do alto--comando no Exército, em Paris, foi colocado no comando da operação e informado de que a força a ser enviada era o 2.º REP, com efeito imediato. Quando a voz anónima lhe perguntou dentro de quanto tempo poderia ser executada a largada, Gras calculou rapidamente os problemas e respondeu, «No sábado, dia 20 de Maio». Pousou o auscultador com um enorme suspiro de alívio, pois trabalhara com o BEP no Vietname, e com o 1.º REP e o 2.º REP na Argélia. Depois de tanta espera, nada melhor do que ter os páras da Legião para uma missão como aquela!

Era 01:00 de quinta-feira mas Gras e a sua equipa sentiram a fadiga desaparecer – agora, podiam começar a planear a sério. Larzul perguntou se os aviões para a largada teriam de provir da Força Aérea Zairense. «Sim, a menos que os ianques e os Belgas se envolvam», retorquiu Gras, «mas não contes com isso».

«Nesse caso», disse Larzul, «os Zairenses têm dois Transall C-160 e cinco Hércules C-130».

«Quantos homens podem transportar?».

«Uns 500, diria eu, no máximo. Mas não sabemos quantos homens vai mandar o 2.º REP».

«E um posto de comando aéreo?».

Muitos telefonemas depois, um dos ajudantes de Gras apareceu com a oferta de um bimotor turbo-prop De Havilland CC 115 Buffalo, baseado em Kamina, para posto de comando aéreo. Na ausência de helicópteros, era a melhor alternativa. O Buffalo descolava e aterrava em pouco espaço, podia sobrevoar a ZL (*) lentamente e com

_____

(*) Zona de Lançamento. (*N.T.*)

A Legião Estrangeira

boa visibilidade devido às suas asas altas, e também podia acomodar quarenta e um páras completamente equipados, os quais teriam a possibilidade, se fosse necessário, de sair pela porta de carga, na traseira do avião.

Às 02:20, o coronel Erulin estava na sua moradia oficial, em Calvi, regressado da recepção oferecida pelo conferencista belga. Vestira o seu uniforme de combate e estava a pensar se valeria a pena ir-se deitar. Os falsos alarmes e as ordens anuladas faziam parte da vida quotidiana do 2.º REP. O telefone tocou e ele ouviu Bénézit dizer, com a sua voz habitualmente calma, «Coronel, recebemos ordens para estarmos prontos para partir às 03:00».

«Toda a gente na parada! Chame todos os oficiais que estão fora da base e todos os homens em gozo de licença».

«Já está a ser feito, meu coronel». Em fundo, Erulin conseguia ouvir o uivo da sirene de alerta.

Na base, nenhum homem teve que fazer mais do que calçar as botas. Quando Erulin passou o portão principal do campo, sem parar, contrariamente ao habitual, para inspeccionar a guarda, cujo corneteiro tocou «Le Caid» à sua passagem, todas as secções estavam atarefadas com as suas tarefas pré-estabelecidas, carregando armas, munições, rações, mochilas – cada coisa no seu lugar específico. Às 04:30, o jipe de comando avançado saiu pelo portão principal, à frente de uma longa e serpenteante coluna de veículos: as 1.ª e 3.ª companhias, depois as viaturas de comando principais, seguidas das 4.ª e 2.ª companhias. Ainda ninguém sabia onde os levariam as próximas horas. Seria um exercício? Seria a sério? Nesse caso, onde? O pessoal das apostas dividiu-se igualmente entre Kolwezi e o Chade.

O aeródromo militar de Solenzara, para onde estava prevista a partida, situava-se na diagonal, do outro lado das montanhas da ilha. Em linha recta, era uma viagem de 160 km. Os camiões, bastante carregados, podiam fazê-la em três horas, se não houvesse atrasos. O capitão Coevoet era o homem do momento, a braços com um grande problema: ainda não tinha chegado nenhum avião a Solenzara. Erulin contactou-o via rádio, através do canal de comando, para lhe dizer que Paris o informara da chegada iminente de cinco DC 8, que deveriam partir às 09:30 h. «Talvez», retorquiu fleumaticamente Coevoet. «Ou talvez não».

Dependendo dos aviões disponíveis, todas as suas contas teriam de ser feitas novamente. Enquanto o comboio estava em trânsito, a

AVANÇAR! NÃO AVANÇAR! AVANÇAR!

minifrota foi alterada para três DC 8 alugados à UTA, uma companhia aérea civil com muita experiência em rotas africanas, um DC 8 do Comando de Transporte e um Boeing 707 da Air France.

À chegada a Solenzara, oficiais e soldados receberam ordens para removerem os nomes dos uniformes. As armas seguiriam nos porões. Às 08:15, o regimento estava pronto; os homens aguardavam descontraidamente, em patrulhas de oito, com o equipamento de salto à frente, encimado pelo capacete. Mais uma vez, era tudo a correr para depois ficar à espera. Às 10:00, ainda não se via nenhum avião e a torre de controlo não tinha informações novas. O primeiro DC 8 aterrou às 11:30, seguido de perto por um avião muito mais pequeno, transportando o general Jeannou Lacaze, antigo comandante do 2.º REP e agora no comando da 11.ª Brigada Pára-quedista. Foi por ele que Erulin e os seus oficiais ficaram finalmente a saber que o seu destino era Kolwezi, a quase 8000 km de distância – fazendo primeiro escala em Kinshasa para se transferirem para os aviões do lançamento.

Às 13:45, quando o primeiro DC 8 descolou, com combustível suficiente para um voo directo até Kinshasa, um jipe coberto de poeira parou em frente dos hangares. O capelão Lallemand apanhara o seu rebanho. A sua chegada foi saudada à gargalhada. Alguém disse, «Por isso é que os aviões se atrasaram. O padre arranjou-se com Deus».

Em Kinshasa, o coronel Gras ficou irritado quando Paris lhe mandou adiantar o lançamento. Meter por atalhos custaria vidas de soldados. Segundo o informaram, sábado seria demasiado tarde para salvar os reféns. «Desperdiçam quatro dias a falar», resmungou ele, depois de desligar o telefone, «e agora querem o impossível».

Ele já dissera ao embaixador Ross que se recusava a estar em qualquer ligação com os belgas. O seu homólogo na embaixada belga, o coronel Bleus, não recebera nenhuma ordem de Bruxelas, mas o governo belga insistia em controlar «qualquer operação que possa ter lugar» ([396]). Pior ainda: em Bruxelas, alguém passara aos serviços noticiosos os pormenores da operação. Não teria havido melhor maneira de alertar os rebeldes e fazê-los massacrar todos os reféns. Por baixo da sua aparência cortês, Ross também estava furioso com a estupidez que poderia custar tantas vidas. Às 18:00, Gras foi convocado ao gabinete do general zairense Ba Bia, que lhe mostrou a descodificação de

([396]) Ibid., p. 130.

A Legião Estrangeira

uma transmissão interceptada do líder rebelde Nathanaël M'Bumba, em Angola, ordenando às suas tropas em Kolwezi que retirassem para Angola «depois de matarem todos os prisioneiros e destruírem o equipamento de bombagem para inundar as minas» [397].

Quando se trata de escolher entre as vidas de civis e as vidas de soldados, a decisão é sempre a mesma. Enquanto regressava apressadamente à embaixada, Gras já estava a calcular quais os atalhos que poderiam ser utilizados para antecipar o cuidadoso calendário que estabelecera, e depois telefonou a Paris para anunciar que avançara a operação um dia.

O Zaire é tão vasto que a última etapa de 1500 km da odisseia do 2.º REP – entre Kinshasa e Kolwesi, situada num fuso horário diferente – exigiria aos cinco Hércules C-130 e aos dois C-160 Transalls quatro horas de voo. A descolagem foi marcada para as 07:00, e a largada para as 12:00 (hora local). Durante a sua reunião de distribuição de tarefas, às 19:00, Gras foi informado, como se necessitasse de mais más notícias, de que a Força Aérea Zairense não poderia providenciar cobertura para o salto porque esgotara as munições para os jactos Mirage e tinha de esperar que chegassem mais de Paris [398].

O avião de Erulin aterrou no aeroporto de N'Djili, em Kinshasa, às 23:30. Os outros quatro transportes seguiam outras tantas rotas, impostas pela necessidade de aterrarem e reabastecerem pelo caminho. Segundo a torre de controlo, o segundo avião chegaria às 02:00 de sexta-feira, 19 de Maio. Não havia tempos estimados de chegada para os outros. Os legionários do DC 8 de Erulin descarregaram todo o equipamento e ficaram a aguardar ordens. Mas onde estava o coronel Gras, com os planos para a operação? Erulin marcou uma reunião para as 03:00, na esperança de que a essa hora Gras já tivesse chegado, e um dos outros três aviões já tivesse aterrado.

Às 03:00, o segundo avião não só tinha aterrado, como já fora descarregado pelos passageiros. Contudo, ainda não havia sinais de Gras nem dos planos. Depois de a torre de controlo ter anunciado as 08:38 como a hora de chegada prevista para os dois últimos aviões, Coevoet e Bénézit decidiram que o regimento teria de saltar em duas vagas. A primeira descolaria de Kinshasa às 07:00, tal como planeado, e saltaria directamente em Kolwezi. Depois, os aviões seguiriam para

---

[397] *Ibid.*, p. 131.
[398] *Ibid.*, p. 131.

466

o aeródromo militar de Kamina, onde recolheriam o segundo grupo, levado para o aeródromo por três DC 10 da Air Zaire. Não era uma decisão fácil de implementar: para garantir que cada secção chegava ao solo relativamente agrupada, os homens teriam de ser dispersos por vários aviões mas dispostos pela mesma ordem em cada avião.

Dado o atraso na chegada dos outros aviões de Solenzara, era a melhor forma de acelerar as coisas, pelo que Erulin aprovou a alteração de planos – dando ao cérebro de Coevoet um milhão de novos problemas para solucionar, e depressa. Um telefonema para a embaixada deixou claro que Gras já se deveria ter reunido a eles há muito tempo. Ninguém sabia onde ele estava. Diz o provérbio: Em casa de ferreiro, espeto de pau. Neste caso, a complexa operação estava em risco por causa de um pneu.

O coronel Gras estava furioso. Furara um pneu quando o jipe se enfiara num buraco mais fundo do que o habitual, na estrada em más condições, pouco usada e mal iluminada, para o aeroporto de N'Djili. A pancada entortara os pernos, tornando impossível mudar o pneu. Gras ficou impotente, irritado, até que dois belgas que passavam por acaso pararam e o ajudaram a tirar a roda danificada e colocar a sobressalente.

Às 04:30, Gras dava as suas instruções para a Operação Léopard, desconhecendo que Paris baptizara o lançamento de «Operação Bonite». Ninguém lhe dissera. Erulin e os seus oficiais escutavam atentamente enquanto a voz seca de Gras os bombardeava com os detalhes. A primeira vaga, 450 homens, saltaria na Zona A, a pista do clube de aviação. Compreendia o elemento de comando, duas companhias e secções de morteiros. Tinha por missão apoderar-se dos correios, do Hotel Impala, da escola secundária João XXIII, do hospital da Gécamines e do QG dos rebeldes. A segunda vaga, proveniente de Kamina, saltaria na Zona A e/ou na Zona B, a leste da Cidade Nova. Depois de garantida a posse das áreas residenciais, eliminando quaisquer ameaças aos reféns europeus, o 2.º REP poderia efectuar a junção com os páras zairenses que ainda se mantinham no aeródromo principal, a sul de Kolwezi.

O dia 19 de Maio, sexta-feira, amanheceu depressa. Erulin e os oficiais não dormiam há trinta horas. Ao dispersarem as companhias, foi feita uma descoberta alarmante. Os pára-quedas habitualmente usados pelo 2.º REP tinham ficado na Córsega, para poupar no peso. Os usados pelos páras zairenses eram pára-quedas americanos T 10,

A LEGIÃO ESTRANGEIRA

sem dispositivos de fixação para armas e equipamento. Os homens de Erulin não faziam tenção de ser largados numa ZL hostil com as armas largadas separadamente. Os seus antecessores tinham morrido dessa doença no Vietname. Puseram-se ao trabalho com cordéis, cabides torcidos e tudo o que estivesse à mão, inventando formas de prender armas e equipamento aos arneses.

Às 07:00, uma neblina espessa levantou-se do rio Congo, reduzindo a visibilidade em N'Djili para poucos metros. Erulin interrogou-se como é que os dois últimos aviões provenientes de Solenzara poderiam aterrar naquele nevoeiro amarelado. Um deles trazia a bordo o pessoal médico. Embora ele esperasse que Lallemand viesse a ser mais utilizado como maqueiro do que como capelão, saltar sem médicos nem capelão era mais um acaso a contabilizar na equação da vida e da morte.

Os páras que se acomodavam nos estreitos assentos de rede nos lados de um dos C-130s ouviram o motor de arranque gemer, gemer, e gemer. Toda a gente para fora! Os mecânicos iriam necessitar de dias para efectuar as reparações necessárias. Coevoet debruçou-se sobre as suas listas de carga pela décima vez, calculando como distribuir todos aqueles homens pelos outros aviões. Entretanto, os páras, carregados com as armas, o equipamento, o pára-quedas principal e o de reserva, pareciam estátuas toscas no meio do nevoeiro.

Na embaixada, um dos assistentes de Gras atendeu o telefone e ouviu o alto-comando do Exército perguntar, num sotaque parisiense, se o 2.º REP já tinha partido. «Se não», disse a voz distante, «a operação está cancelada. Com efeito imediato!».

O ajudante de Gras resmungou, «Afirmativo», e pousou o auscultador, incrédulo. Os rebeldes teriam certamente ouvido as emissões da rádio zairense anunciar que o lançamento estava «iminente». O que iria acontecer agora aos reféns?

No aeroporto de N'Djili, Coevoet conseguiu finalmente atulhar os aviões remanescentes com os páras excedentários. «Atulhar» é o termo certo. Em vez de irem sentados nos assentos, com os largadores podendo percorrer a coxia e verificar tudo, os homens iam encostados uns aos outros, ocupando todo o interior da fuselagem. Erulin, caminhando desajeitadamente pela pista com os seus dois pára-quedas já postos, preparava-se para subir para o avião da frente quando um jipe travou a chiar ao fundo da escada, com a contra-ordem de Paris.

468

AVANÇAR! NÃO AVANÇAR! AVANÇAR!

Recebendo as notícias filosoficamente, Erulin discordou de Gras que a melhor coisa a fazer era desembarcar os páras e o equipamento. Apesar do desconforto e do calor que começou a fazer-se sentir depois de o nevoeiro levantar, ele decidiu que os aviões permaneceriam carregados até ao meio-dia. Paris poderia vir a anular o cancelamento da operação.

Gras partiu para a embaixada para ter uma conversa muito séria com Paris, mas André Ross aconselhou calma porque concluíra que o motivo para o cancelamento tinha de ser uma interferência de Bruxelas. A pergunta era: como é que Bruxelas conhecia os pormenores da operação? Resposta: os zairenses tinham ingenuamente revelado o planeamento aos belgas locais, e estes haviam informado os seus senhores.

Mas Ross não era o género de diplomata para deixar as coisas naquele pé. O facto de um simples telefonema poder cancelar uma operação complexa e já tão adiantada não era suficientemente bom para ele. Assim sendo, arriscou e telefonou directamente para o gabinete do presidente Giscard d'Estaing, no Palácio do Eliseu. O seu instinto estava certo: longe de ter cancelado o salto, Giscard estava à espera de notícias sobre o resultado. A Operação Léopard estava decididamente em vigor, e ia seguir uma confirmação por telex!

Gras estava a dizer ao general da Força Aérea que ordenara o cancelamento o que pensava dele quando uma terceira voz surgiu na linha, interrompendo-o com as palavras, «Descolar imediatamente! A contra-ordem foi anulada!».

Eram 08:55. A operação já estava com duas horas de atraso quando Erulin recebeu uma mensagem rádio de Gras, cujo teor se resumia a uma palavra: «Avançar!».

Nesse momento, ele só tinha um problema. Fora pedido aos pilotos zairenses que ficassem junto dos aviões, mas tinham desaparecido. Quando foram encontrados, um dos Transalls estava com problemas de motor e o segundo tinha um pneu furado. Havia outro Transall, graciosamente disponibilizado pelo cidadão-presidente Mobutu, mas era o seu avião pessoal, equipado com banheira, frigorífico para bebidas e cama de casal. Os páras desencantaram chaves de parafusos e puseram-se a desmontar todo este equipamento, até que foram interrompidos pelos mecânicos zairenses. «Não se incomodem», disseram eles. «Este também está avariado».

Coevoet começava a pensar que estava a viver um pesadelo. Alguns mecânicos dos Mirages apareceram com uma garrafa de oxigénio e

A Legião Estrangeira

mangueiras de borracha que uniram para encherem o pneu furado. Coevoet teve de encaixar oitenta páras completamente equipados em cada avião utilizável, concebido para sessenta e quatro homens. Conseguido o impossível, com a primeira vaga amontoada em quatro C-130s e no único C-160, os largadores não faziam ideia de como é que os homens, dobrados em dois e uns em cima dos outros, conseguiriam enganchar-se nas tiras extractoras, e muito menos saltar sobre a ZL, num espaço de tempo normal. A única coisa boa era que Ferret e os seus médicos tinham entretanto chegado – e estavam também apertados como sardinhas, com um mínimo de equipamento médico –, de modo que os feridos e moribundos poderiam receber a sua atenção. Eram 10:40 quando o primeiro avião, com excesso de carga, descolou e foi balançando até estabilizar na altura normal de voo. No interior, oficiais e soldados riam de alívio. Depois de tudo o que acontecera, mais nada poderia correr mal. Ou podia?

37

Matar ou Morrer em Kolwezi

19 DE MAIO-6 DE JUNHO DE 1978

Para as enregeladas sardinhas enlatadas que seguiam a bordo dos dois aviões, a primeira surpresa após a descolagem foi verem a floresta de estalactites que se formou rapidamente no tecto, por cima das suas cabeças. As tripulações tinham-se esquecido de desligar o ar condicionado. Instadas a fazê-lo, acederam ao pedido, rindo-se. A temperatura baixou 25°, derretendo as estalactites e encharcando os homens. Apesar de amontoados uns em cima dos outros e impossibilitados de se mexer – nem sequer para irem à casa de banho –, os mais estóicos e os mais exaustos conseguiram dormitar.

Ao aproximarem-se da zona de lançamento, lá se puseram mais ou menos de pé, com dificuldade, relaxando os membros, cheios de cãibras. Incapazes de passar entre eles como seria normal, os largadores gritaram para que cada homem verificasse que o camarada que o antecedia e o que seguia estavam enganchados à tira extractora. Os homens e respectivo equipamento estavam tão amontoados que os assentos ficaram presos na posição sentada, reduzindo ainda mais o espaço disponível. Muitos homens nem sequer se conseguiram pôr de pé, ficando dobrados debaixo de outros ou agachados no chão, com vários camaradas por cima. Sabiam que a ZL estava apenas a 800 m. À velocidade a que seguiam os aviões, a passagem demoraria 12 segundos. Mas como é que uma patrulha de oito homens iria desenvencilhar-se daquela confusão e saltar a tempo?

A LEGIÃO ESTRANGEIRA

Às 15:20, acenderam-se as luzes vermelhas. As portas foram retiradas e os largadores inclinaram-se para fora, inspeccionando o terreno. Para seu espanto, por baixo deles estava a cidade de Kolwezi, com as enormes minas a céu aberto fazendo gigantescas cicatrizes numa paisagem salpicada de lagos amarelos de argila. As luzes permaneceram vermelhas enquanto eles passavam sobre a ZL, quase 90 graus desviados do rumo. Os homens, à espera para saltarem, gemeram em uníssono. Não poderia ter havido uma maneira melhor de anunciarem a sua chegada aos rebeldes que os esperavam lá em baixo.

A segunda passagem foi um pouco melhor. As luzes permaneceram vermelhas, enquanto os pilotos corrigiam novamente o rumo. E uma terceira vez. Às 15:40, depois de meia hora de passagens([399]), as luzes tornaram-se verdes e os largadores gritaram a palavra que toda a gente esperava: «Já!».

Tendo-se os pilotos recusado a reduzir a velocidade para menos de 400 km com receio do fogo anti-aéreo, os legionários foram projectados horizontalmente, às voltas, temendo partir o pescoço com o choque quando os pára-quedas se abrissem. Homens que já tinham saltado com pára-quedas americanos haviam-nos alertado para essa possibilidade. O primeiro golpe de sorte do dia foi descobrirem que o choque era menor do que o que estavam acostumados, mas embora a calote por cima deles fosse muito maior do que o esperado, a velocidade de descida era rápida devido ao ar rarefeito, 1500 m acima do nível do mar.

Havia armas automáticas a disparar por baixo deles, mas as ordens eram para não ripostarem antes de chegarem ao solo, para não atingirem os seus próprios camaradas. Uma explosão fê-los olhar para cima e compreender porque é que os pilotos zairenses dos aviões da vanguarda não tinham reduzido a velocidade nem a altitude. Um projéctil anti-aéreo falhara por pouco o último avião da formação, que voava mais baixo do que os outros. O piloto francês estava menos preocupado com o quase ter sido atingido do que com o facto de os aviões que o haviam precedido não terem respeitado a altura de salto, 250 m acima do solo. Para se distanciarem da artilharia, tinham largado os homens muito alto, o que significava que as grandes hélices dos seus turbo-props iam abrir um túnel pelo meio de

---

([399]) Sergent, *La Légion saute sur Kolwezi*, p. 150.

uma nuvem de homens e pára-quedas [400]. Um sacão nos controlos realinhou o avião, evitando-os por um triz.

«Já!». O largador Zingraff contou os homens da 3.ª Companhia na segunda passagem e voltou a contá-los no solo. Faltava uma calote. Inclinando-se para fora, descobriu o pára que faltava preso ao avião, a ser rebocado a 400 km/h e tentando desesperadamente cortar a tira extractora com a sua faca de combate. Por gestos, Zingraff fê-lo parar, para ele não aterrar longe da ZL. Não estando o C-130 equipado com um guincho para puxar o infeliz para bordo, o legionário italiano Strata, veterano de sete saltos operacionais e de muitos outros na vida civil, deixou-se rebocar obedientemente até à passagem seguinte, quando Zingraff o libertou, ficando a vê-lo aterrar em segurança, recorrendo ao pára-quedas de reserva.

O salto dos outros durou um máximo de 20 segundos, mas ninguém tinha contado com o forte vento de norte que os afastou do clube de aviação, empurrando-os para os edifícios da Cidade Nova. De baixo, balas tracejantes ascendiam na sua direcção, abrindo buracos perfeitos nas calotes – e nalguns corpos. Casas, árvores e muros aproximaram-se deles a toda a velocidade, intercalados com termiteiras de três metros de altura e duras como cimento. Apenas podiam enfrentar o vento, puxar os cordões de suspensão para esvaziarem as calotes o mais possível, fechar as pernas, arquear as costas, enfiar os cotovelos no pára-quedas de reserva e relaxar os joelhos para aterrarem *roulé-boulé*, como bonecos de borracha [*].

Os que aterraram em árvores sabiam o que fazer: libertaram-se do pára-quedas de reserva e desceram pelos cordões de suspensão. Erulin aterrou em cima de uma termiteira, sem fôlego e com um rasgão numa bochecha, mas de resto ileso. Muitos homens viram-se no meio de capim mais alto do que eles, sem saberem onde estavam até uma apitadela lhes dar um ponto para onde se dirigirem. Outros deram de caras com um Tigre na erva alta: era matar ou morrer, decidia o dedo mais rápido.

Um mistério para Erulin era o que teria acontecido aos oito homens da sua secção antitanque, largados fora da ZL. Sete foram aparecendo, durante as vinte e quatro horas seguintes; o outro já estava morto antes de chegar ao chão: foi a primeira baixa do 2.º REP na

---

[400] *Ibid.*, p. 151.
[*] Ou seja, rolando sobre si próprios. (*N.T.*)

operação. Envolto no seu pára-quedas pelo capelão Lallemand, o corpo foi enviado para a Córsega para ser sepultado.

A tarefa do operador de rádio é colar-se ao seu comandante como uma sanguessuga, custe o que custar. Emergindo do capim, o capitão Gaussères limpou a poeira dos olhos, incapaz de encontrar o seu operador de rádio, que saltara logo a seguir a ele e pesava mais ou menos o mesmo. Mas onde é que ele se tinha metido? Não querendo chamá-lo para não atrair a atenção dos rebeldes, ele viu que o legionário Lacan não estava longe, mas encontrava-se suspenso da sua calote, preso nos ramos mais altos de uma árvore gigante. Foi descendo pelos cordões de suspensão, mas ficou a uns doze metros do solo. Por fim, balançando-se de um lado para o outro, conseguiu agarrar um ramo e descer até ao chão. Vittone, a ordenança de Gaussères, deve ter sido o homem mais sortudo de Kolwezi. Aterrou em cima das catenárias da linha férrea; se os rebeldes não tivessem destruído a central eléctrica, ele teria ficado transformado num churrasco.

O tenente Bertrand Bourgain e a sua secção tinham sido incumbidos da missão de se apoderar do QG dos rebeldes, no Hotel Impala. Tendo aterrado nos jardins do hotel, graças ao vento, ele reuniu os seus homens e entrou no edifício. O pivete era inacreditável. Todas

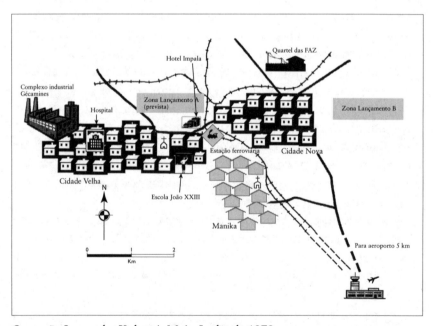

Operação Leopardo, Kolwezi, Maio-Junho de 1978.

as peças de mobiliário e toda a decoração estavam esmagados, como se uma manada de elefantes tivesse passado por ali. Por todo o lado havia manchas de sangue e o que pareciam ser bocados de corpos. Sustendo a respiração e tentando não vomitar, os legionários percorreram todo aquele cenário de violência até à cave, onde era mais intenso o fedor a putrefacção. Cadáveres inchados estavam unidos numa massa purulenta e coberta de moscas.

Bourgain chamou Gaussères pelo rádio, e ouviu a resposta: «Preto para Preto Um. Terminado».

«Descobrimos cerca de vinte cadáveres, mas o hotel está vazio. Terminado».

A seca mensagem de rádio, desprovida de emoção, foi passada a Erulin, que perguntou, «Cadáveres de pretos ou de brancos?». Ele esperava poder informar Larzul, via Gras, acerca dos seis conselheiros militares franceses que supostamente teriam estado prisioneiros no hotel[401].

Bourgain respondeu, «Até agora, só de pretos. Continuamos as buscas».

Confrontados com o sangue por todo o lado, até nos tectos e nos peitoris das janelas, como se pessoas desesperadas tivessem tentado atirar-se para a rua, alguns homens vomitaram no meio da destruição. As sanitas, cujos autoclismos não funcionavam, estavam cheias de sangue. Mas não havia sinais dos seis conselheiros, até que um legionário encontrou uma agenda na qual um deles apontara a progressão dos acontecimentos, hora a hora. A última nota fora escrita às 08:00. De que dia, não se sabe. Dizia, «Fogo de metralhadora pesada contra o hotel».

Mas onde estavam os corpos?[402]

Gaussères encontrava-se na estação ferroviária, inspeccionando um comboio de munições destinado ao Exército Zairense. Nunca fora descarregado. Os vagões, selados, continham granadas de morteiro de 81 mm, granadas de mão, munições para armas ligeiras. O som intermitente de tiroteio, à medida que outras unidades davam com as posições rebeldes, tornou-se mais alto e contínuo: pelo menos

---

[401] *Ibid.*, p. 229.

[402] Algumas testemunhas, pouco fiáveis, dizem que os conselheiros foram mortos, mas os katangueses afirmam tê-los levado como reféns para Angola. Nunca se soube a verdade.

A Legião Estrangeira

duas metralhadoras a dispararem e o ocasional *crump!* de uma peça de artilharia de campanha.

Por sorte, o cabo especialista antitanque da secção abrigada atrás de alguns destroços junto à ponte que conduzia à Cidade Nova tinha acabado de se juntar aos seus homens. O cabo Morin deixou aproximar-se o primeiro carro blindado rebelde, vindo do Boulevard Mobutu: 150 metros, 100 metros, 50 metros... A 30 metros, Morin carregou no gatilho. O condutor do veículo incendiado morreu imediatamente, mas os outros dois rebeldes conseguiram abandonar a viatura e fugir a coberto do fumo. Um segundo carro blindado avançou, metralhando os escombros atrás dos quais os legionários estavam agachados.

O legionário Solatorenzo ripostou com rajadas curtas e disciplinadas da sua metralhadora ligeira, para manter os rebeldes com a cabeça baixa e reduzir-lhes a visibilidade. O cabo Laroche, de pé no meio da estrada, com o seu lança-granadas ao ombro, apontou como se estivesse na carreira de tiro e esperou, com nervos de aço, até ser impossível falhar. *Paf!*

Com o segundo carro blindado imobilizado e a arder, dois outros rebeldes saltaram da viatura e escaparam pelas ruas laterais. Um camião rebelde que se aproximava pelo meio do fumo tornou-se o alvo seguinte de Solatorenzo e curvou em derrapagem para outra rua lateral, com o flanco perfurado pelas balas do legionário.

As unidades da Legião estavam em contacto com o inimigo por toda a cidade, mas a avaliação profissional de Erulin dizia-lhe que o grosso dos rebeldes tinha retirado, deixando para trás destacamentos incumbidos de dificultarem a reconquista da cidade, atrasando a perseguição. Mas talvez fossem também esquadrões da morte. Além do mais, os seus homens tanto poderiam ser mortos numa escaramuça fortuita como numa batalha. Como que a comprovar o seu pensamento, ao ser avistado por um grupo de rebeldes que se encontrava em terreno mais elevado, uma rajada obrigou Erulin e os homens do seu posto de comando móvel a lançarem-se para uma vala para não serem atingidos.

A secção de Bourgain abandonou o cenário de massacre do hotel e progrediu até chegar a um cruzamento fortemente defendido. O *caporal-chef* Lombard e o legionário jugoslavo Golic eram *snipers*. Era para aquilo que tinham treinado. Em minutos, mataram três katangueses. Os outros fugiram, abandonando quatro armas: M 16 e Kalashnikovs. De seguida, os homens de Bourgain dispararam uma

MATAR OU MORRER EM KOLWEZI

descarga de granadas de espingarda contra uma posição defensiva localizada na escola técnica. Os rebeldes fugiram para não serem flanqueados pelos legionários, permitindo-lhes atravessar facilmente a ponte de acesso à cidade nativa de Manika. O alvo seguinte da sua lista, o edifício da gendarmeria, revelou-se mais difícil, com o legionário dinamarquês Jansen eliminando vários rebeldes à queima-roupa, com a sua pistola-metralhadora. Um katanguês surgiu do nada, por detrás do sargento Touami, prestes a disparar. Antes de ele conseguir premir o gatilho, o legionário Tavari – a 15 m de distância e armado apenas com uma pistola – matou-o com um único tiro.

No interior do edifício da gendarmerie, foi a vez de Bourgain quase necessitar dos serviços do capelão Lallemand. Vendo um katanguês puxar a cavilha de uma granada para a atirar para uma sala cheia de reféns, ele abateu o rebelde com uma rajada. A granada, activada, rolou na sua direcção. «Toda a gente lá para fora!», gritou Bourgain, atirando-se por uma porta para o pátio, onde a granada explodiu, milagrosamente não ferindo ninguém.

Na prisão, as celas estavam tão cheias de reféns, pretos e europeus, que as pessoas não se podiam sentar nem deitar. De quando em quando, durante os dias anteriores, homens tinham sido levados para o exterior e fuzilados, aliviando a pressão física e aumentando a pressão mental dos que ficavam. Ouvindo os sons do combate a aproximarem-se e com os seus guardas aparentemente desaparecidos, vários prisioneiros saíram para a rua – e viram-se na mira da turba miliciana constituída pelos conselheiros cubanos, com ordens para se «libertarem» matando todos os brancos. Documentos posteriormente capturados comprovam esta situação [403]. Armados de paus, catanas e facas, correram para os atónitos reféns.

Um oficial zairense que, por alguma razão, não fora fuzilado, traduziu a tempo para os europeus os seus confusos gritos de guerra. Desesperadamente, fugiram para dentro da prisão, procurando abrigo nas celas nauseabundas de onde tinham acabado de sair. Porém, tal como em todas as prisões, era impossível trancar as portas por dentro. Alguns homens rasgaram as suas camisas imundas e manchadas de sangue e ataram-nas para fazerem uma espécie de corda, amarrando as trancas das portas às das janelas. Quando a corda começou a esticar, os homens, desesperados, agarraram-se às trancas

_____

[403] Sergent, *La Légion saute sur Kolwezi*, p. 169.

477

A Legião Estrangeira

das portas, para não as deixarem abrir, sofrendo os golpes das armas da turba nas mãos e antebraços.

Sem aviso, tão repentinamente como tinham aparecido, os potenciais assassinos desapareceram. Vinda do exterior, os prisioneiros, exaustos e confusos, ouviram uma voz dizer, «*Armée française! Sortez, les mains en l'air!*».

Saíam com as mãos no ar! Foram as palavras mais belas que os prisioneiros jamais ouviram. Homens com a barba por fazer, mulheres e crianças cobertas de sangue e excrementos, saíram cambaleando para o pátio, chorando de alívio e alegria ao verem os seus libertadores, chegados mesmo a tempo. Chorosos e mal se tendo nas pernas, queriam tocar nos homens que os tinham salvo. Alguns, incapazes de se levantarem, agarravam-se às pernas dos legionários ou tocavam-lhes nas biqueiras das botas em sinal de gratidão pelas suas vidas.

Entre os vinte e seis europeus e nove negros encontravam-se cidadãos belgas e franceses, australianos e americanos – e o ex-sargento Catena, antigo pára da Legião. Uma menina de cinco anos, com o vestido manchado pelo sangue da mãe, não parava de repetir, «Mataram a minha mamã. Mataram a minha mamã». Outras crianças tinham visto ambos os pais serem mortos; depois de errarem, desesperadas, pelo matadouro em que se transformara a cidade ocupada, tinham sido «adoptadas» por outros adultos.

A preocupação imediata de Bourgain era providenciar médicos para os feridos e convencer os outros a não abandonarem a prisão, para não serem apanhados nos tiroteios que ecoavam em todas as ruas. «Onde estão os outros prisioneiros?», perguntou ele. «Estão todos mortos», respondeu alguém mais calmo do que os outros.

Noutros pontos, pessoas que se tinham barricado e escondido nas suas casas ouviram legionários que passavam a correr falarem francês e tiveram de ser mandadas ficar temporariamente onde estavam. Alguns reféns estavam incoerentes de dor e de medo; outros estavam com os pés bem na terra, oferecendo-se para guiarem os legionários até às posições inimigas mais próximas.

A reconquista do hospital fora atribuída à 2.ª Companhia, de modo a que o cirurgião Ferret e o seu pessoal médico dispusessem de meios para providenciarem mais do que os primeiros socorros. O que encontraram no hospital pôs temporariamente de parte essa possibilidade. Todos os equipamentos médicos tinham sido roubados ou simplesmente destruídos. Até os armários de medicamentos haviam

MATAR OU MORRER EM KOLWEZI

sido escaqueirados à coronhada. Os colchões tinham sido feitos em pedaços e as camas, algumas ainda com os seus ocupantes, atiradas para os poços dos elevadores.

Ao fim do dia, os homens que se encontravam no terreno começavam a interrogar-se sobre onde se teria metido a segunda vaga. Os legionários da segunda vaga pensavam o mesmo. O coronel Gras fizera preparativos para transportar e largar 200 homens, mas tinha de transportar mais cinquenta para Kamina, incluindo os seis oficiais subalternos e vinte legionários comandados pelo capitão Halbert que eram os super-páras do 2.º REP, especialistas em inserções HALO. Embora a Operação Léopard não exigisse as suas capacidades especiais, eles não faziam tenção de ficar para trás, em Kinshasa, nem que tivessem que viajar sentados na coxia. O passageiro mais improvável do DC 10 que os levava para Kamina era o coronel Larzul, vestindo um antigo e desgarrado uniforme de combate que descobrira no fundo do seu guarda-roupa. Iria ser o oficial de ligação do coronel Gras com o 2.º REP no terreno, e ainda esperava, contra toda a esperança, ter notícias dos seus seis homens destacados para Kolwezi.

O DC 10 aterrou em Kamina pouco antes das 16:00. Ansiosos por subirem para os aviões da largada, os homens da segunda vaga descobrirem que o seu primeiro obstáculo era a ausência de quaisquer meios para descerem do DC 10, cujas portas estavam a seis metros de altura do chão. À típica maneira da Legião, encontraram uma solução simples: accionar os colchões de emergência. Mas a tripulação opôs-se, argumentando que as botas e o equipamento deles furariam os colchões. Enquanto o coronel Larzul olhava para as equipas de terra, espantadas pela chegada de um avião tão alto ao aeródromo militar, um engraçadinho gritou-lhe, «Já!».

Mas não era caso para graças. Se a segunda vaga não partisse rapidamente, tornar-se ia demasiado tarde para saltar naquele dia, já para não falar no facto de que os seus camaradas das outras companhias estavam em combate, e os reféns que todos eles tinham vindo salvar corriam cada vez mais riscos com o passar das horas. Um empreendedor belga cuja empresa de transportes trabalhava para os militares trouxe a sua empilhadora para levantar o pessoal de terra até aos porões e começar a descarregar o equipamento dos páras, mas ninguém fazia a mínima ideia de como retirar os homens do avião. Por fim, as escadas do avião foram «prolongadas» encostando-as a um escadote, e lá desceram os 250 homens.

A LEGIÃO ESTRANGEIRA

Tendo aprendido com a experiência da primeira vaga, os páras haviam preparado bocados de cordel e arame para fixarem o seu equipamento aos arneses americanos. Enquanto estavam ocupados nesta tarefa, os aviões do primeiro lançamento aterraram depois de regressarem de Kolwezi. Talvez receosos de que os motores parassem definitivamente, os pilotos deixaram os motores em ralenti. Debaixo da barulheira infernal de dezasseis motores turbo-prop que deixou alguns homens surdos durante dois dias, a segunda vaga subiu a bordo. Pouco mais de uma hora depois da sua chegada a Kamina, rolavam ao longo da pista com destino a Kolwezi – pensavam eles.

A ocidente, o sol descia abaixo do horizonte. Chegaram a Kolwezi com céu limpo e numa noite de lua cheia. Quando a luz vermelha se acendeu, os páras suspiraram de alívio. Era para aquilo que lá estavam. Os saltos nocturnas faziam parte da sua instrução.

«Levantar! Enganchar!».

Os largadores sabiam que os aviões ainda estavam demasiado alto. Os homens da frente dos primeiros patrulhas olharam para a escuridão, e compreenderam porquê. Balas tracejantes curvavam vagarosamente na sua direcção. Outras tracejantes denotavam os combates que prosseguiam no solo. Os pilotos não faziam tenção de descer. A luz vermelha apagou-se e os largadores empurraram os homens para longe das portas. O coronel Erulin, 400 m mais abaixo, decidira não arriscar um salto nocturno. Convicto de que o grosso da força katanguesa estava longe e mais do que satisfeito com os progressos feitos pela primeira vaga, cancelara o salto para evitar baixas desnecessárias, apesar de saber quão frustrados se sentiriam os homens nos aviões por cima dele.

Dada a impossibilidade de aterrarem de noite em Kamina, os C-130 rumaram a Lumumbashi. No interior das fuselagens, os páras tiveram de suportar uma agonia suplementar. Amontoados como estavam, era impossível baixarem novamente os assentos. Com as pernas dobradas e as cabeças de lado, encostadas ao tejadilho, agarraram-se uns aos outros e a tudo o mais que puderam, alguns sofrendo as agonias das cãibras até Lumumbashi. Aterrando às 19:30, desceram dos aviões a cambalear e passaram a noite deitados na pista, encostados uns aos outros para se aquecerem, debaixo das asas dos aviões.

A aversão dos katangueses a lutarem de noite, se o pudessem evitar, permitiu a Bourgain e aos seus homens escoltarem os reféns libertados na prisão para a escola técnica, onde seria mais fácil protegê-los. Às 20:30, Erulin deslocou o QG para a escola secundária João XXIII, abrindo caminho por uma multidão de reféns que, ignorando o recolher obrigatório imposto pela Legião para sua protecção, tinham vindo agradecer o seu salvamento a Erulin, aos seus oficiais e soldados e ao presidente Giscard.

O tenente-coronel Bénézit foi incumbido de os ouvir, de os acalmar e de tentar colocá-los novamente em segurança, enquanto Erulin fazia um ponto de situação com Coevoet e o capitão Thomas, o oficial de informações. Era extraordinário: o 2.º REP registava um morto e três ou quatro feridos; desconhecia-se o paradeiro da maioria da secção antitanque, mas ainda não era dada como desaparecida em combate. A análise dos documentos capturados revelou que a força katanguesa/angolana consistira de 11 batalhões de 300 homens, com outros 6 batalhões protegendo o eixo de progressão. O armamento incluíra morteiros de 82 mm chineses, e morteiros de 81 mm e 60 mm franceses.

Porém, em termos humanos, continuavam a chegar informações alarmantes. Ao aproximar-se da cena de carnificina perto dos escritórios da Companhia Baron-Levèque, o capitão Gaussères e os seus homens sentiram o fedor dos cadáveres mais intenso do que em qualquer outro lugar. Moviam-se sobre um chão literalmente atapetado de corpos. O estado de putrefacção era tão avançado que Gaussères estimou que as mortes datariam de terça-feira ou, no mínimo, de quarta-feira. Viram, ao luar, a perna de um homem roída até ao osso pelos cães, e ali uma mulher esventrada também pelos cães. E acolá, uma rapariguinha a quem os cães tinham arrancado uma perna. Os cadáveres das crianças foram o que mais afectou os legionários, que oscilavam entre os vómitos e as lágrimas.

Os combates prosseguiram de forma esporádica, durante toda a noite. Pouco antes da chegada prevista da segunda vaga, às 05:00, Erulin distribuiu novas missões às companhias já presentes no terreno. A segunda vaga saltou sem incidentes, observada por centenas de europeus que desfrutavam do prazer de poderem sair para os seus jardins pela primeira vez numa semana.

Enquanto a 3.ª Companhia entrava cautelosamente na cidade nativa, onde a milícia se entocara e poderia muito bem estar ainda a matar reféns, foi informada de que vários aviões transportando tropas belgas iriam aterrar brevemente no aeroporto, a 5 km da cidade.

A Legião Estrangeira

Tal como sempre acontece quando tropas amigas se aproximam da direcção oposta sem frequências de rádio comuns, Erulin pretendia evitar qualquer confronto entre os Belgas e a 3.ª Companhia.

Apesar das noites insones e de todos os infelizes atrasos, os legionários começavam a descontrair-se. Um brincalhão disse que, a sul do equador, o sol estava na posição errada. Foi a companhia de Gaussères que, ao apoderar-se da igreja protestante de Manika, deu com os Belgas. Uma troca de tiros foi evitada à tangente, e Gaussères deu consigo a abraçar um velho amigo. Menos de doze meses antes, o capitão De Wulf participara num curso de guerra aerotransportada. Esquecidas as diferenças entre os respectivos governos, os dois capitães trocaram informações sobre as suas missões.

Para surpresa de Gaussères – e consternação de Erulin – os Belgas não tinham vindo em apoio da Legião, mas apenas para evacuarem todos os civis europeus. Apesar de o primeiro contacto ter ocorrido sem baixas, o grupo não tardou a ser alvejado por soldados belgas que continuaram a disparar mesmo quando Gaussères se pôs de pé e bateu no capacete, gritando, pouco cortesmente, que os rebeldes não usavam capacete. Que dia, pensou ele, apanhado entre os últimos guerrilheiros da FNLC, em Manika, e os homens do rei Balduíno, acabadinhos de chegar de Bruxelas!

Comparados com a Legião, os Belgas tinham chegado com estilo, em C-130 americanos. O coronel Gras também chegara, finalmente, a bordo do seu Buffalo. Ele foi o primeiro a inteirar-se de que os Belgas tinham ordens para, em setenta e duas horas, evacuarem os reféns e desaparecer com eles. Gras ficou furioso face à ideia de deixar Kolwezi como uma cidade fantasma, exposta à pilhagem e à destruição de tudo o que ainda não fora pilhado ou saqueado. Mas os Belgas não lhe deram ouvidos. Tinham ordens a cumprir, tal como ele tinha as suas.

A libertação de Kolwezi pela Legião prosseguiu. As lojas da Avenue Burga, que Fauroux vira guardadas contra os saqueadores ao ser arrastado para o que quase fora a sua execução, eram agora receptáculos ocos: tudo tinha sido escaqueirado, arrancado e esmagado na rua. Para os legionários e para as pessoas que eles tinham libertado, o pior eram o fedor e o sangue. Esfomeados, sedentos e com falta de sono, chapinhavam, a cada passo, na seiva vital das pessoas assassinadas, enquanto cumpriam a missão que lhes fora atribuída: tornar Kolwezi segura para a retoma da vida normal.

482

MATAR OU MORRER EM KOLWEZI

Os katangueses tinham matado negros e europeus, indiscriminadamente. De modo desconcertante, naquele cenário de pesadelo, os cadáveres dos europeus, inchados, com os olhos arrancados pelas aves e os membros meio comidos pelos cães, tinham escurecido, enquanto que o sol dera aos cadáveres dos africanos uma tonalidade cinzento-esbranquiçada.

Para os sobreviventes feridos, a ajuda vinha a caminho. Depois de ter dado com o hospital inutilizável, o capitão Ferret descobrira na clínica vizinha dez médicos europeus, que tentavam recuperar os equipamentos. As suas vidas tinham sido poupadas porque haviam operado e tratado os Tigres feridos até ao início da retirada, quando os comandantes rebeldes ordenaram a todos os seus homens para regressarem a Angola. Os que não conseguiam andar tinham sido abatidos pelos seus camaradas.

Ferret deixou os médicos no excelente trabalho que estavam a fazer e regressou ao bar do Hotel Impala, onde organizaram a enfermaria da Legião. O cabo Jean Prudence, alvejado no peito e num rim, foi operado nessa tarde por um cirurgião indiano, assistido por um cirurgião negro e um anestesista francês. Mais tarde, no aeroporto, quando pedia medicamentos aos belgas, Ferret ficou surpreso ao ver os médicos belgas da clínica subindo para os aviões de evacuação. Tinham recebido ordens para partir e levar os seus pacientes europeus consigo, mas a bordo do avião não havia «espaço para pretos» – nem sequer para a mulher e filhos do engenheiro Henri Jagodinski, para os quais a Legião encontrou lugares noutro avião. Na segunda-feira, Ferret e dois clínicos gerais zairenses eram os únicos médicos que restavam em Kolwezi. O número dois de Ferret, o capitão Morcillo, foi trazido da Córsega para dar uma ajuda.

Durante vários dias, prosseguiram os combates nas povoações vizinhas de Metal-Shaba, Luilu e Kapata. No dia 21 de Maio, um domingo, o embaixador Ross chegou a Kolwezi em visita de inspecção, na companhia do coronel Gras, para tomar notas num relato desapaixonado dos acontecimentos que foi enviado para Paris. Nessa noite, o presidente Mobutu chegou à cidade para agradecer pessoalmente à Legião por uma operação impecavelmente executada.

Mas os legionários continuavam a contribuir com o seu sangue. Depois da Legião entregar Kolwezi às FAZ e ser transferida para Lumumbashi, Morcillo soube, através de alguns colegas seus civis, que havia gente a morrer no hospital por falta de sangue. Os soldados

A LEGIÃO ESTRANGEIRA

zairenses recusavam-se a dar sangue, acreditando que se o fizessem viveriam menos tempo. O 2.º REP ofereceu-se para contribuir – todos os oficiais, oficiais subalternos e soldados.

Antes de abandonar o Zaire, no dia 6 de Junho, trigésimo quarto aniversário do Dia D, o regimento empregou tanta energia a polir o equipamento e limpar os uniformes como no combate aos katangueses. O objectivo foi o desfile de vitória pelas ruas de Lumumbashi, para deleite dos habitantes – negros e europeus. Erulin marchou à frente dos seus homens. A canção regimental que cantaram em uníssono enquanto desfilavam não é traduzível. As palavras são tremendas, mesmo em francês. Mas o sentido percebe-se, e os últimos versos são sempre claros: «*Nous sommes fiers d'appartenir au 2ᵉ REP*».

Temos orgulho de pertencer ao 2.º REP, cantaram eles, e tinham todo o direito. Parafraseando um antigo soldado, jornalista e político, Winston Spencer Churchill, foi a sua melhor hora. O preço saldou-se em cinco mortos e vinte feridos [404]. Os nomes das baixas dão uma ideia das suas origens antes de a Legião se tornar a sua pátria: Allioui, Arnold, Becker, Clément, Harte, Jakovic, Marco, Muñoz, Raymond, Seeger, Svoboda...

O que foi descrito acima é apenas uma amostra daquilo que os legionários do coronel Erulin realizaram no teste final de um treino que uniu oficiais e soldados de tantos países diferentes numa soberba máquina de combate. Poderia escrever-se um livro inteiro sobre o sofrimento dos reféns de Kolwezi e o heroísmo dos legionários que arriscaram a vida para libertar os sobreviventes, mantendo a disciplina e algum sentido de humor não obstante todos os obstáculos desnecessários que a ignorância e a incompetência lhes puseram à frente.

Nunca nenhum outro exército fez mais ou melhor em circunstâncias tão difíceis. Se a Legião necessita de uma razão para continuar a justificar a sua existência, Kolwezi é suficiente.

---

[404] *Ibid.*, p. 227.

Foram feitos todos os esforços para obter a necessária autorização para a utilização de materiais sujeitos a direitos de autor. Caso quaisquer direitos de autor tenham sido inadvertidamente violados, agradecemos comunicação escrita ao autor, ao cuidado do editor.

APÊNDICES

Apêndice A

Equivalência de Patentes

França	Portugal
engagé volontaire	recruta
légionnaire 2ème classe	soldado
légionnaire 1ème classe	2.º cabo
caporal ou brigadier (cavalaria)	1.º cabo (*)
caporal-chef	–
sergent	furriel
sergent-chef	1.º sargento
adjutant	sargento-chefe
adjutant-chef	sargento-mor
major	sem equivalência
aspirant	alferes
lieutenant	tenente
capitaine	capitão
commandant	major
lieutenant-colonel	tenente-coronel
colonel	coronel
général de brigade	brigadeiro-general
général de division	major-general
général de corps d'armée	tenente-general
général d'armée	general
maréchal de France	marechal

(*) O Exército Português não diferencia entre armas. (N.T.)

Apêndice B

Glossário

F ALE – Les Archives de la Légion Étrangère, em Aubagne

ALN – Armée de Libération Nationale – braço armado da FLN

árabe – termo utilizado para designar qualquer habitante do Magrebe, incluindo os não falantes de árabe, como os berberes

batalhão de marcha – batalhão temporário, formado para uma operação específica (*bataillon de marche*)

BEP – Bataillon Étranger de Parachutistes – batalhão pára-quedista da Legião

bei ou dei – governador turco eleito

bled – Região árida, aldeia

BMC – bordel mobile de campagne

bo-doi – soldado do Viet Minh

Boudin, Le – canção de marcha mais célebre e toque de corneta da Legião – literalmente «A Morcela», mas referir-se-á também ao cobertor, sobretudo ou tenda outrora enrolados e levados por cima da mochila

BSLE – Bureau de Sécurité de la Légion Étrangère – segurança interna da Legião

cafard – Barata

cafard, avoir le – estar profundamente deprimido

caïd – funcionário árabe local e «chefe» em calão, daí o nome do toque de cornetim para o coronel do regimento

Camerone, faire – combater até ao último cartucho

can-bo – comissário político do Viet Minh

congai – mulher ou amante vietnamita

convoyeuse – enfermeira de Evasan

corvée – faxina

DBLE – Demi-Brigade de la Légion Étrangère – meia-brigada da Legião

Deuxième Bureau – Serviços de informação militares franceses

djebel – Montanha

Evasan – abreviatura de «evacuação médica» em francês

fellagha, pl. *fellouze* – combatente do ANL (geralmente abreviado para fell)

FNL – Front de Libération Nationale – principal partido anti-francês e independentista da Argélia

GIGN – Groupe d'Intervention de la Gendarmerie Nationale – a mais célebre unidade anti-terrorista francesa

gnouf – prisão da Legião

A Legião Estrangeira

goum, goumier – infantaria nativa norte-africana combatendo pela França

HALO – High Altitude Low Opening – salto em queda livre, com o pára-quedas aberto longe do avião, utilizado em inserções clandestinas

harka – bando de guerra árabe

harki – soldado argelino do Exército Francês

katiba – companhia do ALN

ksar, ksour – aldeia fortificada

LURP – membro de uma equipa de reconhecimento de longa distância

mechta – cercanias de uma aldeia

patrulha – grupo de páras que saltam juntos durante a mesma passagem sobre a Zona de Lançamento

pied-noir – originalmente sinónimo de magrebino, posteriormente colono francês no Norte de África

quépi – boné militar francês

RCP – Régiment Colonial de Parachutistes

REC – Régiment Étranger de Cavalerie – regimento de cavalaria da Legião

regimento de marcha – régiment de marche - regimento temporário, formado para uma campanha específica

REI – Régiment Étranger d'Infanterie – regimento de infantaria da Legião

REIM – Régiment Étranger d'Infanterie de Marche – regimento de infantaria da Legião temporário

REMF – termo militar geral que pode ser educadamente definido como «pessoal de segundo escalão»

REP – Régiment Étranger de Parachutistes – regimento pára-quedista da Legião

rifenho – habitante berbere da região do Rif

Rif – parte da cordilheira do Atlas, em Marrocos

RMLE – Régiment de Marche de la Légion Étrangère – regimento temporário, formado com homens de outras unidades, para uma operação específica

RMVE – Régiment de Marche des Volontaires Étrangers – regimento temporário de voluntários estrangeiros

SDECE – Service de Documentation Extérieur et de Contre-Espionage – serviço de inteligência francês

SHAT – Service Historique de l'Armée de Terre

sipaio – cavaleiro norte-africano ao serviço da França – primeiramente árabe, depois europeu

tirailleurs – infantaria ligeira

willaya – cada um dos seis comandos regionais do ALN

zuavo – infante argelino, posteriormente francês mas usando o mesmo uniforme mouro

Leitura Adicional

Tal como indicam as Notas, foram utilizados livros em diversas línguas para a preparação da presente obra. Os seguintes títulos serão de interesse para os leitores:

FLEMING, F., The Sword and the Cross, Londres, Granta, 2003
GERAGHTY, T., March or Die, Londres, Grafton, 1986
HARVEY, J., With the Foreign Legion in Syria, Fresno, Linden Publishing, 2003
JENNINGS, C., Mouthful of Rocks, Londres, Bloomsbury, 1990
MURRAY, S., Legionnaire, Londres, Sidgwick & Jackson, 1978
PAKENHAM, T., The Scramble for Africa, Londres, Abacus, 1992
PORCH, D., The French Foreign Legion, Londres, HarperPerennial, 1992
TRAVERS, S., Tomorrow to be Brave, Londres, Corgi, 2001
WINDROW, M., French Foreign Legion 1914-45, Botley, Osprey Publishing, 1992
YOUNG, J. R. e E. Bergot, The French Foreign Legion, Londres, Thames & Hudson, 1984

Lista de Ilustrações

1. Monumento aos Mortos, Aubagne.
2. Funeral de legionário no Vietname do Norte, 1950.
3. Marechal Soult.
4. Luis Filipe, Rei de França.
5. General Achille de St-Arnaud.
6. General Joseph Bernelle.
7. Madame «generala» Bernelle.
8. Major Ludwig Joseph Conrad.
9. Coronel Granet Lacrosse de Chabrière.
10. Capitão Danjou.
11. Busto do coronel Pierre Jeaningros em bronze.
12. General Achille Bazaine.
13. Alan Seeger nos seus tempos de poeta.
14. Alan Seeger de uniforme, pouco antes da sua morte.
15. Cole Porter.
16. Capitão Fernand Maire.
17. General Paul Rollet.
18. Coronel Amilakvari.
19. General Pierre Koenig.
20. Retrato do coronel Pierre Jeanpierre.
21. Quatro legionários com o uniforme de 1840.
22. Morte do coronel Chabrière em Magenta.
23. Dois legionários no México, 1862.
24. Companhia montada da Legião atravessando um wadi em Marrocos, 1912.
25. Legionários com espingardas Lebel 1896, 1911.
26. Desfile de voluntários estrangeiros em Paris, 1914.
27. QG da Legião em Sidi-bel-Abbès.
28. Infantaria da Legião na Argélia, 1935.

LISTA DE ILUSTRAÇÕES

29. Um oficial subalterno despede-se da mulher e do filho, Março de 1940.
30. Metralhador da Legião, França, 1940.
31. Voluntários na Gare de Lyon, Paris, Maio de 1940.
32. Legionários num Bren Carrier em Bir Hakeim, 1942.
33. Legionário ferido num hospital de Saigão, 1950.
34. Campo fortificado da Legião no Vietname.
35. Patrulha da Legião nos arrozais do Norte do Vietname, c. 1950.
36. Companhia de morteiros do 1.º BEP em Dien Bien Phu, Março de 1954.
37. Tanque AMX-13 do 1.º REC na fronteira tunisina, 1958.
38. O 1.º REC na Argélia, 1957.
39. Páras do 1.º REP saem de um Shawnee H-21 Flying Banana nas montanhas do Aurès, 1959.
40. Desfile de graduação no QG do 4.º RE, em Castelnaudary.
41. Engagés volontaires oriundos de três continentes.

Abreviaturas utilizadas nas legendas

MLE - fotografado pelo autor no museu da Legião, em Aubagne, com a graciosa autorização do General Comandante da Legião Estrangeira.

ALE - documentos dos Archives de la Légion Étrangère, reproduzidos com autorização do Centre de Documentation do 1.º RE, em Aubagne.

LISTA DE MAPAS

Pág.

18	Vietname: a estratégica Estrada Nacional 4, 1949
35	Província de Tonquim/Norte do Vietname
43	Posições francesas em Dien Bien Phu, Novembro de 1953 – Maio de 1954
68	Guerra da Argélia, 1954-1962
119	Magrebe/Norte de África francês
127	Intervenção em Espanha, 1835-1839
194	Intervenção no México, 1862-1863
240	Tonquim/Norte do Vietname, 1883-1892
312	A Legião em França, 1914-1918
454	Zaire/República Democrática do Congo
474	Operação Léopard, Kolwezi, Maio-Junho de 1978

ÍNDICE REMISSIVO

(Os número de página em itálico remetem para os mapas; as patentes indicadas são as mais altas atingidas)

Aage, tenente Christian, príncipe da
    Dinamarca, 10, 89, 352-353, 358,
    360, 446
Abbas, Ferhat, 90
Abd al-Aziz, Sultão de Marrocos, 282,
    302
Abd al-Hafid, 302-303
Abd el-Kader, 113, 118-121, 137-139,
    144-145, 146-147, 150, 282
Abd el-Krim, 360-368
Abéché/Fort Lamy, 448-449
Abomey, 263, 268
Acordo Franco-Vietnamita, 431
Acre, ver Akko
Almirantado (Grã-Bretanha), 390
África Ocidental, 234, 259-260, 262,
    266-268, 270, 394-396, 421
Afrika Korps, 389, 402, 422
Agadir, Incidente de, 302
Ahmed Khodja, dei, 100
Águia, filho de Napoleão Bonaparte,
    115
A n Sefra, 283, 284, 287, 291, 301, 389
Air France, 465
Aisne, frente do, 313, 332, 337, 339
Akko, 400
al-Atrash, sultão, 369
Alba, general Manuel, 203
Alepo, 398

Alessandri, general, 23
Alexandre II, Czar da Rússia, 172-173
Alexandria, 369-370, 417
Algeciras, Conferência de, 292, 296
Ali Khodja, dei, 100
Allenby, general Edmund, 367-368
Alligator, veículos anfíbios, 435
Alma, rio, 164-167
ALN, 61, 63-65, 67, 69, 71, 73, 75,
    77-79, 88, 90
Alsácia, 59, 216, 218, 229, 231,
    311-312, 325, 379
alsacianos, 231, 234, 307
Am Tinan, 448
Amazonas, 260, 264-266
Amiens, 226, 338-339
Amilakvari, tenente-coronel, 10, 358,
    384, 390, 399, 401-402, 408,
    415-418
André, general Louis, 281
Andriba, 275
Angola, 452-453, 466, 475, 483
Annaba/Bône, 33, 114, 116, 139
Annam (Vietname Central), 255, 431
Antananarivo, 272, 277
Anthoine, general, 337
Aouzou, 449
Arago, major, 221
Arco do Triunfo, 154, 344

497

A LEGIÃO ESTRANGEIRA

Ardenas, 337
Argel, 59-87, 99-101, 104-105, 109,
111-119, 121, 137-139, 144,
146-153, 283, 364-365, 419-420
Argélia, 29-30, 33, 59-91, 100-101,
104, 109
Ariane, foguetão, 445
Ariete, Divisão Blindada, 405-406
Arlabán, 130
armamento, 51, 70, 73, 87, 88, 103,
106, 139-140, 164, 217, 239, 248,
263, 285, 361, 377, 468, 481
Armistício (1918), 307
Armistício (1940, com a Alemanha);
(1940, com a Itália); (1942, com
os Aliados, em Marrocos), 377-378,
385-388
Armistício, Comissão do, 425
Arras, 322, 338
Artenay, ver Tours
Artesa de Segre, 126-127
artilharia, 12, 23-30, 34-35, 39-40,
45-48, 51-53, 68, 73-74, 80, 95, 100,
111-112, 122, 129, 132, 138-141,
147, 157, 163-164, 169-170, 173,
175, 178, 187, 205, 213, 218,
224-230, 242-244, 247-248, 252-256,
265-268, 275-278, 288, 294-296, 306,
312-324, 327-328, 331-334, 338-346,
361-366, 374, 381, 390-391, 404,
407-418, 419, 472, 475-476
Artois, sector do, 327
Arzew, 118, 122-123, 420
Assembleia Nacional (França), 118,
154, 158, 227, 229
Assevillers, 331
Atlas, montanhas/tribos, 113, 282,
362, 372
Atlee, Clement, 429
Aubagne, 11, 89, 173, 202, 293, 331,
442, 444, 451
Aubérive, 333-335
Auchinleck, general Sir Claude,
402, 417
Aumale, duque de, 150, 152

Auphale, Camille, 427
Aurès, Montanhas do, 60-61, 76, 80,
83, 150
Aussarès, general Paul, 65, 71, 88
Austerlitz, 159
Áustria/Império Austríaco, 160-161,
211-212
Autun, 424
Avignon, 309
aviões, 33, 36, 40, 46-52, 61-63, 82,
327, 343, 364-366, 371, 375, 382,
387, 391, 393-399, 404, 410-413,
442, 448-449, 454, 461-470,
471-473, 479-483

Ba Ahmed, 282
Ba Bia, general, 465-466
Baalbek, 399
Bac Ninh, 239-240
Bac Viay, 247
Bacri e Busnach, 99-100
Bagdad, 368
Baía dos Cossacos, 167-168
Bailloud, general, 295-296
baixas (e tratamento das), 23-35, 28-31,
38, 46-55, 72, 99, 118-119, 132-133,
138-143, 147, 162-167, 169-198,
209, 224, 230, 237, 240-246, 248,
252, 266-268, 278, 288-289,
314-315, 324, 328-329, 330-341,
345, 369-370, 378-380, 391, 399,
406, 419, 422-425, 449, 458,
480-484
Bakunine, Mikhail, 220
Balaclava, 164, 166-168
Bandeiras Negras, 241-248, 254
Bandera (Legião Estrangeira espanhola),
348, 360-361
Bang-Bo, 251
Bangerter, legionário, 335-336
Bao Dai, Imperador do Vietname, 37
Barbastro, 127, 133, 135
Barcarès, 376
Baron-Levêque, Companhia, 458
Barrail, general François de, 151

Índice Remissivo

Barre, coronel Fernand, 30, 397, 400-401, 422-423

bashi-bazouks, 163-164

Bastia, 461

Bastilha, Dia da, 13, 101, 148, 215, 340, 355

Bataillons d'Afrique, *ver* Batalhões de África, 32, 61, 67, 77, 80, 90, 96-100, 109, 111-122, 139, 143-156, 161-167, 177, 181, 217, 226-229, 234-238, 253-256, 259-268, 270-279, 286, 303, 308-310, 316, 320, 325, 346-350, 354-356, 360, 368, 376-392, 394-397, 400, 420-423, 430, 435, 449, 454, 461-462

Batalha de Inglaterra, 393

Batalhões de África, 122, 143, 156, 163, 253

batalhões penais, 143, 304, 388 (*ver também* Batalhões de África)

Baudelaire, Charles, 153

Baux, coronel Jean-Louis, 131

Bazaine, Maria de la Soledad, 166, 176, 209

Bazaine, general François-Achille, 134, 166, 176, 204-205, 208-209, 211, 215-218, 223, 232-233

Beau Geste, 10, 284, 353

Beau Hunks, filme, 353

Béchar/Colomb Béchar, 293-294, 352, 361, 389, 445-446

Bedeau, tenente-coronel Alphonse, 130, 139-143

BEF (British Expeditionary Force), 308, 311, 344

Behanzin, Rei do Daomé, 260-269, 270

Beirute, 369-370, 401

Bekaa, vale de, 371-372

Belfort, 226

Bélgica, 10, 115, 215, 219, 311-312, 342, 375, 381, 440, 461

Belkacem, Krim, 89

Bellec, tenente, 414-415

Belloy-en-Santerre, 11, 331, 332

Ben Bella, Ahmed, 63, 89

Benedetti, conde Victor, 214

Bénézit, tenente-coronel, 461, 464, 466, 481

Bengazi, 402

Bengoechea, 316

Beni Abbès, 286-288

Beni Derkul, 363

Beni Ouzien, 294

berberes, 113, 138-139, 141, 292, 303, 361-363, 273

Berg, cabo Evariste, 202-203

Bergot, capitão Erwin, 41, 45, 55, 58

Berlim, 214, 215, 270, 299, 300, 301, 305, 338, 344, 373, 388

Berlim, Muro de, 434

Berlim (Zona de Ocupação francesa), 435

Berlim (Zona Livre), 387, 420

Bernelle, general Joseph, 118, 123, 126-131

Bernelle, madame «generala» Tharsile, 129

Berry, duquesa de, 120-121

Berthezène, general Pierre, 113

Bertrand, coronel, 137, 284-285

Besson, coronel, 378

Béthouart, general Marie-Emile, 380-381, 383

Bichemin, major, 285

Bigeard, coronel Marcel, 40, 47, 52

Bir Hakeim, 389, 402-417

Biskra, 63, 115, 156-157

Bizerta, 261, 422

Blanchard, *ver* Napoleão, príncipe

Blanqui, Louis-Auguste, 220

Bleus, coronel, 465

Blida, base aérea de, 82

Blitzkrieg, 216, 381

Blum, Léon, 82

Bo Cup, 252

Bobillot, sargento, 242-245

Bolis, sargento Ernest, 255

Bollardière, general Jacques Pâris de, 65, 418, 419

Bonaparte, príncipe Luis Napoleão, 102, 154, 159, 162, 215

A Legião Estrangeira

Bonetti, Pascal, 10, 344
Bôn-Mat, legionário, 252, 256
Bonnelet, capitão, 289
Bonnier, Fernand, 421
Bordéis, *ver* prostituição
Bordéus, 97, 106, 223-226, 313, 384, 387
Borelli, capitão, 7, 89, 242, 248-250
Borgnis-Desbordes, general, 254
Bósnia, 448
Bosque das Bétulas, 334
Bou Amama, 236-237
Bou Denib, 294-296
Bou Sfer, 444-445
Bouchez, coronel, 342
Boulet-Desbareau, coronel, 332
Boumoudienne, Presidente Houari, 89
Bourbaki, general Charles, 225-226
Bourbon, Restauração, 99-100, 103, 137, 219
Bourgain, tenente Bertrand, 474-478, 480-481
Bourguiba, Habib, Presidente da Tunísia, 32
Bouzian, caïde de Zaatcha, 156-157
Boxer, almirante, 168
Boyer-Resses, major, 384
Brause, sargento-chefe Eugen, 433
Bréa, general, 154
Brest, 338, 342, 380, 384
Brest-Litovsk, Tratado de, 338
bretões, 227-229
Brian, major Paul-Aimable de, 206
Brière de l'Isle, general Louis, 247-250, 254
Brigada Blindada Ligeira (6.ª), 442
Brigada de Infantaria de Montanha (27.ª), 442
Brigada Pára-quedista (2.ª), 139, 171, 273, 404, 416
Brigada Pára-quedista (11.ª), 442, 460, 465
Bristol, 175, 390
britânicos na Legião, 79, 103, 158, 164-167, 187-189, 307, 308-311,

334, 339, 344, 370, 382, 387, 403, 421, 446-447
Brockman, legionário, *ver* Brückler
Brosset, general Diégo, 423
Brothier, major Albert, 32, 378
Bru, Jehanne, 450-451
Brückler, sargento, 403, 426
Brundsaux, capitão Paul (Loum-Loum), 261, 275, 281
Brunon, Jean, 356
Brunswick, sargento Félix, 224, 227
Bruxelas, 224, 311, 456, 457, 458, 460, 462, 465, 469, 482
Bu Hmara, 290
Buchoud, coronel, 73-74
Búfalo, jogo, 20-21
Bugeaud, general Thomas, 120-121, 138-139, 146-152
Bulgária, 161
Bureau de Sécurité de la Légion Étrangère (BSLE), 423
Buron, Robert, 81
Burton, Sir Richard, 260-261
Butterworth, Frank, 342

Cabanier, contra-almirante Georges, 36
cabilas, 100-101, 158, 228-229, 273, 278
Cabiro, capitão Bernard, 30, 33, 39, 45-48, 58, 80-86, 432, 435
cafard, ver depressão
Caillaud, tenente-coronel, 447
Cairo, 63-64, 270, 366
Calvi, 14, 446, 460-461, 464
Camarões, 395, 448
Cambas, coronel Angel, 200
Camboja, 10, 32, 448
Camerone/Dia de Camerone/Camarón, 53, 73, 85, 187, 355-356, 404
Camino Real, 188, 194
Camp Pehau, 82
Camp Raffalli, 14, 446, 460
Campbell, general «Jock», 404
canhoneiras, 239, 241-242, 261-266
Canrobert, general François, 135, 148, 157, 162, 166, 173-174

500

Índice Remissivo

Cao Bang, 19, 23-26, 257

Carbillet, capitão, 368-369

Carbuccia, general Jean-Luc, 156-157, 162

carlistas, 125-135, 144

Carlos X, Rei de França, 99-104, 111, 120

Carlota, consorte do «Imperador» Maximiliano, 189, 204-210

Carmelitas, 431

Carpentier, general Marcel, 22-23, 29

Casablanca, 296, 299, 301, 419-420

Castellane, conde Pierre de, 150-151

Castelnaudary, 442, 446, 461

Castries, general Christian de la Croix de, 34

Cat Bi, base aeronaval de, 34

Catena, ex-legionário, 478

Catteau, legionário, 185, 200, 248

Cavaignac, general Louis-Eugène, 154-155

Cavaignac, Godefroi, 154

Cavour, Camillo, 178, 181

Cendrars, Blaise, 9, 306-309, 316-318, 320-321, 329

Centre d'Expérimentation du Pacifique, 446

Centro Espacial Europeu, 445

Ceuta, 281-282

Chabrière, coronel Granet de, 179

Chade, República do, 395-396, 448-451

Challe, general, 75, 80-86

Champanha, 104, 313-314, 327

Chanzy, general Alfred, 231

Charton, coronel Pierre, 23-29

Caçadores de África, 114, 117, 121-122, 167, 217, 279, 286, 349

Chastenet, major de, 448

Château-Salins, 344

Château-Thierry, 339

Chemin des Dames, 339

Chenel, segundo tenente, 389, 427-428

Chiang Kai-Shek, 428-429

Chi-lung, 240-241

China, 19-22, 251-257, 428

China, Portas da, 251

Chott Tigri, 236

Churchill, Sir Winston, 302-303, 374, 395, 401, 417, 421, 429, 484

Cidade do México, 188-189, 202, 206, 208-210

cinema, 45, 306, 353

civis, 24, 29-33, 40, 60, 63-64, 75, 81-89, 99, 110, 25, 168, 257, 280, 296, 303-310, 325, 347-349, 370, 375-379, 387-389, 432, 435, 461, 466, 482-483

Clauzel, marechal Bertrand, 137-140

Clemenceau, Georges, 284, 346

Clermont-en-Argonne, 315

Clinchant, general Justin, 226-227

Coc Xa, vale de, 25, 28-30

Código de Honra, 10, 357

Coevoet, capitão Stéphane, 461-470

Cogny, general, 36-37, 39

Cohn-Bendit, «Danny, o Vermelho», 86

Colina 119, 324

Colina 140, 322-324

colunas fantasmas, 424-427

Combe, coronel Michel, 117, 140-143

Combes, Emile, 150, 275

Comboio HX 66, 393

comerciantes judeus, 99

Comissão do Armistício, 425

Comité de Defesa Nacional (França), 19, 36

Comité dos Amigos da França, 306-307

comités revolucionários, 225

communards, 228-232

Comonfort, Presidente Ignacio, 187

Compiègne, 338

Comuna, 228, 230-231, 337-338

comunismo, 19, 22, 30, 53, 68, 229, 350, 376-78, 433-35, 453

Confederação da Alemanha do Norte, 212, 215

congais, 256, 428

Congresso de Viena, 102-103

Conrad, coronel Joseph, 121-123, 129-135, 139

501

A LEGIÃO ESTRANGEIRA

conscrição, 216-217, 228-310
conselho de guerra, 70, 108-109, 114, 223, 280, 298, 325-328, 373, 382, 395, 421
Constantin, legionário, 185
Constantine, 59, 81, 100-101, 138-143, 146, 152-153
Constantinopla, 160, 168-171, 319, 350
coolie-tram, 244-246
Coreia, 22, 38, 50
Córsega, 9, 13, 155, 178, 182, 347, 442, 446, 460-462, 467, 473-474, 483
Cot, tenente-coronel, 329
Cotonou, 261-269
Courbet, almirante Amédée, 239-241
Crab, veículos anfíbios, 435
Crézilles, 378
Crimeia/Caos e Guerra da Crimeia, 158-168, 169-182, 226, 292
Croácia, 448
Cruz da Lorena, 401, 424
Cruz de Guerra, 52, 310, 328-329, 341, 382, 418
Cruz Vermelha, 55-56, 90, 182, 394
Cuba/forças cubanas, 444
Cumières, 329
Cunningham, almirante Sir John, 394-395

Daily Telegraph, 272, 300
Dacar, 389, 394, 395
Daladier, Édouard, 310
Damasco, 368-370, 396-399
D'Amade, general Albert, 299
Damrémont, general Charles, 139-141
Danjou, capitão, 89, 184-187, 192-195, 196-198, 201-202, 236, 242, 446
Daomé, 259-269
Dardanelos, 160-162., 319, 325, 369
D'Argenlieu, almirante Georges, 431-432
Darlan, almirante François, 391, 420-421
Darmuzai, coronel, 78, 82-85
Darnah, 403, 426

de Gaulle, Presidente Charles, 9, 30-33, 76-87, 379-380, 383-386, 391-392, 394-401, 420-432, 439-441, 448
Debré, Michel, 84
Decatur, Stephen, 112
Deckers, legionário Willy, 434-435
Degueldre, tenente René, 88
Delarue, capelão, 65
demi-soldes, 106
Dentz, general Fernand, 396-399
Departamento Árabe, 156, 28
Depressão, 350-351, 417
depressão, estado de, 86, 359
deserção, 56, 70, 128-132, 143-144, 149, 207, 299, 301, 351-352, 382, 401, 424
Deserto Ocidental, 402-403, 411, 417
Desmichels, barão Louis, 120-121
despojos, pilhagem, saque, 97, 143, 456
Deuxième Bureau, 56, 65-69
Deval, cônsul francês em Argel, 100
Dève, tenente Jean, 412, 415
Deville, major, 333-334
Dewavrin, coronel André, 428
Diaz, capitão, 242, 244
Díaz, Antonio, 191, 223
Dien Bien Phu, 17-19, 33-37, 38-61, 132, 183, 244, 42, 436
Diguet, major François, 253
Directório, 98-99
disciplina, 10-11, 55, 61, 86, 97-98, 106-109, 128, 144, 175, 225, 231-232, 256, 285, 298, 326, 349, 383, 391, 444, 455-456, 484
Divisão Marroquina, 313, 322-236, 333, 339-342
Divisão Naval de Assalto (Dinasau), 432
Divisão Norte-Africana, 375
Djebel Badou, 372
Djebel Mansour, 422
Djibuti/Commando de Djibuti, 442, 449-451
Djihani, 372
Djorf, planície de, 295
Dodds, general Alfred-Amédée, 262-269

502

doenças, 29, 45, 58, 79, 85, 114, 118, 119, 131-32 145, 148-49, 157, 162, 173, 176, 177, 187, 188, 190-92, 203, 204, 206, 209, 248, 255, 262, 267-69, 275, 278, 287, 352, 421, 426, 468

Dogba, 263

Dom Carlos, pretendente ao trono de Espanha, 99-104, 111, 120, 124-126, 190

Dominé, major Marc-Edmond, 238, 242-246, 249

Dominó, Teoria do, 441

Dong-Dang, 19, 250-253

D'Orliac, conde de, 10

Dormans, 339

Doty, legionário Bennett, autor de *Legion of the Damned*, 369-371

Dreyfus, capitão Alfred, 280

Drude, general André, 304

drusos, 368-371

Duchesne, general Charles, 241-242, 271-279

Dufour, coronel, 76

Dunant, Henri, 181, 242

Dunquerque, 234, 374, 384

Dupuis, Jean, 237-238

Duriez, tenente-coronel, 334-337

Duval, general, 60

Echo d'Oran, 260

Eden, Sir Anthony, 64

Eduardo VII, Rei de Inglaterra, 300

Egipto, 98, 163, 270-271, 291, 320, 396, 402, 417

Eisenhower, general Dwight D., Comandante Supremo Aliado, 420

El Adem, 407

El Alamein, 417

El Himeimat, 417, 419

El Menabha, 293, 296

El Mounghar, 288, 290

El Telegrama del Rif, 360

Eliot, T. S., 326

Elkington, tenente-coronel John Ford, 328-329

Entente Cordiale, 291

Erg, Grande; Ocidental 287

Eritreia, 396

Erulin, coronel Philippe, 460-484

Espanha, intervenção em, 127, 130, 124-135, 139

esparto, 283

Esquadrilha Lafayette, 319, 343

Esquadrilha Xerifiana, 364

estado-maior general francês, 305, 310, 374-380

prussiano, 161, 212-219

Estaline, 380, 424, 429

Estella, 127, 131

Estêvão, Rei de Inglaterra, 96-97

Estrada dos Mandarins, 239, 247, 254

Estrada Nacional 1, 432

Estrada Nacional 3, 23, 57

Estrada Nacional 4, 19-31, 58, 61

Estrasburgo, 220, 425

Etienne, Eugène, 165

etimologia, 95, 110

EUA, 10, 35, 49-51, 112, 188, 306-308, 310, 342-343, 354, 424-425, 432, 435, 441, 444

Eugénia, consorte de Napoleão III, 216, 219

Evans, tenente-general George de Lacy, 127-128, 130, 151

Evian, Acordos de, 139, 439, 444

ex-legionário 1384, *Hell Hounds of France, Legion of the Lost*, 360

execuções, 55, 90, 110, 114, 131, 228, 230-32, 252, 325, 337, 382, 383, 397, 425, 427, 450, 455, 457

Exército, alto-comando do, 78, 397, 435, 469

Exército Britânico/Commonwealth, unidades e pessoal, 317, 370, 388, 403, 417

Exército de África, 147-148, 155, 161, 164, 217, 226, 271, 420-422 (*ver também* Caçadores de África; sipaios; zuavos)

Exército de Libertação Marroquino, 365

Exército de Ocupação da Renânia, 365
Exército do Armistício, 386
Exército do Levante, 396
Exército do Loire, 222-224, 231, 234
Exército Oriental, 225
Exército Vermelho, 379-380

Faber, cabo François, 316
Farnsworth, legionário Henry, 309, 328
Fashoda, Incidente de, 271
Faulques, major Roger, 24, 28-29, 45, 432
Fauraux, major Marius-Paul, 260, 264-265
Fauroux, Marc, 455-456, 482
Favre, Jules, 227, 229
Favrel, legionário Charles, 382
FAZ (Forças Armadas Zairenses), 453, 457-458, 483
fédérés ver *communards*
fells, 62-77, 89
Fenton, Roger, 169-170
Fernando VII, Rei de Espanha, 124
Ferrary, tenente-coronel André-Camille, 128, 135
Ferret, capitão Jean-No l, 461, 470, 478, 483
Ferry, Jules, 251, 254
Fez, 286, 302-303, 349, 360-361, 389
Figuig, 283-285
Filipe Augusto, Rei de França, 97
Finlândia, 350, 379-380, 394
Flandres, 97, 170, 222, 340
Flatters, coronel Paul, 282-283
Fleury, tenente-general Rohault de, 140-141
FLN (Front de Libération Nationale), 60-68, 76, 88, 366
FNLC (Front Nationale de Libération du Congo), 453-454, 458, 482
Foch, general Ferdinand, 340
Força Delta, 88-89
Forey, general Elie-Frédéric, 189-191, 204
Forget, major, 26

Formosa, 240, 247
Fort Sumter, 432
Foucauld, Charles de, 286-288
Foum el-Gouafel, 422
foyer du légionnaire, 445
França Livre, 1.ª Brigada da, 402; 2.ª Brigada da, 402, 404, 416
França Livre, 1.ª Divisão da, 423
França Livre/Franceses Livres, forças, 405-423
Francisco II, Imperador da Áustria, 150
Francisco Fernando, arquiduque, 305-306
Francisco José, Imperador da Áustria, 189, 201
Franco-Condado, 225
francophonie, 440
Frankfurt, Tratado de, 234
Frankfurt-an-der-Oder, 434
Frederico Guilherme, príncipe herdeiro da Prússia, 218-219
Frederico Guilherme IV, Rei da Prússia, 161
Freetown, 394
Freie Deutsche Jugend, 434
French, general Sir John, 307, 311
Fronteira do Noroeste, 367
Frossard, general Charles-Auguste, 218
Fuveau, 388
Fu-zhou, 240
fuzileiros navais (França), 140-141, 263-264, 268, 272, 276-277, 296-297, 320

Gabão, 395
Galard, Geneviève de, 48, 56
Galípoli, 162, 166, 319-320
Galliéni, marechal Joseph, 257, 278, 290, 312
Galliffet, general Gaston-Alexandre, 231
Gambetta, Léon, 219-220, 222-228
Gambiez, general, 48, 81, 372
Garcin, Marius, 140, 145
Gardy, coronel Paul, 55, 371
Garibaldi, capitão Bruno, 314-315

Índice Remissivo

Garibaldi, Giuseppe, 209-210, 315
gás, 75, 86, 102, 265, 321-322, 328, 339-340, 412
Gaubert, major Clavet, 107
Gaucher, tenente-coronel, 41-42, 44, 46
Gaultier, tenente-coronel, 423
Gaussères, capitão, 474-475, 481-482
Gécamines, Companhia, 452-455, 467, 474
Genebra, Convenções de, 36, 57-58, 75, 182, 227, 379
Gensoul, almirante, 391
Germann, capitão, 335
Gerri de la Sal, 126
Gestapo, 66, 281, 375, 386-389, 425
Giap, general Vo Nguyen, 17-34, 38-40, 44-55, 431-433
Gibraltar, 189, 282, 390
Gilles, brigadeiro Jean, 38-39, 42
GIGN (Groupe d'Intervention de la Gendarmerie Nationale), 450
Giovanelli, coronel, 248
Giraud, general Henri, 420-423
Giscard d'Estaing, Presidente Valéry, 457, 462-463, 469, 481
Glubb Paxá, 400
Godot, tenente, 81
Goebbels, Joseph, 388
Golfe, 333
Golic, legionário, 476
Gorchakov, príncipe, 175
Gouraud, general, 81
Governo de Defesa Nacional (França), 219, 225
Gramont, Antoine de, 214
Grande Exército, 161
Gras, coronel Yves, 456-457, 462-469, 475, 479, 482-483
Green, Julian, 343
Grenoble, 442
Grisot, general Paul Adolphe, 213, 225
Guantánamo, 444
Guarda Nacional (França), 102-111, 154, 223, 227-228
Guardas Suíços, 111

Guderian, general Heinz, 375, 381
Guerra Civil de Espanha, 375-376, 386
Guerra da Secessão, 187, 205, 208, 432
Guerra dos Bóeres, 340
Guerra dos Cem Anos, 97
Guerra dos Sete Anos, 207
Guerra Franco-Prussiana, 212, 232-235
Guerra Fria, 440-441
Guerra Peninsular, 124, 127, 138
guerrilhas, 17, 21, 24
Guiana, 442, 445
Guilherme, príncipe herdeiro, 219, 300
Guilherme I, Rei da Prússia, 214
Guilherme II, Kaiser, 292
Guillot, 2.º tenente Marcel, 424
Guizot, François, 153
Gulag, 379-380, 424-425
Gyulai, general Franz, 178

Ha Giang, 427
Haia, Tribunal Internacional de, 301-302
Haifa, 367
Haig, marechal de campo Douglas, 310-311
Haiphong, 34, 238, 241, 261, 432, 435
Hajj Ahmed, bei de Constantine, 138, 140-141, 153
Halbert, capitão, 479
Hangard, 339-340
Hanói, 23-24, 30, 34-36, 45-48, 57, 237-241, 246, 427, 430-432
Harispe, general Jean, 133-134
harka, 293-295
harkis, 64, 66-67, 90
Hart, Lionel, 241, 243
Harvey, legionário John, 369-371, 383
Haussman, barão Georges, 182
Hébert, Clémentine, mulher do general Rollet, 349
Hebig, capitão Johan, 132
Hejaz, 367
Heligolândia, 271
Hellas, Cabo, 320
Henrique II, Rei de Inglaterra, 97

Herbillon, coronel, 157
Herbinger, tenente-coronel Paul, 243-254, 256, 429
Herson, general, 298
Hindenburgo, Linha, 341
Hinderschmidt, legionário, 245
Hitler, Adolf, 173, 215, 219, 373, 374, 376, 380, 388-389, 398, 400, 422, 424
Ho Chi Minh, Presidente do Vietname, 30, 37, 53, 55, 428-430, 435
Hoa Moc, 248-249
Hoc Monh, 433
Hohenlohe, Regimento, 99, 102, 104, 111, 356
Holsten, legionário Jackie, 434-435
Honecker, Erich, 434
Hotel Impala, 467, 474, 483
Hué, 237-238, 255
Huesca, 133
Hugo, Victor, 102, 210
Hunter-Choat, brigadeiro-general, Anthony, 203
Hussein, dey, 100, 104
Hussein al-Ibni, xerife de Meca, 367-368

Ialta, Acordos de, 424
If, Castelo de, 228
Igli, 284
Ignatiev, general, 342
Igreja Católica, 126, 159, 177-178, 187, 204-206, 230, 235, 256, 260, 271, 288
Ilha do Diabo, 158, 208, 280, 373
Imbert, Jules, 294
Império Alemão, 271
Império Otomano, 159-160, 163, 177, 367
Império Russo, 160
independência grega, apoio francês à, 160
Indochina, 13, 62, 255-258, 291-292, 298, 308, 350, 427, 429
Inkerman, 171
inspecções, 149

instrução, 95, 108, 139, 161, 221, 225, 226, 231, 272, 285, 309, 343, 351, 355, 357, 376, 378, 446-47, 461
inteligência, organizações de, 12, 18
Internacional Comunista, 376
Internationaler Völkerrechtsbund zür Bekämpfung der Fremdenlegion, 297
Iraque, 367, 398, 448
Iribarren, general, 133
Irmãozinhos de Jesus, 286
Isabel II, infanta de Espanha, 124
Ismail Paxá, 163
Itzkowitz, Eliahu, 56-57

Jabal al-Duruz, ver drusos
Jacquet, Marc, 44
Jacquot, tenente, 264-265
Jaffa/Yafo, 369
Jagodinski, Henri, 483
Japão, 389-390
Jeaningros, coronel, 183-184, 189, 191-193, 198, 201-202
Jeanpierre, coronel Pierre, 24-29, 62, 71-72, 73-74, 88
Jihad, 139, 228
Jiménez, comandante, 197
João I, Rei de Inglaterra, 97
Jock, colunas, 404-407, 418
Joffre, marechal Joseph, 327, 332-333, 435
Johnson, Al, *O Cantor de Jazz*, 353
Jonnart, Célestin, governador da Argélia, 285, 291
Jorand, 1.º sargento, 450
Jordânia, 367, 399
Jorge V, Rei de Inglaterra, 305, 328
Jorge VI, Rei de Inglaterra, 392
Jouhaud, general, 81
Juárez, Presidente Benito, 187-189, 202-210
Julian, tenente, 343, 424
Juventude Hitleriana, 434

Kalamitsky, Baía de, 163, 165
Kamanyola, Divisão, 453

Índice Remissivo

Kamina, 463, 466-467, 479-480
Kapata, 483
katangueses (rebeldes da FNLC), 453, 458, 462, 475, 476, 480-484
Kayes, 270
Kemmlet, legionário, 339
Khemis Miliana, 150-151
Kifan, 361
Kinburn, 176
Kinshasa, 453-456, 462-467, 479
Kipling, Rudyard, 446
Kisling, Mo se, 316-317
Kissoueh, 399
Kitchener, Lord Horatio, 271
Klems, sargento Joseph, 362-365, 373
Koenig, general Marie-Pierre, 12, 384-385, 390, 397, 400-404, 405, 408-418, 419, 422
Koestler, Arthur, 9, 386-387
Koléa, campo penal, 388
Kolwezi, 452-459, 460-467, 471-484
Königgrätz, 211-214
Konrad, Ulrich, 198
koulouglis, 111
Kress, sargento, 26-27
Krechatisky, brigadeiro-general Boris, 348
Krupp, 217, 220, 225, 264, 312
Ksar, 287, 294-295
Kubelwagen, 410
Kumkale, 320
Kuomintang, 38, 429

La Courtine, 342
«La Miss», *ver* Travers, Susan
La Valbonne, 376-377
Laborde, almirante, 421
Lacan, legionário, 474
Lacaze, general Jeannou, 448-449, 465
Lacoste, Robert, 62, 64
Lacretelle, Charles-Nicolas, 149-150
Lafayette, Esquadrilha, *ver* Esquadrilha Lafayette, 188, 319, 343
Lai, legionário Casimiro, 193, 196, 201, 203

Lainé, tenente Ramón, 198-199
Lalande, coronel André, 39
Lallemand, capelão Yannick, 461, 465, 468, 474, 477
Lambert, major de, 20-21
Lamoricière, general, 152, 282
Landriau, capitão, 371
Lanessan, Antoine de, 256-257
Lang Son, 19, 23-30, 246, 247-248, 250, 253-257, 427, 429
Langlais, tenente-coronel Pierre, 47, 202
Langlois, tenente Gustave, 275-278
Laos, 32-42, 54, 56
Lapeyre, tenente Pol, 363
Lapie, capitão Pierre-Olivier, 381
La Pointe, Ali, 71-72
Larking, cabo, 450
Larminat, coronel Edgar de, 396-397, 402-404, 408, 416, 419
Laroche, cabo, 476
Larraintzar, 132
Larzul, coronel, 454, 456-457, 462-463, 475, 479
Lawrence, T. E., 367
Le Boeuf, Edmond, 216-218
«Le Boudin», 74-75, 249, 331, 341, 357, 399
Le Figaro, 40, 115
Le Globe, 101
Le Livre d'Or, 356
Le Mans, 224
Le Monde, 32, 52, 60
Le Pen, tenente Jean-Marie, 64, 67
Le Temps, 283
Lebel, espingarda, 317, 377, 436
Leclerc, general Jacques-Philippe, 395, 430-431, 449
Lefèvre, legionário, 293-296
Lefort, general Jacques, 89, 382, 445
Legião, organização, formações regulares
1831-1840:
4.º Batalhão, 114, 118, 121, 122; 5.º Batalhão, 122; 6.º Batalhão, 114, 115, 116, 118

A Legião Estrangeira

1840-1856:
1.º Regimento, 151, 155, 162, 173, 177, 178, 179, 182, 189; 2.º Regimento, 149, 150, 151, 155, 156, 162, 172, 173, 174, 177, 178, 179, 181, 182; (como 2.ª Brigada Estrangeira na Crimeia), 171
1856-1862:
1.º RE, 177, 178, 179; 2.º RE, 178, 179
1862-1884:
(regimento único), 186-218; com 5.º RE, 219, 220, 222 (reabsorvido em 1870)
1884-1920:
1.º RE, 259, 261, 268, 289, 293, 296, 298, 301, 304, 307, 308, 309; 2.º RE, 259, 268, 284, 285, 288, 298, 301, 304, 307, 309
depois de 1920:
1.º BEP, 23, 24, 25, 26, 28, 29, 33, 39, 40, 42, 44, 48, 52, 81, 435; 1.º RE/REI, 62, 71, 369, 387, 389, 442; 1.º REC, 69, 368-71, 377, 419, 422, 424, 435, 442; 1.º REP, 62-67, 71-79, 81-84, 87, 91, 439, 442, 463; 2.º BEP, 30, 32, 44, 47, 50, 51, 52, 55, 435; 2.º RE/REI, 45, 55, 62, 362, 372, 431, 432, 442, 461; 2.º REC, 64, 350, 377; 2.º REP, 62, 69, 78, 79, 80-87, 442, 444-50, 460-84; 3.º BEP, 62; 3.º RE(I), 20, 22, 23, 26, 29, 48, 55, 57, 62, 69, 70, 76, 80, 84, 329, 349, 431, 435, 442, 445
4.ª DBLE, 422; 4.º RE/REI, 62, 368-70, 442; 5.º RE/REI, 48, 62, 76, 389, 426, 428, 429; 6.º RE/REI, 396-401, 423; 11.º REI, 375, 378; 12.º REI, 376-78; 12.ª DBLE, 70; 13.ª DBLE, 31, 32, 39, 41, 42, 46, 47, 50, 51, 55, 62, 65, 70, 80, 379-90; (designado 14.ª DBLE em 1 de Julho – 4 de Novembro de 1940, e também «LE» para o distinguir dos regimentos de Vichy no Norte de África) 390,

394-402, 405, 422-26, 431, 442, 449, 450; 21.º RMVE, 375, 378; 22.º RMVE, 375, 376, 379; 23.º RMVE, 376, 379; 24.º RMVE, 378; 97.º GERD, 377

Legião, organização, formações operacionais

batalhões de marcha, 162, 166, 225, 309, 404, 428, 489; companhias montadas, 205, 237, 270, 291, 296, 350; outros regimentos de marcha, 234, 259, 261, 332, 341, 367, 379, 490; primeira companhia motorizada, 372

Legião, reestruturação, 442

Legião, uniformes, 69, 84, 106, 11, 114, 116, 121, 126, 142, 163, 167, 181, 182, 198, 201, 208, 255, 257, 262, 272, 275, 285, 288, 293, 333, 338, 355, 356, 375, 379, 398, 414, 446, 453, 461, 465, 484

Legião Árabe, 400

Legião Britânica (em Espanha), 127-130

Legião de Honra, 52, 186, 191, 223, 329, 340-341, 381, 418

Legião do Oriente, 368

Legio patria nostra, 14, 357, 389

Legionário Desconhecido, 89, 446

legionários britânicos, legionários comunistas, 79, 103, 158, 164-167, 187-189, 307, 308-311, 334, 339, 344, 370, 382, 387, 403, 421, 446-447

legionários italianos, 33, 155, 283, 315

legionários judeus, 280, 307, 325, 376

Leibner, sargento, 428

Lelièvre, legionário Henri-Paul, 264, 266

Lemeunier, coronel, 53

Lemoine, 450

Lemonnier, general, 427

Léonard, legionário, 185

Leopoldo, príncipe, 214

Leopoldo I, Rei da Bélgica, 205, 208, 218

Lepage, tenente-coronel Marcel, 23-29

Letulle, major, 284

ÍNDICE REMISSIVO

L'Express, 60-61, 66
Líbano, 367-369, 396-400, 402, 418, 448
Líbia, 292, 402-404, 417, 448-449, 452
Líbia/Forças líbias, *ver* Líbia
Libreville, 271, 395
Liège, 98, 311-312, 461
Lille, 311-312
Limoges, 228, 378
Liron, general, 460-461
Liskutin, chefe de esquadrilha Miroslav, 387-388
Liu Yung-fu, 243, 246, 248
Liverpool, 72, 392-393
Livre d'Or des Légionnaires morts pour la France au cours de la Grande Guerre 1914-1918, 344
Lloyd George, David, 332
Lombard, cabo, 476
Londres, 84, 154, 161, 162, 167, 176, 270, 283, 292
London Gazette, 328-329
Lorena, 59, 105, 218, 229, 231, 311-312, 325, 338, 401, 424
Lorrilot, coronel, 431
Luders, general, 176
Luftwaffe, 364, 382, 388, 393, 403, 413, 418, 421, 432, 435
Luilu, 483
Luís, conde de Bourmont, 100-101
Luís II, príncipe do Mónaco, 10, 317, 358
Luís XVI, Rei de França, 99, 455
Luís XVIII, Rei de França, 99-100
Luís Filipe, Rei de França, 10, 82, 101, 103, 104, 117, 120, 121, 123, 125, 130, 131, 134, 137, 150, 153, 160, 177, 204, 355
Luisiana, 188
Lumumbashi, 453-454, 457-458, 462, 480, 483-484
Lunéville, 307
Lyautey, marechal Louis, 59, 290-293, 303-304, 316, 346-348, 359, 361-365

MacArthur, general Douglas, 51, 426
MacCarthy, Oscar, 286
MacMahon, marechal Edme, 149, 151-152, 178-179, 182, 218, 232
Macta, pântanos de, *ver* Muley-Isma l
Madagáscar, 271-274, 279, 290-291, 298, 337, 357, 368, 404, 445
Mader, sargento Max-Emmanuel, 335-336, 340-341
Magenta, 178-182
Maginot, Linha, 375, 378
Magnin, cabo Charles, 195
Magrebe, 113-114, 146, 273, 366
Magrin-Vernerey, tenente-coronel Raoul, *ver* Monclar
Mahajanga, 273
Mahdi ed-Din, 113
Mahele, major, 457-459, 462
Maine, cabo, 185, 200, 203
Maire, major Fernand, 334-335, 356, 361, 375-376, 378
Maison Carrée, 117-119
Maitland Wilson, general Sir Henry, 398-399
Malaterre, major, 449
Malásia, 430, 435
Mali, 270, 289
Mallec, capelão, 406
Mammaert, cabo, 239
Mangin, general Charles, 341
Manhattan, índios, 286
Manika, 458, 477, 482
Mannerheim, general Carl, 350
Manue, legionário Georges, 378
Manurien, capitão, 335
Mar Negro, 159-161, 165-167, 171, 176-177
Marchand, capitão Jean-Baptiste, 271
Marchélepot, 379
Marguerite, 232, 283
Maria Amélia, Rainha de França, 153
Maria Antonieta, Rainha de França, 153
Maria Cristina, regente de Espanha, 124, 127
Maria von Teck, consorte de Jorge V, 305

A Legião Estrangeira

Marinha Francesa, 217, 239-240, 386

Marmora, general de la, 172

Marne, Batalha do, 313, 378

Marne, região do, 218, 313, 339

Marolf, tenente, 325

Marraquexe, 349, 372

Marredo, coronel Francisco, 201

Marredo de Gomez, Juana, 201

Marrocos, 59, 62-63, 80, 90-91, 113,
150-152, 213-214, 381-287, 290-
293, 296-304, 309, 314, 329, 337,
344-350, 354, 359-361, 365, 390,
419, 420

Marselha, 57, 89, 102, 228, 283, 387-
388, 401, 442

Martin, legionário Jean, 355

Martinez, tenente-coronel Antonio,
179-180

Martinica, 104, 269

Martyn, tenente Frederic, 260, 263-268,
275

MAS 36, espingarda, 377

Massawa, 396

Masselot, tenente Georges, 377

Massone, tenente, 236

Massu, general Jacques, 64-67, 72, 75, 77

Maudet, segundo tenente, 53, 184-186,
192, 198-203, 248

Maurício de Nassau, 97

Maury, legionário, 252-253

Maximiliano, «Imperador do México»,
189-190, 204-210

Medalha Militar, 314, 328-329, 331,
338, 340, 418

Mehl, capitão, 239

Meknès, 349

Mekong, delta do, 237-238

Melilla, 281, 290, 360

Melyana, 145

Menalambos, Partido, 278

Mendès-France, Pierre, 57-58

Mendizábal, Juan, 126, 128

Menshikov, príncipe A. S., 164-175

mercenários, 96-103, 128, 190, 221,
238, 366, 454

Mers el-Kébir, 82, 190, 390-391, 397,
421, 444-445

Messmer, Pierre, 85, 391, 407, 411, 439

Metal-Shaba, 483

Metz, 216-218, 223-224, 232-233, 235

México, intervenção no, 183-210

Michelin, companhia, 31, 42, 431

Milán, coronel, 184-185, 191, 197-202

Moll, legionário William, 89

Millán Astray y Terreros, coronel José,
348, 260, 272-273, 280, 354, 375

Minié, capitão Claude-Etienne, 165

Ministério da Guerra/Defesa (França),
103-104, 152

Ministério da Marinha (França), 103

Ministério dos Negócios Estrangeiros
(Grã-Bretanha), 300, 429

Minuit, Peter, 286

Miramar, Convenção de, 204

Mitterrand, Presidente François, 65, 71

Mobutu, Presidente do Zaire, 453-455,
457-458, 463, 469, 476, 483

Molé, conde Louis-Mathieu, 130, 140

Monclar, 384-385, 390, 392, 395-397,
402

Mons, 328

Mont Sans Nom, 333

Montgomery, marechal de campo Sir
Bernard, 417, 419

Mountlouis-Collioure, 461

Monumento aos Mortos (Legião), 89,
356

Monroe, Doutrina, 188, 205

Montagu-Stuart-Wortley, coronel, 300

Montreal, 440

Moore, tenente Thomas, 150-151

moral, 53, 61, 65, 130, 131, 134, 180,
213, 226, 251, 259, 277, 281, 325,
326, 338, 349, 360, 374, 386, 392,
417, 422, 423, 444, 445, 447

Morcillo, capitão, 483

Mordacq, general Jean, 346-347

Morice, Linha, 68

Morin, cabo, 435, 476

Morin, delegado-geral, 81

ÍNDICE REMISSIVO

Morlae, legionário Edward, 328
Morny, duque de, 187, 208
Morzicki, sargento, 197-199
Mostaganem, 118
motins, 114, 119, 154-155, 325-326,
  337, 340
Moulay Hassan I, Sultão de Marrocos,
  282
Moulay Jussef, 303
Moulay-Mustafá, 287-288
Moulin, sargento-mor, 353, 425
Moulinay, capitão, 242, 245
Mountbatten, almirante Louis, 429
Moustafa, 112, 115
Moustafá Paxá, Biblioteca, 286
Muley-Isma l, 121
mulheres e filhos, 14, 20, 40, 48, 55, 61,
  68, 80, 118, 120, 135, 147, 148, 152,
  153, 163, 174, 209, 256, 376, 386,
  425, 431, 432, 434, 478
Muong Than, *ver* Dien Bien Phu
Murray, cabo Simon, 66, 79-80, 83, 87,
  148, 444-447
Musis, major Salomon de, 107, 117-118
Musseifré, 370

Na Pa, 25-26
Na Son, 38-39
Nam-Nang, 19
Namur, 311
Napoleão I, Imperador de França, 158
Napoleão III, 53, 159-162, 167, 171,
  173-178, 181, 185, 187-190, 204,
  206, 208-209, 214-218
Narvik, 65-66, 355, 377, 380-382, 384-
  385, 399, 411, 424
Na-Sam, 19
Natal, 32, 42, 80, 87, 173, 432
Navarin, quinta de, 327-329
Navarre, general Henri, 33-37, 38-39,
  42-47, 53, 333
navios
  Ark Royal, 391, 394-395
  Barham, 394
  Berthollet, 166

Breslaw, 100
  Cap Padaran, 389
  Cintra, 299
  Finistère, 190
  Galilée, 296
  Hood, 391
  Joffre, 435
  Meknès, 349
  Mitrailleuse, 242-243
  Monarch of Bermuda, 380
  Mytho, 261
  Panther, 302
  Pennland, 393-394
  Philadelphia, 112
  Porthos, 369
  Primaguet, 273
  Resolution, 394
  Riga, 299
  Rip van Winkle, 167
  Sphynx, 110
  St Louis, 190, 261
  Wagram, 190
  Westernland, 394
N'Djili, aeroporto de, 468
Négrier, coronel Oscar de, 11, 20, 235-
  239, 247-254, 297
Neuve Chapelle, 321
Neuville-St-Vaast, 323
News Chronicle, 386
Nguyen Hai Quoc, *ver* Ho Chi Minh,
Nha Trang, 431
Nicklin, Richard, 167
Nicolau I, Czar da Rússia, 159-161, 172
Nicot, coronel, 35
Niessel, 364
Níger, 282-283, 389, 448
Nigéria, 291, 448
Nightingale, Florence, 168, 170
Nikolai, grão-duque e comandante su-
  premo dos exércitos imperiais russos,
  311, 319, 342
Nîmes, 442
Nivelle, general Robert, 332-333, 337-
  338
Noguès, general Pierre, 420

Noir, Victor, 215, 352
Norddeutsche Allgemeine Zeitung, 214
Noruega, 381, 393

OAS (Organisation Armée Secrète), 78, 81, 86-88
Ochsenbein, general Johann, 171, 177-178
Odintsoff, coronel, 349
Ollivier, Emile, 215-216
Omar, dey, 99
Omar Paxá, 160
Operações
  Albatros, 53
  Anvil, 424
  Atlante, 36
  Barbarossa, 398-400
  Blücher, 339
  Bonite,
  Castor, 36
  Catapult, 390-391
  Chicapa, 452
  Menace, 394
  Michael, 338
  Léopard, 467-479
  Petsamo, 380
  Regattas, 42
  Torch, 419
  Vulture, 51
ópio, 40, 256, 258
Oraa, general Marcelino, 133
Orange, 442
Orão/Oranais, 59, 81-82, 100-101, 113-114, 118-121, 137, 146-147, 152, 155, 190, 213, 235, 261, 269, 304, 387-390, 419-420
Orleães, 101, 135, 188, 206-207, 220, 222-224
OSS (Office of Strategic Services), 424, 430
OTAN (Organização do Tratado do Atlântico Norte), 440-441
Ouarzazarte, 372
Oudinot, coronel, 122
Ouémé, rio, 262-263, 266

Ouerrha, vale de, 362-363
Ouidah, 262-263
Oujda, 150
ouriços (fortalezas), 31, 38

Pacto de Não Agressão Germânico-Soviético, 376, 378
Padres Brancos, 287
Pal, legionário, 301
Palestina, 159, 367, 368, 396-397, 400
Palladines, general Aurelle de, 223-224
Palmerston, Lord, 168
Pamplona, 128-133
Panmure, Lord, 168
Panzers, 375-381, 406, 408
Papon, Maurice, 87
Partido Comunista Francês (PCF), 376
Passy, *ver* Dewavrin
Paulus, marechal de campo Friedrich von, 364
Pechkoff, general Zinovi, 10, 314, 428
Pedro, o Grande, Imperador da Rússia, 159
Pedro I, Rei da Sérvia, 10, 222, 358
Pégot, major, 42, 46
Pein, major Théodore, 315, 316, 323
Pélissier, marechal Aimable (duque de Malakoff), 152, 174-176
Pérez, Tomás, 19-20
Pétain, marechal Philippe, 9, 332, 338, 341, 344, 365-367, 379, 384-386, 420-421
petróleo, 283, 367, 445-446
Petrovski, sargento Ivan, 260
Picot, Georges, 367
pieds-noirs, 77, 90
Piemonte-Sardenha, 172, 178
Pio IX, Papa, 205
Piroth, coronel Charles, 34-35, 40, 46, 244
Pobla de Segur, 126
poilus, 318, 326, 338, 345
Poincaré, Presidente Raymond, 307, 313
Pointurier, tenente, 288
Pontecorvo, 423

ÍNDICE REMISSIVO

Porschmann, *ver* Moulin, sargento-mor
Port Said, 366, 369
Port Sudan, 396
Porter, Cole, 9, 343-344
porteurs de valises, 67
Porto Novo, 262-263
Potsdam, Conferência de, 429
Prestisimone, coronel, 406-407
Primeira Guerra Mundial, 90, 170, 177, 222, 231, 278, 281, 297, 300, 303, 310-311, 346, 348, 359, 364, 368-369, 372, 377, 381, 412, 423, 436
Primeira República (França), 224
Princip, Gavrilo, 305-306
prisioneiros (*ver também* prisioneiros de guerra), 29, 32, 54-60, 65, 66, 70, 71, 74, 75, 77-81, 98, 108, 128, 131, 152, 203, 230, 231, 243, 265, 267, 269, 277, 310, 318, 332, 336, 340, 341, 378, 379, 382, 401, 407, 409, 410, 413, 420, 422, 426, 431, 432, 453, 466, 477, 478
prisioneiros de guerra, 61, 206, 229, 347, 409, 424
prostituição/bordéis, 252, 445
Prudence, cabo Jean, 483
Prunay, 313
Prússia, 161, 211-219, 311
prussianos, 161, 212-219, 223-224, 229, 232
Przybyszewski, 316
Puchois, major, 416
Puebla, 53, 183-191
punições, 11, 13, 128-129, 144, 149, 297, 338, 355
Puyloubier, 202, 446

Qattara, Depressão de, 417
Quai d'Orsai, 300
Quang Liet, 18, 25-28
Quartier Danjou, 446
Quartier Viénot, 55, 173, 176-177, 202, 250, 357
Querville, almirante, 82

Rachaya, 371
Radicofani, 423
Radziwill, príncipe, 214
RAF, 388, 393, 411, 414, 417, 446-447
Raglan, Lord, 162-166, 173-75
Rainilaiarivony, consorte de Ranavalona, 271, 278
Ranavalona, Rainha de Madagáscar, 271, 277-278
recrutamento/recrutas, 10, 12, 13, 60, 65, 79, 95, 96, 98, 103-7, 123, 130-31, 139, 140, 144, 147, 148, 163, 171, 172, 178, 204, 208, 217, 218, 220, 223, 231, 242, 273, 274, 279, 297, 307, 308, 309, 325, 341-54, 362, 368, 375, 376, 378, 386, 426, 435, 443, 444, 458
refugiados, 26, 30, 76, 90, 105-8, 116, 140, 144, 146, 152, 208, 231, 296, 310, 348, 360, 372, 376, 377, 378, 387, 388
Regimento Misto do Pacífico (5.º), 446
regimentos de marcha (RM), *ver* Legião
regimentos de marcha de voluntários estrangeiros (RMVE), *ver* Legião
Reims, 333, 339
Rembert, capitão, 179
Renânia, Exército de Ocupação da, 365
Rennes, 303, 384
República Centro-Africana, 448
República da Somália, 449-450
República Democrática do Congo, 303, 448, 452 (*ver também* Zaire)
República Democrática do Vietname (RDV), 430-431
Reunião, Ilha da, 278, 366
Revers, general George, 19-20, 22, 29
Revoil, Paul, 302
Revolução Bolchevique/Guerra Civil Russa, 338, 342
Revolução de Julho (França), 102, 111, 123, 124, 148
Reybaz, Jean, 309
Ricardo I, Rei de Inglaterra, 97
Rif, montanhas/tribos, 282, 292, 303, 360, 364-368

513

A LEGIÃO ESTRANGEIRA

Rio Vermelho, 237-241, 247
Robertson, James, 169
Robespierre, 230
Roches, Leon, 139-140
Rockwell, legionário Kiffin, 319, 343
Rollet, general Paul, 89, 274, 337, 340-358, 364-365, 446
Roma, 95-96, 217270, 286, 292, 308
Romberg, Sigmund, compositor de *Desert Song*, 373
Rommel, marechal de campo Erwin, 402-403, 405-412, 417, 419-420, 422
Roosevelt, Presidente Franklin, 420, 429
Ross, André, 454, 456-457, 462-465, 469, 483
Rousselet, capitão, 129-130
Roux, coronel de, 402
Rovigo, René Savary, duque de, 115-118
Royal Navy, 160, 167, 292, 320, 380, 391, 394
Ruanda, 448
Russell, William, 165
Rússia, 159-161, 172, 177, 282, 301, 311

Sabattier, general, 428
Sabóia, 59, 178, 181
Saigão, 47-48, 430-435
Sainteny, Jean, 432
Sairigné, coronel Gabriel de, 408, 431
Salan, general Raoul, 32-33, 68, 75, 81, 84
Salisbury, Lord, 271
Sampigny, major de, 333
San Lorenzo, 423
Sand, George (Aurore Dudevant), 115
sapadores, 45, 50, 89, 99, 129, 140-145, 157, 167, 169-170, 175, 213, 239, 242-243, 263, 273, 278, 314-315, 334, 356, 365, 404, 411, 417, 429
Sara, Deserto do, 10, 113, 234, 270, 283, 284, 288, 316, 355, 357, 389, 445
Sara Ocidental, 448
Saragoça, 127

Sarrail, general Maurice, 320, 369
SAS (Sections Administratives Spéciali-sées), 75
SAS (Special Air Service), 447-448
Saussier, capitão Gustave, 193, 198
Schaeffer, major, 254
SDECE (Service de Documentation Ex-térieure et de Contre-Espionage), 61, 63, 78
Sebastopol, 161-167, 169-179
Sedan, 219
Seeger, Alan, 11, 309-310, 318-319, 323, 326-327, 331-332, 484
Segunda Guerra Mundial, 9, 19, 27, 30-31, 39, 44, 50, 65, 74, 81, 87, 152, 310, 350, 383, 389, 397, 446-447
II República (França), 154-155
Segundo Império (França), 159, 215, 356
Selchauhansen, Christian, 289
Senegal, 270, 308, 368, 389, 394-396, 422
Senes, aspirante, 242
Sergent, capitão Pierre, 74, 84
Seroka, tenente Joseph, 156
Servan-Schreiber, Jean-Jacques, 66
Service d'Action, 65
Sétif, 33, 60, 82-83, 87
Shaba, província zairense (*ver também* Katanga), 452, 483
Shervington, coronel Charles, 272
Sidi-bel-Abbès, 55, 83, 88, 147, 155, 173, 176-179, 202, 250, 259, 261, 270, 349, 356, 369, 387, 389, 425
Sidi Brahim, 152
Sidi Slimane, 236
Silvestre, general Manuel, 360-362
Simonot, tenente, 72, 74
Simpson, general Sir James, 175
sipaios, 147-148, 152, 156, 163, 226, 285-289, 293, 304, 349, 364, 371-372
«Sir Collins», 238
Síria, 62, 96, 350, 354, 367-369, 379, 383, 396-400, 405, 423

514

Índice Remissivo

Skikda/Philippeville, 79, 84-87
Skoda, 312
smala, 147, 150
sobreviventes, 22
Sociedade das Nações, 368
Sociedade dos Direitos do Homem, 120, 154
Soissons, 333, 338-341, 377-378
Solatorenzo, legionário, 476
Soldado Desconhecido, 344
Solenzara, 464-468
Solferino, 181-182
Somme, 330, 332, 338, 378-379
Son Gam, rio, 241, 246
Son La, 427-428
Son Tay, 238-240
Sou, marechal, 257-258
Souain, 327
Soubirou, capitão, 450
Souk Ahras, 73-74
Soult, marechal Nicolas, 103-106, 124-125, 128, 144, 148, 177, 182, 250, 441
Soustelle, Jacques, 61
Sousse, 249, 369
Southampton, 307, 384
St-Arnaud, marechal Achille de, 142-143, 158, 161-163, 166
St-Cyr, 122, 149, 179, 192, 222, 235, 261-262, 337, 346, 365, 380, 389
St-Germain, major Charles de, 156-157
St-Marc, major Elie Denoix, 19-81, 84
St-Quentin, 328, 338
Stasi (Staatsicherheit), 434
Ste-Marguerite, prisão de, 232
Ste-Suzanne/Montbéliard, 225-226
Steoberg, legionário Tirbald, 248-249
Stoffel, coronel Christophe, 107-109, 110, 208
Strata, legionário, 473
Strelitzka, Baía de, 166
Stukas, 377-379, 410-412
Suarez, Diego, 272
Sublime Porta, *ver* Turquia
submarinos, 351, 393-395
Sudão, 271, 295, 448

Suez, Canal do, 258, 270, 282, 366, 402
Sun Tzu, 138, 238
Susbielle, capitão, 287-289
Suzzoni, coronel Rapha l de, 218
Sweeney, Charles, 364, 375
Sykes, Sir Marc, 367
Szabo, tenente, 382

Tadighoust, 372
Tadlount, 360
Tadmuriyah, 399-400
Tagdempt, 140
Taghit, 280-289
Tailhook, escândalo, 352
Taipei, 240
Taiwan, *ver* Formosa
Tânger, 150, 292, 299, 303, 361
tanques, 42, 50, 52, 54, 64, 69, 88, 339, 340, 377, 384, 398, 405, 406-18, 423, 447, 473, 476, 481
Tan-shui, 240-241
Taomasina, 272
Tarichat, 282
Tarragona, 126, 130-131
Tasnady, sargento-mor, 71, 75-76
Tassigny, general Jean-Marie de Lattre de, 30, 85, 364, 424
Tavari, legionário, 477
Taza, 140, 303
Teitgen, Paul, 66
Templários, 356
Tennyson, Alfred, Lord, 167
III República (França), 219, 232, 254-255
Terror (Revolução Francesa), 230
Tetuão, 360-361
Thai Nguyen, 35
thais brancos, 39, 41, 52
thais negros, 39-40
Than Son Nhut, 435
That Khe, 19, 23-24, 29
Thiers, Adolphe, 124, 130, 153, 215, 223, 227, 229
Thuyen Quang, 7, 89, 241-246, 248-249, 271

515

A Legião Estrangeira

Tiaret, 140
Tigres (*ver também* katangueses), 453, 458, 483
Time, revista, 34
Times, jornal londrino, 165, 167, 171, 283
Tisserand, 2.° tenente, 289
Tissier, sargento-mor, 289
Todleben, general, 169-170
TOE (Théatre des Opérations Extérieures), 347-348
Tofa, rei de, 261-262
Toggourt, 68
Tonel, sargento-mor Henri, 194-195
Tonquim (Norte do Vietname), 35, 235, 240, 255, 260
Torny, capitão Gabriel de, 190-191
tortura, 65-67, 72, 199, 207, 412
Touami, 477
Toulon, 100, 109, 152, 208, 283, 391, 421
Toulouse, 228, 309, 460-461
Tours, 218-220
traição/traidores, 73-91, 384, 397
transporte ferroviário, 180, 191, 287, 341, 382
Tratados
  Fez, 303
  Frankfurt, 234
  Praga, 212
  Tafna, 139
  Tientsin, 255
  Versalhes, 229, 284, 347
Travers, Susan, 12, 394-396, 401, 404, 405, 408-410, 413-418
Trentham Park, 384-385, 390-392
tribos
  Banu Uriaghel, 360
  El Ouffia, 117
  Merina, 271, 273-274, 277
  Ouled-Rhia, 152
  Ouled-Sahnoun, 156
  Ouled Yacun, 118
  Sakalave, 273-274
Trieste, Divisão Motorizada, 405

Trochu, general Louis, 219
tropas coloniais, 32, 39, 42, 222-223, 308, 368
Truman, Presidente Harry, 429
Tshombé, Mo se, 457
tuaregues, 113, 282
Tuat, 283
Tunis, 62, 163, 422-423
Tunísia, 32, 59, 62, 68, 73-74, 79, 113, 349, 369, 417, 422-423
turcos, 112-114, 138-141, 161, 164, 371
Turquia, 159-162, 319

ucranianos, 424
União Soviética, 398-399 (*ver também* URSS)
URSS, 282-283, 376, 379-380, 441
Usküdar, 168, 170-171
UTA, 464-465

Johannes, 311
Vaillant, Jean-Baptiste, 177
Val d'Orcia, 423-424
Valée, marechal Sylvain, 140-143, 146
Valentino, Rodolfo, *O Sheik, Sangue e Areia* (1921), *O Filho do Sheik* (1926), 353
Valliez, sargento, 175
Van Sina, 456
Vaticano, 288
Vauchez, capitão, 289
Vaury, legionário, 244
Vegécio, 165, 366
Vera Cruz, 188-191, 198-199, 206-209
Verdun, 9, 218, 330, 332, 341, 378
Vergio, capitão, 460-461
Verliat, Marcel, 386
Vérot, Pierre, 454-455
Versalhes, 99, 223, 227-232, 284
Verzy, 313
Vézinet, general, 81
Vichy, regime de, 383, 386-391, 394-400, 419-420, 426
Viena, conferências de paz de, 102-103, 115, 161, 176, 212

ÍNDICE REMISSIVO

Viénot, coronel, 55, 173, 176-177, 202, 250, 357

Viet Minh, 20, 23, 28-36, 38, 41-47, 50-58, 429-435

Viet Tri, 244

Vietname, 10, 17-58, 59, 61, 62, 65, 75, 89, 152, 234-261, 265, 268, 273, 290, 308, 310, 329, 357, 364, 381, 389, 419-36, 440, 447, 463, 468

Vigy, general, 293-296

Villafranca de Verona, armistício de, 181

Villebois-Mareuil, conde Georges de, 169

Vimy, 322

Vitória na Europa (Dia VE, 1945), 55, 60

Vitória, 126, 127, 128

Vitória, Rainha de Inglaterra, 160, 167, 175

Vittone, legionário, 474

Vo Nguyen Giap, 17, 431

Voluntários Parisienses, 113

voluntários, 29, 32, 47, 48, 5354, 55, 77, 98, 113, 114, 175, 182, 204, 207, 218, 221, 226, 227, 258-61, 287, 289, 306-10, 319-21, 324-31, 337, 343, 347, 353, 356, 364, 373, 374-82, 387, 391, 394, 424, 426, 435

von Arnim, general Jürgen, 422

von Benedek, general Ludwig, 211-212

von Bismarck, Otto, 212

von Bolt, tenente Ernst, 191, 223-224

von Bülow, Bernhard, 299-300

von Etzdorf, barão Rudiger, 387

von Heinleth, major Adolf, 220

von Hohenberg, Sophie, 306

von Ludendorff, general Erich, 339

von Manteuffel, general Edwin, 161, 226

von Moltke, general Helmuth, 212, 216, 225, 311-312

von Rahden, barão Wilhelm, 134

von Roon, conde Albrecht, 216

von Rundstedt, general Gerd, 381

von Schlieffen, conde Alfred, 305, 311

Voyron, brigadeiro Émile, 275

Wabinski, capitão, 449

Wadi Guir, 293-294, 372

Wadi Gur, 285

Wadi Soura, 286-287

Wadi Zisfana, 285

Waffen-SS, 32, 80, 424, 425, 426

Waterloo, 124, 131, 164, 175, 217, 390

Wehrmacht, 374, 381, 403, 425-426

Wellington, duque de, 128, 138, 162-163

Wensel, legionário, 185, 200

Williamson, legionário James, 382, 390

Willoughby, general Digby, 272

Winter, capitão de, 389

Woitzik, cabo Günther, 434

Worden, cabo James, 69-71, 84, 403, 444-447

Wren, P. C., 284

Wright, cabo Bob, 447

Wulf, capitão de, 482

Yaoundé, 395

Ypres, 321

Ysquierdo, 74

Zaatcha, 156-157, 162

Zaire, 456, 460-467, 484

Zanzibar, 271

Zédé, tenente Charles-Jules, 179-181, 190-191

Zeller, general, 80-81, 86

Zeralda, Campo, 81-82, 84, 87

Zimmerman, legionário, 446

Zingraff, largador, 473

zuavos, 113-114, 157, 163, 174, 179-180, 217-218, 220, 224, 293, 304, 320, 324

Zubiri, 130-132

Zumalacárregui, coronel Tomás, 125

Zurell, cabo, 29, 39, 41

ÍNDICE

Notas e Fontes 8
Introdução 9

PARTE UM
O FIM DE UM IMPÉRIO

1. Uma Bala para o Meu Camarada:
    Vietname, 1949-1953 17
2. Morrer Por Morrer: Dien Bien Phu,
    Novembro de 1953 – Abril de 1954 38
3. Terrorismo e Tortura: Argélia, 1954-1957 59
4. Ousam Chamar-lhe Traição: Argélia, 1957-1962 73

PARTE DOIS
CONSTRUINDO UM IMPÉRIO COM SANGUE

5. A Legião dos Perdidos: França, 1813-1831 95
6. Os Espantalhos: Argélia, 1831-1835 110
7. Sem Pré, Sem Balas, Sem Piedade: Espanha, 1835-1839 124
8. Sangue na Areia: Argélia, 1835-1840. 137
9. A Cabeça Espetada na Lança: Argélia, 1840-1849 146
10. Caos na Crimeia: 1851-1855 158
11. Não Têm De Compreender: Crimeia, 1855-1856;
    Itália, 1859 169
12. Mito e Loucura no México: 1862-1863 183
13. Morte ao Entardecer: México, 1863-1867. 196
14. À Coronhada e à Baionetada: França, 1866-1870. 211
15. Vendas e Balas nos Bulevares: França, 1870-1871. 222
16. Puxando a Cauda do Dragão: Argélia, 1871-1872;
    Vietname e Formosa, 1883-1885. 234
17. Melhor Seria Impossível: Vietname, 1885-1892 247
18. Guerra na Barriga de Dan: Daomé, 1892-1894. 259

ÍNDICE

19. A Campanha Barateira: Madagáscar, 1895 270
20. Milagre e Massacre em Taghit:
    Norte de África, 1901-1903 280
21. No Reino do Ocidente: Norte de África, 1901-1914 290
22. Caos e Confusão: França, 1914 305
23. Canhões e Gás nas Trincheiras: França, 1915 316
24. Encontro com a Morte: França, 1916-1918 330
25. Crise de Identidade: Norte de África, 1918-1940 345
26. Nos Dois Extremos do Mediterrâneo: Norte de África,
    1918-1933; Síria/Líbano, 1918-1927..................... 359
27. Veteranos e Voluntários: França, 1939-1940;
    Noruega, 1940... 374
28. De Que Lado Estamos, Sargento?
    França – Norte de África – Síria – Grã-Bretanha, 1940........ 383
29. De Que Lado Disse, Miss?
    África Ocidental, 1940; Eritreia e Síria, 1941; Líbia, 1942.......393
30. «La Miss» e os Heróis de Bir Hakeim:
    Deserto Ocidental, 1942 405
31. Um Casamento à Força: Norte de África, 1942-1943;
    Europa, 1944-1945; Vietname, 1945-1949 419

PARTE TRÊS
O PERÍODO PÓS-IMPERIAL

32. Quem Precisa da Legião? 439
33. A Legião Renascida 444
34. A Pomba que Era um Tigre: 12-16 de Maio de 1978 452
35. Avançar! Não Avançar! Avançar! Operação Léopard,
    17-19 de Maio de 1978 460
36. Matar ou Morrer em Kolwezi:
    19 de Maio – 6 de Junho de 1978 471

Apêndice A: Equivalência de Patentes 487
Apêndice B: Glossário 489
Leitura Adicional 491
Lista Ilustrações 492
Abreviaturas 494
Lista Mapas 495
Índice Remissivo.. 497